Lisa Alther · Hautkontakte

Lisa Alther

Hautkontakte

Roman

Ullstein

Titel der amerikanischen Originalausgabe: »Kinflicks«
Ins Deutsche übertragen von Gisela Stege
Verlag Ullstein GmbH · Berlin · Frankfurt/Main · Wien

Gesamtherstellung May & Co Nachf., Darmstadt
Printed in Germany 1977
ISBN 3 550 06280 X

Die verschiedenen Gruppen der menschlichen Gesellschaft sind, angesichts der Realität, eigentlich ›Nationen‹ . . . Man könnte Kleriker, Ärzte, Literaten, Adelige und Bauern im Grunde als Nationen bezeichnen; denn jede Gruppe hat ihre eigenen Gebräuche und Denkschemata. Die Idee, sie seien genau wie man selbst, nur weil sie im selben Land leben oder dieselbe Sprache sprechen, ist eine Vorstellung, die des Überdenkens bedarf.

Samarquandi
in ›Caravan of Dreams‹
von Idries Shah

Hier ist es nun also, das Erhabene.

Letzte Worte von Henry James

Die Kunst, richtig zu sterben

Meine Familie hatte es schon immer mit dem Tod. Mein Vater, der Major, verlangte stets, daß bei den Mahlzeiten ein Eispick neben seinem Gedeck lag, damit er eine Not-Tracheotomie ausführen konnte, falls einer von uns an einem Bissen Fleisch zu ersticken drohte. Wenn ich mit den Zeigefingern an meinen beiden Schlüsselbeinen entlangfahre, bis zu der Vertiefung dort, wo sie aufeinandertreffen, kann ich sogar heute noch die günstigste Stelle für einen Luftröhrenschnitt mit derselben Treffsicherheit finden wie ein Rauschgiftsüchtiger die Vene.

Doch der Major war nicht immer ein Virtuose der Katastrophenprophetie gewesen. Als ich noch klein war, schien er mir ganz aus Energie und Tüchtigkeit zu bestehen und ließ nicht den geringsten Raum für Unvorhergesehenes und Unerwartetes. »Lächerlich!« pflegte er Mutter anzufahren, wenn sie über den Entwürfen für ihre Grabinschrift saß. »Willst du die Kinder psychisch krank machen, wie die übrigen Mitglieder deiner verrückten Familie?« Vielleicht muß man, wie meine Südstaaten-Mutter, Erbin einer eroberten Kultur sein, um die eigene Vergänglichkeit ernst nehmen zu können, bevor man sie tatsächlich erlebt. Wenigstens, wenn man, wie der Major, im Jahre 1918 v. A. (vor der Atombombe) geboren ist.

Was immer der Grund sein mochte, der Kassandra-Komplex des Majors entwickelte sich erst später in seinem Leben. Er war als sogenannter Carpetbagger, das heißt, als Nordstaatler, der im Süden sein Glück machen wollte, aus Boston nach Hullsport, Tennessee, gekommen, um dort die chemische Fabrik zu leiten, aus der die gesamte ortsansässige Industrie besteht. Während des Koreakrieges wurde das Werk mit seinem Areal roter Backsteinbauten und dem Wald rauchender Schornsteine von der Produktion synthetischer Stoffe auf die Herstellung von Munition umgestellt; es gab Regierungsaufträge und streng geheime Zusammenarbeit mit den Laboratorien in Oak Ridge. An Sommerabenden pflegte der Major uns Kinder zu einem in Schokoladenglasur getauchten Soft-Eis einzuladen und uns anschließend zum Schießstand mitzunehmen, wo die neuen Granaten getestet wurden. Eifrig an den schnell schmelzenden Eiskugeln lutschend, sahen wir stolzgeschwellt zu, wie der Major, hochgewachsen, schlank und elegant, leicht nach vorn auf die Fußballen gereckt, mit hoch erhobenen Armen wie ein Dirigent, der den Einsatz für die große Pauke gibt, das Kommando zum Feuern signalisierte.

Kurz nach der Umwandlung des Werks in eine Munitionsfabrik ging mit dem Major ebenfalls eine Wandlung vor, und zwar auf eine Art, die selbst ein erfahrener Kalamitäten-*aficionado* wie meine Mutter nicht hätte vorausahnen können: Er blieb in der Fabrik mit seinem Platin-Ehering an der losen Schraube eines beladenen Lastwagens hängen und wurde mitgeschleift, bis ihm der Finger aus der Gelenkpfanne gerissen wurde, wie der Schlegel eines Grillhähnchens. Anschließend fuhr der Lastwagen ihm noch mit den Hinterrädern über die Beine. Da lag er nun, ein aus dem Sattel geworfener Industrie-Cowboy, der Stiefel im Steigbügel verfangen, von seinem eigenen Roß zerstampft. Zu Hause trafen ganze Wagenladungen von Schinken, Kuchen und Leckereien ein, Liebesgaben von seinen mitfühlenden Bewunderern/Angestellten. Sämtliche Kirchen in der Stadt setzten Bittgottesdienste für seine Genesung an.

Ira war zu Beginn unserer Ehe tief gekränkt, weil ich meinen Ehering nicht tragen wollte. Er interpretierte dies als Symbol für die Laschheit meiner Gefühle. Vielleicht hatte er damit recht, doch Ira hatte auch noch nie eine Hand gesehen, die dort, wo man den Ringfinger erwartete, nur noch eine blutigrote Gelenkpfanne aufwies. Er hielt mich einfach – bis zu dem Tag, da er mich mit dem Gewehr in der Hand aus unserem Haus in Vermont jagte – für gefühlskalt. Nun ja, irgendeine vernünftige Erklärung für das Mißlingen unserer Ehe mußte er ja schließlich finden, denn die Vorstellung, er, Ira Braithwaite Bliss IV, könne eine saure Zitrone vom Baum des Lebens gepflückt haben, war für ihn schlechterdings unmöglich. Doch später mehr über meine Weigerung, die Schlafstatt mit meinem Ehemann Ira zu teilen.

Als der Major aus den Gipsverbänden auferstand, hatte eine Metamorphose stattgefunden. Er war überhaupt nicht mehr stolz und kühn, sondern im Gegenteil: Das erste Projekt, das er in Angriff nahm, war der Umbau des großen Familienzimmers im Souterrain in einen Luftschutzkeller – als Überraschung zu Mutters Geburtstag. Deren eigene Reaktion auf die in der ganzen Welt stattfindenden überirdischen Atombombentests darin bestand, daß sie sich einer Hullsport-Gruppe anschloß, die sich ›Mothers' Organization for Peace‹ – Mütterorganisation für den Frieden – nannte. Die MOP bestand aus einem Dutzend Hausfrauen, zumeist Gattinnen leitender Angestellter des Chemiewerkes, die zur Vorbereitung auf hohe Managerposten in Boston auf ein trostloses Jahr nach Hullsport abkommandiert worden waren. An den Sitzungen der MOP nahmen höchstens eine Handvoll Damen mit harter New Yorker Aussprache teil, die literweise Tee tranken, an ihren Taschentüchern drehten und kühn behaupteten, russische Mütter *müßten* über Strontium 90 im Knochengerüst ihrer Kinder einfach ebenso denken wie sie.

Der Major, der für die MOP nur ein verächtliches Lächeln hatte, fuhr mit dem Bau des Luftschutzkellers fort. Zur größten Freude von uns

Kindern. Ich spielte mit meinen Freundinnen dort unten Familie, und wir diskutierten überaus knifflige moralische Fragen wie etwa die, ob wir den alten Mr. Thornberg von nebenan in unseren Luftschutzkeller einlassen sollten, wenn die Bombe fiel, oder ob wir ihm die Tür vor seiner Geizkragennase zuschlagen sollten, wie er es mit uns machte, wenn wir am Halloween-Abend kamen und um milde Gaben baten. Später gingen wir Mädchen mit Clem Cloyd und den akne-pickeligen Jungens aus der Magnolia-Manor-Siedlung dort hinunter, um ›Fünf Minuten im Himmel‹ zu spielen: Während die anderen draußen zählten, ging das erwählte Paar in den Verschlag mit der chemischen Toilette, um sich in jenem schmerzhaften Aneinanderreiben von Zahnklammern zu üben, von dem wir alle mit wundem Mund, aber bis über die Ohren verliebt zurückkehrten. Und während der High-School-Zeit brach ich Joe Bob Sparks, dem Starspieler der Hullsport Pirates und schönsten Mann der Hullsport Regional High School, das Herz, indem ich Clem Cloyd eines Abends auf der altarähnlichen hölzernen Schlafplattform hinter den dreißig Zentimeter dicken doppelten Stahltüren meine Jungfernschaft opferte, während Mutter und der Major ahnungslos im oberen Stockwerk lagen und schliefen. Doch mehr über Joe Bobs und Clems Vorzüge später.

Bald schon gab es für den Major keine einzige Situation mehr, die so sicher gewesen wäre, daß er in ihr nicht eine potentielle Tragödie entdeckt hätte. Für ihn war der Tod nicht etwa der unvermeidliche Weggenosse späterer Jahre, ein freundlicher Wärter, der die Seele aus dem irdischen Gefängnis befreit. Nein, für ihr war der Tod ein Dieb und Betrüger, stets darauf aus, den Unachtsamen, zu denen der Major unter keinen Umständen gehören wollte, eine arglistige Falle zu stellen. Damit stand er im Gegensatz zu Mutter, die im Tod eine Art dämonischen Liebhaber sah. Nach ihrer Ansicht mußte man stets auf seinen Ruf vorbereitet sein, um beim Vollzug der Vereinigung mit ihm nicht durch unerledigte irdische Dinge abgelenkt zu werden. Der Trick bestand darin, nicht nur sterben zu *wollen*, sondern auch sterben zu *können*. Richtig zu sterben, das war für sie, wie gemeinsam zum Orgasmus zu kommen.

Mutter hatte auf dem Kaminsims in ihrem Schlafzimmer viele schmale schwarze Holzrahmen mit Fotos in elfenbeinfarbenen Passepartouts stehen. Als ich heranwuchs, pflegte sie mich auf den Schoß zu nehmen, die vergilbten, zerkratzten Fotos herunterzuholen und mir von den Menschen zu erzählen, die auf ihnen abgebildet waren, Menschen, die diesen letzten Fick mit dem Tod, vorbereitet oder nicht, bereits hinter sich hatten: ihre Großmutter Dixie Lee Hull in einer Bluse mit hohem Spitzenkragen, die sich mit einer Rezeptkarte für Reisauflauf in den Finger geschnitten hatte und mit neunundzwanzig Jahren an Blutvergiftung gestorben war. Großonkel Lester, Apotheker in Sow Gap, der sich, hustensaftsüchtig geworden, eines Nachts unter den Zug nach

Chattanooga geworfen hatte. Kusine Louella, die 1932 bei einem Familientreffen in einem verlassenen Steinbruch in ein Nest mit Wassermokassins getreten war. Und ein Onkel, der den Kopf zum Autofenster hinausgesteckt hatte, um eine historische Hinweistafel auf die Schlacht am Lookout Mountain zu lesen, und von einem Lastwagen geköpft worden war. Es entbehrte jeglicher Genugtuung, ihr in kindlichen Wutausbrüchen etwa zuzuschreien: »Ich hasse dich! Ich wollte, du stirbst!« Denn sie antwortete dann nur gelassen: »Keine Angst, das werde ich. Genau wie du.«

An jenen Stellen in unserem Haus, an denen weniger anspruchsvolle Frauen sich mit Audubon-Drucken oder College-Diplomen begnügt hätten, hängte Mutter hübsch gerahmte und mit Passepartout versehene Radierungen von den Grabsteinen unserer Vorfahren auf, ausgeführt in dunkler Kreide auf allerfeinstem Reispapier. Um die Unkosten von der Steuer absetzen zu können und um nicht ständig mit seiner Familie zusammenhocken zu müssen, legte der Major die Familienferien stets so, daß sie mit beruflichen Konferenzen zusammenfielen. Mutter dagegen koordinierte seine Geschäftsreisen unweigerlich mit Ausflügen der übrigen Familienmitglieder zu den ansonsten vergessenen Ruhestätten entfernter Verwandter. Die meisten meiner ersten siebzehn Sommerferien verbrachte ich damit, auf unbekannten Ahnengräbern Unkraut zu jäten, Kanten zu stechen und Blumen zu pflanzen. Mutter betrachtete diese Pilgerreisen zu den im ganzen Land verstreuten Friedhöfen als pädagogische Übungen für uns Kinder, weitaus lehrreicher etwa als die vielen überstrapazierten Wahrzeichen wie die Freiheitsstatue oder den American Freedom Trail.

Ein Charakterzug wie dieser Hang zur Eschatologie ist offenbar erblich. Jedenfalls scheint er das in unserer Familie zu sein. Mutters Vorfahren, zum Beispiel, so bescheiden sie auch gelebt haben mochten (und die meisten lebten sehr bescheiden als kleine Farmer oder Bergleute), hatten viel Geld und Überlegung in ihre Grabdenkmäler gesteckt. Auf jedem Friedhof gehörten die am üppigsten gestalteten Urnen, Trauerweiden und zuversichtlich gen Himmel weisenden Hände unweigerlich meinenVorfahren. Ebenso wie die schönsten Grabsprüche: ›Wand'rer, mach halt, sprich ein Gebet./ Jetzt bin ich kalt, hab doch gelebt./ Auch du wirst einst im Grabe ruhn./ Mach dich bereit, mir's gleichzutun.‹ Mutter hielt diesen Vers, erdacht von einer Urgroßtante namens Hattie, für die Krönung aller Familienpoesie. Sie selbst hatte sich Dutzende von Versuchen zu einer Inschrift für ihr eigenes Grab in einem kleinen schwarzen Ringbuch notiert. Als ich ins College nach Boston ging, lautete der aussichtsreichste Anwärter unter ihnen: ›Der Weg, der mühsam, dunkel, kalt,/ Führt dich zum Heil und gibt dir Halt./ Weint mir nicht nach, die ich hier lieg:/ Der Leib ist Qual, die Seele Sieg.‹

Wenn Mutter nicht an ihrem Grabspruch arbeitete, plante sie ihre

Beerdigung. »Laß sehen«, pflegte sie zu mir zu sagen, wenn ich mich neben ihrem Chippendale-Schreibtisch aus Mahagoni auf den Fußboden hockte und meiner Puppe für eine Beisetzung Trauerkleider anzog. »Meinst du, ›Ein feste Burg ist unser Gott‹ sollte vor dem ›Deus noster refugium‹ gespielt werden oder danach?« Ich hob den Blick von meiner schwarzgekleideten Puppe. »Du wirst es doch ganz bestimmt nicht vergessen, Liebling, nicht wahr?« ermahnte sie mich jedesmal eindringlich. »Der Entwurf für meinen Gedenkgottesdienst liegt in der rechten oberen Schreibtischschublade.«

Oder sie formulierte an ihrer Todesanzeige herum und machte sich Gedanken darüber, ob der Knoxville ›Sentinel‹ sie wohl veröffentlichen werde. Während sich meine Kommilitoninnen im ersten Physiologie-Semester am Worthley College hektisch Notizen über Penislängen machten, entwarf ich am Heftrand den Wortlaut meiner Verlobungsanzeige: ›Major und Mrs. Wesley Marshall Babcock IV, Hullsport, Tennessee, und Hickory, Virginia, geben die Verlobung ihrer Tochter Virginia Hull Babcock mit Mr. Clemuel Cloyd bekannt . . .‹ Jahre später, als es endlich soweit war, daß ich den Staub von diesem Entwurf blasen und den Namen Clemuel Cloyd durch Ira Bliss ersetzen konnte, entdeckte ich, daß der Boston ›Globe‹ die Anzeige nicht drucken wollte, obwohl dieses verdammte Blatt während der zwei Jahre, die ich in Boston am College verbracht hatte, allsonntäglich meine Lektüre gewesen war. Gibt es eine tiefere posthume Demütigung als die Weigerung eines Presseerzeugnisses wie des Knoxville ›Sentinel‹, eine Todesanzeige abzudrucken?

Samstag, 24. Juni

Ein bißchen groggy von den beiden Gratis-Martinis hockte Ginny zusammengekauert neben dem Notausstieg der DC-7. Beim Abholen ihrer Flugkarte hatte sie der Angestellten gegenüber tapfer gescherzt, sie hoffe, niemand werde den Versuch wagen, ein zwischen Stark's Bog in Vermont und Hullsport in Tennessee verkehrendes Flugzeug zu entführen. Die Angestellte hatte ihr ohne aufzusehen geantwortet: »Glauben Sie mir, *honey*, wer eine von den Maschinen entführen will, die nach Tennessee fliegen, muß schon ziemlich schwachsinnig sein.« Sich über die Tatsache des Todes klar zu sein, war eines, sinnierte sie; ihn aber hinzunehmen, etwas ganz anderes. Ihr Leben lang hatte sie, von Scham gepeinigt, insgeheim bei jeder Absturzmeldung in der Presse triumphiert, denn dies bedeutete, daß sie ›ihnen‹ mal wieder entwischt war.

Sie fischte die Plastikkarte aus der grünen Tasche an der Rücklehne des Vordersitzes und studierte die Bedienungsanleitung für den Notausstieg, die Handhabung der aufblasbaren Notrutschen. Und kam zu dem Schluß, daß sie, falls eine Benutzung des Notausstiegs erforderlich sein sollte, vor panischer Angst erstarren und von ihren von Entsetzen getriebenen Mitpassagieren bei dem Versuch, an ihr vorbei zum Notausstieg zu gelangen, unweigerlich zu Tode getrampelt werden würde. Und weiterhin überlegte sie sich, der Grund, warum nicht jeder Fluggast in der Maschine um einen Platz am Notausstieg kämpfte wie sie, müsse wohl in der Tatsache liegen, daß die anderen etwas wußten, was ihr bisher verborgen geblieben war: daß nämlich die Wahrscheinlichkeit, sich durch den Notausstieg retten zu müssen, mehr als aufgewogen wurde durch die Wahrscheinlichkeit, daß der Notausstieg mitten im Flug aufsprang und derjenige, der direkt daneben saß, in die Troposphäre hinausgerissen wurde.

Aber ihr war auch klar, daß diese Gewohnheit, blindlings die Nähe von Notausgängen zu suchen, bei ihr viel zu tief verwurzelt war, um sie so mir nichts, dir nichts abzulegen. Wie die Blicke mancher Männer aufgrund frühester Erfahrungen mit der Mutterbrust während des ganzen Lebens unwiderstehlich von den Busen der Frauen angezogen wurden, so konnte sie den Blick nicht von der Leuchtschrift ›Notausgang‹ lösen. Als Kind schon hatte ihr der Major beim Besuch der Cowboy-Filme am Samstagvormittag immer befohlen, sich für den Fall, daß im Kino Feuer ausbrach, direkt neben den Notausgang zu setzen. Er hatte ihr von einem Kinobrand in Boston erzählt, bei dem zu der Zeit, als er selber noch jung war, ein von wahnsinniger Angst getriebener Mann sich mit dem

Bowie-Messer einen Weg durch die rasende Menge zum Ausgang gestochen hatte. Seitdem hatte sie sich nie wieder einen Film ansehen, einen Vortrag anhören oder in einem Flugzeug sitzen können, ohne das beruhigende Glühen des Notausgang-Lämpchens neben sich zu wissen – es war für sie das, was für ein Kind das Nachtlicht im Schlafzimmer war.

Nichtsdestoweniger wurde ihr bei diesem Flug zum erstenmal bewußt, daß der Notausstieg, die zwischen den Fenstern aufgerollten Rettungsleinen, die gelben Sauerstoffmasken, mit denen die wohlproportionierten Stewardessen so leichthändig umgingen – daß all diese Dinge nur Totems waren, dazu bestimmt, die Passagiere von der Tatsache abzulenken, daß es bei einem Absturz endgültig mit ihnen allen aus sein würde – platsch! Und so gern sie auch die Möglichkeit, beim Durchfliegen der gefährlichen Luftstraßen umzukommen, ausgeschlossen hätte – durch das Vorhandensein ihres schwimmfähigen Sitzkissens fühlte sich Ginny nur unzulänglich beruhigt. Sie wußte nämlich ganz genau, daß sich, falls die Motoren aussetzen würden und die Maschine wie ein flügellahmer Vogel abwärts trudeln sollte, unter ihnen die Blue Ridge Mountains von Virginia befanden. Das Meer wogte etwa dreihundert Meilen weiter östlich. Sie versuchte sich vorzustellen, wie sie, in einer Felsspalte gestrandet, auf ihrem rituellen Sitzkissen über ein Meer aus Blut, Benzin und Gratis-Martinis dahintrieb.

Im Gedränge des Warteraums, ehe sie alle an Bord gingen, hatte Ginny die Gesichter ihrer Mitpassagiere/Mitopfer mit der Intensität des Ancient Mariner gemustert: Waren dies Menschen, mit denen sie es in einem auf dem Meer treibenden Rettungsboot aushalten würde? Sie konnte nie so recht definieren, wie das Schicksal eigentlich arbeitete: Blieben die Flugzeuge am Himmel, weil es an Bord keine wirklich bösen Menschen gab, die vernichtet werden mußten? Oder war das Gegenteil der Fall: Stürzten Flugzeuge ab, weil es an Bord keine Menschen gab, um derentwillen die Maschine gerettet werden mußte, da sie noch wichtige Aufgaben zu erfüllen hatten? Wie dem auch sei, Ginny hatte ihre Reisegefährten bei diesem Wahnsinnsunternehmen gründlich studiert, sowohl nach verderbenbringenden als auch nach rettenden Charaktertypen Ausschau gehalten und dann auf einen Zusammenstoß in der Luft gesetzt. Mit Erleichterung hatte sie schließlich drei kleine Kinder entdeckt.

Ihre Mitreisenden hatten sie selbst, wie Ginny sich sagte, beim Besteigen dieses geflügelten Silbersargs zweifellos ebenfalls gründlich gemustert. Tatsächlich war Ginny von einer rundlichen Frau in einem gräßlichen, bedruckten indischen Kaftan so lange angestarrt worden, bis sie zu der Überzeugung kam, die Frau *wußte*, daß sie Anfang der Woche den Kettenbrief mit den makrobiotischen Rezepten unterbrochen hatte. Welche der hier versammelten Hausfrauen aus Vermont, hatten die anderen sich bestimmt beim Aufsuchen ihrer Plätze gefragt, würde wohl sechstausend Heftchen mit Rabattmarken und einen Fallschirm für den Absprung in das Einkaufszentrum von Paramus, New Jersey, verlangen, um die Marken dort einlösen zu können? Wessen Einkaufstasche enthielt die Bombe, verpackt in ein ausgehöhltes Rad Cheddar-Käse aus Vermont oder in eine Dose mit Spaghetti-Sauce? Ginny hatte schon oft mit dem Gedanken gespielt, bei Flugreisen am besten selbst so eine Bombe mitzunehmen, denn die Wahrscheinlichkeit, daß sich *zwei* bombenbewaffnete Psychopathen in ein und derselben Maschine befanden, war so unendlich gering, daß sie praktisch nicht existierte. Das war die Mentalität, die das Rüstungswettrennen zum Blühen brachte: Lieber durch eine Bombe umkommen, die sie selbst in einer letzten Demonstration ihrer existentiellen Freiheit zur Explosion bringen konnte.

Und wie Ginny außerdem argwöhnte, begutachteten alle – wenn sie es nur zugeben wollten – einander mit der Aufmerksamkeit einer Hausfrau an der Fleischtheke des Supermarktes hinsichtlich ihrer jeweiligen Eignung für eine Hauptmahlzeit, sollte die Maschine auf einem der weltentlegenen Gipfel der Smokies notlanden müssen.

Doch wenigstens *besteige* ich noch Flugzeuge, sagte sich Ginny. Im Gegensatz zu ihrer Mutter, die in diesen letzten Jahren aus Angst, unter fremden Menschen von einer Katastrophe ereilt zu werden, kaum noch das Haus verlassen hatte: Es sei vulgär, unter Menschen zu sterben, die man nicht kenne, behauptete sie stets. Wie dachte ihre Mutter wohl jetzt darüber, da sie in Hullsports Krankenhaus lag und blutete wie eine überreife Tomate? »Ein Gerinnungsdefekt«, hatte es ihre Nachbarin Mrs. Yancy in ihrem Brief genannt und gebeten, Ginny möge doch kommen und sich um ihre Mutter kümmern, weil Mrs. Yancy eine Reise ins Heilige Land unternehmen wolle. »Bestimmt nichts Ernstes«, hieß es weiter in diesem Brief. Ihre Mutter wisse, daß sie bald wieder aus dem Krankenhaus entlassen werde, und habe Ginny mit der Nachricht nicht erst beunruhigen wollen. Doch wenn es nichts Ernstes war, warum befand sich die Mutter dann an einem Ort, den sie bei ihrer Abneigung gegen Fremde ganz einfach abgrundtief hassen mußte? Und warum hatte Mrs. Yancy Ginny gebeten herzukommen, wo sie doch wissen mußte, daß Ginny und ihre Mutter in den letzten Jahren ungefähr so gut miteinander ausgekommen waren wie Moses mit dem Pharao?

Bevor sie das Fliegen ganz aufgab, hatte die Mutter den Major regelmäßig auf seinen Geschäftsreisen begleitet. Nur stellte er dabei die Bedingung, daß sie getrennte Maschinen nahmen, denn falls einer bei der Landung umkam, konnte der andere, der am Leben blieb, weitermachen.

»Verdoppelt das nicht nur die Wahrscheinlichkeit, daß euer Gepäck in Des Moines landet?« hatte Ginny die Mutter eines Winternachmittags gefragt, als sie noch in der High School war und den Weg zum Flughafen bereits zum zweitenmal zurücklegte, nachdem sie den Major am

Morgen zu *seiner* Maschine nach New York gebracht hatte. Sie saßen in dem riesigen schwarzen Mercedes des Majors. Ihre Mutter liebte diesen Wagen. Weil er aussah und dahinglitt wie ein Leichenwagen, vermutete Ginny. Zur Vorbereitung.

»Mich darfst du nicht fragen. Frag deinen Vater«, hatte ihre Mutter geantwortet und, einen Zusammenstoß erwartend, die Augen geschlossen, als Ginny einen Verkehrskreisel umrundete. Jedesmal, wenn die Mutter keine Lust hatte, ihre Meinung über etwas zu äußern, kam dieses: »Mich darfst du nicht fragen. Frag deinen Vater.« Nach dem Tode des Majors mußte sie sich schwergetan haben, eine andere Antwort zu finden.

»Ich weiß nicht, warum ich das alles mitmache«, sinnierte sie weiter. »Ich würde überhaupt nicht ›weitermachen‹ *wollen*, wenn das Flugzeug deines Vaters verunglücken würde.«

»Würdest du dich auf seinen Scheiterhaufen werfen wie eine indische Witwe?« Ginny war nur ungern sarkastisch zu der Frau, die ihre schmutzigen Windeln gewaschen hatte, aber es schien ihr ungerecht, daß sie mit dieser passiv-abhängigen Einstellung konfrontiert wurde, nur weil sie mit dieser Frau sechzehn Jahre lang im selben Haus gelebt hatte. Wo blieb denn da die freie Willensentscheidung?

»Ja, ich glaube, das würde ich tun. Ich halte das gar nicht für einen so schlechten Brauch.«

»Kann ich mir denken«, erwiderte Ginny trocken. »Beunruhigt dich das nicht?« Ginny formulierte diese Frage so kraß, um zu verbergen, wie sehr es sie selbst beunruhigte, daß dieser Brauch auch ihr so attraktiv erschien.

»Beunruhigen?« fragte die Mutter mit angestrengt gekrauster Stirn und bearbeitete mit dem Fuß eine unsichtbare Bremse.

»Bitte, Mutter, ich bin eine sehr gute Fahrerin«, fuhr Ginny auf. »Ob es dich beunruhigt. Du weißt schon. Ob du manchmal wünschst, es gäbe außer deiner Familie noch andere Dinge im Leben, die dir wichtig erscheinen.«

»Ach, eigentlich bin ich am Leben gar nicht so interessiert. Ich meine, es ist schon okay. Aber ich bin nicht wild darauf.«

»Ja, warum lebst du denn überhaupt weiter?« erkundigte sich Ginny gereizt.

»Warum nicht?«

»Aber wenn die große Wiedervereinigung im Himmel das einzige ist, was dich interessiert, warum tust du denn nicht was dafür? Was hält dich hier unten?«

Ihre Mutter musterte sie eine Weile nachdenklich und antwortete dann langsam und ernst: »Weil es charakterbildend ist. Weil es nicht darauf ankommt, was mir lieber wäre.« Der nun folgenden ausführlichen Erklärung entnahm Ginny, daß ihre Mutter sagen wollte, die menschliche Seele gleiche einer grünen Tomate, die unter der Sonne irdischen Leidens reifen müsse, bevor es den Göttern gefalle, sie zur Verwendung bei ihrer kosmischen Grillparty zu pflücken. Für eine ungeduldige Sechzehnjährige absolut unverständlich.

Dieses Gespräch aber war der Grund, warum Ginny mehrere Jahre später so überrascht war, als die Mutter eindringlich zu ihr sagte: »Ginny, bitte versprich mir, daß du mich von meinem Leiden erlöst, wenn ich jemals krank werden und dahinsiechen sollte.«

Verblüfft unterzog Ginny sie einer eingehenden Musterung. Sie hatte Krähenfüße an den Augen und kleine Runzelfalten auf der Stirn; ihr glattes, kurzes kastanienbraunes Haar war hier und da ein bißchen angegraut. Aber sie war lebhaft und hielt sich aufrecht. Mit der Taktlosigkeit jüngerer Menschen älteren gegenüber lachte Ginny ein wenig nervös und protestierte: »Aber Mutter! Du hast ja noch nicht mal graue Haare! Ich würde sagen, ein paar Jahre bleiben dir noch.«

Die Mutter warf Ginny einen Blick zu, der andeutete, daß sie sich verraten fühlte, und erklärte säuerlich: »Glaube mir, Kind, von Dreißig an geht's nur noch bergab. Dann läßt alles nach und fällt auseinander.«

Vor elf Jahren war die Mutter also nicht wild aufs Leben gewesen. Ginny fragte sich, wie sie wohl jetzt darüber dachte, da sie vermutlich beim Wort genommen wurde. Aber wurde sie das wirklich? »Nichts Ernstes«, hatte Mrs. Yancy gesagt. Und doch konnte Ginny nicht verhindern, daß sie alle möglichen bedrückenden Schlußfolgerungen anstellte. Wenn es nicht ernst war – warum lag ihre Mutter dann im Krankenhaus? Und wie krank war sie wirklich?

Diese Fragen, die ihr wie Fliegen im Kopf herumschwirrten, lenkten Ginny vorübergehend von der Tatsache ab, daß sie ja selbst Überlebensprobleme hatte – sowohl unmittelbare, da sie in diesem fliegenden Sarg gefangen war, als auch langfristige hinsichtlich der Tatsache, daß sie sich nicht darüber klar werden konnte, was sie werden wollte, wenn sie erwachsen war. Falls sie eines Tages tatsächlich erwachsen sein würde, was jedoch immer unwahrscheinlicher wirkte, je mehr sie sich jetzt, nach ihrem siebenundzwanzigsten Geburtstag, dem mittleren Alter näherte. Bis dato ähnelten die einzelnen Abschnitte ihres Lebens eher wohl den Kreuzwegstationen. Wenn dies das Erwachsensein war, bestand die einzige Verbesserung, die sie an ihrer gegenwärtigen Situation entdecken konnte, darin, daß sie nunmehr den Nachtisch essen konnte, ohne zuvor den Gemüseteller zu leeren.

Ein weiteres Problem waren die Stewardessen, die die Passagiere an diesem Tag wirklich belästigten. Immer wieder kamen sie vorbei, um Wimpel und Souvenirs feilzubieten, und verlangten sozusagen, jeder möge ihren so offensichtlich talentierten Umgang mit dem Lippenpinsel bewundern. Ginny kam schließlich zu der Überzeugung, die einzige Möglichkeit, sie loszuwerden, bestehe darin, sich in die Spucktüte zu übergeben und eine von ihnen aufzufordern, die Tüte zu beseitigen. Und dann war da das Problem mit der blonden Zweijährigen auf dem Nebensitz zwischen ihrer Mutter und Ginny. Das Kind zappelte ohne Unterlaß, löste und schloß seinen Sitzgurt, klappte das Tablett an der Rücklehne des Vordersitzes herunter, nur um es sofort wieder hochzuklappen, verstreute die Prospekte aus der Tasche auf dem Fußboden, stülpte sich die Spucktüte über den Kopf und sah sich, Applaus heischend, überall um, zog die Schuhe aus und falsch herum wieder an und klapperte mit dem Deckel des Aschenbechers. Eigentlich schade um die Energie, die damit vergeudet wurde und sich so sinnlos in nichts auflöste! Jetzt erst begriff Ginny die Logik der Kinderarbeit. An einen Generator angeschlossen, hätte die unaufhörliche Hektik des Kindes das ganze Flugzeug antreiben können.

So ärgerlich diese ewige Unruhe aber auch war, Ginny fand es unmöglich, das Kind nicht ständig zu beobachten. Sie litt unter dem allen Amputierten vertrauten Phantomgliedsyndrom: Sie spürte neben sich eindeutig Wendys Präsenz. Als sie hinüberblickte und erkennen mußte, daß diese Präsenz nur aus einem fremden Kind gleichen Alters bestand, überfiel sie eine Woge so tiefen Kummers, daß sie vor Schmerz die Augen schloß. Wendy war in Vermont bei ihrem Vater, diesem Scheißkerl Ira Bliss, und führte ein Leben, von dem ihre böse, ehebrecherische Mutter endgültig ausgeschlossen war.

Düster fand Ginny, daß diese obszöne Auffassung ihres Verhaltens ihr weit mehr sexuelles Savoir-faire zubilligte, als sie tatsächlich besaß. Obwohl sie prinzipiell zur Promiskuität neigte, da sie meinte, man müsse andere an seinem Reichtum teilhaben lassen, war sie in der Praxis, auch schon vor ihrer Ehe mit Ira Bliss, immer fast krankhaft monogam gewesen. Ja, bis Will Hawk an jenem Nachmittag in Vermont pudelnackt an ihrem Swimming-pool auftauchte, war sie ihrem jeweils einzigen Partner immer beinahe hündisch ergeben gewesen. Und sogar ihr Ehebruch mit Hawk hatte keineswegs in körperlicher, sondern vielmehr in einer rein geistigen Form stattgefunden. Obwohl Ira ihnen das partout nicht glauben wollte, als er Ginny und Hawk in jener Nacht auf seinem Familienfriedhof in einer Pose überraschte, die ein Uneingeweihter wirklich nur als postkoital bezeichnen konnte.

Ginny versuchte zu entscheiden, ob ihre Treue-Anwandlungen angeboren waren, die irdische Version einer transzendenten Intuition des Einsseins, eine Art sexueller Monotheismus. Oder ob sie von einer Mutter, die sich am liebsten auf den Scheiterhaufen ihres toten Gatten gestürzt hätte, lediglich einer Gehirnwäsche unterzogen worden war. Oder ob es sich um ein rein praktisches Denken handelte, um die Frage, genau zu wissen, auf welcher Seite ihr Bett gebuttert war, um die überaus vernünftige Weigerung, die Hand zu beißen, die sie streichelte. In einer Kultur wie dieser galt das Sinnen und Trachten der meisten Frauen vermutlich einem Herrn und Meister, auf den sie sich in allen Lebenslagen verlassen konnten. Einen Mann erkannte man an den Menschen, an die er sich hielt, eine Frau im allgemeinen jedoch an dem Mann, der sie aushielt. Oder, wie in Ginnys und Ednas Fall, an der Frau, die sie aushielt.

Einmal beugte sich die Mutter der Kleinen, die Ginnys leidvolles Interesse an ihrer Tochter bemerkte, zu ihr herüber und fragte freundlich: »Haben Sie auch Kinder?«

»Ja«, antwortete Ginny schmerzlich lächelnd. »Ein Mädchen. Im selben Alter.«

»Oh!« antwortete die junge Mutter. »Dann werden Sie das hier gebrauchen können.« Sie holte zwei Karteikarten aus ihrer Krokohandtasche und kopierte etwas von der einen auf die andere. Als sie damit fertig war, kontrollierte sie noch einmal, was sie geschrieben hatte, und reichte es Ginny. Der Text lautete: ›Selbstgemachter Spielteig: 2 1/4 Tassen Mehl mit 1 Tasse Salz mischen; 1 Tasse Wasser, vermischt mit 2 EL Pflanzenöl hinzufügen; dem Wasser vor dem Mischen Lebensmittelfarbe zusetzen.‹

»Großartig«, lobte Ginny, die Karte rasch in die Tasche ihres Patchwork-Folklorekleides stopfend. »Vielen Dank.« Sie beschloß, diesen Augenblick der Gemeinsamkeit auf keinen Fall durch die Erklärung zu zerstören, der Vater des Kindes habe sie aus dem Haus gejagt und sie werde Wendy möglicherweise nie wiedersehen, geschweige denn Spielteig für sie herstellen. »Aber nehmen Sie unbedingt das ganze Salz. Sonst essen ihn die Kinder auf.«

»Ich werd's mir merken«, versprach Ginny. Und überlegte, ob Ira ihr wirklich, wie er es geschworen hatte, verbieten könne, Wendy jemals wiederzusehen. Denn trotz ihrer augenscheinlichen moralischen Verworfenheit war Ginny immer noch Wendys Mutter. Zählte das gar nichts vor dem Gesetz?

Die Kleine hatte der Puppe jetzt den Arm ausgerissen und schlug ihn ihrer Mutter über den Kopf. Ginny, die den Griff des Notausstiegs packte, um ihn notfalls aufzureißen, weil die Motoren der Maschine gedrosselt wurden, kam der Gedanke, daß man eine Gott-Puppe erfinden müßte: einmal aufziehen, und ER erlöst uns von dem Übel. Mattel könnte ein Vermögen daran verdienen.

Statt jedoch in einer feurigen Todesspirale abzustürzen, begann die Maschine den normalen Anflug auf das Flußtal des Crockett River. Als sie durch die weißen Wattewolken tauchten, konnte Ginny den Crockett erkennen, von dem in seinem Lauf Hunderte von winzigen kapillarartigen Nebenflüssen abzweigten, um sich, wie Silber in der Sonne blitzend, durch die bewaldeten Vorberge zu schlängeln. Die baumbestandenen Felswände zu beiden Ufern des Flusses wellten sich wie eine Tortendecke aus grünem Spielteig.

Bald lag mit seinen verlassenen, in den Crockett absinkenden Docks Hullsport selbst unter ihnen. Die Maschine hatte inzwischen so viel an Höhe verloren, daß der Fluß, nachdem er von weiter oben einen Anblick reinster Poesie geboten hatte, jetzt wieder mehr wie gewohnt aussah: schlammig und dunkelgelb, mit dem Schaum der chemischen Abwässer aus der Fabrik des Majors bedeckt. Das Tal, in dem die Stadt lag, war von roten, mit den tiefen, blauroten Wunden der unkontrollierten Erdaushebungen für die Wohnsiedlungen durchzogenen Hügeln umgeben. Aus achttausend Fuß Höhe wirkte Ginnys Heimatstadt wie eine Akne im Endstadium.

Jetzt erkannte sie auch die Fabrik, eine richtige kleine Stadt für sich, aus roten Backsteingebäuden, deren Hunderte von Fenstern das gelbliche Braun des Flusses spiegelten. Dutzende von riesigen weißen Abwässertanks, kreuz und quer wie die Nähte eines Fußballs von Leitern überspannt, säumten das Flußufer. Dahinter sprudelten und quirlten trübe Belüftungsteiche. Ein ganzer Wald von roten Backsteinschornsteinen schickte jenen harmlos aussehenden weißen Rauch in den Himmel, der sich wie der Nebel von Nepal über das Tal gelegt und Hullsport zu dem Ruf verholfen hatte, in einem Land mit berüchtigt schlechter Luft die für die menschliche Lunge schädlichste Luft einer Stadt dieser Größenordnung zu produzieren.

Die Fabrik nahm Rache an der Stadt. Sie war bei der Planung ursprünglich gar nicht vorgesehen worden. Alle Einwohner wußten zwar, daß sie in dieser Region, die zumeist von Kleinfarmen und Kohlenzechen lebte, für die Wirtschaft lebenswichtig war. Ästhetisch gesehen war die Fabrik jedoch eine Beleidigung, und so war sie in das flache Überschwemmungsgebiet des Crockett verbannt worden wie ein Abtritt weit abseits von einer Villa. Doch wie jede unterdrückte, ignorierte und verachtete menschliche Funktion war die verhaßte Fabrik dank ihrer Tyrannei der giftigen Abgase dennoch zum Herrscher über das Leben in Hullsport geworden.

Am anderen Flußufer, der Fabrik gegenüber und mit ihr durch eine Eisenbahnbrücke, eine Fußgängerbrücke und eine Straßenbrücke verbunden, lag die Stadt Hullsport selbst – Model City, wie sie von ihrem Gründer getauft worden war: von Ginnys Großvater, dem Vater ihrer Mutter, Zedediah Hull oder auch Mr. Zed, wie er von allen hier genannt wurde. Angesichts eines ganzen langen Lebens in den Kohlenzechen von Südwest-Virginia, hatte er alles hingeschmissen und war in diesen Teil Tennessees umgezogen. Dann war er zunächst einmal in den Norden gegangen, wo er die Westwood Chemical Company in Boston trotz seines Akzents dazu überreden konnte, in seiner noch nicht existierenden Model City eine Fabrik zu bauen und sein Projekt finanziell zu unterstützen. Zu jener Zeit galt der landwirtschaftlich betonte Süden bei den Geschäftsleuten des Nordens als erstklassiges Objekt zur Kolonisierung, versehen mit sämtlichen Vorteilen eines unterentwickelten Gebiets: billigem Boden, dankbaren und gehorsamen Arbeitern, niedrigen Steuern, reichlichen Rohstoffen und geringer Wahrscheinlichkeit einer Einmischung der örtlichen Behörden. Mr. Zed engagierte also einen berühmten Städtebauer, der ihm die Pläne für sein Shangri-La des Südens entwerfen sollte.

Vom Fenster der Maschine aus konnte Ginny die Rudimente der ursprünglichen Anlage noch erkennen. Fünf große rote Backsteinkirchen für je einen Zweig des Protestantismus, alle mit verschieden gestalteten weißen Kirchtürmen, umgaben eine zentrale Parkfläche. Von diesem Park ging die Hull Street aus, mit Möbelgeschäften, Warenhäusern, Bekleidungsfirmen, Kinos, Zeitungsständen, Finanzgesellschaften und Banken. Am anderen Ende dieser Straße, dem Kirchenrondell gegenüber und direkt am Fluß, lag der rote Backsteinbahnhof der Crockett Railroad. Bahnhof und Kirchenrondell waren die beiden Pole – einer von dieser, der andere von jener Welt –, die die Teile der Stadt miteinander verbanden und ihnen Leben gaben. Von dieser Achse strahlten vier Hauptstraßen aus, deren Nebenstraßen konzentrische, hexagonale Kreise bildeten. An diesen Nebenstraßen lagen die Privathäuser. Ginny kniff ein wenig die Augen zusammen, um möglichst nur das ursprüngliche Schema zu sehen, ohne das, was man seither damit gemacht hatte, und entschied, daß es wie ein Spinnennetz aussah.

Aber die Baumeister der Model City von 1919 hatten nicht voraussehen können, daß das Leben in Hullsport eines Tages vom Automobil beherrscht sein würde. Darum hatten sie weder für das Kirchenrondell noch für die Einkaufsstraße genügend Parkplätze vorgesehen, und so war es heute praktisch unmöglich, sich tagsüber bis zur Hull Street und wieder hinaus durchzuschlängeln. Infolgedessen wurde das ursprüngliche Hexagon jetzt von einem halben Dutzend riesiger Einkaufszentren und einem vielbefahrenen Interstate Highway eingeschlossen. Von den Farmern, die während Ginnys Kindheit an jedem Samstag mit ihren verrosteten Ford-Lastwagen nach Hullsport gekommen waren, um dort Gemüse zu verkaufen, Vorräte zu besorgen und, braunen Tabaksaft durch schiefe Zahnlücken spuckend, am Bahnhof zu stehen und Klatsch auszutauschen, war nichts mehr zu sehen. Das Bahn- und Wassertransportgeschäft war versiegt – Opfer der scharfen Konkurrenz durch die Fernstraßen. Der rote Backsteinbahnhof im spät-viktorianischen Zuckerbäckerstil lag verlassen und verwüstet, die Innenwände von Angehörigen der Regional High School von Hullsport mit obszönen Zeichnungen und Sprüchen verunziert. Er war jetzt ein beliebter Treffpunkt für Stromer, Kriminelle und Ausreißer, die sich jeden Abend dort versammelten, um flüssige Schuhputztinktur zu trinken.

Auch das Ulmensterben hatten die Stadtväter, vor allem Ginnys Großvater, nicht erwartet: Durch diese Krankheit waren die meisten der großen alten Bäume im inneren Hexagon eingegangen, so daß Hullsport jetzt einer kahlen, neu erbauten Western-Stadt unter der harten südlichen Sonne glich. Ebensowenig hätte sich Mr. Zed träumen lassen, daß eines Tages sechsmal soviel Menschen wie von ihm vorgesehen ihre Farmen und Bergwerke verlassen und nach Hullsport hereinströmen und daß die chaotischen, ekzemartigen Haufen ihrer Häuser einen häßlichen Ring um das Hexagon bilden würden.

Hullsport, Tennessee, Model City, Perle des Crockett River, Geburtsort so bekannter Persönlichkeiten wie Mrs. Melody Dawn Bledsoe, Siegerin im Nationalen Pillsbury-Backwettbewerb von 1957, wie ein quer über die Hull Street gespanntes Spruchband seither jedermann verkündete. Tummelplatz von Joe Bob Sparks, Starspieler bei den ›Renegades‹ der University of Northeastern Tennessee und zwei Jahre lang Märchenprinz von Virginia Hull Babcock, Persimmon Plains Burly Tobacco Festival Queen von 1962. Ginny war damals durchaus zu dem Eingeständnis bereit gewesen, der Titel einer Persimmon Plains Burly Tobacco Festival Queen möge angesichts drohender persönlicher und globaler Vernichtung trivial klingen; immerhin aber hatte sie als Tabak-Königin erkannt, warum die Menschen ihre Tabakfelder im Stich ließen, um nach Hullsport zu kommen und dort in der Munitionsfabrik des Majors zu arbeiten, warum sich die Farmer am Samstagvormittag nicht mehr am alten Bahnhof trafen.

Die Maschine setzte jetzt zum Anflug auf den pockennarbigen Landestreifen an, den Hullsport als seinen Flughafen bezeichnete. Ginny sah, wie der Schatten der Maschine über das Heim ihrer Kindheit hinweghuschte, eine riesige weiße Villa im neo-georgianischen Stil mit Säulen und Portiko, mit einer kreisförmigen Auffahrt und einer Gruppe Magnolienbäume vor dem Haus, die jetzt, in diesem Augenblick, mit betäubend duftenden pastellfarbenen Blüten beladen sein würden. Aus dieser Höhe von tausend Fuß wirkte die Villa sogar echt: wie ein authentisches Herrenhaus der Zeit vor dem Bürgerkrieg. Aber sie war eine Imitation. Ihr Großvater, von seinem allzu schnellen Aufstieg aus den Zechenschächten offenbar ein bißchen benommen, hatte sie 1921 auf einem Areal von fünfhundert Morgen Farmland errichtet. Vorbild war das Herrenhaus einer Plantage im Flußdelta von Memphis gewesen, dessen Stil eindeutig nicht für die Hügellandschaft Ost-Tennessees geschaffen war. Inzwischen hatte sich Hullsport so vergrößert, daß es die Villa, nunmehr auf drei Seiten von Wohnsiedlungen eingekreist, völlig umschloß. Hinter dem Haus lag jedoch noch die Farm – eine Tabak- und Milchwirtschaft, heute geleitet von keinem anderen als Clem Cloyd, Ginnys erstem Liebhaber, dessen Vater die Farm bereits für Ginnys Großvater und Vater geleitet hatte. Das kleine rotbraune Schindelhaus der Cloyds lag am anderen Ende des Fünfhundert-Morgen-Areals dem großen Haus diagonal gegenüber. In der entgegengesetzten Ecke, einer gerodeten, von bewaldeten Hügeln umringten Senke gleich hinter der unsichtbaren Grenze nach Virginia, stand die wieder instand gesetzte Blockhütte, in die sich Ginnys Großvater gegen Ende seines Lebens aus Abscheu vor der fortschreitenden Verschandelung seiner Model City zurückgezogen hatte.

Während sie so vom Himmel herabschwebte, um ihrer leidenden Mutter den Puls zu fühlen, empfand Ginny eine deutliche Verwandtschaft mit dem Todesengel. »Die Jungens kann ich nicht bitten zu kommen«, hatte Mrs. Yancy geschrieben. »Die führen ja ihr eigenes Leben. Söhne sind etwas anderes als Töchter.« ›In der Tat‹, sagte sich Ginny, Miss Head imitierend, ihre Mentorin am Worthley College, die diese Worte bei ähnlichen Anlässen mit einer angewiderten Grimasse auszusprechen pflegte.

Als sie auf den windschiefen Schuppen zurollten, der sich Flughafengebäude schimpfte, mußte Ginny daran denken, wie oft sie in der Vergangenheit hier schon gelandet war. Ihre Mutter war eine leidenschaftliche Amateurfilmerin gewesen und hatte das Heranwachsen ihrer Kinder getreulich mit der Kameralinse festgehalten, immer bereit, ihre Premieren aufs Zelluloid zu bannen: das erste Lächeln, die ersten Schritte, den ersten Zahn, den ersten ausfallenden Zahn, den ersten Schultag, den ersten Ball, ein um das andere endlose Jahr. Mutters Kinflicks, Mutters Heimkino, hatten Ginny und ihre Brüder das genannt. Eine Zusammenstellung der Kinflicks von Ginnys An- und Abflügen auf diesem Flughafen hätte sie gezeigt, wie sie die Treppe verschiedener alter, abgetakelter DC-7 in einer verwirrenden Folge von Verkleidungen emporstieg oder herabkam: in einer schwarzen, auf dem Rücken geknöpften Strickjacke, einem engen, geraden Rock und Clem Cloyds roter koreanischer Seidenwindbluse, als sie aufs College nach Boston ging; in einem flotten Tweedkostüm, mit dicker Hornbrille und strengem Haarknoten nach einem Jahr Worthley; in Jeans, schwarzem Rollkragenpullover und Schnürsandalen, nachdem sie Eddie Holzers Geliebte geworden war und Worthley verlassen hatte; in einem Blazer des Weiblichen Hilfscorps der Feuerwehr von Stark's Bog, als sie mit Ira Bliss verheiratet war. Wenn sie in einem Restaurant ihr Essen bestellt hatte, hoffte sie anschließend jedesmal, daß es das von ihr gewählte Gericht nicht mehr gab und sie das essen konnte, was ihr Nebenmann aß. So ein Mensch war sie. Bettler, die sie um Busgeld für einen Besuch bei ihrer sterbenden Mutter baten, kahlgeschorene Hare-Krischna-Jünger in safrangelben Gewändern und mit Fingerzymbeln an den Händen, Jesus-Anhänger mit Plakaten wie ›Sammelt euch um Jesus, den Felsen, und ihr braucht keinen Alkohol mehr‹ – all diese Leute hatten sich, als sie mit Eddie in Boston lebte, mit nachtwandlerischer Sicherheit auch auf überfüllten Plätzen stets ausgerechnet an sie gewandt. Sie mußte zugeben, daß sie leicht zu verführen war – geistig-seelisch. Anscheinend wirkte sie verloren, bedürftig, verängstigt, verwirrt und leicht verletzlich – ein perfektes Opfer. Und in dieser Hinsicht trog der Schein tatsächlich nicht. Es stimmte. Normalerweise war sie durchaus bereit, alles zu glauben, was man ihr auftischte. Wenigstens eine gewisse Zeit lang.

Ginny erinnerte sich, bei jeder Ankunft auf diesem Flughafen vom Flugzeug aus die Mutter und den Major gesehen zu haben: stets unverändert, stets aber darauf gefaßt, ihre wandelbare Tochter bei der Heimkehr wieder mal in einer anderen Gestalt zu sehen. Wenn Ginny an ihre Eltern dachte, dann sah sie sie als eine Einheit, unüberwindlich und unverletzlich, als zwei Hälften eines Ganzen, als Silhouetten, nur Umriß und Form, fast ohne erkennbare Gesichtszüge. Sie entschied, daß es sich dabei um ein Echo aus frühester Kindheit handelte, als sie sich wohl gemeinsam zärtlich über ihr Bettchen gebeugt hatten, wie es Eltern gewöhnlich tun, ehe sie ihren Sprößling richtig kennenlernen. Bei dieser Heimkehr jedoch stand niemand am Zaun, um ihre Ankunft getreulich zu filmen – jetzt in einem Patchwork-Folklorekleid, Kampfstiefeln und Afro-Frisur, mit einem Rucksack auf dem Rücken und einem Poncho aus peruanischer Lamawolle darüber, so daß sie wirkte wie ein buckliges altes Weib, die dreizehnte Fee bei Dornröschens Taufe. Die Mutter lag im Krankenhaus; und der Major war ›entschlafen‹, wie es der Bestattungsunternehmer mit den wachsbleichen Händen vor einem Jahr euphorisch genannt hatte.

Offenbar war sie jetzt ganz auf sich selbst gestellt.

Diese Heimkehr war wirklich alles andere als festlich. Keine Musikkapelle spielte in der Auffahrt, keine Freunde der Familie führten auf dem Rasen Volkstänze vor, als sie ihrem Taxi entstieg. Mühsam stakste sie den kiesbelegten Fahrweg entlang, ständig in Gefahr, das Gleichgewicht zu verlieren, weil die Riemen ihres Rucksacks sie zwangen, aufrechter zu gehen als gewohnt. Sie bemerkte, daß der Rasen viel zu hoch stand und daß sich dicke Quecken durch den Kiesbelag ans Licht arbeiteten. Freudig hob sie den Blick zu dem schönen bleiverglasten Oberlicht über der Haustür. Ihr Elternhaus mochte zwar eine Imitation sein, aber es war wenigstens eine geschmackvolle. Mit Unbehagen betrachtete sie das Schild mit der Aufschrift ›Zu verkaufen‹, das eine Immobilienfirma vor den Magnolien aufgepflanzt hatte.

»Du kannst doch unmöglich das Haus verkaufen!« hatte sie dem Major erklärt, als sie kurz vor seinem Tod, der inzwischen ein Jahr zurücklag, in Hullsport gewesen war.

»Aber natürlich kann ich das«, erwiderte er trocken, schob sich die Pfeife in den Mund und entzündete sie mit einem Streichholz, das er in der linken Hand mit der häßlichen Fingerlücke hielt. »Warum wohl nicht?«

»Warum nicht? Weil es unser *Zuhause* ist. Darum nicht.«

»Meines bestimmt nicht, auf gar keinen Fall. Möchtest du vielleicht mit Ira hier wohnen?«

»Na ja, eigentlich nicht. Aber . . .«

»Nun?«

Das hätte ihr noch gefehlt, jetzt wieder nach Hullsport zurückzukehren! Aber es war so beruhigend, etwas Sicheres im Hintergrund zu haben, das man überheblich zurückweisen konnte.

Ginny rüttelte an der Türklinke. Verschlossen. Sie setzte den Rucksack ab und betätigte mehrmals kräftig den riesigen Messingklopfer, der mit der Zeit vollkommen blind geworden war. Im Grunde hatte sie keine Ahnung, wer ihr hier aufmachen sollte, da ihre Mutter im Krankenhaus lag – vielleicht ihr eigenes Kindheits-Ich. Sie sah unter der Türmatte nach, dem traditionellen Schlüsselversteck aus Film und Roman. Und tatsächlich, da lag er. Wobei sich die interessante Frage erhob, warum sich überhaupt jemand die Mühe gemacht hatte, die Tür zu verschließen, da die gesamte Verbrecherbevölkerung Amerikas zuerst unter der Türmatte nachsehen würde.

Als die riesige Tür nach innen schwang, schlug ihr modrig-stickige Luft entgegen. Sie nahm den Rucksack, trat ein und sah sich neugierig um. Hier hatte sich nichts verändert. Das ganze verdammte Haus glich einer Zeitkapsel. Ihre Mutter hatte sich immer geweigert, etwas reparieren oder renovieren zu lassen; sie wolle alles so behalten wie damals, als ihre Kinder klein waren, erklärte sie stets. Infolgedessen war der grüne Teppichboden in der Halle und auf der geschwungenen Treppe stellenweise völlig durchgetreten. Das Mahagonigeländer hing immer noch ein wenig schief, wie seit dem Tag, als Karl, Ginnys älterer Bruder, mit dem Hund auf dem Arm darauf heruntergerutscht war. Die grün-weiß gemusterte Tapete wies entlang der Treppe, wo kleine unsichere und sehr schmutzige Hände Halt gesucht hatten, Schmierspuren auf. Dem Chippendale-Schreibtisch ihrer Mutter, in dessen Mahagoni-Löwenfüße Karl fleißig Nägel gehämmert hatte und der die Grabsprüche sowie den Entwurf für den Gedenkgottesdienst ihrer Mutter enthielt, fehlten immer noch die beiden Griffe, die ihr jüngerer Bruder Jim abgerissen hatte, als er von Ginny einmal daran festgebunden worden war. Und über dem Schreibtisch hing die Radierung von Urgroßtante Hatties Grabstein: ›Wand'rer, mach halt, sprich ein Gebet./ Jetzt bin ich kalt, hab doch gelebt./ Auch du wirst einst im Grabe ruhn./ Mach dich bereit, mir's gleichzutun.‹

Auf dem Schreibtisch sah sie den Gegenstand, den ihre Mutter immer am höchsten geschätzt hatte: eine kleine Walnußuhr, ungefähr fünfzig Zentimeter hoch, oben spitz zulaufend wie ein Dach. Zifferblatt und Uhrwerk lagen hinter einer grünen, geschliffenen Glastür. Seitlich waren zwei kannelierte Säulen angebracht, die Zeiger bestanden aus schmiedeeisernem Filigran. Die Zahlen auf dem Zifferblatt waren römisch und ganz verblaßt. Diese Uhr hatte einst Ginnys Großmutter Hull gehört, und davor ihrer Mutter, und so weiter. Kein Mensch wußte, woher sie ursprünglich stammte. Jahrzehntelang hatte sie in kleinen, schäbigen Zechenhäusern der Bergwerkstädte von Südwest-Virginia auf Regalen und Tischen Kohlenstaub gefangen, bis Grandma Hull sie, wie die Hausgötter des alten Rom, nach Hullsport mitgenommen hatte. Als Kind hatte Ginny sie besonders gern mit dem großen Metallschlüssel aufgezogen – acht Umdrehungen pro Woche, nicht mehr und nicht weniger –, wie es vorher ihre Mutter und davor Grandma Hull getan hatten.

An der Wand, dem Mahagonischreibtisch gegenüber, stand ein riesiger holländischer ›Kaas‹. Eine der Türen hing immer noch schief, seit damals, als Ginny sich bei einem ausgelassenen Versteckspiel dort zwischen den Tafeltüchern verkrochen hatte. Auch der Kaas war ein altes Erbstück. Die Holzdübel, die ihn zuammenhielten, konnten herausgezogen und der ganze wuchtige Schrank in Einzelteilen verfrachtet werden, was wohl auch ziemlich oft geschehen war, ehe er hier in diesem Pseudo-Antebellum-Herrenhaus landete.

Durch das Palladio-Fenster flutete Sonnenlicht in den Flur am Kopf der Treppe herein, in dem träge zahllose winzige Stäubchen schwebten. Karl, Jim und Ginny hatten dort oft gelegen und den Sonnenstäubchen zugesehen, sie durch Pusten zu den wildesten Tänzen gezwungen. Karl war jetzt als Army-Captain mit Frau und vier Kindern in Deutschland stationiert. Jim fertigte in Palo Alto, Californien, aus alten Autoreifen Vietcong-Sandalen. Ginny hatte sie beide für ein paar Stunden bei der Beerdigung ihres Vaters gesehen. Sie hatten einander erstaunlich wenig zu sagen gehabt.

Das große Haus war totenstill. Ginny hatte wieder das Gefühl, das sie so oft bekam, wenn sie allein und alles still war: daß es eine Geräuschfrequenz geben mußte, die gerade außerhalb ihres Hörvermögens lag – ein Hund hätte sie vielleicht wahrgenommen. Diese Frequenz, der Tonstreifen zu den Kinflicks ihrer Mutter, war eine Aufzeichnung aller Rufe, allen Kinderlachens, aller Wortwechsel und Auseinandersetzungen, die seit der Entstehung in diesem Haus erklungen waren. Sie wandte den Kopf hierhin und dorthin, narrte sich selbst mit der Idee, wenn sie nur den richtigen Winkel fände, könne sie ihren unzulänglichen Hörmechanismus auf diese Frequenz einstellen. Es war genau dasselbe Gefühl, mit dem sie sich herumschlug, seit sie in Biologie gelernt hatte, daß von 124000 Bäumen, die auf einem Morgen Waldboden angepflanzt würden, schließlich nur 120 Bäume heranwachsen konnten: Wäre sie in der Lage gewesen, den Lärm dieses Kampfes ums Überleben zu vernehmen, er wäre wahrscheinlich ohrenbetäubend gewesen. Es war unheimlich. Sie beschloß, lieber drüben im Blockhaus zu wohnen.

»Haben Sir mir noch irgendwas über Mutter zu sagen?« erkundigte sich Ginny, als sie Mrs. Yancy später am selben Nachmittag zum Flughafen fuhr. Mrs. Yancy trug einen Blumenhut, weiße Handschuhe und ein Mantelkleid aus Leinen. Für den Charterflug ins Heilige Land wollte sie sich mit Angehörigen der National Baptist Women's Union in New York treffen.

»Ja. Sie hat idiopathische thrombozytopenische Purpura«, antwortete sie langsam.

»Wie bitte?«

»Idiopathische thrombozytopenische Purpura.«

»Ist das dieser Gerinnungsdefekt?«

»Ja.«

»Sie sagten, daß sie Steroide bekommt . . . Helfen die überhaupt?«

»Haben Sie schon das neue Fischburger-Restaurant gesehen?« fragte Mrs. Yancy. Sie deutete zum Fenster hinaus auf ein in Rot und Silber gehaltenes Haus mit einer Neonreklame, auf der ein einbeiniger Pirat mit einem lachenden Schwertfisch tanzte, und einer Leuchtschrift ›Long John Silver's Fishburger‹.

»Nein, noch nicht«, antwortete Ginny, erleichtert, daß ihre Frage nicht endgültig beantwortet worden war. »Waren Sie schon mal drin?«

»Ja, es ist ganz ausgezeichnet. Sie müssen unbedingt einmal dort essen, solange Sie hier sind.«

»Mache ich«, versicherte Ginny. »Aber was meine Mutter betrifft – inwiefern kann ich ihr denn helfen?« Eigentlich hatte sie fragen wollen, wie schwer die Krankheit ihrer Mutter war, aber sie wußte nicht so recht, wie sie das formulieren sollte. Das wäre, als würde sie sich nach dem Sexualleben der Mutter erkundigen.

»Die Ärzte und Schwestern sorgen für alles«, sagte Mrs. Yancy beruhigend. »Aber sie langweilt sich. Besuchen Sie sie nur jeden Tag. Trotzdem, Ginny, möchte ich Sie warnen, damit Sie keinen Schreck kriegen, wenn Sie sie sehen. Sie sieht fürchterlich aus. Überall dicke Blutergüsse und in den Nasenlöchern Wattepfropfen, damit ihr nicht ständig das Blut rausläuft. Aber sie wird sicher bald wieder gesund. Dies ist ja nicht das erstemal; im letzten Jahr hat sie es auch zweimal gehabt.«

»Aber warum hat sie mir das nicht mitgeteilt?«

»Tja, weil sie meinte, das wäre nicht nötig. Es schien nicht wichtig genug zu sein, um Sie damit zu beunruhigen. Sie hat ein paar Pillen bekommen, und alles war wieder in Ordnung. Die moderne Medizin ist wirklich fabelhaft, Kindchen.«

»Aber warum wurde ich diesmal informiert, wenn es letztesmal nicht wichtig genug war?«

»Nun ja, es hat sich einfach so ergeben«, erklärte Mrs. Yancy logisch. »Wo ich doch ins Heilige Land reise. Ich hielt es für richtiger, sie nicht ganz allein zu lassen. Sie wissen doch, was Ihre Mutter in einer fremden Umgebung empfindet.«

»Ich bin ja nur zu gern gekommen!« beteuerte Ginny eilfertig. »Hat sie Schmerzen?«

»Nicht viel. Das kann man heutzutage alles mit diesen fabelhaften Medikamenten regulieren. Ist das nicht wunderbar, was man damit alles machen kann?«

Während Mrs. Yancy an Bord ihrer Maschine ging und Ginny ihr nachwinkte, mußte sie daran denken, daß sie sich das letztemal vor einem Jahr und drei Monaten hier von jemandem verabschiedet hatte: von dem Major, als er nach Boston fliegen wollte. Danach hatte sie ihn nicht mehr lebend gesehen. Es war gegen Ende ihres Versöhnungsbesuches gewesen, bei dem sie den Eltern Ira und Wendy vorgestellt hatte. Den Major hatte sie damals am Spätnachmittag von seinem Büro abgeholt, nachdem sie sich, seinen Ausweis schwenkend wie ein FBI-Beamter bei einer Razzia, mühsam durch die vielen Tore und an den vielen Wachtposten vorbeigearbeitet hatte.

»Sag Ira, daß in der Schublade neben dem Kamin zweiundzwanzig Patronen liegen«, sagte er beiläufig, als sie zum Flughafen fuhren – nicht anders, als erkläre er ihr, im Kühlschrank seien noch Milch und Eier, die bald verbraucht werden müßten.

Verblüfft, weil sie vergessen hatte, daß dies derselbe Mann war, der ihr beim Abschied von zu Hause damals, als sie ins College fuhr, eine .38er Special und einen Riesenvorrat an Patronen überreicht hatte, fragte Ginny: »Aber wozu?«

»Falls ihr von jemandem belästigt werdet – sofort schießen.« Und er meinte es ernst, das wußte Ginny. Ohne Rücksicht darauf, ob sie behaupteten, Bibelverkäufer, Halloween-Kinder oder freiwillige Sammler für den Kampf gegen den Herztod zu sein.

»Weißt du was, Dad? Du bist genauso paranoid wie *sie*.«

»Du nennst es Paranoia, ich nenne es Realitätssinn.«

»Ich finde, wenn man immer nur an potentielle Katastrophen denkt, zieht man sie dadurch an«, fuhr Ginny auf.

»Weißt du was?« entgegnete er nachdenklich. »Daß ich dich aufs College nach Boston geschickt habe, war die schlechteste Investition meines Lebens. Du warst früher ein so nettes und respektvolles Kind.«

Ginny warf ihm einen empört-ungläubigen Blick zu. Sie konnte sich nicht erinnern, in den Jahren vor ihrem Weggang jemals etwas anderes als Streit mit ihm gehabt zu haben.

»Aber *du* warst es doch, der wollte, daß ich gehe.«

»Ich? Aber Virginia, es war mir doch völlig egal, welches College du besuchst. Oder ob du überhaupt eins besuchst.« Ginny starrte ihn sprachlos an. Log er bewußt, oder hatte sie einen Teil ihres Lebens damit verbracht, ihren Eltern Wünsche zu erfüllen, die nur in ihrer eigenen Phantasie existierten? »Ich habe niemals versucht, dich hinsichtlich deiner Lebensführung zu beeinflussen.«

Ginny fand vor Zorn keine Worte und konzentrierte sich auf die Straße. Sie hielt das Lenkrad so fest umkrampft, daß ihre Knöchel weiß hervortraten.

Eine Zeitlang fuhren sie in feindseligem Schweigen. Dann sagte er barsch: »Falls ich dich nicht wiedersehen sollte, Ginny, möchte ich dir nur mitteilen, daß du im großen und ganzen eine zufriedenstellende Tochter gewesen bist.«

»Aber Vater, um Gottes willen!« kreischte Ginny, die fast frontal gegen eine Betonmauer geprallt wäre.

»Ja, aber das liegt doch durchaus im Bereich der Möglichkeiten, wenn man so häufig fliegt wie ich. Du scheinst dir deiner eigenen Sterblichkeit nicht bewußt zu sein.«

Ginny sah ihn hilflos an, der in seinem dreiteiligen Nadelstreifenanzug ein Musterbeispiel an Eleganz darbot. »Wie kommst du denn auf die Idee? Schließlich hab ich mein Leben lang nichts anderes von euch beiden zu hören gekriegt!«

Jetzt hatten sie den Flughafen erreicht. Ginny parkte den Jeep. »Komm mit hinein, wir trinken noch einen Kaffee«, schlug der Major vor, während er seinen Koffer vom Rücksitz nahm. Nach dem Check-in ergriff er Ginnys Arm und führte sie zu dem grauen Metallautomaten im Warteraum, wo man eine Flugversicherung kaufen konnte. Er füllte eine Police für 25 Cent aus und nannte sie als Empfangsberechtigte einer Summe von 7500 Dollar im Fall seines Todes durch Flugzeugabsturz.

»Vielen Dank«, sagte Ginny geistesabwesend. Sie faltete den Zettel und stopfte ihn in die Tasche ihres Feuerwehrblazers.

Die Hand noch immer an ihrem Ellbogen, dirigierte er sie zur Lunchtheke. Sie setzten sich an einen kleinen Resopaltisch und bestellten Kaffee. Als die Kellnerin sie bedient hatte, begannen sie wieder einmal ihr stummes Wartespiel, um zu sehen, wer von ihnen den ersten Schluck trank, um so dem anderen – wie die Kanarienvögel im Bergwerk – zu beweisen, daß der Kaffee nicht vergiftet war und die Sahne kein Ptomain enthielt. Es war eine Nervenschlacht. Bei wem würde der Wunsch, den Kaffee noch warm zu trinken, zuerst die peinliche Vorstellung des Sterbens in einem öffentlichen Gebäude besiegen?

Ginny hob ihre Tasse und gab vor zu trinken. Doch der Major ließ sich nicht reinlegen. Er setzte sich bequemer zurecht und rührte Sahne in seinen Kaffee. Um Zeit zu gewinnen, tat Ginny einen Löffel Zucker in ihre dicke weiße Tasse und fragte: »Was sagt eigentlich Mutter dazu, daß du das Haus verkaufen willst?« Ginny wußte, was ihre Mutter empfand, obwohl sie mit ihr nicht darüber gesprochen hatte: Die Mutter fand, daß der Major immer recht hatte – in jeder Beziehung.

»Sie meint auch, daß das Blockhaus groß genug ist für uns zwei. Wir verlaufen uns ja in dem Riesenkasten. Und ich habe nicht den Eindruck, daß ihr oder die Jungens es haben wollt.«

Als Ablenkungsmanöver holte der Major eine Medikamentenflasche aus der Tasche, schraubte sie auf und entnahm ihr zwei kleine weiße Pillen, die er sich in den Mund steckte und mit einem halben Glas Wasser hinunterspülte.

Ginny, die ihm dabei zusah, trank gedankenlos einen Schluck Kaffee. Als sie merkte, was sie getan hatte, behielt sie die Flüssigkeit im Mund und überlegte, ob sie sie nicht wieder ausspucken sollte. Aus lauter Neugier schluckte sie schließlich doch. Während beide auf den Kollaps warteten, fragte sie: »Was ist denn das?«

»Coumadin«, antwortete er kurz.

»Coumadin?«

»Coumadin.«

»Und was ist das?«

»Ein Antikoagulans«, sagte er undeutlich, mit abgewandtem Blick.

»Für dein Herz?« Er nickte bedrückt. »Aber was ist denn mit deinem Herz?«

»Gar nichts. Nur ein kleiner Herzanfall.«

»Ein *Herz*anfall?« Sie schrie es fast. »Wann denn?«

»Im letzten Monat.«

»Und warum hat man mir nichts davon gesagt?«

»Weil es unwichtig war. Nur Überarbeitung. Ich habe nicht mal eine Woche gelegen.« Er trank einen großen Schluck und verzog ärgerlich die Miene, weil der Kaffee inzwischen kalt geworden war.

Ginny wurde von einer Woge der Angst gepackt. Schweißtropfen traten ihr auf die Stirn. Sie rang nach Luft. Der Kaffee war also doch vergiftet gewesen, und sie sollte ihr langerwartetes Ende hier auf dem Linoleumfußboden des Flughafenrestaurants finden. Die Mutter hatte sie stets ermahnt, ihre beste Wäsche zu tragen, wenn sie das Haus verließ, da man ja nie wußte, ob man nicht eines Tages auf einer Unfallstation landete. Doch hatte Ginny auf sie gehört? Natürlich nicht. Und nun sah sie der Ewigkeit mit Sicherheitsnadeln im Büstenhalter entgegen.

»Was ist?« erkundigte sich der Major beunruhigt.

»Ach, nichts«, antwortete sie tapfer. Kurz darauf legten sich die Symptome, und ihr Anfall erwies sich als völlig normaler Ausbruch von Trennungsangst, einem Leiden, mit dem sie nur allzu vertraut war. Das Haus kurz vor dem Verkauf, der Major kurz vor einem Herzanfall. Wenn das nicht Gründe genug waren für so einen Angstausbruch!

»Wann kommst du wieder?« fragte sie leise.

»In vierzehn Tagen«, antwortete er mit breitem Lächeln. Er ging auf seine Geschäftsreisen nach Boston wie ein Matrose nach langen, entbehrungsreichen Monaten auf See zum Landurlaub.

»Geschäftlich?«

»Zum größten Teil. Ich weiß nicht, ob ich es dir schon gesagt habe: Wir beabsichtigen, ganz nach Boston zu ziehen.«

Ginny warf ihm einen entsetzten Blick zu. »Aber das könnt ihr doch nicht machen! Unsere Heimat ist doch hier!«

»Meine nicht. Ich habe diese Stadt immer gehaßt, das weißt du. Eigentlich wollte ich nur ein Jahr hierbleiben, weil das zu meiner Ausbildung für einen Job in Boston gehörte. Aber dann lernte ich deine Mutter kennen, die den Gedanken, Hullsport zu verlassen, nicht ertragen konnte. Obwohl der Teufel weiß, warum.«

»Aber wie könnt ihr die Erinnerungen von fünfunddreißig Jahren einfach so hinter euch lassen?« jammerte Ginny, die genau wußte, wie schwer es ihr fiel, sich von Dingen der Vergangenheit zu trennen, und wenn sie noch so negativ waren.

»Aber leicht!« antwortete er lachend. Er trank seinen Kaffee, erhob sich, küßte Ginny auf die Stirn und eilte, allen drohenden Herzanfällen zum Trotz, zu seiner Maschine. Wieso ein Herz aus Stein an einer derartigen Funktionsstörung leiden konnte, überstieg damals Ginnys Begriffsvermögen.

Zweieinhalb Monate später erlag er einem Herzanfall.

Nachdem Mrs. Yancys Maschine gestartet war, fuhr Ginny langsam durch das verwirrende Netz der neuen Super-Highways und Einkaufszentren nach Haus zurück. Sie hatte das Gefühl, als stehe ihr ein weiterer Anfall von Trennungsangst bevor. Es war einfach alles zuviel für sie: die Mutter im Krankenhaus, der Major tot, das Heim ihrer Kindheit zum Verkauf ausgeschrieben, Hullsport an einer Art Krebs erstickend. Alles, was ihr an dieser Stadt vertraut war, schien dahinzuschwinden. Und da Ira sie aus dem Haus gejagt hatte, besaß sie nun weder Heim noch Familie.

Sie fuhr an der Regional High School von Hullsport vorbei, einem massigen roten Backsteinbau mit weißen Verzierungen. Direkt daneben lag ein großer Sportplatz. Hier war ihr jedes Grasbüschel, jedes Maulwurfsloch vertraut, weil sie hier zwei Jahre lang beinahe an jedem Nachmittag als Fahnenschwingerin für die Hullsport Pirates auf und ab marschiert war, immer bemüht, ihre Knie in einem perfekten Winkel von neunzig Grad zu heben. Dieser Ehrenjob berechtigte sie dazu, bei Footballspielen vor einer Marschkapelle einherzustolzieren, in grauen Köpershorts, einer litzenbesetzten rotbraunen Uniformjacke mit Silber-Epauletten, weißen Go-Go-Stiefeln mit Troddeln dran und einem hohen weißen Plastikhelm mit einer rotbraunen Straußenfeder im Band. Sie trug eine grau-rotbraune Fahne mit dem Emblem ihrer Schule, der Fackel des Wissens. Über dem Wappen war das Motto der High School eingestickt: ›Streben, Suchen, Finden und nicht Aufgeben.‹ Der Schaft endete in einem Kugelgriff, so daß sie die Fahne zur Begleitung der Anfeuerungssongs, mit denen die Kapelle sich abplagte, beim Marschieren in eindrucksvoller Choreographie wirbeln, drehen und fliegen lassen konnte. Dieses Prestige!

Ganz langsam fuhr Ginny am alten Sportplatz vorbei, sonnte sich im Glanz der Vergangenheit und dachte darüber nach, wie es nur möglich sei, einen Menschen so zu manipulieren, daß er stolz darauf war, alles zu tun, was seine Umgebung für erstrebenswert hielt.

Sie kannte diese Aschenbahn und diesen Sportplatz aber nicht nur vom Marschieren. Nachdem sie das Fahnenschwingen aufgegeben hatte, pflegte sie mit Clem Cloyd immer dann, wenn gerade kein Trainer anwesend war, auf Clems Harley über die Aschenbahn zu brausen und ein Rennen zu veranstalten. Die rasend sich drehenden Räder schleuderten einen Regen von Aschenbrocken hoch, mitten in die geröteten Gesichter des keuchenden Läuferteams, zu dem auch Joe Bob Sparks gehörte, bis dieser wütend schrie: »Runter von der Bahn, mit diesem verdammten Feuerstuhl!«

Unvermittelt fiel Ginny auf, daß auch jetzt gerade einige Jungens auf der Aschenbahn trainierten: Die bloßen Oberkörper, von feinem Haarflaum bedeckt, glänzten schweißnaß in der heißen Hochsommersonne.

Impulsiv trat sie auf die Bremse und starrte gebannt zu einem der Läufer hinüber. Dann lenkte sie an den Straßenrand und blieb heftig atmend im Wagen sitzen. Diesen schweißbedeckten Rücken hätte sie unter Tausenden erkannt! Die Muskelpakete rechts und links der Wirbelsäule bewegten sich rhythmisch. Wie oft hatte sie sich beim Tanzen an diesen Kraftbergen festgehalten und sich fieberhaft gewünscht, sein muskulöser Körper möge auf dem ihren liegen und sich auf und ab bewegen! Mein Gott, es war tatsächlich Joe Bob Sparks!

Balanceakt auf schmalem Grat oder dicke Eier im Bibelland

Als ich den ›Sparkplug‹ – die Zündkerze – der Hullsport Pirates, wie der Sportreporter des Senders WHPT Joe Bob Sparks nannte, zum erstenmal sah, kam er durch das Papierbild eines grinsenden Piraten mit schwarzer Augenklappe, Messer zwischen den Zähnen und rotem Kopftuch gesprungen: Joe Bob, den einen stollenbewehrten Fuß vorgestreckt, Ellbogen breit, Schulterschutz ein Wall um den rotbraunen Helm. Er war die Nummer achtunddreißig, Halfback und Kapitän der Mannschaft. Ich hatte natürlich von ihm gehört. Er war so eine Art Legende in unserer Gegend. Doch aus der Nähe hatte ich ihn nie gesehen, nur von fern auf den Sportplätzen, denn er wohnte in einer Siedlung am anderen Ende von Hullsport und besuchte eine andere Grundschule als ich.

Die Cheerleader – Jubeldirigentinnen – feuerten die dichtgedrängten Zuschauerränge zu begeisterten Sprechchören an: »Sparky! Sparky! Unser Mann! Es gibt nichts, was er nicht kann!« (Damals hatte ich, weil dieser Joe Bob so unheimlich gut aussah, tatsächlich den Eindruck, er könne alles. Ganz und gar erschauerndes Geschlechtstierchen, hatte ich noch nicht erkannt, daß auch die Fähigkeit, zu denken, gelegentlich einen Sinn haben kann.) Dann stürmte Doyle durch den deflorierten Papierreifen. Die Cheerleader in ihren rotbraunen Reitstiefeln wirbelten wie wild um die eigene Achse, daß die weiten rotbraun-grauen Röcke bis an die Taille emporflogen und rotbraune Strumpfhosen erkennen ließen. Und auch ich drehte mich und schwenkte die Fahne.

Dabei konnte ich Joe Bob im Zentrum des Spielfeldes sehen. Er stampfte und tänzelte auf der Stelle wie ein Rennpferd an der Startlinie des Derby. Sobald die gesamte Mannschaft bewiesen hatte, daß sie durch den Reifen springen konnte, erschien, umringt von Assistenten wie ein Mafioso von Leibwächtern, Cheftrainer Bicknell auf dem Plan. Alle Spieler nahmen die Helme ab und klemmten sie sich unter den linken Arm. Die Cheerleader und ich nahmen Haltung an, und ich schulterte die Fahne wie ein Gewehr. Die Kapelle schmetterte ihre fast unkenntliche Version von ›Star-Spangled Banner‹, und ich beobachtete beifällig, wie Joe Bob seine riesige Rechte andächtig auf die Brust legte und den Blick stramm auf das Sternenbanner gerichtet hielt, während die meisten seiner Mannschaftskameraden unruhig mit den Füßen scharrten. Dann bildete das Team einen dichten Kreis, schloß die Augen – Joe Bob schloß die seinen besonders fest –, und Trainer Bicknell sprach mit ihnen ein Gebet um fairen Sports- und Mannschaftsgeist.

Und, sozusagen ein nachträglicher Einfall, um den Sieg.

Dann spornten die Cheerleader unsere dichtbesetzten Ränge zu einem Begrüßungssprechchor für die Sow Gap Lynxes an: »Unser Spiel ist hart, unsere Jungs sind vollkommen. Doch wir bieten Sow Gap ein herzliches Willkommen!«

Die Kinflicks jenes ersten, mitreißenden Spiels, die Mutter von der vordersten Zuschauerreihe aus schoß, zeigen mich in den verschiedensten vorgeschriebenen Posen: Ich nehme den federgeschmückten Helm ab und schlage Rad, als hänge die Drehung der Weltkugel davon ab; ich nehme das Megaphon der Cheerleader und brülle den Zuschauern aus vollem Halse zu: »Alles mitrufen, verstanden?«; ich falle auf die Knie und richte den Blick in stummem Gebet um einen Touchdown gen Himmel; nach unserem ersten Touchdown führe ich die sieben Cheerleader bei einer Allemande an, während die Kapelle ihre unnachahmliche, von den Trommeln beherrschte Interpretation unseres Schulsongs nach der Melodie von ›Stars and Stripes Forever‹ intoniert. Und in einer Sequenz lasse ich mir jeden Buchstaben auf der Zunge zergehen, als wir auf seinen ersten Touchdown hin ›Sparky‹ buchstabieren. (In der Schule wurde Joe Bob ›Sparky‹ genannt, nur ich selbst zog das würdevollere ›Joe Bob‹ vor.) »Zuerst ein Ess!« »Ess!« »Dann ein P!« »P!« Und so weiter. »Was haben wir nun?« »SPARKY!«

Wir beobachteten die Uhr auf der Anzeigetafel und zählten die letzten dreißig Sekunden laut brüllend mit. Joe Bob hatte drei Touchdowns geschafft und den Pirates zu einem überwältigenden Sieg über die Lynes verholfen. Seine Fans, die von den Tribünen her auf das Spielfeld strömten, trugen ihn auf ihren Schultern hinaus. Zu den Sportveranstaltungen der High School kam jedesmal die ganze Stadt. Spiele gegen benachbarte Ortschaften entfesselten sämtliche latenten interkommunalen Feindseligkeiten. Es war, als sei jeder Ort ein kriegführender Stadt-Staat und die High-School-Teams die Stadtmiliz.

In der mit rotbraunen und grauen Papierschlangen und wilden, auf Papier gemalten Piraten dekorierten Turnhalle der Schule fand anschließend das Siegesfest statt. Ich stand in meinen kurzen Shorts und den Go-Go-Stiefeln mit ein paar Cheerleadern zusammen und sah zu, wie meine Klassenkameradinnen sich amüsierten. Gelegentlich lächelte ich einem bekannten Gesicht zu – mit einem Lächeln, das zu begeistert wirkte, um echt zu sein – und rief den rituellen Gruß der Hullsport High: »Say hey!«

Mein Interesse wurde erst geweckt durch die Gegenwart von Joe Bob Sparks persönlich, der, jetzt in ein adrettes kariertes Sporthemd und eine lange Hose gekleidet, das hellbraune Bürstenhaar noch feucht von der Dusche, nur wenige Schritte entfernt von mir stehenblieb. Immer wieder schlugen ihm die Leute anerkennend auf die Schultern und lobten: »Großartig gespielt, Sparky!« Dann zeigte Joe Bob sein schwachsinniges Lächeln und blickte mit einem bescheidenen Heben der Schultern verlegen zu Boden.

Und plötzlich, als habe er mein Sehnen gespürt, kam er, die Fans zu beiden Seiten hinter sich zurücklassend wie Christus seine Anhänger am Palmsonntag, auf mich zu und stellte sich vor. Oder vielmehr, er präsentierte sich mir, da er völlig zu Recht vermutete, alle wüßten schon, wer er war.

»Say hey!« sagte er mit seinem idiotischen Grinsen, das ich während der ganzen Zeit, da wir ›fest befreundet‹ waren, zu ignorieren suchte. Es war ein Lächeln, dessen Ausmaß keines der denkbaren Stimulantien rechtfertigte. Ja, wenn ich jetzt darüber nachdenke, so war Joe Bobs Lächeln eigentlich stets von äußeren Reizen unabhängig und trat gewöhnlich in den unwahrscheinlichsten und unangebrachtesten Momenten auf. Dieses Lächeln (ich befasse mich damit so eingehend, weil es, wie das Lächeln der Mona Lisa, sein ganzes Wesen beinhaltete) brachte sein Gesicht völlig aus der Balance. Die meisten Menschen lächeln von der Nase abwärts. Nicht so Joe Bob. Bei seinem Lächeln verengten sich die Augen zu Schlitzen, stiegen die Wangenknochen scheinbar bis zu den Schläfen empor, krauste sich die ganze Stirn und schob sogar noch den Haaransatz weiter nach oben. Und trotz dieses übertriebenen Lächelns öffneten sich seine Lippen nicht um einen Millimeter – vermutlich wegen des unvermeidlichen Juicy-Fruit-Kaugummis, auf dem er vornehm mit den Schneidezähnen herummümmelte. Kurz gesagt, Joe Bobs Lächeln wirkte verblödet. Aber ich schaffte es, diese Tatsache fast bis zu unserer Trennung zu übersehen, weil mich sein Geisteszustand auch nicht im Entferntesten interessierte.

Vielmehr war es sein bemerkenswerter Körper, der meine Gedanken buchstäblich beherrschte. Ich fand es herrlich, daß er so gar keinen Hals hatte, weil sein Kopf vom ständigen Rammen und Abblocken immer wieder zwischen die Schultern gestaucht wurde. Ich vergötterte seine gesplitterten Schneidezähne und die entstellte Oberlippe, die er sich geholt hatte, als ihm bei dem Versuch, zweihundertfünfzig Pfund zu stemmen, die Hantel aufs Gesicht gefallen war. Ich betete sein Kirk-Douglas-Grübchen an, das sein Kinn zu einem umgekehrten Herz formte, jenes Grübchen, das in Wirklichkeit vom Laufstollen eines Gegners stammte. Ich bewunderte die restliche halbe Braue über seinem linken Auge, die von der Feldstange stammte, gegen die er geflogen war, als sich ein Gegner auf ihn warf. Joe Bob war offenbar unverwüstlich – eine Eigenschaft, die für mich, die hinter jeder Ecke eine Katastrophe argwöhnte, einen unerhörten Reiz besaß. Vor allem aber liebte ich das tiefe Tal entlang seiner Wirbelsäule mit den mächtigen Muskelgebirgen rechts und links. Es war ein herrliches Gefühl, sich beim Tanzen mit den Händen daran festzuhalten!

Joe Bob redete nicht viel. Er ließ sich lieber an seinen Taten erkennen. Doch wenn er sprach, klang seine Stimme weich und kindlich; dann grinste er, riß den Mund weiter auf als notwendig und stieß seltsame Zungenlaute aus. Rückblickend komme ich zu der Ansicht, daß er einen Sprachfehler hatte, zu jener Zeit aber war es an der Hullsport High große Mode, Big Sparkys Babysprache zu imitieren. Sein Lieblingsausdruck, und somit der Lieblingsausdruck der ganzen Schule, lautete: »Wah?« Dieses ›Wah?‹, von seinem blöden Grinsen begleitet, kam jedesmal, wenn er nicht verstand, was jemand gesagt hatte, und das geschah oft. Es war eine Art Allzweckfrage, ein Äquivalent zu: ›Wie bitte?‹

So fragte er mich zum Beispiel bei jenem Siegesfest, nachdem er mich mit ›Say hey!‹ begrüßt hatte: »Warum hab ich dich noch nie hier gesehn?« Als sei es sein persönliches Privileg, jeden Schüler der Hullsport High zu begutachten.

Ich war stolz, Schülerin im zweiten Jahr zu sein: »Ich bin Sophomore«, erklärte ich, überwältigt von seinem Interesse für mich. Die Musik spielte so laut, daß meine Stimme darin unterging.

Joe Bob legte grinsend den Kopf auf die Seite und fragte: »Wah?«

»Sophomore!« schrie ich laut. »Ich bin Sophomore!«

Er nickte, immer noch grinsend. »Drehn wir 'ne Runde?«

Und so vollzogen wir jene Paarungsrituale, die sich Boogaloo und Chicken-Scratch nannten. Wir umkreisten einander langsam, mit sorgfältig berechneten Flatterbewegungen der Arme und Beine, mit schamhaft kaschierten Hüftschwüngen und dem demonstrativen Darbieten der Brust. Joe Bobs Bewegungen hinkten ungefähr einen halben Takt hinterher, da er an Hand- und Fußgelenken je ein fünf Pfund schweres, einer Fessel ähnliches Bleigewicht trug, um seine Arm- und Beinmuskeln auszubilden. Als ob die es nötig gehabt hätten!

Zuweilen – unfähig, die steigende Spannung zu ertragen – wirbelte einer von uns davon, wand sich mit dem Rücken zum Partner in narzißtischer Isolation, um sich dann wieder umzudrehen und, Auge in Auge mit dem anderen, die Beschwörung der Muse jugendlicher Sinneslust wiederaufzunehmen.

Und dann, zur Belohnung, ein langsamer Song: ›Why does my heart go on beating?/ Why do these eyes of mine cry?/ Don't they know it's the end of the world?/ It ended when you said good-by.‹ Das Herzzerreißende an diesem Song steigerte nur Joe Bobs und meine Freude darüber, einander in einer Welt gefunden zu haben, in der, wie Skeeter Davis uns versicherte, die einzige Gewißheit der Verlust war. Joe Bob umschlang mich mit seinen muskelbepackten Armen wie einen Football, den er über die Grundlinie tragen mußte; die Gewichte an seinen Handgelenken klapperten auf meinem Rücken. Ich legte ihm schüchtern die Arme um die Taille und entdeckte dabei zum erstenmal die beiden köstlichen, schwellenden Muskelgebirge beiderseits seiner Wirbelsäule.

Richtig tanzen taten wir nicht. Ja, wir bewegten uns kaum von der Stelle, sondern wiegten uns im Takt zu den nasalen Klagelauten, eben gerade genug Reibung zwischen uns erzeugend, daß er eine Erektion bekam, die gegen meinen Unterbauch stieß. Da ich zu jener Zeit noch nicht wußte, was eine Erektion überhaupt war, nahm ich an, die sonderbare Schwellung sei das Resultat einer weiteren Football-Verletzung, ein Leistenbruch oder so was ähnliches. Höflich tat ich, als bemerke ich nichts, genau wie ich auch vorgab, sein idiotisches Lächeln nicht zu bemerken, obwohl ich mich fragte, warum er mit einem so gequälten Ausdruck auf mich herabblicken mochte.

An dieser Stelle muß ich gestehen, daß ich, obzwar Fahnenschwingerin der Hullsport High, Freundin von Joe Bob Sparks und Burly Tobacco Festival Queen von Persimmon Plains, nicht immer schön und begabt gewesen war. Es hatte eine Zeit gegeben, etwa mit dreizehn, da hatte ich nur den Wunsch gehegt, linker Halbstürmer bei den Oakland Raiders zu sein. Das war, bevor ich die bittere Lektion gelernt hatte, daß Frauen ihr Leben durch Männer leben. Kurz gesagt, es war, bevor ich als Fahnenschwingerin an der Peripherie von Joe Bobs Triumphen auftauchte. Doch in den Tiefen der Testküche meines Unterbewußtseins muß ich wohl geargwöhnt haben, was sich da für mich zusammenbraute, denn mein Footballspiel spiegelte die verzweifelte Hektik der Verdammten. Meine Angriffe kamen mit der Begeisterung eines Soldaten, der am Abend vor einer verlorenen Schlacht ein Mädchen liebt. Meine Verteidigung wurde mit der liebevollen Präzision durchgeführt, wie sie unheilbare Krebspatienten ihren alltäglichen Verrichtungen widmen. Irgend etwas in mir wußte, daß ich niemals ein Oakland Raider sein würde, daß ich nicht mal ein Hullsport Pirate sein würde, daß ich mich an einem unbekannten Zeitpunkt der nahen Zukunft an den Trägern meines Trainings-BHs in eine fremde, neue Kampfarena würde emporziehen müssen.

Dieser Zeitpunkt kam an jenem scheußlichen Morgen, an dem meine erste Menstruation einsetzte. Meine Familie hatte es zwar schon immer mit dem Tod gehabt, aber ganz und gar nicht mit dem Sex. So unvorbereitet war ich auf diese Überschwemmung, daß ich fürchtete, mir beim Football am vorangegangenen Nachmittag ein lebenswichtiges Organ verletzt zu haben und nun langsam zu verbluten. Feuerrot und stotternd, den Blick verlegen von mir abgewandt und auf Urgroßtante Hatties Grabspruch an der Wand gerichtet, versicherte Mutter mir, was jetzt geschehe, sei in der Tat scheußlich, dennoch aber ganz normal. Das Schicksal, einmal in jedem Monat wie eine angestochene Sau zu bluten, sei der Preis, den man dafür bezahlen müsse, jede Woche die Kloschüssel eines Mannes scheuern zu dürfen.

»So ist das Leben«, schloß sie dann. Sie schloß viele Gespräche mit diesem Satz. Wenn sie es sagte, meinte sie damit jedoch nicht, daß man die zahllosen Widrigkeiten der körperlichen Existenz mit Würde hinnehmen, sondern daß man sich vielmehr der Würde der Toten zuwenden solle.

»Kein Football mehr«, entschied sie bündig. »Du bist jetzt eine junge Frau.« In diesem Augenblick konnte ich nachfühlen, was Beethoven empfunden haben mußte, als er merkte, daß er nie wieder Musik hören werde. Kein Football mehr? Genausogut hätte sie Arthur Murray befehlen können, nie mehr zu tanzen. Wie sollte ich existieren ohne den süßen Klang, wenn ich mit meinem Schulterschutz gegen die Hüfte eines Halfback prallte, ohne das köstliche Gefühl, wenn meine Laufstollen sich in den Rasen gruben? Ich ging hinauf, und als ich meine Schulterpolster gegen eine Monatsbinde samt Gürtel eintauschte, fand ich, die Menstruation komme in ihren Auswirkungen auf mein Leben durchaus einer schweren Magenblutung gleich.

Nicht lange jedoch, und ich lernte, daß dieser Körper, der auf dem Footballfeld einen Gegner umzurennen vermochte, auch noch auf andere, wesentlich subtilere, aber ebenso wirksame Art und Weise eingesetzt werden konnte. Man konnte ihn zum Beispiel sich drehen, wirbeln und tanzen lassen. Er konnte seinen Hüftschwung mit derselben Geschicklichkeit auch zu anderen Zwecken einsetzen als nur, um einem gegnerischen Angreifer auszuweichen. Seine knospenden Brüste, bisher als demütigender Nachteil betrachtet, der lediglich die Zahl auf dem Trikot verzerrte, konnten mit Hilfe eines wattierten BHs auf das Vorteilhafteste ausgespielt werden. Kurz gesagt, ich verwandelte mich aus einem linken Halbstürmer in eine Fahnenschwingerin, die neue Freundin von Joe Bob Sparks. *Ich* sollte binnen kurzem diejenige sein, der er böse war, wenn er ihretwegen dicke Eier bekommen hatte, und schließlich sollte auch *ich* es sein, die im Family-Drive-In-Kino emsig Handarbeiten an ihm leistete.

Aber ich greife vor. Wir begannen eher bescheiden. Am Montag nach dem Siegesfest holte mich Joe Bob zur Schule ab. Röhrend kam er mit seinem weißen Ford-Kabrio, auf dessen hinterem Kotflügel in roter Farbe ›Sparkplug‹ stand, unsere Kiesauffahrt heraufgeschossen. Seine Hupe blökte laut. Während Mutter entsetzt durch die grünen Samtvorhänge des Eßzimmers spähte, schlüpfte ich rasch zur Tür hinaus und stelzte kokett zum Wagen hinüber, völlig unberührt von der Tatsache, daß ich bis vor kurzem noch mit Joe Bob im Football hätte wetteifern können. Ich trug Mokassins aus Korduanleder mit Quasten und eine Madras-Bluse mit Peter-Pan-Kragen. Mein Rock reichte etwa bis auf die Mitte der Kniescheiben. Joe Bob betrachtete mich mit seinem albernen Grinsen und sagte leise: »Say hey, Ginny!«

Ich schenkte ihm ein unendlich verheißungsvolles Lächeln und stieg ein, wobei ich vorsichtshalber den Rock über die Knie zog, die von zahllosen Angriffen bei Touchdowns auf dem Aschenstreifen des Torraums mit Narben bedeckt waren. Joe Bob trug eine braune Baumwollhose mit kariertem Gant-Hemd und ebenfalls Mokassins. Jeder von uns stellte mit Genugtuung fest, daß der andere, sofern nicht als Fahnenschwinger oder Tailback verkleidet, sauber und ordentlich und genauso aussah wie die anderen Schüler der Hullsport High – mit Ausnahme von so Halbstarken wie Clem Cloyd in ihren unaussprechlich engen, nietenbesetzten Blue jeans, den schwarzen knöchelhohen Stiefeln, den dunklen T-Shirts und den Windblusen.

Am Freitagabend fuhren wir mit ›Sparkplug‹, das Verdeck heruntergeklappt, genau wie alle anderen erwähnenswerten Schüler der Hullsport High langsam die Hull Street hinauf und hinunter. Wir begannen beim Kirchenrondell und rollten gemächlich die Hull Street entlang über drei Kreuzungen bis zum Bahnhof, während ›Sparkplugs‹ Motor mit geräuschvoller Ungeduld vor sich hin brummte. Am Bahnhof wendeten wir und nahmen wieder Richtung auf das Kirchenrondell, wobei Joe Bob den Motor an den Verkehrsampeln zum Spaß aufheulen ließ, um denen, die gerade neben uns hielten, zu zeigen, was für Kraft in der Maschine steckte. Dann wiederholten wir die Runde.

Die anderen Wagen, die an diesem Ritus teilnahmen, waren entweder mit fest befreundeten Pärchen unserer Schule besetzt, von einer Gruppe ›einschichtiger‹ Jungens, die auf der Suche nach Mädchen waren, oder von einer Gruppe ›einschichtiger‹ Mädchen, die bestrebt waren, absolute Gleichgültigkeit hervorzukehren. Gelegentlich, wenn eine Ampel auf Rot stand, sprang die eine Hälfte der einschichtigen Mädchen wie auf Kommando aus dem Wagen, um in einer Art Bäumchen-Wechsel-Dich-Spiel den Platz mit der Hälfte der einschichtigen Jungens in einem anderen Wagen zu tauschen; es war, als wäre jedes Auto ein Atom, das mit einem anderen Atom Elektronen austauschte, um seine Ladung zu neutralisieren. Aus der Luft hätte es ausgesehen wie eine schwierige Squaredance-Figur. Es war die moderne amerikanische Version jener alten spanischen Sitte, daß die unverheirateten jungen Leute, sorgsam bewacht von abgeklärten, aber argwöhnischen Erwachsenen, um die Plaza flanieren und sich gegenseitig mit kaum verhüllten verzweifelten und leidenschaftlichen Blicken verschlingen. In diesem Fall traten die Tugendwächter in Gestalt von Polizisten auf, die vor nicht allzu langer Zeit selber noch Schüler der Hullsport High gewesen, jetzt aber zum Feind übergelaufen waren. Sie rächten sich an uns dafür, daß sie nun nicht mehr jung und unabhängig waren wie früher, und nichts machte ihnen mehr Spaß, als jemandem ein Strafmandat zu verpassen, weil er in der falschen Richtung um das Kirchenrondell fuhr. Ihre ehemals sportgestählten, jetzt aber schlaff gewordenen Körper unter Khaki-Hemden versteckt, patrouillierten sie in ihrem Streifenwagen, weil sie damit ihren Lebensunterhalt verdienten, und waren selig, wenn sie auf dunklen Nebenwegen ein Pärchen beim Knutschen stören konnten, wie ich schon sehr bald selbst feststellen sollte – und das ist auch einer der Gründe, weshalb ich schließlich nur in unserem fest verschlossenen Luftschutzkeller ›bis zum Letzten ging‹, wie es unser Teenager-Jargon feinfühlig ausdrückte. Doch ich greife schon wieder vor.

Waren wir etwa ein halbes dutzendmal die Hull Street entlanggefahren, stellte Joe Bob den Wagen auf einen Parkplatz. Wir stiegen aus, schlenderten den Gehsteig hinunter und betrachteten die Schaufenster mit den neuesten Teenager-Moden, wobei jeder den anderen taktvoll darauf hinwies, was dieser sich demnächst unbedingt kaufen müsse. Besonders lange blieben wir vor den Schaufenstern von ›Sparks Shoe Store‹ stehen, der Joe Bobs Vater gehörte. Wir waren uns einig in der Ansicht, daß er die schicksten Schuhe zu bieten hatte. Ich selbst vermerkte wohlwollend, daß Joe Bob sich jedesmal, wenn wir auf einen weggeworfenen Pappbecher oder ein Schokoladenpapier stießen, mit den laut klappernden Gewichten an seinen Handgelenken sofort bückte, den Gegenstand aufhob, in einen Abfallkorb warf und sagte: »Haltet Hullsport sauber.«

»Man kann kaum noch über die Straße gehen, ohne über irgendwelchen Müll zu stolpern«, sagte ich lobend.

»Wah?« fragte er grinsend und bearbeitete sein Juicy Fruit mit den Schneidezähnen.

»Müll. Ständig werfen die Leute was weg.«

Er nickte ernst; seine Kinnbacken mahlten.

Nunmehr kehrten wir zu Sparkplug zurück und absolvierten das zweite halbe Dutzend Runden. Anschließend fuhren wir auf den Parkplatz des beliebtesten Drive-In-Restaurants, des ›Dew Drop Inn‹. Das Dew Drop hatte seinen Parkplatz mit Asphaltrillen versehen, damit wir ihn nicht in unsere Autoparade einbezogen. Konzentriert steuerte Joe Bob über die Buckel, sorgfältig darauf bedacht, seine verchromten Auspuffrohre nicht zu beschädigen. Im Jahr darauf jedoch rasten Clem und ich auf dem Motorrad einfach darüber hinweg und legten uns dabei in die Kurve wie Eddie Holzer auf ihren Langlaufskiern an den Hängen von Vermont.

Durch das Mikrofon neben dem Wagen bestellte Joe Bob für sich sechs Viertelliter Milch in gewachsten Pappbehältern und für mich ein kleines Seven-Up mit Kirschsirup. Als die Kellnerin die Getränke brachte, sagte Joe Bob mit seiner Babystimme und seinem irren, verzerrten Grinsen: »Vielen Dank, Ma'am«, wobei er unentwegt auf ihren üppigen Busen starrte. Dann nahm er sein Kaugummi aus dem Mund und klebte es ans Armaturenbrett. Er öffnete die Milchkartons einen nach dem anderen und kippte den Inhalt, fast ohne Luft zu holen. Er zwinkerte mir zu, grinste idiotisch und quetschte ein erklärendes »Training« heraus.

Als seine sechs Milchbehälter leer waren, hatte ich gerade erst mit meinem Seven-Up angefangen. Er stopfte sich das Kaugummi wieder in den Mund, drehte sich zu mir um und beobachtete mich beim Trinken. Als die Kellnerin mit dem üppigen Busen wieder einmal vorbeiwippte, folgte Joe Bob ihr mit gierigen Blicken.Schließlich erzählte er: »Einmal bin ich mit meinem Vetter hier gewesen – Jim. Der hat 'nen Fairlane 500 mit Automatik-Fenstern. Na ja, und das Mädchen da drüben – ich *glaube* wenigstens, daß die das war –, na jedenfalls, die brachte ihm 'ne Schachtel Pall Mall. Das Fenster war 'n Stück unten, und Jim, der langt hin, um auf den Knopf zu drücken und es ganz runterzuholen. Tja, aber er hatte nicht richtig aufgepaßt. Er hatte nachgesehen, ob er genug Kleingeld hat oder ob er doch 'n Schein anreißen muß.« Ich nickte aufmunternd: Noch nie hatte ich ihn so viel auf einmal reden hören. Er holte tief Luft und fuhr mit seiner leisen Stimme fort: »Na ja, und da hat er das Fenster aus Versehen *rauf*gerollt statt runter.« Sein Grinsen schob den Haaransatz nach oben. Ich hatte den Witz noch nicht begriffen. Deshalb lächelte ich unsicher und hoffte auf eine Pointe.

Nachdem ich eine angemessene Zeitspanne gewartet hatte, bekannte ich zögernd: »Das habe ich nicht verstanden.«

Er wurde rot. »Na ja, sie stand doch direkt am Fenster von dem Fairlane, nich? Das Fenster ging *hoch*, ohne daß Jim das merkte. Und er hätte ihr fast den . . . na ja, du weißt schon, abgequetscht.« Unwillkürlich zuckte ich zusammen, stellte mir vor, wie weh es tat, wenn ein automatisches Fenster einem den Busen einquetschte; dann errötete auch ich über diese offene Anspielung auf wesentliche Punkte der weiblichen Anatomie,obwohl diese doch offenbar einen der Grundsteine für unsere bevorstehenden intimen Beziehungen darstellten; dann grinste ich albern, weil mir die Geschichte zu gefallen begann; und dann schenkte ich Joe Bob ein bezauberndes Lächeln dafür, daß er den Begriff Titten so taktvoll mit ›du weißt schon‹ umschrieben hatte.

Joe Bob schob das Gewicht an seinem linken Handgelenk zurück und sah auf die Uhr. Wie ein geölter Blitz fuhr er hoch, ließ die Scheinwerfer aufflammen und startete den Motor zu sonorem Dröhnen. Die Busen-Kellnerin kam und holte das Tablett. Als Joe Bob den Gang einlegte und zurückstieß, sagte er aufgeregt: »Jetzt hätt ich doch fast mein Training vergessen! Mann, werd ich was von Bicknell zu hören kriegen!« Und schon schossen wir die Hull Street entlang in Richtung meiner elterlichen Villa.

»Wieso?« fragte ich zutiefst gekränkt.

»Punkt zehn Uhr Bettruhe«, erklärte er ingrimmig, während er Sparkplug geschickt durch den dichten Verkehr lenkte.

»Das kann doch nicht wahr sein!« Ich war schwer enttäuscht. Bettruhe um zehn – das verringerte ganz eindeutig die Gelegenheit zum Austausch liebevoller Zärtlichkeiten. Er setzte mich an unserer Einfahrt ab und überließ es mir, den Weg zur Haustür zu finden.

Unsere junge Liebe glich einem Stummfilm. In jenen Tagen, als die Öffentlichkeit noch nicht so sicherheitsgurtbewußt war, konnte man die Entwicklung des Verhältnisses zwischen zwei Liebenden an dem Abstand erkennen, den die beiden im Wagen wahrten. Wer mag wissen, wie viele Romanzen durch die steigende Beliebtheit von Schalensitzen im Keim erstickt worden sind? Ich begann jene erste Wagenparade eng an die rechte Tür gedrückt, die Hand am Griff, damit ich sofort rausspringen konnte, falls sich Joe Bob in einen Sittenstrolch verwandeln sollte. Doch er nahm wochenlang nicht einmal meine Hand – zunächst zu meiner Erleichterung, später zu meinem größten Kummer. Nach und nach rutschte ich jedoch, wenn er mir die Tür aufhielt und ehe er auf seiner Seite angelangt war, immer weiter zu ihm hinüber. Nach einem Monat hatte ich es, unter dem Vorwand, immer wieder am Radio drehen zu müssen, fast bis auf Hautnähe an ihn heran geschafft.

Und dann geschah es! Wir nahmen an der großen Missionierungsveranstaltung in der Sporthalle des Civic Auditorium teil, wo bei weniger frommen Gelegenheiten Rollschuhturniere und Ringkämpfe stattfanden. Joe Bob und ich hockten mit den anderen Schülern an der einen Hallenwand auf Bänken. Die Erwachsenen saßen auf Klappstühlen, die man in langen Reihen in der Saalmitte aufgestellt hatte. Der Sprecher des heutigen Abends war Bruder Buck Basket aus Birmingham in Alabama, der zu uns nach Hullsport gekommen war, um seinen Brüdern und Schwestern in Tennessee die freudige Botschaft zu verkünden, daß der Tod seinen Stachel verloren habe. Joe Bob war ganz Ohr. Bruder Buck war sein Idol. Er war zehn Jahre zuvor ein berühmter Spieler bei den All-American-Guards an der University of Alabama gewesen, und anschließend hatte er bei den Baltimore Colts gespielt, bis er gegen einen Torpfosten rannte und eine Kopfverletzung davontrug, nach der er tagelang bewußtlos war und dann noch über einen Monat in dicken Verbänden steckte, während jeder Football-Fan im Land um ihn bangte. Wieder unter den Lebenden weilend, verzichtete Bruder Buck jedoch auf seinen Profi-Ruhm und widmete sein Leben Christus.

Für seine schwere, eifernde Gestalt war das Podium fast zu klein. Er trug einen hellbraunen Anzug im Western-Schnitt mit Schnürkrawatte und Cowboy-Stiefeln. Mir war sofort klar, daß Joe Bob binnen kurzem ebenfalls einen hellbraunen Western-Anzug mit Schnürkrawatte besitzen würde.

»*Tod, wo ist dein Stachel? Tod, wo ist dein Sieg?*« donnerte Bruder Buck. Die Stahlträger, die das Dach stützten, schienen zu beben. Mit trotziger Geste hob er die Faust und blickte unverwandt auf einen Punkt nahe der Decke. Wir alle wandten uns automatisch in dieselbe Richtung und erwarteten, mindestens die Vier Reiter der Apokalypse zu sehen, wenn nicht sogar die Vier Reiter von Notre-Dame.

»Ich weiß genau, was ihr denkt«, versicherte er uns ein wenig leiser, indem er die Faust wieder herunternahm und seinen Feuerblick dem Publikum zuwandte. »Ihr denkt, ist doch egal, was für ein Leben ich führe. Ich kann diese pornographischen Bücher lesen und mir schmutzige Bilder ansehen und meinen Körper mit verderbten, schändlichen Dingen besudeln. Ich kann die ganze Nacht trinken, und ich kann mit gefallenen Mädchen rumlaufen und am Sonntag den Gottesdienst verschlafen. Ist ja alles ganz egal. So sehen eure Gedanken doch aus, nicht wahr? Gesteht es dem alten Bruder Buck. Ihr denkt, ich mache mir jetzt ein schönes Leben, denn morgen lieg ich vielleicht in meinem Blut, mit zerschmetterten Knochen, die mein Fleisch durchbohren; mit Gedärmen, die mir aus dem Bauch hängen und sich um die verbeulten Trümmer meines Autos schlingen; und mein Gehirn rinnt über das Pflaster wie die Maische beim Bierbrauen . . .«

Ich schielte gelangweilt zu Joe Bob hinüber. So was hatten mir meine Kassandra-Eltern bis zum Erbrechen vorgepredigt, und ich hatte fürs ganze Leben genug davon, für mein ganzes Leben, dem zweifellos ein jähes, blutiges Ende beschieden sein würde. Joe Bob aber grinste dämlich und mampfte, von der Nähe seines Helden fasziniert, unentwegt auf seinem Kaugummi herum.

» . . . und morgen geht dann die Bombe los, von der ich schon so viel gehört habe, und reißt uns alle in Atome, die zum Himmel emporgeschleudert werden wie die Spreu vom Wirbelwind. Morgen stößt die Maschine, mit der ich fliege, gegen einen Berg, und der Waldboden ist mit den zerfetzten Resten meines Körpers bedeckt, an denen sich die wilden Tiere gütlich tun. Morgen wählt sich ein Verrückter mit Zielfernrohr auf dem Gewehr meine Augen zum Übungsziel. Also genieße ich das Leben, solange es geht. Und verschaffe meinem Körper Lust, wo immer ich kann, denn dieser Atemzug, den ich jetzt tue« – er hielt inne, um demonstrativ tief Luft zu holen –, »könnte mein letzter sein.

O ja, Bruder Buck weiß, wie die meisten von euch leben, Freunde.« Der Verdacht, daß dies zutreffen könne, daß Bruder Buck tatsächlich alles über meine Monatsbinden und meinen wattierten BH wisse, erfüllte mich mit demselben empörten Gefühl des Ausgeliefertseins, das ich als Kind bei jenem Vers des Weihnachtsliedes ›Santa Claus Is Coming to Town‹ gehabt hatte, in dem es heißt: ›Er sieht dich, wenn du schläfst,/ Er weiß auch, wenn du wachst.‹

»Und *woher* weiß Bruder Buck das alles? Er weiß es, weil er selber so gelebt hat. Er weiß es, weil er selbst sündige Gedanken gehabt hat. Weil er die himmlischen Trainingsregeln gebrochen und selbst ein pre-verses Leben geführt hat, Freunde, weil er jede Chance genutzt hat, seinem sterblichen Fleisch sündige Lust zu verschaffen. Jawohl, Bruder Buck hat ein Leben voll sündiger Lust geführt!

Als er noch Football-Profi war, hat er all jene feinen Lokale aufgesucht, wo schlechte Frauen sich der sündigen Unzucht hingeben. Der

Versuchungen waren viele und herrlich anzusehen für einen Bauernburschen aus Alabama. Und Bruder Buck hat die Probe nicht bestanden, Freunde. O nein. Er hat alles ausprobiert.« Wieder sah ich zu Joe Bob hinüber und entdeckte, daß ihm beim Mümmeln seines Kaugummis ein dünner Speichelfaden aus dem Mundwinkel rann. Seine Augen leuchteten.

»Aber wißt ihr, was Bruder Buck mit seinem sündigen Leben passiert ist, Freunde? Er rannte eines Abends auf einem Footballfeld in Baltimore, Maryland, in einen Torpfosten. Jawohl, so war's. Und landete im Krankenhaus. Jawohl, meine Freunde, ich lag da einen ganzen Monat lang, und mein Kopf war ganz mit Bandagen umwickelt, ganz allein lag ich da, in meiner persönlichen Finsternis, konnte nicht sprechen, konnte nicht sehen. Und dieses Alleinsein, meine Brüder und Schwestern, dieser einsame Monat da in der Finsternis auf dem Rücken im Bett ganz allein, das war der Wendepunkt in meinem pre-versen und sündhaften Leben!

Ich will euch erzählen, was mir passierte, als ich dalag und nicht wußte, ob ich je wieder sehen, geschweige denn Football spielen können würde.« Wir hingen alle ganz vorn auf der Bankkante und warteten auf die Pointe. »*Jesus* kam zu mir! Jawohl, zu mir! Er kam zu mir und sagte: ›Bruder Buck, fürchte dich nicht, mein Sohn. Wir werden den Tempel deiner Seele reinigen, Junge, diesen Körper, für dessen Lust du soviel getan hast. Der *Teufel* hat auf dich gewartet, Bruder, hat hinter diesem Simili-Schund auf der Lauer gelegen. Aber ich habe dich für *meine* Mannschaft auserwählt, Junge!‹

Und darum bin ich heute hier, Freunde, ist Bruder Buck hier in . . .äh . . .hier bei euch netten Menschen in . . .äh . . .in dieser schönen Stadt . . .äh . . .« Er drehte sich rasch zu den Männern im Priesterkragen um, die hinter ihm auf dem Podium saßen. Dann wandte er sich wieder nach vorn und fuhr gelassen fort: »Hier in Hullsport, Tennessee. Jawohl, ich bin hier, weil ich euch alle in ein kleines Geheimnis einweihen möchte.«

Joe Bob und ich beugten uns weit vor; denn wer möchte wohl nicht in ein Geheimnis eingeweiht werden? Dabei stießen unsere Oberschenkel aneinander. Hastig drehte ich meine Beine zur anderen Seite – und stieß gegen die Schenkel des fremden Jungen rechts neben mir. Mir blieb also nichts anderes übrig, als zu dulden, daß sich mein linker Schenkel an Joe Bobs muskelbepackten rechten schmiegte. So saßen wir steif aufgerichtet da und gaben vor, nichts zu bemerken, als Bruder Buck uns mit einer Stimme, die zu den Dachbalken empordröhnte, mitteilte: »*Ihr braucht nicht zu sterben, Freunde!*«

Er hielt inne, bis das Echo verklungen war, und fuhr dann immer noch mit ziemlicher Lautstärke fort: »Dieser Körper, den du mißbrauchst, mein Freund, mit deinem Alkohol und deiner Wollust, dieser *Körper*«, röhrte er, um seine Stimme dann unvermittelt zu einem kaum vernehmbaren Flüstern zu senken, so daß die Zuhörer sich wie ein Mann angestrengt lauschend vorbeugten, »ist der Tempel eurer Seele.« Er hielt inne; auf seiner Stirn, unter dem hellbraunen kurzgeschorenen Haar, glitzerten Schweißperlen. »*Eurer Seele!*« wiederholte er so laut, daß alle erschrocken zurückfuhren. »In der Bibel steht geschrieben: ›Wißt ihr nicht, daß euer Leib ein Tempel des Heiligen Geistes in sich ist, den ihr von Gott habt, und daß ihr nicht euch selbst angehört?‹«

Inzwischen saßen Joe Bob und ich mit fest aneinandergepreßten Schenkeln, die in unseren Seelentempeln glühheiße Geheimnisse wachriefen.

Plötzlich brach Bruder Buck in eine geradezu fanatische Erwekkungspredigt aus. Es war wie ein Gewitter, das nach stundenlangem Heraufziehen dunkler Wolken endlich losbricht. »Ich bin gekommen, um eure *Seelen* zu retten! Ich bin gekommen, um meine Freude im *Herrn* mit euch zu teilen! Jawohl, Jesus!« Bruder Buck hätte jetzt Börsenberichte vortragen können; keiner von uns hätte es bemerkt.

»›Der Herr ist mein *Hirte*! Mir wird nichts mangeln!‹ Jawohl. Der Herr sagt, er sagt an jenem schrecklichen Tag der Abrechnung, des Gerichts, meine Brüder, an jenem Tag, da eure Lungen sich mit Blut füllen, ja, und ihr könnt niemanden rufen, der euch zu Hilfe kommt! Jawohl! An jenem Tag, Freunde, wenn sich der Schleier des Todes über eure Augen legt und ihr die Lieben, die sich um euch versammelt haben, nicht sehen könnt! Jawohl! An jenem Tag, Freunde, wenn euch das Geräusch eurer versagenden Organe in den Ohren dröhnt! Jawohl! An jenem Tag, o Gott und Herr, an jenem Tag, wenn Heulen und Zähneklappern herrscht, wenn eure Knochen zu Wachs werden und die Beine euch nicht mehr tragen wollen! O *Freunde!* An jenem Tag, wenn euer kostbarer Körper zu Staub zerfällt und vom Wind davongetragen wird! Jawohl! ›Siehe!‹ sagt Jesaja. ›Siehe, der Herr entleert die Erde.‹ Jawohl! ›Und verheert sie; er kehrt ihre Oberfläche um und zerstreut ihre Bewohner!‹ O *ja,* süßer Jesus! ›*Ausgeplündert* wird die Erde‹, sagt Jesaja, ›da die Erde entweiht ist unter ihren Bewohnern!‹ Jawohl. Gelobt sei der Herr!«

Die Temperatur der Emotionen im Saal begann zu steigen, vor allem in unmittelbarer Nähe von Joe Bob und mir. Unsere Oberschenkel glühten wie Feuer. Die Zuhörer fingen an, Bruder Buck zu antworten: »Jawohl, Jesus!« Und: »Lobet den Herrn!«

»Denkt darüber nach«, forderte er uns auf, jetzt plötzlich wieder leise werdend. Er spielte mit uns wie mit einem Fisch an der Angel, ließ emotionelle Leine nach, um uns anschließend um so schneller an Land ziehen zu können. »Ihr habt euer Leben lang die Trainingsregeln gebrochen. Euer Körper ist eine stinkende Kloake, angefüllt mit allem Bösen auf der Welt. Eure Mannschaft hat das Spiel verloren, weil ihr alle vor

Sünde stinkt. Ihr schleicht euch in den Umkleideraum und freut euch auf die heiße Dusche, die eurem schmerzenden Körper so wohltun wird. Doch während ihr in den Umkleideraum geht, Freunde, hört ihr eure Mannschaftskameraden vor Angst heulen und wehklagen.

Und was erwartet euch dort im Umkleideraum, Freunde? Wißt ihr das? Hören wir, was die Bibel sagt«, schlug er vor und hielt ein schwarzes Buch in die Höhe, als wolle er es den Zuhörern an den Kopf werfen. Gelassen blätterte er, dann hielt er inne und las langsam: »›Denn siehe‹, sagt Jesaja, ›der Herr wird mit Feuer kommen und wie der Sturmwind seine Wagen, daß er auslasse in Glut seinen Zorn und sein Schelten in den Feuerflammen.‹«

Tempo und Lautstärke seiner Predigt nahmen wieder zu. »›Und Völker werden zu Kalk verbrannt, abgehauene Dornen, die in Feuer auflodern‹, sagt Jesaja. O mein Gott! ›Ich trat sie in seinem Zorn!‹ O ja! ›Ich zerstampfte sie in meinem Grimm!‹ Ja! ›Da spritzte ihr Saft an meine Kleider und ich besudelte all mein Gewand!‹ O süßer Jesus! ›Und sie werden hinausgehen, Freunde, ja, und die Leichen der Menschen anschauen, die von mir abgefallen sind‹, spricht der Herr. ›Denn ihr Wurm wird nicht sterben, und ihr Feuer wird nicht erlöschen!‹ Nein! ›Und sie werden ein Abscheu sein für alles Fleisch!‹ Wehe euch, *wehe!* Hört, was in den Korinthern steht, meine Brüder und Schwestern, ich bitte euch! ›Irret euch nicht! Weder Unzüchtige noch Götzendiener, noch Ehebrecher, noch Lustknaben, noch Knabenschänder werden das Reich Gottes ererben! *Der Leib ist nicht für die Unzucht, sondern für den Herrn!‹ Jawohl, gelobt sei Jesus! ›Wißt ihr nicht,* daß eure Leiber Glieder Christi sind?‹ *Wißt ihr das nicht?* ›Soll ich nun die Glieder Christi nehmen und zu Gliedern einer Dirne machen? *Das sei ferne*‹, heißt es in den Korinthern! Sondern: ›Fliehet die Unzucht!‹«

Joe Bob und ich konnten nicht länger stillsitzen. Das Blut pulste in meinem Oberschenkel dort, wo er Joe Bobs Bein berührte. Die gesamte Zuhörerschaft wand sich vor Schuldbewußtsein. Wenn Bruder Buck uns befohlen hätte, hinzugehen und die Munitionsfabrik des Majors niederzubrennen – wir hätten es vermutlich getan.

Der Schweiß tropfte von Bruder Bucks Gesicht, als komme er eben unter der Dusche hervor. »An jenem furchtbaren letzten Tag, Freunde, wenn die Verlierermannschaft im Umkleideraum heult und schreit – was geschieht dann mit der Siegermannschaft? Was glaubt ihr wohl, was mit ihr geschieht? ›Wir fürchten uns nicht‹, heißt es im Psalm, ›wenngleich die Erde sich wandelt und die Berge taumeln in die Tiefe des Meeres. Mögen tosen, mögen schäumen seine Wogen, die Berge erzittern bei seinem Aufruhr: Wir fürchten uns nicht.‹ *Wir fürchten uns nicht!*« verkündete er, das Gesicht unter der Schweißschicht zu einem Ausdruck freudiger Überraschung verzogen. »›Wir fürchten uns nicht vor denen, die den Körper töten und danach uns nichts mehr anhaben können!‹

Und darum bittet Bruder Buck euch heute: Kehrt euch von dem Bösen in dieser sündigen und hassenswerten Welt ab und läutert euch, damit ihr der nächsten würdig seid. Jawohl! Es ist noch nicht zu spät, die Mannschaft zu wechseln, wenn ihr noch heute mit dem Training beginnt. ›Fleisch und Blut können das Reich Gottes nicht ererben, wie auch die Verweslichkeit nicht die Unverweslichkeit ererbt. Wenn aber dieses Verwesliche angezogen hat Unverweslichkeit, muß dieses Sterbliche Unsterblichkeit anziehen.‹

Tut es noch heute, Freunde – sofort. Bruder Buck bittet euch darum. Er fleht euch an aus der Tiefe seines Herzens. Wählt die Unverweslichkeit. Wählt sie noch heute. Denn nur dann wird eintreffen das Wort, das geschrieben steht: *Tod, wo ist dein Sieg? Tod, wo ist dein Stachel?*«

Erschöpften Tones bat Bruder Buck nunmehr alle, die sich zu einem neuen Leben als Mannschaftsmitglied Christi entschlossen hätten, nach vorn zu kommen. »Tut es noch heute, meine Brüder und Schwestern«, drängte er, während Joe Bob und ich fast automatisch auf die Bühne zugingen. »Gebt eure Sündhaftigkeit auf und erbt das ewige Leben. Werft die Ungnade ab und wählte die Gnade.« Hätte er uns aufgefordert, sein Badewasser zu trinken, wie es die mittelalterlichen Messianergestalten taten – Joe Bob und ich hätten mit Freuden gehorcht. Wir gesellten uns zu den etwa zweihundert Personen, die schon vor dem Podium warteten.

»Jetzt ergreift jeder die Hand derjenigen, die neben ihm stehen, Brüder und Schwestern«, keuchte er und lockerte seine Schnürkrawatte, als handele es sich um eine Henkersschlinge. Gehorsam reichten wir, Joe und ich, uns die Hand, und in diesem Moment kam die Taube herab. Wir standen da, Joe Bob und ich, mit schweißnassen Handflächen, und zitterten am ganzen Leib.

»Lasset uns beten«, befahl Bruder Buck. »Vater im Himmel, Du unser Trainer, hilf uns, Vater, Deine Spiele so zu spielen, wie Du sie gespielt haben willst. In dem Bewußtsein, o Herr, daß Jesus Christus, Dein Quarterback, bei jedem Meter, den wir gewinnen, bei uns ist und uns zur Seite steht. Hilf uns, o Herr, zu der Erkenntnis, daß man ein Spiel nur gewinnen kann, wenn man die Trainingsregeln einhält. Hilf uns, unseren Geist und unseren Körper nicht mit den weltlichen Versuchungen zu beflecken, die für Mannschaftsmitglieder Christi tabu sind . . .« Joe Bob streichelte meine Handflächen mit den Fingerspitzen. Ein Beben wie von elektrischem Strom durchlief meinen Arm und nistete sich irgendwo unterhalb des dunkelblauen Stretchgürtels ein, den ich zu meinem Villager-Hemdblusenkleid trug.

» . . . und hilf uns, himmlischer Trainer, zu erkennen, daß die Wasserträger des Lebens in Deinen Augen nicht weniger wertvoll sind als die All-American Guards. Und wenn der End-Schuß fällt, o Herr, empfange uns im Umkleideraum der Heimmannschaft mit einem anerkennenden Schlag auf den Rücken und einem herzlichen: ›Gut gemacht, mein lieber und treuer Tailback.‹«

»Amen«, fügte er nach kurzer Pause hinzu.

»Amen«, kam das Echo von uns allen.

»Gut, ihr könnt euch jetzt loslassen«, sagte Bruder Buck *sotto voce* zu der Gruppe, die ganz vorn stand.

Voll Bedauern lösten Joe Bob und ich unsere klebrig-feuchten Handflächen. »Also, ich hoffe nun«, sprach Bruder Buck ins Mikrofon, »daß ein paar von euch jungen Leuten aus der Gruppe hier vorn – und natürlich auch von euch anderen im Saal, die ihr nicht nach vorn gekommen seid, weil ihr den Herrn schon als Retter empfangen habt –, ich hoffe also, daß ihr den Kern eines Bruder-Buck-Teen-Teams für Jesus hier in – äh – Hullsport, Tennessee, bilden werdet. Solche Gruppen gibt es überall im Süden, und ich denke, ihr werdet feststellen, daß sie in unseren High Schools ganz groß in Mode kommen werden. Also, das wär's für heute abend, Freunde. Gott mit euch!« Er winkte seinem Publikum zu, das unter großem Getöse von den hölzernen Klappstühlen aufstand.

Ein paar Dutzend von uns blieben vorn: die Hullsport Erlösergilde. Sie bestand fast ausschließlich aus Joe Bobs Football-Kollegen und deren Freundinnen. Joe Bob straffte seine massigen Schultern und marschierte kühn zu Bruder Buck hinüber, der auf der Podiumskante hockte und sich mit Anwärtern für das Teen Team unterhielt.

Joe Bob stellte sich vor und sagte dann, auf mich deutend: »Das ist meine Freundin Virginia. Ich bin – äh – der Kapitän der Hullsport Pirates.« Mit bescheidenem Blick, unentwegt sein Juicy Fruit mümmelnd, sah er zu Boden.

Bruder Buck entgegnete nachdenklich: »Augenblick mal! Joe Bob Sparks, sagst du? Aber ja, ich glaube, ich hab schon von dir gehört, mein Sohn.« Joe Bob strahlte. »Wenn ich mich recht erinnere, hast du bis jetzt eine gute Saison gehabt.«

»Sechs und 0«, bestätigte Joe Bob.

Als es mir endlich gelang, ihn loszueisen, hatte er uns beide als Mitglieder für die Hullsport-Sektion des Teen Teams für Jesus eingetragen.

Am nächsten Abend sah ich mir mit Joe Bob im Family Drive-In einen Film mit dem Titel ›Mädchen in Ketten‹ an, der eigentlich erst ab achtzehn zugelassen war. Es handelte sich um eine Bande Motorradmiezen, die auf ihren Maschinen herumdonnerten, die Sicherheitsketten an den Rädern ihrer männlichen Konkurrenten durchschnitten und die Feuerstühle dann an geschickt ausgeklügelten Plätzen wie etwa im Kofferraum eines Streifenwagens der Polizei versteckten.

Joe Bob nahm seine rechte Hand vom Lenkrad, das er fest umklammert gehalten hatte. Ohne den Blick von der Leinwand zu wenden, tastete er nach meiner Hand, die offen, erwartungsvoll bebend auf dem Sitz neben ihm lag. Schließlich hatte uns Bruder Buck ja selbst aufgefordert, einander die Hand zu reichen. Wir verschlangen unsere Finger ineinander, während wir angestrengt auf die Leinwand starrten, und versuchten, so zu tun, als sei überhaupt nichts Außergewöhnliches geschehen. Seine Riesenpranke umschloß meine kleine, im Fahnenschwingen so geschickte Hand wie eine Schote ihre Erbse.

Dies war meine erste Begegnung mit der Theorie, die ich inzwischen, nach ausgedehnten Experimenten, zu einem Postulat formuliert habe: daß es möglich ist, an jeder Stelle des menschlichen Körpers einen Orgasmus hervorzurufen. Unsere ineinander verschlungenen Hände erwachten zu eigenem Leben. Sie bebten und zitterten während des ganzen Films, und so machten Joe Bob und ich, angeblich in die Kapriolen der Mädchen mit den Sicherheitsketten vertieft, unsere Hände zum Zentrum unserer Existenz.

Nach dem Film wußte keiner von uns so recht, wie er sich vom anderen lösen sollte, ohne daß die Geste zurückweisend wirkte, obwohl unsere Handflächen inzwischen von kaltem Schweiß glitschig waren. Joe Bob benutzte schließlich unsere beiden Hände dazu, den Rückwärtsgang einzulegen. Auf dem Heimweg fragte ich ihn: »Hast du schon mal über das nachgedacht, was Bruder Buck gestern abend gesagt hat?«

»Nö, mach ich nie«, erwiderte Joe Bob überheblich, immer auf seinem Juicy Fruit kauend. »Weißt du, Bruder Buck hat mir ja ganz gut gefallen, aber is der nich 'n bißchen morbid? Wenn er so redet, von ›Lungen voll Blut‹ und so?«

Dieser Abend öffnete natürlich die Schleusen des Fummelns. Während der nächsten Monate befummelten wir uns überall: von schüchternen Umarmungen über züchtige Küsse mit fest geschlossenen Lippen bis zu nassen, keuchenden Küssen mit wild zuckenden Zungen und mit Zähnen, die wie die Hörner kämpfender Stiere hörbar gegeneinanderprallten. Ich ließ meine Zunge über seine abgeschlagenen Schneidezähne wandern, knabberte am Narbengewebe seiner zerfetzten Oberlippe und erkundete den Krater in seinem herzförmigen Kinn.

Schließlich, eines Abends nach einem Spiel gegen die Davy Crockett Pioneers aus Roaring Fork in Kentucky, drang er bis zu meinen Brüsten vor – falls man sie damals schon so bezeichnen konnte. Inzwischen hatte die Basketball-Saison begonnen. Joe Bob hatte in den letzten fünf Sekunden den Siegeswurf geschafft und war auf den Schultern seiner neidischen Mannschaftskameraden aus der Halle getragen worden. Aber auch ich hatte meinen Triumph erlebt: In der Halbzeit hatte ich mitten auf dem Spielfeld ein Solo aufs Parkett gelegt, bei dem ich den Fahnenschaft in einer komplizierten Choreographie über und unter meinen Beinen hindurchführte. Ein Fehler, und ich hätte mich selbst defloriert. Aber ich hatte die schwierige Nummer einwandfrei hingekriegt und wurde mit wildem Jubelgeschrei belohnt. Wir hatten beide soviel Ego-Tonikum genossen, daß es uns bis zum nächsten Spiel reichte.

Wir standen auf unserem Lieblingsparkplatz hoch oben auf einem der roten Lehmhügel, von denen Hullsport umringt war. Unter uns breiteten sich die Lichter der Stadt. Keuchend hielten wir uns umklammert. Mit einer Hand fuhr ich über Joe Bobs flachen Schädel, den man, hätte man ihn skalpiert, als Scheuerbürste hätte benutzen können; den anderen Arm hatte ich um seine Taille geschlungen, während sich meine Finger in die köstlichen Vertiefungen seiner Rückenmuskulatur gruben, als seien es Griffmulden einer Kletterwand. Joe Bob stocherte mir mit der Linken versuchsweise auf der rechten Brust herum oder vielmehr auf dem Hügel meiner rotbraunen Uniformjacke, auf der Wattierung meines ausgestopften BHs. Ich hörte nicht auf, ihn zu streicheln und zu kneten, was etwa soviel Konzentration und Koordination erforderte wie der Versuch, mir selbst den Kopf zu reiben und gleichzeitig den Bauch zu tätscheln, und Joe Bob begann meine Brust zu drücken, als sei er ein Gynäkologe, der einen Krebstest an seiner Patientin durchführt. Seine Hand zitterte unter der Last der Armgewichte.

Als die Baseball-Saison nahte, war alles oberhalb der Taille ›sturmfrei‹. Da Joe Bob um zehn Uhr im Bett sein mußte, und zwar allein, waren unsere Abende so kurz, daß wir keine Zeit vergeuden durften. Wir fuhren direkt zu unserem Parkplatz, der inzwischen auch von den anderen Mitgliedern des Football-,Basketball- und Baseballteams der Hullsport High frequentiert wurde und mit gebrauchten Kondomen und leeren Bierdosen übersät war. Wir fingen dort an, wo wir am vorangegangenen Abend aufgehört hatten, ein Verfahren, das jetzt nur noch hastiges, oberflächliches Küssen, Knutschen und Streicheln erforderte. Dann knetete Joe Bob getreulich durch Uniformjacke und wattierten BH hindurch meine Brust, als wäre er eine Hausfrau, die auf dem Markt Pflaumen prüft, ob sie auch wirklich reif genug sind. Dann schnallte er mit geübtem Griff seine Armgewichte ab und legte sie nebeneinander aufs Armaturenbrett. Anschließend knöpfte er mir die Jacke auf, um sie mir auszuziehen und mir schließlich, unter unentwegtem Streicheln und Stöhnen, mit flinken Fingern den BH aufzuhaken und abzustreifen.

Und so saßen wir dann beide im Sparkplug, ich bis zur Taille nackt, den Schoß jedoch züchtig bedeckt, die Hände ordentlich gefaltet, mit kerzengeradem Rücken und fest zusammengepreßten Knien, wie eine Patientin in Erwartung einer Unterleibsuntersuchung. Joe Bob lutschte an meinen Brustwarzen, während ich überlegte, was ich mit meinen Händen anfangen sollte, um meine innere Beteiligung an diesem Projekt zu demonstrieren. Zuweilen strich ich mit einer Hand über seinen gesenkten Bürstenkopf oder streichelte seinen nicht vorhandenen Hals, während meine andere Hand über die Muskelgebirge auf seinem Rükken wanderte. Dann wieder packte ich seinen Oberschenkel ungefähr in der Mitte und quetschte ihn heftig, um damit unterdrückte Leidenschaft zu signalisieren, ohne mein Einverständnis mit weitergehenden Zärtlichkeiten anzudeuten. Schließlich gingen wir ja nur miteinander. Fest befreundet waren wir nicht. Ich mußte auf meinen Ruf bedacht sein.

Eines schönen Abends während der Baseball-Saison hatte Joe Bob gerade einen Home-Run geschafft und dem Rachen der Niederlage einen glorreichen Sieg entrissen, während ich mich in der Kunst des Fahnenschwingens zu neuen Höhen emporgekämpft und die Fahne – eine schier unmögliche Variante – hoch in die Luft geworfen hatte, wo sie sich drehte und von mir wieder aufgefangen wurde, ohne daß sich das Tuch um die Stange wickelte. Noch nie hatte – meines Wissens – eine Fahnenschwingerin der Hullsport High dem Publikum etwas so Sensationelles geboten.

Als wir unseren Parkplatz erreichten, drehte sich Joe Bob im Dunkeln zu mir um und fragte mich leise: »Ginny, willst du meinen Klassenring tragen?«

Ob ich seinen Ring tragen wollte? Wollte Liz Taylor den Hope-Diamanten tragen? »O ja, natürlich, Joe Bob! *Ja!*«

Er reichte ihn mir. Das Ding war überdimensional: vergoldete Fassung mit schwarzem Onyx. In die Fassung war innen sein Monogramm eingraviert – J. B. S. Ich steckte mir den Ring an den Daumen, aber es war immer noch Platz genug für ein bis zwei weitere Finger. Joe Bob holte sein Juicy Fruit aus dem Mund und klebte es sorgsam ans Armaturenbrett. Dann nahm er mich in seine mächtigen Arme. Die Tradition der Hullsport High erforderte, daß jede neue materielle Verpflichtung eines Paares das Signal für ein neues Stadium fleischlicher Genüsse sei. Wir wußten beide, mit dem Instinkt, der den Vögeln sagt, wann und wohin sie weiterziehen müssen, daß nun die bisher unerforschten Territorien unterhalb des Gürtels freigegeben worden waren. Im matten Licht des Viertelmondes sah ich, wie sich eine Träne unter einem von Joe Bobs geschlossenen Lidern hervorstahl.

»Ich bin so glücklich, Joe Bob«, flüsterte ich.

»Wah?«

»Glücklich«, wiederholte ich laut. »Ich bin glücklich.«

»Ach so! Ja, ich auch.«

Nachdem nun dieses erledigt war, riß er sich das Gant-Hemd mit den angeknöpften Kragenecken vom Leib. Und da waren sie, die behaarten Deltamuskeln des schönsten Körpers der Hullsport High. Und sie waren *mein,* ich konnte mit ihnen machen, was ich wollte. Er schnallte sich die Armgewichte ab und legte sie aufs Armaturenbrett neben sein Juicy Fruit. Dann öffnete er die zwölf goldverzierten Knöpfe meiner Jacke, half mir hinaus, hakte meinen BH auf und warf alles auf den Rücksitz. Wir umarmten uns und fühlten zum erstenmal die köstliche Wärme, als sich unsere nackten Oberkörper berührten und seine gewaltigen Pektoralmuskeln meine Brüste ohne die hilfreiche Stütze des BH praktisch verschwinden ließen. Ein flaumiger Pfeil von Schamhaaren lief über seinen festen Bauch bis zum Nabel und verschwand aufreizend unter seinem Gürtel. Wir lösten uns voneinander, bis meine aufgerichteten Brustwarzen gerade noch seine Brust berührten, und bewegten uns spielerisch seitwärts in die jeweils entgegengesetzte Richtung, so daß meine Brustwarzen über seine Haut strichen und durch seinen blonden Haarwald streiften.

Dann glitt seine berühmte Fängerhand langsam, vorsichtig, jeden Augenblick gewärtig, aufgehalten zu werden, in das Bein meiner grauen Köpershorts, während er mich mit seiner ebenso berühmten Werferhand fest an sich zog. Seine Finger drangen vor bis in die geheimen Tiefen, an den feuchten Schritt meines dünnen Nylonschlüpfers, wo sie mit vorgetäuschter Gleichgültigkeit haltmachten. Doch dann, mit einer jener blitzschnellen Attacken, für die er auf dem Spielfeld so berühmt war, schob sich ein Finger unter das Gummiband und bohrte sich in mich hinein wie Jack Horners Daumen in einen Weihnachtspudding.

Wir saßen beide wie erstarrt, verblüfft über den Erfolg dieser Aktion und restlos im ungewissen über die nächste Station unserer gemeinsamen Pilgerfahrt zum Golgatha des Geschlechtsverkehrs. Sprachlos sahen wir einander an. Mit dem Mittelfinger drehte ich verlegen Joe Bobs Ring an meinem Daumen, die Gewährleistung meines unveränderten Zustands der Ehrbarkeit.

Mehrere Minuten lang saßen wir regungslos, unsicher, wie wir uns voneinander lösen und weitermachen sollten – genau wie wir an jenem ersten Abend im Family Drive-In endlos mit ineinander verschlungenen Händen dagesessen hatten. Er konnte seinen Finger nicht herausziehen, weil er keinen Zentimeter des eroberten Terrains wieder aufgeben wollte. Andererseits aber wußte er nicht genau, was er mit diesem Finger jetzt, da er das heißersehnte Ziel erreicht hatte, anfangen sollte. Zaghaft bewegte er ihn hin und her. Ich lächelte ihm liebevoll zu, war aber ebenso ahnungslos wie er. Schließlich beugte er sich über mich, um eine Weile gleichzeitig an meiner Brustwarze zu saugen und seinen Finger in mir kreisen zu lassen.

Doch auch ich hatte keine Ahnung, was mit den Händen anfangen, um die größtmögliche Wirkung zu erzielen. Mit einem betrüblichen Mangel an Phantasie legte ich dann die eine auf diejenige seiner Hände, die zwischen meinen Beinen steckte. Mit der anderen streichelte ich seinen Bürstenkopf. Ohne aufzublicken, nahm er die Hand, die auf der seinen lag, und drückte sie auf die Schwellung unter seiner Hose, welchselbe, wie ich inzwischen scharfsinnig erkannt hatte, keineswegs ein Leistenbruch war, sondern etwas mit unserer Beschäftigung unendlich viel enger Verbundenes.

Er hörte gerade lange genug auf zu nuckeln, um zu keuchen: »Reib ihn!« Beglückt, eine anscheinend wesentliche Aufgabe zugewiesen zu bekommen, verwandte ich all meine bisher eines Zieles ermangelnde

Begeisterung darauf, die Schwellung zu reiben wie weiland Aladin die Wunderlampe. Inzwischen hatten sich unsere Gliedmaßen ineinander verschlungen wie die Laokoon-Gruppe in meinem Latein-Lehrbuch; doch statt für die Ewigkeit in Stein erstarrt zu sein, geriet der aus mir und Joe Bob bestehende Fries auf Sparkplugs Vordersitz unter heftigem Keuchen, Zucken und Zittern in wilde Bewegung.

Unvermittelt jedoch fuhr Joe Bob hoch, und sein Finger flutschte aus mir heraus wie der Korken aus der Champagnerflasche; mein Schlüpfergummi schnappte so fest zurück, daß es mir glatt die Oberschenkelarterie hätte durchschneiden können. Die harte Schwellung unter meiner Hand wurde unversehens weich und schlaff.

»Was ist denn?« fragte ich Joe Bob entsetzt. »Hab ich vielleicht was falsch gemacht?«

»Training!« stöhnte Joe Bob mit einem Blick auf seine Uhr. »Der alte Bicknell macht mich kalt! Ist schon fast elf!« Ich stellte mir vor, wie er sich um Punkt elf in einen Medizinball verwandelte.

»Woher soll der das denn wohl wissen?« erkundigte ich mich mit einem Anflug von Enttäuschung.

»Er fährt an unseren Häusern vorbei und sieht nach, ob unsere Autos dastehen und in unseren Schlafzimmern kein Licht mehr brennt«, keuchte er, sein Hemd überstreifend und seine Armgewichte anlegend.

»Und was kann er dir anhaben?«

»Er kann mich beim nächsten Spiel auf der Bank sitzen lassen«, antwortete er grimmig. Während ich mich in meinen BH hineinkämpfte, legte er bereits den Rückwärtsgang ein und wendete.

»Aber das kann er doch nicht mit *dir* machen! Du bist schließlich der Starspieler!«

Er schaltete in den ersten Gang, und wir fegten den unbefestigten Weg entlang, eine Wolke von Kondomen und scheppernden Bierdosen hinter uns herziehend wie Jungvermählte, die in die Flitterwochen fahren. »*Gerade* mit mir. Um zu beweisen, daß nicht mal Joe Bob Sparks gegen die Trainingsregeln verstoßen darf.«

Auf der Fahrt zu unserem Haus beruhigte er sich ein wenig; und als er mich vor der Magnoliengruppe aussteigen ließ, schnupperte er sehnsüchtig an seinem Mittelfinger und machte ein gequältes Gesicht.

»Was ist los?« fragte ich ihn.

»Dicke Eier«, stöhnte er.

»Wah?« Aber er donnerte schon davon.

Ich stiefelte die Einfahrt hinauf; an meinem Daumen baumelte Joe Bobs Ring, und mein Schlitz prickelte nach all der ungewohnten Aufmerksamkeit beinahe unerträglich. Dicke Eier?

Ich machte Licht und ging nach oben. Dabei warf ich einen Blick in den Flurspiegel und stellte voller Genugtuung fest, daß ich meine Uniformjacke schief zugeknöpft hatte, daß mein Lippenstift wie bei einem

Zirkusclown zu einem großen O um meinen Mund verschmiert war, daß sich aus meinem Pferdeschwanz Haarsträhnen gelöst hatten und mir aufreizend über die Augen hingen; und daß mir der verschmierte Lidschatten Ähnlichkeit mit einem Waschbären verlieh.

Der Major saß in seinem goldgelben Bademantel auf dem Fußende meines Bettes. Als ich hereinkam, musterte er interessiert meinen derangierten Aufzug. »Du kommst spät«, meinte er sanft.

»Ja«, stimmte ich zu und überlegte fieberhaft. »Wir sind nach dem Spiel noch ins Dew Drop gefahren, aber da war es so voll, daß wir *stundenlang* warten mußten, bis Joe Bob seine Milch bekam.«

»Hm-hm.« Und dann kam mit jenem ruhigen Understatement, das eine Spezialität des Majors war, die Frage: »Hast du dich von Joe Bob küssen lassen?«

Errötend antwortete ich empört, doch unverbindlich: »Aber *Vater!*« Dann hielt ich als Ablenkungsmanöver Joe Bobs Ring in die Höhe und erklärte strahlend: »Wir sind jetzt fest befreundet.«

»Und was soll *das* nun wieder heißen?«

»Na ja, es heißt, äh, daß wir uns eben mögen. Und, äh, daß wir mit keinem andern ausgehen.«

Er stand auf und stelzte zur Tür. »Na schön, wenn du deine Tage als Ehefrau eines Schuhverkäufers beschließen willst, ist das deine Angelegenheit. Wäre ja möglich, daß die Kleine ein Schuhfetischist ist«, murmelte er noch vor sich hin.

»Wer hat denn was von Heiraten gesagt?«

»Nun, so wie du heute abend aussiehst, mein liebes Kind, solltest du eine Ehe als potentielle Notwendigkeit durchaus in Betracht ziehen.«

Ich starrte ihn finster an. So eine Gemeinheit! *Die* romantische Liebe des Jahrzehnts zwischen dem Running Back der Hullsport Pirates und der Fahnenschwingerin der Hullsport High auf das Niveau einer rein physischen Funktion herabzuwürdigen! »Außerdem wird er gar nicht Schuhverkäufer. Er wird Trainer. Und was hast du gegen Schuhverkäufer? Immer noch besser als Bomben herstellen, oder was ihr sonst in deiner dämlichen Fabrik da drüben macht!«

Aha, das saß! »Diese ›Bomben‹, wie du es nennst, meine liebe junge Dame, sind zufällig das, was dir zu deinen zahllosen teuren Villager-Blusen verhilft. Oder aus ihnen hinaus, wie es im Augenblick der Fall zu sein scheint.«

Selbst damals hegte ich schon den Verdacht, daß es hier um mehr ging als um meine Gefühle für den muskelstarken Joe Bob Sparks. Der Major und ich spielten das uralte Drama der Geschlechter, in dem die Tochter sich von ihrer einzigen Kindheitsliebe, dem Vater, löst und einen Mann ihres Alters wählt. Der Text war vor Jahrhunderten geschrieben worden, und wir übernahmen lediglich die uns vorgezeichneten Rollen darin. Typischerweise heiraten Frauen stets Männer, die ihren

Vätern ähnlich sind. So hieß es jedenfalls in meinem Psychologie-Lehrbuch in Worthley. Falls eine Frau jedoch einen Mann wählt, der ihrem Vater *nicht* ähnlich ist, so bedeutet das, daß sie ihn ablehnt – bewußt oder unbewußt. Nun gut, es hätte kaum jemanden geben können, der dem kultivierten, vornehmen Major unähnlicher war als Joe Bob Sparks. Es sei denn Clem Cloyd, der die Szene als potentieller Schwiegersohn des armen, geschlagenen Majors erst später betrat. Keine Jugendliebe ist so rein und unschuldig, wie sie aussieht. Die Partnerwahl ist stets ein Kommentar über einen oder beide Elternteile jeder Seite.

»Ich habe nicht darum gebeten, geboren zu werden!« erklärte ich dem Major als Retourkutsche auf seine Wichtigtuerei mit den Kleidern, für die er mir das Geld gab.

»Ach, geh doch hin und mach dir dein Leben kaputt, wenn du willst!« Wütend stapfte er hinaus. An der Tür blieb er noch einmal stehen und sagte müde: »Du mußt fort aus Hullsport, Ginny. Du wirst ein College im Norden besuchen, und wenn ich dich fesseln und knebeln müßte, um dich dorthin zu bringen. Du gehörst nicht hierher zu diesen Leuten, und du darfst erst wiederkommen, wenn du das eingesehen hast.«

»Wohin gehöre ich denn?« kreischte ich wütend. »*Du* magst nicht hierhergehören. Aber ich doch! Hier ist meine Heimat!«

Er schüttelte verblüfft den Kopf und schloß die Tür. Dann öffnete er sie noch einmal und sagte: »Ich möchte dich nicht unnötig beunruhigen, Virginia. Aber ich hoffe, du weißt, daß die Parkplätze für Liebespärchen alle möglichen Psychopathen anlocken.«

Die Nachricht, daß Joe Bob und ich jetzt fest befreundet waren, verbreitete sich in der Schule wie ein Lauffeuer. Den ganzen folgenden Tag hindurch kamen Freundinnen, um sich den schwarzen Onyxring anzusehen. Ich hatte fast eine ganze Kerze hinter den Stein tropfen müssen, damit er mir paßte. Er stand über zwei Zentimeter ab und beschwerte beim Gehen meinen Arm mindestens ebensosehr wie Joe Bobs Armgewichte. Hätte ich jemanden mit dieser Faust geschlagen, mein unglückliches Opfer hätte, wie die Opfer des Phantoms in den Comic-Books, sein Leben lang das Wappen der Hullsport Regional High School auf der Wange getragen.

In der Lunchpause, als wir Schüler untätig auf Klappstühlen in der Turnhalle herumsaßen und einem internen Basketballspiel zusahen, begrüßten Joe Bobs und meine Freunde uns im Chor: »Hi, Ginny! Yay, Sparks! Hi yay! Ginny, Sparks!« Alle Mädchen jubelten schrill. Die Jungens dagegen pfiffen auf den Fingern, trampelten, johlten augenzwinkernd und riefen zu Joe Bob hinüber: »Na, macht's Spaß, Sparky?« Joe Bob lächelte geheimnisvoll und hob unsere verschlungenen Hände zum Siegesgruß hoch in die Luft, als wären wir ein Profi-Boxer und sein Ringrichter. Wir gehörten jetzt zu den offiziell etablierten Pärchen der Hullsport High.

Am selben Nachmittag, als ich im Lernzimmer saß und geistesabwesend weibliche Busen an den Rand des Lateinheftes malte, warf mir der Junge hinter mir einen Zettel in den Schoß. Der Text in Joe Bobs kindlicher Druckschrift lautete: »Komm um 14.25 in die Dunkelkammer.«

Um 14.22 Uhr trat ich ans Lehrerpult des Lernzimmers und bat, in den Waschraum gehen zu dürfen. Zufällig war der Aufsichtslehrer in dieser Stunde gerade Trainer Bicknell, ein mächtiger, muskelstrotzender Mann Mitte Vierzig mit kanonenbootgrauem Bürstenschnitt, kleinen Augen und dem unvermeidlicherweise nicht vorhandenen Hals. Sein massiger Brustkasten und die breiten Schultern verliefen zu einer schmalen Taille und schmalen Hüften, so daß seine Silhouette einer Eistüte mit Armen und einer Kirsche als Kopf obendrauf glich.

»Du bist in *fünf* Minuten wieder da!« knurrte er und zog die Augen zu bösartigen Schlitzen zusammen. »Und es wird nicht geraucht, da draußen!«

»Aber ich rauche nie.«

»Das behauptet ihr alle.«

»Aber ich rauche *wirklich* nicht.« Zugegebenermaßen hatte ich tatsächlich hier und da verstohlen einen Zug gemacht, doppelt köstlich, da von jedem in Sichtweite befindlichen Erwachsenen strengstens untersagt. Weil Joe Bob jedoch im Training war, fand ich es einfach viel praktischer, seine sonderbaren Vorstellungen von körperlichem Wohlbefinden zu teilen.

»Werd bloß nicht frech!« Ich starrte ihn verwundert an. Er hatte mich noch nie gemocht. Ja, eigentlich hatte er gegen alle Schülerinnen was, vor allem gegen diejenigen, die mit seinen Sportlern gingen. Doch nie zuvor hatte er mir, der Tochter Major Babcocks, gegenüber eine so unverhohlene Feindseligkeit an den Tag gelegt.

Vorsichtshalber antwortete ich knapp: »Jawohl, *Sir*!« Nahm meinen Passierschein und ging hinaus.

Die Dunkelkammer gehörte dem Camera Club, wurde jedoch immer wieder zweckentfremdet. Die Tür war zwar mit einem doppelten Schloß versehen, in der Schule kursierten aber mindestens zwei Dutzend Nachschlüssel. Ich klopfte leise. Vorsichtig wurde die Tür geöffnet. Joe Bob langte heraus und zog mich ins Dunkle.

Es war so unaussprechlich finster hier, daß ich, als er sprach, nicht mal seine vom Juicy Fruit fleckigen Zähne erkennen konnte.

»Was ist denn los?« fragte ich, als er mich gegen die Tür drückte. Er bedeckte mein Gesicht mit feuchten Küssen, und seine Erektion war durch die Jeans hindurch zu spüren.

»Es ist *furchtbar*!« jammerte er.

»Was denn?«

»Bicknell hat mir Spielverbot erteilt, weil ich gestern abend die Sperrstunde überschritten habe. Ich darf nächste Woche nicht mitspielen.

Und er sagt, ich darf dich bis nach der Sportsaison nicht wiedersehn.«

»Das kann nicht wahr sein!«

»*Ist* aber wahr.« Von Selbstmitleid geschüttelt, hielten wir uns fest umschlungen.

»Ach, Joe Bob, was sollen wir bloß tun?« klagte ich mit einer Grimasse, die ich Vivien Leigh in ›Vom Winde verweht‹ abgeschaut hatte.

»Er behauptet, du ruinierst mich. Und er begreift nich, was ich an dir finde.«

»Ach, wirklich?« fauchte ich mit dem Hohnlächeln Elvis Presleys in ›Bikini Beach Party‹.

»Er behauptet, du saugst mir das Mark aus den Knochen.«

»So, sagt er das? Und du läßt dir das von ihm sagen?«

»Aber wenn er doch recht hat, Ginny. Du weißt genau, wenn ich in diesem Jahr schlecht spiele, krieg ich im nächsten kein Stipendium. Und wenn ich nich aufs College geh, kann ich auch kein Trainer werden.«

Ich stellte mir mein Leben als Ehefrau eines unglücklichen Schuhverkäufers in Hullsport vor und kniff. »Wir sind nicht gut füreinander, Joe Bob. Dein Trainer und der Major haben recht.«

»Dein Vater? Was hat denn der damit zu tun?«

»Er wartete auf mich, als ich gestern abend nach Hause kam. Er behauptet, ich würde mit dir nur Zeit vergeuden.«

»Ach nein! Und du hast dir das von ihm sagen lassen?«

»Aber wenn er doch recht hat?« gab ich deprimiert zurück, während ich an die Vorzüge des College-Lebens in Boston dachte.

»Hör mal, Ginny, kein Trainer wird Joe Bob Sparks vorschreiben, was er zu tun und zu lassen hat. Und dein Vater erst recht nicht. Leih dir heute abend den Wagen von deinem Vater. Sag ihm, du willst in die Bibliothek oder so. Und hol mich um sieben an der Ecke von meinem Wohnblock ab.«

»Okay«, schnurrte ich. Wir hielten einander mit der Kraft der Verzweiflung umschlungen. Dann griff er mir, um sich zu vergewissern, daß das gestern eroberte Terrain immer noch sein war, unter den Rock. Diesmal zog er zur Abwechslung das obere Gummiband meines Schlüpfers runter, schob seine Wurfhand über meine Scham und tauchte den Finger in mich hinein, um ihn gleich wieder herauszuziehen, als müsse er nur die Temperatur prüfen, bevor er den Sprung ins Wasser wagte. Sein Armgewicht stieß kalt gegen mein Schambein.

»Ich muß zurück«, erklärte ich ihm bedauernd. »Der Trainer hat's heute auf mich abgesehen. Aber jetzt weiß ich wenigstens, warum.«

»Wah?« murmelte Joe Bob unkonzentriert.

»Der Trainer. Er hat mir befohlen, in fünf Minuten zurück zu sein. Ich hab 'nen Passierschein für den Waschraum.«

»Ach so. Na, dann bis heute abend«, flüsterte er und ließ mich hinaus, wobei sein Grinsen um eine Schattierung lüsterner wurde.

Am selben Abend brachte ich den schwarzen Mercedes des Majors mit dem vergoldeten Monogramm auf denVordertüren an der Straßenecke der Sewanee-Acres-Wohnsiedlung zum Stehen. Joe Bob kauerte hinter einem Gebüsch, sah sich vorsichtig nach allen Seiten um und stieg hastig ein.

»Wohin?« fragte ich ihn, während er sich auf den Vordersitz legte, damit man ihn nicht sehen konnte. »Zu unserem Platz?«

»Nein«, flüsterte er. »Die Uferstraße entlang. Ich sag dir, wo wir abbiegen müssen.«

Wir fuhren schweigend, immer parallel zum schmutzigen Crockett. Am anderen Ufer glitt die Giftfabrik meines Vaters vorbei. Immer wieder sah ich in den Rückspiegel, um festzustellen, ob uns etwa Trainer Bicknell folgte. »Wissen deine Eltern, wo du bist?« erkundigte ich mich.

»Ich hab gesagt, ich treff mich mit Dole im Dew Drop.«

»Hast du Doyle gebeten, uns zu decken?«

»Ja.«

»Kannst du ihm trauen? Oder verpetzt er dich vielleicht beim Trainer?« Doyle, Joe Bobs bester Freund, war der zweite Halfback, der zweite Forward und der Shortstop bei den verschiedenen Mannschaften der Hullsport Pirates. Die Freundschaft der beiden war schwer mit dem Problem ihrer Rivalität belastet.

»Wah? Dole? Mann, ich *muß* ihm einfach trauen. Sonst können wir überhaupt einpacken.« Er stemmte sich behutsam hoch, bis seine Augen die Unterkante der Windschutzscheibe erreicht hatten. »Zweite links«, flüsterte er.

Als wir in eine mir unbekannte unbefestigte Straße einbogen, richtete Joe Bob sich auf, zog seine rotbraun-graue Windjacke aus und seufzte erleichtert. Die Straße hatte tiefe Schlaglöcher, aber der teure Wagen des Majors schnurrte darüber hin, als existierten sie nicht.

»Hier links«, sagte Joe Bob mit seiner normalen Stimme, einem heiseren Murmeln, aufgrund dessen ein Arzt die Familie des Patienten wohl auf sein nahes Ende vorbereitet hätte. Die Straße endete in einer matschigen Kehre, die mit den unvermeidlichen gebrauchten Kondomen und leeren Bierdosen verunreinigt war. Ich löschte die Scheinwerfer und stellte den Motor ab. Als ich vom Armaturenbrett aufblickte, sah ich vor mir den Crockett River.

»Wirklich schön hier«, erklärte ich, Kennerin aller Parkplätze, die ich in den letzten Monaten geworden war. Das mußte man Joe Bob lassen: Er hatte es raus, die richtige Umgebung für unsere Unzuchtsübungen zu wählen. »Warum bist du noch nie mit mir hierhergefahren?«

»Wah?«

»Woher kennst du diesen Platz?« Ich stellte mir andere Mädchen vor, wie sie, genau wie ich, halb ausgezogen oder noch schlimmer, quer über Sparkplugs Vordersitz lagen.

Joe Bob zuckte nur grinsend die Achseln und kaute ingrimmig auf seinem Juicy Fruit. »Na, weil mir der andere besser gefällt«, sagte er dann. »Weil wir ihn zusammen gefunden haben. Hier wird es spätabends ziemlich voll.« Er öffnete langsam seine Windjacke, zog sie aus und warf sie hinten auf den Fußboden. »Gehen wir lieber auf den Rücksitz«, schlug er vor. »Dann stört dich wenigstens der Schalthebel nicht.« Er grinste mich idiotisch an.

Um es kurz zu machen: Bald darauf waren wir beide vollständig entkleidet, und unsere hochmodischen Klamotten lagen in einem wirren Haufen auf dem Boden. Von dem reichlichen Platz, den der Fond des Mercedes im Vergleich zu Sparkplugs Vordersitz bot, angeregt, lag ich, alle viere von mir gestreckt, auf dem Lederpolster. Joe Bob kniete zwischen meinen Beinen; seine wundersame Erektion, endlich befreit, zielte genau auf meine Nasenspitze, während er verzweifelt in seinen verschiedenen Hosentaschen kramte.

Endlich ließ er triumphierend die Hose fallen und hielt ein kleines, in Folie gewickeltes Päckchen empor. Dieses Päckchen – oder ein ebensolches – hatte ich schon einmal gesehen, als ich eines Abends im Dew Drop, während er auf der Toilette war, in seiner Brieftasche nach Geld für seine Milch suchte. Doch jetzt erst dämmerte mir seine Bedeutung: Sein Inhalt würde das einzige sein, was zwischen mir und einer vorzeitigen Mutterschaft stand. Nervös biß ich mir auf die Unterlippe. Joe Bob riß ein Ende des Päckchens auf und begann sich das Ding, das einem Luftballon ähnelte, überzustreifen wie eine Hausfrau, die vor dem Geschirrspülen Gummihandschuhe anzieht. Etwas Schleimiges tröpfelte mir auf den Bauch.

Wenn ich es nun recht betrachtete, war ich absolut nicht mehr sicher, ob es wirklich dies war, was mir in all diesen Monaten vorgeschwebt hatte. Zungenküsse – ja. Zünftiges Fummeln – selbstverständlich. Fingerficken – warum nicht. Aber der Geschlechtsakt selbst – *das* hieß doch wohl, die Dinge zu weit treiben. Und da es sich ausgerechnet um jene Tage handelte, da einmal Vögeln mich fürs Leben festnageln konnte, erschien mir das College in Boston unvermittelt als ein recht aufwendiges Opfer, sogar für eine so tiefe Liebe, wie Joe Bob und ich sie füreinander empfanden. Schließlich gingen jedenTag junge Mädchen von der Hullsport High School ab, um ein uneheliches Kind zur Welt zu bringen. Und was war überhaupt mit dem Respekt? Würde Joe Bob noch Achtung vor mir haben, wenn ich ihm in allem nachgab? Das fragte ich mich, als ich den Kopf hob und zu ihm aufblickte, der zwischen meinen Beinen kniete und sich in den Gummischlauch hineinmühte. Würde ich vielleicht so werden wie meine alte Volksschulfreundin Maxine Pruitt, die sich mit Clem Cloyd und seiner schrägen Bande im Bloody Bucket rumtrieb und die von Joe Bob und seinen Freunden unter anzüglichem Grinsen nur noch ›Do It‹-Pruitt genannt wurde? Und was sollte aus dem

Training werden? Was hatte Bruder Buck über die Unzucht gesagt? Fliehet die Unzucht, hatte er das Teen Team für Jesus gewarnt, dessen Präsident Joe Bob war. Ich hatte gehofft und auch erwartet, in einem Augenblick wie diesem über jede rationale Überlegung hinausgetragen zu werden. Ich wurde es nicht. Im Gegenteil: Mein Verstand spie mit ungeheurer Geschwindigkeit Gegenargumente aus.

Resolut stemmte ich mich auf die Ellbogen hoch und sagte: »Einen Moment, Joe Bob. Erst müssen wir das mal besprechen.«

»*Wah?*« keuchte er fragend. »Das hätte ich nicht gedacht, Ginny, daß du 'n Schwanzfopper bist.«

Hinter uns hielt ein Wagen. »O nein!« stöhnte ich. Jetzt war's passiert. Die Parkplatz-Psychopathen, vor denen mich der Major gewarnt hatte, waren da. Beinahe noch ärgerlicher als die Aussicht, vergewaltigt und verstümmelt zu werden, war die Tatsache, zugeben zu müssen, daß der Major wieder mal recht gehabt hatte.

Ein kreisendes, grelles Licht tauchte die Bäume und den reißenden Fluß in ein unheimliches, zuckendes Rot.

»O Gott!« jammerte Joe Bob, griff galant nach seiner Jacke, die auf dem Fußboden lag, und warf sie mir zu, während ich mich entsetzt hochrappelte. Für seine eigene Blöße schnappte er sich das erste Stück von unserem Kleiderhaufen, das ihm unter die Finger kam: meinen dunkelblauen Wickelrock. Eben schlang er ihn sich um die Hüften, das erfaßten auch schon zwei Stablampen den Wagen. Seine gummiumschlossene Erektion, obzwar im Handumdrehen schrumpfend, machte aus meinem Rock eine Art Zelt. Tapfer öffnete er den Wagenschlag und stieg aus.

Einer der beiden Streifenpolizisten richtete seine Lampe mitten in Joe Bobs verängstigtes Gesicht. »Nanu, wen haben wir denn da? Unseren alten Joe Bob Sparks höchstpersönlich! Tut mir leid, daß wir eure Spielchen da drinnen stören müssen, mein Freund!« Er lachte hämisch. Der andere Polizist lachte ebenfalls.

»Habt ihr zwei denn nichts Besseres zu tun?« entgegnete Joe Bob.

Der andere Polizist ließ den Strahl seiner Lampe an Joe Bobs kräftigem Oberkörper hinabwandern, bis er auf meinem Rock haltmachte. »Das sieht aber niedlich aus, Sparks«, meinte er grinsend.

»Vielen Dank. Hört mal zu, Leute, gebt mir 'ne Chance, ja?«

»He, Major Babcocks Töchterchen!« krähte der erste triumphierend. Anscheinend hatte er den Wagen mit dem Monogramm erkannt, denn ich selbst hatte mich mit bis ans Kinn angezogenen Knien, vollkommen in Joe Bobs Jacke gewickelt, in den hintersten Winkel des Rücksitzes verkrochen.

»Parken verstößt nicht gegen die Verkehrsvorschriften.«

»Hier doch«, erklärte der zweite. »Dies ist Privatbesitz. Und seht euch den Dreck an, den ihr Rabauken hier gemacht habt!« Mit der Lampe deutete er auf den Müll.

»Hört mal«, meldete sich der erste wieder, »diesmal woll'n wir euch nur verwarnen. Zieht euch an und sucht euch 'n anderen Platz zum Bumsen, der nicht gerade Privatbesitz ist. Ich persönlich möchte dir jedoch raten, die Anweisungen des Trainers zu befolgen, Sparks.«

Joe Bobs Kopf fuhr mit einem Ruck empor. »Wah? Hat der euch etwa hergeschickt? Woher konnte er das wissen?« Joe Bobs kindliche Stimme bebte in der Furcht des Herrn.

»Nein, er hat uns nicht geschickt«, beruhigte ihn der erste Polizist. »Aber verdammt noch mal, Junge! Du lebst doch hier wie in 'nem Glashaus. Die ganze Stadt weiß, daß du nicht aufgestellt worden bist. Wir verlassen uns auf euch, Junge! Die ganze Stadt verläßt sich auf euch. Euer Trainer gewinnt alle Spiele. Und wenn euer Trainer sagt, ihr sollt um zehn Uhr im Bett liegen, Mann, statt mit kleinen Mädchen rumzuspielen, dann habt ihr in drei Teufels Namen auf ihn zu hören!«

»Okay, okay.«

Die Polizisten stiegen wieder in ihren Streifenwagen und fuhren davon, um pflichtgemäß weitere in der Entstehung begriffene Amouren im Keim zu ersticken. Joe Bob setzte sich wieder zu mir in den Fond und lehnte sich ganz zurück, die Beine so weit auseinandergestellt, daß sich mein Wickelrock über seinem Geschlechtsteil öffnete. Sein Schwanz war jetzt ganz eingeschrumpft, und das Kondom hing nur noch lose drauf. Ich selbst blieb, immer noch in die Windjacke gewickelt, still in meiner Ecke sitzen. Nach ein paar Minuten begann Joe Bob zu stöhnen.

»Was ist?«

»Dicke Eier«, wimmerte er.

»*Wah?*«

»Dicke Eier.«

»Was sind dicke Eier?«

»Wenn du dich ganz hochgeschafft hast und dann nich kommst«, erklärte er durch die zusammengebissenen Zähne. Heute ist mir völlig klar, daß Joe Bob seine Berufung verfehlte, als er die Trainerlaufbahn einschlug, anstatt zum Theater zu gehen.

»Was? Kann man denn gar nichts dagegen machen?«

Mit listigem Ausdruck blickte er zu mir auf.

»Die Cops haben befohlen, daß wir uns anziehen und weiterfahren sollen«, sagte ich rasch.

»Machen wir ja«, beteuerte er, rollte das Kondom runter und warf es kurzerhand aus dem Fenster. Dann rutschte er quer über den Sitz und ergriff meinen Arm. Meine Hand war in dem riesigen Jackenärmel kaum zu finden. Er nahm sie und legte sie auf seinen Penis. »Reib ihn«, bettelte er regelrecht.

Ich begann halbherzig damit zu spielen, heftig gegen die instinktive Aversion ankämpfend, die mich in Worthley im Psychologie-Unterricht die Existenz des Penisneides anzweifeln ließ. Aber ich wollte weiß Gott nicht für dicke Eier verantwortlich sein, was immer das bedeuten mochte. All meine unterdrückten Florence-Nightingale-Instinkte überfluteten mich mit einem beinahe schmerzhaften Mitgefühl mit dem armen, leidenden Joe Bob, der aus Liebe zu mir Qualen litt. Außerdem wollte ich nicht, daß es in der Schule hieß, ich sei ein Schwanzfopper, ebensowenig wie mir der Spottname ›Do It‹-Babcock zugesagt hätte. Was sollte ich tun – am Samstagabend allein zu Hause sitzen, während alle anderen Mädchen der Stadt in den Drive-Ins fleißig Handarbeiten machten? Ich war noch mit meinem moralischen Dilemma beschäftigt, als sich, o Wunder, das Fleischbündel in meiner Hand zu regen, anzuschwellen begann. Und sofort wußte ich, daß ich einen großen Fehler begangen hatte.

Joe Bob langte unter seine Jacke und schob den Finger zwischen meine Beine. Mit der freien Hand zeigte er mir, wie ich die meine vor und zurück zu bewegen hatte. Es war ganz ähnlich wie beim Melken, das ich vor Jahren von Clem Cloyd gelernt hatte. Da saßen wir, ich tief in seine Jacke vergraben, das Kinn auf den Knien, und er, gleich daneben in meinem Wickelrock, lang ausgestreckt, die mächtige, behaarte Brust nackt, den Kopf an der Rücklehne, die Augen geschlossen. Unsere Hände bewegten sich mit der Koordination zweier Uhrwerke. Ich unterdrückte mühsam ein Gähnen und überlegte, ob ich *überhaupt* aufs College gehen wollte, ganz zu schweigen von einem so nördlich gelegenen wie Boston. Schließlich konnte ich vermutlich an der UT ein Stipendium als Majorette bekommen . . .

Joe Bob begann zu zucken und keuchte heftig. Dann sank er schlaff in sich zusammen, und sein Finger glitt aus mir heraus. Ich betrachtete ihn besorgt. War er etwa Epileptiker? »Was hast du?« Er lag da, hechelnd, ohne zu antworten. Ich legte ihm die Hand auf die Brust. Sein Herz raste. Das hätte mir gerade noch gefehlt – Joe Bob Sparks, splitternackt auf dem Rücksitz des Mercedes, der meinem Vater gehörte, auf einem abgelegenen Parkplatz, und dann ein Herzanfall! Ich beschloß, mich, falls er tatsächlich einen Herzanfall erlitten hatte, stehenden Fußes in den Crockett zu stürzen. Dann war wenigstens alles vorbei.

Behutsam langte ich hinüber und hob eines seiner Lider an. Ich begutachtete seinen Augapfel. »Was machst du?« fragte er mich träge.

»Alles in Ordnung?«

»Wah?«

Endlich richteten wir uns auf und sortierten unsere Kleider. Als er mir meinen Rock reichte, entdeckte ich an der Seite einen feuchten Fleck.

»Sperma«, erklärte er mit seinem idiotischen Grinsen.

»Igitt!« Mit zwei Fingern hielt ich den Rock von mir ab. Meine bisherigen Kenntnisse über Sperma beruhten auf einem Trickfilm von Walt Disney, der uns in der achten Klasse im Biologie-Unterricht gezeigt worden war. In diesem Film hatte der böse Sammy Sperma die entzükkende Ellie Ovum zu fangen versucht, das niedliche Mädchen vom Land, das erst kürzlich in Uteroville eingetroffen war. Ich ließ meinen Rock auf den Ledersitz fallen und hämmerte mit beiden Fäusten auf den Fleck ein. »Totschlagen! Totschlagen! Totschlagen!« Joe Bob grinste geistesgestört, weil er glaubte, ich wollte komisch sein. In Wahrheit hatte ich vor Spermien beinahe ebensoviel Angst wie vor Kommunisten.

»Meine Jacke steht dir gut«, sagte er nachdenklich. »Möchtest du sie tragen?« Bei dieser so unerwarteten Belohnung für die Erfüllung der unappetitlichen Pflichtübung, ihn zu wichsen, überfiel mich eine Woge von Seligkeit. An der Hullsport High galt die Tatsache, daß man die Windjacke seines Freundes trug, als die ultimative Bekräftigung des Bundes, weitaus bindender noch als der Austausch von Ringen. Und Joe Bobs Windjacke war natürlich das erlesenste Exemplar der gesamten Schule, von oben bis unten mit Stoffflecken in Form von Basketbällen, geflügelten Füßen, gekreuzten Baseballschlägern, Football-Bällen und mehreren riesigen Hs bedeckt. Es sah aus wie das Rückfenster eines alten Autos mit Aufklebern aus allen Staaten Amerikas.

Ich warf ihm die flatternden Jackenärmel um den Hals und drückte ihn an mich. Er entdeckte eine Lücke, stieß sogleich vor, nagelte mich auf dem Sitz fest und langte flink unter die Jacke, um an meiner Brustwarze zu drehen wie an einem Radioknopf.

»Training«, flüsterte ich ihm ins Ohr. Sofort richtete er sich gehorsam auf und zog sich endlich fertig an.

Am nächsten Abend nach dem Essen nahm mich der Major beiseite und sagte mit vor Wut erstickter Stimme: »Hör zu, Virginia. Ich werde nicht dulden, daß meine Tochter sich wie eine läufige Hündin in der Stadt rumtreibt. Verstanden?«

»Ich weiß gar nicht, was du hast.« Bei einem Vater wie dem Major – wer brauchte da noch den ›Big Brother‹? Seine Informationsquellen hätten die CIA in den Schatten gestellt.

»Du weißt genau, was ich meine! Ich glaubte, du hättest wenigstens genug Verstand, nicht mit dem einzigen schwarzen Mercedes der ganzen Stadt zu deinen Rumhurereien zu fahren.«

»Ich habe nicht – rumgehurt.« Ich überlegte, ob Streifenpolizisten genauso einen Berufskodx hatten wie Ärzte und mit Außenstehenden nicht über die Angelegenheiten ihrer Klienten sprechen durften. »Joe Bob und ich haben uns nur . . . äh . . . unterhalten.«

»Den Teufel habt ihr! Hör mal, Ginny, du wirst ihm sofort diese silberne Kanonenkugel von Ring zurückgeben! Und seine Jacke ebenfalls!« Ich hatte die Jacke, seit Joe Bob sie mir gegeben hatte, kaum abgelegt. Die Ärmel waren um dreißig Zentimeter zu lang, so daß ich sie ständig aufgerollt tragen mußte, und das Ganze hing mir beinahe bis auf die Knie. »Du siehst da drin aus wie 'n verdammter Liliputaner. Und wenn ich euch beide je wieder zusammen erwische . . .«

»Na und – was wirst du dann tun?«

»Wenn du den Verstand deiner Mutter und den Überlebensinstinkt deines Vaters geerbt hättest, würdest du alles tun, um das niemals zu erleben!«

Mit einem verächtlichen Schwung meines Pferdeschwanzes kehrte ich ihm den Rücken und stelzte davon. Aber letztlich handelte es sich um den Major, der dafür sorgte, daß mir die Tampons nicht ausgingen. Also gab ich Joe Bob am folgenden Tag in der Dunkelkammer Jacke und Klassenring zurück. Uns beide mit meinen Tränen benetzend, klammerte ich mich an ihn.

Und hielt sofort seinen Ständer in der Hand, während er sein Becken eifrig vor und zurück schob. Ich kam mir vor wie ein Dompteur, der ein störrisches Elefantenbaby am Rüssel führt. Doch wenigstens konnten Doyle und die übrigen Freunde von Joe Bob mich nicht auslachen und mich hinter meinem Rücken als Schwanzfopper oder ›Do It‹-Pruitt bezeichnen. Es war schwer, sich auf dem schmalen Grat der Ehrbarkeit im Gleichgewicht zu halten.

»Joe Bob«, jammerte ich, als er keuchend gegen die Wand sackte, »ich *kann* dich nicht aufgeben. Was sollen wir tun?«

An diesem Punkt gewann eine Romanze, die, ihrer eigenen Antriebskraft überlassen, binnen kurzem den Schwung verloren hätte, durch das Eingreifen sowohl Trainer Bicknells als auch des Majors ein geradezu atemberaubendes Momentum. Während der Mittagspause in der Turnhalle saß ich bei meinen Freundinnen, die sich vor Mitleid mit Joe Bob und mir fast umbrachten. Joe Bob saß bei seinen Freunden auf der anderen Seite des Basketballfeldes, und so starrten wir uns während des ganzen restlichen Schuljahres über diese Entfernung hinweg sehnsuchtsvoll an. Natürlich gab es an drei Nachmittagen der Woche immer noch die Fünf-Minuten-Fummelei in der Dunkelkammer. Ich holte mir einen Passierschein für den Waschraum, raste wie der Blitz zur Dunkelkammer und meldete meine Ankunft durch ein geheimes Klopfzeichen. Joe Bob stellte den Wecker des Fotoclubs auf vier Minuten, damit ich nur ja nicht zu spät zurückkam. Dann rollte ich die Ärmel auf, öffnete sachkundig Joe Bobs Reißverschluß und wichste ihn wie eine erfahrene Hausfrau in den Spülstein. Anschließend tauschten wir etwa ein halbes Dutzend erstickter Liebesschwüre, bis der Wecker zu schrillen begann und ich mit hängender Zunge an meinen Platz ins Lernzimmer zurückhetzte, während der Trainer mich mit uneingeschränktem Mißfallen musterte.

Als der Sommer kam, stand uns die Dunkelkammer nicht mehr zur Verfügung. Statt dessen rollten Joe Bob und ich Abend für Abend auf der Hull Street in entgegengesetzter Richtung aneinander vorbei, ich mit meinen Freundinnen, Joe Bob mit seinen Freunden. Die Fahrer unserer jeweiligen Wagen verlangsamten rücksichtsvoll das Tempo, während wir uns liebeskrank anschmachteten. Eines Abends beugte sich Joe Bob weit zum Fenster seines Wagens hinaus, um mir einen Zettel in die Hand zu drücken. Dabei starrte er mir mit fiebrigem Blick in die Augen und preßte hastig meine Hand.

Die Nachricht lautete: »Morgen abend um neun Uhr Ecke Hull und Broad. Auf Doyles Dodge warten.«

Am nächsten Abend stand ich an der bezeichneten Straßenecke und winkte meinen Schulfreundinnen zu, die in einem endlosen Autokorso vorüberzogen. Kurz darauf entdeckte ich Doyles rotbraunen Dodge – seine fahrbare Matratze, wie er ihn immer nannte. Doyle selbst saß am Steuer, Doreen, seine Freundin, hatte sich wie eine Federboa um seinen Hals geschlungen. Nirgends ein Zeichen von Joe Bob.

Doyle lenkte an den Straßenrand. Doreen, deren hochtoupiertes Haar das kleine, grell bemalte Gesicht fast erdrückte, winkte fröhlich. Doyle sprang heraus und ging um den Wagen zum Kofferraum. Mit einer Hand auf den Deckel gestützt, musterte er die vorbeifahrenden Wagen.

»Was ist los, Doyle? Wo ist Joe Bob?« Er antwortete nicht, sondern pfiff gleichmütig durch die Zähne. Ein großer schwarzer DeSoto rollte vorbei, und Doyle begann heftig, mit breitem Grinsen zu winken. Es war Trainer Bicknell; seine Miene war finster. Als er an uns vorbeikam, kroch sein Wagen wie eine Schnecke. Doyle knickte in den Hüften ein wie ein Taschenmesser, so tief bückte er sich, um in das Wagenfenster hineinzusehen, und winkte abermals, diesmal jedoch nur noch mit den Fingern.

Das Fenster wurde heruntergekurbelt, und eine Stimme tönte heraus: »Eine Stunde und achtundvierzig Minuten bis zur Sperrstunde, Roller!«

»Jawohl, Trainer Bicknell!«

Als der DeSoto außer Sicht war, blickte Doyle sich verstohlen um und öffnete vorsichtig den Kofferraumdeckel. »Steig ein«, zischte er mir aus dem Mundwinkel zu.

»Wah?«

»Steig ein!«

»Aber da drin erstick ich ja!« protestierte ich.

»Tust du nicht. Bitte glaub mir, Ginny. Ich bin Joe Bobs bester Freund, oder? Also, steig ein. Schnell!«

Ich stieg also ein und merkte, als Doyle den Deckel schloß, daß ich direkt neben Joe Bob landete. »Na? Was hältst du von meinem Plan?« wollte Joe Bob stolz von mir wissen.

»Nicht sehr viel«, entgegnete ich säuerlich, während ich meine Gliedmaßen so zu arrangieren suchte, daß ich es einigermaßen bequem hatte. Er rutschte näher, seine Brust an meinem Rücken, und schlang seine bleibewehrten Arme um mich, mit je einer Hand eine Brust umfassend.

»Is es so besser?« Er vergrub seinen Mund an meinem Hals und begann an meinem Fleisch zu knabbern. Ich enthielt mich eines Kommentars.

Der Wagen hatte jetzt ein ziemliches Tempo drauf. »Wohin fahren wir?«

»Wirst du schon sehen«, antwortete er geheimnisvoll. Ich kam mir vor wie in weiße Sklaverei verschleppt, ein Schicksal, das ganz zweifellos von mir verlangte, meine Tage mit dem Abmelken geiler junger Männer zu verbringen. Ich spürte schon, wie Joe Bobs unvermeidlicher Ständer sich wie der Revolver eines Gangsters in meine Nieren bohrte.

»Na *schön*!« Ich langte hinter mich, öffnete den Reißverschluß seiner Jeans und begann per Rückhand zu arbeiten. In den folgenden Monaten lernte ich Rückhand, Vorhand, Überhand und Unterhand beherrschen, je nach der Lage in unserer beengten Zufluchtsstätte. Alles, um das Problem des eigentlichen Geschlechtsverkehrs aufzuschieben, das mir drohend vor Augen stand wie weiland in den letzten Tagen Roms die Staubwolken der heranjagenden Hunnen.

Nach einer Weile hörten wir eine Wagentür schlagen. Der Kofferraumdeckel wurde geöffnet, und Doyle zischte: »Schnell, Sparks! Raus mit euch!« Wir krabbelten hinaus, Joe Bob zerrte mich zur Wagentür und duckte sich mit mir tief auf den Fußboden vor den Rücksitzen, während Doyle sich wie gehetzt umsah. Drinnen im Wagen blökte ein Lautsprecher: Wir waren im Drive-In. Vorsichtig schoben wir uns auf den Rücksitz hinauf, immer aber so tief geduckt, daß wir nicht über die untere Fensterkante hinauskamen.

Doreen, auf dem Vordersitz, wandte uns ihren toupierten Kopf zu und fragte: »Soll ich die Lehne runterstellen, damit ihr auch was sehen könnt?«

»Ja, prima«, antwortete Joe Bob. Als sie sich von der Beifahrerseite rüberlehnte, sah ich, daß sie sich oben schon bis auf den BH ausgezogen hatte. »He, danke für das hier, Doreen«, fügte Joe Bob noch hinzu. »Ich weiß, daß 'n Doppeltreff im Drive-In nicht gerade die Erfüllung is.«

»Ach Mann, Sparky, tun wir doch gern für euch beide! Ihr würdet das bestimmt auch für Dole und mich tun.«

Doyle stieg auf der Beifahrerseite ein. Der Film hieß ›Die zehn Gebote‹. Zwischen den Dialogen waren vom Vordersitz her die verschiedensten Seufzer, Keuch- und Schmatzlaute zu hören, dazu auf dem ganzen Parkplatz lautes Gehupe, wenn ein Pärchen, wie es die Tradition der Hullsport High School verlangte, signalisierte, daß es ›bis zum Letzten gegangen‹ war.

An einer Stelle des Films, als eine Sklavin beim Pyramidenbau gerade von einem zehn Tonnen schweren Steinblock erschlagen zu werden drohte, schnappte die Lehne des Vordersitzes urplötzlich nach oben. Joe Bob und ich richteten uns auf, um das weitere Schicksal der unglückseligen Sklavin verfolgen zu können. Wie es schien, wurde sie durch ein rechtzeitig eintretendes Wunder gerettet; ein Filmschnitt zeigte nunmehr die Szene am Fuß eines Berges, wo die rasenden Israeliten um das goldene Kalb tanzten. Wir warfen einen Blick auf den Vordersitz. Da lagen Doyle und Doreen beide lang ausgestreckt, und Doyles nackte Hüften gingen, ein heller Fleck im Schimmer der Filmleinwand, unaufhörlich auf und nieder.

Rasch blickten Joe Bob und ich zum Fenster hinaus, taten, als hätten wir nichts bemerkt. Wie auf Kommando gingen wir jedoch wieder auf Tauchstation, als wären wir Soldaten, die sich bei einem feindlichen Feuerüberfall in die Schützengräben werfen. Im bunt flackernden Licht der Filmleinwand, auf der die Israeliten immer noch mit ihrer Orgie beschäftigt waren, hatten wir das Profil des Trainers entdeckt, der sich gerade eine Handvoll Popcorn aus einem Pappkarton in den Mund schob. Er saß zwei Wagen weiter in seinem großen schwarzen DeSoto.

Wir warteten diskret, bis das Gezappel auf dem Vordersitz nachließ und Doyle mit dem Fuß die Hupe betätigt hatte, um seinen Mannschaftskameraden den Erfolg zu vermelden. Dann wisperte Joe Bob hastig durch die Lücke zwischen den beiden Sitzlehnen: »Dole! Dole! Der Trainer is da! Zwei Wagen weiter!«

»Wah? O Gott, der taucht aber auch überall auf! Und es is elf!« Kleidungsstücke wirbelten wie trockenes Herbstlaub im kalten Wind – auf dem Vorder- wie auf dem Rücksitz.

Doyle, auf dem Vordersitz kniend, beugte sich weit zu uns herüber und erklärte: »In den Kofferraum könnt ihr jetzt nicht, wo der Trainer da is. Legt euch auf den Boden und betet.« Doyle breitete eine Decke über uns und stopfte sie fest. Sie roch nach uraltem Sperma, ein Duft, der mir inzwischen gründlich vertraut war.

Dieses Arrangement wurde bis Anfang des nächsten Schuljahres fortgesetzt. Ich traf Joe Bob dreimal pro Woche auf fünf Minuten in der Dunkelkammer und alle vierzehn Tage auf zwei Stunden im Kofferraum von Doyles Dodge. Davon abgesehen schmachteten wir einander während der Mittagspause auf den Bänken der Turnhalle und am Abend von einander begegnenden Wagen aus an.

Manchmal wurden wir als Mitglieder des Teen Teams für Jesus dazu eingeteilt, über die Lautsprecheranlage der Schule religiöse Texte zu verlesen. Das Mikrofon befand sich in einem kleinen schalldichten Studio. Es führte ins Büro des Direktors und wurde, sobald wir auf Sendung gingen, von innen abgeschlossen.

»›Denn dies ist der Wille Gottes, eure Heiligung, daß ihr euch der Unzucht enthaltet‹«, las Joe Bob von unserem Andachtsblatt ab, das vom Teen-Team-Hauptquartier in Birmingham verschickt wurde. Und zog mich dabei mit den Augen aus.

»›Daß jeder von euch sich seine Frau zu erwerben weiß in Heiligung und Ehrbarkeit, nicht in Leidenschaft der Begierde‹«, respondierte ich und sah, wie sich die Hose über seinem Schwanz spannte.

»›Denn Gott hat uns nicht zur Unkeuschheit berufen, sondern zur Heiligung‹«, fuhr Joe Bob durch das Mikrofon fort. »›Ich aber sage euch: Jeder, der eine Ehefrau ansieht, um sie zu begehren, hat ihr gegenüber in seinem Herzen schon Ehebruch begangen.‹«

»›Unzucht aber und Unkeuschheit jeder Art oder Habsucht soll bei euch, wie es Heiligen geziemt, nicht einmal genannt werden‹«, belehrte ich unsere Zuhörer über die Ätherwellen der Hullsport High, während Joe Bob mit seinen riesigen Pranken nach meinen Brüsten grapschte und sein Gesicht an meinem Hals vergrub. »›Denn das sollt ihr erkennen und wissen, daß kein Unzüchtiger oder Unkeuscher oder Habsüchtiger, was ein Götzendiener ist, Erbteil hat im Reiche Christi und Gottes . . .‹« Ich spürte seine Erektion, die sich an meinen Rücken drückte, während die Bibel in meinen rettungslos sündenbefleckten Händen zitterte. »› . . .denn um dieser Dinge willen kommt das Zorngericht Gottes über die Söhne des Ungehorsams‹«, endete ich mit einem Aufkeuchen, als seine Hände sich einen Weg in die verborgenen Tiefen des Tempels meiner Seele suchten.

Und dann sahen Joe Bob und ich uns natürlich bei den Spielen: ich in meinen grauen Köpershorts und der rotbraunen Uniformjacke eifrig die Fahne schwenkend, Joe Bob in den verschiedenenUniformen der Hullsport Pirates. Mit hilflosem Zorn beobachtete ich, wie Trainer Bicknell Joe Bob mit einem Klaps auf den Hintern ins Spiel schickte, wie er ihm den Arm um die Schultern legte, wenn er ihn herausrief, wie er dem Wasserträger persönlich das Handtuch abnahm und Joe Bob behutsam den Schweiß von Oberlippe und Schläfen tupfte.

Meine jetzt recht beträchtliche Freizeit verwendete ich auf das Sammeln von Kronenkorken der Nehi-Saftflaschen an den zahlreichen Verkaufsautomaten. Der lokale Rundfunksender veranstaltete einen Wettbewerb, um den beliebtesten High-School-Sportler in seinem Sendebereich zu ermitteln. Jeder Kronenkorken einer Trauben- oder Orangensaftflasche der Firma Nehi zählte als eine Stimme. Ich hatte für Joe Bob 41 212 Kronenkorken gesammelt. Doreen hatte für Doyle 35 080 abgegeben, als sie mich plötzlich daran erinnerte, wie großzügig sie und Doyle Joe Bob und mir während der vergangenen Monate geholfen hatten. Also hörte ich auf, Kronenkorken zu sammeln, und überließ Doyle den Titel des beliebtesten Sportlers mit 42 683 Stimmen. Obwohl die gesamte Schule wußte, daß es sich um Schiebung handelte, daß Joe Bob Sparks und nicht Doyle Roller der beliebteste Sportler war, daß nur die Rücksitz-Politik die Wahl zu Doyles Gunsten entschieden hatte.

Der Major wurde argwöhnisch. »Warum gehst du überhaupt nicht mehr aus?«

»Weil mich niemand dazu auffordert.«

»Und warum nicht?«

»Wahrscheinlich, weil sie keine Lust haben.«

»Oder weil sie Joe Bob nicht verärgern wollen, wie?« entgegnete er höchst unfreundlich.

»Ich habe ihm den Ring und die Jacke zurückgegeben, wie du es von mir verlangt hast«, gab ich von oben herab zurück. Aber ich wußte, daß ich mir jetzt ein paar Verehrer zulegen mußte, um den Major von der Spur abzulenken. Vorerst hatte er ja nur einen Verdacht; wie ich ihn kannte, würde er jedoch über kurz oder lang mit konkreten Beweisen ankommen, wenn ich ihn nicht gründlich genug irreführte. Zugegebenermaßen hatte ich aber noch einen anderen Grund, mir als Helfershelfer ausgerechnet meinen ehemaligen Freund Clem Cloyd auszusuchen, den Sohn eines Pächters des Majors: Ich wollte dem Major beweisen, daß Joe Bob unter dem mir verfügbaren Männermaterial gar keine so große Katastrophe war. Joe Bob selbst war von dem Plan begeistert, weil ihm Clem Cloyd als Rivale so unscheinbar vorkam, daß er diese Bezeichnung gar nicht verdiente. Und keiner von uns hätte auch nur im Traum daran gedacht, daß ich Clem Cloyd, dem verkrüppelten Stadtrowdy, eines Tages den Vorzug vor Joe Bob Sparks geben würde.

Samstag, 24. Juni

Während Ginny in ihrem Jeep saß und zum Sportplatz der Hullsport High School hinübersah, kam Joe Bob Sparks von der Aschenbahn her auf sie zugetrabt. Sein ehemals so fester Bauch war ein wenig schwabbelig geworden. Er winkte heftig. Sie winkte zurück. Ihr Zeitgefühl, schon unter günstigsten Bedingungen unsicher und unzuverlässig, kam vorübergehend ganz zum Stillstand. Die Vergangenheit überschwemmte die Gegenwart. Sie hatte das Gefühl, ihre inzwischen mottenzerfressene Fahnenschwinger-Uniform zu tragen. Verwundert starrte sie an sich herab, auf ihr Patchwork-Folklorekleid und die Kampfstiefel.

Sie ärgerte sich über ihren Körper. Zehn Jahre waren vergangen, seit sie Joe Bob gesehen hatte, und dennoch wäre er, hätte ihr Verstand ihn nicht zurückgehalten, automatisch auf Joe Bob zugelaufen, um sich ihm zu Füßen zu werfen. Voll Unbehagen erkannte sie, daß ein Aktionsschema, festgelegt, sobald man etwas zum erstenmal tat, sich durch das ganze Leben fortsetzte. Wie oft hatte sie zum Beispiel ganz mechanisch zu Wendy gesagt: »Man spricht nicht mit vollem Mund.« Aber nicht, weil es sie etwa wirklich störte, sondern weil sie selbst diesen Satz immer wieder von ihrer Mutter zu hören bekommen hatte. Er war in ihre Schaltkreise eingeprägt. Sie hatte Clem, Eddie und Ira in annähernd der gleichen Weise umarmt und geküßt, wie sie es von Joe Bob gelernt hatte. Und viele ihrer nachfolgenden Fehlschläge in der Liebe waren direkt auf ihre verunglückten formativen Erfahrungen mit Joe Bob und Clem zurückzuführen.

»Say hey!« grüßte Joe Bob, das Gesicht zu seinem bescheuerten Grinsen verzogen und mit den Schneidezähnen Juicy Fruit mümmelnd, möglicherweise noch immer dasselbe wie vor zehn Jahren. »Hab ich mir doch gleich gedacht, daß das nicht deine Mutter ist, die hier oben sitzt und uns so lange zusieht.«

»Nein, ist sie nicht«, bestätigte Ginny, urplötzlich um Worte verlegen wie ein Schulmädchen.

»Wie geht's denn so?« Er stemmte beide noch immer mit Armgewichten beschwerten Hände auf die Stange des Dachrahmens, als wolle er den Jeep umkippen, und blickte durch seine Arme auf sie herab. An seinem Hals baumelte eine Stoppuhr; sie drehte sich genau zwischen der haarigen Männerbrust und Ginnys Gesicht.

»Ach, ganz gut.« Sie beschloß, vorerst noch nicht genauer zu erläutern, warum es ihr doch nicht ganz so gut ging. »Und dir?«

»Großartig, fabelhaft. Weißt du schon, daß ich jetzt Trainer bin?«

»Hab ich gehört. Und daß du's zu was gebracht hast.«

»Na ja, so einigermaßen.«

Die Kommunikation zwischen ihnen, selbst in der Glanzzeit ihrer Romanze nicht gerade flüssig, kam ins Stocken. Ginny suchte hektisch nach neuen Gesprächsthemen. Das Wetter?

»Sieh dir den Blonden da drüben an.« Joe Bob deutete stolz auf einen hochgewachsenen, gutaussehenden Jungen mit langem Blondhaar, das von einem Band zurückgehalten wurde.

»Sieht gut aus.«

»Den Namen wirst du noch öfter hören – Billy Barnes. Der beste Sportler, den ich bisher ausgebildet habe.«

Ginny beobachtete interessiert, wie Billy Barnes um die Bahn lief: Brust raus, Arme hoch angewinkelt.

»Hey!« Joe Bob war plötzlich etwas aufgefallen. »Du *klingst* ja sogar wie ein Yankee!«

»Wirklich?« fragte Ginny entsetzt. »Das tut mir leid.«

»Wah?«

»Na ja, ich halte das nicht unbedingt für einen Vorteil.« Sie sah zu ihm auf, mußte den Blick jedoch immer wieder abwenden, weil die unaufhörlich baumelnde Stoppuhr irgendwie hypnotisierend wirkte. Ihre Lider wurden schwer, darum kniff sie mehrmals kräftig die Augen zu.

»So schlimm is es nu auch wieder nich.«

»Na, Gott sei Dank!«

»Ich hab in der Zeitung gelesen, daß du dich oben im Norden verheiratet hast. Auf 'nem Teich, mitten im Winter, stimmt's?«

»Ja. Mein Mann verkauft Motorschlitten. Weißt du, was Motorschlitten sind? Ja. Also, als wir uns entschlossen hatten zu heiraten, wollte er unbedingt, daß die Trauung auf einem Biberteich im Wald stattfand. Sozusagen als Reklame, weißt du.«

Joe Bob lächelte höflich. »Und jetzt lebst du ganz oben im Norden?«

Ginny überlegte. Ira hatte sie rausgeschmissen. Ihre Mutter lag im Krankenhaus, und das Heim ihrer Kindheit stand zum Verkauf. Was sollte sie antworten? »Ja, in Vermont«, erklärte sie ausweichend.

»Vermont? Liegt das am Atlantik?«

»Nein. Aber an einem großen See. Und es gibt viele Berge da. Es sieht ein bißchen aus wie hier, nur daß während der Hälfte des Jahres Schnee liegt. Es ist schön.«

»Na, das freut mich für dich.«

»Danke.«

»Weißt du übrigens, daß ich Doreen geheiratet habe?« erkundigte er sich behutsam. Doreen war das erste Mädchen, mit dem er nach Ginny angebändelt hatte.

»Ja, ich glaube, ich habe davon gehört. Großartig.« Ginny stellte interessiert fest, daß sie auf die Nachricht von Joe Bobs Eheschließung überhaupt nicht reagierte, weder mit Bedauern noch mit Freude.

»Wirst du länger hierbleiben?«

»Weiß ich noch nicht. Vierzehn Tage vielleicht.«

»Na, dann komm uns doch mal besuchen. Doreen würde sich sicher freuen.«

»Mach ich bestimmt mal.«

»Gut. Wir wohnen in den Plantation Estates. Weißt du, wo das ist?« Ginny nickte; so hieß eine der neuen Wohnsiedlungen im Hügelgelände gegenüber der Fabrik, ganz in der Nähe des Parkplatzes, den Joe Bob und sie in den Tagen ihrer jungen Liebe entdeckt hatten. »Tja, ich muß wieder zu meinen Jungens. War nett, dich mal wiederzusehen.«

»Ich habe mich auch gefreut. Und vielleicht bis später.«

Als er in seiner weißen Sporthose davonlief, sah sie seine Rückenmuskeln spielen. Es war eine Erleichterung für sie, daß er wegen der schäbigen Art, wie sie ihrer Romanze ein Ende gemacht hatte, weder seelische Narben davongetragen hatte noch ewigen Groll gegen sie hegte.

Mit dem Daumen auf dem Auslöser der Stoppuhr rief Joe Bob: »Also, mal los, Jungens. Bewegt euren Arsch! Bißchen plötzlich!« Er schaltete die Uhr mit einer übertriebenen Abwärtsbewegung ein. Sofort strafften sich die gemächlich dahintrabenden Gestalten und schossen davon wie von hungrigen Wölfen gejagt. Billy Barnes, das lange Blondhaar im Wind flatternd, allen genauso weit voran wie Joe Bob selbst in seiner besten Zeit.

Sie konnte zwar nicht wieder heimkehren, aber sie konnte auch nicht ganz davon loskommen. Unwillkürlich stellten ihre Finger das Radio auf 1490, WHPT. Die Zahl war ihr unauslöschlich ins Gedächtnis geprägt. Während das Radio Country-Musik schmetterte, holperte und rumpelte der Jeep über die unbefestigte Straße, die eine Grenze der im Familienbesitz befindlichen Farm bildete. Weiter unten sah sie das Land, säuberlich in Rechtecke eingeteilt, als hätte ein Riese das Tal mit einem überdimensionalen Fleischermesser in Würfel gehackt. Es glich einem phantastischen Mondrian-Muster: einige Rechtecke blaugrün von Alfalfa-Gras, andere dunkelbrauner Mutterboden mit frisch angepflanztem Mais, wieder andere hellgrün von Tabaksetzlingen und dann noch roter, mit dunkelgrünem Kudzu bepflanzter Lehm.

Nach einer Meile kam sie an das Pächterhaus der Cloyds, mit rotbraunen Ziegeln verkleidet, deren Farbe sich mit dem orangeroten Lehm des Vorgartens unangenehm biß. Hinten, unterhalb des Hauses, lagen die dunkelbraunen Scheunen, die weißen Silos und der blitzsaubere Melkstall aus grauem Schlackenstein. Vor dem Melkstall warteten geduldig die Holsteinkühe. Sie beschloß, Clem jetzt nicht zu stören. Ihre Ankunft konnte sie ihm später mitteilen, wenn er mehr Zeit hatte, mit ihr zu plaudern.

Wie Clem jetzt wohl war, da er um vier Uhr früh zum Melken aufstehen mußte und nicht mehr, wie früher, die Stadt auf seiner Harley bis in die Morgenstunden unsicher machen konnte? Ginny hatte ihn bei der Beerdigung des Majors gesehen; er schien sich in dem schwarzen Anzug und dem weißen, steif gestärkten Hemd eindeutig unbehaglich zu fühlen. Aber sie hatte ihn lediglich kurz begrüßt und seine Beileidsworte entgegengenommen. Der Major hatte sich über die Art, wie Clem die Farm leitete, lobend geäußert. Also mußte eine Metamorphose stattgefunden haben. Der Clem, den Ginny damals gekannt hatte, wäre unter einem so pflichtgebundenen Leben restlos zusammengebrochen.

Im Radio beendete das Piny Flats Gospel Quartet gerade einen Werbesong für White Rose-Petroleumsalbe. Ginny lächelte; sie mußte an Clems Streiche denken, wie er einmal zum Beispiel Sand in die White Rose-Salbe gemixt hatte, die sein Bruder Floyd stets im Handschuhfach seines Wagens aufbewahrte.

Leise gab sie das alte Hupzeichen der Familie, das den Cloyds anzeigte, daß hier ein Babcock zum Blockhaus wollte, und nicht etwa Diebe oder Vandalen. Dann legte sie noch eine weitere Meile auf dem immer schmaler werdenden Weg zurück, der durch einen Wald aus Eichen, Sykomoren, Sassafras, Judasbäumen, Pappeln und Hartriegel führte und durch diese Zusammensetzung so völlig anders aussah als der Wald hinter Iras Haus in Vermont mit seinen Birken, Eschen, Ahorn- und den vielen verschiedenen Nadelbäumen.

Sie hielt vor dem Aluminiumtor, stieg aus, schloß die Kette auf und lenkte den Jeep hindurch bis in die von Kudzu überwucherte Senke, in der das Blockhaus und der Teich lagen. Das Blockhaus, aus verstrichenen, halbierten Stämmen, mit einem mattgrün schimmernden Blechdach, hatte eine bewegte Geschichte. Es war um 1800 vom ersten Siedler auf dieser Farm errichtet worden, einem aus jenem bunt zusammengewürfelten Haufen von Pferdedieben, Abenteurern und Deserteuren, die über die Blue Ridge Mountains gekommen waren, um die zivilisierten Küstenländer Virginia und North Carolina gegen die einsamen, bewaldeten Berge von Kentucky, Tennessee und Südwest-Virginia einzutauschen. Als ihr Großvater, Mr. Zed, seinem Schicksal als Bergmann entflohen war und die Farm kaufte, stand die Hütte schon seit Jahrzehnten leer. Mr. Zed richtete sie wieder her und lebte dort mit seiner Frau und seinem Töchterchen, Ginnys Mutter, bis seine Pseudo-Antebellum-Villa fertig war. Als Ginnys Eltern heirateten, wohnten auch sie zunächst im Blockhaus, und Ginny war dort geboren. Kurz nach Jims Geburt hatten die Großeltern mit den Eltern Villa und Blockhaus wieder getauscht. Nach dem Tod von Ginnys Großmutter hatte Mr. Zed den Rest seines Lebens in der Abgeschiedenheit der Hütte verbracht und über eine Möglichkeit nachgesonnen, sein Lebenswerk, die Gründung der Stadt Hullsport und der Fabrik, wieder rückgängig zu machen.

Ergo der Kudzu. Die Kudzu-Ranken dienten einem doppelten Zweck: Einmal befestigten sie die roten Lehmwände der Senke, die ständig in den Teich abzurutschen drohten, und zweitens stellten sie in dem etwas wirren Verstand des alternden Mr. Zed ein Experiment mit weitreichenden Folgen dar. Der Kudzu wurde zu jener Zeit von den Befürwortern der Landwirtschaftsintensivierung als Wunderranke des Jahrhunderts gepriesen. Nicht nur fixierten seine hartnäckigen Wurzeln Nitrogen in ausgelaugten Böden; nicht nur ergaben seine stark proteinhaltigen Blätter nährreiches Viehfutter; sondern die Pflanze verbreitete sich darüber hinaus so ungeheuer schnell, daß ein paar Setzlinge genügten, um in kürzester Frist einen ganzen Berghang zu überziehen.

Um diese letztere Eigenschaft zu testen, hatte Ginnys Großvater mit langem, weißem, im Wind flatterndem Haar die ganze Senke mit Kudzu bepflanzt. Und im Handumdrehen hatten die Ranken jeden erreichbaren Gegenstand verschlungen: Büsche, Felsblöcke, Bäume, Zäune, einen alten Tabakschuppen und verrostete Ackergeräte. Stellenweise standen die Ranken bis zu zwei Meter hoch. Ihr Großvater hatte den größten Teil seiner Dämmerjahre, als seine Altersgenossen in Sun City, Arizona, Shuffleboard-Turniere veranstalteten, mit einer Machete Kudzu gekappt, weil die Ranken seinen Rasen zu ersticken drohten. Aber er tat es ohne Zorn, weil er im Kudzu seine Geheimwaffe sah, die er im Schutze der Nacht an wohlberechneten Stellen auf dem Fabrikgelände und in der Stadt in den Boden senkte. Lautlos schlugen die Setzlinge Wurzeln und begannen sich auszubreiten. Bevor die Hullsporter Verdacht schöpfen konnten, würden die gierigen Ranken jedes Leben in der Model City erstickt haben. Und das Land würde wieder der Natur anheimfallen.

In der Stadt war man sich allgemein darin einig, den alten Mann gewähren zu lassen, wenn er heimlich herumhuschte, pflanzte, mit finsterem Blick die Fabrikschornsteine und Klärtanks musterte und die Faust gegen die alles einschnürenden Superhighways, Einkaufszentren und Wohnsiedlungen schüttelte. »Senil«, flüsterte man sich unter mitleidigem Kopfschütteln zu. »Mr. Zed ist nicht mehr ganz richtig im Kopf.«

Wenn Ginny ihn zuweilen besuchte, schüttelte er den wirren weißen Haarschopf und sagte klagend: »Ich hätte in Sow Gap bleiben sollen, mein Kleines. Ich war der Sohn eines Bergmanns. Es stand mir nicht zu, etwas anderes sein zu wollen. Herrgott, hab ich eine Dummheit gemacht! Virginia, Kind, versuche nie, etwas zu sein, was du nicht bist.«

»Aber was *bin* ich denn?« fragte sie ihn und dachte daran, daß sie in einem Bauern-Blockhaus in Virginia geboren war, mit einer Mutter aus den Südstaaten, einem Fabrikanten aus Boston als Vater und Flüchtlingen aus den Kohlenbergwerken als Großeltern; daß sie in einer Industriestadt des Südens in einer imitierten Antebellum-Villa aufgewachsen war, vor deren Hintertür die Meierei lag; daß sie von ihrer Mutter in einem Anfall von geographischem Chauvinismus ›Virginia‹ genannt worden war und nach ihrem Vater ›Babcock‹ hieß, ein Name, der in die Mauern der Heiligen Hallen Harvards eingemeißelt stand. Sie war ein menschlicher Schmelztiegel – welchem Gott, gesellschaftlicher, wirtschaftlicher oder geographischer Natur, sollten also ihre verschiedenen Loyalitäten gelten? Wie sehr hatte sie bei feierlichen Anlässen stets ihre Freunde beneidet, die aufstehen und mit patriotischer Verve ›Dixie‹ hinausschmettern konnten! Bei solchen Gelegenheiten war Ginny selbst manchmal sitzen geblieben, manchmal aufgestanden, ohne mitzusingen, und hatte manchmal halbherzig mitgesummt.

Als Ginny Hullsport verließ, um nach Boston zu gehen, hatte sie sich fest vorgenommen, das Problem ihrer verschiedenen Loyalitäten hinter sich zu lassen und noch einmal von vorn anzufangen. Und was hatte sie dann getan? Sie hatte einen Yankee-Geschäftsmann geheiratet, dessen Eltern Vermont-Farmer waren; sie hatte sich einen Hippie, einen Army-Deserteur zum Liebhaber genommen, falls das die passende Bezeichnung für ihre Beziehung zu Hawk war; sie hatte in einer Kleinstadt von Vermont das Leben einer grünen Witwe geführt. Statt ihre Chance zu einer Wandlung wahrzunehmen, hatte sie den Mischmasch ihrer Loyalitäten, vor dem sie aus Hullsport geflohen war, lediglich eine Neuauflage erleben lassen.

Sie stieg aus dem Jeep, Rucksack und eine Tüte Lebensmittel im Arm, und stapfte durch die dunkelgrünen Kudzuranken zum Haus. Die Ranken hatten sich der steinernen Vortreppe bemächtigt und waren schon an den Seiten der Blockhütte emporgeklettert. Niemand hatte Mr. Zeds Arbeit mit der Machete fortgesetzt. Entschlossen über die mit Ranken bedeckten Stufen steigend, stieß Ginny die Haustür auf, trat ein und begann die Fensterläden zu öffnen.

In den Ecken hingen dicke Spinnweben, auf allen horizontalen Flächen lag eine Staubschicht. Ansonsten war das Haus relativ sauber und bewohnbar. Sie legte den Schalter der Hauptsicherung um, und sofort begannen die verschiedenen Motoren – Pumpe, Kühlschrank, Heißwasserboiler – zu summen. Nachdem sie die Lebensmittel in der kleinen Küche mit den roten Baumwollgardinen und den bunten Häkelteppichen verstaut hatte, nahm sie einen Mop, holte die Spinnweben herunter und wischte den Staub von den dunklen, breiten Fußbodendielen.

Als sie das letztemal hier gewesen war, wenige Monate vor dem Tod ihres Großvaters, war Vetter Raymond zu Besuch gekommen. Raymond war groß und erbarmungswürdig mager, mit schwarzen Säcken unter den Augen und tief eingesunkenen Wangen. Er war so weiß wie ein Albino, wie ein Krebs aus einem unterirdischen Wasserlauf. Er sprach nur wenig, hockte fast nur zusammengekrümmt da und hustete sich die Seele aus dem Leib. Staublunge von unter Tage, erklärte der Großvater ihr später.

»Ehrlich, Raymond« – Mr. Zed schüttelte ärgerlich das weiße Haupt –, »ich wünschte, ich wär in Sow Gap geblieben!«

»Du bist ja verrückt!« keuchte Raymond. »Sieh mich an, ich krepier in Sow Gap. Kann bloß noch rumsitzen und nach Luft schnappen.«

»Hullsport ist schlimmer als das Bergwerk«, widersprach Mr. Zed. »Die Luft ist mindestens ebenso schlecht, und angeln kann man im Crockett auch nicht mehr.«

»Die Schlackenhalden oben in Sow Gap sind die Hölle. Du hast bloß vergessen, wie's unter Tage ist, Zed. Wenn die Pumpen nicht funktionieren und du in einem meterhohen Stollen bis zu den Knien im Wasser stehen und ein 44er-Kabel mit Isolierband flicken mußt.«

»Weißt du, was mein dämlicher Yankee-Schwiegersohn in seiner Fabrik herstellt? Bomben macht er, Raymond, stell dir das vor! Deckeneinbrüche sind nichts im Vergleich dazu.«

Als Ginny in der Woche darauf zu Miss Head nach Boston zurückkehrte, war sie fester denn je entschlossen, die Gelehrtenlaufbahn einzuschlagen, um nie mehr etwas mit Schlackenhalden oder Klärtanks zu tun haben zu müssen. Aber dann lernte sie Eddie Holzer kennen.

Ginny nahm die Machete des Großvaters von ihrem Platz über dem riesigen Feldsteinkamin. Dann ging sie hinaus und hieb resolut auf den Kudzu ein, riß eine Ranke nach der anderen von der Hauswand und kappte sie mit rhythmischem Armschwung, wie Ira beim Üben von Golfschlägen, in Bodenhöhe. Nach und nach legte sie einen Streifen Niemandsland von etwas über einem Meter rings um die Blockhütte frei. Dabei stellte sie sich vor, wie es am Amazonas wäre, wenn man dort in einem Regenwald lebte: Ließ man in seiner Ausdauer auch nur ein Weilchen nach, erstickte man schon wieder im nachdrängenden Unterholz. Bald war sie von oben bis unten mit hellgrünem Kudzu-Blut bespritzt. Die Sommersonne war heiß; sie hing zwischen Zenit und dem Rand der roten Lehmsenke hinter dem Teich. Am Abend würde sie genau an der Stelle des Grats untergehen, wo Mr. Zed unter seinem kudzu-überwucherten Grabstein lag. Ginny schritt, vorsichtig durch die Schlingen der Kudzu-Ranken watend, deren Artgenossen sie gerade gemeuchelt hatte, zum Teich hinunter. Eine chartreuse-farbene Schleimschicht bedeckte das Wasser. Sie warf das Folklorekleid ab, schnürte ihre Stiefel auf und stieg ins Wasser, wo sie bis zu den Knöcheln im Schlick versank. Weiter draußen – die Entengrütze blieb in ihren Schamhaaren hängen – legte sie sich aufs Wasser und begann ruhig, mit den Armen die Schleimschicht teilend, in Brustlage zu schwimmen.

Das Crockett Valley Community Hospital war ein schmuckloser dreistöckiger Kasten aus dem gleichen unvermeidlichen roten Backstein wie die übrigen Gebäude von Hullsport. Die Steine wurden aus dem roten Lehm der Umgebung hergestellt.

»Das ist überaus vernünftig«, versicherte der Major Ginny während des Kalten Krieges, wenn sie sich über die trostlose Gleichförmigkeit der roten Fabrikbauten beklagte. »Wenn uns feindliche Bomber überfliegen, ist das für uns die beste Tarnung. Niemand kann uns vom umliegenden Gelände unterscheiden.«

»Aber warum sollte *uns* jemand bombardieren wollen?« fragte sie zutiefst empört.

Die Eingangshalle des Krankenhauses war mit Menschen in den verschiedensten Stadien des Verfalls gefüllt, die meisten eindeutig verängstigt und leidend. Es sah aus wie in einem Warteraum für die Letzte Ölung.

Die Empfangsdame, eine freiwillige Helferin in rot-weiß gestreifter Schürze, beäugte Ginnys Folklorekleid und Kampfstiefel voll Mißtrauen. »Ich bin Mrs. Babcocks Tochter«, versicherte ihr Ginny. »Wirklich.«

»Zimmer 307«, verriet die Gute schließlich zögernd.

Als Ginny den sterilen, kunststoffbelegten Korridor entlangstapfte, kamen mehrere Patienten an ihre Zimmertüren, um sie zu begutachten. Wahrscheinlich stellte sie hier das interessanteste Ereignis seit dem Frühstücksklistier dar.

Die Tür zu Zimmer 307 war fest geschlossen. Als sie draußen stehenblieb, um sich innerlich auf die Begegnung mit der Mutter vorzubereiten, hörte sie aus dem Nebenzimmer eine Männerstimme wie eine stekkengebliebene Schallplatte immer wieder dieselben Worte sagen: »Können Sie das für mich tun? Ich brauche sofort noch drei Mann da draußen. Können Sie das für mich tun? Was sagten Sie? Können Sie, oder können Sie nicht? Können Sie mir sofort noch drei Mann da rausschicken? Ja oder nein?«

Aus einer Tür gegenüber kam eine hochgewachsene alte Frau in hellrotem Morgenrock geschlurft. Das graue Haar hing ihr in fettigen Strähnen über die Augen. Aus einem Mundwinkel rann Speichel. Sie ergriff Ginnys Arm und schüttelte ihn.

»Hi«, sagte Ginny mit unsicherem Lächeln und wich ein kleines Stück zurück. Die Alte deutete knurrend zu Boden. Ginny blickte hinab. Die Frau trug neue, rote Pantoffeln, solche, in denen die Beine doppelt so dick wirkten, wie sie eigentlich waren. »Schön«, beteuerte Ginny hastig. »Wirklich schön.« Die Alte nickte zufrieden und schlurfte langsam in ihr Zimmer zurück. Und jetzt erkannte Ginny sie auch: Es war Mrs. Cabel, ihre ehemalige Sonntagsschullehrerin, die Frau, die sie gelehrt hatte, Recht und Unrecht zu unterscheiden, die Frau, die ihr wiederholt versichert hatte, Jesus liebe alle Kinder.

Ginny biß die Zähne zusammen und klopfte leise an die Tür von 307. Das letztemal hatte sie ihre Mutter vor etwas über einem Jahr gesehen, bei der Beerdigung des Majors, als noch niemand auf den Gedanken kam, Mrs. Babcock selbst könne ebenfalls ernsthaft krank sein. Ihre starke Mutter doch verletzlich? Dieser Gedanke war so ungewohnt, daß sie ihn nicht verkraften konnte.

Auf ihr Klopfen kam keine Antwort, also öffnete sie behutsam die Tür. Das Zimmer war hellgrün gestrichen, die eine Wand bestand nur aus Fenstern. Auf den Fensterbänken prangten Vasen mit frischen Blumen – weißen und gelben Sommerblumen. Alle anderen Wände waren kahl. Ein Fernseher, zwei moderne, imitiert skandinavische Sessel, zwei dazu passende Nachttische mit dem üblichen Krimskrams eines Krankenzimmers und zwei Betten. In dem einen lag eine Frau und schlief. Sekundenlang glaubte Ginny sich im falschen Zimmer. Diese Schlafende da war nicht ihre Mutter. Das ehemals goldbraune Haar fast ganz ergraut und auf dem Kopf ziemlich dünn. Die vertrauten Linien in ihrem Gesicht – die Runzelfalten zwischen den Augen und die Lachfalten neben dem Mund – zu unauslöschlichen Furchen vertieft. Das ganze Gesicht mit den feinen Zügen und den hohen Wangenknochen auf seltsame Art verändert: Es hatte einen gelblichen Ton angenommen und war voller, aufgedunsener, beinahe ein Vollmondgesicht. In den Nasenlöchern steckten Wattepfropfen; sie atmete laut rasselnd durch den Mund. Die Arme auf der Bettdecke waren mit großen Blutergüssen in den verschiedensten Farben bedeckt – grün und blau oder rot, gelb und schwarz. Sie sahen aus wie die verschmierte Palette eines wildgewordenen Malers, eines van Gogh etwa. Diese Frau, die für Ginny jahrelang abwechselnd angebetetes Vorbild oder verhaßte und verachtete Feindin gewesen war, lag nun hier, schlafend und hilflos, und ihr gequältes Fleisch schien einen schalen, modrigen Geruch auszuströmen.

Benommen setzte sich Ginny ans Fußende des Bettes; sie war erleichtert über die Gelegenheit, sich unbemerkt von ihrer Mutter mit deren verändertem Aussehen vertraut machen zu können, denn die Mutter schien immer sofort Ginnys Gedanken zu erraten – an der Art etwa, wie sie mit dem Mundwinkel zuckte, oder auch an dem Winkel, in dem sie ihren Kopf schief legte. Und jetzt waren ihr der Schock und der Ekel, die sie empfand, wahrscheinlich deutlich vom Gesicht abzulesen. Ob ihre Mutter vielleicht kränker aussah, als sie war? Die Ärmste glich tatsächlich den Beschreibungen der Pestopfer aus dem Mittelalter. Nicht zu fassen, daß man so elend aussehen konnte und trotzdem noch am Leben war!

Eine geschäftige Krankenschwester mit einer gestärkten Haube, die einem schneeweiß gebleichten Kartoffelchip glich, kam wie ein tanzender Derwisch hereingewirbelt und begann mit geübten Griffen die Gegenstände auf dem Nachttisch zu ordnen.

Als sie Ginny endlich bemerkte, sagte sie vorwurfsvoll flüsternd zu ihr: »Mrs. Babcock sollte jetzt aber nicht schlafen. Sie müßte jetzt ihr Handarbeitsprogramm absolvieren.«

»*Handarbeits*programm?« Ihre Mutter war eindeutig nicht der Typ für Handarbeitsprogramme. Jedenfalls war sie es früher nicht gewesen.

»Handarbeitsprogramm.«

»Und was macht sie da?«

»Mrs. Babcock stickt.«

»Ich wußte gar nicht, daß sie sticken kann.« Ginny fragte sich, wieviel sie wirklich von dieser Frau wußte, mit der sie achtzehn Jahre ihres Lebens verbracht hatte. Die Schwester nahm einen Stickrahmen vom Fußende des Bettes und reichte ihn ihr. Nein, ihre Mutter konnte *nicht* sticken. Es war überhaupt kein Muster zu erkennen – nichts als ein wirres Durcheinander von Farben und Stichen. Falls dies nicht eine neue Form der Volkskunst darstellen sollte.

»Wer ist der Mann da nebenan?« erkundigte sich Ginny flüsternd.

Die Schwester musterte sie argwöhnisch. »Bicknell«, erwiderte sie aus dem Mundwinkel und sah sich dabei nervös um, als fürchte sie, man könne sie hören. »Er war Trainer an der Hullsport High. Vor Trainer Sparks.« Ginny bekam vor Schreck Herzklopfen. So nahe war ihr der alte Feind also! »Er hatte einen Schlaganfall.«

»Wie traurig«, sagte Ginny mit kaum verhohlener Schadenfreude. »Ich kenne ihn von früher.«

»Hat zweihundertunddrei Footballspiele gewonnen und nur acht verloren. Einmalig, nicht wahr? Er war wirklich ein großer Sportler und ein außergewöhnlich guter Trainer.«

Aber ein ganz gemeiner Hund, dachte Ginny, die feierlich nickte – und kam sich dann doch hartherzig vor. Der arme Mann vegetierte jetzt hilflos dahin und bildete keine Gefahr mehr für sie. Falls er jemals eine gewesen war. Warum sollte sie ewigen Haß auf ihn in ihrem Herzen nähren? Und doch . . . falls sie ihren Groll jetzt aufgab, wäre das nicht das Eingeständnis, daß all die brennenden Haß- und Liebesgefühle ihres Lebens angesichts der letztlich unvermeidlichen Vergänglichkeit nichts anderes als flüchtige Launen gewesen waren?

Als die Schwester, ein Wirbelwind weiß-gestärkter Kompetenz, wieder zur Tür hinausfegte, hörte Ginny die körperlosen Befehle des Trainers immer noch durch den Korridor dröhnen: »Jetzt hören Sie mir mal zu: Ich brauche sofort drei Mann da draußen auf dem Spielfeld. Nicht mehr und nicht weniger. Können Sie mir die geben? Ich brauche drei Mann . . .« Die Tür fiel ins Schloß, und alles war still.

Ginny erhob sich und trat an den Nachttisch ihrer Mutter. Mehrere Zeitschriften waren auf ihm gestapelt, und oben drauf lag Band 22 der Familien-Enzyklopädie mit einem Lesezeichen im letzten Drittel. Ihre wahrhaft bemerkenswerte Mutter hatte in den vergangenen neun Jahren die gesamte Enzyklopädie durchgelesen und war nun eine Fundgrube von faszinierenden, wenn auch nutzlosen Wissensbruchstücken. Außerdem lag da eine gebrauchsfertige Spritze.

Vorsichtig öffnete Ginny die Nachttischschublade; sie dachte an das Versprechen, das sie der Mutter vor Jahren gegeben hatte – sie von ihren Leiden zu erlösen –, und hoffte, große Flaschen mit Schmerztabletten und allen möglichen Medikamenten zu finden, die sie ihrer Mutter verabreichen konnte, falls es die Situation erforderte. Aber es gab überhaupt keine Medikamente, nur eine abgegriffene Bibel und ein anglikanisches Gebetbuch. Die Medikamentenausgabe war anderswo. Ginny versuchte sich die Alternativen vorzustellen: eine Pistole unter ihrem Poncho hereinschmuggeln, eine Rasierklinge in ihrer Afro-Frisur verstecken. Sie sah schon die schneeweißen Bettlaken und die sterilen Wände, über und über mit dem Blut ihrer Mutter bespritzt . . .

Doch warum so morbide Gedanken? Ihre Mutter hatte einen Gerinnungsdefekt, mehr nicht. Wie Mrs. Yancy ja gesagt hatte, hatte sie so was schon mal gehabt. Und würde es vermutlich wieder bekommen. Das letztemal hatte es nicht mal einen Anruf nach Vermont gelohnt. Gewiß, sie sah *furchtbar* aus, aber *so* krank konnte sie im Grunde nicht sein. Mrs. Yancy hatte das jedenfalls gesagt. Und außerdem war es einfach ein Ding der Unmöglichkeit, daß eine Frau im Alter ihrer Mutter todkrank sein sollte.

Die Schwester kam wieder zur Tür herein. Verstohlen stieß Ginny die Schublade zu.

»*Verzeihung*«, sagte die Schwester ungeduldig und schob Ginny resolut beiseite. Sie nahm die Spritze, fuhr mit einem Wattebausch unter die Decke und verabreichte Mrs. Babcock die Injektion. Mrs. Babcock zuckte nicht mit der Wimper.

»Sie sollten lieber nach Hause gehen und morgen vormittag wiederkommen. Mrs. Babcock wird jetzt die ganze Nacht durchschlafen.«

»Aber ich bin doch gerade erst gekommen!« protestierte Ginny. »Ich habe sie noch nicht mal begrüßt.«

»Daran kann ich leider nichts ändern.«

»Was *ist* denn eigentlich diese idiopathische thrombo . . . Na ja, was ist das überhaupt?«

Die Schwester musterte sie streng. »Haben Sie schon mit dem Arzt gesprochen?«

»Mit Dr. Tyler?« Ginny nannte den geheiligten Namen jenes Hausarztes, der die Familie schon immer in allen Notlagen betreut hatte. Zum Beispiel hatte er Ginny zur Welt gebracht.

»Dr. Tyler praktiziert nicht mehr.«

Dr. Tyler im Ruhestand? Wie war das möglich? Wie konnte er die Familie im Stich lassen, ausgerechnet jetzt, wo sie ihn so dringend brauchten? Nicht zu fassen! »Wer ist denn ihr Arzt?«

»Dr. Vogel«, antwortete die Schwester barsch. »Der neue Hämatologe. Fragen Sie *ihn* nach Mrs. Babcocks Krankheitszustand. *Ich* darf Ihnen nichts darüber sagen.«

»Warum denn nicht?« Ginny betrachtete besorgt das runde, gelbe Mondgesicht ihrer Mutter und die Wattepfropfen in den Nasenlöchern. Die Schwester betrachtete mit Mißfallen Ginnys Folklorekleid und die Kampfstiefel. Dann stelzte sie steifbeinig wie ein empörter Marathon-Geher hinaus.

Als Mrs. Babcock hörte, daß sich die Tür öffnete, blieb sie ganz still liegen und atmete so gleichmäßig und leise, wie es mit den Wattepfropfen in der Nase nur gehen wollte. Sie hoffte, Miss Sturgill irrezuführen, damit sie dieses teuflische Handarbeitsprogramm ›verschlafen‹ konnte. Obwohl sie in den letzten Jahren viel besser gelernt hatte, nein zu sagen, wenn sie etwas nicht tun wollte, fiel es ihr immer noch schwer, sich gegen das Handarbeitsprogramm zu sträuben. Es handelte sich dabei um eine Initiative der jüngeren High-School-Mädchen, und Mrs. Babcock, bestens geübt in der Kunst, jungen Egos Auftrieb zu geben, brachte es nicht fertig, ihnen zu sagen, daß sie, wie eine Katze, lieber allein und in aller Ruhe ihre Wunden lecken wollte. Die Kinder meinten, die Patienten langweilten sich und fänden die anregende Gesellschaft junger Menschen angenehm. Aber darin irrten sie sich; nur wäre es keiner Mutter im Traum eingefallen, sie bei ihren ersten, tastenden Bemühungen um Philanthropie zu entmutigen. In ihren rotgestreiften Schürzen, frisch und proper, waren sie stets rührend darauf bedacht, ihr Mitgefühl bei Beschwerden zu zeigen, aber auch endlos von sich selbst und ihren Schulerlebnissen zu erzählen. Alles in allem waren sie völlig anders als Ginny damals mit sechzehn Jahren. Und das war das Anziehende an ihnen; das war der Grund, warum Mrs. Babcock zweimal pro Woche Stickarbeiten ausführte, für die sie sich nicht im geringsten interessierte. Diese Sitzungen verschafften ihr die Gesellschaft junger Mädchen, die Ginny ihr verweigert hatte, indem sie sich so restlos unkommunikativ verhielt. Nun gut, bei Ginnys Betragen war diese Geheimniskrämerei fast immer angebracht gewesen. Mrs. Babcock saß dann also im Werkraum, fingerte an ihrem Stickrahmen herum, beobachtete diese lebhaften, reizenden kleinen Plaudertaschen und fragte sich, was sie bei Ginny falsch gemacht hatte. Oder wurden diese jungen Mädchen, sobald sie in ihr Elternhaus heimkehrten, ebenfalls mißmutig und trotzig?

Nun, Ginny war immer ein schwieriges Kind gewesen. Ein einziges scharfes Wort, ein böser Blick hatten bei Karl und Jim, als sie noch klein waren, wahre Fluten von Reuetränen ausgelöst. Ginny dagegen hatte sich nur wortlos umgedreht und Mrs. Babcock wütend angefunkelt. Die Jungens waren, jeder auf seine Weise, zuverlässig, berechenbar. Karl war nach seinem Abschluß in West Point nach Deutschland versetzt und erst jüngst zum Captain befördert worden. Genau wie sein Vater war Karl ein nüchterner, disziplinierter und tüchtiger Mann. Jim ähnelte wahrscheinlich mehr ihr selbst: Es fiel ihm schwer, sich der Realität anzupassen. Sein mageres Brot, das er sich mit der Anfertigung von Sandalen verdiente, mußte laufend durch die Dividendenschecks aus seinem Treuhandvermögen ergänzt werden.

Doch Ginny, zwischen den beiden Jungens geboren, war schwierig – schwierig deshalb, weil sie weder ein Karl war noch ein Jim. Sie pendelte zwischen den beiden Persönlichkeitstypen mit einer solchen Geschwindigkeit hin und her, daß man nie ahnte, in welcher Rolle sie gerade steckte. Bei Jim wußte man wenigstens, woran man war, obwohl er ununterbrochen beteuerte, wie sehr er alles hasse,was seine ›Bourgeois‹-Eltern repräsentierten. Bei Ginny konnte man nie sicher sein. In der einen Woche war man ein verabscheuungswürdiger Bösewicht, der Verbrechen an der Menschheit beging, in der nächsten Anwärter auf einen Heiligenschein und Musterbeispiel sämtlicher Tugenden.

Eines, was alle drei Kinder gemeinsam hatten, war jedoch die kategorische Forderung, ihre Eltern dürften sich nicht verändern. Kinder durften sich verändern, durften verschiedene Kleidermoden tragen, neue Frisuren ausprobieren, neuen Ideologien anhängen – nur die Eltern durften sich nicht verändern, weil das die Kinder verwirrt hätte, die etwas Festes, Stabiles brauchten, gegen das sie Sturm laufen konnten. Ein überaus unangenehmer Zustand, wenn man als Elternteil die eigene Entwicklung noch nicht als abgeschlossen betrachtete. »Aber *Mutter*!« pflegten sie zu rufen, wenn sie eine neue Idee aussprach, die sie von ihr nicht erwartet hatten. »Du bist *inkonsequent*!« Natürlich ohne Rücksicht auf die Tatsache, daß nicht ein einziges von ihnen je länger als zwei Minuten konsequent geblieben war.

Mrs. Babcock hatte niemanden weggehen gehört. Anscheinend hatte Miss Sturgill sie als Kandidatin für das Handarbeitsprogramm doch noch nicht abgeschrieben und lauerte hier irgendwo im Zimmer, um sich auf sie zu stürzen, sobald sie nur ein Auge aufmachte. Wie kindisch! Genau wie früher, wenn sie sich als kleines Mädchen an einem Sommermorgen schlafend gestellt hatte, weil sie einfach keine Lust zum Aufstehen hatte. Sie mußte raus aus diesem Kasten, bevor sie wieder ganz infantil wurde.

Mrs. Babcock spürte die Gegenwart eines Menschen am Fußende ihres Bettes. Ganz vorsichtig öffnete sie ein Auge – gerade so weit, daß sie durch die Wimpern blinzeln konnte. Nein, Miss Sturgill war das nicht. Denn erstens würde Miss Sturgill niemals so lange stillstehen. Und außerdem war die Gestalt, eine Silhouette vor dem hellen Rechteck des Fensters, nicht in strahlendes Weiß gekleidet. Sie sah vielmehr eigentlich aus wie Ginny – ausgerechnet! Träumte sie, oder war das eine Halluzination, weil sie eben an Ginny gedacht hatte?

Mrs. Babcock strengte ihr geöffnetes Auge an. Ja, das war eindeutig Ginny, dieses blasse, unglücklich aussehende Geschöpf in dem bunten Patchwork-Kleid mit den Puffärmeln, dem tiefen Ausschnitt und dem geschnürten Mieder. Wen wollte sie denn diesmal darstellen – Heidi? An einem Handgelenk trug sie eine Art Lederarmband. Und die Haare – großer Gott, was hatte sie bloß mit den Haaren gemacht? Sie waren kurz geschnitten. Als sie noch klein war, hatten sie sich beim Schlaf in weichen, natürlichen Locken um ihr gerötetes Gesichtchen geringelt. Mindestens drei ganze Jahre ihres Lebens hatte Ginny damit verbracht, diese Locken mit Hilfe überdimensionaler rosa Lockenwickler zu glätten, die an die Pappzylinder in den Toilettenpapierrollen erinnerten. Wesley pflegte sie zur Weißglut zu bringen, wenn er ihr sagte, mit diesen Wicklern sehe sie aus, als hätte sie überall Löcher im Kopf. Diese selben Naturlocken bewirkten jetzt – ungebändigt – jedoch, daß Ginnys Haar wirr vom Kopf abstand, als halte sie einen unisolierten elektrischen Leitungsdraht in der Hand. In den Modezeitschriften nannte sich das vermutlich ›Natur-Look‹. Es sah grauenhaft aus, aber eigentlich auch nicht. schlimmer als das halbe Dutzend Haartrachten, mit denen sie in den letzten zwölf Jahren angekommen war: als dieser lächerliche Pferdeschwanz etwa, den sie sich als Fahnenschwingerin ertrotzt hatte; die hochtoupierte Frisur, die sie sich zulegte, als sie sich mit diesem gräßlichen Cloyd herumtrieb, die ihren Kopf doppelt so groß wie normal erscheinen ließ und eine halbe Stunde gründliches Auskämmen erforderte; der strenge Knoten, mit dem sie aus Worthley zurückkam; oder der Zopfkranz, als sie die unglückselige Eddie Holzer mitbrachte, um mit ihr vor der Fabrik zu demonstrieren. Wirklich, wann würde Ginny endlich auf ihre Mutter hören und einsehen, daß ihr Haar am hübschesten wirkte, wenn es kurz geschnitten war und sich in weichen Wellen um den Kopf schmiegte wie damals, als Kind?

So verärgert war Mrs. Babcock über Ginnys Eigensinn, daß sie sich beinahe verraten hätte, daß sie sich fast aufgerichtet und ihrer Tochter vorgeschlagen hätte, sich die Haare erst einmal anzufeuchten, damit man sehen konnte, ob sich nicht etwas anderes daraus machen ließ als dieser schlimme Elektroschock-Wuschelkopf. Dann fiel ihr ein, daß sich das Hauptproblem im Moment ja gar nicht um Ginnys Haartracht drehte, sondern um ihre Anwesenheit an sich. *Warum* stand sie da, am Fußende ihres Bettes? Mrs. Babcock dachte eine Weile darüber nach und kam zu dem Schluß, daß sie wohl doch träumen müsse. Wie albern! Selbstverständlich träumte sie. Ginny war oben in Vermont und kam nur noch nach Hullsport, wenn es gar nicht anders ging. Wahrscheinlich waren die Medikamente schuld, die man ihr ständig verabreichte.

In diesem Augenblick öffnete sich die Tür. Es war Miss Sturgill – diesmal, um sie in den Werkraum zu entführen. Eigensinnig schloß Mrs. Babcock das Auge wieder: Sie war verwirrt, denn wenn sie träumte, weshalb mußte sie sich dann schlafend stellen, um Miss Sturgill zu überlisten? Oder gehörte Miss Sturgill ebenfalls zu ihrem Traum? Sie hörte die beiden flüstern und glitt kurz darauf in echten Schlaf hinüber.

Am nächsten Morgen wurde sie von Mrs. Childress geweckt. Mrs. Babcock konnte im Grunde nicht einsehen, warum sie jeden Morgen um 6.30 Uhr geweckt werden mußte, wo sie doch den ganzen Tag kaum etwas anderes zu tun hatte, als im Bett liegen zu bleiben und vor sich hinzudämmern. Aber die Vorschrift verlangte es nun mal, und sie war nicht in der Lage, sich dagegen aufzulehnen, hilflos, wie sie an diesem ungewohnten Ort war, endlosen Reihen von Fremden in gestärktem Weiß auf Gnade und Ungnade ausgeliefert.

Mrs. Childress kontrollierte ihren Puls, den Blick fest auf das große runde Zifferblatt ihrer robusten Herrenarmbanduhr gerichtet. Mrs. Babcock fand dieses Pulszähl-Ritual zutiefst beruhigend. Ihr ganzer Organismus mochte zusammenbrechen – ihr getreues Herz pumpte unermüdlich weiter, wenn auch aufgrund des Blutverlustes ein wenig schneller als sonst. Über 89000 mal pro Tag expandierte und kontrahierte es, um fast achttausend Liter krankes Blut durch ihren müden, wunden Körper zu pumpen. Zweieinhalb Milliarden Male würde es schlagen, falls der Herrgott ihr eine normale Lebensspanne gewährte. (All das wußte sie aus der Enzyklopädie.) Eine derartige Zuverlässigkeit gab zu großer Befriedigung Anlaß. Doch warum mußte Mrs. Childress das jeden Morgen um halb sieben Uhr kontrollieren? Was erwartete sie zu finden?

»Warum machen Sie das jeden Morgen?«

Mrs. Childress schloß, Mrs. Babcocks Puls zählend, die Augen. »Routinemaßnahme«, antwortete sie, während sie den Ärmel von Mrs. Babcocks Nachthemd hochschob und ihr die Blutdruckmanschette um den Oberarm legte. So hatten sie übrigens auch zunächst festgestellt, daß es sich tatsächlich wieder um einen Anfall idiopathischer thrombozytopenischer Purpura handelte, an jenem Nachmittag, als sie mit unstillbarem Nasenbluten in die Notaufnahme eingeliefert worden war – mit einer Blutdruckmanschette. Staubindentest hieß das, um die Brüchigkeit der Kapillaren zu prüfen. Dr. Vogel war gekommen, blond, atemlos, hochrot im Gesicht. Er hatte ihren Blutdruck gemessen und zwischen Diastole und Systole fünf Minuten gewartet. Mit einem Kugelschreiber hatte er ihr einen Kreis von fünf Zentimeter Durchmesser auf den Unterarm gemalt. Eine Viertelstunde später hatte er die winzigen Blutergüsse gezählt, die sich inzwischen gebildet hatten. Dutzende waren es gewesen; normal hätten es nur ungefähr fünf sein dürfen. Eine wunderliche Methode, in diesem Zeitalter der Herzlungenmaschinen und Organverpflanzungen. Seit jenem schrecklichen Nachmittag waren die winzigen Hautblutungen – Petechien hatte Dr. Vogel sie hartnäckig genannt – an ihrem ganzen Körper aufgetreten. Sie waren größer geworden, ineinandergewachsen und hatten große Blutergüsse gebildet – Ekchymosen nannte er sie aus Gründen, die nur den Medizinern selbst bekannt waren.

Als Mrs. Childress die Manschette aufpumpte, begannen die bunten, die gelben, grünen, schwarzen und blauen Blutflecken an Mrs. Babcocks Arm dumpf zu schmerzen, eine Marter, die sich allmählich über den ganzen Körper ausbreiten würde. Mrs. Babcock verzog das Gesicht. Ein weiterer Tag voll Schmerzen hatte begonnen.

»Tut mir leid, *honey*«, sagte Mrs. Childress, ohne den zuckenden Zeiger aus den Augen zu lassen. Mrs. Childress war ein guter Mensch. Für Mrs. Babcock war es stets eine Erleichterung, von Mrs. Childress geweckt zu werden statt von der tüchtigen Miss Sturgill. Mrs. Childress war älter, geduldiger. Außerdem arbeitete ihr Mann in der Chemiefabrik. Daher war es für Mrs. Childress eine Ehre, die blutende Nase von Major Babcocks Gattin mit Wattepfropfen zu verstopfen. Mrs. Childress litt gelegentlich unter Ischias; die Schmerzen hatten sie duldsam gemacht. Aber Miss Sturgill bot immerhin Anlaß zur Hoffnung. Wenn sie ein paar Kinder in die Welt gesetzt, einen Autounfall gehabt hatte oder so, würde auch sie duldsamer werden.

Mrs. Childress machte sich Notizen auf einem Blatt. Dann nahm sie den Schnepper mit der scharfen Klinge an einem Ende. Unwillkürlich, wie einer der Pawlowschen Hunde, zuckte Mrs. Babcock zusammen.

»Tja«, sagte Mrs. Childress fest, »ich fürchte, wir sind heute wieder mit dem Bluttest dran.«

»Aber Sie haben doch erst gestern einen gemacht!«

»Der letzte war vor drei Tagen«, berichtigte Mrs. Childress sie freundlich. Dann griff sie nach Mrs. Babcocks linkem Ohrläppchen und stach zu.

Mrs. Babcock fand, daß sie allmählich wie ein Fixer aussah: Es gab kaum noch Platz zum Zustechen für die vielen Tests. War der letzte wirklich schon vor drei Tagen gewesen? Mrs. Childress betupfte ihr blutendes Ohrläppchen mit einer runden Scheibe aus Löschpapier. Die Leitung des Krankenhauses mußte restlos überlastet sein mit den vielen Messungen, die ewig gemacht wurden: Pulsschlag-, Blutdruck- und Blutgerinnungsmessung. Für die Patienten dagegen bestanden die einzigen Abwechslungen während des Tagesablaufs in der immer wiederkehrenden Routine: den Runden der Schwestern mit Medikamenten und Tests, den Mahlzeiten, den Besuchern. Davon abgesehen, hatte Mrs. Babcock die zwei Wochen hier in einer Art Zeit-Vakuum verbracht, hatte einfach nicht gemerkt, wie die Tage vergingen.

Schon als sie noch gesund und zu Hause war, hatte ihr Zeitgefühl sie immer wieder im Stich gelassen. Das Datum konnte sie nur errechnen, wenn sie bis zu einem wichtigen Datum der jüngsten Vergangenheit zurückzählte, zu einem Geburtstag, einem Feiertag, einem Meilenstein im Kalender. Damit stand sie in auffallendem Gegensatz zu Wesley, der jederzeit genauestens nicht nur über Tag, Monat und Jahr Auskunft geben konnte, sondern auch über Stunde und Minute. Und das sogar auch ohne die Gewohnheit, beim Sprechen ständig auf seine Kalenderuhr zu sehen. Für ihn war die Zeit eine kostbare Gabe der Natur, die man anderen Menschen nur sparsam und niemals voreilig zuteilen durfte. Aber er war betrogen worden. Sein Herz hatte aufgehört zu schlagen, bevor es die ihm zustehenden 2,5 Milliarden Kontraktionen vollbracht hatte.

Hier im Krankenhaus jedoch gab es nichts, auf das man gern zurückgeblickt, von dem aus man gern weitergezählt hätte. Es gab keine Fotos, die sie an die Babyzeit ihrer Kinder erinnerten, an Wesley als schmukken, jungen Offizier, an ihren unbezähmbaren, weißhaarigen Vater oder an Dutzende von anderen Menschen, an die sie zu Hause per Ideenassoziation zu denken pflegte. Zu Hause konnte sie stundenlang untätig durch die Zimmer streifen und sich Ereignisse aus der Vergangenheit ins Gedächtnis rufen. Hier in diesem blitzblanken Krankenhaus, in diesem unpersönlichen Zimmer hatte sie keine Vergangenheit.

Und ebensowenig etwas, auf das sie sich freuen konnte. Entweder sie starb hier, oder sie verließ das Krankenhaus, sobald sie wiederhergestellt war. In jedem Fall bildete es lediglich eine Zwischenstation, eine Art Fegefeuer der Gegenwart.

Aber solche Gedanken waren nicht gut. Selbstverständlich würde sie hier nicht sterben, konnte es gar nicht, auch wenn sie gewollt hätte, was in den letzten Jahren häufig genug der Fall gewesen war. Sie war nicht mehr jung, aber alt war sie schließlich auch noch nicht. Sie hatte ihre Rechnung noch nicht bezahlt, ihre Zeit auf Erden noch nicht abgedient. Es würde ihr nicht beschieden sein, ihre Kontobücher so früh abzuschließen, davon war sie überzeugt. Sie würde sich von diesem Anfall genauso erholen, wie sie sich von den beiden vorhergehenden erholt hatte; sie würde weiterleben und in Bälde zweifellos eine weitere Attacke dieser Krankheit überstehen. Oder auch einer anderen. So war das eben.

Mrs. Childress betupfte getreulich alle fünfzehn Sekunden ihr Ohrläppchen. Mrs. Childress' Löschpapierscheiben waren vorbildlich. Sie arrangierte die Tupfen in Spiralen, die großen am äußeren Rand entlang und dann, zur Mitte hin, immer kleiner, bis sie schließlich, wenn das Blut endlich gerann, völlig unsichtbar wurden. Von einer Scheibe, die Mrs. Childress angefertigt hatte, konnte Dr. Vogel auf den ersten Blick ablesen, wie reichlich das Blut geflossen war. Miss Sturgill wurde zu ungeduldig bei diesen Tests; sie verschmierte die Bluttupfen, ließ sie ineinanderlaufen oder wischte den neugebildeten Blutpfropfen weg und verfälschte so das Ergebnis.

Mrs. Childress seufzte bedrückt. Anscheinend war der Test wieder mal schlecht ausgefallen. »Zwölf Minuten«, murmelte sie kopfschüttelnd vor sich hin. »Was sollen wir bloß mit Ihnen machen?«

»Wirken die Medikamente nicht?«

»Nun, *davon* habe ich keine Ahnung. Da müssen Sie sich beim Doktor erkundigen.« Und flüsternd setzte sie hinzu: »Doch wenn Sie mich fragen, *honey* – wer weiß, was passieren würde, wenn Sie sie nicht einnähmen. Also müssen Sie sie schön weiter schlucken, genau wie der Doktor es verordnet.« Sie reichte Mrs. Babcock ihr Prednison, und Mrs. Babcock hob die Hand an den Mund, um sich die weiße Pille auf die Zunge zu legen wie ein Kommunikant die geweihte Oblate. Mrs. Childress hielt ihr ein Glas Wasser an die Lippen. Jetzt hätte sie nur noch zu rezitieren brauchen: »Dies ist das Blut unseres Herrn Jesus Christus, das er für euch vergossen hat; es schenke deinem Leib und deiner Seele ewiges Leben.«

Mrs. Childress hielt eine Emailleschale unter Mrs. Babcocks Nase. Mit einer Pinzette zog sie die blutgetränkten Wattebäusche heraus. Sie waren vollgesogen und hätten bald zu tropfen begonnen. Mrs. Babcock hielt die Schale fest und sah zu, wie das Blut aus ihrer Nase auf die nasse Watte rann. Dann legte sie sich in die Kissen zurück, während Mrs. Childress ihr Nase und Mund mit Papiertüchern abtupfte und frische Watte in die Nasenlöcher schob. Das Blut rann ihr die Kehle hinab. Immer wieder mußte sie schlucken, um nicht daran zu ersticken. Beim Stehen und Gehen verstärkte sich die Blutung stets. Doch sie versuchte trotzdem, möglichst viel Bewegung zu bekommen. So ging sie zu den Mahlzeiten zum Beispiel auf die Sonnenveranda. Sie fürchtete, wenn sie der Versuchung nachgäbe und den ganzen Tag im Bett bliebe, wäre sie nie in der Lage, diese Klinik zu verlassen und nach Hause zurückzukehren, wo das Silber geputzt, die Schränke aufgeräumt und tausend andere Dinge erledigt werden mußten, die ihr ständig im Kopf herumgingen.

»Müssen Sie erst noch ins Bad, *honey*?« Der Takt, mit dem Mrs. Childress dieses heikle Thema anpackte, war weitaus angenehmer als Miss Sturgills Art, die energisch wie ein Feldwebel losbelferte: »Na, wie wär's mit 'ner kleinen Stuhlprobe für uns, Mrs. Babcock?«

»Nein, danke.« Mrs. Babcock richtete sich auf und schwenkte vorsichtig die Beine aus dem Bett. Mrs. Childress zog ihr die pelzgefütterten Wildlederhausschuhe an und schüttelte mitleidig den Kopf über das riesige blaurote Hämatom, das fast Mrs. Babcocks ganzen linken Fuß samt dem Knöchel bedeckte. Es pochte dumpf, als das Blut hineinströmte. Mrs. Childress reichte ihr galant den Arm, wie ein Kavalier, der seine Dame zum Tanz führen will. Mrs. Babcock ergriff ihn und zog sich daran hoch. Sobald ihr defekter Kreislauf in Gang kam, begannen ihre Glieder zu schmerzen.

Und so machte sie sich mit Mrs. Childress auf ihren täglich dreimal durchlittenen Gang den dämmrigen Korridor mit seinen grellweißen Wänden und dem grünen, marmor-imitierten Fußboden entlang. Die fünfzehn Meter zur Sonnenveranda legte Mrs. Babcock zurück, indem sie mühsam jeden Fuß um wenige Zentimeter vorwärts schob.

»Ich hab gestern abend was ganz Merkwürdiges geträumt«, vertraute sie Mrs. Childress an. »Ich hab geträumt, daß Miss Sturgill mit meiner Tochter Ginny – die in Vermont, wissen Sie – am Fußende meines Bettes stand und mit ihr flüsterte. Ich möchte wissen, was das bedeutet. Komisch, wie realistisch Träume manchmal doch sind.«

»Das war kein Traum, *honey.* Ich hab sie selbst gesehen.«

Mrs. Babcock blieb stehen. »Sie meinen, Ginny ist wirklich hier?« Mrs. Childress nickte. »Aber *warum?*«

»Mrs. Yancy hat es Ihnen doch erklärt. Wissen Sie das nicht mehr?«

»Was denn?«

»Daß sie nach Europa muß, und daß Ihre Tochter herkommen würde, um Ihnen Gesellschaft zu leisten.«

»Tatsächlich?« Mrs. Babcock konnte sich nicht erinnern. Kam das von den Medikamenten, oder wurde sie senil? »Aber es ist doch gar nicht nötig, daß ich jeden Tag Besuch bekomme! Man sollte meinen, ich bin schon fast tot!« Sie kicherte. Als Mrs. Childress jedoch nicht lachte, sah sie ihr forschend ins Gesicht wie ein Häftling, der seinen Wärter mustert, um nach Hinweisen auf seine bevorstehende Begnadigung zu suchen. Mrs. Childress verzog keine Miene; allerdings glich ihr Gesicht jedesmal, wenn sie an ihrem Ischias litt, einer Maske.

Die anderen saßen bereits am Tisch: Mr. Solomon, Schwester Theresa und Mrs. Cabel. Sie waren, zusammen mit Mrs. Babcock, die einzigen vier Patienten auf diesem Flur, die ein wenig herumlaufen konnten. Die übrigen zehn bis zwölf aßen auf ihren Zimmern und ließen sich nur selten blicken – entweder weil sie es nicht bis zur Veranda schafften, oder weil sie es erst gar nicht versuchten. Mrs. Babcock nickte grüßend und nahm ihren Platz zwischen Mr. Solomon und Mrs. Cabel ein. Mr. Solomon war ein vertrockneter kleiner Mann mit einem schütteren grauen Haarkranz um den kahlen Schädel. Seine Brillengläser waren ungefähr einen halben Zoll dick und ließen die Augen groß wie Untertassen erscheinen. Die Augen selbst waren von dem weißlichen Film des inoperablen grauen Stars überzogen.

»Schöner Tag heute«, sagte er mit breitem Lächeln.

»Ja«, bestätigte Mrs. Babcock kühl. Sie kannte Mr. Solomon seit vielen Jahren – flüchtig. Er hatte die Schmuckabteilung eines Warenhauses in der Stadt geleitet, und Wesley hatte ihm all ihre Wand-, Stand- und Armbanduhren zur Reparatur gebracht. Außerdem hatte Wesley bei ihm Ginnys Geschenk zum Schulabschluß gekauft: eine Lady Bulova-Armbanduhr mit einundzwanzig Steinen, die Ginny allerdings nur selten trug. Nichtsdestoweniger war Mrs. Babcock auf Abstand bedacht. Schließlich war die Tatsache, daß man zur selben Zeit im selben Krankenhaus lag, kein Grund für eine plötzliche Freundschaft, die vorher nicht mal aus einer fünfundzwanzigjährigen Bekanntschaft entstanden war. Und außerdem – warum die emotionelle Energie aufbringen, die für eine Freundschaft erforderlich ist, wenn diese ohnehin schon bald wieder beendet sein würde, weil sie nämlich das Krankenhaus verließ? Oder weil Mr. Solomon es verließ. Dessen war sie allerdings nicht so sicher. Er hatte ein Lungenemphysem und klang fürchterlich, aber sie war kein Arzt.

Mrs. Babcock sah aus dem Fenster, um festzustellen, ob es wirklich ein ›schöner Tag‹ war. Die Morgensonne war gerade über einem der roten Berge hinter Wesleys Fabrik aufgegangen. Der Hang war von vielen verästelten Wasserläufen durchzogen, die weiter unten in den Crockett mündeten. Mrs. Babcock wußte nur zu gut, daß sie aufgrund ihrer eigenen Krankheit dieses Wasserrinnenmuster mit einem menschlichen Adersystem verglich: die breiten Rinnen ganz oben, die sich weiter unten zu schmaleren Rinnen verzweigten, die sich wiederum zu einem komplizierten spitzenfeinen Rinnenmuster verästelten und schließlich verschwanden.

Mrs. Cabel grunzte vor sich hin. Mrs. Babcock sah sie an, fest entschlossen, freundlich zu sein, auch wenn sie Mrs. Cabels fettiges Haar, ihre Schielaugen und die sabbernden Versuche, Worte zu formen, noch so abstoßend finden mochte. Schließlich waren sie jahrelang zusammen in die Episkopalkirche gegangen, und Mrs. Cabel hatte Mrs. Babcocks Kinder in der Sonntagsschule unterrichtet. Es war gewiß nicht Mrs. Cabels Schuld, daß sie einen Schlaganfall erlitten hatte. Andererseits war es aber auch nicht Mrs. Babcocks Schuld; und sie begriff einfach nicht, warum sie, die doch selbst krank war, sozusagen die Rolle der Gastgeberin hier übernehmen sollte, wo sie doch nichts weiter wollte, als von allen in Ruhe gelassen zu werden. Gewiß, sie konnte die Mahlzeiten auf ihrem Zimmer einnehmen und brauchte diese Leute dann nicht mehr zu sehen. Aber das war gar nicht das Problem. Sie mußte aufstehen und umhergehen. Wenn sie nur zu Hause wäre – dort könnte sie das ungestört tun, ohne an jeder Ecke Mitbewohnern der Stadt zu begegnen, die noch kränker waren als sie selbst und die ihre Depressionen nur verschlimmern. Warum bestand Dr. Vogel darauf, daß sie hierher kam? Schließlich lag sie noch nicht im Sterben!

Miss Sturgill schob den Rollwagen mit den Frühstückstabletts herein. Mrs. Babcock fragte sich immer wieder, warum sie sich auf die Mahlzeiten freute, wo doch die Speisen ausnahmslos nach nichts schmeckten und wenig appetitanregend aussahen. Vielleicht, weil die Mahlzeiten zu den wenigen Abwechslungen des Krankenhauses gehörten und so ziemlich die einzigen waren, denen sie ohne Unbehagen entgegensehen konnte, während die anderen nur aus Spritzen, Tests und so weiter bestanden. Sie hob den Deckel der Warmhalteplatte ab und fand eine Portion Weizenkeime, Rührei aus Eipulver, schlaffen, fetten Schinkenspeck, Toast und Erdbeermarmelade.

Schwester Theresa bekreuzigte sich fromm, faltete die Hände vor der Brust und neigte den Kopf. Mr. Solomon und Mrs. Babcock erstarrten schuldbewußt im ersten Bissen; nur Mrs. Cabel fuhr fort, geräuschvoll zu schmatzen. Die Nonne war eine füllige, runde Frau mit rotem Gesicht und strengem grauen Haarknoten. Sie war viele Jahre lang Lehrerin an der katholischen Grundschule der Stadt gewesen. Jetzt trug sie ein Nachthemd und einen Morgenrock des Krankenhauses aus grünem, bügelfreiem Stoff; an ihrem Hals hing ein vergoldetes Medaillon in Gestalt betender Hände, beschriftet mit den Worten: ›NICHT MEIN WILLE, SONDERN DER DEINE.‹ Schwester Theresa hatte Krebs; eine Brust war schon entfernt worden. In ihrer Lunge hatten sich Metastasen gebildet, und die zweite Brust würde ihr wahrscheinlich auch abgenommen werden müssen.

Sie aßen schweigend. Während sie ihre wiederaufbereiteten Eier verspeiste, hörte Mrs. Babcock von der Southern Baptist-Kirche am Park von Hullsport die Melodie aus ›Love Story‹ herüberklingen.

»Das Glockenspiel habe ich gestiftet«, erklärte Mr. Solomon bescheiden errötend.

»Es ist wunderschön«, lobte Mrs. Babcock.

»Nu, wenigstens kann man sich drauf verlassen.« Die Glocke schlug jetzt die volle Stunde – sechs, sieben.

»Wie meinen Sie das?« erkundigte sich Mrs. Babcock.

»Nu, weil es elektrisch ist. Das handbetriebene wurde ja nur gespielt, wenn jemand da war, der Lust dazu hatte. Dieses spielt jede Viertelstunde zuverlässig, sommers und winters, tagein, tagaus. Und zu jeder Stunde eine andere Melodie.«

»Hmm – ja«, entgegnete Mrs. Babcock ein wenig zweifelnd. Sie dachte daran, wie sie als Mitglied der Jugendgruppe der Southern Baptist Church damals selber das Glockenspiel bedient hatte – das heißt, bevor sie Wesley heiratete und ihr Mann darauf bestand, daß sie zur feineren Episkopalkirche übertrat. Damals war es eine Ehre gewesen, das Glockenspiel bedienen zu dürfen. Die Bewerber mußten sich Monate zuvor in Listen eintragen. Mit zwei anderen war sie dann die steile, schmale Treppe bis in den weißen hölzernen Glockenturm emporgeklettert. Von dort aus konnte man über den Crockett bis zur Fabrik ihres Vaters sehen, hinter der die damals noch bewaldeten Vorberge aufragten. Man sah die weiße Villa, in der sie lebte, und die Farm, die sich dahinter erstreckte, bis zu dem Bergkamm, auf dem das rotbraune Haus der Cloyds thronte. Man blickte hinab auf die viel kleineren Türme der vier anderen Kirchen rings um das Rondell. Die Rauchschwalben, die im Glockenturm nisteten, schossen in Augenhöhe vorbei. Man sah die Hull Street entlang bis zum Bahnhof, wo manchmal unter dicken schwarzen Rauchwolken eine Lokomotive einlief, mit vielen Waggons im Schlepp, hoch beladen mit glänzend schwarzer Kohle aus Südwest-Virginia.

Wenn die Bahnhofsuhr 16.55 Uhr zeigte, begannen sie mit den Chorälen und zogen gewissenhaft an den ihnen zugewiesenen Strängen. Gelegentlich erwischte einer auch mal den falschen, oder zwei disharmonierende Töne erklangen zugleich, oder der Rhythmus stimmte vielleicht nicht ganz. Gewöhnlich aber ging alles recht gut, und die Melodien tönten weithin über die Stadt und das umliegende Land, hallten wider zwischen den Bergen. Die Stadtbewohner, wo immer sie sich befanden und was immer sie gerade taten, hielten inne, um der Musik zu lauschen. Wenn dann die Zeiger der Bahnhofsuhr auf 17.00 Uhr wiesen, endeten die Choräle, und die volle Stunde wurde geschlagen.

Im Winter, wenn die Sonne früh sank, blieben sie manchmal oben im Turm, um den Sonnenuntergang abzuwarten, und wurden allmählich immer stiller, während die orangerote Scheibe hinter die Bäume auf dem Hügel bei der Familienfarm herabstieg. Erst wenn die Fledermäuse sich in der Dämmerung zu regen begannen, kletterten die jungen Leute wieder hinab, zu ihren Familien und zum Abendessen. Irgendwie verlieh ihnen dieses Ritual ein beruhigendes Gefühl der Kontrolle über die dahineilende Zeit ihres Lebens.

Jetzt aber erklang das Glockenspiel dank Mr. Solomon und der modernen Technologie zu jeder Viertelstunde, und zu jeder Stunde mit einer anderen Melodie. So pünktlich, daß die Leute ihre teuren Accutron-Uhren danach stellen konnten. Und niemand brauchte sich mehr die ›Mühe‹ zu machen, jeden Nachmittag den etwas baufälligen Glokkenturm hinaufzuklettern. Fortschritt!

Mrs. Babcock umklammerte den Chromgriff neben der Badewanne und ließ sich langsam in das kühle Wasser hinab. Ein heißes Dampfbad wäre ihr lieber gewesen, aber das hatte ihr Dr. Vogel verboten. So etwas würde ihren Blutverlust nur beschleunigen. In der Wanne, bis zum Kinn eingetaucht, betrachtete sie ihren Körper. Das Wasser hatte eine dunkelblaue Tönung angenommen. Überall dort, wo die Knochen gegen das Fleisch stießen – mit anderen Worten, überall, bis auf die Innenseite der Oberschenkel, die Gesäßbacken und die Brüste –, prangten riesige Blutergüsse in den ihrem Stadium entsprechenden Farben. Zuerst waren sie dunkelblau, dann wurden sie purpurn, dann grün und schließlich gelb wie eine reife Frucht. Waren sie dann ganz verschwunden, traten sofort andere an ihre Stelle, weil die Kapillaren gleich wieder platzten. Ihr Körper glich einem veritablen Regenbogen. Sie wäre ein fabelhaftes Demonstrationsobjekt für Kinder gewesen, die lernen wollten, wie man bestimmte Farben mischen muß, um wieder ganz neue Farben zu bekommen . . .

Wie Dr. Vogel ihr erklärte, wurden die Kapillaren aller Menschen durch die normalen Bewegungen des täglichen Lebens ununterbrochen zerrissen. Normalerweise massierten sich dann die Blutplättchen an der Rißstelle und schlossen sie. In ihrem Fall gab es jedoch zu wenig Blutplättchen, so daß die Risse sich nicht schlossen und das Blut ins Gewebe drang, wo es diese Hämatome bildete. In der Enzyklopädie hatte sie gelesen, daß die herrlichen Farben des Herbstlaubs, die von allen so bewundert wurden, im Grunde genau demselben Prozeß entsprangen. Die Membranen der Blattzellen wurden ganz durchlässig, statt eine nur halb durchlässige Wand zu bilden, so daß die Zellflüssigkeit in den umgebenden Raum eindringen konnte und das Blatt durchsichtig machte. Wesley dagegen hatte zu viele Blutplättchen gehabt, die nur allzusehr dazu neigten, sich zusammenzuballen; daraus waren die Gerinnsel entstanden, die seine Herzanfälle auslösten. Wenn sie beide nur irgendwie ihr Blut hätten miteinander verschmelzen können, wie es mit ihren Gedanken, ihren Körpern und ihrem Leben in beinahe jeder Hinsicht geschehen war. . .

Sie richtete sich auf und inspizierte sich etwas eingehender. Die weißen Brüste, hängend und von den Schwangerschaften mit silbrigen Narben durchzogen, bildeten einen krassen Kontrast zu dem farbenfreudigen Rest ihres Körpers. Sie sah aus wie diese japanischen Irezumi-Männer, von denen sie in der Enzyklopädie gelesen hatte; die waren über und über mit stilisierten Drachen und Samurais in Schwarz, Blau, Rot und Purpur tätowiert. Daß jemand freiwillig diese Farbgebung für seinen Körper wählen konnte, überstieg ihr Begriffsvermögen. Ihr Schamhaar, naß und verfilzt, umgeben von den verschiedensten Blauschattierungen, stand drahtig empor wie ein regennasses Vogelnest. Ihr ganzer Körper war von den Steroiden aufgedunsen wie ein Wetterballon. Zehn Pfund hatte sie schon zugenommen, und ihr Fleisch fühlte sich schwammig an. Das Haar ging ihr in Büscheln aus.

Alles in allem war sie eigentlich froh, daß Wesley nicht mehr da war und sehen konnte, was nach seinem Tod aus ihrem Körper geworden war. Ihr ganzes Zusammenleben hatte sich auf diesen Körper gegründet – auf die Anziehungskraft, die er auf Wesley ausübte, und auf dessen Wunsch, sich ein Ebenbild von ihm zu schaffen. Die Kinder konnten es einfach nicht glauben, daß sie und ihr Vater ein Geschlechtsleben hatten. Mrs. Babcock mußte lächeln, als sie daran dachte, wie verlegen und entsetzt sie ausgesehen hatten – als Kinder, vor allem aber als Heranwachsende –, wenn sie zufällig miterlebten, wie ihre Eltern sich umarmten und zärtlich miteinander waren. Eines Nachmittags, am Wochenende, als Ginny zu ihrem idiotischen Fahnenschwingertraining in die Schule gegangen war, hatten sie und Wesley angefangen, sich zu küssen, und waren prompt im Bett gelandet. Das war zu jener Zeit nur noch selten vorgekommen, weil Wesley während der Woche nach der Arbeit im Büro meistens zu müde war und weil zu jedem anderen Zeitpunkt die Kinder mit ihren Freunden im Haus herumtobten. Das Interesse für die Liebe und die Fähigkeit dazu waren jedoch noch vorhanden und blühten bei solch seltenen und kostbaren Gelegenheiten auf. An diesem Tag war Ginny aber kurz nach dem Verlassen des Hauses unvermutet noch einmal zurückgekommen. Mrs. Babcock und ihr Mann waren mitten im Liebesakt erstarrt wie zwei Teenager, deren Eltern plötzlich heimkehrten. Ginny rief laut nach Wesley. Als sie ihre Schritte auf der Treppe hörten, hatten sie einander entsetzt angestarrt. Schließlich hatte sich Wesley leise fluchend aus dem Bett gewälzt, seinen Bademantel übergehängt und war hinausgegangen, um zu fragen, was Ginny wollte – vor Verlegenheit und Anstrengung puterrot im Gesicht.

»Ich brauche den Jeep, Pop. Ich will zu Grandpa.«

»Dann nimm ihn doch!«

»Aber ich kann die Schlüssel nicht finden.«

»Die stecken im Zündschloß.«

»Wo ist Mutter? Ich muß sie was fragen.«

»Äh, nun ja, deine Mutter und ich haben . . . Wir machen gerade ein Mittagsschläfchen.«

»Was? Um halb eins? Ach so! Na ja, dann bis später, Pop.« Und sie sprang die Treppe hinab.

Warum konnten Kinder nicht die Tatsache akzeptieren, daß die Eltern auch ihre Sonnentage hatten? Ginny schien zum Beispiel zu glauben, sie verdanke ihre Existenz einer Art spontaner chemischer Fortpflanzungsweise. Sie dachte wohl, die Freuden des Fleisches seien erst von ihrer Generation entdeckt worden. Während in Wirklichkeit der verabscheute Körper ihrer Mutter und die Anziehungskraft, die er auf ihren Vater ausübte, also nicht einmal der ganz natürliche Wunsch nach Ginny selbst, Anlaß für Ginnys Existenz gewesen waren. Wegen dieses Körpers (das wußte sie jetzt, hätte es aber damals heftigst geleugnet) hatten sie und Wesley geheiratet und eines Tages mit drei Kindern dagesessen. Seinetwegen hatte Wesley drei Jahrzehnte in einer Stadt verbracht, die er nicht mochte. Und jetzt war dieser Körper, der sein und ihr Leben so weitgehend bestimmt hatte, eine aufgedunsene Masse ineinander überlaufender Blutergüsse, die bei jeder Berührung schmerzten. Wieder einmal ein Beispiel für die zahllosen bösartigen Streiche, aus denen, wie Wesley immer behauptet hatte, dieses als ›Leben‹ bezeichnete Phänomen bestand. Wie dem auch sei, bösartig oder nicht – was jetzt geschah, gab tatsächlich zu der Frage Anlaß, was denn nun der Zweck all dieser Aufmerksamkeit gewesen sei, die sie und Wesley ihrem Körper im Laufe der Jahre hatten angedeihen lassen. Wirklich, Wesley konnte sich glücklich schätzen, daß ihm diese Pointe der Anekdote, die ihr gemeinsames Leben war, erspart blieb.

Mrs. Babcock packte den Chromgriff und zog sich mühsam aus dem Wasser. Als sie in einem frischen gelben Nachthemd in ihr Zimmer zurückkehrte, stellte sie befriedigt fest, daß ihr Bett gemacht worden war, daß man die alten, hier und da mit getrockneten Blutflecken verschmutzten Laken durch frische ersetzt hatte. Sie trat ans Fenster und berührte sanft die hellroten Päonien in der Vase auf der Fensterbank.

Beinahe wäre sie in Tränen der Verzweiflung ausgebrochen. Mit ihrer watteverstopften Nase konnte sie ihren Duft nicht riechen, und Päonien waren ihre Lieblingsblumen. Sie begnügte sich damit, sie zu betrachten und zu berühren. Dann stellte sie den Fernseher an und legte sich hin. Sie stellte den Fernseher nur selten an, höchstens zu den Abendnachrichten, denn ihren Augen wurde sogar das Lesen zuviel; sie waren zur Zeit sehr schnell überanstrengt. Es wurde gerade ein Gottesdienst übertragen.

Gelangweilt griff Mrs.Babcock nach ihrem Stickrahmen und begann ein wenig hektisch zu sticken. Was hatte Ginnys Aufzug gestern bedeutet? Als sie das letztemal zu Hause gewesen war, bei Wesleys Beerdigung, hatte sie einen Hosenanzug getragen und ihr langes Haar sauber mit einem Tuch zurückgebunden. Was sollte dieses Heidi-Gewand nun wieder heißen? Ärgerlich warf sie den Stickrahmen hin. Warum war Ginny überhaupt hier? Als stummer Vorwurf nach all den Jahren, in denen sie nicht zueinandergefunden hatten?

Sie nahm Band 22 der Enzyklopädie und schlug ihn bei dem Stichwort ›Venenentzündung‹ auf. Nach neun Jahren war endlich das Ende dieses voreilig geplanten Unterfangens in Sicht. Nur ein Band fehlte noch.

Und was hatte sie damit erreicht? Begonnen hatte sie mit dem Lesen damals, als Ginny nach Boston ging, aus mehreren Gründen: um sich zu beschäftigen; um ihr Allgemeinwissen zu erweitern, dessen Fortbildung durch ihre Heirat und die kurz aufeinanderfolgenden Kinder zum Stillstand gekommen war; vor allem aber, um ein paar Haken zu finden, an denen sie ihren weltanschaulichen Hut aufhängen konnte. Während ihres Heranwachsens hatte sie ständig unter dem einschüchternden Einfluß der Sonntagspredigten in der Southern Baptist Church gestanden, die Höllenfeuer und Verdammnis beschworen. Das ernste, ruhige ›Book of Common Prayer‹ der Anglikaner war dann Balsam für ihre verängstigte Seele gewesen. Nein, der Stil der Episkopalkirche lag ihr wirklich mehr: »Wir bekennen und bereuen unsere vielfältigen Sünden und das Böse, welches wir, in Wort und Tat, immer wieder gegen Deine Göttliche Majestät begangen haben. Wir haben Deinen gerechten Zorn auf uns herabbeschworen. Aber wir bereuen unsere Missetaten aufrichtig und von Herzen; der Gedanke daran bekümmert uns; ihre Last ist uns zu schwer . . . «

Sie betrachtete das ›Book of Common Prayer‹ als erhebende Lektüre, den Episkopal-Gottesdienst als beruhigendes Ritual, als ein feierliches Band zur Vergangenheit. Ihr Glaube selbst jedoch hatte stets andernorts gewohnt, in Gestalt eines unausgesprochenen Vertrauens in die Natur der Dinge. Sosehr sie auch einige seiner Manifestationen in Frage stellte, sie hatte sich immer die stille Überzeugung bewahrt, das Leben und die Tatsache, gelebt zu haben, müsse einen Sinn haben. Darum hatte sie die Enzyklopädie nach Etikettierungen durchstöbert. Wie nannte sich diese Glaubensrichtung? Wer waren die Menschen, welche die Dinge sahen wie sie? Als sie sich dem letzten Band näherte, war sie jedoch nicht schlauer gewesen als zuvor. Gewonnen hatte sie allerdings eine ganz außergewöhnliche Kenntnis wenig verbreiteter Tatsachen, mit der sie in jeder Quiz-Show hätte absahnen können. Schon seit Band 12 ungefähr hatte sie ausschließlich unter dem Zwang, Angefangenes zu beenden, weitergelesen, genau wie sie beim Essen ihren Teller zu leeren pflegte.

Das wahre Problem lag nun darin, daß ihr schlichter, namenloser Glaube während der letzten Jahre wahrhaftig auf die Probe gestellt worden war. Er brauchte zweifellos eine Bestätigung. Die Form, die dieser Glaube in der Vergangenheit angenommen hatte, war die Erfüllung dessen, was sie für ihre Pflicht hielt: die Betreuung dreier junger Menschen, die Pflege ihres Verhältnisses zu Wesley. Jetzt aber war Wesley tot, waren die Kinder fort. Und nicht nur fort, sondern mehr oder weniger eine Enttäuschung. Sie hatte ihnen ihr Leben geopfert, doch ein sehr eindrucksvolles Produkt waren sie nicht. Karl war verantwortungsbewußt; er tat seine Pflicht, sorgte für seine Familie. Aber ihm fehlte die Phantasie; er führte ein Leben, das ihm keine Prüfungen auferlegte. Sie gab es wirklich nur ungern zu, aber sie fand ihren eigenen Sohn, den Stammhalter, das Ergebnis jahrelanger Selbstaufopferung, langweilig wie einen Packesel. Jim, der in Californien Sandalen herstellte, war ein Schatz, aber etwas wirr. Er hatte das College vorzeitig verlassen, war unehrenhaft aus der Army ausgestoßen worden, hatte ein Dutzend Jobs, ein Dutzend Freundinnen aufgenommen und wieder aufgegeben. Anscheinend lebte er jetzt hauptsächlich zu dem Zweck, Rauschgift zu konsumieren. Etwas anderes schien ihm keine dauernde Befriedigung verschaffen zu können. Ginny schien sich nach vielen schwierigen Jahren endlich gefangen zu haben, hatte ein bezauberndes Töchterchen und einen liebevollen Ehemann. Aber wie lange würde das dauern? Sie besaß ungefähr soviel Stehvermögen wie Schnee im Frühling.

Wenn sie es recht betrachtete, konnte sich Mrs. Babcock nicht zu den Leuchten des Elternberufs zählen. Ihr war die Aufgabe übertragen worden, der Welt drei anständige, tüchtige und fleißige Bürger zu schenken. Aber sie mußte einsehen, daß sie versagt hatte. An ihren Sprößlingen war zwar nicht viel verkehrt, aber sie waren eindeutig nicht die Superwesen, die sie sich vorgestellt hatte. Es war nicht leicht, sich zu gestehen, daß man sein Leben womöglich vergeudet hatte. Lag darin vielleicht der Grund, warum sie am ersten Todestag ihres Mannes mit unstillbaren Blutungen in der Notaufnahme des Krankenhauses gelandet war? Jedenfalls lag ganz entschieden darin der Grund dafür, daß sie diese letzten beiden Bände der Enzyklopädie so gierig verschlang. Wenn die Fortpflanzung der Spezies nicht der Zweck war, zu dem sie auf Erden weilte, was war es dann?

Es klopfte leise an ihre Tür. Das Personal hielt sich normalerweise nicht damit auf, vor dem Eintreten zu klopfen, und Besuchszeit war erst am Nachmittag. Wer konnte das sein? Die Tür ging auf. Ein Strom von Worten drang aus dem Nebenzimmer herüber: » . . .Spar dir deine Entschuldigungen. Du gehst jetzt da raus und tust, was ich dir sage, Junge! Du rennst, bis du zusammenbrichst, dann stehst du wieder auf und rennst weiter. Verstanden? Ob du verstanden hast? Keine Ausreden! Hast du mich verstanden oder nicht? . . .«

In der offenen Tür stand eine junge Frau. Sie trug eine fleckige weiße Latzhose, wie sie Anstreicher zu tragen pflegen, und ein verschossenes dunkelblaues T-Shirt mit dem Aufdruck: ›Sisterhood Is Powerful‹ – was immer das bedeuten mochte.

»Hallo!« sagte Ginny. Die Mutter blickte von ihrer Enzyklopädie auf und sofort wieder hinab. Keinerlei Zeichen von Erkennen. Ginny war zutiefst gekränkt. Sie war nicht den ganzen Weg von Vermont hierhergekommen, um von der eigenen Mutter nicht erkannt zu werden!

»Wie geht's dir denn heute?« erkundigte sich Ginny.

Mrs. Babcock hob den Blick abermals und betrachtete diese freundliche junge Frau. Was sie nur wollte? Und wer war sie – vielleicht ein Lehrling aus dem Labor? Das wäre eine Erklärung für die unkleidsame Arbeitshose. Mrs. Babcock war ein interessanter Fall für das Krankenhauspersonal. Ständig tauchten Fremde auf, um ihre Blutergüsse abzutasten und ihr Blutproben zu entnehmen, doch die waren nur selten so hartnäckig nett.

»Wer sind denn Sie?« fragte Mrs. Babcock mit heiserer, müder Stimme.

Ginny starrte sie fassungslos an. War das die Wirkung der Medikamente? »Aber ich bin *Ginny,* Mutter!« Ihre Mutter sah aus, als lasse sie zahllose Namen und Gesichter anderer Töchter Revue passieren.

»Ach ja, natürlich – Ginny.« Aber innerlich war sie entsetzt. Sie hatte Ginny gestern gesehen, sich mit dem Gedanken vertraut gemacht, daß Ginny da war, hatte erwartet, daß sie heute kam. Aber sie hatte das österreichische Dirndl aus dem Film ›Trappfamilie‹ erwartet und nicht diesen Anstreicherlehrling hier. Wen, bitte, stellte Ginny heute dar?

Ginny erwartete zu hören, wie nett es von ihr sei, von Vermont hierherzukommen. »Aus Vermont«, ergänzte sie betont.

»Das ist mir klar.« Warum mußte jeder einen sofort wie ein unmündiges Kind behandeln, wenn man bettlägerig war?

Ginny trat zu ihrer Mutter ans Bett, bückte sich und küßte sie auf die zerfurchte Stirn. Sie spürte, daß die Mutter sie aufmerksam musterte. Zurücktretend suchte sie sich einen Stuhl, setzte sich und machte sich auf Kritik über ihr Aussehen, ihre Haltung, das Ausbleiben ihrer allwöchentlichen Briefe gefaßt. Ein Sonnenstrahl fiel durch das Fenster auf die Bettdecke der Mutter.

»Schöner Tag heute«, sagte Ginny. Im Zweifelsfall immer über das Wetter sprechen, hatte sie bei den Tupperware-Partys in Stark's Bog gelernt.

»Wirklich?« Mrs. Babcock nahm in ihrem Krankenzimmer das Wetter praktisch nicht wahr, warf nur selten einen Blick hinaus. Doch jetzt entdeckte sie, daß die Blätter der Ulme vor ihrem Fenster gelbgrün leuchteten. Auf einem Ast saß emsig mümmelnd ein Eichhörnchen.

»Haben wir noch Juni?« fragte Mrs. Babcock. Ginny nickte erschrokken. »Wie geht's deinem Kind und deinem reizenden Mann?«

Ginny verzog unangenehm berührt das Gesicht. Sie wäre so gern von Anfang an ehrlich gewesen und hätte gebeichtet, daß Ira sie rausgeschmissen hatte, weil er glaubte, sie hätte ihm Hörner aufgesetzt. Obwohl das ja alles ganz anders gewesen war. Doch sie und ihre Mutter hatten es noch nie fertiggebracht, offen miteinander zu sein. »Danke, gut.«

Miss Sturgill kam hereingewirbelt wie ein Kosakentänzer und sagte strahlend: »Guten Morgen, Mrs. Babcock. Wie geht's uns denn heute?« Sie nickte Ginny munter zu und wandte sich dann wieder an die Mutter. »Na, abmarschbereit?«

Mrs. Babcock schloß erschöpft die Augen. »Wohin schleppen Sie mich denn jetzt schon wieder?« Wenn doch bloß alle weggehen und sie mit ihrem wunden Körper allein lassen würden! Da war sie nun im Krankenhaus, sollte sich ausruhen und gesund werden, und doch verlangten sie von ihr, daß sie sich wie die Gastgeberin einer Talkshow im Fernsehen benehmen, Mrs. Childress mit ihrem Ischias aufmuntern, die rotgestreiften jungen Mädchen mit ihrem albernen Handarbeitsprogramm zufriedenstellen und jetzt auch noch versuchen sollte, Miss Sturgill und Ginny miteinander ins Gespräch zu bringen. Es war zuviel!

»Auf die Veranda. Zum Mittagessen.« Miss Sturgill schlug Mrs. Babcocks Bettdecke zurück und half ihr, sich aufzurichten.

Ginny fand die Sonnenveranda mit ihren Fenstern auf drei Seiten und dem Blick auf die Nadelbäume mit den Eichhörnchen und Vogelfutterkästen hübsch und fröhlich. In der Ferne sah man die Fabrik des Majors mit ihren qualmenden Schornsteinen, davor den träge dahinfließenden ockergelben Crockett. Und hinter der Fabrik lagen die narbendurchzogenen, flachen Hügel, übersät mit den Lepraflecken der Wohnsiedlungen, unter anderem der Plantation Estates, wo Joe Bob und Doreen wohnten.

Die anderen Patienten – zwei Frauen und ein Mann – saßen bereits um den Resopaltisch. Ginny und Mr. Solomon erkannten einander auf den ersten Blick. »Hallo – Virginia!«

»Hallo, Mr. Solomon.« Sie kannte ihn, solange sie denken konnte. Bei ihm kauften die Schüler der Hullsport High ihre Klassenringe, bei ihm hatte Joe Bob den riesigen Ring gekauft, den sie ihm auf Geheiß des Majors hatte zurückgeben müssen. Bei ihm hatte der Major auch die

Armbanduhr gekauft, die er ihr zum Schulabschluß geschenkt hatte. Die mit hellbraunem Plastik bezogene Couch bebte, als Ginny sich hineinfallen ließ. Wieso erkannte Mr. Solomon sie, ihre eigene Mutter aber nicht?

»Mal wieder auf Besuch zu Hause?« fragte er. Ginny nickte. »Wo wohnst du denn jetzt?«

»In Vermont.« Ginny staunte, wie glatt ihr diese Lüge über die Lippen kam. Sie lebte gar nicht mehr in Vermont, aber Vermont mußte so lange als offizieller Wohnsitz herhalten, bis ihr etwas anderes einfiel.

»Ach ja, Vermont! Värr-mong. Grüner Berg. Wunderschöner Staat, dieses Vermont.«

»Waren Sie schon mal da?«

»Nein, aber mit dem Bus bin ich durchgefahren. Mein Schiff von Deutschland nach dem Krieg ist den St.-Lorenz-Strom raufgefahren und hat in Montreal angelegt. Nie hab ich mich über einen Anblick so gefreut! Ich fuhr mit dem Bus zu meinem Onkel nach New York. Es war Winter. In Vermont lag der Schnee neben der Straße fast zwei Meter hoch. Ich dachte, Gott behüte, was für Menschen leben in so einem Land. Also, jetzt weiß ich's: Menschen aus Tennessee.« Alle lachten.

»Zum Glück liegt der Schnee dort nur sechs Monate im Jahr«, sagte Ginny.

»Gut, gut. Bist du verheiratet?«

»Nun . . . ja«, antwortete Ginny mit einem raschen Seitenblick auf ihre Mutter.

»Kinder?«

»Eins. Ein kleines Mädchen.« Als sie an Wendy dachte, gab es ihr einen Stich. Zu der Zeit, als Ginny weggegangen war, hatten die Räume in Iras Haus einem Überschwemmungsgebiet nach der Katastrophe geglichen. Spielzeug, Geschirr, Bücher, Kleidungsstücke überall – rings verstreut von der winzigen, auf unsicheren Beinchen einhertapsenden Wendy. Wie ein Tornado ließ sie Chaos und Zerstörung auf ihrem Weg zurück. Ginny hatte schließlich nicht mal mehr *versucht,* Pfade durch diese Trümmerhaufen offenzuhalten. Eigentlich aber waren die Trümmer, über die Ira sich dauernd beschwerte , überhaupt keine Trümmer, sondern spielten eine lebenswichtige Rolle im Ökosystem ihrer Familie. Wendy war eine fröhliche kleine Spinne, die ihre Tage damit verbrachte, in diesem höhlengleichen Haus aus jedem Material, das ihr in die Finger geriet, schimmernde Netze der Phantasie zu weben. Wenn Ginny ihr zusah, wie sie zwischen Schränken, Schubladen und Bücherregalen spielte, hatte sie sich in die dumpfen Gemächer ihrer eigenen Kindheit zurückversetzt gefühlt. Durch Wendy war es ihr gelungen, neue Haltehaken in die schlüpfrige Fläche ihrer Vergangenheit zu schlagen. Sie fühlte sich tief in der Schuld dieses kleinen Mädchens – eine Schuld, die sie nicht abtragen konnte, weil sie auf und davon gegangen war. Wo war

Wendy jetzt? Was tat sie gerade? War sie glücklich? Ginny begann an ihren Nägeln zu kauen.

»Ach ja, Kinder!« seufzte Mr. Solomon. »Ich rate dir, schaff dir möglichst viele an.«

»Na ja, ich weiß nicht . . .« gab Ginny zurück. Warum kam dieser Rat bloß immer von Leuten, die über die Lebensmitte hinaus waren? Sie wollte ihn fragen, wie es ihm gehe, was ihm denn fehle, warum er hier sei. »Verkaufen Sie immer noch Klassenringe?« fragte sie ihn statt dessen.

»Ach, diese Jugendlichen heutzutage! Sie kaufen keine Ringe mehr wie früher. Nein, in den Ohren, da tragen sie jetzt die Ringe, Mädchen *und* Jungens. Statt an den Fingern.«

»Dann verkaufen Sie wohl jede Menge Klassenohrringe, wie?«

Er lachte. »Ich hab immer Ohrringe verkauft. Ich hab viele Ohrringe verkauft, bevor ich herkam.« Er verstummte.

Das elektrische Glockenspiel der Southern Baptist Church intonierte ›Some Very Special Someone‹. Ginny hob entsetzt den Kopf. »Was ist denn *das*?«

»Das elektrische Glockenspiel, das *Mr. Solomon* der Baptistenkirche gestiftet hat«, erklärte ihr Mrs. Babcock hastig. »Ist es nicht schön?« Ginny nickte zaghaft lächelnd. Nach den ersten sechs der zwölf Mittagsschläge wurde das Glockenspiel übertönt von dem lauten, langgezogenen Mittagspfeifen der Chemiefabrik. Nein, in Hullsport konnte niemand überhören, daß es Punkt zwölf Uhr mittags war.

»Das ist Schwester Theresa, Ginny«, sagte die Mutter. »Sie war Lehrerin an St. Anthony.« Schwester Theresa errötete und blickte beharrlich auf ihren Teller. »Und an Mrs. Cabel erinnerst du dich sicher auch noch.« Ginny nickte der sabbernden Mrs. Cabel höflich lächelnd zu; sie dachte daran, wie sie sich auf ihrem wackeligen Klavierhocker gewiegt und beim Chorälespielen mit beiden Füßen die Bälge getreten hatte, während sie laut, mit falscher Sopranstimme dazu sang. Jetzt war Mrs. Cabel ausschließlich auf den Versuch konzentriert, unter dem angestrengten Blick ihrer Schielaugen eine Gabel voll Reis zum Mund zu führen. Immer wieder fielen ihr Reiskörner auf den Schoß, immer wieder stach sie sich mit den Zinken ins Kinn.

Nach dem Lunch führte Ginny die Mutter behutsam in ihr Zimmer zurück. Mrs. Babcock setzte sich auf die Bettkante. Fest in Ginnys stützenden Arm gelehnt, schwang sie ihre Beine hinauf. Ginny fand diese körperliche Nähe der Mutter sehr schwer zu ertragen und wandte den Blick von dem gelben Nachthemd ab, das sich über den Brüsten spannte. Da war es – das Verbotene Fleisch, der Tabu-Körper. Und jetzt war er grün und blau, aufgedunsen und schmerzgepeinigt. Vor Kummer schloß Ginny fest die Augen, als sie die Bettdecke heraufzog und ihre Mutter warm einpackte.

All die Körper, die sie nicht begehren durfte! Zuerst die Körper der Mutter, des Majors und ihrer Brüder. Dann Wendys. Aber es war nicht zu leugnen, daß das Band zwischen ihr und Wendy sehr stark körperlicher Natur war. Der größte physische Schmerz, an den sie sich erinnern konnte, war der Schmerz bei Wendys Geburt gewesen. Die größte Freude hatte sie bei Wendys Zeugung oder vielleicht auch beim Stillen erlebt. Von den Schmerzen, an die sie sich nicht erinnern konnte, war zweifellos derjenige, den sie beim Passieren des mütterlichen Geburtskanals durchgemacht hatte, der größte gewesen; und gestillt, gebadet, geherzt und geküßt zu werden, mußte sie als größte Freude empfunden haben. An beide, sowohl an Wendy als auch an ihre Mutter, dachte sie weitgehend in Verbindung mit bestimmten Geräuschen, Gerüchen, Berührungen. Und dennoch wurde von ihr erwartet, daß ihre Gefühle ihnen gegenüber platonisch waren. Wieviel simpler und billiger als eine lebenslange Psychoanalyse wäre es doch gewesen, wenn die ganze Familie – die Mutter, der Major, Karl, Jim, Ira und Wendy – einfach eines Abends miteinander ins Bett gegangen wäre und als eine einzige, sich windende Masse all ihre unterdrückten Wünsche abreagiert hätte! Diese Methode, landesweit angewandt, würde einen Analytiker nach dem anderen in den Bankrott treiben. Die westliche Zivilisation würde ein für allemal zusammenbrechen, was wahrscheinlich eine ungeheure Erleichterung sein würde.

Als Baby hatte Wendy des Nachts häufig geweint. Dann legte Ginny sie fürsorglich trocken, packte sie in eine flauschige Wolldecke und nahm sie, weich und warm wie ein kleines Kätzchen, mit in Iras und ihr großes Bett. Draußen kratzten reifbedeckte Zweige spitzenfeine Muster an die vereisten Fensterscheiben, der Frühjahrsschnee war tief und weich. Wendy trank schmatzend, knetete mit ihren winzigen Wurstfingern Ginnys prall gefüllte Brust, während die andere Brust brannte und tropfte und nach ebensoviel Beachtung verlangte. Im Mondschein, der durchs Fenster fiel, betrachteten sich Ginny und Wendy gleichermaßen zufrieden. Ira regte sich im Schlaf, nahm sie beide in den Arm, und dann schliefen sie alle drei bis zum Morgen.

Hatte ihre eigene Mutter ihr gegenüber ebenso empfunden? Forschend musterte Ginny das runde, gelbliche Gesicht. Bestimmt nicht. Ihre Mutter wollte ja nicht mal zugeben, daß Ginny *überhaupt* einen Körper besaß, hatte jedesmal, wenn zu Hause das Thema Sex aufs Tapet kam, verlegen gestammelt und einen roten Kopf gekriegt.

Als Wendy älter wurde, hatte sich ein richtiges Ritual entwickelt. Die Ohren gespitzt wie ein neugieriges Rehkitz, lauschte sie frühmorgens auf jedes Geräusch und rief, sobald sie ihre Eltern hörte: »Mommy, such mich mal!« Dann ging Ginny zu ihr hinüber und suchte in Schubladen, im Wäschekorb und in den Bücherregalen. Je unwahrscheinlicher der Platz, desto seliger jubelte Wendy. Schließlich stürzte sich Ginny auf das kichernde, zappelnde Bündel und nahm Wendy mit hinüber ins große Bett, wo alle drei aus den Bettdecken ein Zelt machten und sich, Wendy in der Mitte, eng aneinanderkuschelten.

Häufig packte Wendy eine von Ginnys Brüsten und fragte zwitschernd wie ein Vögelchen: »Was is das?«

»Meine Brust.«

»Wendy da Milch trunken, nich?« Sie fand diese Geschichte so unwahrscheinlich, daß sie sie immer wieder hören mußte, um sicher zu sein, sie richtig verstanden zu haben.

»Richtig«, antwortete Ginny dann, fest entschlossen, Wendys knospendes Sexualleben nicht zu verkrüppeln, indem sie verlegen tat, wie ihre Mutter früher bei ähnlichen Anlässen. Ira lächelte, und sie errötete, weil ihre Brustwarze sich unter Wendys Fingern aufrichtete.

Wendy tippte auf ihre eigenen Miniatur-Brustwarzen und erklärte: »*Meine* Brrust. Für *meine* Babys.«

»Wie viele Babys willst du denn haben?« erkundigte sich Ira. Wendy streckte einen rundlichen Finger nach dem anderen in die Höhe. Sieben, acht, neun. »Neun?« Ira lachte. »Dann hast du aber viel zu tun, wenn du die alle stillen willst.«

»Mommy kann helfen«, antwortete Wendy todernst . . .

Scheiße! Warum mußte sie sie alle so quälen? Warum konnte sie nicht einfach zu Ira zurückkehren und ein zweites Kind kriegen? Ira war ein netter Mann, ein rührender Vater, ein gewissenhafter Brotverdiener. Sie wußte genau, daß er sie wieder aufnehmen würde, wenn sie es nur richtig anstellte . . .

Beide Augen vor Schmerz geschlossen, sagte Mrs. Babcock mit gezwungener Munterkeit: »Nun, Gott sei Dank geht es mir wenigstens nicht so schlecht wie Mr. Solomon und Schwester Theresa.«

»Was haben die denn?« fragte Ginny desinteressiert.

»Mr. Solomon hat ein Emphysem, und Schwester Theresa hat Krebs. Aber mich behalten sie nur noch eine Zeitlang hier, bis sie ganz sicher sind, daß mir nichts Ernsthaftes fehlt. Dann kann ich nach Hause.«

Sie klang wie ein kleines Kind, das sich einzureden versucht, daß kein Ungeheuer unter dem Bett lauert. »Und was sagen die Ärzte, was du hast?« Ginny war neugierig, wie die Version ihrer Mutter lautete.

»Dr. Vogel sagt, ich habe idiopathische thrombozytopenische Purpura.«

»Und was heißt das?«

»Gerinnungsdefekt, weiter nichts.«

»Und die Ursache?«

»Unbekannt. Idiopathisch. ›Präzedenzlos und ohne bekannte Ursache.‹«

»Ja, aber woher wollen sie dann wissen, wie die Krankheit behandelt werden muß, wenn sie nicht mal wissen, woher sie kommt?«

»Bei Krebs weiß man auch nicht, woher er kommt, aber er wird trotzdem behandelt, oder?« Sie sah Ginny flehend an. »Wann kann ich nach Hause?«

Ginny gab den Blick unbehaglich zurück. Das Blatt hatte sich gewendet; jetzt sah ihre Mutter *sie* an, als habe *sie* die Situation in der Hand. »Ich weiß es nicht, Mutter. Ich bin gerade erst gekommen. Du weißt mehr darüber als ich. Nicht mal Dr. Vogel habe ich bis jetzt gesprochen. Wer *ist* dieser Dr. Vogel überhaupt? Und wo ist Dr. Tyler?« Ginny war daran gewöhnt, in Gegenwart ihrerMutter in einen Stupor von Passivität zu versinken, während ihre Mutter die Initiative ergriff, alles organisierte, arrangierte, plante und kommandierte. Und jetzt, da ihr der Ball zugespielt worden war, neigte Ginny instinktiv dazu, ihn so schnell wie möglich wieder zurückzuwerfen.

»Der hat sich zur Ruhe gesetzt«, erwiderte Mrs. Babcock düster.

»Wieso kann er sich zur Ruhe setzen? Er kann doch nicht einfach all die Menschen im Stich lassen, die er sein Leben lang verarztet hat!«

»Ich weiß es nicht. Frag Dr. Tyler. Irgendwann mußte er ja wohl aufhören.«

»Und was sagt dieser Dr. Vogel, wann du wieder nach Hause darfst?«

»Ich habe ihn nicht gefragt«, gestand die Mutter bedrückt.

»Dann werde ich ihn fragen.« Es war genau wie damals als Kind, wenn sie ›Erwachsensein‹ gespielt hatte: den Lippenstift ihrer Mutter benutzte, deren Schuhe mit den Pfennigabsätzen anzog und so tat, als habe sie das Kommando. Der Gedanke war so absurd, daß Ginny beinahe laut gelacht hätte.

In diesem Moment,wie auf ein Stichwort, erschien ein fleischiges, von kurzen, blonden Haaren gekröntes Gesicht an der offenen Tür. Das Gesicht gehörte zu einer hochgewachsenen, breiten Gestalt, die einem Spieler der Minnesota Vikings gut angestanden hätte. »Na, wie geht's uns denn heute?« erkundigte der Mann sich fröhlich mit einem Blick auf das Krankenblatt in seiner Hand. Ohne die Antwort abzuwarten, fügte er kurz hinzu: »Heiß genug für uns, heute?« Um dann ebenso abrupt zu verschwinden, wie er gekommen war.

»War das Dr. Vogel?« fragte Ginny. Die Mutter nickte; sie hatte die Augen wieder geschlossen. Wie ein Pfeil schoß Ginny zur Tür hinaus und sah gerade noch, wie ein breiter weißer Rücken um die Korridorecke verschwand.

Sie sprintete den Gang entlang, ihre Clogs klapperten wie die Hufe eines durchgehenden Mustangs. Die weiten Beine ihrer Malerhose wirbelten wie ein amoklaufender Mop, als sie um die Ecke schlidderte und fast in eine riesige weiße Wand hineingerannt wäre. Das Geklapper veranlaßte Dr. Vogel, sich umzudrehen. Er musterte Ginny höchst beunruhigt.

»Entschuldigen Sie, Doktor. Ich bin Mrs. Babcocks Tochter Virginia.

Dürfte ich Ihnen wohl ein paar Fragen über meine Mutter stellen?«

»Nun, ich bin sehr beschäftigt, Miss Babcock.«

»Dann werde ich es kurz machen. Wie lautet Ihre Diagnose?«

»Sie hat idiopathische thrombozytopenische Purpura.«

»Das hörte ich. Aber was heißt das?«

»Thrombozyteninsuffizienz unbekannten Ursprungs. Vielleicht eine autoimmune Reaktion. Vielleicht auch eine Dysfunktion der Milz oder megakariozytische Störung. Charakterisiert durch multiple Petechien und Ekchymosen.«

»Die Blutergüsse?«

»Hm – ja. Hämorrhagische Bullae der Mundschleimhaut sind ein weitverbreitetes Merkmal . . .«

»Aha«, sagte Ginny etwas benommen. »Ist sie . . . Na ja, Sie wissen schon . . . Ist sie sehr schwer krank?«

»Bitte, machen Sie sich keine Sorgen, Miss Babcock«, antwortete er mit gewinnendem Lächeln. »Wir machen ganze Testserien mit Ihrer Mutter. Es gibt eine Unmenge Behandlungsmöglichkeiten. Wenn die eine nichts hilft, versuchen wir's eben mit einer anderen.« Tröstend tätschelte er ihr die Schulter.

Ginny fühlte sich unendlich erleichtert. Dieser weiße Riese von einem Mann hatte die Situation fest in der Hand, unterstützt von wahren Legionen moderner Medizinmänner in gestärkten, weißen Laborkitteln, die Gestelle voll Reagenzgläsern mit sprudelnden, neu hergestellten Wunderdrogen hin und her trugen. Virginia Babcock, College-Abgängerin, brauchte sich ihr kleines leeres Köpfchen nicht zu zerbrechen.

Doch wenn alles ›unter Kontrolle‹ war, warum lag ihre Mutter dann für siebzig Dollar pro Tag im Krankenhaus? »Wann kann sie nach Hause?«

»Sobald wir die Blutungen unter Kontrolle haben.« Er winkte ihr zum Abschied zu und schritt wie eine nordische Gottheit den Korridor entlang davon.

Da ihre Mutter inzwischen eingeschlafen war, beschloß Ginny, Besuche zu machen.

Auf der Fahrt durch die Stadt folgte sie genau dem Weg, den sie mit Joe Bob stets zu ihrem Stammparkplatz mit der Aussicht auf Hullsport genommen hatte. Am Fuß der Steigung passierte sie eine Einfahrt, zu beiden Seiten von freistehenden, weißen korinthischen Säulen markiert. Die Gipsstatue eines livrierten Negers trug ein Schild, auf dem in altenglischen Lettern stand: ›Plantation Estates‹. Ginny holperte mit ihrem Jeep die mit Split geteerte Straße entlang, zwischen Reihen einstökkiger Ranchhäuser hindurch, deren Flachdächer so weit vorgezogen waren, daß sie einen von vier zerbrechlichen Pfeilern getragenen Portiko bildeten. Die Häuser glichen sich wie ein Ei dem anderen und sahen aus, als würde das nächste linde Lüftchen sie kurzerhand davonblasen.

Ginny lenkte den Wagen auf Joe Bobs Grundstück. Über dem Garagentor prangte eine schwarze ›38‹, seine ehemalige Footballspielernummer. Als Ginny ausstieg und auf die Haustür zuging, kam ihr Doreen schon entgegengestürzt und fiel ihr freudestrahlend um den Hals – eine übertriebene Kompensation für die Tatsache, daß sie ihr zehn Jahre zuvor Joe Bob ausgespannt hatte. »Nein, wirklich!« sagte sie mit fast schmollend vorgeschobener Unterlippe und trat einen Schritt zurück, um Ginnys Afro-Frisur und das T-Shirt mit der Aufschrift ›Sisterhood Is Powerful‹ zu begutachten. »Ich hätte dich nicht wiedererkannt, Ginny Babcock!« So versuchte sie auf ihre Art, taktvoll Mißbilligung auszudrücken.

»Also, *ich* hätte *dich* jederzeit wiedererkannt, Doreen. Du hast dich seit der Schule nicht ein bißchen verändert!« Doreen blähte sich richtig auf vor Stolz. Sie hatte sich wirklich nicht verändert und sah noch genauso aus wie damals, als Joe Bob und Ginny mit ihr und Doyle im Family Drive-In gewesen waren. Bis auf die Oberweite allerdings, die um mindestens fünfundzwanzig Zentimeter zugenommen hatte. Und diese neuerworbene Pracht brachte sie wirkungsvoll zur Geltung, präsentierte die stramme Einflugschneise in einer rüschenbesetzten Bluse mit besonders tiefem Ausschnitt. Ginny starrte sie gebannt an. Wenn Doreen ihr Kinn auch nur um eine Idee senkte, würde es auf diesen schwellenden Fleischbergen ruhen.

Joe Bob hatte sich, ebenfalls strahlend, hinter Doreen aufgebaut. Auch ihn hätte Ginny sofort wiedererkannt, selbst wenn sie ihn gestern nicht zufällig getroffen hätte. Und tatsächlich hatte ein nach dem Schultreffen der Hullsport High im letzten Jahr versandtes Rundschreiben eine Notiz über Joe Bob enthalten, in der es hieß, daß er der neue Trainer sei, und weiter: »Diejenigen von Euch, die mit Joe Bob Sparks in eine Klasse gegangen sind, werden mit Erleichterung vernehmen, daß sich der alte Sparky seit der Schulzeit kein bißchen verändert hat!« Ginny war keineswegs erleichtert gewesen; sie war entsetzt. Es bedurfte einer ganz außergewöhnlichen Mentalität, *erleichtert* zu sein, wenn man feststellen mußte, daß alte Freunde sich seit dem letzten Wiedersehen nicht verändert hatten – einer auf Unsicherheit beruhenden Mentalität, als sei Veränderung unweigerlich gleichbedeutend mit Verschlechterung. In ihren besseren Tagen war ihr die Vorstellung, daß sie sich ändern würde, ungeheuer befreiend vorgekommen: Sie würde nicht bis in alle Ewigkeit Fahnenschwingerin bleiben müssen! Auch ihre gegenwärtige Rolle als Madame Bovary von Stark's Bog war zweifellos kein Anlaß zum Prahlen. Aber es war wenigstens eine Veränderung, und in der Vielfältigkeit lag ein winziges bißchen Trost.

›Nur wer sich ständig ändert, bleibt mir gleich‹, hatte Nietzsche in einem Text gesagt, den sie in Worthley im Philosophiekurs durchgenommen hatten. Miss Head jedoch hatte Nietzsche gehaßt. Und jetzt, nachdem Ginny alles über ihn wußte – wer wollte *dem* Kerl schon gleichen?

Doreen ergriff Ginnys Hand und führte sie in ihre Parzelle der ›Plantation Estates‹. Das Haus war mit nagelneuen Möbeln aus Pekanholz eingerichtet: Tisch, Stühle und Sideboard in der Eßnische, Sofa, Sessel und Couchtisch im Wohnzimmer. »Altitalienischer Mittelmeerstil«, erklärte Doreen. Und eine ganze eierschalenweiße Wohnzimmerwand wurde von einem endlos langen Möbelstück beherrscht, das den Eindruck eines überdimensionalen Sarkophags machte. Es war mit dem üblichen fabrikgestanzten Filigran dekoriert. Dieses Möbelstück, das sich genau an der Stelle befand, wo in der Kirche der Altar stehen würde, dem alle Sitzgelegenheiten ehrfurchtsvoll zugekehrt waren – dies war der pekanhölzerne, wuchtige Farbfernseh-Stereo-Schrank im altitalienischen Mittelmeerstil. Teppiche und Vorhänge in Wohnzimmer und Eßnische waren in den Tönen Ährengold und Antikgelb gehalten.

»Na, wie findest du's?« fragte Doreen mit einer ausholenden Geste.

»Umwerfend!« erklärte Ginny.

»Ja, nicht wahr? Doreen versteht was vom Einrichten!« Joe Bob schlang von hinten die Arme um seine Frau.

»Das sieht man sofort.«

Mit seiner immer noch von Armgewichten beschwerten Hand langte er ein bißchen tiefer und tätschelte voller Besitzerstolz Doreens Bauch. »Hat da 'n kleinen Oakland Raider für mich im Ofen.«

Doreen bohrte ihm kichernd den Ellbogen in die Seite und sagte vorwurfsvoll: »Aber Sparky, *honey*, du weißt doch, daß wir noch keinem was verraten wollten!«

»Bei Ginny ist das was anderes, Süße. Ginny ist eine alte Freundin. Und außerdem, wenn wir's ihr jetzt nicht sagen, erfährt sie's nie. Weil sie in ein paar Tagen schon wieder nach Vermont rauf muß.«

Ginny, die jetzt endlich begriff, was ihr die beiden da erzählten, sagte: »Ach so, ein Baby! Und wenn's nun ein Mädchen wird?«

»Tja . . .« Joe Bob kratzte sich nachdenklich zwischen den Beinen. »Wenn's 'n Mädchen wird, müssen wir eben weitermachen, bis ich meinen Stammhalter kriege.«

Wenn so etwas überhaupt möglich wäre, Joe Bob würde den Fötus zweifellos in einem Glasbehälter auf dem Wohnzimmertisch heranwachsen lassen, damit er seine Entwicklung überwachen konnte, und ihn, wenn's nur ein Mädchen war, umgehend durch die Toilette spülen, um noch einmal von vorn anzufangen. Davon war Ginny fest überzeugt. Aber wenn es ein Junge war – *Mann, wenn es ein Junge war!* Den würde er durch das Fruchtwasser hindurch schon mit sportlichen Kampfgesängen aufmuntern und seine winzigen Embryogliedmaßen mit elektrischen Stromstößen trainieren. Er würde seine Stoppuhr direkt neben den Glasbehälter legen, damit sich der Fötus an die antreibende Weiterbewegung des Zeigers gewöhnte.

»Doreen, *honey*, hol mir ein Pabst, ja?« bat er mit einem Blick auf die riesige Kuckucksuhr an der Wand. Er öffnete die Pforten seiner Fernsehtruhe und schaltete den Apparat ein. Außerdem stellte er noch einen kleinen tragbaren Schwarzweiß-Fernseher an, der oben auf dem großen Schrank stand. Dann zog er sich einen Sessel bis auf etwa anderthalb Meter vor die beiden Geräte, die er auf zwei verschiedene Baseballspiele einstellte. »Ihr Mädchen könnt euch ja inzwischen über Weiberkram unterhalten«, sagte er mit einem verlegenen Grinsen und ließ sich in den Sessel sinken wie ein Raumfahrtingenieur der Mission Control in Houston. Ohne den Blick von den Bildschirmen zu wenden, streckte er die Hand nach dem Bier aus, das Doreen ihm pflichtschuldigst brachte. Mit der anderen fingerte er an der Stoppuhr an seinem Hals herum.

»*Bier?*« fragte Ginny überrascht.

Er ginste. »Schiet, ich hab das Training hinter mir. Sollen jetzt mal die Jungens 'n bißchen leiden.«

»Komm, ich zeig dir die anderen Zimmer«, drängte Doreen und zerrte Ginny in ihre voll-elektrische ährengoldene Küche hinüber. Jedes Gerät wurde gründlichst inspiziert, von der doppeltürigen Kühl-Gefrierschrank-Kombination bis zu dem mit elf Tempostufen und zahllosen Zusatzgeräten ausgerüsteten Allzweckmixer. Sämtliche Accessoires – Notizblöcke mit Kugelschreiber, Küchentücher, Zahnstocher – waren in den zu Gelb und Gold passenden Farbtönen gehalten. Doreen deutete auf achtzehn Riesendosen Cornedbeef und sagte stolz: »Sonderangebot aus dem Supermarkt. Nur dreiundsiebzig Cent das Stück.«

»Na, so was!« gab Ginny zurück.

»Ich wünschte bloß, man könnte mal was anderes anfangen mit Cornedbeef.«

Ginny mußte sich zusammennehmen, um ihr nicht vorzuschlagen, sie könne es ja zur Abwechslung in der Pfeife rauchen. »Da hast du recht.«

»Jetzt kommt das Schlafzimmer«, verkündete Doreen und ging voraus, einen kurzen, dunklen Flur entlang. Die Tür, die sie dann öffnete, führte in einen Raum, der praktisch nur aus Bett bestand. Aus einem überdimensionalen Bett, das von einer Wand zur anderen reichte. Das Kopfteil prunkte im pekanhölzernen altitalienischen Mittelmeerstil. Die Tagesdecke war mit ährengoldenen Blumen besät. »Sparky nennt es immer ›Sparks Spielwiese‹«, kicherte Doreen verschämt. »Du weißt schon, wo er sich richtig austoben kann.«

»Ach so! Ja, natürlich!« Ginny lachte ein wenig matt. Sie unterdrückte den Wunsch, laut zu sagen: »Heißt das, daß er ihn endlich hochkriegt?«

Doreen hielt erschrocken den Atem an. »O Gott, Ginny, *honey*! Bitte, verzeih mir!« Vergebungheischend stieß sie Ginny zwei steif ausgestreckte Finger in den Arm. »Das hatte ich ja ganz vergessen, daß du und Sparky . . . Mein Gott, wie taktlos von mir!«

»Schon gut, Doreen. Ist schließlich schon sehr lange her.«

»Himmel, es tut mir wahnsinnig leid!«

»Nicht nötig, danke. Es berührt mich nicht mehr. Wirklich nicht.« Interessanterweise sagte sie damit die Wahrheit. Ja, Ginny war in diesem Moment sogar richtig erleichtert und dachte nur: »Das hätte ich sein können, mein Haus, mein Leben.« Andererseits besaß das alles eine gewisse Anziehungskraft. Das mußte sie zugeben. Ein Teil ihres Ichs sehnte sich insgeheim danach, sich mit Problemen herumschlagen zu müssen, die etwa lauteten: »Ist das Geschirr im Geschirrspüler sauber oder schmutzig?« Vor allem aber war und blieb sie restlos fasziniert von Doreens wirklich bemerkenswertem Busen. Sie konnte den Blick nicht davon lösen und musterte ihn immer wieder verstohlen von der Seite.

»Na los!« sagte Doreen, die Ginnys Blicke bemerkte, auffordernd und kam näher. »Faß mal an.«

Ginny war entgeistert. Doreen – bisexuell? Zu schade, denn Ginny glaubte jetzt selbst mehr oder weniger davon geheilt zu sein. Oder wenigstens, was Doreen betraf. »Aber nein, Doreen, ich wollte wirklich nicht . . .«

»Los doch! Faß an!« Gehorsam faßte Ginny an. Nur wußte sie nicht so recht, wozu. Das Fleisch fühlte sich fest und glatt an, ganz wie jeder normale, durchschnittliche Busen. Sie warf Doreen einen fragenden Blick zu. Gab es vielleicht einen Tumor, den sie hätte ertasten müssen? »Fühlt sich ganz natürlich an, nicht wahr?«

»Ja, aber . . . ist es das denn nicht?«

»Ich hab mir die Titten operieren lassen«, flüsterte Doreen verschämt. »Mein Weihnachtsgeschenk für Sparky letztes Jahr.«

»Einfach phantastisch! Joe Bob ist sicher begeistert davon«, antwortete Ginny, der Joe Bobs Geschmack hinsichtlich der weiblichen Anatomie ja auch nicht ganz unbekannt war. Sie erinnerte sich deutlich an seine anfängliche Enttäuschung, als er entdeckte, daß nur der wattierte BH ihrem Mini-Busen eine täuschende Fülle verlieh. Wenn es BHs, wie Schuhe, in Übergröße gab, dann wären die hier zweifellos angebracht. Heutzutage hatte man es eben in jeder Hinsicht besser.

»Oh, der ist ganz verrückt danach. Kann nicht genug von den Dingern kriegen«, erklärte ihr Doreen vertraulich, während Joe Bob im Nebenzimmer den Glotzkasten anschrie: »Gib's ihm, du Idiot!« »Also, wenn's nach ihm ginge, würde er die ganze Nacht immer nur . . .« Sie schlug beide Hände an die Wangen und quietschte in übertriebener Verzweiflung: »Au, verdammt! Jetzt ist mir das schon wieder passiert! Ginny-*honey*, bitte, verzeih!«

»Ist ja schon gut«, antwortete Ginny betont, und Doreen öffnete ihren Kleiderschrank: Abendhosen aus Silberlamé, Hosenanzüge aus Wildleder, taillenfreie Oberteile, Loretta-Young-Hausanzüge mit hochgezogener Taille, hauchdünne, fließende Haremshosen, Strumpfhosen aus Spitze, Turbane, Boas, griechische Gewänder, lange Röcke, Miniröcke, Maxiröcke, durchsichtige Negligés, Hotpants, hochgeschlossene Abendkleider, Saris, tief ausgeschnittene Abendkleider, rückenfreie Abendkleider, Dutzende von Stiefeln, Clogs und Sandalen, jeweils mit der passenden Handtasche. Ginny mußte ein Gähnen unterdrücken. »Ist das vielleicht Joe Bobs Schrank?«

Doreen kicherte. »Immer noch so witzig wie früher, was, Ginny? Mann, ich wär fast gestorben, damals, abends im Family Drive-In, als wir hörten, wie du Sparky erklärtest, warum du nicht mit ihm bumsen kannst. Dole und ich, auf dem Vordersitz, wir hätten brüllen können vor Lachen über die Sachen, die du ihm da aufgetischt hast.«

Ginny bekämpfte ihre aufsteigende Wut über die Tatsache, daß man sie damals belauscht hatte. Um das Thema zu wechseln, deutete sie mit einem Kopfnicken auf Sparks Spielwiese und sagte verständnisinnig: »Na, dafür, daß du so häufig ausgezogen bist, hast du aber wirklich 'ne Menge Klamotten.« Und dann hatte sie das alles auf einmal gründlich satt. »Hör zu, Doreen«, sagte sie mit gedämpfter Stimme, »meine Mutter liegt im Krankenhaus; ich muß wieder zu ihr.«

»Oh, wie schrecklich! Hoffentlich nichts Schlimmes!«

»Das weiß ich nicht genau. Aber ich glaube nicht. Ein Gerinnungsdefekt. Hat sie früher schon mal gehabt.«

»Sparky-Darling!« rief Doreen und zog Ginny von Sparks Spielwiese weg zur Mission Control zurück. »Ginnys Mutter liegt im Krankenhaus!«

Wie gebannt auf die Mattscheibe starrend, antwortete Joe Bob gereizt: »Wah?«

»Im Krankenhaus, *honey!*«

»Aber es ist noch viel zu früh fürs Krankenhaus, Baby. Du bist erst im dritten Monat, Schatz.«

»Nein, Liebchen. Ginnys Mutter ist im Krankenhaus.«

»Ach, wirklich?« Endlich sah er zu ihnen auf. »Das tut mir aber leid, Ginny. Ist sie sehr schwer krank?«

»Ich weiß nicht genau. Aber ich muß wieder zu ihr.« In Wirklichkeit wollte sie zur Blockhütte. Aber sie hatte die Nase voll von der Atmosphäre hier.

»Tja, ich hatte gehofft, du würdest 'n Moment bleiben und 'ne Dose Pabst mit mir trinken. Aber das seh ich ein, daß du weg mußt.«

»He, Moment!« kreischte Doreen plötzlich. »Du hast das Badezimmer noch nicht gesehen!« Sie schob Ginny vor sich her durch eine andere Tür und drückte auf einen Lichtschalter. Sie standen beide vor einem riesigen Spiegel, der eine halbe Wand einnahm. Das Licht war grell. Ginny kam sich vor wie bei der Polizei, aufgereiht zur Verbrecher-Identifizierung. Mit zusammengekniffenen Augen warf sie ihrem Spiegelbild einen hastigen Blick zu. Entsetzt wandte sie sich wieder ab.

Die Kacheln waren ährengolden, Handtücher, Seife und Toilettenpapier antikgelb. Doreen riß die Schranktüren auf und zeigte Ginny ihr Massageband fürs Kinn, ihren Sauna-Schwitzanzug, Haarspray, Deep-Cleanser und Turtle Oil Moisturizer, mehrere waschbare Wimpernsätze, Lehmpackungen, sechs Sparpackungen Himbeer-Intimduschmix, Enthaarungscreme, Wimperntusche, Lockenwickler in allen Größen, Nagellack in sechzehn Schattierungen, Pinzetten, Bürsten sowie zahllose Tuben, Tiegel und Töpfe.

Mit neu erwachendem Interesse musterte Ginny Doreen im Spiegel. Für diesen Nachmittag zu Hause hatte sie Rouge, Eye-Liner, Lidschatten, Augenbrauenstift, Wimperntusche, Lippenstift und Puder aufgelegt. Sie duftete nach Deodorant und Parfüm und, wenn Ginny mit der Nase näher herangehen würde, zweifellos nach Himbeer-Intimduschmix. Ihr blondes Haar war makellos gefärbt, frisiert, gewellt und fixiert; hellroter Nagellack, ohne eine einzige abgestoßene Ecke; Beine und Achselhöhlen haarlos und sammetweich; Kinn fest. Sie trug hellgrüne Kontaktlinsen. Ihr Busen war künstlich vergrößert, und ihr Bauch wurde von einem zukünftigen Oakland Raider bewohnt. Welcher Teil ihres Körpers gehörte ihr eigentlich noch selbst?

Ginnys Gedanken wanderten flüchtig zu dem gedunsenen, mit grünen und blauen Flecken übersäten Körper ihrer Mutter. Was hatten Doreens Manipulationen für einen Sinn? Und wenn sie selbst Doreens Rheinkiesel-Ehering trüge – wie es durchaus hätte geschehen können, wäre Clem Cloyd nicht gewesen –, wäre Ginny dann auch diesen Weg gegangen? Oder wäre sie in einer Novembernacht aus den Plantation Estates ausgebrochen und am nächsten Morgen als Wasserleiche aus dem stinkenden Crockett River gezogen worden? Hätte sie ein Flugzeug nach Esalen entführt? Was hätte sie tatsächlich getan? Sie wußte es nicht. Auf jeden Fall wäre sie nicht gewesen, was sie jetzt war. Was für alle vermutlich eine ungeheure Erleichterung gewesen wäre.

Doreen betrachtete Ginny ebenfalls im Spiegel. Und begann Ginnys graue Haare auszuzupfen, als rupfe sie ein geschlachtetes Huhn. »So ein Jammer!« murmelte sie dabei. »Wo es so hübsche Brauntöne zu kaufen gibt!« Ginny warf ihr einen bösen Blick zu. Doreens Ton glich auf höchst beunruhigende Art und Weise dem Ton, den sie bei ihrer Mutter zu hören gewohnt war. »Also, wenn du nicht bald mit dem Färben anfängst, werden es alle sofort merken, wenn du's dann doch tust.«

»Meinst du?« fragte Ginny sie erschöpft. Sie dachte, wie ekelhaft es doch war, Haare zu haben, die für eine Afro-Frisur zu weich, aber gleichzeitig zu wellig waren, um sie lang, glatt und mit Mittelscheitel zu tragen. Sie mußte zugeben, daß die Mutter mit ihrer unausgesprochenen Kritik recht hatte: Sie sah aus wie das ›Vorher‹-Foto einer Werbung für Cremespülungen. Obwohl sie das ihrer Mutter nie eingestanden hätte.

»Ich bringe dich noch raus zum Wagen«, erbot sich Joe Bob galant, als

Ginny sich verabschieden wollte. In diesem Augenblick sprangen die Türen der Kuckucksuhr auf. Ein Mann in Lederhose kam abwechselnd mit einem Mädchen im Dirndl heraus, wozu die Melodie ›Edelweiß‹ ertönte. Irgendwie paßte das nicht so recht zu dieser altitalienischen Mittelmeer-Einrichtung.

»Ich lasse euch jetzt lieber allein«, erklärte Doreen kokett und verschwand in der Küche wie eine Wissenschaftlerin für Hauswirtschaft, die ihr Labor aufsucht, um eine neue Zubereitungsmöglichkeit für Cornedbeef zu erfinden. Ihr ährengoldener Blondschopf verschmolz mit der Umgebung. Ginny fragte sich, ob sie Joe Bob jetzt auf dem Wohnzimmerteppich verführen müsse, um Doreens Vorstellungen gerecht zu werden. Aber im Grunde war Doreen schon okay. Ihr fehlte nichts, was sich durch eine Vasektomie der Stimmbänder nicht beheben ließe.

»Alles Gute für das Baby!« rief Ginny ihr nach. Und als sie mit Joe Bob zum Jeep hinausging, sagte sie: »Rate mal, wer im Krankenhaus im Zimmer neben meiner Mutter liegt?«

»Na, wer denn?«

»Trainer Bicknell.«

Joe Bobs Gesicht legte sich in bekümmerte Falten. »Ich weiß. Ist das nicht traurig? Ich hab ihn ein- oder zweimal besucht, aber er wußte nicht mehr, wer ich bin. Mann, das hätte mir fast das Herz gebrochen! Er war ein großartiger Sportler und ein fabelhafter Mensch, unser Trainer!« Sprachen sie von demselben Mann? Ginny nickte ehrfurchtsvoll und stieg in den Jeep.

»Hör mal, Ginny«, sagte Joe Bob sonderbar eindringlich. Sie sah ihn an. Er wirkte nervös. »Ich wollte dir schon lange was sagen. Ich hab mir wirklich Vorwürfe gemacht, damals, daß ich dich in der Dunkelkammer einfach hab sitzenlassen.«

»Wann?«

»An dem Tag, als wir uns treffen und entscheiden wollten, ob wir . . . na ja, du weißt doch . . . durchbrennen und heiraten sollten . . . Und so . . .«

Ginny starrte ihn betroffen an. Sie hatte das anders in Erinnerung. »Was soll das heißen, *du* hast *mich* sitzenlassen?«

»Na ja, ehrlich gesagt, ich hatte Hemmungen. Am Tag vorher hatte ich nämlich mit Doreen angefangen. Keine Ahnung, wie das so plötzlich gekommen ist. Irgendwas hat geklickt bei uns, und dann hat's uns gepackt, und . . . Na ja, du siehst ja, was draus geworden ist.« Seine Geste umfaßte das Haus. »Aber ich hab wirklich 'n schlechtes Gewissen gehabt, weil ich dich damals hab sitzenlassen und nicht mal gekommen bin, um dir alles zu erklären und so. Ich hatte immer das Gefühl, es war meine Schuld, daß du mit diesem widerlichen Cloyd was angefangen hast, bis er dich fast mit seinem Motorrad umgebracht hat. Weil du über mich wegkommen wolltest.«

»Bitte, Joe Bob!« Wie sie es von klein auf gelernt hatte, gab Ginny dem Affen des männlichen Ego Zucker. »Du brauchst dich nicht zu entschuldigen. Manchmal ist mir, als hätte *ich* dich damals im Stich gelassen.« Innerlich aber schäumte sie. Dieser Mistkerl hatte sie sitzenlassen! Und sie hatte es nicht mal geahnt, weil sie selber ihn ebenfalls hatte sitzenlassen.

»Ich bin froh, daß wir trotz allem noch Freunde sein können«, erklärte Joe Bob mit Tränen in den Augen.

»Ich auch.« Sie reichte ihm die Hand in dem Bewußtsein, daß sie ihn vermutlich nie wiedersehen würde.

Ginny fuhr auf Joe Bobs Straße weiter, bis sie endete. Dann bog sie rechts ab, zur Hügelkuppe hinauf, um sich den alten Parkplatz noch einmal anzusehen. Dort, wo früher ein Feldweg gewesen war, führte nun eine gepflegte Rollsplittstraße entlang. Sie endete abrupt, wo sie schon immer geendet hatte. Dort, wo sie aufhörte, verkündete ein schlichtes Schild: ›Valley View Slumberland‹ – Schlummerland Talblick. Auf dem leeren Feld, das sie von ihrem Platz überblickt hatten, sah sie nun überall flache Messingplatten, Plastikblumen und amerikanische oder konföderierte Miniaturflaggen. Unten, in dem raucherfüllten Tal, lag die Stadt Hullsport. Ginny erkannte voll Überraschung, daß sie sich, seit sie nicht mehr hiergewesen war, bis auf die umliegenden Hänge ausgedehnt hatte.

Sie wendete den Jeep. Während sie langsam den Berg hinab und noch einmal an Joe Bobs Haus vorbeifuhr, kam ihr der Gedanke, daß das Ende ihrer Verbindung für jene, die nicht vor Liebe blind waren, durchaus vorhersehbar gewesen sein mußte: Die Erfordernisse einer romantischen Affäre waren im Kofferraum eines Dodge Dart eben doch nur schwer zu erfüllen.

Harleys, Halbstarke und Hausgebranntes

Ich kannte Clem, solange ich denken konnte. Als Kinder waren wir unzertrennlich, ritten auf unseren Ponys überall auf der Farm herum, gingen im Teich schwimmen und bauten uns in den Wäldern Burgen. Auf dem Hügel hinter seinem Elternhaus gab es ein Quellenhaus, eine verwitterte Holzhütte, Schutz für die Quelle, die auf dem Hügel entsprang und über den Steinboden in eine breite Rinne abfloß, von der aus wiederum ein Rohr in die Küche der Cloyds führte. Die Hütte hatte früher als Kühlraum für die Milch gedient, die dort aufbewahrt wurde, bis der Lastwagen sie abholte. Es war wirklich herrlich kühl und feucht da drinnen, während der endlosen, stickigen Tennessee-Sommer, und Clems Eltern überließen ihm die halbe Ruine gern zum Spielen. Aus Abfallholz hatte er sich rohe Möbel zusammengezimmert: einen Tisch, Bänke, Regale. An der Tür hatte er ein Schloß und einen Türklopfer befestigt, auf den Regalen bewahrte er seine geheiligten Besitztümer auf: sein Schweizer Armeemesser, eine Axt, seine Murmeln, Comic-Books und Zaubersteine. Ich war die einzige, die Zutritt hatte. Weil wir beide einen Geheimbund geschlossen, uns in den Zeigefinger gepiekt und unser Blut gemischt hatten. Das bedeutete nach unseren Regeln, daß wir nunmehr miteinander verheiratet waren. Ich sammelte Borkenstückchen als Teller für uns und kleine Zweige als Bestecke. Mit seinem Messer bastelte er mir einen Besen, indem er Zweige von der Rinde befreite und zusammenschnürte. Ich kochte widerwärtiges Zeug aus Beeren, Nüssen und Matsch zusammen und putzte das Haus eifriger, als ich jemals später ein richtiges Haus geputzt habe. Und Clem pirschte in Erfüllung seiner männlichen Aufgaben durch die Wälder, um nur zu den Mahlzeiten und zum Schlafen heimzukehren, wobei unserem verkürzten Zeitplan zufolge ein richtiger Tag durchaus sechs Spieltage beinhalten konnte.

Clem war als Junge klein und zierlich, mit einem wirren Schopf schwarzer Haare, die ihm bis über die dunklen, ernsten Augen hingen. Er war das Idealbild einer Werbung für die Rettung hungernder Kinder. Seine Familie stammte zur Hälfte von den Melungeons ab – Angehörigen eines geheimnisvollen, anmutigen, dunkelhäutigen Volkes, dessen Vorfahren die Berge von Ost-Tennessee schon bewohnten, als die ersten weißen Siedler dort ankamen. Die Bewunderer der Melungeons behaupteten, sie seien Abkömmlinge von schiffbrüchigen portugiesischen Seeleuten, von Deserteuren aus DeSotos Expeditionskorps, von den Überlebenden der verschwundenen Kolonisten der Roanoke-Insel. Lästerer bezeichneten sie als Halbblutvolk, Abschaum, entstanden aus der Paarung entlaufener Sklaven mit abtrünnigen Indianern. Die Wahrheit jedoch kannte niemand. Und wie dem auch sei, niemand interessierte sich weniger dafür als die Cloyds selbst. Ihre Vorfahren hatten aufgrund der Etikettierung ›freie, farbige Personen‹ verschiedene Male kleinere Verfolgungen erdulden müssen, die gegenwärtige Familie Cloyd aber wollte nichts weiter als ihre rätselhafte Herkunft vergessen und ein Leben führen wie alle anderen. Als Melungeons waren sie nur an ihrem zigeunerhaften, anziehenden Äußeren zu erkennen.

Clems älterer Bruder Floyd Cloyd war schon als Junge hochgewachsen, schlank und elegant – und so bösartig wie der Teufel persönlich. Er war Clems und mein geschworener Feind, ständig darauf aus, uns bei unseren Spielen zu behindern und unsere Besitztümer zu zerstören. Seine Spezialität war der Floyd-Überfall. Dazu gehörte, daß Clem und ich in aller Hast unsere Comic-Books sowie die übrigen draußen herumliegenden Schätze zusammenrafften und uns ins Quellenhaus flüchteten. Drinnen verbarrikadierten wir dann die Tür und warteten, zitternd in einer Ecke kauernd, ob der angedrohte Überfall falscher Alarm war oder nicht. Wie der Wolf im Märchen von den sieben Geißlein wandte Floyd alle nur möglichen Tricks an, um uns unversehens zu erwischen. Einmal schnappte er uns, fesselte uns an Bäume und kitzelte uns eine halbe Stunde lang ohne Gnade, bis er das Interesse verlor, Clem den Schlüssel zum Quellenhaus wegnahm und davonging, um unseren Schlupfwinkel zu plündern und unsere Lieblings-Comics zu klauen.

Im Sommer organisierten die Farmer der Umgebung manchmal richtige Planwagentrecks. Die Familien, in Pferdewagen oder hoch zu Roß, zogen in großen Gruppen tagelang über Feldwege und Holzpfade und legten dabei bis zu über hundert Meilen zurück. Bei Nacht kampierten sie am Weg, kochten am Lagerfeuer, wo man anschließend Geschichten erzählte und zur Musik verschiedener Instrumente tanzte. Ich durfte mich gelegentlich Clems Familie anschließen und schlief dann mit Clem zusammen in einem Doppelschlafsack. Bis wir ungefähr neun Jahre alt waren und uns das unerklärlicherweise verboten wurde.

Einmal, es muß wohl etwa zu dieser Zeit gewesen sein, zogen wir uns im Quellenhaus bis auf die Unterwäsche aus, was sich in meinem Fall auf das Ablegen von Shorts und in dem seinen einer viel zu weiten Latzhose beschränkte, da wir während der drückenden Sommerhitze nie etwas anderes anzogen. Unsicher musterten wir einander in unseren weißen Unterhöschen. Dann legten wir hastig einen mit wildem Gebrüll untermalten Indianertanz aufs Parkett, wobei wir einander mit grotesken Verrenkungen umkreisten.

Nach dem Tanz bemalten wir uns gegenseitig mit Farbe aus zerquetschten Kermesbeeren. Clem, der konzentrische rote Kreise um meine Brustwarzen zog, sagte: »Ich möchte wetten, wenn du siebzehn bist, gehst du nicht mehr ohne Hemd!«

»Ha! Tu ich doch!«

»Woll'n wir wetten?« Er hielt mir seine rotverschmierte Handfläche hin.

»Na klar.« Hohnlächelnd ergriff ich seine Hand.

»Fünf Dollar?«

»Abgemacht.«

Als wir zehn waren, hatte Clem im Sommer nicht mehr soviel Zeit für mich. Sein Vater zog ihn jetzt häufig zur Arbeit heran. Eine Zeitlang trottete ich sehnsüchtig hinterher und half ihm, wo immer ich es vermochte. Eines Nachmittags, als wir auf dem Traktor saßen und Heu mähten, spürten wir, daß die Mähvorrichtung hinter uns anfing zu holpern. Zurückblickend, während die Maschine jetzt wieder ganz ruhig Alfalfa-Schwaden umlegte, sahen wir weit hinten ein Reh auf den Waldrand zujagen. Unter den Bäumen blieb es einen Moment still stehen und wandte sich, vor Angst heftig schnaufend, noch einmal um. Dann setzte es geschickt über den Stacheldrahtzaun und verschwand.

In den Grasschwaden entdeckten Clem und ich eine Bewegung. Clem stellte den Motor ab, wir sprangen vom Traktor und liefen hin. Ungefähr fünf Meter hinter uns, direkt neben der Schneise, die die Maschine gelegt hatte, war das geschnittene Gras flachgedrückt und blutgetränkt. Ein Rehkitz, noch mit weißen Tupfen bedeckt, lag auf der Seite, den Kopf angstvoll erhoben. Als es uns sah, erstarrte es, und die großen Augen verdrehten sich. Clem, der sich entsetzt umblickte, bückte sich und hob einen stockdürren Gegenstand vom Boden auf, von dem lange, schwarze Blutfäden herabhingen. Es war ein Bein des Rehkitzes. An einem Ende saß ein winziger Huf.

Clem und ich waren so gelähmt vor Grauen, daß Clem das kleine Bein nicht loslassen zu können schien. Sein Vater, der auf einem anderen Teil der Wiese am Zaun arbeitete, kam zu uns herüber.

»Armes Kerlchen! Schade drum«, murmelte er. Dann zog er das Jagdmesser aus der Lederscheide an seinem Gürtel.

»Nein!« rief Clem laut. »Ginny und ich wollen es behalten, Pa! Wir werden's bestimmt gesundpflegen, Pa. Nich, Ginny?« Ich nickte.

»Nein. Das muß von seinem Leiden erlöst werden. Sonst geht's langsam ein. Kann nicht mehr laufen, wie's der Herrgott gewollt hat.« Und mit einem raschen Schnitt schlitzte er dem zitternden Kitz die Kehle auf. Das winzige Tierchen zuckte ein paarmal, seine Augen wurden starr. Ein Krampf durchlief noch seinen Körper, dann lag es still.

Clem und ich funkelten seinen brutalen Vater wütend an und zogen das Kitz, eine Straße von Blut hinterlassend, zum Wald. Dort schaufelten wir ihm ein Grab in die modrige Erde und legten es mit seinem Bein unter finsteren Verwünschungen an die Adresse von Mr. Cloyd hinein.

Eines Tages, als ich mit Clem im Wald beim Quellenhaus spielte, stießen wir auf eine schwarze Schlange, die im Laub lag und einen großen

Frosch verspeiste. Der unglückselige Frosch steckte halb im Rachen der Schlange und zuckte wie wild mit den Hinterbeinen. Es schien unmöglich, daß die Schlange das strampelnde Amphibium verschlingen konnte. Doch während wir zusahen, zog sie den sich heftig wehrenden Frosch Millimeter um Millimeter tiefer in ihren Schlund herein. Endlich, als wir es nicht länger aushielten, rannte Clem zum Quellenhaus, kam mit seinem Armeemesser zurück und stieß der schwarzen Schlange immer wieder die Klinge in den Leib. Das Tier wand sich und zuckte wie rasend. Als es endlich still liegen blieb, bog ihm Clem die Kiefer auseinander und zog den strampelnden Frosch heraus. Voller Entsetzen sahen wir, daß das arme Vieh schon lange tot war. Sinnlos zuckend lag es neben der toten Schlange auf dem Waldboden, Kopf und Hals von den Fängen des Gegners total zerfetzt. Clem und ich sahen einander verzweifelt an. Dann rannten wir hastig zum Quellenhaus und schlossen uns ein.

Die Lücke, die mein Spielkamerad hinterließ, versuchte ich auszufüllen, indem ich die Gesellschaft einiger Mädchen aus der nahen Wohnsiedlung ›Magnolia Manor‹ suchte. In unserem Luftschutzkeller spielten wir Familie. Eines Nachmittags beschlossen wir, eine Party zu veranstalten. Jede von uns fünfen durfte einen Jungen einladen. Aus Mangel an Auswahl nannte ich Clem, woraufhin die anderen voll Abscheu aufstöhnten.

Zwei Tage später, als unsere fünf auserwählten Ritter des Nachmittags eintrafen, stiegen wir mit einer Kanne Fruchtsaft, einer Sparpakkung Oreo-Kekse und einem Stapel Schallplatten mit Titeln wie ›The Twelfth of Never‹ in unser Spielzimmer, sprich, den Luftschutzkeller, hinab.

Clem und ich waren die einzigen, die nicht in einem zweistöckigen Ranchstilhäuser von Magnolia Manor wohnten. Das verwies uns ans unterste Ende der Hackordnung. Außerdem waren die anderen hinsichtlich gemischter Partys offenkundig alte Hasen. Ja, sie waren so erfahren, daß es ihnen sehr schnell zu langweilig wurde, Kekse zu essen, Musik zu hören und zuzusehen, wie die Mädchen miteinander tanzten. Als jemand ›Flaschendrehen‹ vorschlug, stöhnten sie unisono auf. »Aber das ist so *abgedroschen*«, beschwerte sich eine ganz Routinierte aus Magnolia Manor. »Spielen wir lieber ›Fünf Minuten im Himmel‹.«

Angesichts der allgemeinen Begeisterung nickten Clem und ich zustimmend, obwohl wir keine Ahnung hatten, was es mit diesem Spiel auf sich haben mochte. Es handelte sich um folgendes: Jeweils ein Pärchen verschwand im Kabuff der chemischen Toilette, während die anderen draußen hockten, um die Zeit für das Rendezvous zu stoppen (und, in meinem Fall, sich zu fragen, womit sich die beiden wohl ganze fünf Minuten lang in einem stockdunklen Kabinett beschäftigen mochten). Zuletzt kamen Clem und ich an die Reihe. Wir wurden eingeschlossen; unsere Gesichter brannten vor Verlegenheit. Ich setzte mich auf den Klodeckel, während sich Clem, um gelangweilte Lässigkeit bemüht, mit dem Rücken an die Wand lehnte.

»Nette Party.«

»Ja«, stimmte ich zu und schwor mir insgeheim, nie wieder an einer Party teilzunehmen.

»Wir ham gestern die dritte Mahd auf der Südwiese fertiggekriegt.«

»Wirklich? Wie viele Ballen?«

»Genausoviel wie beim letztenmal.«

»Großartig.« Peinliches Schweigen. Einer der Jungens draußen rief: »Macht schnell, ihr beiden! Eure Zeit ist gleich um!«

Erschrocken starrten wir uns an. Schnell machen? Wir hatten ja noch gar nicht angefangen, hatten nicht die geringste Ahnung, *womit* wir überhaupt anfangen sollten. Clem beugte sich vor und drückte mir, meine Schultern umkrampfend, einen Kuß auf die festgeschlossenen Lippen. »So!« sagte er stolz und wischte sich mit dem Ärmel seines Arbeitshemdes über den Mund. Ich blinzelte entgeistert. »Na ja, das is doch wohl das, was man hier drinnen tun soll, oder?« fragte er.

Im selben Augenblick wurde die Tür aufgerissen. »Erwischt!« jubelten die anderen draußen.

»Gar nicht wahr«, protestierte ich sauer. Dann stand ich auf und ging hinaus.

Von da an war Clem Cloyd mein geschworener Feind. Beide zugleich fingen wir an, mit den Jungens aus Magnolia Manor Football zu spielen. Doch immer trachteten wir danach, in gegnerische Mannschaften zu kommen, damit wir einander in den Dreck werfen konnten. Weil Clem so klein und wieselflink war, machte er oft den Quarterback. Und nichts verschaffte mir größere Genugtuung, als die Blockade des Gegners zu durchbrechen, ins Backfield zu jagen, mich auf Clem zu werfen und ihn unter mir zu Boden zu reißen. Oder ihm gegenüber in der Angriffsreihe zu stehen und meine Schulter gegen die seine zu stemmen, sobald der Ball gefangen wurde, bis wir beide mit den Zähnen knirschten und vor Anstrengung laut keuchten. Oder ihn steifarmig abzublocken, wenn er beim Endlauf auf mich zustürmte. Manchmal, wenn er mich zu Boden gerissen hatte, blieb er, das Kinn auf meinen Bauch gestützt, länger als nötig auf mir liegen und sah mich mit seinen dunklen Augen spöttisch über meine Schulterpolster hinweg an. Dann schlang ich ihm die Beine um die Hüften und trommelte mit meinen stollenbewehrten Schuhen auf ihm herum, bis es ihm so weh tat, daß er von mir ablassen mußte.

So ging es weiter bis zu seinem Unfall; von da an hörte er auf, für mich zu existieren. Er bearbeitete gerade ein neues Feld in Hanglage mit einer Scheibenegge, als ein Traktorreifen auf einen in der Erde steckenden Felsbrocken stieß und die Maschine sich aufbäumte wie ein scheuendes Pferd. Der Traktor fiel auf ihn und zerschmetterte ihm das Bein.

Einmal besuchte ich ihn im Krankenhaus. Er lag in seinen weißen Laken, das verletzte Bein, von oben bis unten in Gips gepackt, an einem Flaschenzug befestigt. Wir hatten einander nichts zu sagen. Mein Leben bestand jetzt nur noch aus Football, und Clem würde nie wieder Football spielen können.

Von da an gab es Clem Cloyd nur noch am äußersten Rande meines Lebens. In seinen orthopädischen Motorradstiefeln mit einer zehn Zentimeter hohen Sohle für das verletzte Bein hinkte er in der Schule umher. Fettige, dunkle Haarsträhnen hingen ihm in das finstere Gesicht. Er trug enge Bluejeans mit festgeklammerten Hosenbeinen und Nieten überall an den Säumen, dazu ein verschossenes dunkelgrünes T-Shirt und eine rotseidene Windbluse, die Floyd ihm aus Korea mitgebracht hatte. Auf der Vorderseite der Windbluse war auf einer Seite in grellen Gelb- und Grüntönen die Halbinsel Korea eingestickt, den Rükken schmückte ein orientalischer Drache. Ein Meisterstück an echtem Kitsch.

Infolge seiner schweren Verletzung, durch die das Bein ein wenig kürzer geworden war und der Fuß sich leicht nach innen drehte, hatte sich seine ganze Körperhaltung verändert. Er zog nicht nur das verletzte Bein nach, sondern ließ, sozusagen als Ausgleich dafür, die Schulter auf dieser Seite nach vorn hängen. Wegen seines verdrehten Ganges donnerte er, wann immer möglich, lieber auf seiner dunkelgrünen Harley herum, erstanden von dem Geldpreis, den er auf der staatlichen Landwirtschaftsausstellung für seine Stiere gewonnen hatte. Die Harley besaß mit Katzenaugen versehene Schmutzfänger am Kotflügel und zwei riesige verchromte Auspuffrohre. Der Sattel war mit imitiertem Leopardenfell bezogen, an der Antenne hing ein Waschbärenschwanz. Beim Fahren trug er gelegentlich einen metallicgrünen Plastikhelm (von derselben Farbe wie das Motorrad), den er mit einem Abziehbild in Form einer Konföderiertenflagge geschmückt hatte. Zuweilen trug er auch nur seine gelbe Motorradbrille und keinen Helm, so daß seine pomadisierte Haartolle im Luftzug bebte. Leider wurde sein Rowdy-Image von der Tatsache beeinträchtigt, daß er ständig stark nach Kuhdung stank. Durch die ewige Stallarbeit hatte sein ganzer Körper sowie alles, was er besaß, einen stechenden Geruch angenommen, und die weniger gutmütigen Schüler der Hullsport High hielten sich, wenn sie komisch sein wollten, in seiner Nähe die Nase zu.

Binnen kurzem war ich Fahnenschwingerin der Hullsport High School und Clem ein stadtbekannter Rowdy geworden. Manchmal nickte ich ihm von oben herab zu, wenn er an mir vorüberhinkte. Aber er ignorierte mich.

Morgens vor Schulbeginn, wenn die beliebten Schüler wie Joe Bob, ich und all unsere Freunde und Fans in der Turnhalle saßen, hockte Clem draußen in Gesellschaft von ein oder zwei rangjüngeren Rowdys auf seinem Leopardenfellsattel. Sie rauchten Lucky Strikes und traten die Stummel mit ihren Stiefeln auf dem Rasen des Schulgrundstücks aus. Eines Vormittags, nachdem Joe Bob und ich beschlossen hatten, daß ich mir ein paar Verehrer an Land ziehen müsse, um Trainer Bicknell und meinen Vater von der Fährte unserer in den Kofferraum verbannten Liaison abzulenken, ging ich auf Clem zu, der rauchend auf seiner Maschine hing.

»Say hey!« grüßte ich ihn mit meinem strahlendsten Fahnenschwingerlächeln.

Er starrte mich nur finster an und spuckte in das spärliche Gras am Straßenrand, das sich zwischen den Zigarettenstummeln hindurch ans Licht mühte. »Kann ich dich einen Augenblick sprechen?« fragte ich unerschrocken.

»Warum?«

»Es ist wichtig«, beteuerte ich, als fürchtete ich, er könne alles, womit ich mich befaßte, für unwichtig halten. Er sah mich mit seinen dunklen Augen unfreundlich an – eigentlich sogar verärgert. Dann stieg er mit übertriebener Anstrengung von seinem Motorrad und kam zu mir herübergehumpelt.

»Was willst du?«

»Würdest du mir einen Gefallen tun, Clem? Weil wir doch früher Freunde waren?« fragte ich ihn mit gewinnendem Lächeln.

»Steck dir das sonstwohin. Also, was willst du?«

»Würdest du mit mir ausgehen?«

Er musterte mich argwöhnisch. »Mit *dir* ausgehen?« Seine Augen zogen sich zu Schlitzen zusammen. »Willst du vielleicht diesem . . . Wie heißt er noch? Diesem Lackaffen da, mit dem du rumläufst, die Daumenschrauben anlegen, oder was?«

»Joe Bob würdest du damit auch einen Gefallen tun«, versicherte ich ihm in der Gewißheit, daß Clem sich bei Joe Bob Sparks bestimmt gern beliebt machen würde. Dann erklärte ich ihm die Lage.

Clem zog an seiner Lucky Strike und blies den Rauch durch die Nase, daß er ihm übers Gesicht wehte. »*Wenn* ich dich einlade – und ich sage nicht, daß ich es tun werde –, dann bestimmt nicht diesem Muttersöhnchen zuliebe, das du dir angelacht hast. Sondern weil ich es *will*. Kapiert?«

»Okay.« Ich hätte praktisch allen Bedingungen zugestimmt, nur um unseren Plan in die Tat umzusetzen.

»Also okay. Freitag abend. Ich hol dich ab. Du kannst meinen Helm tragen, damit du nicht soviel Wind abkriegst.«

Joe Bob war hocherfreut, als ich ihm am Nachmittag, während ich ihn mit der Hand bearbeitete, von Clems kooperativer Haltung berichtete. »Vielleicht ist er doch gar nicht so übel«, keuchte er hoffnungsvoll und ejakulierte ins Spülbecken.

Am Freitag abend saß der Major dräuend hinter seiner Zeitung, als Clem mit seinem Motorrad die Einfahrt heraufdonnerte. Ich selbst stand schon seit zwei Stunden am Fenster und wartete, während der Major immer wieder Bemerkungen über irreparable Hirnschäden, Amputationen und die verschiedenen anderen Gefahren des Motorradfahrens machte.

»Er hat einen Schutzhelm für mich.«

»Für deinen ganzen Körper?« fragte er.

»Hör zu, Dad. Wenn ich überhaupt nichts machen darf, wobei ich mich möglicherweise verletzen könnte, dann müßte ich den ganzen Tag zu Hause im Schaukelstuhl sitzen. Oder vielleicht nicht mal das: der Schaukelstuhl könnte zusammenbrechen oder die Zimmerdecke runterkommen.«

»Ja, aber man braucht sich auch nicht unnötig in Gefahr zu begeben«, wandte meine Mutter ein.

Ich lief hinaus und knallte die Haustür ins Schloß. »Man kann gar nicht vorsichtig genug sein!« rief sie hinter mir her.

Clem saß auf seinem Feuerstuhl und jubelte mit der behandschuhten Rechten den Motor hoch; an seinem Handgelenk glitzerte ein versilbertes Namensarmband. Er begrüßte mich weder, noch sah er mich an. Er deutete lediglich mit dem Kopf auf den Soziussitz und reichte mir den Helm mit der Konföderiertenflagge. Ich stülpte ihn mir auf den Kopf, saß hinter Clems Rücken auf und legte behutsam die Hände um seine schmalen Hüften. Dann atmete ich ganz tief seinen Stallgeruch ein, denn ich hoffte, mich auf diese Weise schneller daran zu gewöhnen.

Über die Schulter fragte er mich: »Okay, wohin?«

Ich war sprachlos. Bisher war ich daran gewöhnt, daß meine Begleiter mich irgendwohin führten, und nicht, daß ich selber darüber entscheiden mußte. »Ist mir gleich«, antwortete ich kleinlaut. »Wohin du willst.«

Er jubelte den Gang hinein und röhrte unter einem Hagel von weißen Kieseln, die prasselnd auf der Veranda landeten, davon. Wir fuhren mehrmals die Hull Street auf und ab. Einmal standen wir bei Rot direkt neben Doyles Dodge. Joe Bob blickte sehnsüchtig, seine Nase an die Scheiben gepreßt, zu mir herüber. Ich lächelte ihm tapfer über die Schulter zu, weil die Harley bereits auf und davon knatterte und den Dodge stehen ließ, als käme er nicht vom Fleck. Der Rock meines Hemdblusenkleides aus Madrasstoff blähte sich wie ein Segel.

Bei einer anderen Runde auf der Hull Street entdeckte ich Trainer Bicknell in seinem schwarzen DeSoto. Ich winkte fröhlich. Er starrrte mich böse an.

Dann bogen wir ins Dew Drop ein, wo Clem über die Asphaltrillen jagte und wir uns mit der Maschine schnittig in die Kurven legten. Ich schlang voll Angst beide Arme um seine Taille und hielt mich fest wie ein

Klammeraffe. Er stoppte vor einem Mikrofon und fragte mich über die Schulter: »Was soll's denn sein?«

»Seven-Up mit Kirsch, bitte.«

»Zwei Seven-Up mit Kirsch«, sprach er verächtlich ins Mikrofon.

Als die Drinks kamen, kippte er seinen mit einem Schluck; ich dagegen trank voll Anstand und versuchte die Tatsache zu ignorieren, daß sich die Köpfe meiner Schulfreundinnen in den benachbarten Wagen mir zuwandten; alle wunderten sich darüber, Ginny Babcock auf dem Soziussitz von Clem Cloyds Harley zu sehen. Nachdem ich mein Seven-Up getrunken hatte, fuhren wir langsam, gemächlich nach Hause. Vor der Verandatreppe hielt er an, um mich absteigen zu lassen. »Na, haben alle, die uns sehen sollten, uns gesehen?«

»Ich glaube schon.«

»Gut.«

»Also, dann vielen Dank«, sagte ich strahlend. »Ich würd das gern mal wieder machen – wenn du Lust hast.« Ich hielt dieses Arrangement nämlich für eine durchaus schmerzlose Methode, die Gegner von Joe Bobs und meiner Liebe auf eine falsche Fährte zu locken. Dann machte ich kehrt und stelzte zur Haustür.

»*Einen* Moment!« sagte er drohend. Er hob die Maschine auf den Ständer und saß ab. Dann kam er hinkend auf mich zu. Ich erstarrte.

»Was ist denn?« fragte ich ihn nervös. Ich fürchtete, er werde nun seinen Lohn für diesen Abend in Form körperlicher Gunstbeweise fordern. Der Gedanke stieß mich ab. Wir standen einander gegenüber, ich in dem Helm mit dem Visier und er mit seiner gelben Motorradbrille, wie Adam und Eva im Raumfahrtzeitalter.

»Der Helm. Du hast vergessen, mir meinen Helm wiederzugeben«, erklärte er grinsend.

»Ach so, ja! Wie dumm von mir.« Ich atmete erleichtert auf, nahm das Ding ab und reichte es ihm.

»Sag *du* mir Bescheid, wenn du das Spielchen noch mal spielen willst«, warf er mir noch über die Schulter zu, als er zu seiner Harley zurückhumpelte. Er sprang in den Sattel und startete die Maschine mit dem gesunden Fuß.

»Na, wie war's?« fragte Joe Bob mich am nächsten Tag in der Dunkelkammer bedrückt.

»*Furcht*bar. Er ist so ekelhaft, Joe Bob. Wirklich, ich hasse ihn!«

»Und du bist ein Engel, daß du das alles für uns auf dich nimmst.« Er hakte meinen wattierten BH auf. Dann zog er mir das Hemd bis an den Hals, lehnte mich an die Wand und gab sich der Beschäftigung hin, an meinen Brustwarzen herumzumümmeln wie an seinem Juicy Fruit.

Als ich das Schulhaus am Nachmittag verließ, kam ich zufällig an dem Parkplatz vorbei, wo die Halbstarken ihre Feuerstühle abzustellen pflegten. Clem hockte im Sattel und inhalierte eine Lucky Strike. Ich schlenderte hin und grüßte verlegen: »Say hey, Clem.« Er antwortete weder, noch würdigte er mich eines Blickes. Ich stand da und wechselte nervös meine Schulbücher in den anderen Arm. »Diesen Freitag?« platzte ich schließlich verlegen heraus. Ohne mich anzusehen, nickte er und zog noch einmal an seiner Lucky. Dann knöpfte er seine scheußliche rotseidene Windbluse zu, nahm die Motorradbrille vom Lenker und setzte sie behutsam so auf, daß das Gummiband seine pomadisierte Schmachtlocke nicht in Unordnung brachte. Halbwegs erwartete ich nun, er werde mir anbieten, mich nach Hause zu fahren, und überlegte schon, wie ich eine hochnäsige Ablehnung formulieren sollte, da startete er seine Maschine, jagte den Motor hoch und knatterte ohne einen Blick für mich davon.

»Erwarte bloß nicht, daß deine Mutter oder ich deine Bettpfanne leeren, wenn du gelähmt bist«, rief der Major, als ich am Freitag abend zur Tür hinausstürmte. Ich hatte zweieinhalb Stunden auf Clem gewartet.

Ich setzte den metallic-grünen Helm auf, den ich inzwischen als den ›meinen‹ betrachtete, kletterte hinter ihm auf den Sitz und legte die Hände um seine Taille.

»Letztesmal haben wir's auf deine Tour gemacht«, rief er mir über die Schulter zu. »Heute machen wir's auf meine.«

Aufgeregt überlegte ich, was ›seine Tour‹ wohl sein mochte. Wir jagten die Uferstraße des Crockett entlang; der warme Abendwind ließ meinen ›London Fog‹-Regenmantel wie eine Fahne im Sturm knattern und pfiff mir unter den Rock meines Hemdblusenkleides. Jetzt wurde mir klar, daß Clem für seinen unmöglichen Aufzug – die festgeklammerten Jeansbeine und die Windbluse – gute Gründe hatte. Und wußte, daß ich mir eine neue Ausrüstung zulegen mußte, falls unsere Freundschaft dauern sollte. Ich blickte auf den Rücken seiner Windbluse mit dem kitschigen Drachen hinab. Das Tier strahlte die rätselhafte Begabung der Orientalen für Beeinflussung anderer Menschen aus.

Wir bogen von der Uferstraße auf einen Feldweg ein. Beunruhigt erkannte ich den Weg zu jenem Parkplatz hoch über dem Fluß, auf dem Joe Bob und ich *flagrante delicto* von der Highway Patrol erwischt worden waren. Statt jedoch links abzubiegen, wandten wir uns nach rechts, wo nur zwei verschlammte Radspuren weiterführten.

Bei nahezu jedem anderen Halbstarken von Hullsport wäre ich vor Angst wie gelähmt gewesen. Bei Clem aber war mir vollkommen klar, daß er mich gar nicht vergewaltigen und erwürgen *konnte*, weil seine Familie vom Major abhängig war. Macht, so verabscheuungswürdig sie auch sein mochte, hatte tatsächlich ihre Meriten. Außerdem wußte ich – und wußte, daß Clem es wußte –, daß Joe Bob ihn in der Luft zerreißen würde, sollte er mich in irgendeiner Form belästigen. Es war, als hätte ich einen Leibwächter *in absentia.*

Der Hauptgrund jedoch, warum ich nicht vor Angst umkam, als ich mit dem berüchtigtsten Rowdy der Stadt auf einem Feldweg durch ein einsames Waldstück brauste, war der, daß ich mir recht gut denken konnte, wohin es ging. Obwohl ich niemals im ›Bloody Bucket‹ gewesen war, stellte er sich in meiner Phantasie, genau wie in der Phantasie aller anständigen Stadtbewohner, als ein wahres Gomorrha dar. Der Bloody Bucket war ein Nightclub auf dem Land, der Clems Bruder Floyd Cloyd gehörte. Bei Tag war Floyd fleißiger Hausmeister der staatlichen Taubstummenschule in Knoxville, wo er im Keller, wie die Fama wissen wollte, die größte Destille im östlichen Teil dieses von Brennereien wimmelnden Staates unterhielt. Bei Nacht fuhr er mit einem schwarzen Leichenwagen durch die Gegend, aus dessen falschem Boden er alle aufrechten Bürger der ›trockenen‹ Stadt Hullsport mit schwarzgebranntem Schnaps versorgte. Der Major zum Beispiel kaufte seinen gesamten Vorrat an Chivas Regal bei Floyd. An den Abenden, an denen er keine Lieferungen hatte, öffnete Floyd dann seinen Nightclub, der ›Bloody Bucket‹ hieß, seit der Unterlegene einer Messerstecherei einmal dort mit dem Kopf in einen Eimer gerammt worden war. Im Bloody Bucket verhökerte Floyd seine berühmte Hausmarke glasweise an jeden, der hereinkam.

Die anrüchige Natur der Dinge, die im Bloody Bucket vor sich gingen, hatte in der Mythologie der Stadt längst epische Dimensionen angenommen. Den allgemeinen Vorstellungen zufolge war der Bloody Bukket Schauplatz von Pokerspielen, bei denen um viele hundert Dollar gewettet wurde, von Messerstechereien, von schlüpfrigen Darbietungen und geiler Prostitution, von Rassenintegration und jedem anderen der modernen Menschheit bekannten Laster. Die Kundschaft des Bloody Bucket bevölkerte in den Augen von uns Bürgerlichen eine Art Schattenwelt, die schmutzige Kehrseite der Bingo-Spiele im Moose Club und der Predigermissionen im Civic Auditorium. Und weil er eine so unwiderstehliche Anziehungskraft ausübte, reagierten wir, die Uneingeweihten, in der Öffentlichkeit natürlich mit empörter Entrüstung auf seine Existenz im Weichbild unserer Stadt. Die Pfarrer beklagten in ihren Sonntagspredigten jedesmal, daß es so etwas Furchtbares überhaupt gab. Und die Männer, die sich um den Posten des Sheriffs bewarben, schworen unweigerlich, ›diesen Abgrund von Sünde und Laster endgültig schließen‹ zu wollen. Doch bisher war die Polizei nicht in der Lage gewesen, Floyd Cloyd im Besitz von verbotenem Alkohol zu ertappen.

Bald stoppte Clem seine Harley neben einem halben Dutzend Autos vor einem kleinen Haus mit durchhängendem Teerpappendach. Clem stieg ab und hinkte zur Tür. »Was ist – kommst du?« fragte er, als er merkte, daß ich zögernd auf dem Motorrad sitzen geblieben war.

»Oh, bin ich etwa auch eingeladen?«

»Hör auf mit dem Quatsch! Komm mir bloß nicht mit diesem damenhaften Getue, Ginny. Was willst du – soll ich meine Jacke ausziehen und vor dir auf den Boden legen, damit du dir die Füße nicht schmutzig machst? Beweg endlich deinen Arsch und komm!«

Gekränkt kletterte ich aus dem Sattel und gehorchte. »Wofür hältst du dich eigentlich, daß du so mit mir redest?« Er öffnete die schief in den Angeln hängende Tür und ging hinein – ohne mich zu beachten.

Der Zigarettenqualm war so dick, daß meine Augen brannten und ich in dem dämmrigen Raum kaum etwas erkennen konnte. Vor uns tauchte plötzlich Floyd auf, so elegant in dem weißen Hemd und der Brokatweste, daß ich ihn erst gar nicht erkannte. Weil ich ihn bisher nur gesehen hatte, wenn er in dem dunkelgrünen Arbeitszeug, das er in der Taubstummenschule trug, seine Eltern besuchen kam. Das lange, dunkle Haar fiel ihm immer wieder in die Stirn, und er warf es jedesmal mit einer kurzen, arroganten Kopfbewegung zurück.

»Sieh einer an, der Hinkeprinz persönlich!« Er legte Clem die Hand auf die Schulter. »Und wer ist das Prinzeßchen, das er uns mitgebracht hat? Nanu, das ist ja das reizende Töchterchen unseres geschätzten Herrn Majors!« Er lächelte und verbeugte sich mit übertriebener Höflichkeit. Dann zog er Clem mit sich davon, indem er ihm den Daumen unters Schlüsselbein hakte. Ein Stückchen abseits blieben sie stehen – Clem schien sich unter Floyds festem Griff zu winden – und hielten eine heftige, aber gedämpft geführte Diskussion. Anscheinend über mich, denn ich hörte mehrmals Formulierungen wie ›dieser Hund Babcock‹ und ›sucht nur 'n Grund, mir die Bude dichtzumachen‹.

Überzeugt, der Gegenstand allgemeiner Aufmerksamkeit zu sein, nahm ich schließlich meinen Mut zusammen und sah mich tapfer in dem Lokal um. In der matten orangefarbenen Beleuchtung erkannte ich, daß es mehr als einfach eingerichtet war: nackter Fußboden, nackte Wände, etwa zwei Dutzend Holzstühle und ein paar rechteckige Holztische. Zu meiner abgrundtiefen Enttäuschung wirkte es wie ein nüchterner Werkzeugschuppen. Meine Visionen von weichen Teppichen, Seidentapeten und roten Samtvorhängen lösten sich in Wohlgefallen auf. An der gegenüberliegenden Wand ging eine Reihe Fenster auf den stinkenden Crockett River hinaus. In einer Ecke erhob sich ein Podium, auf dem jetzt zwei Männer saßen, einer mit einer Gitarre, der andere mit einem Banjo. Vor einem Mikrofon stand singend, in einem engen schwarzen Rock, tief ausgeschnittenem Pullover und Ballerinenschuhen, Maxine ›Do It‹-Pruitt, meine beste Freundin von der ersten bis zur fünften Klasse. In der sechsten hatten sich unsere Wege getrennt: Ich war zuerst Footballspieler und anschließend Fahnenschwingerin geworden, während Maxine, wie uns ein moralisierendes Aufklärungsbuch warnte, eine ›Wurst‹ geworden war: Jedermanns Fleisch.

Maxines Haar, in der Fünften schmutzig-blond, leuchtete jetzt in Erdbeerrosa und war zu ganzen Lockenkaskaden getrimmt, die so schwer wirkten, daß man befürchten mußte, ihr Hals würde jeden Moment unter der Last brechen. Sie selbst hatte sich von einem mageren, schlaksigen jungen Mädchen zu einer warmen, weichen, üppigen jungen Frau mit riesigen, von ihrem BH zu geschoßähnlichen Projektilen geformten Brüsten entwickelt. Und das mußte man Maxine wirklich lassen: Sie war ein Profi, etwas, was ich nie werden würde, wenn ich mich nicht endlich einer einzigen Beschäftigung widmete, statt ständig zwischen Football und Fahnenschwingen oder deren Äquivalenten hin und her gerissen zu werden. Maxine sang mit nasaler Stimme einen bekannten Country-Song, den sie mit sprechenden Gesten unterstrich.

Ein halbes Dutzend hart wirkender Männer in grünem Arbeitszeug und ein paar grell geschminkte Frauen mit hochtoupierter Frisur, eine von ihnen sogar schwarz, saßen an den Tischen und hatten Pappbecher mit Eis und einer klaren Flüssigkeit vor sich stehen. An einem Tisch wurde unter gespanntem Schweigen gepokert.

Floyd hatte offensichtlich beschlossen, ich dürfe bleiben – trotz meines Vaters. Clem schlurfte quer durch den Raum zu den Kartenspielern hinüber. Einige von ihnen blickten auf und begrüßten ihn wie alte Bekannte. Er drehte sich um und winkte mich ungeduldig zu sich. Ich ging. In meinem eleganten Regenmantel, den mit Quasten geschmückten Mokassins und dem feinen Hemdblusenkleid kam ich mir äußerst fehl am Platze vor. Steif setzte ich mich auf einen Stuhl, den ich aus Vorsicht so wählte, daß ich mit dem Rücken zur Wand saß, wie es mir zur Gewohnheit geworden war, seit ich als Kind gelesen hatte, Wild Bill Hikkok sei nur erschossen worden, weil er mit dem Rücken zur Tür gesessen hatte. Sollte man mich im Bloody Bucket ermorden, wollte ich wenigstens meinen Mörder sehen.

Ich lächelte unsicher, obwohl niemand Notiz von mir nahm. Floyd kam und stellte zwei Becher mit Eis und jener klaren Flüssigkeit vor Clem und mich hin. Clem nippte vorsichtig. Ich starrte unglücklich in meinen Becher. Das Stärkste, was ich jemals getrunken hatte, war ein Dosenbier im Family Drive-In gewesen, als Joe Bob eine Pause zwischen der Basketball- und der Baseball-Saison hatte; damals hatte er feiern wollen, indem er die Trainingsregeln brach und versuchte, mich betrunken zu machen, damit er mich zum Bumsen rumkriegen konnte.

»Versuch mal!« befahl Clem.

Folgsam nahm ich den feucht beschlagenen Becher und hob ihn mißtrauisch an die Lippen. Dann aber beging ich einen Fehler, weil ich vorm Trinken tief einatmete: Der Alkoholdunst hätte mich fast betäubt. »Trink!« forderte Clem drohend. Also trank ich. Die Flüssigkeit brannte in meinem Mund wie Feuer, und ich hätte schwören können, daß ich spürte, wie sie mir, Zentimeter um Zentimeter, die Speiseröhre verätzte, als sie in meinen armen arglosen Magen rann. Die Dämpfe stiegen mir bis in die Nase, wo sie schäumten und zischten wie Abflußfrei in einem verstopften Rohr.

»Na?«

»Schmeckt gut!« keuchte ich – aus Gründen, die mir damals schleierhaft waren, verzweifelt darauf bedacht, ihn freundlich zu stimmen.

»Gut. Sie mag ihn«, rief er Floyd am Nebentisch zu. Ich lächelte Floyd tapfer an, und er schenkte mir ein anerkennendes Grinsen.

Wenige Minuten später kam Maxine, die gerade Pause machte, an unseren Tisch. Sie stand da, die Hand mit den wahrhaft grotesk langen, orange lackierten Nägeln auf die herausfordernd vorgeschobene Hüfte gestützt. »Is ja nich zum Glauben – Ginny Babcock!«

»Say hey, Maxine! Ich wußte gar nicht, daß du so gut singen kannst.«

»Danke«, antwortete sie gleichgültig. »Clem, *honey,* weshalb bringst du dieses arme Mädchen hierher? Du solltest dich wirklich was schämen!«

»Wir leben in einem freien Land.«

»Das sagen alle«, entgegnete sie spöttisch. »Trink du bloß nich zuviel von dem Gift da«, warnte sie mich mütterlich. »Das brennt dir Löcher in den Magen.« Dann ging sie davon und setzte sich neben Floyd, der ihr die Hand bis auf die Mitte des Oberschenkels unter den Rock schob.

»Kommst du oft her?« fragte ich Clem, nur um etwas zu sagen.

»Jeden Abend.«

»Wollen deine Eltern denn nicht, daß du lernst?«

»Clem Cloyd läßt sich von keinem sagen, was er zu tun hat!« Wenn das stimmte, dann hatte sich das Verhältnis zu seinem Vater seit seiner Kindheit drastisch verändert. Ich erinnerte mich noch gut, wie Mr. Cloyd ihn dauernd verprügelt hatte: seine persönliche Art und Weise, ihm zu sagen, was er zu tun hatte.

Maxine stand auf und gab weitere Songs zum besten. Ich hatte ungefähr ein Drittel meines Rachenputzers getrunken und fühlte mich ein bißchen komisch. Clem hatte seinen Becher ganz geleert. Unvermittelt stand er auf. »Komm, wir gehen«, sagte er. Ich trottete hinter ihm her zu seiner Maschine, die in dem Licht, das aus der Tür fiel, wie ein metallicgrünes Glühwürmchen schimmerte. Ich kroch unter meinen riesigen Helm. Als ich mir den Rock meines Hemdblusenkleides unter die Schenkel stopfte, war ich mir überdeutlich bewußt, daß meine Beine an Clems Hüften lagen. Auf der Heimfahrt spürte ich fasziniert, wie fest sich meine Oberschenkel um ihn schlossen und ihn umklammerten, wenn wir uns in die Kurven der Uferstraße legten. Als er in unsere Einfahrt abbog und, mit der Rechten im Lederhandschuh ungeduldig den Motor hochjubelnd, darauf wartete, daß ich abstieg, war ich aufrichtig enttäuscht. Ich blieb still sitzen und genoß das Gefühl meiner Knie an seinen Beinen und meiner Hände an seiner mageren Taille.

»Clem?«

»Ja?«

»Weißt du was?«

»Nein. Was denn?«

»Was ist eigentlich aus dem Quellenhaus geworden?«

»Das steht noch. Warum?« Sein Ton klang feindselig.

»Ich würd's gern mal wiedersehn. Wir haben dort viel Schönes erlebt.«

»Nein.«

»Was – nein?« fragte ich, gekränkt, daß er dort offenbar nichts Schönes erlebt hatte.

»Nein, du kannst es nicht wiedersehen. Es ist *mein* Haus.«

»Ach so!« Ich fühlte mich, als hätte er mir einen Tritt in den Magen versetzt. Früher war es *unser* Haus gewesen. Schließlich hatten wir uns in die Zeigefinger gestochen und einen lebenslangen Bund mit unserem Blut besiegelt, nicht wahr? Aber es traf natürlich zu, daß ich in den letzten vier Jahren nicht das geringste Interesse daran gezeigt hatte. Also war ich meiner Rechte möglicherweise verlustig gegangen.

»Los, steig endlich ab!« Ich kletterte runter und reichte ihm meinen Helm. Was hatte Clem nur? Ich war durchaus bereit zu dulden, daß er mich küßte, ja sogar, daß er mich befummelte. Ich hatte ihn praktisch gebeten, mich ins Quellenhaus mitzunehmen. Doch er zeigte nicht das geringste Interesse. War er vielleicht schwul, dieser magere kleine Zwerg? Aber warum gab er sich dann überhaupt mit mir ab? Um es Joe Bob heimzuzahlen, diesem kraftstrotzenden blonden Riesen? Allein der Gedanke an die Möglichkeit, daß sich jemand zwischen Joe Bob und mich drängen könnte, machte mich wild!

»Nächsten Freitag?« erkundigte sich Clem gelassen.

»Ja!« Ohne sich umzudrehen, donnerte er davon.

Am nächsten Abend, im Kofferraum von Doyles Dodge, zählte mir Joe Bob die Schülerpärchen auf, die miteinander bumsten. »Und Ida Tolliver mit Stan Strickler, und . . .«

»Doch nicht *Ida*!«

»O ja. Stan schwört, daß sie es dauernd machen.«

»Behauptet *Stan*.« Ich war bemüht, Joe Bobs Ständer zu ignorieren, der sich mit jedem Schlagloch, das wir trafen, in mein Hinterteil bohrte. »Und ich wette, Stan erzählt Ida, daß du behauptest, *wir* würden bumsen.« Wir hatten seit unserem ersten Abenteuer, als Joe Bob von Titten als ›du weißt schon‹ gesprochen hatte, bei unseren Gesprächen einen beträchtlichen Grad von Offenheit erreicht.

»So was hab ich noch nie gesagt!«

»O nein, natürlich!« gab ich höhnisch zurück, durch Joe Bobs endlose Liste aber allmählich überzeugt, daß es einfach dazugehörte. Der zweite Überzeugungsfaktor war der, daß Joe Bobs Hand in meinem Schlüpfer steckte und an etwas rumfummelte, das er als meine Klitoris bezeichnete. Als ich zu ihm in den Kofferraum stieg, hatte ich im Schein der Straßenlaterne gesehen, daß sein Gesicht rot und geschwollen war. Ich schmiegte mich an ihn, bemerkte aber, daß er mich nicht wie sonst umarmte. Und er redete kein einziges Wort. Offenbar schmollte er. Schließlich, eine Handarbeit später, holte ich es aus ihm heraus: »Warum hast du mir nie was von Klitorissen gesagt?« fragte er böse.

»Wah?«

»Du hast mich an der Nase rumgeführt, Ginny. Du hast so getan, als hätt ich dich wirklich hochgebracht.«

»Wovon redest du eigentlich?« erkundigte ich mich ärgerlich. Statt einer Antwort schob er die linke Hand in meinen Schlüpfer. Und bald schon rückte der Gedanke an eine College-Ausbildung in Boston in sehr weite Ferne, während mir das Leben als Ehefrau eines Schuhverkäufers in Hullsport gar nicht mehr so unattraktiv erschien. Kurz gesagt, als heiße Flammen der Lust meinen Körper durchzuckten, war die Entscheidung so gut wie gefallen.

»Ginny«, verkündete er feierlich, »jetzt mußt du mir deine Liebe beweisen.«

Ich keuchte etwas Unverständliches, während er seine Fingerübungen wiederaufnahm und die Liste unserer Klassenkameraden, der Abtrünnigen von Bruder Bucks Teen Team für Jesus, immer weiter verlängerte. »Hör mal«, keuchte ich, »spielt doch gar keine Rolle, wer mit wem bumst. Selbst wenn ich dich liebe, wüßten wir immer noch nicht, wo.«

»Wie wär's denn heut abend auf Doyles Rücksitz?« schlug er mir sofort freudig vor, und seine reibenden Finger schickten eisige Schauer der Begierde durch meinen Körper. Ich erwog die Möglichkeit mit der nüchternen Logik eines Fixers, der dringend eine Spritze braucht.

»Ich kann nicht«, antwortete ich schließlich verzweifelt. »Nicht mit Doyle und Doreen auf dem Vordersitz. Jedenfalls nicht beim erstenmal.«

»Vielleicht können die für 'ne Weile in den Kofferraum gehn«, sinnierte Joe Bob, mit wilder Entschlossenheit auf seinem Juicy Fruit rumkauend. »Ich werd sie fragen.«

»Hast du ein Gummi mitgebracht?«

»Natürlich.« Natürlich?

In diesem Augenblick hielt der Wagen, weil Doyle die Eintrittskarten lösen mußte. Wir warteten geduldig – es blieb uns ja nichts anderes übrig –, und Joe Bobs Hand schickte bebende Lustströme durch meine Glieder.

Unvermittelt wurde der Kofferraumdeckel aufgerissen. Draußen stand mit betrübter Miene unser Freund Doyle. Und neben ihm der wutschäumende Kassierer. Hastig zog Joe Bob seine Hand zurück. Der Kassierer kreischte empört: »Jetzt hab ich aber genug von euch verdammten High-School-Wichsern! Sich hier reinschleichen und mich um den letzten Penny betrügen, was? Wenn ich euch jemals wieder hier erwische, landet ihr so schnell bei der Highway Patrol, daß ihr nicht wißt, wo oben und unten ist! Ob ihr nun Footballstars seid oder nicht! Ich versuche hier nämlich mein Geld zu verdienen, kapiert? Und jetzt sofort raus aus meinem Kino!«

Als Joe Bob und ich aus dem Kofferraum kletterten, wurden die Scheinwerfer des Wagens hinter uns aufgeblendet, und mir war, als seien wir Flüchtlinge, die beim Überqueren der Grünen Grenze in den Lichtschein von Suchstrahlern geraten. Meine Haut prickelte vor Angst.

Dem Wagen hinter uns entstieg Trainer Bicknell; seine zweihundertfünfundzwanzig Pfund Lebendgewicht zitterten vor Wut. »Verdammt noch mal, Sparks, was macht ihr zwei da?« Er packte Doyle und Joe Bob mit je einer Hand wie Karnickel im Nacken und schleifte sie mit sich davon. Flüche drangen zu Doreen und mir herüber, die wir angstbebend dem finsteren Blick des Kassierers standhielten. Doreen weinte und jammerte: »Ich hab noch nie irgendwo Ärger gehabt. Was wird bloß mein Daddy sagen?«

Und von dort, wo Bicknell mit Joe Bob und Doyle stand, tönte es unter anderem: »Gottverdammter Scheißkerl!« »Ich trete dir deine verdammten Eier blau!« Etcetera. Denn davon abgesehen, daß für Joe Bob und Doyle bald die Sperrstunde geschlagen hatte, hielt Trainer Bicknell es für wesentlich, daß seine Sportler sich eines musterhaft moralischen Lebenswandels befleißigten. Und gegen diesen Grundsatz hatten sie eindeutig verstoßen.

Doyle und Joe Bob kamen kleinlaut zum Wagen zurück; im Scheinwerferlicht von Bicknells DeSoto wirkten ihre Gesichter aschgrau. Wir stiegen alle vier schweigend ein, dann wendete Doyle und fuhr mich nach Hause.

»Wir müssen beide die nächsten zwei Spiele aussetzen«, erklärte mir Joe Bob leise, den Tränen nahe. Ich legte meine Hand auf die seine, wollte ihm Mut machen, meine Finger mit den seinen verschränken. Aber Joe Bob reagierte nicht.

Am nächsten Morgen sagte der Major beim Frühstück: »Ich gratuliere, Ginny. Jetzt hast du's geschafft. Du ruinierst Joe Bobs Karriere als Trainer.« Über mein Ei im Glas hinweg funkelte ich ihn aufgebracht an; schließlich hatte ich mir schon selbst vorgeworfen, daß ich schuld daran sei, wenn Joe Bob seine Tage als Schuhverkäufer beschließen müsse.

»Woher weißt du?« fragte ich ihn verdrossen. Ich hatte zwar erwartet, daß er davon erfahren würde, aber keinesfalls so schnell.

Er lachte hohl. »Glaubst du wirklich, daß in dieser Stadt etwas geschieht, von dem ich keine Kenntnis erhalte?« Mit seinem Messer machte er sich entrüstet über den Landschinken her. »Glaubst du zum Beispiel tatsächlich, ich wüßte nicht, daß du neulich mit Clem Cloyd im Bloody Bucket warst?«

Entsetzt starrte ich ihn an. *Das* hatte ich wirklich geglaubt, ihm verheimlichen zu können. Niemals hätte ich gedacht, daß die Informationsquellen des Majors, wer immer diese sein mochten, auch die Kundschaft des Bloody Bucket umfassen könnten. Wieder einmal hatte ich die Fama von Hullsport unterschätzt.

Bedrückt seufzend strich er sich über das dunkle, ergrauende Haar. »Ich habe in aller Ruhe versucht, dich zu warnen, Ginny. Ich habe dir verboten, Joe Bob zu sehen. Ohne Erfolg. Jetzt wasche ich meine Hände in Unschuld. Das College kannst du streichen. Boston ebenfalls. Von mir aus kannst du den Rest deines Lebens als Sklavin eines Idioten in Hullsport verbringen. Mir ist das von jetzt an egal.«

»Aber ich gehe doch auch mit anderen aus!«

»O ja, gewiß. Mit Clem Cloyd. Einen exquisiten Geschmack hast du, meine Liebe. Joe Bob Sparks und Clem Cloyd. Himmel!« Abrupt stand er auf und stiefelte hinaus.

»Wen würdest du denn vorschlagen?« rief ich hinter ihm her.

»Liebling«, rief meine Mutter vom Schreibtisch herüber, wo sie in ihren Grabinschriften blätterte, »wie ich hörte, kann man von selbstgebranntem Schnaps blind werden. Und haben diese Männer im Bloody Bucket nicht immer Messer bei sich?«

»Ich hab keine gesehen«, beruhigte ich sie zerstreut und verließ das Zimmer ebenfalls.

Von dem Major in die muskelschwellenden Arme Joe Bobs gestoßen, faßte ich meinen lang erwogenen Entschluß: Wir würden bumsen. O Gott, würden wir bumsen! Ich konnte es kaum erwarten. Und nicht nur bumsen würden wir, sondern über die Grenze nach Virginia fahren und heiraten. Und in Hullsport glücklich sein bis an unser Lebensende, glücklich mit Joe Bobs Gehalt als Schuhverkäufer.

Am nächsten Tag, als wir in der Dunkelkammer unsere Becken aneinanderrieben, sagte ich leise: »Joe Bob, so kann's nicht weitergehen.«

»Ja, Ginny, das finde ich auch. Ich glaube, wir sollten Schluß machen.«

Ich hielt mitten im Hüftschwung inne. »Oh, aber *das* hatte ich nicht gemeint.«

»Was hattest du denn gemeint?«

»Ich hatte gemeint, daß wir es ihnen zeigen sollten – Trainer Bicknell, meinem Vater, einfach allen. Ach, Joe Bob, wir *lieben* uns doch! Die sind doch bloß eifersüchtig. Weil sie nicht mehr jung und verliebt sind. Deswegen wollen sie uns alles vermasseln. Aber ich *brauche* dich, Joe Bob. Ich sehne mich nach dir. Komm, bums mich! Und dann fahren wir nach Virginia und heiraten.« Nachdrücklich drängte ich mein Becken gegen seins. Sein Schwanz wurde ganz groß und hart.

»O Gott!« keuchte er. »Aber was wird mit meinem Stipendium?« Der Wecker rasselte.

»Überleg's dir. Am Montag treffen wir uns hier und besprechen alles.« Ich schlüpfte zur Tür hinaus und sprintete ins Lernzimmer zurück.

Als Clem mich am Freitag abend nach mehreren Stunden und je zwei Bechern Schwarzgebranntem im Bloody Bucket vor meiner Haustür absetzte, sagte er: »Ich habe meinen Entschluß gefaßt.«

»Welchen?« erkundigte ich mich mit alkoholisiertem Interesse. Es war dies das erstemal, seit wir miteinander gingen, daß er von selbst eine einigermaßen nette Bemerkung machte.

»Du darfst das Quellenhaus wiedersehen, wenn du mir euren Luftschutzkeller zeigst.« Ich blickte ihn erstaunt an: Ich konnte mir einfach nicht vorstellen, wieso er sich für den Luftschutzkeller interessierte. »Du hast mich seit der Party damals, als wir dreizehn waren, nie wieder zu dir nach Hause eingeladen.« Ich war gerührt, daß er sich an die Party erinnerte, bei der wir uns zum ersten- und zum letztenmal geküßt hatten. War es möglich, daß sein Interesse dem sentimentalen Wunsch entsprang, jenes Kabinett mit der chemischen Toilette wiederzusehen, wo wir gemeinsam damals die Prüfung überstanden hatten?

»Aber klar! Komm rein.« Ich hängte meinen Helm an seine Lenkstange, und er hängte seine Motorradbrille daneben. Gemeinsam gingen wir ins Haus. Ich legte den Finger auf die Lippen, blieb in der unteren Halle stehen und lauschte, ob der Major vielleicht irgendwo lauerte. Aber von oben kam das beruhigende Geräusch seiner Schnarchlaute. Ich öffnete die Kellertür, machte Licht, und Clem folgte mir die Treppe hinab.

Der Keller war – in Anbetracht seiner Funktion – gar nicht mal so ungemütlich, obwohl wir ihn nie mehr als Familienzimmer benutzten. Es gab bequeme Sessel und Tische, außerdem einen ganzen Vorrat an Konserven, Erste-Hilfe-Zubehör, Plastikbehälter mit Wasser, Bettzeug, Kleidungsstücke, Angelruten, Gewehre und Patronenkästen – alles säuberlich an den Wänden aufgereiht.

Clem inspizierte die dreißig Zentimeter dicke Stahltür. »Geht die abzuschließen?«

»Natürlich«, antwortete ich und demonstrierte das, indem ich sie zudrückte und verriegelte.

»Gut.« Er rieb sich die behandschuhten Hände. Dann zog er seine schwarzen Motorradhandschuhe aus und öffnete seine gräßliche rote Windbluse. Als er die Windbluse auszog, fiel mir auf, daß ich ihn, seit wir miteinander gingen, noch nie ohne das Ding gesehen hatte. Seine Brust unter dem dunkelgrünen T-Shirt war erschreckend mager, aber vielleicht nur im Vergleich zu Joe Bobs mächtigen Deltamuskeln. Auf dem Unterarm hatte er eine Tätowierung – Totenkopf und gekreuzte Knochen – mit dem Messer eingeritzt und anschließend mit Tinte gefärbt; sie wirkte selbstgebastelt, entstanden vermutlich während einer besonders langweiligen Geschichtsstunde. Clem warf die Windbluse auf einen Sessel, schlenderte zu den Gewehren hinüber und nahm eine .22er mit Zielfernrohr. Er blickte hindurch, in die hintere Ecke des Kellers, und schwang den Lauf dann im Halbkreis herum, als ziele er auf eine dahinhuschende Küchenschabe. Anschließend stellte er die Waffe behutsam zurück.

Nun löste er seinen breiten Ledergürtel mit der riesigen Messingschnalle und zog ihn aus den Hosenschlingen. Zweimal legte er ihn zusammen und klatschte ihn sich nachdenklich in die Handfläche. Ich zuckte zurück, weil ich glaubte, er wolle mich schlagen. Statt dessen lächelte er mir freundlich zu und warf den Gürtel ebenfalls auf den Sessel. Dann kam er auf mich zugehinkt, packte mit jeder Hand eine meiner Brüste und zog mich an sich. Er küßte mich; seine Zunge schnellte wie die einer Schlange vor und zurück. »Das ist besser als damals, eh?« fragte er, indem er einen Schritt zurücktrat. Ich lächelte unsicher; mein Kopf wirbelte vom Selbstgebrannten.

Er löste das Band meines Wickelrockes. Ein Ende festhaltend, versetzte er meiner Schulter einen scharfen Stoß, so daß ich aus meinem Rock herauswirbelte wie eine Tangotänzerin. Dann öffnete er gewissenhaft die Knöpfe meiner Peter-Pan-Bluse und half mir hinaus. Als er meinen BH aufhakte und die dicke Wattierung sah, schüttelte er spöttisch den Kopf und schnalzte mißbilligend mit der Zunge.

»Übrigens«, sagte er, als er meine nackten Brüste inspizierte, deren Spitzen er vor acht Jahren mit Kermesbeersaft umkringelt hatte, »du schuldest mir fünf Dollar.« Ich sah ihn verständnislos an. »Du bist jetzt siebzehn und trägst Blusen.« Bei der Erinnerung an unsere Kinderwette errötete ich. »Aber«, beruhigte er mich großzügig, nahm mich am Oberarm und führte mich zur Schlafplattform, »ich werde das hier in Zahlung nehmen.« Mit einer einzigen geschickten Bewegung streifte er mir den Schlüpfer runter und legte mich lang auf den Rücken. Die Dekke, zu der ich unwillkürlich hinaufstarrte, begann zu kreisen. Ich öffnete und schloß die Augen ein paarmal und versuchte Clem in den Fokus zu kriegen. Er holte eine Dose White Rose-Petroleumsalbe aus der Tasche seiner Windbluse. Dann machte er die Deckenlampe aus.

Ich hörte, wie ganz in meiner Nähe ein Reißverschluß geöffnet wurde. Dann hörte ich etwas reißen und gleich darauf etwas schnappen. Die Augen im Dunkeln weit aufgerissen, sah ich etwas auf mich zukommen. Es besaß die Größe und Form einer kleinen Salami und fluoreszierte limonengrün. Von dem einen, abgerundeten Ende standen wie bei einem Funksatelliten kleine grüne Stacheln ab. Ganz vertieft, wie die hl. Theresa in ihre Stigmata, sah ich zu, wie diese phosphoreszierende Geistererscheinung sich herabsenkte, bis sie über meinem Bauch schwebte. Und dann stieß sie zwischen meine Beine hinab. Ich spürte, wie sie mit einem reißenden Schmerz in mich eindrang. Woraufhin Clem sagte: »Verdammt noch mal! Willst du etwa behaupten, daß du mit diesem Sparks, daß ihr immer nur gewichst habt?«

Ich nickte im Dunkeln. Das war's also. Dies war das große Erlebnis, für das die Menschen aller Zeitalter Leib und Leben hingegeben hatten. Kriege waren geführt, Königreiche verloren worden – nur wegen der Frage, wer diesen Akt mit wem zu vollziehen hatte. Ich wünschte, Clem würde sich beeilen. Wir hatten nicht mehr allzuviel Zeit, bis Joe Bob uns in der Luft zerreißen würde; also konnten wir es sozusagen bis zum Letzten auskosten.

Und Clem beeilte sich; wie ein Wilder stieß er immer wieder in mich hinein, wie ein Mörder, der auf sein immer noch zuckendes Opfer einsticht. So ging das eine ganze Weile. Endlich, als ich in Gedanken schon mit den Fingern auf der Holzplattform trommelte, hielt Clem unvermittelt inne. Die limonengrüne Salami tauchte wieder auf und verhielt einen Moment in der Luft, als sei sie im Begriff, in den Himmel zu entschweben, von wannen sie gekommen war.

Ich konnte es kaum fassen, daß dies nun das große Erlebnis sein sollte, auf das Joe Bob und ich beinahe zwei Jahre lang hingearbeitet hatten. »Ist das alles?« fragte ich tief enttäuscht. Es war, bis auf den Schmerz, nicht einmal unangenehm gewesen. Doch als Gipfelpunkt des Frauenlebens konnte ich es nun wirklich nicht bezeichnen. Offen gestanden hatte mir die Zerstörung meines Jungfernhäutchens nicht mehr bedeutet als das Durchreißen eines Papier-Sanibands auf einer Motel-Toilette.

»Stell nicht so viele Fragen!« zischte Clem. Als er das Licht anmachte, war er schon wieder angezogen, als hätte es das Zwischenspiel mit der leuchtenden Salami gar nicht gegeben. Durch meinen Alkoholnebel starrte ich ihn verwundert an.

»Freitag abend«, sagte er noch, ohne mich anzusehen, zog die schwere Stahltür auf und ließ mich in einer kleinen Blutlache liegen. Arme Mutter! Jetzt hatte sie wieder die Gelegenheit verpaßt, mit ihrer Kodak Instamatic einen der Marksteine in meinem Leben einzufangen!

Die Verabredung mit Joe Bob am folgenden Montag, bei der er mir sagen sollte, ob er sich für die Ehe mit mir oder für seine Trainerkarriere entschieden hatte, hielt ich nicht ein. Die Entscheidung hatte ich inzwischen selbst getroffen. Dachte ich jedenfalls. Joe Bob und ich gingen einander beharrlich aus dem Weg, bis er im Herbst darauf ins College abreiste. Ich trennte mich von Bruder Bucks Teen Team für Jesus, damit ich die Morgenandacht nicht mehr mit ihm zusammen lesen mußte. Unter dem Einfluß von Clems Spottreden packte ich meine Fahne und die Uniform ein und erschien auch nicht mehr bei den letzten Baseballspielen und Sportfesten des Jahres. Jetzt suchten Joe Bob und ich uns in der Mittagspause auf den Bänken in der Turnhalle nicht mehr sehnsüchtig mit den Augen, und auch nicht abends auf der Hull Street von verschiedenen Autos aus. Nach einer beleidigend kurzen Zeitspanne erschien Doreen beim Unterricht in Joe Bobs Windjacke und mit seinem wachsgefüllten Klassenring an der Linken. An der Art, wie sie beieinanderstanden, wie sie mit ihm turtelte und über den Kragen seiner karierten Gant-Hemden strich, wie Joe Bob ihr besitzergreifend den Hintern tätschelte, erkannte ich, daß sie anscheinend auf Deubel komm raus bumsten. Das tat weh. Unerwartet weinte ich über jede Kleinigkeit. Wenn ich die beiden zusammen sah, drehte sich mir der Magen um. Ich wollte Joe Bob zwar nicht mehr, aber ich gönnte ihn auch keiner anderen. Die einzige Lösung erschien mir ein Mord. Aber es war ja meine Entscheidung gewesen. Und ich war bemüht, zu meinem Trost ebenfalls möglichst eifrig zu bumsen.

Eigentlich hätte man nun wohl glauben sollen, daß Clem und ich, Kinder der Scholle, miteinander ins Heu gegangen wären. Aber jeder, der dieser Meinung ist, hat bestimmt noch nie versucht, auf einem Ballen Heu zu bumsen. Clem und ich mußten uns mit der Schlafplattform im Luftschutzkeller begnügen – und mit dem feuchten Steinfußboden des Quellenhauses, wo unser zweiter Versuch, die Welt aus den Angeln zu heben, stattfinden sollte. Wir ließen die Harley am Wegrand stehen und schlichen uns die überwucherten Pfade der Kindheit entlang durch die Wälder zum Quellenhaus, um nicht am Haus seiner Eltern vorbeifahren zu müssen und diese auf uns aufmerksam zu machen. Er zog einen Schlüsselbund heraus und öffnete eine komplizierte Folge von Riegeln, Ketten und Vorhängeschlössern.

Drinnen war es stockdunkel. Clem riß ein Streichholz an und entzündete eine Kerosinlampe. Dann verschloß er von innen eine weitere Serie von Riegeln und Vorhängeschlössern. Im Grunde hatte sich hier nichts verändert, obwohl es mir, da ich inzwischen gewachsen war, sehr viel kleiner vorkam als früher. Die Quelle sprudelte immer noch auf der einen Seite des Raums und floß plätschernd über den Steinboden in die Rinne. An den Wänden waren jedoch überall im flackernden Laternenlicht gespenstisch bunt leuchtende Poster befestigt, die jede nur mögliche Kombination von Mann, Frau, Kind und Tier mit jedem nur möglichen Körperteil in jeder nur möglichen Öffnung darstellten. Ich betrachtete die Bilder fasziniert.

Clem stand breitbeinig, mit verschränkten Armen da; sein steifer Schwanz drohte die engen Jeans zu sprengen. »Na, gibt dir das was, *woman*?« Seit unserer ersten Sitzung im Luftschutzkeller nannte er mich, aus dem Mundwinkel gequetscht, nur noch ›woman‹.

»Tja, ganz so wie früher ist es hier nicht mehr«, gestand ich und fragte mich, auf was ich mich da eingelassen hatte und wie ich da bloß wieder rauskommen sollte. Möglich, daß ich bis über beide Ohren in Clem verliebt war – sein Geschmack aber war mir doch ein bißchen zu exotisch. Schließlich hatte ich jetzt keinen Joe Bob mehr, der mir als abwesender Leibwächter diente. Immerhin aber besaß der Major noch große Macht über Clems Familie.

»Wenn sie dich stören, könn' wir sie runternehmen«, bot er mir an. Verblüfft über sein zuvorkommendes Verhalten, erwiderte ich ebenso liebenswürdig: »Ach was, laß sie hängen. Warten wir ab, wie sie wirken.« Ich gab mich angestrengt blasiert und welterfahren – für wen, wußte ich nicht so recht, da Clem inzwischen genau über meine Unerfahrenheit Bescheid wußte.

Unser zweiter Versuch verlief kaum eindrucksvoller als der erste. Im Licht der Laterne bewehrte er sich mit einem orangefarbenen, neonleuchtenden Kondom, dessen Verpackung den Aufdruck ›Fiesta Brand‹ trug. »Woher kriegst du die eigentlich?« fragte ich ihn beiläufig. Joe Bobs ›Dixie Delite‹-Kondome waren stets von einem nüchternen Hellbraun gewesen. Vielleicht hatte ich mich deswegen nie von ihm bumsen lassen. Konnten Kondome, wie die heilige Kommunion, äußerliches und sichtbares Zeichen für den inneren seelischen Gnadenzustand sein?

»Die bezieht Floyd von irgendwoher. Dieses französische Ding mit den Stacheln, das ich letztesmal benutzt habe, macht Maxine Pruitt immer ganz wild, sagt er.«

»Wirklich?« Was war mit mir los, daß es mich nicht auch wild gemacht hatte? Und wenn ich irgendwann in der Zukunft wild werden sollte, würde ich dann auch *merken*, daß ich wild wurde?

Mitten in unserem zweiten Anlauf hockte sich Clem auf die Knie zurück und knurrte: »Scheiße, *woman,* das ist doch dämlich.« Ich war vollkommen seiner Meinung und überlegte, was ich falsch gemacht haben konnte. Beide richteten wir uns auf. Clem kroch in seinen Blue jeans, die er für dieses Unterfangen nicht abgelegt hatte – in meiner Gegenwart niemals abgelegt hatte, damit ich sein verkrüppeltes Bein nicht sah –, zu den Regalen hinüber, auf denen er einstmals seine Murmeln, Zaubersteine und Vogelnester aufbewahrt hatte. Jetzt waren die Regale mit Paperbacks gefüllt. Er studierte ihre Titel, zog eins heraus und brachte es mit. Dann fing er an, laut zu lesen:

». . . und mit einem mächtigen Ruck des Stemmeisens hob sich endlich der Deckel. Da lag sie, die einzige Frau, die er jemals geliebt hatte. Ihr Fleisch war vertrocknet und als Staub auf den Boden des Sargs gefallen. Alles, was von den warmen, weichen Rundungen, die er gestreichelt und geküßt hatte, noch übriggeblieben war, waren Knochen – bleiche, nackte Knochen. Die Kerze, die er hielt, flackerte im feuchten, modrigen Luftzug. Er beugte sich über sie und küßte ihre kalten Wangenbeine. Dabei mischten sich ihre brüchigen Haarsträhnen mit den seinen . . .«

Als Clems Erektion auf wunderbare Weise wieder zum Leben erwachte, konzentrierte ich meine Aufmerksamkeit auf eines der Poster. Eine üppige nackte Frau mit einer Figur wie ›Do It‹-Pruitt kniete, den prallen Hintern hochgereckt, auf einem niedrigen Tisch. Ein großes Untier von einem Mann, maskiert und in schwarzes Leder gehüllt, stand hinter ihr, den steifen Penis halb in sie hineingeschoben. Mit einer Kette, die um ihre Hüften geschlungen war, zog er sie an sich. Auf der Tischplatte nagten ausgehungerte Ratten an den hängenden Zitzen der Frau, daß das Blut nur so spritzte. Der Gesichtsausdruck der Gepeinigten war ekstatisch.

»Äh, Clem . . .« Der Mann im Buch war gerade in den Sarg gestiegen, um das Skelett seiner Geliebten zu umarmen, und der Deckel war über ihm zugefallen. »Ich muß jetzt gehen.«

»Warum so eilig, *woman*?« fragte er drohend, in einem Ton, den ich gar nicht an ihm kannte. Meine Achselhöhlen waren feucht. Dann fiel mir mit Erleichterung ein, daß der Major Clems Familie ruinieren konnte.

»Woher hast du all diese wüsten Bilder?« erkundigte ich mich forciert munter und zog hastig meinen Schlüpfer herauf. Und noch während er mich anstarrte, ging mit seinem kalten, grausamen Gesicht eine Art Jekyll-Hyde-Verwandlung vor: Er war wieder ›er selbst‹.

»Aus New York. Mit der Post.«

»Hast du denn keine Angst, daß dein Vater sie finden könnte?« fragte ich interessiert, da ich ja selbst einen ›Big Brother‹ zum Vater hatte.

»Dies ist *mein* Haus. Hier lassen sie mich in Ruhe. Schon immer. Außerdem habe ich acht Schlösser an der Tür.«

»Hab ich gesehn«, erwiderte ich leicht nervös. »Na ja, jetzt muß ich aber wirklich los. *Mein* Vater macht sich nämlich sonst Sorgen um mich.«

»Na klar.« Er sprang auf, warf das orangefarbene, neonleuchtende Kondom beiseite und schloß seine Hose.

Eines Abends in diesem Sommer fuhren wir mit der Harley zur Müllkippe; quer über meinem Schoß lag Clems .22er. Hundert Meter vor dem Ziel stellte Clem den Motor ab und ließ die Maschine bis an den Rand der Kippe ausrollen. Er nahm das Gewehr, lud es und legte es versuchsweise an. Dann reichte er mir eine Handvoll Patronen.

»Aufgepaßt, *woman*«, flüsterte er.

Auf sein Zeichen schaltete ich den Motorradscheinwerfer ein. Durch die Dreckschichten wühlten sich Hunderte von Ratten zu den Haufen stinkend-verfaulender Lebensmittel vor. Clem zielte und drückte ab. Eine Ratte wurde hoch in die Luft geschleudert. Eilig warf Clem die Patrone aus und lud mit der zweiten, die ich ihm reichte, nach. Die gesamte Rattenbrut war jetzt aufgestört, jagte hastig, in hektischer Verzweiflung, auf der Suche nach Schutz umher. Bis alle verschwunden waren, hatte Clem noch mehrere Tiere erlegt. Die Kadaver lagen zuckend auf den Müllbergen.

Clem schaltete den Scheinwerfer aus und führte mich ein Stück abseits in den Wald. »Wir warten jetzt, bis sie zurückkommen, dann versuchen wir's noch mal«, erklärte er mir.

Wir setzten uns auf einen liegenden Baumstamm, und Clem rauchte eine Lucky Strike. Ich hegte zwar so meine Zweifel daran, daß dieses Pogrom eine angenehme Art des Zeitvertreibs mit einem Partner darstellte, mußte aber zugeben, daß es verdammt viel interessanter war als Sex.

»Äh, Clem . . .«

»Was ist, *woman*? Gefällt es dir nicht?«

»Nicht sehr.«

»Verdammtes Scheißpack, mehr ist das doch nicht.«

»Ja, aber lohnt sich das?« Er antwortete nicht. Er rauchte in tiefen Zügen die Lucky Strike, deren Spitze in der Dunkelheit glühte. »Ich meine, sie tun dir doch nichts – oder?«

Als er endlich antwortete, schien er völlig vom Thema abzuschweifen. »Damals, als der Traktor auf mich kippte – weißt du noch? Also, der ging vorn senkrecht in die Luft, und als er sich überschlug, da dachte ich immer nur: ›Nein, der kommt wieder auf die Räder. So was passiert *mir* doch nich, doch nich *mir*, Clem Cloyd!‹ Na ja, und als er nich wieder auf die Räder kam, da dachte ich: ›So, Clem, mein Junge, jetzt isses soweit. Jetzt isses aus mit dir, mein Junge.‹ Und da wurde ich so wütend, daß ich vor Wut zitterte. Warum ich? fragte ich mich immer wieder. Ich war 'n braver Junge gewesen. Ich hatte meim Daddy immer geholfen. In der Schule war ich höflich. Ich hatte mich immer gewaschen und meine Schularbeiten gemacht. Warum mußte das ausgerechnet mir passieren?

Na ja, ich weiß, das klingt 'n bißchen verrückt, daß ich soviel denken konnte, in der kurzen Zeit, bis der Traktor runterkam. Aber es war wirklich so. Mir kam es vor, als wären es Stunden. Ich hatte nie viel von Religion gehalten, aber während sich der Traktor überschlug und sich Himmel und Erde um mich drehten, da hab ich einen Handel mit Gott geschlossen. Ich hab ihm versprochen, jeden Sonntag mit Ma zur Kirche zu gehen, wenn er diesen verdammten Traktor wieder auf die Räder bringt. Na ja, aber wir überschlugen uns immer weiter, der Traktor und ich. Und dann wurde ich richtig traurig, weil ich an all das dachte, worum Ma und Pa mich gebeten hatten und was ich dann *nich* getan hatte, ich dachte daran, wie oft Pa mich hatte verhauen müssen, an meine schlechten Zeugnisse und so. Ich dachte, daß es vielleicht doch eine Hölle gibt, wie Ma immer gesagt hatte, und daß ich direkt dort hineinkommen und in alle Ewigkeit dort brennen müßte.

Und dann kriegte ich richtig Sehnsucht nach Leuten – nach Ma und Pa, nach Floyd . . . nach dir. Nach der Farm, nach meinem Quellenhaus. Zum Teufel mit der Hölle, ich stellte mir vor, wie es sein würde, wenn es *überhaupt nichts* gäbe, außer Schwärze und Kälte und Einsamkeit. Und da hab ich, glaube ich, geschrien. Pa sagt, er hat mich schreien hören.

Das Komische aber war: Als ich runterfiel, als ich dalag und sah, wie diese große rote Maschine auf mich runterkam, und wußte, daß sie mich zerquetschen würde wie 'n Regenwurm, da war mir auf einmal alles egal. Alles. Ich hatte keine Angst mehr, ich war nich mehr einsam, ich war nich glücklich, ich war gar nichts. Und als der Traktor schließlich auf mich fiel, hat es nich mal weh getan, Ginny. Alles war . . . na ja, heiß und hell. Sterben ist gar nichts. Ehrlich, ich war beinah enttäuscht, als ich aufwachte und merkte, daß ich noch am Leben war.«

»Dann tust du den Ratten also einen Gefallen, wenn du sie abschießt?«

»Ich wußte ja, daß du nichts kapierst. Keine Ahnung, warum ich dir das alles erzählt habe.« Wir schwiegen, ich selbst voll Reue, weil ich ihn nicht verstanden und einen seiner wenigen Versuche, sich mir anzuvertrauen, im Keim erstickt hatte.

»*Du* solltest mal erleben, was es heißt, 'n Krüppel zu sein«, fuhr er mich plötzlich mit qualvoll verzerrter Miene an. »Warum *ich*? Warum nich du? Was hab ich getan, daß ich 'n verkrüppeltes Bein hab? Wie kommt es, daß ihr Reichen immer alle Chancen kriegt und wir Armen immer beschissen werden? *Sag mir das doch, verdammt noch mal*!« Er schrie es heraus.

»Sei still!« brüllte ich zurück. »Woher soll *ich* das wissen? Ich kann dir auch nicht helfen, wenn du so dämlich warst, deinen Traktor umzuschmeißen!«

Seine Miene wurde düster. »Ich sag dir was, *woman.* Ich hab meinen Preis bezahlt. Mir kann niemand mehr was wollen. *Mich* kriegen sie nich mehr klein. Jetzt bin *ich* der große Boß. Jetzt bestimme *ich,* wer was abkriegt, und wann und wie. Ich war tot, aber ich bin wieder lebendig geworden, *woman.* Also hüte dich vor dem alten Clem!« Wir starrten einander im Halblicht des Viertelmondes mindestens eine Minute lang haßerfüllt an.

Auf dem Heimweg ließ Clem auf einer geraden Strecke die Harley dann voll laufen. Immer schneller wurden wir, bis wir mit neunzig Meilen pro Stunde dahinrasten. Ich umklammerte Clems Taille und barg mein Gesicht an seinem Rücken, obwohl ich an seinem Dunggestank beinahe erstickte.

Clem schrie dem brüllenden Wind entgegen: »Los doch! Bring uns doch um, du Bastard! Du traust dich nich!« Allmählich übertrug sich Clems Hysterie auf mich, und ich hätte am liebsten eingestimmt in seine höhnische Herausforderung der Götter. Der Nervenkitzel des todbringenden Tempos, der Wind, der in meinen Ohren pfiff und mir die toupierten Haare ins Gesicht peitschte – das alles hatte mich so gepackt, daß ich vergaß, wie leicht ich zerquetscht und über die ganze Straße geschmiert werden konnte wie Erdnußbutter auf einem Sandwich. Oder um mir Gedanken über die Zurechnungsfähigkeit dieses Jungen zu machen, dem ich mein kostbares und unausgeglichenes Leben anvertraute.

Später an demselben Abend, in unserem Luftschutzkeller, saß ich voll angekleidet auf der Schlafplattform und harrte der Dinge, die diesmal kommen würden. Zum Bumsen hatte ich keine Lust; ich fragte mich ernstlich, ob unsere bisherigen Paarungen tatsächlich der Mühe wert gewesen waren. Clem warf mit einer Schulterbewegung die Windbluse ab und schleuderte sie in eine Ecke. Sein häßlicher blau-tätowierter Totenkopf starrte mich aus leeren Augenhöhlen an. Als Clem zu mir herübergehinkt kam, wurde seine erbarmungswürdige Magerkeit durch das dünne T-Shirt noch unterstrichen. Er baute sich unmittelbar vor mir auf und öffnete den Reißverschluß seiner engen Jeans. Sein steifer, dunkelroter Penis stieß gegen meine Nasenspitze.

»Leck mich, *woman«,* forderte Clem freundlich.

»Wie bitte?« fragte ich ebenso freundlich zurück.

»Stell keine Fragen, *woman.* Leck mich!«

»*Was* soll ich tun?«

»*Mich lecken*!« Mit beiden Händen packte er meinen Kopf, drückte mir seinen Schwanz zwischen die Zähne und bewegte meinen Kopf vor und zurück.

»Das soll wohl 'n Witz sein«, murmelte ich.

»Verdammt noch mal, *woman* – leck mich endlich!« Gehorsam, beide Füße schicklich gekreuzt, die Hände brav im Schoß gefaltet, leckte und knabberte ich an dem Ding, so gut es mir gelingen wollte. Schließlich handelte es sich hier um Liebe.

Nach ein paar Minuten wurde es mir zu langweilig. Ich bog den Kopf zurück und blickte empor zu Clems hübschem Gesicht mit den feinen, dunklen Melungeon-Zügen. Er hatte die Zähne zusammengebissen und den Mund grimassenhaft verzogen. Die Augen hatte er fest zusammengekniffen. Er wirkte, als konzentriere er alle Kraft auf etwas Bestimmtes. »So«, sagte ich munter, »jetzt brauche ich aber meinen Schönheitsschlaf. Ich muß rauf.«

Er riß die schwarzen Augen auf und starrte ungläubig auf mich herab. Dann versetzte er mir mit der flachen Hand eine kräftige Ohrfeige. Der Schlag echote hohl durch den Raum. Ich spürte den Schmerz, der die Form seines Handabdruckes annahm. Mein Zahn hatte mir die Oberlippe aufgerissen, und ich schmeckte Blut. Clem hatte die Hand schon zum nächsten Schlag erhoben.

»Ich schreie«, verkündete ich mit einer Ruhe unbekannten Ursprungs. »Mein Vater wird dich umbringen und deine Familie aus der Stadt jagen.« Wir verhielten wie erstarrt und durchbohrten einander mit haßerfüllten Blicken.

Dann wandte Clem sich plötzlich ab. »Verdammter Schwanzfopper.«

Nachdem er die Jeans wieder geschlossen und seine Windbluse zugeknöpft hatte, begann er jedoch wieder freundlich zu lächeln, als hätte die Ohrfeige nie stattgefunden. »Gehn wir morgen in den Bloody Bukket, *woman*?«

Ich zögerte. Mein Selbsterhaltungstrieb riet mir, ihn lieber nicht wiederzusehen. Mein Selbsterhaltungstrieb blieb aber nicht Sieger. »Gern.«

»Ach ja«, fügte er noch hinzu, als wir den Luftschutzkeller verließen, »möchtest du das hier vielleicht tragen?« Er löste sein Namensarmband vom Handgelenk und hielt es mir hin. Auf der Platte war in Blockbuchstaben CLEM eingraviert; gehalten wurde sie von dicken, großen versilberten Kettengliedern. Es war ein schweres Armband, das wie ein Sklaveneisen klirrte, als ich es voller Stolz anlegte.

Mit Maxine freundete ich mich jetzt, da ich das Fahnenschwingen aufgegeben hatte, wieder ein wenig an. Ich imitierte auch den Stil, in dem sie sich kleidete: langärmelige, auf dem Rücken geknöpfte Strickjacke mit einem BH drunter, dessen Körbchen spitz zuliefen wie ein Pierrot-Hut; ein enger Rock, der meinen Hintern so modellierte, daß es aussah, als säße ich, auch wenn ich stand; und schwarze Ballerinenschuhe, in denen ich beim Gehen regelrecht schlurfte. Meine Madras-Hemdblusenkleider, die Wickelröcke, die Villager-Blusen, die Mokassins mit den Quasten und den ›London Fog‹-Regenmantel hatte ich dem Teen Team für Jesus als Abschiedsgeschenk für eine Tombola gestiftet. Sie wollten Geld sammeln, damit Bruder Buck auch den Brüdern und Schwestern in Europa verkünden konnte, der Tod habe seinen Stachel verloren.

Eines Abends, als Maxine ausgesungen hatte, kam sie zu mir herüber und setzte sich. Clem fuchtelte in der anderen Ecke gerade jemandem mit seinem Schweizer Armeemesser vor der Nase herum.

»Hübsches Lied«, sagte ich.

»Freut mich, daß es dir gefällt.« Ich bot ihr meinen Becher Schwarzgebrannten an, und sie trank einen kräftigen Schluck.

»Weißt du was? Du bist wirklich komisch«, stellte sie fest.

»Wieso?«

»Na ja. Ich kenn mich nicht mehr aus bei dir.«

»Wieso nicht?«

»Weißt du noch, den ersten Abend, wo du hier warst?« Ich nickte. Wie hätte ich den vergessen können? »Ich kann dir sagen, das war der größte Schock meines Lebens, als auf einmal Ginny Babcock im Bloody Bucket auftauchte.«

»Es war auch der größte Schock *meines* Lebens.«

»Also, eigentlich hatte ich ja gedacht, du wolltest dich über uns lustig machen.«

»Wirklich?«

»Na ja, weißt du, mit deinem feinen Regenmantel und so . . . Und du hast immer so hämisch gegrinst.«

»Ich war verlegen. Ich wußte nicht, wie ich mich verhalten sollte. Tut mir leid, daß es aussah, als hätte ich hämisch gegrinst.«

»Wieso hast du eigentlich das Fahnenschwingen aufgegeben?«

»Keine Ahnung. Irgendwie hatte ich keine Lust mehr. Ist doch alles ziemlich albern, findest du nicht?«

»So 'n Quatsch! Wenn ich Fahnenschwingen könnte, glaubst du, ich würd mich hier rumtreiben?« Ihre grünen Augen funkelten. Ich starrte sie verblüfft an. »Und wieso läufst du mit diesem ollen Clem rum, wo du vorher Joe Bob Sparks gehabt hast?«

»Ach, Clem ist gar nicht so übel, weißt du.«

»Sicher, Clem ist nicht so übel. Aber er ist kein Joe Bob Sparks.«

»Ja, aber Joe Bob Sparks ist auch kein richtiger Joe Bob Sparks.« Sie musterte mich merkwürdig. »*So* großartig ist Joe Bob wirklich nicht.« Ich empfand Reue. Ich hatte geglaubt, die Leiter *empor*zusteigen, als ich auf Fahnenschwingen und Joe Bob verzichtete. Ich hatte gedacht, Maxine und die Kundschaft des Bloody Bucket stünden weit über dem Niveau der Fahnenschwinger-Clique. War Maxine vielleicht eine verhinderte Fahnenschwingerin?

Ein Mann mittleren Alters kam herüber. Er trug grünes Arbeitszeug und war unrasiert. Hageres Gesicht, glatt zurückgekämmte Haare, magere, aber drahtige Figur. Typisch für die vielen Bergbewohner, die aus den Zechen gekommen waren, um in der Munitionsfabrik des Majors zu arbeiten.

»Na, wie geht's, Harry?« Maxine rückte ihm einen Stuhl herbei.

»Danke, ganz gut. Wer ist denn deine Freundin, Maxine?«

»Das ist Ginny Babcock. Die Tochter von Major Babcock.« Der Mann machte große Augen und straffte unwillkürlich die Schultern. Ich hätte Maxine am liebsten einen Tritt gegen das Schienbein versetzt.

»Na, so was!« sagte er erfreut und streckte mir seine ölverschmierte Hand entgegen. Ich ergriff sie vorsichtig. »Ihr Daddy is wirklich 'n großartiger Mann. Das finden wir alle. Ich arbeite bei ihm in der Fabrik. Instandhaltungstrupp. Jawohl, 'n großartiger Mann is er, Ihr Daddy – 'n Patriot und Gentleman.«

»Er wäre sicher sehr erfreut . . .« murmelte ich leise.

Ganz verträumt, beinahe zu sich selbst, fuhr Harry fort: »Jawohl, 'n großartiger Mann. Gott, ihr hättet sehen sollen, wie wir in den Bergwerken da oben bei Harlan geschuftet haben! Keinem Hund hätte man so was zugemutet. Deckeneinbrüche und Staubexplosionen. Verdammt, keine zehn Pferde brächten mich dahin zurück.« Er blickte auf, als sähe er mich jetzt erst richtig. »Was machen Sie denn hier in so 'ner Kneipe?«

»Es gefällt mir hier«, antwortete ich kriegerisch.

Harry musterte mich betrübt und schüttelte den Kopf. »Es *gefällt* Ihnen im Bloody Bucket? Weiß Ihr Daddy, wo sein kleines Mädchen heute is?«

»Äh – nein. Das heißt, ja. Ich meine, er weiß, daß ich öfter hier bin. Ob er weiß, daß ich heute abend hier bin, weiß ich nicht.«

Harry seufzte bedrückt. »Ich hab zwei Töchter, und wenn eine von denen sich *jemals* hier blicken ließe – Mann, ich würd ihr . . .«

»Wenn Sie zwei Töchter haben und so, was machen *Sie* dann hier?« trumpfte ich auf.

Seine Miene wurde schuldbewußt. »Wollte grade gehen«, versicherte er mir. Er stand auf. »Hat mich mächtig gefreut, Sie kennenzulernen, Miss Babcock. Hören Sie, sagen Sie Ihrem Daddy bitte, daß Harry von der Instandhaltung ihn schön grüßen läßt, ja?« Und mit verlegenem Grinsen setzte er hinzu: »Aber vielleicht sagen Sie lieber, daß wir uns irgendwo in der Stadt getroffen haben.«

Eines Abends wurde im Bloody Bucket eine Falltür im Fußboden geöffnet, unter der sich eine Grube für Hahnenkämpfe verbarg. Rings um die Grube standen Stühle mit den Rückenlehnen nach innen, damit sie eine Trennwand zwischen den Zuschauern und den Hähnen bildeten. Acht bis zehn Männer hockten rittlings auf den Stühlen, andere standen hinter ihnen. Auf einem Tisch häuften sich Geldscheine.

Zwei brutal wirkende Männer in khakifarbenem Arbeitszeug holten die Hähne aus ihren Jutesäcken. Einer war rot mit schwarzem Schwanz und schwarzen Schwungfedern, der andere grau mit weißen Streifen. Sobald die Tiere einander sahen, stellten sie die Halsfedern wie elisabethanische Spitzenkragen und versuchten aufeinander loszugehen. An ihren gelben Beinen waren Stahlsporen befestigt. Die Männer, auf je einer Seite über die Grube gebeugt, ließen die Hähne los, die, Sporen voran, in der Luft aufeinandertrafen. Die Männer zogen sich hastig zurück und rückten ihre Stühle herbei, um den Kreis zu schließen.

Bald war die Luft voll Federn und Blut. Anfeuernde Rufe ertönten: »Mach ihn fertig! Reiß ihn in Stücke, du Bastard!« Füße stampften, Fäuste wurden geschwungen. Clem, vor mir auf einem Stuhl sitzend, merkte nicht mal, daß ich die Hände von seinen mageren Schultern löste und davonging. Seine Augen funkelten, sein Blick war starr auf die Grube gerichtet, wo die beiden ineinander verbissenen, zerfetzten Hähne in einer Wolke von Blutstropfen auf und ab flatterten.

Ich ging ans Fenster und schaute durch die lang herabhängenden Weiden auf den im Mondlicht schimmernden Fluß hinaus. Ich liebte diesen Anblick bei Nacht, denn dann sah man nicht, daß die Fabrik des Majors den Fluß gelb gefärbt und mit weißem, giftigem Schaum gesäumt hatte.

Floyd kam herüber. »Was ist denn los, Baby?« Mit einer arroganten Kopfbewegung schüttelte er sich das dunkle Haar aus der Stirn. »Siehst wohl nicht gern, wenn was krepiert, wie?«

»Nein.«

»Hast du dir dann nicht den falschen Freund zugelegt?«

»Wahrscheinlich.«

»Dann such dir lieber einen anderen.« Er legte den Arm um mich und zog mich an sich, so daß meine Nase an seine elegante Brokatweste gepreßt wurde. Ich mußte an damals denken, als Floyd immer Clems Comic-Books geklaut hatte.

»Bleib auf'm Teppich, Floyd.«

Lachend ließ er mich wieder los. »Na klar, Baby. Aber wenn du mal 'n richtigen Mann brauchst – sag dem alten Floyd Bescheid.«

»Du kannst mich mal.«

»Hast du Spaß an diesen Pariser Kitzlern? Oder kriegt ihn unser kleiner Clem nicht mehr für dich hoch?«

»Geh zum Teufel, du miese Type!«

Floyd lachte laut auf und ging davon.

Das Dumme war, daß ihn nicht nur meine völlige Gleichgültigkeit den Pariser Kitzlern gegenüber nichts anging, sondern daß er einen wunden Punkt berührt hatte: Clem und mein Sexualleben, das eindeutig für keinen von uns eine Quelle der Freude war. In den vergangenen Wochen hatte Clem versucht, meine Hände und Füße mit Lederriemen an die Plattform des Luftschutzkellers zu fesseln. Eines Abends im Quellenhaus bat er mich, mir einen Strumpf übers Gesicht zu ziehen, wie es gelegentlich Einbrecher tun. An einem anderen Abend fuhr er mit seiner Harley zu einem Feldweg zwischen seinem Elternhaus und Grandpas Blockhütte. Ohne Schlüpfer mußte ich auf ihm reiten, während er auf dem Leopardenfellsattel saß und die Maschine mit der Rechten im Lederhandschuh hochjagte. Aber nichts schien bei ihm zu wirken. Die Frage, was bei mir wirkte, was hinsichtlich meiner Physiologie das begehrte Ziel sein mochte, waren wir nicht mal entfernt angegangen. Das Grundproblem bestand darin, daß Clem überzeugt war, wenn er sich ergoß, müsse er sterben. Diese Idee des Äußersten Orgasmus faszinierte ihn ebensosehr, wie sie ihn erschreckte. Und auf den Postern in seinem Quellenhaus schien alles so einfach zu sein!

Ich sah zu, wie die beiden Männer ihre zerfetzten Hähne aus der Grube holten. Beide Tiere atmeten noch, obwohl ihnen die Federn in ganzen Büscheln ausgerissen worden waren und ihnen das Fleisch in blutigen Fetzen vom Körper hing. Ich wußte nicht und wollte auch gar nicht wissen, welcher von ihnen gewonnen hatte; alle anderen schienen jedoch sehr interessiert.

Nach einem Blick auf die Armbanduhr rief Floyd: »Okay, Leute – es ist soweit!«

Es war, als hätte jemand einen Schalter umgelegt. Alle außer mir begannen geschäftig hin und her zu laufen. Die Grube wurde zugedeckt. Die Stühle trug man an die Tische zurück. Floyd kam dorthin, wo ich stand, und öffnete eine zweite Falltür. Zwei Männer trugen ein Holzfaß herbei und leerten den Inhalt in die Öffnung. Ich hörte, wie der Schnaps in den Fluß unten klatschte. Clem hinkte herbei und warf ein halbes Dutzend Pappbecher hinterher.

Jemand klopfte an die Tür zum Nebenzimmer. Kurz darauf erschienen Maxine und eine Schwarze, die ich noch nie gesehen hatte, gefolgt von zwei Männern, die sich noch die Hose zuknöpften. Der Gitarrenspieler setzte sich mit übergeschlagenen Beinen aufs Podium und stimmte sein Instrument. Clem holte ein kreuzförmiges Schild mit der Aufschrift ›Gospel Tabernakel‹ hervor und lehnte es ans Podest. Maxine und die Schwarze kletterten hinauf, die anderen formierten sich unten um das Schild. Floyd kam herbei, in der Hand eine große Bibel, und drapierte sich hastig eine schwarze Predigerstola um den Hals. Er gesellte sich oben zu Maxine und der Schwarzen.

Clem rief: »Komm, Ginny! Schnell! Hierher!«

»Also, dann los«, kommandierte Floyd ruhig. Der Gitarrenspieler klimperte leise. Maxine und die Schwarze suchten nach ihren Noten und stimmten sodann, im Takt dazu in die Hände klatschend, eine rhythmische Version von ›Oh Happy Day‹ an. Die anderen fielen leise in den Gesang ein. Floyd räusperte sich.

Vor den Fenstern blitzten rote Lichter auf, Sirenen heulten, Reifen quietschten. Die Tür sprang auf, als Floyd gerade mit dröhnender Stimme zu deklamieren begann: »Und so spricht der Herr . . .« Mehrere Polizisten kamen pistolenschwingend hereingestürmt. Sie liefen, schnüffelnd wie Bluthunde, die hinter einer läufigen Hündin her sind, im Lokal herum.

Inzwischen las Floyd laut und feierlich aus der Bibel: »›Der Mensch gehorche der Obrigkeit. Denn es gibt keine Obrigkeit denn von Gott, und sie ist von Gott eingesetzt worden . . . Wer sich der Obrigkeit widersetzt, widersetzt sich Gott . . .‹ Im Hintergrund klatschten Maxine, die Schwarze und der Chor in die Hände und sangen leise: »Oh happy day/ Oh happy happy day/ When Jesus walked/ Yes, when He walked/ When Jesus walked/And showed the way.«

Floyd sah mit gespielter Überraschung von seiner Bibel auf. »Guten Abend, Sheriff!« sagte er. »Ich freue mich immer, Sie und Ihre Männer bei mir begrüßen zu dürfen. Das wissen Sie hoffentlich.«

»Verdammt noch mal, Cloyd«, fauchte der Sheriff, »jetzt haben Sie's wieder mal geschafft. Aber eines Tages erwisch ich Sie noch!« Damit machte er samt seinen Männern kehrt, sie stampften hinaus, und kurz darauf waren die Streifenwagen verschwunden.

Am nächsten Tag sagte der Major beim Abendessen: »*Mich* brauchst du nicht um die Kaution zu bitten.« Ich sah ihn finster schweigend an. »Ich weiß zwar nicht, ob dir klar ist, was du tust«, fuhr er sehr freundlich fort, »aber ich hoffe zu Gott, daß du es merkst, ehe du wirklich in der Tinte sitzt.«

Ich wußte wirklich nicht, was ich tat, aber das hätte ich niemals zugegeben. Irgendwie hoffte ich wohl, daß er mir verbot, Clem und den Bloody Bucket wiederzusehen.

»Ich habe das Thema mit deiner Mutter besprochen«, fuhr er immer noch freundlich fort. »Wir könnten dir natürlich Hausarrest geben, deine Tür mit Schlössern versehen und so weiter. Oder wir könnten dich überhaupt rauswerfen. Oder« – hier machte er eine wirkungsvolle Pause – »ich könnte Clems Vater feuern. Dann müßte er vermutlich die Stadt verlassen und sich anderswo Arbeit suchen.« Ich warf ihm einen haßerfüllten Blick zu, als er diese Trumpfkarte ausspielte: Schuldgefühl. Würde ich dasitzen und zusehen, wie Clems Familie wegen meines persönlichen Vergnügens ruiniert wurde?

»Aber das werde ich natürlich nicht tun«, sprach der Major ruhig weiter. »Cloyd kann nichts dafür, daß er einen idiotischen Sohn hat, genausowenig, wie ich etwas dafür kann, daß ich eine idiotische Tochter habe. Deswegen halten wir, deine Mutter und ich, uns aus der Sache raus, nachdem wir dir unsere etwas reifere Perspektive bisher in jeder nur möglichen Form zu erkennen gegeben haben. Wenn du im Norden aufs College gehen willst, wird es allmählich Zeit, daß du in der Richtung was unternimmst. Da du das nicht tust, ist die Sache wohl erledigt.« Er aß einen Bissen Steak und beendete damit seine Dissertation über meinen Charakter.

Ich starrte auf meinen Teller, den meine Titten halb verdeckten, weil sie in meinem ›Do-It‹-Pruitt-BH vom Körper abstanden wie zwei Eistüten. Zu diesem Zeitpunkt war ich das einzige Kind, das noch im Haus meiner Eltern wohnte, und hatte das überwältigende Glück, einziges Objekt ihres Elternsorgesyndroms zu sein. Sie hatten von ihrer Erfahrung mit mir profitiert: Karl saß glücklich und sicher in West Point, Jim hockte verdrießlich auf einer Militärakademie in Chattanooga. Nur ich war von der harten Disziplin einer militärischen Erziehung verschont geblieben, und das nutzte ich aus.

»Ich hab noch nie im Norden aufs College gehn wollen. Das war *eure* Idee. Mir gefällt es hier in Hullsport. Und *wenn* ich je aufs College gehe, dann hier.«

»Nun gut«, antwortete der Major (Harvard-Abschluß '39) gelassen. Ich bewunderte seine Selbstbeherrschung. Denn ich wußte, daß es ihn fast umbrachte, so wenig, wie er an Ungehorsam gewöhnt war.

Mutter zählte jetzt die verschiedenen Gefahren auf, denen ich mich aufgrund meiner Verbindung mit Clem aussetzte: mit zerschmetterten Knochen auf dem Highway liegen; bei einer Polizeirazzia verhaftet werden (»Wie würde sich wohl eine Vorstrafe in deiner College-Bewerbung ausmachen, Kind?«); durch Methylalkohol erblinden; bei einem Messerkampf erstochen werden; auf einem abgelegenen Parkplatz für Liebespärchen vergewaltigt und ermordet werden. Bezeichnenderweise ließ sie kein Wort über die wahrscheinlichsten Folgen verlauten: Schwangerschaft und Geschlechtskrankheiten. Anscheinend waren der Luftschutzkeller und das Quellenhaus doch nicht vom Major angezapft.

»Aber so ist das alles überhaupt nicht«, log ich drauflos. »Wenn man euch reden hört, könnte man meinen, ich *suchte* geradezu nach einer Gelegenheit, wo mir was zustoßen könnte.« Die Diskussion endete damit, daß sie mich mit sorgenvollen Blicken musterten, als säße ich in einem leckgeschlagenen Boot und sie stießen mich vom Ufer ab in der Erwartung, die Wellen würden mich verschlingen.

Was dann auch beinahe geschah. Da ich im Jahr zuvor die Burly Tobacco Festival Queen von Persimmon Plains gewesen war, fühlte ich mich verpflichtet, auch auf dem diesjährigen Fest zu erscheinen, um meine Nachfolgerin zu krönen. Tobacco Festival Queen zu sein, hatte zu meinem Fahnenschwinger-Image gepaßt, zu meinem gegenwärtigen Image als Clem Cloyds Gangsterbraut paßte es ganz und gar nicht.

Dennoch legte ich am Morgen des großen Tages pflichtschuldigst mein gelbes Chiffonkleid, die Schärpe mit der Aufschrift ›Persimmon Plains Queen‹ und die mit Glimmer beklebte Pappkrone an. Der Major fuhr mich persönlich nach Persimmon Plains, weil er einen Sitz im Festausschuß hatte. Er wollte den Tabak seiner Nachbarn begutachten und einem Teil der Auktion beiwohnen, um zu sehen, was die Ernte von unserer Farm wohl einbringen würde. Mutter kam, ihre Instamatic schwingend, ebenfalls mit uns.

Persimmon Plains war eine Kleinstadt, deren Bedeutung lediglich auf ihrer zentralen Lage in der Landwirtschaftsregion Ost-Tennessee beruhte. Der Auktionsschuppen war ein riesiges hölzernes Lagerhaus, dessen roter Anstrich durch die Einwirkung von Wind und Wetter völlig ausgeblichen war. Der ganze Bau wirkte, als würde er beim kleinsten Lufthauch zusammenbrechen. Drinnen war es schmutzig und düster, den Holzboden bedeckten flache Körbe mit gebeizten Tabakblättern, und überall drängten sich die Vertreter der großen Tabakfirmen und die Verkäufer von den umliegenden Farmen. Die Luft war vom scharfen, beißenden Geruch des Tabaks erfüllt.

Zum Glück für meine toupierte Frisur, die unter dem Gewicht der Krone in sich zusammenzusinken drohte, war die Krönung der neuen Königin als erster Programmpunkt vorgesehen. Sorgfältig drückte ich der armen Irren dieses Jahres, Cheerleader der Hullsport High, die Pappkrone aufs Haupt, küßte sie auf die Wange und lächelte mit ihr in die Kameras. Dann sprang der Major zu uns aufs Podium. Die Schnappschüsse jenes Vormittags zeigen uns in den verschiedensten Posen mühsam zur Schau gestellter Zuneigung, zuweilen auch finster dreinblikkend, doch wenn die Blitzlichter von allen Seiten aufzuckten, sofort wieder strahlend. Dann kam die Frau des Farmers, dessen Tabak den ersten Preis errungen hatte, zu uns herauf, um mit mir und der neuen Königin zu posieren. Sie war kaum älter als ich, in eine verschossene Latzhose und ein Flanellhemd gekleidet. Ihr Haar wirkte stumpf und struppig,vor allem neben den glänzenden, toupierten Köpfen der neuen und der alten Königin. Ihr breites Lächeln entblößte mehrere Zahnlükken. Sie faßte den einen Griff des Korbes, der mit preisgekrönten Tabakblättern gefüllt war, und ich den anderen. Den freien Arm legte ich ihr für die Kameras um die Schultern. Ihr freier Arm war am Ellbogen amputiert. Wie sie mir erzählte, hatte sie sich beim Aufspießen der Tabakblätter auf die hölzernen Stangen, auf denen sie gebeizt wurden, eine Metallspitze durch den Handteller gejagt. Sie hatte einen schmutzigen Lappen darumgewickelt und weitergearbeitet. Dann hatte sie die Verletzung vergessen. Die Wunde hatte sich entzündet, aber sie hatte nicht weiter darauf geachtet. Bis sich Wundbrand entwickelt hatte.

Nachdem Mutter und die Fotografen mit uns fertig waren, sagte ich ihr, wie sehr ich sie um ihr Leben beneide, da es so realitätsbezogen sei, und daß ich einen Farmer heiraten und genauso leben werde wie sie – in völliger Naturverbundenheit. Nachdem ich Clem am Abend zuvor berichtet hatte, wie unmöglich es allmählich wurde, mit meinen neurotisch-ängstlichen Eltern zusammen zu leben, hatten wir endgültig beschlossen durchzubrennen.

Die junge Frau starrte mich ungläubig an; jetzt erst merkte ich, daß sie schielte. »Großer Gott, *honey*«, sagte sie entsetzt, »heiraten Sie bloß keinen Farmer! Es ist viel besser, reich, gesund und glücklich zu sein.«

Ich musterte sie verblüfft. Dann raffte ich hastig meine zahllosen gelben Chiffonröcke zusammen und machte mich auf die Suche nach Clem, der in der Halle herumschlenderte und die getrockneten Tabakblätter in den verschiedenen Körben untersuchte wie ein Kenner, der er ja tatsächlich war. Aus der Hocke schaute er spöttisch grinsend zu mir empor.

»Aber ich mußte es tun. Schließlich war ich letztes Jahr Königin.«

»Quatsch, *woman*! Du bist doch ganz verrückt nach diesem Queen-Blödsinn.« Er stand auf, nahm meine Hand und fuhr mir mit einem sehnsüchtigen Ausdruck in den schwarzen Augen mit den Lippen über die nackten Schultern und den Hals. Ich errötete und spürte, wie sich die Röte über meinen Busenansatz verbreitete, den das trägerlose Chiffonkleid freiließ. »Komm, wir gehn ficken, Queenie«, schlug er mir vor. Das sollte ein Witz sein – ein trauriger zwar, aber ein Witz.

»*Bitte*, Clem!« Ich sah mich nervös im Schuppen um.

Der Major hatte mit dem Organisieren der Auktion zu tun, und Mutter filmte ihn dabei; also beschloß ich, mich unauffällig zu verdrücken.

Draußen gab mir Clem seine rote Windbluse, die ich über mein dünnes Kleid zog, da er noch einen dicken Pullover trug. Ich setzte den metallic-grünen Helm auf und kletterte hinter ihm auf die Harley. Dann raffte ich meine Chiffonröcke zusammen und stopfte sie mir möglichst fest unter die Oberschenkel.

In der Nacht zuvor hatte es geregnet, so daß die Straßen immer noch feucht waren; aber jetzt war es schön, und Felder und Bäume glitzerten im Sonnenschein. Die Straße von Persimmon Plains nach Hullsport war schmal und gewunden, führte mal steil bergauf, dann wieder bergab. Stellenweise gab es so gut wie keine Bankette, und neben dem Straßenrand fiel der Hang senkrecht ab. Die Verkehrszeichen mahnten ›65 mph – Radarkontrolle‹. Aber nur Clem wagte es je, auf dieser Straße mehr als vierzig zu fahren. Ja, es war sogar Clems Lieblingsstraße, die er heute in bester Form entlangjagte. Mit seinem Motorrad legte er sich in jede Kurve; Mensch und Maschine waren eins. Das einzige Problem war ich, die ich mich in meinem gelben Chiffonkleid von hinten an ihn klammerte. Die Arme in Hüfthöhe um ihn geschlungen, fühlte ich seinen Schwanz steif werden, als er eine Kurve mit fünfundsechzig nahm.

Laut brüllte er dem Wind entgegen: »Los doch! Zeig's mir, du Scheißkerl! Los doch! Bring mich um, wenn du kannst!«

Ich spähte über seine Schulter – der Wind pfiff laut an meinem Helm vorbei – und beobachtete fasziniert, wie die zitternde Tachonadel allmählich höherkroch. »Sechzig Meilen pro Stunde!« schrie ich ihm überglücklich ins Ohr. »Siebzig!«

»Bring uns doch um, du elender Bastard!« heulte er in den Wind hinein und duckte sich über die Lenkstange. »Los doch, komm!«

»Fünfundsiebzig!« kreischte ich. Es kam mir gar nicht unmöglich vor, daß wir plötzlich ganz über den Zeit-Entfernungs-Rahmen hinausschießen würden. »Achtzig!«

In diesem Moment rissen sich meine gelben Röcke, an denen ständig der Wind gezerrt hatte, endgültig los. Der Chiffonstoff schien im Wind zu treiben. Er flatterte und wirbelte verspielt und wickelte sich schließlich um Clems Kopf.

»He, *woman*! Verdammt, was soll das?« schrie Clem, der in der Kurve die Kontrolle über die Maschine zu verlieren drohte. Ich ließ Clems Hüften los und versuchte mit beiden Händen die Röcke zu raffen wie gelbe Segel in einem Taifun. Dabei verlor ich die Balance. Ich langte nach Clem, griff aber daneben.

Dann wußte ich nur noch, daß mein Kopf in seinem Helm wie ein Basketball aus Plastik über die Straße polterte. Meine Röcke, die sich im Hinterrad verfangen hatten, zerrissen, und dann kam ich von der Maschine klar.

Der Unfall, der objektiv etwa zehn Sekunden dauerte, dehnte sich zu mindestens zwanzig Tagen, während ich auf der Seite über den Asphalt schlidderte und dann den felsigen Abhang hinabrollte. Ich wartete auf die Hitze und das Licht, die Clem mir von seinem Traktorunfall geschildert hatte. Denn schließlich war er dies ja wohl – der Äußerste Orgasmus. Ich wußte, daß ich praktisch tot war. Ich erwartete, Schmerzen zu empfinden, als ich den Felshang hinabstürzte. Ich empfand nichts. Nur, als ich mit meinen wie Fallschirme geblähten Röcken durch die Luft segelte, eine Andeutung von Zorn darüber, daß meine Eltern wieder mal recht gehabt hatten.

Montag, 26. Juni

Als Ginny erwachte, strömte helles Sonnenlicht durch die Fensterläden auf die riesige Bettstatt, in der sie vor siebenundzwanzig Jahren geboren worden war. Nach dem modrigen Geruch der Matratze zu urteilen, hatte man sie seither nicht mehr gelüftet. Ginny lag still und sah zu, wie die Sonnenstäubchen tanzten. Die Hausfrau in ihr überlegte, ob sich die Anzahl der Stäubchen in einem Fleck Sonnenlicht bestimmter Größe proportional zu der Sauberkeit des Hauses verhielten, in dem sie auftraten. Falls das zutraf, hätte Iras Haus von oben bis unten von Sonnenstäubchen wimmeln müssen, als sie es, Iras Gewehrlauf im Rücken, verließ.

Auf einmal hörte Ginny ein kreischendes Geräusch hinter der geschlossenen Wohnzimmertür. Das rauhe Kreischen hielt etwa eine halbe Minute an, verstummte dann ungefähr ebenso lange, um darauf wieder einzusetzen.

Mißtrauisch kletterte sie aus dem Bett, schlich auf Zehenspitzen zur Tür und öffnete sie, auf einen Angriff wildgewordener Fledermäuse gefaßt. Doch alles war still.

Auf Zehenspitzen schlich sie ins Wohnzimmer. Unvermittelt fing das Kreischen wieder an. Erschrocken rannte Ginny zur Haustür und stieß sie auf, um mehr Licht in den dämmrigen Raum hereinzulassen. Sie konnte nichts Ungewöhnliches entdecken: dasselbe alte Sofa mit den Lehnsesseln, alle mit goldgelbem Gingham bezogen, die Beistelltischchen, die Wände mit den Gewehren, Macheten, Angelruten und Jagdmessern, der Feldsteinkamin mit dem alten Holzsims.

Schließlich ortete sie das sporadisch auftretende Geräusch im Kamin, doch als sie dort anlangte, hatte es schon wieder aufgehört. Sie versuchte es irgendwo einzuordnen: Es war eine Kreuzung zwischen dem Zirpen von Heuschrecken, dem Krächzen einer Anzahl heiserer Krähen und dem Rasseln einer Klapperschlange. Anscheinend handelte es sich bei dem Wesen um ein Insekt, einen Vogel oder ein Reptil. Falls es sich nicht um ein Säugetier oder ein Amphibium handelte.

Abermals ertönte das Geräusch. Ginny holte ein Messer von der Wand. Dann rückte sie den Schutzschirm vor der Kaminöffnung beiseite. Das Geräusch verstummte. Während sie vor dem Kamin hockte und darauf wartete, daß es wieder einsetzte, merkte sie plötzlich, daß sie splitternackt war. Aber das spielte keine Rolle. Denn hier war niemand, der sich von dem Matronenspeck, den ihre schlanke Fahnenschwingerfigur inzwischen angesetzt hatte, abgestoßen fühlen konnte.

Als das Geräusch wieder begann, war Ginny zwar sofort zur Stelle, konnte aber nirgends die Ursache entdecken. Mit zusammengebissenen Zähnen, jederzeit auf den Angriff einer in der Asche versteckten Schlange gefaßt, tastete sie behutsam über die Innenseite des Kamins, dessen Rußschicht ihre Hände kohlschwarz färbte.

Endlich fühlte sie etwas Flaumiges. Tapfer pflückte sie es von der Mauer, halb in der Erwartung, einen Finger dabei einzubüßen. Es war ein winziges Vogelbaby, ungefähr eigroß. Sie hob es dicht an ihr Gesicht; der Vogel und Ginny starrten einander furchtsam und neugierig an. Bis sie merkte, daß ihr Vogel jetzt zwar still war, das Geräusch aber nicht aufhörte.

In der Küche riß sie ein paar Lappen in Streifen, polsterte eine Schüssel damit aus und setzte das Vogelbaby behutsam hinein. Es war winzig, über und über mit grauschwarzem Flaum bedeckt, mit gelbem Schnabel und riesigen schwarzen Augen. Mit Hilfe einer Taschenlampe pflückte sie noch vier weitere Vögel aus den Spalten zwischen den Feldsteinen. Einen Lappen um die Hand gewickelt, um ihre Menschenwitterung zu kaschieren, setzte sie sie alle in das Stoffnest. Als sie mit der Taschenlampe die Aschenreste durchsuchte, fand sie die Trümmer des Nestes, das sich anscheinend von der Innenseite des Kamins gelöst hatte und heruntergefallen war. Und das bedeutete vermutlich, daß es sich um Stachelschwanzsegler handelte. Neben den Nesttrümmern lag unter einer dünnen Aschenschicht der Kadaver eines sechsten Vogelbabys.

Die fünf Überlebenden kreischten in ihrer Schüssel wie verrückt. Sie hatten Angst. Sie hatten Hunger. Sie wollten ihre Eltern. Sie wollten Ginny ebensowenig, wie Ginny sie wollte. Dieses Mißgeschick hatte mit ihr nichts zu tun. Sie mußte die Vögel möglichst schnell loswerden.

Einer plötzlichen Eingebung folgend, stieg sie die Treppe zum Obergeschoß empor. Sie öffnete ein Schlafzimmerfenster und kletterte auf das stumpfgrüne Blechdach hinaus. Die Schüssel mitzunehmen, ohne die Vögel zu verlieren, gelang ihr nur, weil sie mit den Reflexen der Mutter eines zweijährigen Kindes ausgestattet war. Sich vorsichtig am Schornstein abstützend, stellte sie die Schüssel neben dem Schornstein aufs Dach. Die Vogelbabys begannen wieder ihr wildes Geschrei, die kleinen Köpfe weit zurückgelegt, die hellroten pulsierenden Kehlen zum Himmel gereckt.

Ginny spähte umher wie vom Krähennest eines Segelschiffs. Von hier oben sah man über den Rand der kudzu-bewachsenen Mulde, über Felder und Weiden hinweg bis zu Clems rotbraunem Farmhaus. Falls Clem interessiert gewesen wäre, hätte er sie von seinem Dachfenster aus mit dem Fernglas beobachten können, wie sie splitternackt auf ihrem Blechdach stand und in seine Richtung blickte.

Über sich sah Ginny den strahlend blauen Himmel. Und ganz oben auf dem Schornstein, zu ihr herabäugend, einen erwachsenen Stachelschwanzsegler. Hastig stieg sie ins Haus zurück, um das glückliche Wiedersehen nicht zu stören.

Immer noch nackt, Prototyp der ›Befreiten Hausfrau‹, machte sich Ginny Toast und Tee, wusch ab und richtete ihr Bett. Sie wischte Staub, fegte und räumte auf. Dann nahm sie wieder die Machete, ging hinaus und hackte auf den Kudzu ein. Sie hätte schwören können, daß das, was sie am Abend zuvor gekappt hatte, inzwischen nachgewachsen war.

Bald stieg die Sonne zum Zenit hinauf, und es wurde glühheiß. Ginnys Körper war schweißbedeckt. Sie ging zum Teich und durchzog mit gemessenen Schwimmstößen die Entengrütze. Dann holte sie sich eine Strohmatte aus dem Haus und legte sich in die Sonne.

Ihr war klar, daß sie jetzt eigentlich ins Krankenhaus müßte. Aber sie konnte es einfach noch nicht verkraften. Schon als sie noch täglich zusammen lebten, hatten sie und ihre Mutter einander sehr wenig zu sagen gehabt. Ihre Mutter hatte immer betont: »Ich bin deine Mutter, nicht dein Kumpel.« Und Ginny hatte stets ihre Freundinnen beneidet, die mit ihren kumpelhaften, verständnisvollen Müttern frei und offen über alles sprechen konnten, ohne sie zu enttäuschen oder in Empörung zu versetzen, die ihnen ihr ganzes Herz ausschütten konnten. Ihre eigene Mutter jedoch hatte eine undurchdringliche Mauer des Anstands zwischen ihnen errichtet. Unentwegt verkündete sie Prinzipien wie: »Vorehelicher Geschlechtsverkehr ist vulgär.« Die einzige Art, wie Ginny ihrer Mutter in jenen Jahren, da sie ihren Beistand am dringlichsten brauchte, näherkommen konnte, war unter dem Tarnmantel der Täuschung, indem sie so tat, als leiste sie Joe Bob im Kofferraum von Doyles Dodge *keine* Handreichungen, und so weiter. Bis sie eines Tages alle Versuche, ihr näherzukommen, ganz einfach einstellte. Was gab es also dann jetzt zu sagen, nachdem sie sich in den letzten neun Jahren nur ganze vier Mal gesehen hatten? Alles, was sie ihrer Mutter von sich erzählen konnte – daß Ira sie mit dem Gewehr aus dem Haus gejagt hatte, weil er glaubte, sie habe auf seiner Familiengrabstätte mit einem Deserteur gebumst –, würde nur wieder zu einem Rückfall in ihr früheres Verhältnis führen. Was hatte Mrs. Yancy sich eigentlich dabei gedacht, als sie Ginny bat, sich um ihre Mutter zu kümmern?

Aber Kumpel oder nicht, die Mutter hatte ihr ihren Stempel aufgeprägt, fand Ginny.

Sie wurde immer wieder von einem Alptraum geplagt: Die Mutter schwang, in Schutzhelm und Arbeitszeug, einen Vorschlaghammer, mit dem sie Nervenkanäle durch Ginnys Hirnsubstanz trieb. Ginny wußte, daß nahezu all ihre bisherigen Handlungen entweder in Nachahmung dieser mächtigen Nicht-Freundin oder aus Opposition gegen sie und ihren nicht weniger einflußreichen Ehemann erfolgt waren. Das Haus ihres Mannes Ira, zum Beispiel, des Mannes, den sie sich zum Ehemann ›erwählt‹ hatte, glich in Stil und Aufteilung haargenau der weißen Villa, in der sie aufgewachsen war. ›Die Menschen sind manchmal frei, zu tun, was sie wünschen‹, hatte Hobbes in einem Philosophie-Lehrbuch von Worthley gesagt, ›in ihren Wünschen sind sie niemals frei.‹ Ginny hatte keine Ahnung, womit sich ihre Eltern sonst hätten beschäftigen sollen, aber es *mußte* für Erwachsene doch andere Möglichkeiten zum Zeitvertreib geben, als die Seelen der ihnen anvertrauten jungen Menschen unwiderruflich in eine bestimmte Form zu zwingen! Als Ginny ihre Tochter Wendy verließ, hatte sie ihr damit dieses Schicksal erspart? Oder war es bereits zu spät, hatte Ginny ihre Schaltkreise in den gemeinsamen Jahren schon festgelegt? Oder war es unabwendbar, würde lediglich ein neuer Elektriker dort weitermachen, wo Ginny aufgehört hatte?

Der Hauptgrund aber, warum sich Ginny nicht von ihrer Bastmatte aufraffen und ins Krankenhaus fahren konnte, war der, daß es ihr so furchtbar naheging, wenn sie sah, wie die Blutergüsse den Körper ihrer Mutter entstellt, wie die Medikamente das hübsche Gesicht zu einem gelben Vollmond verformt hatten. Sie stellte sich ihre Mutter lieber stark, gesund und unverwundbar vor, ein Schutzwall zwischen Ginny und der Vergänglichkeit – *mußte* sie sich einfach so vorstellen.

Ginny rechnete gerade aus, wie viele Besuche sie ihr wohl anstandshalber machen mußte, als ihr die Vogelbabys auf dem Dach wieder einfielen. Sie beschloß nachzusehen, ob die Alten sie inzwischen gerettet hatten oder sie wenigstens fütterten. Unter anderem natürlich auch, um die unangenehme Fahrt zum Krankenhaus noch ein wenig hinauszuschieben. Neben dem Schornstein stand die mit Lappen gepolsterte Schüssel – leer. Erleichtert stieg Ginny aufs Dach, um sie hereinzuholen.

Und da, gleich neben der Schüssel, fand sie zwei kleine erstarrte Vogelkadaver, die Flügel ausgebreitet, den Kopf weit in den Nacken gelegt. Sie waren auf dem heißen Blechdach regelrecht gegrillt worden. Auf einem Teller und einem Salatblatt hätten sie sich um nichts von den mickrigen Wildvögeln unterschieden, die Ira von seinen Jagdausflügen mitbrachte, damit Ginny sie zum Essen zubereitete. Eine Woge von Schuldbewußtsein und Kummer erfaßte sie. Sie hatte Vögel, die an die feuchte Kühle eines unbenutzten Feldsteinkamins gewöhnt waren, einem Feuerofen ausgesetzt.

Aber drei waren wenigstens gerettet worden. Sie legte die beiden starren Körperchen feierlich in die Schüssel. Dann wandte sie sich um, wollte wieder zum Fenster hineinsteigen – und entdeckte, in einem winzigen Schattenfleck ängstlich an die Hauswand geklammert, die drei anderen Vogelbabys. Ihre kleinen grellgelben Schnäbel öffneten und schlossen sich krampfhaft, aber lautlos.

Als sie da stand, in unmittelbarer Gefahr, sich auf den Steinstufen unten zu Tode zu stürzen, und entsetzt ihre drei überlebenden Schützlinge betrachtete, kam ein erwachsener Stachelschwanzsegler herabgeschossen, strich über das Dach und verschwand hinter dem First.

»Du verdammter Scheißkerl!« kreischte Ginny. »Komm endlich her und hilf deinen Babys!« Sie zitterte vor Wut.

Von ihrem Zornesausbruch erschöpft, begann Ginny nachzudenken. Die Eltern konnten die kleinen Vögel sicher nicht in den Kamin zurückschaffen, weil sie noch nicht flügge waren. Und das Blechdach war für sie zu heiß. Also mußte sie die Überlebenden in einen Baum setzen, wo die Alten sie füttern und ihnen schließlich das Fliegen beibringen konnten. Resolut nahm sie einen Lappen, um die drei Vogelbabys von der Hauswand zu holen. Sie hingen senkrecht wie Fledermäuse, die winzigen Krallen tief in den bröckeligen Mörtel zwischen zwei Baumstämmen geschlagen. Sie loszumachen war ebenso schwierig, wie einem Hund Kletten aus dem Fell zu lesen. So fest klammerten sie sich, daß sie fürchtete, ihnen die kleinen Krallen zu brechen.

Im hinteren, von Kudzu überwucherten Garten stand eine kräftige Fichte. Die unteren Äste breiteten sich beinahe waagerecht aus. Ginny stellte die Schüssel auf eine von zwei Ästen gebildete fichtennadelgepolsterte Plattform. Die beiden toten Vögel warf sie in den Kudzu und sprach einen stummen Nachruf für sie. Eigentlich hatte sie gedacht, daß Mutter Natur für die Ihren sorgen werde. Daß sie Ginny Babcock Bliss' ungeschickter Hilfe dazu bedurfte, darauf wäre sie nie gekommen.

Als sie sich umwandte und noch einmal zum Schornstein emporblickte, glaubte sie ganz kurz einen Vogelkopf um die Ecke spähen zu sehen. »Jetzt habt ihr sie wieder!« rief sie fröhlich zu ihm hinauf.

Als Mrs. Childress um halb sieben hereingestapft kam, um sie zu wekken, war Mrs. Babcock wütend. Nicht, weil sie so früh geweckt wurde, obwohl das Grund genug gewesen wäre. Sie war ganz einfach allgemein wütend, so sehr, wie sie es ihrer Erinnerung nach nur einmal gewesen war, als kleines Kind, nachdem ihr Pony sie absichtlich in einen Rosenbusch geworfen hatte. Wäre sie nicht so schwach gewesen, sie wäre vermutlich aufgesprungen, hätte die Fenster eingeschlagen und diese gräßlichen imitiert-skandinavischen Möbel an die Wand geknallt.

Statt dessen riß sie sich das Thermometer aus dem Mund und schleuderte es zu Boden. Beide – Mrs. Childress und sie selbst – sahen verblüfft zu, als winzige Quecksilberkügelchen flink wie Insekten über die Fußbodenfliesen liefen. Dann warf Mrs. Childress ihr einen vorwurfsvollen Blick zu.

»Ich . . . Es tut mir leid«, stotterte Mrs. Babcock, selbst erschrocken über ihren Ausbruch. »Es war – äh – ein Versehen.« Und so fest eingedrillt war ihr die Überzeugung, daß man niemals feindselige Gefühle hegen, geschweige denn ihnen Ausdruck verleihen darf, daß sie sekundenlang tatsächlich glaubte, es sei ein Versehen gewesen, ihr sei nur die Hand ausgerutscht.

Aber dann brach wieder die Woge des Zorns über sie herein. Nein! Es war *kein* Versehen gewesen, und sie hatte durchaus das Recht, so etwas zu tun! Warum mußte auch unentwegt jemand kommen, sie wecken, ihr Dinge in Mund und Nase schieben, sie mit Messern schneiden oder mit Nadeln stechen? Woher nahmen sie sich das Recht? Wessen Körper war dies eigentlich?

Mrs. Childress reichte ihr das Prednison. »Nein!« Energisch lehnte Mrs. Babcock die Pillen ab. Mrs. Childress musterte sie erstaunt und hielt ihr die Tabletten von neuem hin. »*Nein,* habe ich gesagt.«

»Aber *honey,* Sie müssen Ihre Medizin nehmen, damit Sie gesund werden«, erklärte ihr Mrs. Childress, als habe sie ein Kind vor sich.

»Ich nehme sie nicht. Die Pillen helfen nicht, und ich will nicht mehr soviel zunehmen.«

»Woher wollen Sie wissen, daß sie nichts helfen, Mrs. Babcock? Sie können doch gar nicht sagen, wie es Ihnen ohne die Pillen gehen würde, nicht wahr?«

»Das sieht doch jeder, daß die nichts helfen«, fuhr Mrs. Babcock auf und hob ihre geschwollenen, fleckigen Arme.

»Sie müssen Geduld haben, *honey*.«

»Ich nehme sie nicht«, wiederholte Mrs. Babcock stur, selbst am meisten über sich verwundert.

»Dann möchte ich nicht erleben, was passiert.« Mrs. Childress sah ihre sonst so fügsame Patientin fassungslos an.

»Ist mir egal. Schlimmer als jetzt kann's auch nicht werden.«

»Wir werden sehn, was der Doktor sagt«, entgegnete Mrs. Childress energisch. Die Pillen legte sie auf den Nachttisch, eindeutig empört, daß jemand eine vom Arzt verschriebene Behandlung ablehnte.

»Und mein Frühstück esse ich heute auch nicht.«

Mrs. Childress runzelte erstaunt die Stirn. »Aber *honey,* Sie *müssen* essen.«

»Warum?«

»Damit Sie gesund werden. Sie sind anämisch, von dem vielen Blutverlust.«

»Ich sehe nicht ein, wie ich von dem Fraß, den wir hier kriegen, gesund werden soll.« Ihr wurde schon schlecht, wenn sie an das ewige Eipulver, den Orangensaft aus der Dose und den Weizenkeimbrei auch nur dachte. Und an die Pflaumen gegen Anämie.

»Mrs. Carter, unsere Diätexpertin, weiß genau, was die Patienten brauchen«, erwiderte Mrs. Childress überheblich beim Hinausgehen.

Jetzt brauchte sie nur noch ein Bad – ein schönes, heißes Bad, das ihre Schmerzen lindern würde. Langsam richtete sie sich auf und schwang die Füße auf den Boden. Als ihre gequälten Beine schmerzten, weil das Blut hineinschoß, machte sie die Augen zu. Sie schlurfte ins Bad und drehte den Heißwasserhahn auf.

Bis zum Kinn ins heiße Wasser getaucht, spürte sie, wie ihr Zorn allmählich nachließ. Sie schloß die Augen und genoß es, daß ihre schmerzenden Glieder vom Wasser getragen wurden. Wenn ihr Kreislauf, wie jetzt, nicht auch noch mit der Schwerkraft zu kämpfen hatte, tat ihr alles nicht ganz so weh.

So blieb sie eine Weile – wie lange, wußte sie nicht –, ohne zu denken und ohne zu fühlen, in der heißen Wanne liegen. Allmählich jedoch kehrten die Gedanken zurück wie Abwasser in ein Sickerfeld, unfreundliche Gedanken, die neuen Ärger in ihr auslösten. Wesley ließ sie also wieder mal im Stich. Nie war er da, wenn sie ihn brauchte. Typisch. Regelmäßig war er mit Migräne vom Büro nach Hause gekommen und hatte sich jammernd zu Bett gelegt. Über Krankheiten, fand er, besaß der Mensch keine Kontrolle; daher durfte er sich ruhig mit Kopfschmerzen ins Bett legen. Sie war überzeugt, daß er in seinem Büro gesessen und nur auf die Migräne gewartet hatte, damit er im verdunkelten Zimmer ausruhen, sich von ihr die Mahlzeiten ans Bett bringen und die schmerzende Stirn mit Essigtüchern kühlen lassen konnte, während die Kinder auf Zehenspitzen herumschleichen mußten und nur flüstern durften. Aber wenn *sie* mal irgend etwas hatte und sich zu Bett legen und pflegen lassen wollte, ohne sich um die Kinder kümmern zu müssen, dann war er unauffällig verschwunden und verschanzte sich in seinem Büro. Die Götter wußten, bei wie vielen Pfadfinderessen, Kinderligaspielen, Vater-und-Sohn-Autowaschwettbewerben sie ihn hatte vertreten müssen.

Er hatte immer so getan, als hasse er Hullsport, als sei es sein Kreuz, das er aus Liebe zu seiner armen Frau tragen müsse, der es einfach unmöglich war, den Süden zu verlassen und irgendwo mit ihm zu leben, wo er sich wohler fühlte. In Wahrheit hatte man ihm niemals eine Position in Boston angeboten. Nach seinem Harvard-Abschluß war er sofort nach Hullsport geschickt worden. Normalerweise blieben Volontäre höchstens etwa zwei Jahre in Hullsport. Nach diesen zwei Jahren jedoch war Wesley zum Militär gegangen und nach Übersee geschickt worden. Als er entlassen wurde, hatte er seinen Platz im Konkurrenzkampf der Firma verloren, war wieder nach Hullsport geschickt und niemals nach Boston zurückbeordert worden. Ob es nun an den zeitlich ungünstigen Umständen oder an seinen mangelnden Fähigkeiten lag – Tatsache blieb, daß es nicht ihre Schuld war, wenn er sein Leben in Hullsport verbringen mußte. Um aber sein Ego zu schonen, hatten alle, auch sie selbst, bis zu jenem Nachmittag, da er auf dem Fußboden seines Büros gelegen hatte und gestorben war, die Fiktion aufrechterhalten, Major Babcock bleibe nur seiner Frau zuliebe in diesem Nest Hullsport. Mrs. Babcock hatte auf einmal den Eindruck, ihr ganzes Leben mit der Pflege der Egos anderer Leute verbracht zu haben. Zum Beispiel Ginny. Die hatte Nerven, hier in diesem schäbigen weißen Overall und einem

T-Shirt ohne BH aufzukreuzen! Sie hatte immer schon alles getan, um ihren Eltern Kummer zu bereiten, und ihr Auftritt gestern setzte diese Tradition auf das schönste fort. Dennoch hatte Mrs. Babcock alles schweigend ertragen, hatte nicht einmal gewagt, sie zu bitten, nächstes Mal doch ein hübsches Kleid oder Kostüm zu tragen – aus Angst, sie zu kränken, bei ihr Hemmungen wegen ihrer äußeren Erscheinung auszulösen oder sie zur Rebellion zu treiben, so daß sie das nächstemal in einem noch skurrileren Aufzug ankam.

Die große Frage aber lautete, weshalb Ginny überhaupt hier war. Sie ähnelte eigentlich einem Aasgeier: dachte gar nicht daran, ihre Eltern, wie normale Kinder, regelmäßig zu besuchen; es bedurfte schon einer größeren Katastrophe, ehe sie sich herbeiließ, sich zu verhalten, wie sie es immer schon hätte tun sollen. Der einzige Grund, warum sie jetzt hier war, bestand vermutlich darin, daß sie sich von den Möbeln und so weiter aussuchen wollte, was sie für ihr Haus in Vermont brauchte, ehe Karl und Jim kamen. Sie tat immer furchtbar heimlich, was ihre Handlungen und Absichten betraf, doch eine Mutter durchschaute sie trotzdem.

Einen Augenblick über ihren Schatten springend, erkannte Mrs. Babcock sich selbst nicht wieder. Diese negativen Gefühle im Zusammenhang mit Menschen, die sie liebte, waren etwas ganz Neues für sie. Ihr Leben lang hatte sie immer nur vermittelt. Wesley und die Kinder hatten in diesem großen Haus ständig Kämpfe ausgefochten. Sie selbst war dann hinter ihnen hergezogen, hatte die Tränen der Kampfhähne getrocknet, hatte bei Wesley um Verständnis für die Kinder, bei den Kindern um Verständnis für Wesley gerungen. Nie hatte sie ihrer eigenen Meinung Ausdruck verliehen, so lange nicht, bis sie kaum noch wußte, wie ihre Meinung eigentlich aussah. Das hieß, bis heute, da sie sich ihr plötzlich energisch aufdrängte. Aber war dies denn, was sie ›wirklich‹ empfand?

Sie hob den Kopf und betrachtete das dunkelblaue Wasser – und entdeckte an ihren Oberschenkeln ein spinnwebfeines Muster aus Blut. Erschrocken richtete sie sich auf, packte die Haltestange und zog sich heraus. Als sie sich abtrocknete, stellte sie fest, daß das Blut aus ihrer Vagina kam, was theoretisch unmöglich war, da sie vor mehreren Jahren bereits die Wechseljahre erreicht hatte.

Während sie noch perplex dastand, klopfte es an die Tür. »Wer ist da?«

»Dr. Vogel. Darf ich hereinkommen?«

»Ich bin nicht angezogen. Einen Moment.« Sie warf Nachthemd und Morgenrock über und stopfte sich Toilettenpapier zwischen die Beine.

Der junge blonde Dr. Vogel hockte halb auf ihrem Bett. Als sie die Tür öffnete, sprang er eilfertig auf und ergriff ihren Arm.

Sie riß sich los und fuhr ihn an: »Finger weg, junger Mann! Ich bin durchaus in der Lage, allein zu gehen!«

Nachdem sie es sich im Bett bequem gemacht hatte, der Blutung zwischen ihren Beinen jedoch nur allzu deutlich bewußt, sagte Dr. Vogel: »Nun, Mrs. Babcock, was höre ich da? Sie wollen Ihre Medizin nicht nehmen?«

Sofort hatte sie ein schlechtes Gewissen; es würde diesen ernsthaften jungen Mann tief kränken, wenn sie an seinen Behandlungsmethoden zweifelte. Und wenn ihr in den Jahren der Mutterschaft ein Grundsatz eingehämmert worden war, dann jener, daß man junge Menschen nicht entmutigen soll. Es könnte ihrer Entwicklung schaden. An die eigene Entwicklung durfte man dabei nicht denken. Die war nicht mehr so wichtig, wenn man erst Kinder hatte; dann existierte man nicht mehr als entwicklungsfähiger Mensch. Ihre eigene Entwicklung hatte keinerlei Rolle mehr gespielt, seit sie Bryn Mawr verlassen hatte, um Wesley zu heiraten, weil dieser in den Krieg ziehen sollte. Und wo war Wesley jetzt?

»Ganz recht. Ich nehme sie nicht mehr.«

»Aber, Mrs. Babcock, Sie sind doch sonst nicht so!«

»Woher wollen Sie wissen, wie ich bin?«

»Und *warum* wollen Sie die Pillen nicht nehmen?« fragte er, freundlich ausweichend.

Wie kommt es nur, überlegte sie, daß man von allen wie eine Schwachsinnige behandelt wird, sobald man krank ist? »Weil sie nicht helfen, Dr. Vogel. Geben Sie's doch zu. Ich habe jeden Tag mehr Blutergüsse. Meine Nase blutet ununterbrochen. Und ich habe zehn Pfund zugenommen.«

»Sie müssen Geduld haben, Mrs. Babcock.«

»Ich habe über zwei Wochen lang Geduld gehabt. So, wie es jetzt aussieht, habe ich nicht mehr viel Zeit, länger zu warten.«

»Aber, aber! So negativ dürfen wir nicht denken«, entgegnete er mit nervösem Auflachen.

»Die letzten beiden Male ist die Wirkung schon nach zehn Tagen eingetreten.«

Er nickte, gab zu, daß sie mit ihrer Analyse recht hatte. »Nun gut.« Resolut stand er auf. »Ich kann Sie nicht zwingen, die Pillen zu nehmen. Ich könnte Ihnen natürlich eine Injektion geben, doch das werde ich nicht gegen Ihren Wunsch tun. Aber bitte, überlegen Sie es sich, Mrs. Babcock. Wenn Sie sich weiterhin weigern, die Medikamente zu nehmen, lehne ich jegliche Verantwortung ab.«

»Niemand verlangt etwas anderes von Ihnen«, erklärte sie kühl, ein Lächeln der Genugtuung unterdrückend. »Äh . . . Dr. Vogel?« fragte sie, als sich sein breiter weißer Rücken zur Tür bewegte. »Kann es eigentlich vorkommen, daß eine Frau noch mal ihre Regel bekommt, nachdem sie schon in den Wechseljahren ist?«

Rasch drehte er sich zu ihr um. »Sie haben vaginale Blutungen?« Sie nickte. Er seufzte stirnrunzelnd. »Ich werde die Schwester veranlassen, daß sie Ihnen Binden bringt. Aber *bitte* überlegen Sie sich noch mal, ob Sie die Medikamente nicht doch nehmen wollen, Mrs. Babcock. Wenn ich mit der Visite fertig bin, werde ich Sie untersuchen. Aber ich fürchte . . .« Er eilte hinaus.

Was fürchtet er? fragte sich Mrs. Babcock. Er fürchtet, daß die Blutung aus der Vagina mit meinem Nasenbluten in Zusammenhang steht. Ist das aber dann nicht der Beweis dafür, daß die Medizin nichts hilft?

Die Tür ging auf, und Ginny kam in ihrem ausgeschnittenen Heidi-Gewand herein. Sie war zu dem unattraktiven Hellrot gekochter Krebse verbrannt.

»Hallo, Mutter!« grüßte sie leise, mit gesenktem Blick.

»Ach, du bist's.«

»Ich hab draußen mit Dr. Vogel gesprochen. Er sagt, du willst deine Medizin nicht nehmen.«

»Ganz recht. Und bevormunde du mich nicht auch noch, Kind. Bis jetzt bin ich noch nicht tot.«

Ginny sah diese Unbekannte verwundert an. Sie kannte ihre Mutter nur entweder sanft und nachgiebig oder stumm und mißbilligend. Vielleicht lag es an den Medikamenten.

Als Ginny mit ihrer Mutter am Arm langsam zur Sonnenveranda ging, hörte sie Trainer Bicknell in seinem Zimmer schimpfen: »Jawohl, aber zufällig bin *ich* hier der Trainer. Das können Sie ihm ausrichten. Ist mir egal, was er gesagt hat. Richten Sie ihm nur aus, daß ich gesagt habe, Sie sollen ihm ausrichten, daß *ich* hier der Trainer bin. Wenn *er* Trainer ist, kann er machen, was er will. Ha, ha, ha, ha . . .«

»Stört dich das nicht?« erkundigte sich Ginny.

»Stören? Natürlich stört es mich. Würde es dich denn nicht stören, wenn du dir den ganzen Tag dieses idiotische Geschrei anhören müßtest?«

»Ich glaube schon.«

»Das meine ich auch.«

Mr. Solomon und Schwester Theresa nickten Ginny und ihrer Mutter grüßend zu. Ginny nahm Platz und beobachtete schweigend, wie die anderen aßen.

Einmal, während der Mahlzeit, meinte Ginny: »Mutter, du solltest deine rote Bete essen.«

»Aber ich mag keine rote Bete.«

»Iß sie trotzdem. Sie sind gut für deine Anämie.« Erschrocken merkte Ginny, daß sie jetzt die Rolle der Diätexpertin einnahm, die ihre Mutter ihr gegenüber so lange Jahre gespielt hatte. Ihr kam der Gedanke, daß Eltern ihre Kinder jahrelang zum Essen antreiben und daß diese Kinder dann, kaum erwachsen, den Rest ihres Lebens damit verbringen, möglichst wenig zu essen.

»*Gut* für mich? *Gut* für mich? Seit wann kümmerst du dich darum, was gut für mich ist?«

»Aber Mutter!« sagte Ginny mit verlegenem Kichern. Ihr Blick flehte Mr.Solomon und Schwester Theresa um Hilfe gegen diese irrationale Harpyie an, die sich des Körpers ihrer sanftmütigen Mutter bemächtigt hatte. Doch beide aßen ruhig weiter, ohne ein einziges Mal aufzublikken. »Reg dich nicht auf, Mutter. Iß deine rote Bete.«

»›Iß deine rote Bete‹, sagt sie. Du willst ja bloß, daß ich diesen Fraß runterwürge, damit ich meinen Mittagsschlaf halte und du dich endlich davonmachen kannst.« Damit hatte sie ins Schwarze getroffen. Schuldbewußt senkte Ginny den Kopf. »Na?« fragte Mrs. Babcock triumphierend. »Habe ich recht?«

Ginny schwieg. Sie wußte nicht, wie sie sich verhalten sollte. Jedes Wort, das sie sagte, würde die Mutter ihr in dieser Stimmung ja doch nur wieder im Mund verdrehen. So hatte sie sie noch nie erlebt. Es war wohl am besten, sie sagte gar nichts.

Endlich fuhr ihre Mutter etwas ruhiger fort: »Aber du kommst mich wenigstens besuchen. Was man von meinen Söhnen nicht behaupten kann.«

»Aber . . .« Ginny wollte darauf hinweisen, daß die beiden in Californien und Deutschland seien, hielt es jedoch für besser, nichts zur Verteidigung ihrer Brüder und Rivalen zu tun.

»Ich hatte ausdrücklich gebeten, mir keinen Kürbis vorzusetzen«, sagte Mr. Solomon seufzend. »Und jetzt hab ich das Zeug schon wieder auf dem Teller.«

Mrs. Babcock – von der Ginny keinerlei Rebellion gewohnt war, höchstens, daß sie mal eine Zahltoilettentür aufgehalten hatte – Mrs. Babcock schlug ihm leise vor: »Werfen Sie's einfach auf den Boden und tun Sie, als wär's aus Versehen runtergefallen.«

»Aber *Mutter*!« sagte Ginny in gespieltem Entsetzen, hastig bemüht, einen Scherz daraus zu machen.

Mrs. Babcock funkelte sie aufgebracht an. »Hör auf, ›aber Mutter‹ zu mir zu sagen! Ich kenne dich ja nicht einmal!«

Ginny drehte an ihrem geflochtenen Lederarmband und überlegte, ob der Ausspruch ihrer Mutter wörtlich oder sinnbildlich zu nehmen war: Hatten die Medikamente sie so verändert, daß sie buchstäblich nicht wußte, wer Ginny war, oder erkannte sie in Ginny die Tochter, wußte aber nicht, wie sie wirklich war?

Ginny brachte die Mutter in ihr Zimmer zurück und half ihr ins Bett. »Soll ich dich frisieren?« erbot sie sich unsicher, weil das eine Beschäftigung war, bei der sie unmöglich streiten konnten. »Du weißt schon, Haare ausbürsten und so?«

»Was paßt dir nicht an meiner Frisur?«

»Sie ist in Ordnung. Ich dachte nur, du möchtest vielleicht . . .«

Miss Sturgill platzte ins Zimmer herein und trällerte wie ein Fräulein vom Amt, dem die Verbindung gerissen ist: »Hallo, hallo, hallo!«

Sie begann, Mrs. Babcocks obere Betthälfte hochzukurbeln. Mrs. Babcock sagte scharf: »Wenn ich das Kinn auf die Knie legen will, mache ich Freiübungen, Miss Sturgill.«

Miss Sturgill hörte auf zu kurbeln und schob Mrs. Babcock ein Thermometer in den Mund. Mrs. Babcock wehrte sich nicht. Nachdem Miss Sturgill die Temperatur abgelesen und die Quecksilbersäule heruntergeschlagen hatte, verschwand sie in einer Wolke von weißer Stärke, um sich weiteren karitativen Pflichtübungen zu widmen.

Ginny schaltete den Fernseher auf die allnachmittägliche ›Soap Opera‹ mit dem Titel ›Hidden Heartbeats‹ und machte es sich im Sessel bequem. Denn erstens konnten ihre Mutter und sie sich das Programm ansehen und hatten so eine akzeptable Ausrede dafür, daß sie sich nicht unterhielten. Und zweitens hegte Ginny eine geheime Leidenschaft für ›Hidden Heartbeats‹. Sie hatte sich die Serie, während sie Wendy stillte, getreulich jeden Nachmittag angesehen. Welchen merkwürdigen Einflüssen sie ihre Tochter wohl ausgesetzt hatte, als sie ihr zugleich mit dem Nachmittagsquantum Muttermilch ›Hidden Heartbeats‹ präsentierte? Sie hatte halb im Sessel gelegen, während sich Wendys kleiner Bauch mit Milch füllte, und ihr eigenes Glück mit dem Elend der meisten Personen von ›Hidden Heartbeats‹ verglichen. Am liebsten hätte sie sie alle liebevoll bei der Hand genommen und ihnen geraten, Kinder zu kriegen. Denn das war zweifellos der einzig mögliche Weg zum Glück. Sie hatte behutsam ihre Brustwarze aus dem Mund des schlafenden Säuglings gezogen und bis zum Ende der Sendung Wendys kleine Gelenke überprüft. Zehen und Finger, Knie, Knöchel und Ellenbogen – alles genau, wie es sein sollte! Die feinen braunen Wimpern ruhten auf den rosa Pausbäckchen, die feuchten hellroten Lippen waren noch wie zum Saugen gespitzt. Es war ein Wunder! Wie nur hatten zwei so fehlerhafte Sterbliche wie Ira und sie ein so perfektes Miniaturwesen produzieren können . . .

Aber sie quälte sich ja schon wieder! Resolut konzentrierte sie sich auf den Fernsehschirm, wo Sheila gerade mit Ella telefonierte. Es war genau wie gestern, als sie Joe Bob wiedersah und entdeckte, daß er sich nicht verändert hatte. Nach einem Jahr hatte Mark Sheila immer noch nicht gestanden, daß die Tochter, die ihre Schwester Linda großzog, vom Onkel ihrer beider Mutter gezeugt worden war.

»Es ist nicht zu fassen!« sagte Ginny laut vor sich hin.

»Was denn?« erkundigte sich die Mutter. »Daß Sheila immer noch nichts von Susies Vater weiß?« Ginny warf ihr einen raschen Blick zu; sie mußte ein Grinsen unterdrücken. Ihre Mutter teilte also ihr Laster und sah sich nachmittags, wenn niemand in der Nähe war, heimlich ebenfalls ›Hidden Heartbeats‹ an!

»Genau. *Wieso* weiß Sheila noch nichts davon? Erstens sieht Susie Frank kein bißchen ähnlich. Frank ist hellblond und Susie rothaarig.«

»Ja, aber Lindas Haare sind kastanienbraun. Außerdem benehmen sich Gene manchmal sonderbar.«

»Stimmt«, gab Ginny zu, froh, endlich einmal normal mit der Mutter reden zu können. »Aber meinst du nicht, daß Mark Sheila sagen müßte, warum Onkel Clarence sie aus seinem Testament gestrichen hat?«

»Ich weiß nicht recht.« Die Mutter biß sich auf die Lippe und erwog die moralische Seite der Situation. »Schließlich kann man nicht voraussagen, wie Sheila sich Linda gegenüber verhalten wird, wenn sie die Wahrheit erfährt. Die beiden haben sowieso schon genug Probleme.«

»Also, *ich* glaube nicht, daß Sheila sich groß aufregen würde. Glaubst du das wirklich?«

»Ja, sieh dir doch an, wie sie reagiert hat, als sie von Reginas unehelicher Schwangerschaft erfuhr. Bei Sheila würde mich überhaupt nichts wundern.«

»Hmmm. Ich glaube tatsächlich, du hast recht.«

Sheila plante eine Bridge-Einladung. Sie suchte während der ganzen letzten zwanzig Minuten der halbstündigen Sendung in einem Laden Bridgeblocks aus. Die Soap Operas waren in ihrem Realismus unschlagbar. Die meisten Formen der Fiktion kürzten, betonten und stellten um, während die Soap Operas beinahe ebenso langweilig waren wie das Leben selbst. Was in einer Soap Opera innerhalb einer halben Stunde geschah, war ungefähr dasselbe wie das, was in einer halben Stunde Wirklichkeit geschah, nämlich so gut wie gar nichts. In dem gesamten Jahr, seit Ginny die Serie zum letztenmal gesehen hatte, war Frank lediglich seinen Job in der Werbefirma losgeworden, weil er während der Arbeitszeit Pornofotos geschossen hatte, und da dies das Faß zum Überlaufen brachte, hatte Linda die Scheidung eingereicht. Sheila konnte immer noch keine Kinder kriegen, weil ihr Muttermund seit einer Abtreibung im Teen-Alter durch eine Engelmacherin vollkommen deformiert war, und Mark, vernünftig und selbstlos wie gewohnt, versuchte sie immer noch zu einer Adoption zu überreden.

Als ›Hidden Heartbeats‹ zu Ende war, drehte sich Ginny um, weil sie die Mutter fragen wollte, welches Programm sie jetzt gern hätte. Sie wollte wissen, ob die Vorliebe ihrer Mutter allen Soap Operas galt oder nur den ›Hidden Heartbeats‹. Doch ihre Mutter war eingeschlafen.

Ginny marschierte mit laut dröhnenden Kampfstiefeln den Korridor entlang und fragte eine Schwester, wo sie Dr. Vogel finden könne.

»Versuchen Sie's mal im Labor. Erdgeschoß.«

Als sie an der Labortür nach Dr. Vogel fragte, antwortete ihr die Sekretärin: »Tut mir leid, aber er ist beschäftigt.«

In diesem Augenblick kam er mit wehendem Laborkittel heraus.

»Dr. Vogel, könnte ich Sie eine Minute sprechen?«

»Ich hab's eilig«, erklärte er, der Sekretärin Papiere reichend.

»Nur eine Minute.« Ginny fand diese neue Art der Heilkunst ungewöhnlich. Dr. Tyler hatte den größten Teil seiner Zeit damit verbracht, mit den Patienten und ihren Familien zu sprechen, ihnen alles zu erklären, ihnen auseinanderzusetzen, welche Medikamente er verschrieb. »Diese Pillen, die meine Mutter nicht mehr nehmen will – Mrs. Babcock in 307 –, was sollen die eigentlich bewirken?«

»Wir haben Grund zu der Annahme, daß Steroide – Prednison, Cortison – die Gerinnungsfähigkeit des Blutes erhöhen, indem sie die Brüchigkeit der Kapillaren reduzieren.«

»Glauben Sie, daß sie in diesem Fall helfen?«

Angestrengt um Geduld bemüht, wandte er die blauen Augen zur Decke. »Offenbar doch, sonst würden wir sie ihr nicht geben. Nicht wahr, Miss Babcock?«

»Und wie wirken sie?«

»Äh – ja, nun . . . Das wissen wir nicht genau.« Ginny merkte, daß auch er, wie ihre Eltern, nur ungern zugab, etwas nicht genau zu wissen.

»Was kann man tun, wenn sie sich weiterhin weigert, die Steroide zu nehmen?«

»Wir wollten ohnehin transfundieren. Sie ist anämisch, ihr Blutvolumen ist zu gering, sie braucht Spender-Thrombozyten.« Er lächelte ihr mitfühlend zu und begann dann vor Ungeduld, an seine Laborarbeit zu kommen, unbeherrscht zuckende Bewegungen zu machen. Er war es eindeutig nicht gewöhnt, seine Therapiepläne offenzulegen oder sie von einem Laien in Frage stellen zu lassen.

Zu Hause, im Blockhaus, ging Ginny geradewegs zu der großen Fichte. Erfreut sah sie die Vogelbabys weder in der Holzschüssel noch auf dem Erdboden. Sie waren schon ziemlich groß; möglicherweise hatten die Alten ihnen Kurzflugunterricht erteilt. Gerade als sie erleichtert ins Haus zurückkehren wollte, hörte sie wieder dieses hilflose Kreischen. Sie fuhr herum, und da sah sie sie. Die Vögel waren aus der Schüssel geturnt und hingen senkrecht von den Zweigen. Vermutlich hatten sie auch so an der Schornsteinwand gehangen und hingen lieber, als zu sitzen. Na schön. Sollten sie hängen.

Vom Fenster aus hielt Ginny Ausschau, ob die Alten mit Nahrung und liebevoller Fürsorge erschienen. Doch nichts geschah, kein einziger Schnabel voll Würmer wurde gebracht. Schließlich ging sie in die Küche, um sich ein Thunfisch-Sandwich zu machen. Als sie an ihren Beobachtungsposten zurückkehrte, entdeckte sie eine wilde getigerte Katze, die erwartungsvoll, mit funkelnden Augen unter der großen Fichte hockte. Sie jagte zur Tür und verscheuchte das Vieh. Bei näherer Inspektion schien es, als müßten die Vogelkrallen jeden Moment von den Zweigen abrutschen und die Körperchen auf dem Boden zerschmettern. Deswegen bettete sie die Babys wieder in die Holzschüssel.

Gerade als sie damit fertig war, kam ein erwachsener Stachelschwanzsegler herabgeschossen und hockte sich auf den Schornsteinrand. Heiße Wut stieg in ihr auf, und sie schrie aufgebracht: »Verdammt, komm sofort runter und kümmer dich um deine Kinder!« Sie war so empört, daß sie zu keiner Bewegung fähig war. Allmählich beruhigte sie sich aber wieder, weil sie einsah, daß es absurd war, Vögeln menschliche Beweggründe und menschliches Auffassungsvermögen zu unterstellen. Aber, verdammt, flogen sie nun im Herbst Tausende von Meilen weit ohne Kompaß oder nicht?

Reumütig kehrte Ginny ins Haus zurück und rief Dr. Tyler an. Sie wollte ihn über die Steroide ausfragen, doch es meldete sich niemand.

Um ihre Fahrt ins Krankenhaus ein wenig hinauszuzögern, nahm sie den Umweg an der Hullsport High School vorbei. Weder Joe Bob noch seine ›Jungens‹ waren auf dem Sportplatz zu sehen. Ginny fuhr mit dem Jeep ganz langsam weiter. Vor der Turnhalle sah sie drei junge Mädchen. Sie übten Marschieren und, jawohl, sie trainierten Fahnenschwingen. Sie hielt an und sah ihnen zu; wieder einmal drohte die Vergangenheit die Gegenwart zu überschwemmen. Die rotbraun-grauen Fahnen wehten und wirbelten hypnotisch in der altvertrauten Choreographie.

»Kann ich Ihnen helfen?« fragte plötzlich eine junge Männerstimme.

»Was?« entgegnete Ginny erschrocken. Als sie aufblickte, sah sie einen Jungen an ihrem Wagen stehen, das lange blonde Haar feucht und glatt zurückgestrichen. Er trug Jeans mit ausgestellten Beinen und dazu ein T-Shirt. Sie erkannte Billy Barnes, den Nachwuchsstar aus Joe Bobs Stall.

»Sie sehn aus, als hätten Sie sich . . . verfahren. Und da dachte ich, ich könnte Ihnen vielleicht . . . na ja, den Weg zeigen oder so.«

»O nein, danke. Ich hab mir nur die Fahnenschwingerinnen angesehen.«

»Ja, die sind gut, nicht wahr?«

»Nicht schlecht. Ich war hier auch mal Fahnenschwingerin.« Aus einem ihr unerfindlichen Grund sagte sie es voll Stolz.

»Was Sie nicht sagen!« antwortete er mit einem freundlichen, gelassenen Grinsen, das seine weißen Zähne sehen ließ. Ginny hatte das Gefühl, daß er ungläubig die Linien auf ihrer Stirn und ihre ergrauende Afro-Frisur musterte; sie unterdrückte den Wunsch, ihm zu versichern, es sei wahr, sie sei früher auch einmal so schlank, frisch und graziös gewesen wie diese drei jungen Mädchen, denen sie bewundernd zusahen.

»Ja. Vor zehn Jahren.«

»Wirklich?«

»Wirklich. Die Choreographie scheint sich nicht viel verändert zu haben.«

»Nein?« Jetzt redete er ihr eindeutig nach dem Mund. Sie kam sich mit jeder Sekunde älter vor.

»Tja, ich muß weiter. Vielen Dank für Ihr Hilfsangebot.« Sie jagte den Jeepmotor hoch. »Hören Sie, kann ich Sie irgendwo absetzen?«

Er zögerte, wurde rot. »Ja, gern«, antwortete er nervös. Er stieg ein.

»Und wohin wollen Sie?«

Er stotterte. Ginny kannte sein Problem. Er wußte nicht, wie er ihr Angebot auffassen sollte: Wollte sie ihn wirklich nur mitnehmen, oder wollte sie mehr von ihm? Joe Bob hatte oft genüßlich von den Frauen gesprochen, die versucht hatten, ihn zu verführen: Yummy Mummys, hatten Doyle und er sie genannt. Es waren meistens ehemalige Cheerleader und ehemalige Freundinnen von Footballstars, die nun, da es aufs mittlere Alter zuging, in Panik gerieten und sich nach vergangenen ruhmvollen Zeiten zurücksehnten. Diese Frauen, einstmals bildhübsch, jetzt aber durch jahrelange Hausarbeit und Kindererziehung verblüht, machten sich an den jeweiligen Jahrgang von Sportassen heran und boten sich den Jungens an, weil sie hofften, einen Nachgeschmack ihres eigenen ehemaligen Glanzes zu erhaschen. Bot Ginny diesem ansehnlichen, muskulösen jungen Mann eine Fahrt in ihrem Jeep an, oder war sie jetzt auch eine Yummy Mummy, die ihm mehr, das heißt, sich selbst anbot? Sie wußte es nicht. Sie wartete ab, wie sich die Sache entwickelte.

»Tja, also . . .« begann er unsicher; dann errötete er und fuhr sich verlegen mit der Hand durchs Haar. »Leben Sie jetzt immer noch hier?«

»Nein. Ich lebe in Vermont.« Seine Miene hellte sich auf. Vielleicht ein Quickie, ohne Verpflichtungen?

»In Vermont? Da muß es aber ziemlich kalt sein.«

»Ja. Aber meine Mutter lebt hier.«

»Und Sie sind auf Besuch bei ihr, wie?« Er ließ die gefalteten Hände zwischen den Knien hängen und bewegte linkisch seine Schultern.

»Ganz recht.« Sie war hochinteressant, diese Situation, in der jeder wartete, ob nicht der andere zuerst ein Techtelmechtel vorschlagen würde. Ginny jagte den Motor abermals hoch, setzte zurück und fuhr in Richtung Hull Street. Erstmal dorthin; was dann geschah – wer konnte es wissen? Ihr Interesse am Dasein der Yummy Mummys nahm ständig zu. Sie hatte seit Jahren keinen richtigen wilden Sex mehr erlebt – mein Gott, seit endlosen Jahren, wenn je überhaupt. Für sie war Sex stets kompliziert, konfus und mit jeder nur möglichen Emotion und Motivation angereichert gewesen. Vielleicht war jetzt ein unbekümmertes Zwischenspiel mit einem heißen, geilen jungen Mann genau das richtige für sie – ein ausschließlich gegenwärtiges Erlebnis, vollzogen ohne die verzerrenden Einflüsse der Vergangenheit und ohne Erwartungen für die Zukunft. Mit anderen Worten, ein Quickie. Schließlich, wenn Ira sie wegen Ehebruchs verstoßen wollte, konnte sie ebensogut auch einen begehen.

Denn was immer sie und Hawk in jener Nacht getan hatten – Ehebruch war es nicht gewesen.

»Welche Sportarten betreiben Sie?« fragte sie mit einem anerkennenden Blick auf seinen stahlharten jungen Körper. Bis auf seinen Kopf hätte er ohne weiteres Joe Bob mit siebzehn Jahren sein können; er besaß die gleiche durchtrainierte Lässigkeit.

»Alle.«

»Wirklich? Und welche gefällt Ihnen am besten?«

»Ach . . . Football, glaube ich. Im nächsten Jahr möchte ich mir ein Football-Stipendium holen. Und dann möchte ich Trainer werden.«

Ginny umrundete den Kirchenpark und fuhr inmitten des Stroms langsam dahinrollender Wagen, die sich im Schein der Abendsonne bereits zusammengefunden hatten, die Hull Street entlang. »Das haben wir damals auch gemacht«, erklärte sie sehnsuchtsvoll. »Den ganzen Abend lang sind wir die Straße hier rauf und runter gefahren.«

»Wirklich?« fragte er mit seinem nachsichtigen Grinsen.

»Ist das Dew Drop noch so beliebt?«

»Aber sicher. Nur fahren viele jetzt auch auf den Sow Gap Highway raus. Da gibt's 'ne ganze Menge neue Lokale. Einen McDonald und so weiter.«

Der einzige Unterschied, den Ginny entdecken konnte, als sie unter dem Spruchband hindurchfuhren, das Mrs. Melody Dawn Bledsoe als Siegerin des Pillsbury-Backwettbewerbs von 1957 willkommen hieß, war die Tatsache, daß die Gruppen der Jungens, die auf ihren Autos hockten und den vorüberrollenden Verkehr beobachteten, jetzt lange Haare hatten statt Bürstenschnitt und mehr oder weniger dünne Schnurrbärte aufwiesen; dazu trugen sie ausgestellte Jeans und T-Shirts statt Röhrenhosen und Sporthemden.

An einem Stopplicht hielt ein Chevy neben dem Jeep. Ein paar Jungens, anscheinend Billys Freunde, zogen vielsagende Grimassen; Billy errötete und war bemüht, nicht vor Genugtuung zu grinsen, weil seine Freunde wußten, daß er gleich mit einer älteren Frau schlafen würde. Er drehte seine muskelbepackten Schultern so, daß er ihren obszönen Gesten den Rücken kehrte.

Langsam wurde es ihr zu albern. Unvermittelt erkannte Ginny, daß sie keine Yummy Mummy war, daß Fahnenschwingen und Joe Bob Sparks für sie endgültig gestorben waren und daß sogar dieser phantastische junge Riese von geilem Jungen keine tieferen Gefühle mehr aus diesem Abschnitt ihrer Vergangenheit ans Licht zu holen vermochte. Sie beschloß, dem Ganzen ein schnelles Ende zu bereiten. »Sie wollen Trainer werden, wie? Also, ich war damals, als ich hier die High School besuchte, eine Freundin Ihres jetzigen Trainers.«

Der Ärmste stand praktisch im Sitzen stramm, Knie zusammen, Hände an der Hosennaht, Augen geradeaus. »Von Trainer Sparks?« fragte er mit kleiner, ängstlicher Stimme.

»Ganz recht. Beinahe zwei Jahre lang.« Billy war schon bei seinem

Namen zur Salzsäule erstarrt. Anscheinend hatte Joe Bob es geschafft, den gefürchteten Trainer Bicknell auf das Prachtvollste zu ersetzen. Sie konnte ihn direkt vor sich sehen, wie er im Family Drive-In nach Übertretern der Sperrstunde fahndete. »Wo wohnen Sie?« fragte sie den erschrockenen Jungen freundlich. Er nannte bedrückt eine der Wohnsiedlungen, und sie brachte ihn bis an seine Haustür. Bedauernd sah sie ihm nach, wie er kraftvoll den Gehweg entlangtrabte.

Als Ginny im Krankenhaus eintraf, beendete Mrs. Babcock eben ihr Abendessen, das aus Dosenschinken, Salzkartoffeln, Rahmspinat und Apfelmus bestand. Sie beachtete Ginny nicht, die schweigend auf dem Sofa Platz nahm.

Endlich sagte Ginny, obwohl sie nicht wußte, wer oder was ihr antworten würde: »Hallo, Mutter.«

»Ich hatte schon überlegt, ob du dich herablassen würdest, mich zu besuchen.«

Ginny unterdrückte den aufsteigenden Ärger und erinnerte die Mutter: »Aber ich war doch heute nachmittag hier. Hast du das schon wieder vergessen? Wir haben uns ›Hidden Heartbeats‹ angesehen.«

»Nein, das hab ich natürlich nicht vergessen. Hältst du mich etwa für senil?«

Nur mit Hilfe ihrer Willenskraft gelang es Ginny, keine schroffe Antwort zu geben. Entschlossen blickte sie zum Fenster hinaus. Dies war ihr die liebste Tageszeit im Süden, der frühe Abend,wenn die Sonne schon tief stand, aber noch nicht unterging. Die Landschaft – Fabrik, Vorberge, Kirchenrondell und Bahnhof – war in ein indirektes goldenes Leuchten getaucht; und alle Geschöpfe Gottes, ihre reizbare Mutter eingeschlossen, schienen zwischen dem hektischen Getriebe des Tages und der langen Nacht voll Stille und Vergessen einen Augenblick innezuhalten und nachzudenken. Ginny atmete tief ein und seufzte.

»Langweilst du dich?« fragte ihre Mutter. »Vergiß nicht, daß *ich* dich nicht gebeten habe, von Vermont herzukommen.«

»Nein, Mutter, ich langweile mich nicht, ich fühle mich nur entspannt«, beruhigte Ginny sie, selbst über ihre außergewöhnliche Geduld erstaunt.

Im Krankenzimmer ihrer Mutter stellte Ginny voll Verzweiflung wieder den Fernsehapparat ein. Es gab nur Trickfilme und einen Western. Ginny ließ den Western an. Wie eine Zielscheibe beim Scharfschießen schob sich der blonde, fleischige Kopf Dr. Vogels zur Tür herein. »Na, wie geht's uns denn heute abend?«

»Was meinen *Sie* denn, wie's mir geht?« fuhr Mrs. Babcock ihn heftig an. Sie hatte die Nase gestrichen voll. Sie würde laut schreien, wenn ihr noch einmal jemand eine höfliche Frage stellte, auf die er im Grunde gar keine Antwort wollte.

»Gut. Wunderbar«, gluckste Dr. Vogel verunsichert.

»*Doktor*!« Er sah Mrs. Babcock beunruhigt an, dann richtete er den Blick zu Boden. »Muß ich sterben?«

Ungefähr zehn Sekunden lang herrschte absolute Stille. Nach einem tiefen Atemzug antwortete Dr. Vogel dann: »Na, na, das sind aber finstere Gedanken für einen so schönen Sommerabend, Mrs. Babcock.« Sein Blick fuhr nervös im Zimmer umher, vermied es aber, Mrs. Babcocks Blick zu begegnen. »Wir haben regelmäßig Thrombozyten gezählt, Ihre Blutungszeit nach Ivy gemessen, Prothrombinmessungen gemacht, den Fibrinogen-Spiegel festgestellt« – er zählte alles an seinen dicken roten Fingern ab –, »die MacPherson- und Hardisty-Modifikation der Hicks-Pitney-Thromboplastin-Stichprobe gemacht, die Euglobulinlysezeit sowie die Gerinnungs-Reaktionszeit gemessen und Knochenmark-Untersuchungen vorgenommen. Jetzt werden wir sehr bald sehen, ob Ihr Leiden mit megakaryozytischer Hyperplasie des Knochenmarks, mit Konsumptions-Koagulopathie, extravaskularer Sequestration oder mit einem autoimmunen Mechanismus zu tun hat. Bitte, haben Sie Vertrauen zu uns, Mrs. Babcock. Ich versichere Ihnen, daß wir jede moderne Methode einsetzen, die der heutigen Medizin zur Verfügung steht. Aber es wäre uns natürlich eine Hilfe, wenn Sie ein kleines bißchen mitmachten.« Er zögerte, dann machte er auf dem Absatz kehrt und ging hinaus.

Was für eine Antwort auf eine einfache Frage, dachte Ginny, den Kopf in die Hand gestützt, leeren Blickes den Western im Fernsehen anstarrend. War das ein Ja oder ein Nein? Ginny sah zu ihrer Mutter hinüber, die einen ziemlich benommenen Eindruck machte. Auf dem Bildschirm türmten sich im Vordergrund Leichen. Die Hauptfiguren, zwei Cowboy-Brüder, saßen trinkend und lachend daneben. Mrs. Babcock deutete auf die Mattscheibe. »Sieh dir das an! Sieh dir das an! Jeder Idiot in Amerika glaubt, daß man einfach jemanden umbringen kann, und er springt im nächsten Augenblick wieder auf. Die sollten alle mal versuchen zu sterben. Dann werden sie sehen, wieviel Spaß das macht!«

»Das werden sie.«

»Und du!« schrie sie wütend. »Warum bist *du* noch am Leben? *Du* solltest hier im Bett liegen, nicht ich! Du hast es dein Leben lang herausgefordert, bist auf Motorrädern rumgerast, hast schwarzgebrannten Schnaps getrunken und an Friedensmärschen teilgenommen. *Gar* nichts hast du aus deinem Leben gemacht, immer nur dein persönliches Vergnügen gesucht. Ich dagegen – ich habe *immer* meine Pflicht getan. Jahrelang habe ich dich, deinen Vater und deine Brüder von vorn bis hinten bedient. Jetzt hätte ich zum erstenmal im Leben für keinen anderen zu sorgen als für mich selbst. Ich wollte reisen, wieder aufs College gehen, Lehrerin werden. Und nun dies. Warum *ich*?«

»Was soll das heißen ›warum ich‹?« Ginny schrie jetzt ebenfalls. Sie *konnte* sich nicht mehr beherrschen. »Warum *nicht* du, Mutter? Millionen Menschen sterben jeden Tag. Solange ich denken kann, hast du dich darauf vorbereitet, mit deinen gottverdammten Grabsteinbildern und den Scheiß-Grabsprüchen. Mehr habe ich nie zu hören gekriegt, weder von dir noch von dem Major. Warum spielst du jetzt die Beleidigte, wo du vom Schicksal beim Wort genommen wirst?«

»Wage es nicht, in meiner Gegenwart deine Gossensprache zu benutzen, Virginia Babcock Bliss!«

»Und was deine Behauptung betrifft, du hättest uns von vorn bis hinten bedient – nun, wie du selber vorhin sagtest: *Wir* haben dich nicht darum gebeten. Du hast es lediglich getan, weil du irgendwas zu tun haben wolltest. Du hast es für *dich selbst* getan, Mutter – nicht für uns. Und wenn ich nie etwas anderes getan habe, als mein persönliches Vergnügen zu suchen, wie kommt es dann, daß mir das Leben gar keinen Spaß macht?« Sie sank in ihrem Sessel zusammen. Auf dem runden, gelben Gesicht der Mutter standen Schweißperlen. Erschöpft saßen sie beide da und funkelten sich böse an. Nach einer Weile schloß Ginny reuevoll die Augen.

Mrs. Babcock fand es unmöglich, sich gegen Ginnys Anschuldigungen zu wehren. Irgendwie hatte sie ein Körnchen Wahrheit in Ginnys Worten entdeckt. Irgendwo hatte sie, Mrs. Babcock, einen Fehler gemacht. Es stimmte. Sie hatte diese Undankbaren, die sich ihre Familie nannten, so lange verwöhnt, daß es ihr allmählich zum Bedürfnis geworden war, von ihnen gebraucht zu werden. Was sonst wäre der Grund für die Depressionen gewesen, an denen sie litt, seit das letzte ihrer Kinder das Elternhaus verlassen hatte? Sie hatte es auf die verschiedensten äußerlichen Faktoren zurückgeführt, in Wahrheit aber kam es daher, daß sie nicht mehr gebraucht wurde, keine Aufgabe mehr hatte, sich selbst eine neue Aufgabe schaffen mußte – oder sterben.

Aber was war ihr erster Fehler gewesen? Wann hätte sie zum erstenmal auf die Forderungen anderer nein sagen können? Ein solcher Zeitpunkt wäre zum Beispiel ihr Abgang von Bryn Mawr gewesen, als sie den Major heiratete. Sie hätte die Hochzeit aufschieben und erst ihren Collegeabschluß machen sollen, dann hätte sie später Geschichtsunterricht geben können, was sie wirklich sehr interessierte. Aber hätte sie das denn tun können, wo Wesley doch in den Krieg ziehen mußte und möglicherweise sogar fiel? Während jener wirren Jahre waren so viele katastrophale Ehen geschlossen worden; überall kriegten die Leute Kinder, fast wie als Reaktion auf den unbewußten Trieb, all die vielen zu ersetzen, die im Krieg umkamen, genau wie ein unfruchtbarer Obstbaum wieder Früchte trug, wenn man seine Rinde mit dem Messer ritzte (laut Enzyklopädie). Und so hatte sie Wesley geheiratet und zehn Monate darauf Karl zur Welt gebracht. Mit Karl war sie dann Wesley in einem alten Ford mit 35 Meilen pro Stunde quer durch das Land von einem Armeestützpunkt zum anderen gefolgt. Ein Jahr später, während

Wesleys letztem Urlaub vor der Verschiffung nach Übersee, war in Hullsport Ginny geboren worden. Als Ginny zwei Monate alt war, mußte Wesley nach Frankreich. Von da an wurde Ginny jede Nacht um drei Uhr wach und schrie. Und hörte nur auf, wenn ihre Mutter sie umhertrug und ihr Wiegenlieder vorsang. Sie klammerte sich an sie wie ein Äffchen, aber kaum wollte Mrs. Babcock sich hinsetzen oder hinlegen, da wurde Ginny wieder wach und begann von neuem zu weinen. Dann wurde Karl ebenfalls wach, und die beiden vaterlosen Kinder weinten gemeinsam bis in den Morgen.

Erschöpft vom Schlafmangel und tagtäglich von den Frontberichten sowie dem Eintreffen oder Ausbleiben von Wesleys Briefen zwischen Hoffnung und Verzweiflung hin und her gerissen, wurde Mrs. Babcock bald zu einem abgestumpften Automaten. Ihre persönlichen Wünsche wurden bedeutungslos. Sie hatte diese zwei armen Kinder zu versorgen, die sich irgendwie an das auf der Welt entfesselte Chaos anpaßten. Und so hatte sie sich fröhlich gestellt, hatte mit ihnen gesungen, getanzt und auf dem Fußboden der Blockhütte herumgetobt, während sie doch eigentlich lieber allein gewesen wäre, um zu weinen und Wesleys Liebesbriefe zu lesen. Doch es dauerte nicht lange, und sie *wollte* gar nicht mehr allein sein und weinen.

Darum hatte Ginny recht. Mrs. Babcock wußte, daß sie eine Märtyrerin war. Die Bedürfnisse der Kinder hatten in jenen wirren, unglücklichen Kriegsjahren die ihren vollkommen verdrängt, waren zu ihren eigenen geworden. Und als die Kriegsjahre vorübergingen, da existierten ihre eigenen Bedürfnisse gar nicht mehr, hatte sie sie erfolgreich unterdrückt, bis auf ein einziges kurzes Aufflackern während der Zeit, die sie jetzt, in der Abgeklärtheit des mittleren Alters, als die ›Müden Jahre‹ bezeichnete, in jener endlosen Epoche ihres Lebens, als die drei Kinder klein waren. Damals hatte sie sich nur immer von einem Korb mit schmutzigen Windeln zum nächsten geschleppt. Fast immer war sie für Sex viel zu ausgelaugt gewesen und hatte mit Wesley wegen Geringfügigkeiten gestritten. Als sie sich eines Tages dabei ertappte, daß sie kurz davor war, Karl den Briefbeschwerer über den Schädel zu schlagen, weil er mit dem Hund auf dem Arm das Treppengeländer heruntergerutscht war, kam ihr plötzlich der Gedanke, kurzerhand ihre Siebensachen zu packen und das ganze Chaos hinter sich zu lassen. Sie suchte ihre Mutter im Blockhaus auf und schilderte ihre tiefe Verzweiflung. Die Mutter hatte sie kalt angesehen und gesagt: »Du mußt deine Pflicht tun, mein Kind.« Und das hatte sie getan.

Und jetzt lag sie hier, in einem Krankenhausbett, und ging zugrunde, nachdem sie jahrelang die Bedürfnisse anderer gestillt hatte, ohne jemals Gelegenheit gehabt zu haben herauszufinden, wie es um ihre eigenen Bedürfnisse bestellt war. Das war nicht Wesleys oder der Kinder Schuld, aber sie fand, daß es auch ihre eigene Schuld nicht war. Ginny schien der Ansicht zu sein, die Frage, wie viele Kinder man bekam und wann, sowie die Art, wie man die Kinder erzog, sei eine auf persönlichen Wünschen beruhende, freie Willensentscheidung. Sie pochte stur auf die Unantastbarkeit des Individuums, die Unverletzlichkeit der menschlichen Vernunft. Sie *konnte* die Menschheit vermutlich gar nicht als Kolonie von winzigen Mikroben sehen, hin und her geschoben von Kraftfeldern und chemischen Sekretionen. Erwachsen zu werden bedeutete, die eigenen Grenzen und daher die eigenen Möglichkeiten kennenzulernen. Kinder wußten zum Beispiel die Leistung eines guten Ballettänzers gar nicht zu schätzen. Für sie war die Fähigkeit, graziös anderthalb Meter in die Luft zu springen, selbstverständlich. Erst wenn man sich all der geballten Kräfte bewußt wurde, die ein Tänzer mit seiner Kunst überwand, lernte man seine Leistung zu genießen. Ginny hatte noch viel zu lernen, obwohl sie glaubte, alles zu wissen.

Ginny saß mit geschlossenen Augen da; sie *konnte* sich einfach nicht entschuldigen, konnte aber auch ihre Attacke nicht fortsetzen: Sie war wie gelähmt von der tödlichsten Waffe ihrer Mutter, dem Schuldgefühl. Denn ihre Mutter hatte mit jedem Wort recht gehabt. Sie *hatte* sich für Ginny, ihren Vater und ihre Brüder abgerackert, jahrelang und ohne Dank. Doch das Pfund Fleisch, das sie für diese selbstlose Aufopferung forderte, bestand darin, daß die so Umhegten ihre Selbstdarstellung mit Lorbeer bekränzten. Das hatte Ginny nicht getan. Wie sie nach Ansicht ihrer Mutter eigentlich sein sollte, wußte sie nicht genau, aber ganz eindeutig nicht so, wie sie bisher gewesen war. Alle bisher durchprobierten Rollen waren in den Augen der Mutter katastrophal verlaufen, wie Ginny wußte. Nur Iras Ehefrau, Wendys Mutter – die Rolle fand die Billigung der Mutter. Aber auch damit war es vorbei. Schuldgefühl.

Ihr letztes Weihnachtsfest in Hullsport erlebte Ginny in dem Jahr, ehe sie nach Boston ging. Karl und Jim waren von ihren Schulen heimgekommen. Die Mutter wirbelte fröhlich umher, erledigte alle rituellen Vorbereitungen selbst: die Adventskränze, die Plätzchen, den Baum, die Geschenke. Am Heiligen Abend gab es das Standardessen: Gänsebraten mit Beilagen und Plumpudding. Der Major lag mit Migräne im Bett. Nach dem Essen saßen sie im Wohnzimmer vor dem Kamin und sangen Weihnachtslieder, wie sie es jeden Heiligen Abend getan hatten, solange sie sich erinnern konnten. In diesem Jahr jedoch hatte jedes der drei Kinder später noch eine Verabredung für die Mitternachtsmesse. Als Familienchor waren sie eigentlich immer schon herzlich schlecht gewesen, nur war ihnen das bisher nicht aufgefallen. An diesem Heiligen Abend schlug bei Jim, der sich im Stimmbruch befand, während des Singens immer wieder die Stimme um. Ginny war in Gedanken bereits bei dem ausgiebigen Petting, das sie mit Clem nach der Mitternachtsmesse plante. Karl sang pflichtgetreu, aber gelangweilt. Da waren sie nun, völlig neue, veränderte Menschen, Raupen, die aus dem Kokon ihrer Kindheit in eine herrlich aufregende Jugend hervorgekrochen waren, und mühten sich immer noch mit den verachteten Ritualen ihrer verhaßten Raupenzeit.

Plötzlich hörten alle drei Kinder auf zu singen und brachen in lautes Lachen aus. Es war dies Lachen in seiner reinsten Form: ein Ventil für die nervöse Spannung, die aus der Überlagerung zweier gegensätzlicher Konzeptionen entstanden war. Sie lachten und lachten. In ganz Hullsport gab es nicht soviel Lachen, um die Spannung dieser absurden Situation zu lösen: junge, erwachsene Menschen – denn dafür hielten sie sich ja – beim gelangweilten Abspulen sinnloser Mythen und Rituale. Ihre Mutter begann lautlos zu weinen. Langsam, einer nach dem anderen, bemerkten sie es, und ihr Lachen erstarb. Dann schlichen sie sich aus dem Haus zu ihren jeweiligen Verabredungen, alle drei in unterschiedlichen Stadien des Ärgers und der Reue, und ließen die von Schluchzen geschüttelte Mutter allein. Sie hatte es noch nie verstanden, ihren Gefühlen auf graziöse Art und Weise nachzugeben, und die Kinder verstanden es nicht, sich taktvoll von ihr zu verabschieden. Unabhängigkeit wird nur selten geschenkt, das wußte Ginny; man mußte sie sich rücksichtslos nehmen. Doch indem sie sich die Unabhängigkeit nahmen, beraubten sie die Mutter der zentralen Funktion ihres Lebens. Schuldgefühl.

»Aber Dr. Vogel hat kein Wort davon gesagt, daß du sterben mußt, Mutter«, sagte Ginny leise.

Mrs. Babcock schüttelte den Kopf.

»Soll ich gehen?«

Abermals wortloses Kopfschütteln. Dann nahm Mrs. Babcock die weißen Pillen vom Vormittag von ihrem Nachttisch und schluckte sie mit ein bißchen Wasser. »Wieviel Uhr ist es?«

»Ungefähr sieben, glaube ich.«

»Ich verliere hier ganz das Gefühl für die Zeit.«

»Ich werde dir eine Uhr bringen.«

Etwas später erzählte Ginny ihr von den Vogelbabys. »Was meinst du, was ich mit ihnen machen soll?«

Mrs. Babcock erschrak, weil man sie nach ihrer Meinung fragte. Sie war in diesem Krankenhaus jetzt so lange versorgt worden, daß sie nur mühsam glauben konnte, jemand sei an ihrer Meinung interessiert. »Na ja, ich weiß nicht recht. Solche Sachen haben mich früher, als ihr noch klein wart, immer ganz traurig gemacht. Ich hab die Vögel in einen Baum gesetzt, und dann hat sie die Katze geholt, und ihr konntet einfach nicht verstehen, warum es in der Natur so zugeht. Und ich wußte natürlich nie, was ich euch sagen sollte, weil ihr das ja auch nicht verstanden hättet.

Erinnerst du dich an unsere gelbe Katze Molly? Die hatten wir, als du ungefähr sechs warst. Einmal bist du in den Garten gelaufen und hast sie unter dem Maulbeerbaum mit einem winzigen Vogelkopf in den Pfoten gefunden. Du hast angefangen zu schreien und mit Stöcken nach ihr geworfen. Als ich zu dir hinauslief, hast du geschluchzt und immer wieder gesagt: ›Das ist nicht *fair*, Mommy!‹ Und ich habe gedankenlos geantwortet: ›Aber das Leben *ist* nicht fair, Kleines.‹ Tagelang hast du kein Wort mit mir gesprochen. Die Alten füttern die Jungen also nicht?«

»Ich glaube nicht.«

»Du meinst, die sitzen einfach da auf dem Schornstein und sehen zu, wie sie verhungern?«

»Scheint so.« Ginny merkte, daß das Verhalten dieser Rabeneltern die Mutter ebenso empörte wie sie selbst.

»Abschießen müßte man sie!«

»Genau. Aber ich weiß nicht, was ich machen soll. Schließlich sind es ja doch Vögel und keine Menschen. Man kann sie also, glaube ich, nicht mit unseren Maßstäben messen.«

»Im Bücherschrank neben dem Kamin steht ein Vogelbuch. Vielleicht findest du da drin einen Hinweis.«

Ginny plauderte mit ihrer Mutter, als hätte der beiderseitige Wutausbruch überhaupt nicht stattgefunden. Bis Miss Sturgill mit einer Schlaftablette kam.

In der späten Dämmerung kam Ginny am Haus der Cloyds vorbei. Sie hupte. Im matten Licht, in dem alles seine Konturen zu verlieren schien, entdeckte sie hangabwärts eine Gestalt, die ihr zuwinkte. Sie hielt, setzte zurück und stieg aus. Es war Clem, der lächelnd näher kam.

»Hab schon gehört, daß du kommst«, erklärte er. »Sonst hätt ich dich nicht wiedererkannt.« Mit einem Kopfnicken deutete er auf ihr Folklorekleid. Er selbst trug ein schmutziges, verschwitztes T-Shirt, Jeans und hohe, dungverklebte Arbeitsstiefel. Er sah müde und erhitzt aus.

»Gerade erst mit der Arbeit fertig?«

»Ja. Bißchen spät geworden, heute. Mein Gehilfe ist krank.«

»Wie ich hörte, machst du ja fabelhafte Sachen mit der Farm.«

»Höchste Produktionsquote pro Kopf im ganzen Staat. Ich hab erstklassigen Samen für 18000 Dollar im Tiefkühlschrank«, antwortete er mit stolzem Lächeln und wischte sich mit dem Handrücken den Schweiß von der Oberlippe.

»Ist ja großartig! Weißt du schon, daß meine Mutter im Krankenhaus liegt?«

»Ja, weiß ich. Tut mir wirklich leid, Ginny. Sie hat ein schlimmes Jahr hinter sich, nicht wahr? Gebe Gott, daß sie bald wieder gesund wird. Ist es diesmal sehr ernst?«

Ginny warf ihm einen forschenden Blick zu. Gebe Gott? War dies wirklich *der* Clem Cloyd, Star der Hullsporter Subkultur? »Äh . . . na ja, ich weiß nicht genau. Sie hat das schon mal gehabt und ist wieder gesund geworden. Warum sollte sie es diesmal also nicht schaffen? Sie sieht grauenhaft aus, aber sie ist mehr oder weniger doch auf den Beinen.«

»Willst du nicht 'n Augenblick mit reinkommen und Maxine guten Tag sagen?«

»Okay. Aber nur eine Minute. Wenn du morgen früh melken mußt, willst du sicher zeitig essen und schlafen gehen.«

Das helle Küchenlicht blendete Ginny so stark, daß Maxine auf sie zulaufen und sie, ehe sie sich's versah, mit beiden Armen an ihren voluminösen Busen drücken konnte. Als Ginnys Augen sich an das Licht gewöhnt hatten, stellte sie fest, daß Maxine noch beinahe genauso aussah wie zur Bloody-Bucket-Zeit, nur eben in verstärktem Maße. Ihre riesigen Brüste, jetzt nicht mehr spitz zulaufend, hingen ihr bis zur Taille; das Goldkreuz lag immer noch in der Einflugschneise. Manche Frauen wirkten, wenn sie dick wurden, einfach plump, andere wieder strahlten, je mehr Pfunde sie ansetzten, desto mehr Wärme und sinnliche Üppigkeit aus. Maxine gehörte zu den letzteren. Sie war weitaus massiger als Clem, der immer noch zierlich wirkte, durch die harte körperliche Arbeit jedoch drahtig und zäh geworden war. Seine Züge andererseits, in der High School gewöhnlich verkniffen, höhnisch und unglücklich, hatten sich entspannt, waren sehr viel weicher geworden. Aufs höchste verblüfft registrierte Ginny jedoch die ganz große Veränderung an Clem: Er hinkte nicht mehr. Sie war mit ihm so vertraut gewesen, daß sie seinen schiefen Gang überhaupt nicht mehr wahrgenommen hatte; inzwischen aber war er eindeutig ganz verschwunden. Verstohlen blickte sie hinab und sah, daß sein linker Stiefel eine ganz normale Sohle aufwies und der Fuß nicht mehr nach innen stand. Hatte er sich operieren lassen?

Auf dem Tisch stand dampfend das Abendessen. Drei kleine dunkelhäutige Kinder mit Clems Melungeon-Zügen saßen scheu und unruhig auf ihren Plätzen. Dies war bestimmt nicht der richtige Augenblick für eine Frage nach Clems Bein.

»Iß doch was mit!« forderte Maxine sie auf.

»Vielen Dank, ich hab schon gegessen. Außerdem muß ich jetzt zum Blockhaus, weil ich da was nachsehen muß. Aber ich komme ganz bestimmt wieder.«

»Bitte, komm bald«, erwiderte Maxine.

Worthley-würdiges Material

Als ich nach dem Sturz von Clems dahinrasender Harley aus der Bewußtlosigkeit erwachte – Märchenprinzessin, von einem freundlichen Dschinn zu neuem Leben erweckt –, war ich von oben bis unten in Gips und Gaze verpackt, mit verschiedenen Gliedmaßen im Extensionsapparat. Draußen vor dem Fenster schien die Sonne, die Bäume schimmerten im samtenen Grün schwellender Knospen. Mir fehlten offenbar mehrere Wochen.

Clem hatte während meiner Rekonvaleszenz striktes Besuchsverbot. Was mich allerdings nicht weiter störte. Denn ich war mehr als ausgelastet mit dem Ausfüllen von Aufnahmeanträgen für alle möglichen Colleges – unter dem Druck, den der Major infolge meines geschwächten Zustands leider erfolgreich anwenden konnte. Es handelte sich ausschließlich um Mädchen-Colleges in New England. »Warum möchten Sie das Worthley-College besuchen?« Antwort: »Ich möchte das Worthley-College gar nicht besuchen. Ich werde in einem Krankenhausbett gefangengehalten und bitte Sie inständigst um Hilfe.«

Daraufhin erhielt ich von der Zulassungskommission des Worthley-Colleges einen Brief, in dem ich – aufgrund meiner ›höchst interessanten und originellen Bewerbung‹ – gebeten wurde, mich persönlich vorzustellen. Der Major fing den Brief ab, ehe ich Gelegenheit hatte, ihn in den Mund zu stopfen und zu verschlucken. Und kaum hatte ich mich aus meiner durch die Hautübertragungen schmerzhaften Rückenlage erhoben, da wurde ich auch schon vom Major, der gerade in Boston zu tun hatte, nach Worthley verfrachtet, um dort der Kommission Rede und Antwort zu stehen.

In einer letzten, verzweifelten Trotzgeste hatte ich meinen viel zu engen schwarzen Rock angezogen, meine schwarze, auf dem Rücken geknöpfte Strickjacke mit einem spitzen Do-It-Pruitt-BH drunter, Clems Windbluse mit dem roten Drachen, sorgfältig zusammengeflickt aus den Fetzen, die ich zwischen Mutters Putzlumpen fand, schwarze Ballerinenschuhe und dazu Clems dickes, klirrendes Namensarmband.

Als Miss Head mich vor ihrer Tür stehen sah, musterte sie mich mit soviel Unbehagen, als erwarte sie, inmitten ihrer Antiquitäten des achtzehnten Jahrhunderts einen brutalen Überfall gewärtigen zu müssen. Sie hatte ihr krauses graues Haar zu einem strengen Knoten zusammengefaßt, und die drahtige Beschaffenheit dieser Krause hatte zur Folge, daß ihr Kopf jenem Plastikmodell des menschlichen Gehirns ähnelte, das im Biologiezimmer der Hullsport High School aufbewahrt wurde.

Ihre Gesichtshaut war aschgrau. Ihre an einer Kette befestigte Hornbrille à la Ben Franklin hüpfte beim Sprechen angsterregend auf ihrer Nase. Die beigefarbene Nylonbluse war hochgeschlossen und oben mit einer rosa Kameenbrosche zugesteckt, auf der züchtige Jungfrauen in durchsichtigen Gewändern um eine gestürzte griechische Säule tanzten. Auf der Jacke ihres Tweedkostüms hing direkt über dem linken Busen an einer winzigen goldenen Schleife eine kleine runde Uhr.

Während unseres Gesprächs zuckten ihre Mundwinkel verräterisch. Sie mußte sich offensichtlich zusammennehmen, um nicht über meine Antworten zu lächeln. Mit einem Wort, sie mochte mich. Ich war entsetzt. Schließlich hatte ich mein Hullsport-Bestes getan, um jede Chance, jemals in Worthley aufgenommen zu werden, mit größtmöglicher Sicherheit auszuschließen. Miss Heads Büro war mit Sheraton-Möbeln, Orientteppichen und kunstvoll gravierten Kupfertabletts eingerichtet. Die eine Wand bestand aus handbehauenen Feldsteinen. Ich hatte das Zimmer erst nach endlosen Wanderungen durch meilenlange, gewundene Steinkorridore gefunden. Wohin ich blickte, überall mittelalterliche Wasserspeier und Porträts von Renaissancedamen, die mich aus ihren vergoldeten Rahmen abschätzend musterten und sich zu fragen schienen, ob ich nun Worthley-würdiges Material sei oder nicht. Ich hoffte aufrichtig, es nicht zu sein. Die Luft roch nach modrigen Steinen und ausgetrocknetem Gebälk. Der Lärm klingender Glockenspiele, der durch die leeren, verlassenen Korridore hallte und widerhallte, dröhnte mir in den Ohren, während ich schneller und immer schneller ging und schließlich sogar in Laufschritt fiel: ein Rapunzel aus Hullsport, gefangen im Burgverlies der Alma Mater.

»Es muß sich um einen Irrtum handeln«, erklärte ich Miss Head, dieser reizenden, feinen älteren Dame. »Wie Sie aus meinen Zeugnissen ersehen können, habe ich bei weitem nicht die für eine Aufnahme in Worthley erforderlichen Noten und Prüfungsergebnisse aufzuweisen. Ich wäre hier absolut fehl am Platze. Und das wäre eine furchtbare Verschwendung, wo es in Westchester so viele wohlvorbereitete junge Mädchen gibt, die ihre rechte Hand dafür hergeben würden, wenn sie hier studieren dürften.«

»Ach was, Noten! Was sind schon ein paar . . .« Den Kopf ein wenig zurückgelegt, studierte sie durch ihre Halbgläser meine Zeugnisse – und erbleichte. »In der Tat«, murmelte sie eindeutig ernüchtert.

»Sie sehen also«, fuhr ich eifrig fort, »es wäre besser, wenn ich meinen Antrag augenblicklich zurückziehen würde. Dadurch bliebe Ihnen die Mühe erspart, mir die Ablehnung später schriftlich mitteilen zu müssen.« Mit einem Hechtsprung stürzte ich mich auf mein Antragsformular, das Miss Head jedoch geschickt aus meiner Reichweite entfernte. Von unten, quer über der Platte ihres antiken Schreibtischs liegend, spähte ich zu ihr empor.

»Ja, aber sehen Sie, Miss Babcock, wir hatten noch nie . . . äh, gewissermaßen . . . ein junges Mädchen aus . . . äh . . . Hullsport.«

»Nun, das ist ein Argument«, erwiderte ich einsichtsvoll und sank auf meinen rundlehnigen Windsorstuhl zurück.

»Und, wissen Sie, in diesem Jahr, äh . . . Vielleicht sollte ich Ihnen das, gewissermaßen, gar nicht erzählen. Aber ganz unter uns, Worthley *muß* in diesem Jahr eine geographische Quote erfüllen, um sich, gewissermaßen, für das Legat einer ehemaligen Studentin zu qualifizieren. Daher brauchen wir unbedingt« – sie richtete strahlend ihren Zeigefinger auf mich – »noch ein junges Mädchen aus Tennessee. Und Sie werden zweifellos verstehen, Miss Babcock, daß junge Mädchen aus Tennessee uns hier in Worthley nicht gerade die Türen einrennen. Also fürchte ich, meine liebe junge Dame, daß Sie das auserwählte Opfer sein werden.« Sie glich einem Frauenarzt, der mir erklärte, ich bekäme ein uneheliches Kind. Dann hob sie die kleine Uhr auf ihrem Busen an und warf einen kurzen Blick aufs Zifferblatt. »Würden Sie also bitte hinauslaufen und Ihren reizenden Herrn Vater hereinrufen, damit wir ihm die freudige Nachricht verkünden können?«

»Er ist nicht draußen«, erwiderte ich düster.

»In der Tat«, murmelte sie mit offensichtlichem Mißvergnügen, anscheinend gewohnt, daß vor der Tür aufgeregte Eltern freudigen Nachrichten entgegenhofften. »Nun, dann werden wir eben warten, bis er kommt, und uns einstweilen ein wenig näher kennenlernen, nicht wahr?« Sie huschte hinaus.

Wenn ich nur irgendwie aus dieser Steinfestung entkommen könnte! Dann könnte ich Clem eine Nachricht schicken, und wir könnten gemeinsam irgendwohin fliehen . . . Ich kramte in meiner Handtasche und fand schließlich dreiundzwanzig Cent, nicht mal genug für ein Telefongespräch. Voller Verzweiflung sprang ich auf und tastete die feuchte, kalte Feldsteinwand ab, weil ich hoffte, eine Geheimtür zu entdecken, die mich in eine andere Welt entlassen würde.

Als Miss Head wiederkam, brachte sie ein Silbertablett mit einem silbernen Teeservice, Teetassen und Untertassen herein. Sie musterte mich, die ich verlegen an der Wand lehnte, mit einem sonderbaren Blick.

»Ich hatte gerade Ihre schöne Steinmauer bewundert«, erklärte ich ihr ein wenig schwach, liebevoll einen der Feldsteine tätschelnd.

»Ja, nicht wahr? Sie ist wirklich schön! Aber hier auf unserem Campus gibt es viele solcher Steinmauern. Ich bin sicher, daß Sie Worthley bald ebenso sehr lieben werden wie wir.«

Ich lächelte mühsam und kehrte zu meinem Stuhl zurück. Das Ritual, dessen Zeuge ich nunmehr wurde, sollte – obwohl ich das damals natürlich nicht wußte – die einzige Errungenschaft sein, die ich aus meiner Worthley-Zeit rettete. Miss Head vollzog es gelassen und ruhig und forderte mich, wie eine Handwerksmeisterin, die ihren Lehrling unterweist, immer wieder auf, die besonders komplizierten Manipulationen sorgfältig zu beobachten. Sie nahm eine hauchdünne geblümte Porzellanuntertasse zur Hand und setzte mit einer behutsamen, doch sicheren Bewegung die passende Tasse darauf. Den Rand der Untertasse zwischen Daumen und Zeigefinger, die übrigen Finger zierlich gespreizt, hielt sie die Tasse vor und unter die reichverzierte Silberkanne, die mit einem Muster aus stilisierten Weinranken und -blättern überzogen war. Ich erwartete nun, daß sie die Teekanne mit der freien Hand aufnahm. Doch weit gefehlt! Sie brauchte die Pendelkanne nur in ihrer Aufhängung zu neigen. Gerade so viel, daß sich ein steter, nicht zu heftiger Strahl rötlichbraunen Tees in die Tasse ergoß, die sie so nahe an die Tülle hielt, daß der Tee nicht hineinplätscherte, aber auch so weit entfernt, daß es nicht allzu nachlässig aussah. Als die Tasse halb gefüllt war, ließ sie die Kanne wieder in die Senkrechte pendeln. Anschließend hielt sie die Tasse unter den Hahn der zweiten Kanne, drehte den Griff um genau fünfundvierzig Grad, nicht mehr und nicht weniger, und füllte die Tasse mit Wasser auf, bis die Flüssigkeit etwa zwei Zentimeter vom oberen Rand entfernt war. Mit dem selbstsicheren Lächeln der Expertin, die genau weiß, daß sie gut ist, erkundigte sie sich: »Milch oder Zitrone?«

»Beides, bitte.«

Um mir anzudeuten, daß ich etwas falsch gemacht hatte, krauste sie ganz leicht die Stirn. Von ihrem Platz auf dem Olymp der in aller Welt ausgeübten Teezeremonie jedoch konnte sie es sich leisten, großzügig zu sein; also lachte sie nur fröhlich auf, wobei ihre Brille auf der Nase tanzte, und entgegnete: »Aber *gern*! Einen Teelöffel Zucker, oder zwei?«

»Drei?«

Mit einer Grimasse schaufelte sie drei Teelöffel Zucker in meinen Tee, fügte die maximale Menge Milch hinzu und legte eine hauchdünne Zitronenscheibe auf meine Untertasse. Mit schwungvoller Geste überreichte sie mir sodann das Meisterwerk.

Anschließend packte Miss Head die Kante ihrer Schreibtischplatte, beugte sich beinahe angriffslustig vor, starrte mich über den Rand ihrer Brillengläser hinweg an und sagte durch die zusammengebissenen Zähne: »Und jetzt, Miss Babcock, nachdem meine mir so unangenehme Pflicht, den Stab über Sie zu brechen, nicht mehr zwischen uns steht, erzählen Sie mal von sich selbst. Wer *ist* diese Virginia Babcock aus Hullsport in Tennessee? Welche Bücher liest sie? Welche Betätigungen sind ihr am wichtigsten für den Ausdruck ihrer Persönlichkeit?«

»Welcher Persönlichkeit? Ich habe mehrere.« Ich überlegte, ob ich zugeben konnte, daß meine Lektüre im vergangenen Jahr hauptsächlich aus den uralten Favoriten in Clem Cloyds Bücherregalen wie etwa ›Hard Bargain‹ und ›Tongue Power‹ bestanden hatte, die mit den geschwärzten

Titelbildern und dem reichhaltigen Vokabular bestimmt niemals Gegenstand eines Aufnahmeprüfungstests gewesen waren.

»Oho! Sehen Sie, Miss Babcock, das hat mich an Ihrer Bewerbung so fasziniert. Unter anderem. Jetzt kann ich Ihnen gegenüber ja vollkommen ehrlich sein. ›In einem Krankenhausbett gefangengehalten‹ – in der Tat!«

»Aber das ist wahr!«

»Sie haben bei der Beantwortung der Fragen einen köstlichen Humor bewiesen, Miss Babcock. Überaus erfrischend. Sicher können Sie verstehen, wie ermüdend es für uns ist, diese endlosen, langweiligen Anträge zu lesen. ›Ich möchte in Worthley studieren, um meine Umwelt besser verstehen zu können.‹ *Ihre* Antworten jedoch, Miss Babcock, zeigen, daß Sie, nun ja, echtes Worthley-Material sind, gewissermaßen. Welche Fächer beabsichtigen Sie zu belegen?« Rasch konsultierte sie ihre Ansteckuhr.

»Na ja, Miss Head, ehrlich gesagt hatte ich überhaupt nicht die Absicht, ein Fach zu belegen. Weil ich gar nicht erwartet hatte, aufgenommen zu werden. Aber nun muß ich mir ja wohl oder übel etwas ausdenken.« Ich versöhnte mich allmählich mit dem Gedanken, vier Jahre meines Lebens hinter diesen Mauern verbringen zu müssen. Miss Head war eigentlich gar nicht so übel – als Gefängniswärterin.

Miss Head starrte mich durch ihre Halbgläser an. »Welche Absicht hatten Sie denn sonst, Miss Babcock?«

»Na ja, heiraten, nehme ich an. So rummachen.« Wenn ich in Gegenwart von Joe Bob Sparks den amerikanischen Football schlechtgemacht hätte, er hätte meine Antwort nicht ungnädiger aufnehmen können. Miss Head lehnte sich weit zurück, schloß die Augen und massierte sich mit den Fingerspitzen die Schläfen.

»Unterrichten Sie auch?« erkundigte ich mich, um ihre Aufmerksamkeit von der furchtbaren Erkenntnis abzulenken, daß sie soeben den Dorftrottel von Hullsport, Tennessee, im Worthley College aufgenommen hatte, der Alma Mater endloser Bataillone weiblicher Intelligenzbestien.

»Ja. Ja, das tue ich, in der Tat. Philosophie. Ich leite das Descartes-Seminar.«

»Ach so. Na ja, dann werde ich Sie im Hörsaal wahrscheinlich nicht sehen.« Ich hatte eher einen Abschluß in Leibeserziehung und Körperpflege im Sinn.

Angesichts dieser potentiellen Konvertitin richtete sich Miss Head kerzengerade in ihrem Sessel auf. »Was immer Sie tun«, flehte sie, »weisen Sie die Philosophie nicht von der Hand, ehe Sie sich nicht wenigstens einen Eindruck verschafft haben. Es könnte ein Kardinalfehler sein, Miss Babcock!«

Ich dachte kurz darüber nach und entschied, daß ich eigentlich ebensogut Philosophie belegen könnte wie Körperpflege oder Hauswirtschaft. Mir war es egal. Also sagte ich Miss Head, daß ich Einführende Philosophie belegen würde. Sie war beglückt. Clem Cloyd schien urplötzlich sternenweit entfernt von Kant, Hegel und all den anderen teutonisch klingenden Namen, die Miss Head als Themen meiner Studien im ersten College-Semester aufzählte.

Nach Hullsport zurückgekehrt, schlich ich mich eines Spätnachmittags heimlich zum Quellenhaus hinauf. Da einer der Brüche von meinem Unfall nicht ganz richtig verheilt war, hinkte ich immer noch ein bißchen. Aber der Knochen sollte im Laufe des Sommers, bevor ich im Herbst nach Boston ging, noch einmal gebrochen und neu gerichtet werden, um dieses Hinken endgültig zu beseitigen. Wäre ich nicht nach Boston gegangen, würde ich, weil der Major mich dafür bestrafen wollte, zweifellos noch heute hinken. Clem und mir war es von beiden Elternpaaren offiziell untersagt worden, jemals wieder zusammenzukommen. Unnötig zu erwähnen, daß dieses Verbot auf mich etwa dieselbe Wirkung ausübte wie eine Papstbulle auf einen mittelalterlichen Mönch.

Ich klopfte, ohne wirklich zu erwarten, daß ich Clem hier antreffen würde. Aber er war tatsächlich da. Überrascht trat er zurück, als er mich sah; er sagte nichts. Ich hinkte stumm an ihm vorbei. Die roh gezimmerten Möbel standen noch da, die Pornoposter an den Wänden aber waren entfernt, die Regale mit den Paperbacks geleert worden. Auf dem Tisch lag eine aufgeschlagene Bibel. Und wo das Plakat mit den Ratten gehangen hatte, die an den Brüsten der Frau nagten, hing jetzt ein hölzernes Kruzifix.

Clem starrte mich an, beinahe geduckt, als fürchte er, ich werde ihn schlagen.

»Hallo«, begrüßte er mich schließlich doch.

»Hallo.«

»Du hast die Bilder runtergenommen«, stellte ich fest, weil ich nichts weiter zu sagen wußte.

»Tja. Kann sie hier nich mehr gebrauchen.«

»Aber es muß doch andere Mädchen geben«, meinte ich tapfer.

»So'n Zeugs interessiert mich nich mehr.«

»Wirklich nicht?«

»Die Harley hab ich auch verkauft.«

»Bist du verrückt? Aber das ist ja *furchtbar*! Haben deine Eltern dich dazu gezwungen?«

»Brauchten sie nich. Hab ich von selbs' gemacht. Hör mal, Ginny, es tut mir leid. Mein Gott, es tut mir wirklich *so* leid!« Sein braunes Gesicht war kummerverzerrt.

»Du warst nicht schuld, daß ich von der Harley gefallen bin.«

»Doch. Ich war schuld, weil ich so schnell gefahren bin, als du runtergefallen bist. Wirklich, Ginny, ich weiß nich, was ich sagen soll – nur, daß es mir leid tut. Ich hätte dich ja beinah umgebracht! Dabei bist du der einzige Mensch, außer Ma und Pa, aus dem ich mir im Leben je was gemacht hab.«

»Bitte, Clem! Wirklich, es ist schon gut. Es war bestimmt nicht deine Schuld.« Allmählich wurde ich verlegen.

»Ich hab 'ne Menge über dich nachgedacht, Ginny. Ich hab alles versucht, um zu dir reinzukommen. Einmal hab ich sogar 'ne Krankenpflegeruniform angezogen und bin bis zur Aufsicht in deinem Stock gekommen.« Ich lächelte. Das klang schon wieder mehr wie der alte Clem.

»Ich habe auch über dich nachgedacht. Wußtest du, daß ich in Boston war?«

»Pa hat's mir gesagt.«

»Ich werde im Herbst aufs College gehen.« Es tat mir wohl, daß sein Gesicht, das ich genau beobachtete, daraufhin lang wurde. »Zuerst wollte ich nicht; ich bin nur hin, weil mein Vater mich praktisch gezwungen hat. Aber es ist wirklich gar nicht so schlimm. *Wenn* man gern Tee trinkt.«

Clem hinkte zu der Bank hinüber, die ich konstruiert hatte, als wir acht Jahre alt waren und unser Blut miteinander gemischt hatten. Ich hinkte ebenfalls hinüber und setzte mich auch: auf die Tischplatte neben die Bibel.

»Meinst du, du könntest raufkommen und mich da oben besuchen?«

Seine bedrückte Miene hellte sich auf, wurde aber gleich wieder finster. »Wir dürfen uns ja nich mal hier treffen. Ich kann bestimmt nich tausend Meilen weit fahren, ohne daß es hier einer merkt.«

»Vielleicht ändern die noch ihre Meinung. Warten wir's ab.«

»Du solltest jetzt lieber gehn, Ginny. Ich muß Vater beim Melken helfen. Können wir uns mal wiedersehn?«

Ich erklärte ihm, daß ich mit meinem Bein eine Zeitlang im Krankenhaus liegen und außerdem den ganzen Sommer hindurch pauken müsse, um den Lehrstoff für meine College-Vorlesungen aufzuholen. »Aber wir könnten doch eine Zeit ausmachen, zu der wir uns jede Woche hier oben treffen. Wie damals, bei unseren Floyd-Alarmen. Weißt du noch? Als wir zur Probe unseren Kram zusammengesucht und uns hier drinnen versteckt haben? Derjenige von uns, der weg kann, könnte dann hier heraufkommen und, wenn der andere nicht da ist, bis zur nächsten Woche wieder nach Hause gehen.«

»Wenn die uns schnappen, sind wir erledigt.«

Ich war erstaunt. Noch nie hatte ich bisher erlebt, daß Clem Angst hatte, geschnappt zu werden. »Dann sollten wir's wohl lieber lassen.« Mein Gefühl, etwas zu verlieren, wurde zusehends schwächer. Vielleicht würde ein glatter, schneller Bruch für uns beide am schmerzlosesten sein.

»Nein, wir wollen's wenigstens versuchen. Wenn du das nächstemal kommst, bringe ich dir einen Zweitschlüssel mit. Sagen wir, Freitag um zwei.«

So gelang es uns beiden wirklich, vor meiner Abreise nach Boston etwa ein halbes dutzendmal zusammenzukommen. Voll Verwunderung stellte ich fest, daß es mit unserem Plan klappte. Bisher war es Clem immer unmöglich gewesen, weniger als eine Stunde zu spät zu kommen. Ins Quellenhaus jedoch kam er an jedem Freitag pünktlich um zwei. Zumeist plauderten wir freundschaftlich über die Farm. Clem arbeitete jetzt, nachdem er mit unserer Klasse den Abschluß der Hullsport High School geschafft hatte, ganztags mit seinem Vater zusammen. (Ich selbst hatte, in Anbetracht dessen, ›wer ich war‹, eine Sondergenehmigung bekommen und konnte meinen Abschluß während der Sommerferien nachholen.) Wir klatschten genüßlich über unsere Freunde, die Stammgäste vom Bloody Bucket, mit denen ich nie mehr zusammenkam. Dabei fiel auffallend häufig Maxine Pruitts Name. Eifersüchtig fragte ich mich, ob er vielleicht mit ihr ausging. Aber er sagte nichts davon, und ich war zu stolz, um ihn zu fragen.

Wir berührten einander nie. Was nicht einmal ein großes Opfer für mich war. Denn unsere Bemühungen auf diesem Gebiet waren nicht sehr ermunternd verlaufen.

Zwei Tage, ehe ich nach Boston abreiste, trafen wir uns zum letztenmal und verabredeten, daß ich zum Thanksgiving-Tag nach Hause kommen sollte. Wenn wir uns bis dahin als reif genug und in unserer neuen, Verantwortungsbewußtsein fordernden Umgebung kooperativ gezeigt hatten, würden unsere Eltern vielleicht nachgeben und uns als einsichtige Erwachsene gestatten, einander zu sehen. Ich schritt den Weg hinter dem Quellenhaus hinauf, der zu meinem Elternhaus führte. In unserer Kindheit war er ein morastiger Pfad gewesen, von ständiger Benutzung tief ausgetreten. Jetzt war er beinahe nicht mehr zu finden, so überwuchert war er von wilden Himbeer- und Weinranken. Auf dem Hügelkamm drehte ich mich noch einmal um. Unter mir breitete sich das Farmland, dessen Felder sich langsam zu herbstlichem Gelb verfärbten. Die Holsteinkühe standen vor dem Melkstall; sie warteten auf Clem, der ihnen Erleichterung verschaffen würde. Clem dagegen stand, dunkel, schmächtig und verwachsen, an der Tür der baufälligen Hütte und sah mir nach. Langsam hob er die Hand zum Gruß. Ich hob ebenfalls die Hand. Dann machte ich kehrt und hinkte nach Hause.

Mein Zimmer in Worthley lag hoch oben in einem von Zinnen gekrönten neo-gotischen Dormitorium, das so aussah wie die Dekoration für eine Disney-Verfilmung von ›Dornröschen‹. Ich hatte mir dieses Zimmer ausgesucht, weil es sich direkt an einer Feuertreppe befand. Vom Fenster aus blickte ich auf den mit Steinplatten belegten Innenhof, der sich zu einem kleinen See öffnete, auf dem die wackeren Brünnhilden des Colleges an jedem Morgen um sechs ihre Galeeren ruderten. In der Mitte des Hofes befand sich auf einem Sandsteinpodest eine riesige, mit gerollten Metallblättern verzierte Sonnenuhr aus Bronze. An der rückwärtigen Seite des Hofs, direkt am See, stand eine Bronzestatue der jungfräulichen Jägerin Artemis. Meinem Zimmer gegenüber lag unser Etagenbad. Und ich bekam eine erste Ahnung von der Ordnung, die im Universum herrscht, als ich feststellte, daß die Badezimmer in mehrstöckigen Gebäuden stets unmittelbar übereinander lagen.

Was meinem Zimmer an Größe abging, machte es durch seinen Charme wieder wett. Seine Mansardenfenster waren mit einem hübschen Fenstersitz ausgestattet: Es war ein richtig gemütliches Dachstübchen. Dort – und in der College-Bibliothek – verbrachte ich die ersten zwei Monate meiner College-Zeit. Ein Gesellschaftsleben hatte ich nicht, und es verlangte mich auch nicht danach. Das hatte ich in der High School mehr als ausgiebig mitmachen müssen. Außerdem wurde jeder einzelne meiner Nervenimpulse von den Studien in Anspruch genommen, mit denen es trotz meiner umfangreichen Sommerlektüre nicht so recht vorangehen wollte. Mein Geschichtsprofessor nannte mich eine ›bigotte Materialistin‹, mein Englisch-Professor gab mir meine Autobiographie mit der Bemerkung ›abgedroschen‹ zurück. Das Problem lag nicht vorwiegend in den vielen Büchern, die ich nicht gelesen, dem Lehrstoff, den ich in der Hullsport High versäumt hatte; es lag vielmehr in meinen Denkgewohnheiten, beziehungsweise in deren Nichtvorhandensein. Kurz gesagt, ich war des logischen Denkens unfähig. Schließlich hatte ich mich noch nie darin geübt. Und glich daher nach einer von relativer Befähigung gekennzeichneten Jugend plötzlich einem blind einhertappenden Idioten.

Clem schrieb ich serienweise einsame Briefe. Er schrieb mir ebenfalls serienweise einsame Briefe. Hätten wir uns kurzerhand selbst einsame Briefe geschrieben, wir hätten so viel Porto gespart, daß es zum Durchbrennen gereicht hätte. Der Inhalt lief im wesentlichen darauf hinaus, daß wir heiraten und bis ans Lebensende glücklich sein wollten, statt in keuscher Abgeschiedenheit dahinzuvegetieren. Und als der Thanksgiving-Tag nahte, war ich soweit, daß ich mich heiß nach der Fahrt nach Hause und ein bißchen Südstaaten-Trost sehnte. Also rief ich den Major an, um ihn von meinen Plänen in Kenntnis zu setzen.

»Kommt gar nicht in Frage!« gab er zurück. »Dafür ist es noch viel zu früh. Du bist ja gerade erst abgereist. Außerdem sagte mir Clems Vater, daß du dem Jungen geschrieben hast.«

»Na und? Ist das ein Verbrechen?«

»Keineswegs, aber du kommst mir jetzt nicht nach Hause.« Ohne Abschiedswort legten wir beide auf, ich mit dem rachedräuenden Gedanken, er möge, falls er einmal alt, krank und arm sein sollte, bloß nicht an *meine* Haustür klopfen. Dann schrieb ich Clem einen Luftpostbrief und bat ihn, zum Thanksgiving-Tag nach Boston zu kommen; einen Scheck für die Reisekosten legte ich bei. Er antwortete kurz darauf, vielen Dank, aber er müsse mir mitteilen, der Scheck sei geplatzt, der Major habe die Auszahlung verhindert, was er ja könne, da er Aufsichtsratsmitglied der Hullsport-Bank sei, bei der ich mein Konto hatte.

Mit Haß im Herzen aß ich meinen Thanksgiving-Truthahn in Gesellschaft einiger anderer Einsamer und Verlassener in Waldorf's Cafeteria am Harvard Square. Dann ermutigte ich einen akne pickeligen, bebrillten Collegestudenten aus Birmingham in Alabama, mich anzusprechen. Er war ebenso deprimiert wie ich, weil er am Thanksgiving-Tag ganz allein in der Fremde weilte. Deswegen nahm er mich mit auf sein Zimmer (in der Babcock Hall, was mir eine gewisse hämische Genugtuung bereitete), traktierte mich mit ›Southern Comfort‹ und geleitete mich sodann zu seinem ungemachten, beischlafbefleckten Bett, wo er mich zwischen Bergen von Notizzetteln für seine Semesterarbeit über Kierkegaards ›Die Krankheit zum Tode‹ halbherzig und phantasielos bumste.

»Was ist denn das, die ›Krankheit zum Tode‹?« fragte ich ihn leise, als wir unbequem ineinander verschlungen im Dämmerlicht des Spätnachmittags lagen.

»Die Verzweiflung«, antwortete er mit fest geschlossenen Augen und zusammengebissenen Zähnen.

Als ich meine Gliedmaßen sortiert hatte und in dem Durcheinander auf dem Fußboden nach meinem Do-It-Pruitt-BH und der schwarzen Strickjacke suchte, fragte er mich, Südstaaten-Gentleman, der er war, höflich nach Namen und Telefonnummer. Und als Südstaaten-Lady, die ich war, antwortete ich, mein Name sei Lora Lee Calhoun, denn ich wußte, daß er mich ja doch nicht anrufen, mir also auch nicht auf die Lügen-Schliche kommen würde.

Auf der Rückfahrt nach Worthley faßte ich den Entschluß, dem Sexualleben ganz zu entsagen, da mein erwachender Geist ohnehin jetzt die Herrschaft über den Körper übernahm.

Einige Tage später, als ich mich schon auf die Weihnachtsferien in Hullsport freute, bekam ich einen Brief von Clem, der mir schrieb, er habe sich mit Maxine verlobt. Es tue ihm leid. Er hoffe sehr, ich nähme es nicht zu schwer. Eindeutig sei uns ein gemeinsames Leben nicht beschieden. Aber nach allem, was wir so viele Jahre lang miteinander erlebt hätten, könnten wir auch nie ganz voneinander getrennt werden, und er hoffe, wir würden gute Freunde bleiben.

Es war ein lieber, sehr taktvoller Brief. Objektiv betrachtet, bewunderte ich Clems Wortwahl und war sicher, daß ich die Zeilen nie so gut hätte abfassen können. Über den Inhalt war ich weder besonders erstaunt noch gekränkt. Schließlich waren Monate vergangen, seit ich einen echten Anspruch auf Clem geltend gemacht oder romantische Gefühle für ihn gehegt hatte. Außerdem war ich es gewesen, die aus Hullsport fortgegangen war. Doch das meinen Emotionen klarzumachen, war eine andere Sache. Was die betraf, so konnte es einfach nicht wahr sein, daß Clem mich hatte sitzenlassen! Das miese Schwein – zuerst versuchte er mich umzubringen, und dann verdrückte er sich, ließ mich allein und ungeliebt in dieser finsteren, kalten Großstadt voll feindseliger Fremder! Das würde ich ihm heimzahlen – irgendwie; vom Logan Airport aus würde ich geradewegs in die Arme meines einzigen wahren Geliebten fliegen und mich nie wieder von ihm trennen. Mit Nägeln und Zähnen würde ich ihn gegen diese heimtückische Hure Maxine verteidigen und ihr meine spitze Nagelfeile in die Halsschlagader stoßen.

Nachdem sich so meine Emotionen ausgetobt hatten, meldete ich mich, schriftliche und mündliche Prüfungen glatt ignorierend, auf der Krankenstation, wo ich sofort hohes Fieber und einen rauhen Hals bekam, was sich zu meiner Genugtuung zu einer respektablen Lungenentzündung entwickelte. Miss Head brachte mir Schulbücher, damit ich für die Prüfungen arbeiten konnte, aber ich drehte nur das Gesicht zur Wand und beschloß, ungeliebt, unerwünscht und überflüssig, wie ich ja doch so eindeutig war, zu sterben.

Am Heiligen Abend besuchte mich Miss Head wieder im Krankenzimmer. Gerade war die College-Psychologin dagewesen und hatte mich dazu bewegen wollen, mich ihr gegenüber ›auszusprechen‹. Ich hatte konsequent vorgegeben zu schlafen, und genauso machte ich es jetzt bei Miss Head.

»Ich habe einen neuen Descartes für Sie, Miss Babcock.« Ehe ich den Entschluß faßte zu sterben, war ich in ihrem Seminar tatsächlich überraschend gut geworden, vor allem, weil ich sie, im Gegensatz zu meinen anderen Lehrern, sehr mochte und ihr eine Freude bereiten wollte. Und Descartes liebte ich besonders – weitgehend, weil er Miss Heads Spezialgebiet war. »Aber ich werde Ihnen das Buch nicht einfach so hierlassen. Sie müssen sich umdrehen und es von mir in Empfang nehmen.« Das war eine große Versuchung, vor allem, weil ich auf jener Seite wegen meines Entschlusses, den Tod mit dem Gesicht zur Wand zu erwarten, ein paar äußerst schmerzhafte durchgelegene Stellen hatte.

»Nun, ich muß jetzt schnell nach Hause und meinen Weihnachtsputer begießen«, verkündete sie scheinbar bedauernd. »Und die Kartoffeln zerstampfen, die Brötchen backen und was sonst noch erforderlich ist.«

Obwohl sich alles in mir sträubte, begann mir das Wasser im Mund zusammenzulaufen, und ich drehte mich langsam um. Lazarus, von den Toten auferweckt. Miss Head stand in einem grünen Lodenmantel, die bleichen Wangen vor Kälte gerötet, an meinem Bett. Mit den Worten: »Fröhliche Weihnachten, Miss Babcock«, überreichte sie mir ein hübsch verpacktes Präsent.

Ich brach in lautes Schluchzen aus. »Aber ich habe gar nichts für Sie!« klagte ich.

Mit verlegener Miene wandte Miss Head sich ab. »Doch, Miss Babcock, Sie haben etwas.«

»Was denn?« erkundigte ich mich argwöhnisch. Wer war diese Frau, die mich so schamlos manipulieren konnte, die mich überhaupt erst nach Worthley geholt hatte und jetzt versuchte, meine Sterbepläne zu durchkreuzen?

»Stehen Sie auf, ziehen Sie sich an und kommen Sie mit mir zum Weihnachtsessen.«

»Aber das kann ich doch gar nicht! Ich habe eine schwere Lungenentzündung.«

»Jetzt nicht mehr, Miss Babcock. Ich habe Ihren Arzt gefragt. Er hat gesagt, es würde Ihnen guttun, aufzustehen und ein bißchen rumzulaufen, gewissermaßen.«

»Woher will denn *der* das wissen? Schließlich ist *er* es doch nicht, der hier schwer krank ist.«

»Aber Sie auch nicht«, erwiderte Miss Head beharrlich und musterte mich über den Rand ihrer Brille. Sie unterdrückte ein kleines amüsiertes Lächeln.

Die Sache war die, daß es mir nach all den Wochen hier auf der Krankenstation gefiel. Ich konnte den ganzen Tag, eingeschlossen von Metallgitterstäben wie von den Seitenwänden eines Sargs, regungslos in meinem Bett liegen. Alle Mahlzeiten wurden mir gebracht, wann immer ich geneigt war zu essen. Ich wurde gebadet, ohne einen Finger rühren zu müssen. Man massierte mir den Rücken. Bettpfannen erschienen und verschwanden. Niemand verlangte etwas von mir, am allerwenigsten, daß ich dachte. Es war ein Zustand, der dem Tod so ähnlich war, wie man es nur erwarten konnte, ohne wirklich in der Erde zu liegen. Es würde hart sein, dieses Leben wieder aufzugeben. Miss Head sollte zum Teufel gehen.

»Sie haben zuviel gearbeitet. Kommen Sie mit in meine Wohnung; es wird bestimmt ein gemütlicher Abend. Nur wir beide. Sie würden mir wirklich einen Gefallen tun. Schließlich habe ich die Zulassungskommission überredet, Sie aufzunehmen, und also gewissermaßen ein berufliches Interesse an Ihrem Wohlergehen. Abgesehen von dem persönlichen Interesse, das ich vielleicht an Ihnen habe. Also los, Miss Babcock – kommen Sie!«

Gehorsam schwang ich die Beine aus dem Bett. Zum erstenmal seit drei Wochen berührten meine Füße den Boden. Ich erwartete, mein Kreislauf werde durch diese unvermutete Entwicklung der Dinge nach der wochenlangen Horizontale aus dem Gleichgewicht gebracht werden und mir werde das Blut in die Zehen schießen. Und hätte mich in blinder Panik sofort wieder unter die Bettdecke verkrochen, hätte Miss Head mich nicht bei der Hand genommen und mich zu dem Stuhl geführt, auf dem meine Kleider lagen. Mit unsicheren Bewegungen zog ich mich an, während sie diskret im Badezimmer verschwand und vor dem Spiegel ihren grauen Kraushaarknoten zurechtrückte.

Ich ging ins Bad und warf an ihr vorbei einen Blick in den Spiegel. »O Gott!« stöhnte ich leise. Meine Haare waren durch die dreiwöchige Vernachlässigung so fettig und schmutzig geworden, daß sie mir platt am Kopf klebten. Und mein Gesicht wirkte abgezehrt, weil ich stets nur gerade so viel gegessen hatte, daß ich bei Bewußtsein blieb und meine Leiden gründlich genießen konnte.

»Wenn Sie wollen, können Sie sich bei mir die Haare waschen.« Verdutzt starrte ich meine Besucherin an. Der Umgang, den ich mit Miss Head pflegte, war bisher so ätherischer Natur gewesen, daß es mir nie in den Sinn gekommen wäre, sie könne von normalen Körperfunktionen wie etwa dem Haarewaschen auch etwas verstehen.

Ich zog Clems rote Drachen-Windbluse über den engen schwarzen Rock und die schwarze Strickjacke. Miss Head musterte mich ein wenig zweifelnd, machte aber keine Bemerkung.

Neben ihr her wankte ich den Gang entlang; meine Beine waren vom langen Stilliegen wie Gummi, das linke schmerzte an der Stelle, wo es gebrochen und noch einmal gebrochen war, geradezu höllisch.

Miss Heads Wohnung lag in einem Flügel meines Dormitoriums, an einem Korridor voll inspirierender Porträts streng blickender Ehemaliger, die in der Welt draußen Großes erreicht hatten. Eines dieser Bildnisse hatte zwei rechte Hände, ein Umstand, der Miss Head nicht aufgefallen war, bis ich sie an jenem Abend darauf hinwies.

Miss Heads Wohnungstür bestand aus massivem Eichenholz mit schmiedeeisernen Angeln und Beschlägen. Sie lag in einer dunklen Nische, die man durch einen niedrigen, mit steinernen Wasserspeiern besetzten Torbogen erreichte. Über dem Bogen standen, in den Stein gehauen, die Worte: ›In der Ruhe und Abgeschiedenheit anregender Studien.‹

Die Wohnung bestand aus Wohnzimmer, Bad, Küche und Schlafraum; sie war eingerichtet mit Orientteppichen, steifen viktorianischen Sofas und zerbrechlichen Stühlen mit Sitzen aus Petit-Point-Stickerei. Puterduft hing in der Luft, als Miss Head ihren Lodenmantel und meine Windbluse aufhängte.

»Machen Sie es sich nur schon bequem; ich habe noch etwas in der Küche zu tun, gewissermaßen.« Vorsichtig hockte ich mich auf die Kante eines Petit-Point-Stuhls, dessen Lehne aus geschnitzten Rosetten bestand, und widmete mich der schwierigen Aufgabe, es mir darauf bequem zu machen.

Miss Head, die sich noch einmal umdrehte, ehe sie in der Küche verschwand, verzog das Gesicht. »Bitte nicht auf *dem* Stuhl, Miss Babcock – leider. Der ist nur zum Anschauen.« Ich sprang auf, wich erschrocken zurück und ließ mich auf dem überfederten Roßhaarsofa nieder, das dicke Klauenfüße hatte und, was die Bequemlichkeit betraf, nicht weniger unergiebig war als der zerbrechliche Stuhl. Miss Head offerierte mir einen Sherry, den ich eifrig akzeptierte. Sie reichte mir ein kleines, nur zu einem Drittel gefülltes Kristallglas. »Wir wollen doch nicht, daß Ihnen der Alkohol zu Kopf steigt, gewissermaßen, nicht wahr?« Ich befand, dies sei wohl nicht der richtige Zeitpunkt, ihr von dem scharfen Schwarzgebrannten im Bloody Bucket zu berichten.

Ich stellte mein Glas auf einen Untersatz, der auf dem Marmortischchen lag, und wickelte mein Päckchen aus. Mein Herz tat einen Sprung, als ich das Buch sah: ›Abhandlung über die Methode des richtigen Vernunftgebrauchs‹ von René Descartes! Auf dem Vorsatzblatt stand eine Widmung: »Für Virginia Babcock von Helena Head, Weihnachten 1963.«

Eifrig begann ich in dem Buch zu blättern und las beglückt: »Bei der Suche nach dem direkten Weg zur Wahrheit sollten wir uns mit keinem Gegenstand befassen, über den wir uns nicht eine Gewißheit verschaffen können, die jener der Demonstrationen der Arithmethik und Geometrie gleichkommt.«

Während ich in Descartes' Anweisungen zum Erlangen jener Gewißheit vertieft war, schenkte sich Miss Head selbst auch einen Sherry ein und nahm mir gegenüber auf einem kleinen, goldgelb bezogenen Sofa Platz. »Also! Was ist nun eigentlich mit Ihnen los?«

»Wie bitte?«

»Warum haben Sie sich ins Bett gelegt und die Prüfungen versäumt?«

Ich seufzte schwach und sah Miss Head lange an, während ich überlegte, wie ich mir alles von der Seele reden sollte. Schließlich platzte ich heraus: »Mein Schulfreund hat eine andere geheiratet.«

Sie wartete. Als ich nicht weitersprach, fragte sie ungläubig: »Und das ist alles?«

»Ist das nicht genug?«

»Nun, dafür opfert man doch wohl kaum seine College-Ausbildung, oder?« Zu jenem Zeitpunkt ahnte ich nicht, daß ich einer gründlichen Gehirnwäsche unterzogen wurde.

»Na ja, wenn Sie es so formulieren«, erwiderte ich, leicht zu bekehren, wie ich stets war, »dann ist es wirklich ziemlich dumm.«

»Nun, nicht gerade dumm, aber zweifellos unlogisch.« Ich nickte zustimmend und merkte mir, daß die negativste Beurteilung, die Miss Head einer Handlungsweise angedeihen lassen konnte, die Bezeichnung ›unlogisch‹ war.

»Sehen Sie, Miss Babcock«, erklärte Miss Head, »der menschliche Organismus hat nur eine bestimmte Menge Energie zur Verfügung. Wenn Sie nun einen großen Teil davon in nur einen einzigen von vielen Kanälen leiten, werden die anderen einstürzen oder verkümmern. Wenn Sie Ihre lebenswichtigen Energien auf Ihr Gefühlsleben verschwenden, wie Sie es bisher getan haben, müssen Sie sich darauf gefaßt machen, physisch und geistig bankrott zu gehen, gewissermaßen.« Ich hatte nicht die geringste Ahnung, wovon sie sprach. Für einen Menschen, der ein so überzeugter Anhänger der Vernunft in all ihren Manifestationen war, klang das hier verdächtig mystisch.

»Glauben Sie, man wird mir gestatten, die Prüfungen nachzuholen?«

»Nun, Sie lagen ja wirklich mit Lungenentzündung auf der Krankenstation, wenn auch doppelt so lange wie medizinisch notwendig, gewissermaßen. Aber ich würde meinen, wenn Sie zu Ihren jeweiligen Lehrern hingehen, sich entschuldigen und ihnen alles erklären würden – die Krankheit, natürlich, das übrige nicht –, dann würden sie wahrscheinlich bereit sein, eine Ausnahme zu machen. Ich zum Beispiel mit Sicherheit.«

»Oh, vielen Dank, Miss Head! Und was soll ich tun, um wieder Anschluß an Ihre Vorlesung zu finden?«

»Ich möchte von Ihnen bis zum Ende des nächsten Monats einen Aufsatz von etwa zwanzig Seiten Länge über ein Thema, das Sie frei wählen können. Vielleicht im Zusammenhang mit Descartes. Und zu Ihrer persönlichen Erbauung und Freude würde ich vorschlagen, daß Sie Ihre Pflichtlektüre beenden. Natürlich haben Sie eine ganze Anzahl Vorlesungen versäumt. Aber ich werde mich über eventuelle Fragen, die Sie haben, jederzeit gern mit Ihnen unterhalten.« Das geistige Äquivalent des physischen Adrenalins stieg mir zu Kopf. Ich wollte nur noch in meine Mansarde hinauf und mich auf den ungekürzten Spinoza stürzen.

»Doch heute abend sollen Sie sich entspannen und gemütlich mit mir zu Abend essen. Wenn Sie wollen, dürfen Sie von meinem Apparat aus Ihre Eltern anrufen und ihnen fröhliche Weihnachten wünschen.« Ich warf ihr einen zutiefst verletzten Blick zu. Sie hatte mit dem Feind paktiert! »Nun, sie haben sich verständlicherweise Sorgen um Sie gemacht.« Voll Mißtrauen funkelte ich sie an. Wenn man nicht mal seiner Philosophielehrerin trauen konnte, wem dann? »Na schön, ich habe einoder zweimal mit Ihren Eltern gesprochen«, gestand sie. »Ist das so schlimm?« Wäre jetzt mein Krankenbett in greifbarer Nähe gewesen, ich wäre unverzüglich hineingestiegen und hätte mich mit dem Gesicht zur Wand gedreht. Miss Head war eine treulose Verräterin. Sie zuckte die Achseln und ging in die Küche.

Nach mehreren Anrufen aus Hullsport, die entgegenzunehmen ich mich geweigert hatte, war der Major eines Tages persönlich in meinem Krankenzimmer erschienen. Ich nahm seine Anwesenheit nicht zur Kenntnis. Denn wenn es ihn nicht gegeben hätte, wäre ich in jenem Moment vielleicht Mrs. Clem Cloyd gewesen. Hätten alle meine gegenwärtigen Probleme nicht existiert. Endlich brüllte er mich an: »Ginny, das ist doch lächerlich! Komm sofort raus aus deinem Bett! Ich werde dich mit nach Hause nehmen!«

Ich jedoch hatte ihn nur verächtlich angesehen und geantwortet: »Ich weiß nicht, wovon du sprichst. Ich *habe* kein Zuhause mehr.« Ein paar Ärzte waren gekommen und mit ihm auf den Korridor hinausgegangen, wo sich eine hitzige Debatte entspann, die bewirkte, daß ich blieb, wo ich war.

Während ich nun so dasaß und innerlich vor Wut kochte, bat Miss Head mich bereits zu Tisch – zu einem einbeinigen Tisch mit Mahagonifurnier, der für eine an Krankenhaustabletts gewöhnte Patientin einfach überwältigend schön gedeckt war: Limoges-Porzellan, Waterford-Kristall, antike Silberbestecke, Platzdeckchen und Servietten aus Brüsseler Spitze. Ein kleiner, goldbraun gebratener Truthahn; Silberschüsseln mit hellgelbem Kartoffelbrei, orangefarbenem Kürbis, dunkelbrauner Sauce, dunkelrotem Preiselbeergelee, hellgrünen Erbsen. Die langen Wochen der Selbstkasteiung machten sich urplötzlich bemerkbar, so daß ich mich fast mit einem Hechtsprung in die Saucenschüssel gestürzt hätte. Miss Head registrierte lächelnd meine Begeisterung und nickte mir zu, ich dürfe mich setzen.

Als ich gehorchte, präsentierte sich mir auf einmal ein völlig neuer Aspekt der Situation: Hier hatte Miss Head dieses fabelhafte Weihnachtsfestessen bereitet – wirklich für mich? Und wenn ich nun nicht mitgekommen wäre? Hätte Miss Head dann hier gesessen und das alles allein verzehrt? Mein Herz schmerzte vor Mitgefühl für sie, die über den Rand ihrer Halbgläser hinwegspähend den Puter zerlegte. Tränen stiegen mir in die Augen. Diese kluge, selbstgenügsame Frau – konnte es möglich sein, daß sie tatsächlich einsam war, wie ich einsam gewesen war, als ich Woche um Woche dalag und so tat, als wolle ich sterben? Oder hatte sie einen heimlichen Liebhaber, einen guten Freund, dem sie heute abend abgesagt hatte, um selbstlos meine Seele zu retten? Ich hoffte es aufrichtig.

»Woher haben Sie all das schöne Porzellan und so?« erkundigte ich mich.

»Von meiner Mutter. Ich war das einzige Kind zu Hause, daher habe ich alles geerbt. Obwohl ich kaum Verwendung für zwölf Gedecke habe, weil ich allein lebe.« Ich studierte aufmerksam ihre Miene, versuchte herauszufinden, ob sie darüber traurig war oder nicht – etwa, wie es mich traurig machte, daß ich jetzt praktisch elternlos, liebhaberlos und freundlos war. Konnte das Leben unter derartigen Bedingungen überhaupt weitergehen?

Nach dem Essen kehrten wir für den Kaffee und etwas Gebäck zu unseren beiden Sofas zurück. Anschließend verschwand sie im Schlafzimmer und kam mit einem rötlich glänzenden Cello wieder. Sie hockte sich auf die Kante eines streichholzdünnen Petit-Point-Stuhls, stellte die Spitze des Cellos auf den orientalischen Gebetsteppich, spreizte die Beine und nahm das Instrument zwischen die Knie. Sorgfältig inspizierte sie den Bogen, drehte ihn um und visierte daran entlang wie ein Bogenschütze an einem Pfeil. Dann streckte sie die Hand aus, nahm den Deckel von einem Metronom und setzte es in Gang.

Im Takt seines schwingenden Pendels nickend, langte sie unvermittelt zum Cellohals hinauf, den sie sodann mit den Fingern einer Hand bearbeitete, während sie mit der anderen den Bogen führte. Sie spielte den Cello-Part einiger Chorstücke aus dem ›Messias‹ – so hingegeben, daß der Stuhl unter ihr bedrohlich schwankte. Wie das Bluegrass-Banjo im Bloody Bucket, dessen Spieltechnik sich als Reaktion auf das trostlose Leben in den Bergwerksstädten der Appalachen entwickelt hatte, verlor auch Miss Heads barockes Cello nicht einen einzigen Takt an die geballten Kräfte von Verzweiflung und Untergang. Ihre Brille tanzte gefährlich.

Nach dem Schluß des Halleluja-Chors lehnte sie den Kopf gegen den Cellohals und schloß die Augen. Als etwa ein oder zwei Minuten vergangen waren, öffnete sie die Augen wieder, lehnte ihr Cello an die Wand und sah auf die Uhr an ihrer Brust. Dann stand sie auf und sagte ruhig: »Es ist halb elf. Sie sind sicher müde, Miss Babcock, nach Ihrem ersten Ausflug. Ich werde Sie zur Krankenstation zurückbringen.«

»Nein, vielen Dank. Ich glaube, ich gehe lieber rauf in mein Zimmer.«

Mit einem etwas müden Lächeln musterte sie mich, tätschelte mir die Schulter und antwortete: »In der Tat. Das ist gut.«

Ich stemmte ihre schwere Eichentür auf und fand mich allein in der hallenden Steinnische, während im Gang dahinter die strengen Porträts auf mich lauerten. Mit tapfer gestrafften Schultern setzte ich mich ihren starren Blicken aus. Bisher hatte ich sie tief enttäuscht. Ich hatte meine persönlichen Kraftreserven verschwendet, hatte mich nur danach gesehnt, von einem Mann geliebt, beschützt und kommandiert zu werden. Von nun an aber würde ich sie bestimmt nicht mehr enttäuschen. Zuversichtlich schritt ich an ihnen vorbei den Korridor entlang, zwischen den Reihen antiker, hochlehniger Bischofsstühle hindurch, die den breiten Steingang säumten.

Das Aufsatzthema, das ich für Miss Heads Aufgabe wählte, lautete: ›Wer schuf die Welt und warum?‹ Am selben Abend noch setzte ich mich hin und schrieb bis vier Uhr früh. Vierzehn Seiten hatte ich fertig und die erste Hälfte des Themas ausführlich behandelt. Nach der cartesianischen Methode hatte ich einen eleganten Beweis für die Existenz Gottes konstruiert, gegründet auf dem Postulat, daß es unmöglich sei, sich etwas vorzustellen, es existiere denn zuvor. Ich las, was ich geschrieben hatte, und sah, daß es gut war. Ich ging zu Bett, zufrieden, wie Gott am sechsten Tag zufrieden gewesen sein muß, als Er den Menschen ins Leben gerufen hatte.

Am Weihnachtsmorgen sprang ich aus dem Bett, warf mir den Bademantel über, setzte mich an den Schreibtisch und wollte den Aufsatz zu Ende bringen. Vor dem ›Warum‹ jedoch kapitulierte ich. Jede Kette ineinandergreifender Theoreme, die ich darlegte, fiel letztlich wie ein Kartenhaus in sich zusammen. Schließlich trennte ich das ›Warum‹ vom Thema ab und reichte einen Aufsatz von vierzehn Seiten ein.

Zwei Tage später gab ihn mir Miss Head mit einem dicken roten C, einem Befriedigend also, und der Bemerkung zurück, sie habe ihn nicht so streng beurteilt, weil ich so viele Vorlesungen versäumt hätte. Ich hätte mein Thema falsch formuliert. Meine Argumentation drehe sich im Kreis. Die Formulierung des Themas schließe die Antwort bereits ein. Die Frage ›wer‹ setze einen anthropomorphen Schöpfer voraus. Ebenso impliziere der Ausdruck ›schuf‹ einen spezifischen Prozeß des Zur-Existenz-Bringens der ›Welt‹, während sie in Wirklichkeit durch eine Anzahl andersgearteter Prozesse zu dem geworden sein könne, was sie sei. Was nun die Anwendung des Wortes ›Welt‹ betreffe, nun, da könne niemand meine in dieser Form gestellte Frage ernst genug nehmen, um eine Antwort auch nur zu versuchen. Das Wort ›Welt‹ sei dermaßen vieldeutig, daß diese Frage nicht tolerierbar sei. Ob ich mit ›Welt‹ den gesamten Komplex von Entitäten und Ereignissen meine, die in der Vergangenheit existiert hätten, in der Zukunft existieren würden und in der Gegenwart existierten? Denn wenn dem so sei, schließe eine derartige ›Welt‹ alle Wesen ein, die jemals etwas geschaffen hätten, und alle Dinge, die jemals geschaffen worden seien, und könne daher ohnehin nicht das Subjekt des fälschlicherweise verwendeten Verbs ›schaffen‹ sein. Oder meine ich vielleicht einen fragmentarischen Teil der oben erwähnten Gesamtheit? Wenn ja, welchen? Doch trotz des grundfalschen Beginns hätte ich den Beweis der Existenz Gottes überaus geschickt geführt. Meine Auffassung der Geist-Körper-Dichotomie sei einwandfrei. Meine Fortschritte während des Semesters seien hervorragend gewesen und würden es, da sei sie sicher, auch weiterhin bleiben. Ich dürfe mich durch das C nicht entmutigen lassen. Ich klammere mich an sentimentale Voraussetzungen, die mir durch meine Erziehung oktroyiert worden seien. Sie habe die Stellen, an denen diese Voraussetzungen zutage träten, rot gekennzeichnet. Ich solle daran arbeiten, derartige subjektive, emotionale Reaktionen auszumerzen.

Ich war zutiefst deprimiert, nicht zuletzt durch die Tatsache, daß ich den Sinn ihrer Bemerkungen nicht ergründen konnte. Sie hätte ebensogut Urdu reden können. Finster schmollend hing ich herum und erwog, auf die Krankenstation zurückzukehren.

Statt dessen kaufte ich ein Hochzeitsgeschenk für Clem und Maxine: einen Salzstreuer in Form eines Stierkopfes und einen Pfefferstreuer in Form eines Kuhkopfes. Dazu schrieb ich einen freundlichen Brief, in dem ich mich für die verspätete Gratulation entschuldigte und ihnen viele glückliche gemeinsame Jahre wünschte. Dem Päckchen fügte ich

Clems zusammengeflickte Windbluse sowie sein Namensarmband bei.

Anschließend ging ich zum Friseur und ließ mir endlich die Haare richten. Ich wollte sie wachsen lassen, um sie zum Knoten aufstecken zu können. Bis dahin wollte ich sie so glatt und unauffällig wie möglich tragen. Nachdem anderthalb Jahre lang ein dick mit Lack besprühter, toupierter Raumfahrerhelm meinen Kopf gekrönt hatte, war eine enganliegende Haartracht eine wahre Erleichterung.

Außerdem kaufte ich mir ein halbes Dutzend Wollkostüme, ein paar hochgeschlossene Nylonblusen, eine antike Kameenbrosche und mehrere Paar flache, einfache Schuhe. Ich trug jetzt eine Größe kleiner als zu der Zeit, da ich mich mit gebrochenem Herzen ins Krankenbett gelegt hatte. Es war gut, sich um ein bißchen weniger Ich Sorgen machen zu müssen.

In dieser nagelneuen Montur stieg ich zu Miss Heads Gemächern hinab. Die Weihnachtsferien neigten sich ihrem Ende zu, und am frühen Abend würden die ersten meiner Kommilitoninnen von zu Hause eintreffen. Bis dahin wollte ich Miss Heads ungeteilte Aufmerksamkeit möglichst ausgiebig genießen.

Als sie ihre schwere Eichentür öffnete, musterte sie mich von oben bis unten und rief erfreut: »Ja, Miss Babcock! Ich hätte Sie fast nicht wiedererkannt. Sie haben ein neues Kostüm. Wirklich ganz zauberhaft.« Sie forderte mich zum Eintreten auf, und kurz darauf thronte ich auf der zu hart gepolsterten Roßhaar-Causeuse. »Ich mache mir gerade einen Tee. Möchten Sie auch einen?«

Ich war inzwischen regelrecht teesüchtig geworden und brauchte ihn jeden Nachmittag. »Vielen Dank. Gern.« Miss Head vollzog ihre komplizierte Teezeremonie genau wie am Tag meines Einführungsgesprächs. Nur sagte ich diesmal, klüger geworden: »Mit Zitrone, bitte. Und keinen Zucker.«

Mit einem zufriedenen Nicken über meine neuerworbene Lebensart reichte sie mir die Tasse. Dann sah sie mich fragend an. »Ich dachte«, erklärte ich ihr höflich, »Sie könnten mir vielleicht bei meinem Studienplan fürs nächste Semester helfen. Ich habe keine Ahnung, welche Fächer ich belegen soll.«

Verblüfft starrte sie mich an. »Nun, Miss Babcock, was interessiert Sie denn?«

»Ich weiß es nicht – das ist es ja gerade! In der High School habe ich von keinem Fach so viel mitgekriegt, daß ich erkennen konnte, was mich interessiert.« Abgesehen von Anfängersex, Motorrädern, Fahnenschwingen und Schwarzgebranntem – Dingen, von denen ich genau wußte, daß sie mich *nicht* interessierten. »Es gibt soviel, was ich belegen müßte, daß ich nicht weiß, wo ich anfangen soll. Meine Bildung ist ein einziges großes Loch.«

»Also!« begann sie jetzt energisch, da ihre Galatea willens war, sich von ihr formen zu lassen. »Zunächst werden Sie natürlich den zweiten Teil meines Philosophieseminars belegen wollen.«

»Selbstverständlich.«

»Wieder einiges von Descartes und Spinoza. Dazu Locke und Berkeley, Hume und Hegel. Es wird ein überaus interessantes Frühjahr werden.«

»Hmm-hmm.«

»Und dann müssen Sie unbedingt Englisch beenden. Bleiben also noch drei Fächer. Naturwissenschaft oder Geisteswissenschaften?« Ich zuckte die Achseln zum Zeichen dafür, daß ich Wachs in ihren Händen sei.

»Also gut. Ich schlage vor, Sie beginnen mit Chemie und Physiologie, vielleicht ein bißchen einführende Physik, zum Ausgleich für Englisch und Philosophie. Dadurch haben Sie dann im nächsten Jahr die Grundlage für eine wohlerwogene Wahl zwischen Naturwissenschaft und den Geisteswissenschaften.«

»Großartig«, sagte ich, eifrig mein Formular ausfüllend, das ich ihr, als meiner Studienberaterin und gegenwärtigem Ideal, zum Unterzeichnen reichte.

»So. Was noch?« Den Kopf ein wenig in den Nacken legend, musterte sie mich durch die Halbgläser.

»Danke sehr. Das wäre alles.« Ich stellte meine Tasse hin und wollte aufbrechen.

»Laufen Sie doch nicht gleich davon!« Sie warf einen Blick auf ihre Uhr. »Ich hatte gerade an meinem Buch gearbeitet, aber ich hab's nicht besonders eilig, an den Schreibtisch zurückzukehren.«

»Was ist denn das für ein Buch, an dem Sie arbeiten?«

»Ich habe noch keinen Titel dafür. Es handelt sich um einen Vergleich der Methoden der Empiriker des achtzehnten Jahrhunderts mit der Newtonschen Mechanistik.«

»Aha«, sagte ich ein wenig ratlos. »Klingt interessant.«

»Allerdings, das ist es auch. Ich arbeite seit sieben Jahren daran.«

Ich schluckte. »Und jetzt ist es so gut wie fertig?«

»Ja. Höchstens zwei Jahre noch«, antwortete sie voll Genugtuung und schob mit einem freundlichen Lächeln ihren Unterkiefer vor. »Aber jetzt berichten Sie mir mal, womit *Sie* sich in letzter Zeit beschäftigt haben, Miss Babcock.«

»Ich habe meine Lektüre nachgeholt. Und für Geschichte eine Nacharbeit über die Verwendung des Astrolabiums durch die portugiesischen Entdecker des fünfzehnten Jahrhunderts bei ihren Reisen in der südlichen Hemisphäre geschrieben.«

»In der Tat.«

»Übrigens, ich möchte mich noch für meinen Descartes-Aufsatz entschuldigen. Ich hatte mir wirklich Mühe gegeben.«

Sie winkte mit großzügiger Geste ab. »Schon gut, Miss Babcock. Sie werden sicher alles aufholen. Sie zeigen eine bemerkenswerte Fähigkeit, sich Ihrer Umgebung anzupassen, gewissermaßen eine Art Tarnfärbung anzulegen. Ich bin überzeugt, daß Sie die philosophische Denkweise im Handumdrehen erlernen werden; das heißt natürlich, wenn Sie wollen.«

»Glauben Sie wirklich?« Mir erschien das praktisch unmöglich. Zwar konnte ich mich kleiden wie Miss Head, wie sie zu denken war jedoch etwas ganz anderes.

»Ich bin fest davon überzeugt. Haben Sie Ihre Eltern angerufen?« Ich zog sofort eine finstere Miene. Miss Head lachte. »Na, hören Sie mal, liebe Miss Babcock! Müssen Sie so betont melodramatisch tun?«

»Ja, ich habe sie angerufen.«

»Und stehen Sie wieder mit ihnen auf Sprechfuß?«

»Ich glaube schon.«

»Gut.« Aufseufzend schenkte sie sich eine zweite Tasse Tee ein. Ich reichte ihr meine ebenfalls zum Auffüllen. »Ich erinnere mich noch gut an die Kämpfe, die ich mit meinen Eltern ausgefochten habe«, erklärte sie lächelnd und nahm die Brille von der Nase, die ihr nunmehr an der Kette auf der Brust baumelte. Sie hatte blaue Augen, schwach und wäßrig. »Damals erschien mir das alles so wichtig. Aber nun sind sie beide tot.«

Meine unerschütterlichen Eltern – tot? Niemals! Die würden rosten oder korrodieren, aber nicht sterben. »Worüber haben Sie sich denn mit Ihren Eltern gestritten?«

Miss Head starrte geistesabwesend zum Fenster hinaus, dorthin, wo die Wintersonne Hieroglyphenmuster in den Schnee brannte. Riesige glänzende Eiszapfen hingen bis zur Hälfte der Scheibe herab. Sie hatte meine Frage nicht gehört. Also wiederholte ich sie.

Jetzt hob sie erschrocken den Blick. »Ach ja! Nun, lassen Sie mich überlegen.« Sie setzte sich auf dem zierlichen Stuhl zurecht und lehnte sich bequem zurück. Ich ergriff die Gelegenheit, in meinem nagelneuen Kostüm so lange herumzurutschen, bis ich eine Stelle gefunden hatte, an der sich keine Sprungfedern in meine Hinterbacken bohrten.

»Nun, Miss Babcock, ich bin, wie Sie, in einer Kleinstadt aufgewachsen. In Morgan, Oklahoma.«

»Ist das Ihr Ernst? Wo ist Ihr Oakie-Akzent?«

»Sie müssen bedenken, daß ich seit vielen Jahren nicht mehr in Oklahoma lebe. Wie dem auch sei, mein Vater war Bohrungsfachmann dort; er bohrte allerdings nicht nach Öl, sondern nach Wasser. Und ich bin in Morgan zur Schule gegangen: zwölf Klassen in vier kleinen Räumen. Ich führte das übliche erstickende Kleinstadtleben. Aus irgendeinem Grund jedoch – warum, das weiß ich nicht mehr so genau – hegte ich insgeheim den Ehrgeiz, eines der vornehmen Mädchen-Colleges zu besuchen.

Doch schon die Tatsache allein, daß ein Mädchen aufs College gehen wollte, war für meine Eltern schwer zu begreifen. Außerdem hatten sie sehr wenig Geld, und bestimmt nicht genug, um mich aufs College schicken zu können. Damals herrschte die Depression. Trotzdem schrieb ich jahrelang an alle kostspieligen Colleges und ließ mir zahllose Prospekte schicken, die ich in meinem Schrank versteckte. Manchmal schloß ich mich mit einer Taschenlampe ein und erging mich in Phantasievorstellungen über meine Zukunft als Collegestudentin an einer dieser vornehmen Schulen.

Nun, als es schließlich soweit war, schaffte ich es tatsächlich irgendwie, ein Stipendium für Vassar zu ergattern. Schließlich korrespondierte ich ja seit Jahren mit diesen Leuten. Und außerdem hatte ganz zweifellos die geographische Quote damit zu tun.« Dabei warf sie mir einen ironischen Blick zu.

»Doch meine Eltern wollten nichts davon hören, daß ich so weit von zu Hause fortging. Warum ich nicht einen netten Jungen aus Oklahoma heiraten und Kinder bekommen könne wie jedes andere normale Mädchen aus Oklahoma, fragten sie. Warum ich unbedingt so hochnäsig sein müsse.« Seltsamerweise verlor sich beim Sprechen allmählich ihr gepflegter Oststaatenakzent, und der nasale Oklahoma-Tonfall schimmerte schwach durch die Webfäden ihres Berichts.

»Und so stritten wir und stritten wir, bis ich schließlich doch nachgab. Ich verzichtete auf mein Stipendium. Insgeheim aber bewarb ich mich bei Emory in Atlanta, das nahe genug bei Morgan lag, um den Entfernungsfaktor aufzuheben. Emory gewährte mir ein Stipendium, und ich nahm es mit Freuden an.

Und dann wollten sie erstens nicht, daß ich meinen Dr. phil. machte, und zweitens, daß ich deswegen nach New York umzog. Und so war das Ganze ein ewiger Kampf. Bis sie, wie gesagt, dann beide starben.«

»Aber wieso hatten sie was dagegen, daß Sie Ihren Dr. phil. machten?«

Sie zuckte die Achseln und trank einen Schluck Tee. »Ich glaube, sie wünschten sich einen Schwiegersohn und möglichst viele Enkelkinder. Tatsächlich gab es da auch einen Mann, mit dem ich damals . . . liiert war. Ein Chemiker. Er mußte nach Übersee, in den Krieg. Bevor er einrückte, wollte er mich noch heiraten und den Grundstein für ein Baby legen. Aber ich hatte gerade mit dem Studium an der Columbia University begonnen und sehr viele andere interessante Pläne. Also gab ich ihm einen Korb. Das fand man damals überaus unpatriotisch und herzlos. Ganz besonders meine Eltern, die ihn kennengelernt hatten und von ihm schwärmten. Na ja, er fiel. In Belgien. Aber das ist unwichtig.«

Ich musterte sie fragend. Wenn die Tatsache, daß ihr Freund in Belgien gefallen war, unwichtig war – was war dann wichtig?

»Alle Eltern – die Ausnahmen sollte man in Gold fassen – sehen in ihren Kindern die Reinkarnation ihrer eigenen Person«, fuhr sie fort. »Wenn diese Kinder nun in irgendeiner Richtung zu weit von dem Pfad abweichen, den ihnen ihre Eltern vorgezeichnet haben, fühlen sich die Eltern zurückgestoßen, sind sie gekränkt. Aber was soll man machen?« Sie lächelte nachsichtig. »Was sollen *sie* machen? Was sollen *wir* machen? Wir sitzen alle in der Falle. Aber man stirbt.«

Nachdenklich trank ich meinen Tee, bewegte diese ganz neuen Einblicke in die Charakterbildung meiner Mentorin in meinem Herzen. »Aber wenn Ihre Eltern so arm waren, woher hatten sie dann all das herrliche Porzellan und so, das sie Ihnen hinterlassen haben?«

»Das gehörte der Familie meiner Mutter – Erinnerungen an bessere Zeiten. Meine Mutter hegte und pflegte es. Mein Vater kannte nicht mal den Unterschied zwischen Waterford-Kristall und einem Marmeladenglas. Und es kümmerte ihn auch nicht. Ich weiß noch,wie er mit seinem schmutzigen T-Shirt in der Küche saß, während der Wind den Staub durch die Türritzen hereinfegte, und wie er meine Mutter reizte, indem er eins von den kostbaren Gläsern in seine riesige dreckverschmierte Pranke nahm und so tat, als werde er gleich die Faust schließen und das Glas ganz einfach zerdrücken. Und dann hockte sie da und weinte und bettelte, er solle es wieder hinstellen, und nannte ihn einen ungebildeten Tölpel und einen primitiven Dummkopf und alles mögliche, was ihr gerade einfiel, nur um ihm möglichst weh zu tun. Und es tat ihm wirklich weh. Er war sich durchaus dessen bewußt, daß Mutter unter ihrem Stand geheiratet hatte, gewissermaßen. Schließlich, wenn sie zuviel stichelte und laut schimpfte, was für ein grober, ungeschlachter Hinterwäldler er doch sei, stellte er das Glas auf den Tisch, sprang mit vorquellenden Augen und puterrotem Gesicht auf, stapfte wütend auf sie zu und schlug sie brutal. Sie schrie, und er schlug sie weiter und begann dabei laut zu brüllen, alle möglichen üblen Sachen, wie etwa: ›Vergiß nicht, Maude, warum du so einen dummen Kerl wie mich geheiratet hast! Weil keiner von den feinen Herren, mit denen du rumgelaufen bist, es dir so gut besorgen konnte wie ich, und das ist die reine Wahrheit!‹ Und sie zischte ihn wütend an: ›Das Kind, Raymond! Das Kind!‹ Ich kauerte gewöhnlich irgendwo hinter einem Sessel. Und schließlich, nachdem er sie noch ein bißchen verprügelt hatte, hämmerte sie mit beiden Fäusten gegen seine breite Brust, und sie beschimpften einander fürchterlich, während ihnen die Tränen übers Gesicht liefen, und dann schleppte er sie ins Schlafzimmer und verschloß die Tür. Ein paar Stunden später kamen sie wieder heraus – sie hoch aufgerichtet und überheblich, er sehr demütig und sanft.«

Ich starrte Miss Head an wie gebannt. Es war, als hätte sie mir gerade einen psychologischen Striptease vorgeführt. Ihr Oklahoma-Akzent war inzwischen mindestens so stark geworden wie meine Tennessee-Intonation.

»Sie sehen also«, schloß Miss Head in nüchternem Ton, »ich hab's geschafft. Ich hab all diesen Unsinn hinter mir gelassen. Und Sie können das ebenso gut wie ich. Es geht gewissermaßen nur um die Frage, worauf Sie Ihre Kraft verwenden.« Urplötzlich verstand ich Miss Heads großes Interesse an mir: Sie identifizierte sich mit mir. Ich war die Tochter, die sie niemals haben würde. Sie wollte mich genauso nach ihrem Bild formen, wie ihre Eltern sie nach dem ihren hatten formen wollen. Ich wußte nicht recht, sollte ich mich geschmeichelt fühlen oder vielmehr eher bedroht. Die Kernfrage war, ob ich Lehrerin an einem vornehmen Mädchen-College werden und neun Jahre lang an einem Buch schreiben wollte oder nicht. Aber wenigstens fand ich es anständig von ihr, mir ihre Absicht ehrlich einzugestehen – falls ihr klar war, daß sie das getan hatte.

»Ja, aber es gibt doch einen Unterschied«, widersprach ich vorsichtig. »Sie *wollten* auf ein College im Osten gehen. *Ich* nicht. Mich mußte mein Vater mit Gewalt herschleppen. Obwohl es mir jetzt hier ganz gut gefällt.« Der andere Unterschied, den ich jedoch lieber nicht erwähnte, war die Tatsache, daß der Major stinkreich war und daß ich, falls ich ihn überleben sollte, eines Tages ebenfalls stinkreich sein würde. Ich hatte es nicht nötig, während der Depression aus der Dust Bowl von Oklahoma zu fliehen. Und die sadomasochistischen Neigungen meiner Eltern waren auch nicht halb so eindeutig wie diejenigen ihrer Eltern.

»Manchmal werden aus Konvertiten die eifrigsten Anhänger«, sagte sie still und starrte in ihre Tasse, als könne sie in den Teeblättern meine Zukunft lesen.

Nach diesem Gespräch widmete ich mich mit Feuereifer meinen verschiedenen Studien. Ein typischer College-Tag begann für mich zum Beispiel um sieben Uhr morgens in der Cafeteria des Dormitoriums mit einem Frühstück, das aus gekochten Eiern, Orangensaft und Kaffee bestand. Den ganzen Vormittag hindurch hatte ich Vorlesungen. Zum Lunch kehrte ich in die Cafeteria zurück. Und anschließend saß ich den ganzen Nachmittag in der Bibliothek und büffelte. Zweimal in der Woche hatte ich nachmittags Physiologie- und Chemielabor. Nach dem Abendessen begab ich mich auf mein Zimmer, lernte bis Mitternacht und ging zu Bett. An den Wochenenden gestattete ich es mir zumeist, bis neun Uhr zu schlafen, lernte dann aber bis in die Nacht und machte nur eine Essenspause. Ich lebte wie eine junge Nonne. Und dies war mein Noviziat.

Ich war ausnehmend streng mit mir und gestattete mir nur selten ein bißchen Ablenkung. Zu den wenigen Vergnügungen, die ich mir jedoch erlaubte, gehörten die Ausflüge mit Miss Head zu den verschiedenen Kulturereignissen in Boston. Daß ich mir dafür genügend Zeit nahm, konnte ich mit der Begründung entschuldigen, daß es sich um didaktische Übungen handelte.

Einmal besuchten wir das ›Museum of Fine Arts‹. Wie Zwillinge in grüne Lodenmäntel und Wollkostüme gekleidet, standen wir in einem der hallenden Marmorkorridore und betrachteten ehrfurchtsvoll ein paar Gemälde.

»Warum hat dieser Kerl so viele Bilder vom selben Heuhaufen gemalt?« fragte ich ungehalten.

Miss Head schenkte mir einen vorwurfsvollen Blick, der andeuten sollte, daß meine Hillbilly-Herkunft mal wieder durchschlug. »Sie dürfen das nicht als ›Heuhaufen‹ sehen, sondern als Studien über das Verhältnis zwischen Form und Licht, gewissermaßen.«

Ich nickte gehorsam und betrachtete die Gemälde aufs neue. Ich kniff die Augen zusammen und bewegte langsam den Kopf hin und her, aber sosehr ich mich bemühte, ich sah immer noch nichts weiter als Heuhaufen.

»Was ist denn das für'n verrückter Krug?« Laut lachend zeigte ich auf eine Vitrine, die ein irdenes Gefäß mit Griffen in Gestalt umeinander gewundener Schlangen enthielt. ›600 v. Chr.‹ stand auf dem Etikett.

Miss Head stieß einen tiefen Seufzer aus. »Meine liebe Miss Babcock«, belehrte sie mich, während sie mich mit ungläubig emporgezogenen Brauen über den Rand ihrer Halbgläser hinweg musterte, »versuchen Sie *bitte*, das nicht als ›Krug‹ zu sehen. Betrachten Sie es als das Symbol einer untergegangenen Kultur. Sehen Sie es als . . . äh . . . Stein von Rosette, als einen Schlüssel zur Seele einer ausgestorbenen Rasse, gewissermaßen. Nehmen Sie seine Form und Linien sozusagen als Schablone für die Denkweise einer fremden Spezies.«

Ich schüttelte zweifelnd den Kopf. »Wollen wir vielleicht etwas essen?« schlug Miss Head erschöpften Tones vor.

»Aber gern! Ich hab da drüben ein Hamburger-Restaurant gesehen – Steer Haven heißt es, oder so ähnlich.«

Sie senkte den Kopf, sah mich über ihre Brille hinweg an und schüttelte betrübt den Kopf. »Steer Haven, *in der Tat.*«

»Nein?« Ja, was aßen die Leute in Boston denn?

Im Acropolis Grill war Platz für höchstens acht Resopaltische. Wir bekamen den letzten freien.

»Guten Abend, Demetrius«, begrüßte Miss Head den korpulenten Kellner, der uns die Speisekarten brachte, mit freundlichem Kopfnikken. Ich überflog die Karte sofort, suchte hungrig nach Hamburgern und Hot Dogs.

»Soll ich für Sie mit bestellen?« fragte Miss Head. Ich nickte verwirrt.

Ohne große Begeisterung löffelte ich kurz darauf Auberginen- und Kichererbsenbrei auf ungesäuertem Brot. Unter Zähneknirschen machte ich mich über gegrillten Tintenfisch her und spülte ihn mit einem kräftigen Wein herunter, der fast ebenso roch und schmeckte wie das Kreosot, mit dem Clem immer die Zaunpfähle anstrich.

»Köstlich«, urteilte Miss Head zufrieden.

»Ja.« Es war wirklich ziemlich gut, wenn einem jedoch der Sinn nach knusprigen Pommes frites steht, ist ein Salat aus Karpfenrogen einfach nicht das Richtige.

Wir beschlossen dieses zu meiner Fortbildung unternommene gastronomische Abenteuer (denn Miss Head aß doch bestimmt nicht hier, weil es ihr *schmeckte* – oder?) mit einem Lakritzlikör.

Ein anderes Mal führte sie mich in ein Konzert der Bostoner Symphoniker, wo unter anderem Beethovens Zweite gespielt wurde. Ich machte es mir in meinem Sessel bequem und freute mich auf einen erholsamen Abend mit dieser Frau mittleren Alters, die meine Lehrerin und Freundin war, auch wenn sie mich nie anders betitelte als Miss Babcock. Meine *einzige* Freundin in Worthley sogar, da ich zu angestrengt studiert hatte, um mit einem Mädchen meines Alters mehr als nur oberflächlich Bekanntschaft zu schließen.

Der Dirigent kam auf die Bühne, und der Saal applaudierte – aus Gründen, die mir unklar waren, denn bis jetzt hatte er noch nichts Beifallwürdiges getan. Er hob die Arme, und ich rutschte tiefer in meinen Sessel. Miss Head stieß mich an und flüsterte streng: »Konzentrieren Sie sich, Miss Babcock! Beachten Sie, wie Beethoven während des ganzen ersten Satzes die Themata in eine Standard–Sonatenform verwandelt und wiederholt.«

Ich richtete mich kerzengerade auf und starrte angestrengt auf das Orchester, spitzte die Ohren wie eine aus dem Schlaf gerissene Hausfrau, die auf einen Einbrecher lauscht. Ich war nicht sicher, ob ich die Themata heraushörte, ob ich überhaupt ein Thema erkennen würde, und wenn es mir auf dem Silbertablett präsentiert worden wäre. Aha, da war eins! Ganz bestimmt. Nein. Aber diese Melodie? Ja! Nein? Das Orchester spielte mitleidslos weiter. Verzweifelt sah ich zu Miss Head hinüber. Sie nickte mit dem Kopf den Takt und ließ den Blick von einer Orchestergruppe zur anderen wandern.

Als der breit angelegte zweite Satz aufrauschte, lehnte ich mich mit einem erleichterten Seufzer zurück. Miss Head beugte sich zu mir herüber und zischte: »Aufpassen, Miss Babcock! Beachten Sie die Mittel, die Beethoven anwendet, um diese Illusion des Friedens zu erreichen, eingerahmt von der komplizierten Konstruktion des ersten und dem munteren Tempo des dritten Satzes.«

Ich schoß wieder hoch auf meinem Sessel, um mich auf den Eindruck der Ruhe zu konzentrieren und darauf, wie man ihn mit den Mitteln der Melodik erreicht, ohne die Regeln der symphonischen Konstruktion zu verletzen.

Als schließlich das Scherzo angestimmt wurde, war ich erschöpft, der lebhafte Rhythmus jedoch bewirkte bald, daß ich wieder aufrecht auf meiner Sitzkante hockte. Ich beugte mich zu Miss Head hinüber. »Da möchte man doch aufspringen und tanzen, nicht wahr?« Sie maß mich mit gefurchter Stirn, um anzudeuten, daß nichts ihren Gefühlen ferner läge.

Am Ende des vierten Satzes waren meine Achselhöhlen naß und der Stoff meiner hochgeschlossenen Bluse schweißgetränkt.

Als wir in Miss Heads Opel-Limousine nach Worthley zurückkehrten, sagte ich: »Vielen Dank, Miss Head. Das war Klasse.«

»Klasse?«

»Na ja, interessant. Anregend?« Ich beherrschte die Adjektiva der Alma Mater noch nicht so ganz. »Besonderen Genuß verschaffte mir der sanft dahinfließende zweite Satz«, versuchte ich mich tapfer aufs neue. Sie musterte mich mit merkwürdigem Blick. »Ich meine, ich fand ihn überaus klangvoll.« Ich beschloß, lieber aufzuhören.

Sie nahm mich mit in ihre Wohnung, schenkte mir meine allabendliche Portion Tee ein und spielte auf ihrem Cello die Themata und einige Variationen nach. Sie demonstrierte mir die Charakteristika eines guten Themas und seine Abwandlungen in der symphonischen Musik.

Irgendwann muß sie dann aufgeblickt und festgestellt haben, daß ich auf ihrer Roßhaar-Causeuse tief in den Armen geistiger Erschöpfung schlummerte.

Am nächsten Tag bat sie mich in der Vorlesung, über die Form zu sprechen, in der Descartes' ›notwendigerweise wahre Behauptungen‹ bei der Konstruktion seiner Beweise verwendet wurden. Ich plapperte nach, was sie mir am Abend zuvor über die Eigenschaften der symphonischen Themata erzählt hatte – über ihre Klarheit, Einfachheit und intrinsische Selbstverständlichkeit, über die Art, wie sie für Abwandlung und Anpassung empfänglich waren und wiederum nicht. Sie nickte zufrieden. Offenbar machte ich gute Fortschritte als ihr ganz persönliches Sprachrohr. Dieser Gedanke löste in mir eine vage Unruhe aus. Ich eroberte zwar Worthley, aber verlor ich dabei vielleicht Hullsport?

Marion, eine Kommilitonin auf meiner Etage, die ich flüchtig kennengelernt hatte, machte sich Sorgen über das Nichtvorhandensein meines Gesellschaftslebens und lud mich ein, am Wochenende mit ihr nach Princeton zu fahren. Sie wollte sich mit ihrem Freund Jerry treffen, und dieser hatte einen Zimmergenossen, der sonst ganz allein sein würde. Ob ich bitte mitkommen würde.

Meine unmittelbare, instinktive Reaktion, der ich hätte folgen sollen, war Ablehnung. Ich mußte in der nächsten Woche eine wichtige Physiologie-Arbeit abliefern und hatte mir noch nicht mal ein Thema ausgesucht. Aus lauter Neugier jedoch, weil ich unbedingt das berühmte Princeton kennenlernen wollte, sagte ich trotzdem zu (natürlich nur, weil es sich um ein rein didaktisches Unternehmen handelte).

Die beiden Jungens holten uns am Freitagabend an der Bushaltestelle ab. Marions Freund war groß, dunkel und liebenswürdig, mein Partner klein und aknepickelig. Und außerdem sauer, als er feststellte, daß man ihn für das Wochenende mit einer pituitären Riesin gekoppelt hatte. Wir grinsten einander schwächlich an: Wir hatten bei der Lotterie der blinden Paarungen an diesem Wochenende beide eine Niete gezogen.

Das neo-gotische Dormitorium der Studenten war unserem neo-gotischen Dormitorium sehr ähnlich, nur daß dieses bis unters Dach statt mit weiblichen Sexualpsychopathen mit männlichen gefüllt war. Die jüngeren schmissen eine Party: zu dreißig in ein winziges dunkles Zimmer im zweiten Stock gepfercht. Alle außer Marion und mir waren inzwischen volltrunken, und auch wir befanden uns, Gin mit Orangensaft in uns hineinschüttend, auf dem allerbesten Wege dazu. Der Lärm von den Schallplatten und dem Geschrei war ohrenbetäubend – zum Glück für mich, denn das bedeutete, daß ich mich mit Ron, meinem Partner, nicht ständig geistreich zu unterhalten brauchte. Meinen Pappbecher voll Gin und Orangensaft in der Faust, stand ich im Gedränge und wiegte mich im Rhythmus der Musik vor und zurück. Ron reichte mir etwa bis zur Brust. Wäre uns die Lust angekommen, er hätte an meinen Brustwarzen saugen können, ohne einen einzigen Muskel zu bewegen. So, wie die Dinge lagen, wiegten wir uns jedoch nur im Takt der Musik.

Nach ungefähr zwei Stunden setzte allmählich der Exodus ein, und endlich war Platz für ein paar ganz tiefe Atemzüge. Jemand legte die Beach Boys mit ›Surfin' Safari‹ auf. Ich hatte seit Jahren nicht mehr getanzt. Mit Clem war das wegen des lahmen Beines nicht möglich gewesen. Und Joe Bob und ich hatten zuviel anderes im Kopf gehabt. Früher aber hatte ich wahnsinnig gern getanzt. Unter dem Einfluß dieser vergessenen Leidenschaft und natürlich der etwa zwölf Becher Gin mit Orangensaft, die ich gekippt hatte, sprang ich von dem Sofa hoch, auf das wir uns hingerekelt hatten, und packte den verdutzten Ron bei der Hand. Wir standen uns gegenüber wie ehemals David und Goliath. Aber wir schafften uns in den Rhythmus hinein und wären mit unseren merkwürdigen Beckenstößen, Körperverrenkungen und Schüttelanfällen schon bald der Stolz jedes Provinz-Varietés gewesen. Mein benebeltes, Miss-Head-gedrilltes Hirn versuchte flüchtig, das thematische Material von ›Surfin' Safari‹ und die Form, in der diese Themata entwickelt wurden, zu analysieren. Aber nicht lange, und meine Bemühungen wurden von den Bedürfnissen meines so arg vernachlässigten Fleisches zunichte gemacht.

Ron und ich befanden uns nicht allein auf der Tanzfläche. Die Musik, die Menschen, die Nachtstunde, der Gin mit Saft – das alles zusammen war durchaus geeignet, eine Orgie auszulösen. Wir wanden uns im Griff der Beach Boys. Ein partnerinnenloser junger Mann stand auf der Couch und entblößte sich. Er beobachtete die entfesselte Szene mit zufriedenem Blick: Priapus auf einer Gartenparty.

›Surfin' Safari‹ endete mit einem Donnerschlag. Wir Tanzenden sanken in uns zusammen wie Marionetten mit abgeschnittenen Fäden, keuchend und aus allen Poren schwitzend. Als ›The Little Old Lady from Pasadena‹ aufgelegt wurde, kam Marion auf uns zugeschwankt und fragte lallend: »Wollt ihr nich mit 'n Jerrys Ssimmer komm'?«

Jerry verschloß die Zimmertür von innen. Die Einrichtung bestand aus zwei Betten. Jerry und Marion setzten sich auf das eine, Ron und ich auf das andere.

»Klasse Party«, begann ich munter. Niemand antwortete. Alle atmeten schwer und keuchend.

»Tja wirklich, ihr Princeton-Boys laßt nichts anbrennen«, bemerkte ich liebenswürdig an Rons Adresse, weil er sich den ganzen Abend lang große Mühe gegeben hatte, mich eben davon zu überzeugen. Wiederum keine Antwort.

Jerry ließ sich lang auf den Rücken fallen. Er griff hinauf und zog Marion zu sich herunter. Unter gierigen, heißen Küssen bohrte er ihr sein Knie zwischen die Beine. Dann streckte er die Hand aus und löschte das Licht.

Ich saß im Dunkeln und war bemüht, die Seufzer und die schmatzenden Geräusche, die vom anderen Bett kamen, zu überhören. Die Szene war mir irgendwie vertraut. Bevor ich jedoch herausfand, wieso, wurde ich ebenfalls rücklings aufs Bett gezerrt. Und ehe ich noch bis drei zählen konnte, hatte mir Ron die Kameenbrosche vom Hals gerissen und mir die Bluse bis zum Nabel geöffnet. Jetzt versuchte er, um mich herumzugreifen und meinen BH aufzuhaken. Instinktiv erinnerte ich mich an meine Footballtricks, stieß ihn mit steifen Armen von mir, und er fiel mit lautem Krach vom Bett auf den Boden.

Leider hatte ich seine Hartnäckigkeit und List unterschätzt. Denn ehe ich mich's versah, war er von unten zwischen meine Beine gekrochen und schob mir den Tweedrock bis zur Taille hoch. Dann hörte ich, wie ein Reißverschluß geöffnet wurde, und gleich darauf fühlte ich, wie er in mich eindrang.

Zu seinem Pech trug ich jedoch einen Hüftgürtel. Und so schoß er wie vom Katapult geschnellt sofort wieder aus mir heraus. Ich kam mir vor wie eine Kuh, um deren Schwanz eine Schmeißfliege summt.

Plötzlich lag ich der Länge nach unter ihm, von seinem schmächtigen Körper ans Bett gefesselt; seine Hand tastete nach dem oberen Rand meines Hüftgürtels.

Jetzt hatte ich die Nase voll. Jetzt war es mir endgültig zuviel. Miss Head hatte wieder mal recht gehabt: Man mußte sich rechtzeitig entscheiden, worauf man seine begrenzten Energien verwenden wollte. Und ich beschloß, die meinen jedenfalls nicht länger auf diesen Princeton-Lenzschlenz zu verausgaben. Und stieß eines meiner scheinbar unbeweglichen Knie mit voller Wucht zwischen Rons Beine. Mit einem Schrei rollte er von mir herab und schlug zu Boden.

Mit einem schnellen Griff nach meiner Brosche sprintete ich zur Tür. Da ich sie verschlossen fand, suchte ich in aller Eile den Schalter und machte Licht.

»Kann ich bitte den Schlüssel haben?« wandte ich mich freundlich an Jerry. Als meine Augen sich ans Licht gewöhnt hatten, war mir bereits klargeworden, daß Jerry nicht mehr auf dem Bett lag. Ebensowenig Marion. Aber ich vernahm ihre Stimme, die von irgendwoher im Zimmer kam. »Himmel, ich sterbe!« keuchte sie.

In panischem Schrecken sah ich mich um. Was machte dieser Wüstling mit ihr, dieser widerliche Princeton-Perversling? Ich warf mich zwischen den Betten auf die Knie und sah mich suchend im Parterre um. »Heilige Mutter Gottes, ja!« kreischte Marion gerade. Unter dem Bett sah ich ein körperloses Gliedmaß wild zwischen den Falten der Bettdecke zucken. Allmächtiger, ich mußte ihr sofort helfen!

Hastig rappelte ich mich auf und rannte um das Fußende des Bettes zur anderen Seite. Und da lagen sie auf dem Boden, in dem Zwischenraum zwischen Bett und Wand: Jerry und Marion, eng in einer furiosen analen Umarmung umschlungen. Mit einem erleichterten Seufzer, weil Marions Sexualpraktiken offenbar freiwilliger Natur waren, hob ich Jerrys tadellos gebügelte Jeans auf, holte den Schlüssel aus der Tasche und ließ die drei allein zurück – Ron als stöhnendes Häufchen hier, Marion und Jerry als stöhnendes Häufchen dort.

Auf der Heimreise nach Worthley fand ich plötzlich das Thema für meine Physiologie-Arbeit: ›Venöser Stau und Ödeme als entscheidender Faktor für die Intensität des menschlichen Orgasmus‹. Und verbrachte den Rest dieses Princeton-Lenzschlenzes in der Bibliothek mit den notwendigen Recherchen und einem ersten Vorentwurf für den Aufsatz.

Ich beschäftigte mich darin mit der These, Hauptfaktor bei der sexuellen Reaktion des Menschen sei gewissermaßen das Blut, das in großen Mengen zu den betreffenden Körperzonen strömt. Oder, wie es in einer meiner Quellen im Zusammenhang mit der weiblichen Anatomie ausgedrückt wurde: »Das bulböse Vestibulum, der Plexus pudendalis, der Plexus uterovaginalis und – zweifelhaft – der Plexus vesicalis und der Plexus hämorrhoidalis externus sind alle in eine fulminante vasocongestive Reaktion einbezogen.« Das mit Blut gefüllte Gewebe klemmte die Venen ab, damit von dem Blut, das die Arterien hereinpumpten, nichts abfließen konnte. In einer solchen Situation ein Blutkörperchen zu sein, glich etwa der Lage eines Subway-Passagiers auf dem Perron einer Station während der Stoßzeit, wenn kein einziger Zug einläuft: Immer mehr Blutkörperchen trafen ein, aber kein einziges konnte hinaus. Dieser Zustand hielt an, bis die Dehnung ihre äußerste Grenze erreichte und in den benachbarten Muskeln einen reflektorischen Streckmechanismus auslöste. Diese Muskeln zogen sich dann krampfartig zusammen, wodurch das Blut in Stößen durch die abgeklemmten Venen hinausgetrieben wurde. Das gleichzeitige Auftreten der Muskelspasmen und der Blutausstoßung wurde als ›Orgasmus‹ bezeichnet. Die in den weiblichen Orgasmus einbezogenen Gewebeteile und Muskeln hatten beim männlichen ihr genaues Gegenstück.

Mit anderen Worten, die dicken Eier auf dem Autorücksitz während der High-School-Zeit waren entstanden durch die aus verschiedenen soziokulturellen Gründen ausbleibende Auslösung der reflektorischen Kontraktionen der bilateralen Musculi bulbocavernosi, der perinealen Quermuskeln, des externen Afterschließmuskels, des Musculus rectus abdominis, des Musculus levator ani und der Musculi ischiocavernosi, die die verstopften venösen Erektilkörper der Corpora cavernosi des Penisschaftes und die sinusähnlichen Schwellgewebe des Penisbulbus, der Glans und des Corpus spongiosum von dem Blut befreit hätten, das sie gefüllt hatte. Statt dessen blieb das Blut in sauerstoffarmen Pfützen weiter dort eingesperrt. (O Joe Bob, wo bist du jetzt? fragte ich das Regal mit den dreißig Pfund schweren Anatomie-Wälzern, die ich zu Rate gezogen hatte.)

Aber warum? Was hatte es für einen Sinn, diese geheimnisvollen, miteinander verbundenen venösen Kammern immer wieder mit Blut zu füllen und gleich darauf den Stöpsel zu ziehen und es ablaufen zu lassen – nur um fast umgehend wieder mit dem Auffüllen zu beginnen? Das erinnerte mich sehr an Sisyphus. Zum Glück hatte ich aus meiner Philosophie-Arbeit über die Frage, wer die Welt geschaffen habe, gelernt, meinen Themen nie ein ›Warum‹ anzuhängen. Ich beschränkte mich ausschließlich auf das ›Wie‹.

Soviel aber wußte ich: Obwohl meine Pudenda selbst bisher kaum je eine fulminante Vasocongestion des Plexus venosis erlebt hatten, beabsichtigte ich nicht, mein Leben als Hydraulikingenieur zu verbringen. Miss Head kam offensichtlich ohne fulminante Vasocongestion aus, also konnte ich es auch. Es kam lediglich darauf an, meine Energien in eine etwas sublimiertere Richtung zu lenken. Ich war glücklich, endlich zur Vernunft gekommen zu sein und diesem ganzen lächerlichen Unsinn abgeschworen zu haben.

Meiner Arbeit heftete ich ein paar interessante Statistiken über die Relation der verschiedenen koitalen Positionen zum Grad der Vasocongestion und damit der Intensität des Orgasmus bei. Dann gab ich sie ab. Und bekam sie mit der Note A zurück. Ich hatte ja gleich gewußt, daß mir die wissenschaftliche Objektivität, die ich vom Major geerbt hatte, eines Tages zugute kommen würde.

Miss Head lud mich zu einer Aufführung der ›Aida‹ ein, die im Zuge einer Tournee der Metropolitan Opera Company in Boston stattfand.

Wir saßen praktisch auf Aidas Schoß, als sie, eingeschlossen in das Grabmal am Nil, ihre Todesarie sang. Von einem Hohenpriester in ein

Grabmal eingemauert zu werden, war ein Risiko, vor dem meine Mutter mich nicht gewarnt hatte. Inzwischen hatte ich sowohl zu Aida als auch zu Radames große Zuneigung gefaßt und war entsetzt über ihren herannahenden Tod, ihre feindselige Umgebung, die Perfidie der Prinzessin Amneris und das moralische Dilemma des Radames, der nicht wußte, ob er seinem zukünftigen Schwiegervater militärische Geheimnisse anvertrauen sollte oder nicht.

Für das Schlußduett zogen sie wirklich alle Register. Ich war zutiefst gerührt, obwohl ich wußte, daß es sich nur um eine Erzählung handelte. Als der Sauerstoff in der Grabkammer allmählich knapp wurde, traten mir – ausgerechnet – die Tränen in die Augen und liefen über meine Wangen.

Den Blick fest auf die Bühne geheftet, beugte sich Miss Head zu mir herüber und sagte leise: »Beachten Sie, wie Verdi das Verhängnisvolle der Atmosphäre und den Schmerz durch abruptes Fallen der Sopranmelodie und konsequentes Vermeiden einer Rückkehr zur Tonika steigert.«

Meine Augen mit Kleenex trockentupfend, tat ich gehorsam, was sie verlangte, und überließ Aida ihrem Schicksal.

Nach der Vorstellung schlug ich vor, in einer Pizzeria zu essen.

»Na ja, Pizza *ist* doch italienisch, oder?« protestierte ich, als mich Miss Head in ein Pakistani-Restaurant schleppte. Nur unter Zögern akzeptierte ich diese mir bisher fremden Geschmacksvariationen und -maßstäbe. Ich war zu der Schlußfolgerung gekommen, daß alles, was amerikanisch war – Hamburger, Grillhähnchen, Steaks –, nicht *comme il faut* sei. Colonel Sanders und Bonanza Beef waren also verpönt, winzige, überfüllte ausländische Restaurants dagegen ›in‹, vorzugsweise diejenigen, in denen Speisen aus unterentwickelten Ländern aufgetischt wurden. Nun gut; von mir aus. Aber was hatte sie gegen Pizza?

»Nun, wie fanden Sie die Aufführung?« erkundigte sich Miss Head, als wir Murgh musallam, Sanzi seeni und zwei Riesenportionen Reis verdrückten.

»Spitze!«

»*Spitze?*« fragte sie mit geschlossenen Augen und hochgezogenen Brauen. »In der Tat.«

»Klasse. Na ja, Sie wissen schon.«

»Natürlich. Klasse, gewissermaßen. Mit anderen Worten, Sie fanden die Aufführung zufriedenstellend?«

»Genau. Klar. Sie etwa nicht?« Ich bekam plötzlich Zweifel an meiner Begeisterung. Schließlich hatte ich noch nie zuvor eine Oper gesehen. Woher sollte ich wissen, ob diese Aufführung klasse war oder nicht? Ich hatte keine Vergleichsmöglichkeiten.

»Ich weiß nicht recht. Nach meiner Meinung ließ der Bariton einiges zu wünschen übrig. Und das Bühnenbild war übertrieben, aber das passiert ja bei Aida häufig. Davon abgesehen, war die Aufführung adäquat.«

»Ja, natürlich.« Adäquat. Das war so ähnlich wie ein C für die Semesterarbeit. Wann würde ich endlich lernen, zwischen dem bloß Adäquaten und dem Ausgezeichneten zu unterscheiden, wie es Miss Head ohne jede Anstrengung zu tun schien?

»Der Sopran war allerdings sehr gut. Haben Sie bemerkt, wie es der Sängerin gelang, die emotionale Färbung des Textes einfach durch Veränderung der Harmonik ihrer Stimme zu wechseln?«

Ich nickte – eine schamlose Lüge.

»Ganz hervorragend war sie. Brillant.«

Der Grund, warum ich nicht zwischen dem Ausgezeichneten und dem lediglich Adäquaten unterscheiden konnte, lag, wie ich am nächsten Morgen befand, während ich im Bett darauf wartete, daß der Wecker klingelte, damit ich offiziell aufwachen konnte - dieser Grund lag darin, daß ich meine Emotionen die Oberhand über meinen Intellekt gewinnen ließ. Ich hatte mir die Schwäche geleistet, in einem neurotischen Identifikationsprozeß persönlichen Anteil am Tod der Aida und des Radames zu nehmen. Ich hatte in Miss Heads Augen versagt.

Zur Buße ging ich an jenem Nachmittag ins Biologielabor, schabte ein paar Zellen von der Innenseite meiner Wange, strich sie auf einen Objektträger und tropfte ein wenig Wasser dazu. Ich stellte das Instrument bei starker Vergrößerung auf eine einzelne Zelle ein. Dann beobachtete ich, was geschah. Allmählich begannen die winzigen Einschlüsse im Zellkörper herumzuschießen. Dann begann das Protoplasma der Zelle selbst Wasser aus der Umgebung aufzusaugen und quoll auf. Kurz darauf zerplatzte der Zellkern und entließ seine Materie in das Protoplasma. Obwohl ich es nicht direkt sehen konnte, wußte ich aus meiner Lektüre, daß jetzt das ionische Gleichgewicht zusammenbrach, daß Natrium-Ione in die Zelle einströmten und das Kaliumgleichgewicht störten.

Der gesamte Prozeß, den ich soeben beobachtet hatte, stellte das Absterben der Zelle dar. Der endgültige Tod war jetzt nur noch eine Formalität: Er vollzog sich, als die Zellwand unter explosionsartigem Auftreten von Blasen platzte und das Protoplasma mit seinen wild tanzenden Einschlüssen herausströmte. Was auf meinem Objektträger jetzt übrigblieb, von der ehemals lebendigen und funktionierenden Zelle meines Körpers übrigblieb, war nichts als eine undifferenzierte Masse denaturierter Proteine, vermischt mit kleinen Mengen entarteter Nukleinsäuren. Wenn ich nun lange genug durchs Mikroskop schauen würde, dann würde ich die Materie schließlich schrumpfen und in ihre Molekularkomponenten zerfallen sehen.

Diese Zelle meines Körpers war ein Zwischenstadium zwischen zwei Welten. Auf der atomaren Ebene waren die Proteine eifrig damit beschäftigt, Elektronen auszutauschen wie Kinder, die ihre Murmeln tauschen; dabei zerlegten sie die Proteine in ihre Aminosäuren und die Aminosäuren in die Elemente, aus denen sie bestanden: Wasserstoff, Sauerstoff, Stickstoff. Waren die Aminosäuren die Buchstaben des Alphabets, die, miteinander kombiniert, Worte/Proteine bildeten, bildeten die Proteine wiederum Sätze, d.h. Zellen wie diese. Die Textabschnitte im Buch vom Leben und vom Tod waren vielzellige Organismen. Und die Zellen starben in ununterbrochener Folge, in Aidas Körper genau wie in dem meinen oder dem Körper von Miss Head.

Geriet der Zelltod jedoch außer Kontrolle und die Mächte des Chaos siegten über Ordnung und gezügelte Entwicklung – was geschah dann? Diejenigen Zellen, die das meiste Protein aufbauten, platzten zuerst: die Nebennieren-, Hoden–, Bauchspeicheldrüsenzellen und diejenigen des Magen- und Darmbereichs; dann kamen die Leber-, Nieren– und die Zellen der endokrinen Drüsen. Die inaktiveren Substanzen wie Haut, Muskeln, Knochen und Knorpelgewebe hielten sich noch vergleichsweise lange, so daß ein Körper also von außen völlig normal aussehen konnte, während er innen nur noch aus einer brodelnden Brühe zerfallenden Protoplasmas bestand.

Ich reinigte den Objektträger und räumte meine Gerätschaften weg. Miss Head arbeitete, als ich nach meiner teuren Lady-Bulova-Armbanduhr um Punkt 16.40 Uhr ihre Wohnung betrat, an ihrem Buch. Widerwillig legte sie es beiseite, um mir auf meine Bitte hin auf ihrem Cello Aidas Sterbearie vorzuspielen. Ich lauschte völlig emotionslos, ohne die kleinste Andeutung von Angst und Kummer. Ich hatte meinen Nachmittag mit produktiver Arbeit verbracht. Ich hatte den Tod gesehen, und er war eigentlich gar nicht so schlimm. Nur das Unbekannte konnte neurotische Emotionen wecken. Folgerte ich logisch.

Am nächsten Tag rief mich Miss Head im Unterricht auf, um eine Zusammenfassung von Spinozas Einstellung zu den menschlichen Leidenschaften zu geben.

»Spinoza meint«, begann ich voll Zuversicht, »daß der Mensch, um Tugend zu erreichen, sich von den kurzlebigen Affekten lösen muß, um unter Einsatz der Vernunft das Wesen und den Ursprung dieser Affekte zu verstehen. Nur durch das Bemühen um die Entwicklung seines Intellekts, um dadurch diese Erkenntnis zu erringen, kann er sich befreien.«

»Befreien?« fragte sie mit zufriedenem Lächeln.

»Von seinen Affekten, die lediglich eine Form des Mißverstehens sind. Nur wenn man die Welt als ein Ganzes sieht, mit all ihren ineinandergreifenden Erfordernissen, kann man diese flüchtigen persönlichen Affekte besiegen. Ist man frei, in dem Sinne, daß man das Unvermeidliche akzeptiert.«

Miss Head nickte; ihr Gesicht strahlte vor stolzer Überraschung.

Auf dem Rückweg zum Lunch im Dormitorium hielt ein grüner

Volkswagen neben mir. Eine angenehme männliche Stimme fragte: »Können Sie mir bitte sagen, wie ich hier nach Castle komme? Ich habe diese Einfahrt noch nie benutzt und habe mich anscheinend verfahren.«

Castle hieß mein Dormitorium. »Ich gehe gerade auch dahin. Wenn Sie mich mitnehmen, zeige ich Ihnen gern den Weg.« Ich stieg ein und musterte den Fahrer. Er war groß, schlank, sah gut aus und hatte braunes Haar sowie braune Augen, die er beim Sprechen lächelnd zusammenkniff. »Wen suchen Sie denn?« erkundigte ich mich.

»Marion Marshall.« Ich sah Marion in einem ganz neuen, überaus respektvollen Licht. Dieser Mann war etwas ganz anderes als ihr Jerry. Anscheinend hatte sie im gesamten Nordosten Verehrer.

»Sie wohnt auf meiner Etage.«

»Marion ist meine Schwester.«

»Ach so!«

Er stellte seinen Volkswagen ab, und wir betraten das Haus durch den gewölbten Torbogen. Im Wartezimmer versuchte ich, Marion über die interne Lautsprecheranlage zu erreichen. Sie meldete sich nicht.

»Werden Sie denn von ihr erwartet?«

»Nein, eigentlich nicht. Ich studiere in Harvard. Aber ich fand, der Tag heute ist viel zu schade zum Lernen, also hab ich mich in mein Auto gesetzt und bin hergefahren, um mit ihr zu Mittag zu essen und einen Bummel um den See zu machen. Offenbar habe ich jedoch Pech.«

Ich zögerte. Ich hatte nachmittags Biologielabor und mußte bis zum Ende der Woche eine wichtige Arbeit schreiben. Aber es schien mir ein Gebot der Höflichkeit, ihn zum Lunch mitzunehmen, bis Marion endlich auftauchte. Schließlich war sie mehr oder weniger meine Freundin oder jedenfalls das, was in Worthley für mich, von Miss Head abgesehen, einer Freundin am nächsten kam. Außerdem hatte ich, bis ihr Bruder jetzt davon sprach, noch gar nicht gemerkt, was wir für schönes Wetter hatten. Nachdem er es jedoch erwähnte, mußte ich wirklich zugeben, daß es ein herrlich sonniger Frühlingsnachmittag war, ein so überwältigend sonniger Tag, wie ich ihn seit dem vergangenen September nicht mehr erlebt hatte. Das Gras wurde schon grün, ein paar frühe Blumen blühten, die ersten vorwitzigen Rotkehlchen waren aus dem Süden zurückgekehrt.

»Sie könnten ja mit mir zum Lunch gehen. Marion kommt bestimmt bald zurück.«

»Oh, ich möchte Sie nicht stören.«

»Sie stören mich nicht. Ich wollte ohnehin essen gehen.«

Wir aßen Spargelspitzen auf Toast mit holländischer Sauce. Er plauderte liebenswürdig über sich selbst, erzählte mir, daß er aus Michigan stamme, gern segle und Sportflugzeuge fliege. Sein Studienfach war Architektur, und er beschrieb mir seine Pläne und einige der interessanteren neuen Gebäude von Cambridge eingehend.

»Kommen Sie doch mal zu uns rüber. Dann führe ich Sie herum«, erbot er sich, als er mein aufrichtiges Interesse sah.

Nach dem Lunch war Marion immer noch nicht aufgetaucht. Ich schlenderte mit ihrem Bruder um den See. In den Bäumen zwitscherten die Vögel, die emsig ihre Nester bauten. An den Zweigen schwollen die Knospen. Sanfte Brisen schufen Rippenmuster auf dem Wasser und raschelten in den trockenen Binsen vom letzten Herbst. Ich sprach über Hullsport, Miss Head und meine zahlreichen akademischen Schwierigkeiten.

»Ja, ich weiß«, antwortete er lachend. »Die Professoren haben ein völlig anderes Vokabular. Sie sind fast wie eine Subspezies der menschlichen Rasse. Aber es gibt einen guten Trick, wenn man mit ihnen auskommen will: Man muß schizophren werden. Ihren Jargon benutzen, sobald man mit ihnen zusammen ist, und ansonsten ganz man selber sein.«

Ich musterte ihn aufmerksam. Er sagte das so selbstverständlich: man selber sein. Konnte der Mensch denn so einfach wissen, wie er selbst wirklich war? Ich zum Beispiel war jetzt fast überzeugt, daß mein ›wahres Ich‹ aus denjenigen meiner Charakterzüge bestand, die Miss Head am meisten glichen. Aber ich war durchaus bereit, den Argumenten der Gegenseite zu lauschen.

Nachdem wir den Rundgang um den See beendet hatten, war mir gar nicht mehr daran gelegen, Marion aufzutreiben, und das Biologielabor war mir vollkommen gleichgültig geworden. Wir lagen am Seeufer im Gras und tauschten Kindheitserinnerungen aus. Die Frühlingssonne schien angenehm auf unsere blassen Gesichter und wärmte unsere wintermüden Körper. Ich selbst hatte das Gefühl, daß in meinem Magen ein riesiger Eisklumpen allmählich auftaute. Flockige Wolken trieben am Himmel dahin, nahmen alle möglichen phantastischen Formen an. Auf einem Hügel spielten sechs Kinder. Zwei ließen über dem See Drachen steigen; die anderen tummelten sich im frischen Gras und rollten den grünen Abhang hinunter wie junge Hunde. Ich seufzte tief vor lauter Behagen. Und spürte, wie meine Hand ergriffen wurde. Köstliche Wärmegefühle durchströmten meinen Arm, und meine Finger zitterten in den seinen.

»Wollen wir nicht nachher gleich nach Cambridge fahren?« fragte er mich. »Dann könnte ich Ihnen die Gebäude zeigen, von denen ich Ihnen erzählt habe. Und anschließend könnten wir was essen. Ich kenne ein fabelhaftes spanisches Restaurant.«

Es bedurfte all meiner mühsam zusammengesuchten Beherrschung, um zu verhindern, daß sich mein Körper von selbst zu ihm hinüberrollte und sich liebevoll an ihn schmiegte. Der Gedanke an meine nicht geschriebene Arbeit war so fern und unangenehm wie die Erinnerung an die Schneestürme des vergangenen Winters.

Aber gerade, als ich akzeptieren wollte, zog ich meine Hand aus der seinen und rappelte mich auf wie Aschenbrödel um Mitternacht auf dem Ball. »Tut mir leid, aber ich hab jetzt Biologielabor«, stammelte ich. »Es war ein sehr schöner Nachmittag. Hoffentlich finden Sie Marion bald.« Damit wirbelte ich herum und floh.

»He, warten Sie doch!« rief er laut hinter mir her. »Wie heißen Sie denn?« Ich antwortete ihm nicht.

Als ich ins Biologielabor hastete, mußte ich keuchend um Atem ringen. Professor Aitken musterte mich tadelnd. Ich murmelte eine Entschuldigung und schlüpfte in meinen Laborkittel. Ein halbes Dutzend Kommilitoninnen arbeitete bereits schweigend an den Mikroskopen.

Ich präparierte meine Objektträger mit Proben aus einer von Protozoen wimmelnden Petrischale. Dann trug ich sie zu einem Mikroskop und stellte das Okular scharf ein. Ich sah hindurch und holte einen noch kleineren Ausschnitt des Objektträgers heran. Schließlich hatte ich zwei von vielen anderen Artgenossen umgebene Protozoen gut im Bild. Ich erkannte die äußere Membran, die ihr Protoplasma umgab, und im Protoplasma die Mitochondrien, die Zelleinschlüsse, die Energie produzierten, die Zellkerne mit ihrem genetischen Material.

Während ich durch das Mikroskop blickte, ohne auf etwas Besonderes zu warten, begannen sich die beiden Protozoen einander zu nähern, indem sie ihre komischen Pseudopodien, jene winzigen Protoplasmaauswüchse, die bei ihnen beinahe die Funktion von Füßen hatten, ausstreckten. Als sie sich bis auf eine bestimmte Entfernung nahegekommen waren, schienen sie eine Art Tanz zu vollführen: Sie bewegten sich aufeinander zu und wichen sofort wieder zurück; sie umkreisten einander; sie drehten sich um ihre eigene Achse. Bis schließlich, nach vielen ermüdenden Minuten, dieser seltsame Kontertanz endete und sich die beiden nebeneinanderlegten. Ganz allmählich wölbte sich aus der einen Protozoe ein winziger Protoplasmaball hervor. Dieser Ball wuchs und wuchs. Bis er den Zwischenraum zu der zweiten Protozoe überbrückt hatte. Jetzt konnte ich nicht mehr genau erkennen, was sich da abspielte, das Endresultat des Manövers jedoch war, daß die Protoplasmabrücke in die andere Protozoe eindrang und mit ihr verschmolz, so daß das Innere der beiden Zellen jetzt eine Einheit bildete.

»Professor Aitken!« schrie ich aufgeregt. Sofort kam er mit wehendem weißen Kittel zu mir herübergelaufen. »Da passiert irgendwas ganz Komisches mit den Protozoen.«

Er sah durch mein Mikroskop. »Ach ja«, sagte er, enttäuscht, weil ich keine nobelpreisträchtige Entdeckung gemacht hatte. »Sie tauschen genetisches Material.«

»Was heißt das?«

»Sie tun dasselbe wie das, was bei den Menschen während der Empfängnis geschieht. Jede Zelle nimmt einen Teil der Gene der anderen auf, so daß dann, wenn sich die Zellen teilen, die vier Tochterzellen eine Kombination der beiden Elternzellen darstellen. Eine Fortentwicklung der einfachen Zellteilung.«

»Aber *warum*?« erkundigte ich mich eifrig, völlig vergessend, daß ich mich fest entschlossen hatte, nur noch ›wie‹ zu fragen und nie mehr ›warum‹.

»Damit die Evolution der Spezies gesichert ist. Wenn jede Zelle sich immer nur selbst reproduzierte, könnten keine Veränderungen – Verbesserungen oder andere – auftreten, es sei denn, zufällig durch trauma-induzierte Mutation.«

»Aber wie kommt es, daß sich ausgerechnet diese beiden füreinander entschieden haben, zum Genetauschen?«

»›Entschieden‹? Bitte, Miss Babcock, versuchen Sie nicht immer so anthropomorph zu denken. Wir sind der Auffassung, daß es sich lediglich um elektrische Ladungen der Zellmembranen handelt. Und das gleiche spielt sich natürlich überall in dieser Petrischale ab.«

Als ich zu meiner stark vergrößerten Peep Show zurückkehrte, zog die eine Protozoe ihren Protoplasma-Auswuchs schon wieder zurück, und die andere schwamm gelassen davon.

Abends beim Essen traf ich Marion. »Ich habe heute nachmittag deinen Bruder kennengelernt. Hat er dich noch gefunden?«

»Ja. Er sagte, er hätte ein Mädchen aus Tennessee getroffen. Da hab ich mir gleich gedacht, daß das nur du sein kannst. Du hast ihm wirklich gut gefallen. Aber er sagte, du wärst weggelaufen, als er dich zum Ausgehen einladen wollte.«

»Ich hatte Biologielabor.«

»Und er dachte, du wolltest nichts von ihm wissen.«

Ich antwortete nicht.

»Soll ich ihm sagen, daß das nicht stimmt?«

Schließlich antwortete ich ihr: »Ich habe in diesem Semester viel zu tun. Ich habe keine Zeit zum Ausgehen.«

Mitleidig schüttelte sie den Kopf. »Okay. Wie du willst.«

Ihr ewiges Bemuttern ärgerte mich. Nur weil sie den größten Teil ihrer Freizeit auf dem Rücken mit gespreizten Beinen zubrachte, wollte sie, daß andere es ihr nachmachten. Nun, meine Bestimmung lag nicht im ungemachten Bett eines x-beliebigen Mannes.

An jenem Abend schloß ich mich in einem Lesekabinett der Bibliothek ein und schrieb eine Arbeit für die Biologie-Vorlesung. Meine Ausführungen stützten sich auf die Auffassung, daß die Emotionen des Menschen aus einem Repertoire von in den Organismus eingepflanzten Verhaltensmustern bestanden. Die für einen Organismus charakteristischen Muster, bei den Menschen zum Beispiel die Liebe, waren jene, die sich für die Erhaltung der gesamten Art als lebenswichtig erwiesen hatten. Dabei war es durchaus möglich, daß das, was für die Art gut war, für den Einzelorganismus *nicht* gut sein mochte. In diesem Fall wurden jedoch die Interessen des Individuums rücksichtslos den Interessen der Spezies geopfert. Das leuchtend bunte Federkleid mancher Vögel zum Beispiel förderte ihren Paarungsdrang, förderte aber gleichzeitig ihre Entdeckung durch Raubtiere. Das Überleben des Individuums nahm beim großen Management lediglich den zweiten Rang hinter der Arterhaltung ein.

Ich dagegen war eine Tochter Spinozas. Mein Talent bestand im Loslösen meiner Person aus diesem Schema. Ich hatte die Gefühlszyklen studiert und wußte, daß jeder Mensch mit seinem Finger eine sensibilisierte Taste in einem gleichbleibenden Wellenmuster drückte, wenn dieser Mensch sich Situationen vorstellte, die eine bestimmte Emotion hervorriefen. Ich wußte auch, daß man die Menschen darauf drillen konnte, das für eine Emotion charakteristische Wellenmuster auch ohne Zusammenhang mit internen oder externen Stimuli zu reproduzieren. Und ich dachte gar nicht daran, mich unter dem Tarnmantel sublimer Emotionen zum Objekt eines Chromosomentausches mit Marions Bruder oder wem immer machen zu lassen, sei es nun zum Wohl meiner Spezies oder nicht. Mit einem Wort, ich beschloß, nicht mehr mit Männern auszugehen. Nicht, daß sich mein Telefon heißgeklingelt hätte.

In den Sommerferien fuhr ich nach zwei Monaten ohne Verabredungen mit Männern und einer noch längeren Zeitspanne ohne Sex heim nach Hullsport.

Dort arbeitete ich in der Fabrik des Majors als Aushilfe in der Registratur. Der Major machte sich oft von seiner Arbeit frei, um mir die chemische Zusammensetzung der produzierten Sprengstoffe aufzuzeichnen, und ich bewunderte die Eleganz dieser Formeln. Den ganzen Sommer hindurch waren der Major und ich einer des anderen eifrigster Bewunderer.

Das Testverfahren in der Fabrik war seit den Tagen meiner Kindheit, als der Major uns abends Eistüten gekauft und uns zum Zuschauen aufs Testgelände mitgenommen hatte, um ein Beträchtliches verbessert worden. Jetzt wurden die Explosionsversuche in einer Sprengkammer vorgenommen und von einer riesigen trommelförmigen Kamera mit Speziallinsen und Drehspiegeln aufgenommen, die ihre Fotos in Abständen von drei Mikrosekunden schießen konnte.

Eines Nachmittags lud mich der Major zu einer Besprechung zwischen ihm und jenen Technikern ein, die diese Tests durchführten. Sie hatten die Fotoserie von dem Test eines neuen Sprengstoffs für schwere Granaten mitgebracht, bestimmt für ein Land, von dem man erst kürzlich gehört hatte: Vietnam. Die Serie bestand aus acht Bildern, die insgesamt vierundzwanzig Mikrosekunden darstellten. Ich war beeindruckt. Die größte Geschwindigkeit auf Miss Heads Metronom waren vier Schläge pro Sekunde. Joe Bob war auf seiner Aschenbahn gegen eine Stoppuhr gelaufen, die in Hundertstelsekunden eingeteilt war. Und Clem war sogar an dem Tag, als er mich beinahe umgebracht hatte, nur ungefähr fünfunddreißig Meter in der Sekunde gefahren. Auf diesen Fotos jedoch sahen wir eine Explosion, die schon vorbei war, ehe Joe Bobs Stoppuhr überhaupt anfing zu laufen.

Fasziniert betrachtete ich die Fotos, sah, wie sich die Explosion, die sie zeigten, immer mehr ausbreitete, wie ihr weißliche Druckwellen vorausliefen. Ungefähr in der Mitte der Sequenz begannen sich phantastische Formen zu bilden, fast wie die Kumuluswolken, die ich mit Marions Bruder an jenem warmen Frühlingsnachmittag in Worthley beobachtet und zu deuten versucht hatte. Das letzte Bild der Serie war nahezu ausschließlich grau und schwarz, weil der Explosionskern hinter Gasen und Trümmern verborgen war.

»Na, was meinen Sie, Major?« fragte einer der Techniker

Der Major räusperte sich und hielt die Fotos mit seiner verstümmelten Linken, an der der Ringfinger fehlte, ans Licht. »Doch, ja. Ich glaube, das war's, was wir gesucht haben. Nicht wahr, Hal?« Hal nickte. »Ich meine, der Splittereffekt scheint mir ideal zu sein. Sehen Sie doch den Umfang der Druckwellen!« Und wir starrten die weißen Druckwellen an, so gierig, als wären sie die schwellenden Brüste eines Faltblattmodells aus dem ›Playboy‹.

»Phantastisch!« schwärmte Hal.

Clem sah ich in jenem Sommer nur einmal. Als ich eines Nachmittags nach Büroschluß an seinem Haus vorbeifuhr, sah ich ihn im Hof auf dem Trittbrett eines Traktors stehen. Er trug eine grüne Arbeitshose und ein ölverschmiertes T-Shirt. Das dunkle Haar hing ihm in die Augen. In der Hand hielt er einen großen Schraubenzieher, mit dem er etwas aus dem Motor holen zu wollen schien. Sein Gesicht war schweißüberströmt, das T-Shirt klebte in dunklen Flecken an seinem mageren Rücken.

Als er mich sah, lächelte er. Ich stützte meine Ellbogen auf die Motorhaube und betrachtete interessiert die Maschine. Unter Anwendung meiner in der Physikvorlesung erworbenen Kenntnisse über den Verbrennungsmotor und meiner in der Physiologievorlesung erworbenen Kenntnisse über den menschlichen Körper beschrieb ich Clem die Ähnlichkeit zwischen diesen beiden: Die Lungen funktionierten wie eine Art Vergaser, der den vom Magen durch den Blutstrom weiterbeförderten Treibstoff mit Sauerstoff anreicherte, wie der Treibstoff, der durch die Benzinleitung aus dem Tank kam, im Vergaser eines Motors mit Sauerstoff vermischt wurde; Muskelzellen wurden durch das Verbrennen einfachen Zuckers mit Kraft versorgt, dehnten sich und zogen sich zusammen wie die Kolben eines Motors, um die Gliedmaßen in Bewegung . . .

Clem ließ den Schraubenzieher sinken und sah mich, das Gesicht mit Schmierfett und Schmutz bedeckt, stirnrunzelnd an. »Mann, Ginny, du bist da oben in Boston aber ganz schön meschugge geworden!«

Zum Glück war es mir inzwischen gleichgültig, was Clem von mir hielt. Ich hatte Hegel studiert. Ich wußte, daß Clem lediglich die Antithese zu Joe Bobs These dargestellt hatte und daß Miss Head die reine, veredelte Synthese war. Daß Miss Head ihrerseits wieder die These für eine noch höhere Synthese sein könnte, wie Hegel es behauptet hätte, war für mich schlechthin unvorstellbar.

Gleich nach meiner Rückkehr nach Worthley im Herbst suchte ich Miss Head in ihrer Privatwohnung auf, um sie zu bitten, meine Vorlesungswahl zu unterzeichnen. Als sie mir öffnete, sah sie genauso aus wie an jenem Frühlingstag, als ich mich von ihr verabschiedet hatte, um für die Sommerferien nach Hause zu fahren: Sie trug wieder Tweedkostüm und Nylonbluse, die griechische Kamee am Hals und die Schweizer Uhr über dem Herzen.

Über den Rand ihrer horngefaßten Halbbrille hinweg sah sie mich an und lächelte. Ich hätte sie am liebsten umarmt, und schon wollten sich meine Arme beinahe von selbst heben. Rasch jedoch unterdrückte ich diesen Impuls, weil ich das sichere Gefühl hatte, Miss Head würde über eine derartige Demonstration körperlicher Intimität meinerseits höchstens erschrecken und unangenehm berührt sein. Statt dessen standen wir da und starrten uns, vor mühsam unterdrückter Freude strahlend, ein wenig verlegen an.

»Nur herein, nur herein!« forderte sie mich endlich auf und trat beiseite.

Sie hatte anscheinend an ihrem Buch über Descartes gearbeitet, denn der Mahagoni-Eßtisch war mit Bergen von Papieren bedeckt.

»Hoffentlich störe ich Sie nicht.« Ich wußte genau, wie sie es haßte, wenn jemand ihren Zeitplan durcheinanderbrachte.

Sie konsultierte ihre Uhr. »Nein, nein«, sagte sie dann. »Es ist jetzt schon fünf nach halb sieben. Ich hätte ohnehin aufhören müssen. Sie sind also wieder da, Miss Babcock!«

»Hatten Sie etwa gedacht, ich würde nicht wiederkommen?«

»Das kann man nie wissen. Die Sommerferien sind gewissermaßen ein Test. Ich weiß noch, wie schwer es mir in jedem Jahr fiel, für den Sommer nach Oklahoma zurückzukehren. Monatelang mußte ich mir anhören, daß meine Eltern davon schwärmten, wie schön es doch wäre, wenn ich meine vornehme Bildung Bildung sein ließe, einen netten Mann heiratete und ihnen Enkelkinder schenkte. Gegen Ende des Sommers dann, wenn wieder ein anstrengendes akademisches Jahr wie ein Berg vor mir lag, hatten sie mich beinahe herumgekriegt. Ich ging weit an den Stadtrand hinaus, wo ich zumeist als Kellnerin, Zimmermädchen oder etwas ähnliches arbeitete, sah zu, wie das Tumbleweed vorüberrollte und die Staubwolken alles grau überzogen, und kämpfte mit mir, weil ich nicht wußte, für welches Leben ich mich entscheiden sollte. Schließlich fuhr ich einfach nicht mehr nach Hause. Ich konnte es nicht länger ertragen.«

»Mir wäre es nie eingefallen, *nicht* wieder hierher zurückzukommen«, gestand ich ihr, zutiefst bekümmert über meinen offensichtlichen Mangel an Gefühl.

»Das ist gut! Ich freue mich sehr, daß Sie wieder da sind. Sie sehen großartig aus, mein Kind. Bestimmt haben Sie einen sehr schönen Sommer verbracht, nicht wahr?«

»Das habe ich. Ich habe in der Fabrik meines Vaters gearbeitet. Es war faszinierend. Bis dahin hatte ich ihn nie richtig zu schätzen gewußt.«

»Was für eine Fabrik ist das denn?«

»Eine Munitionsfabrik«, antwortete ich unbekümmert.

Miss Head senkte den grauen Kopf, musterte mich über den Rand ihrer Brille hinweg und sagte mit tiefer, ausdrucksloser Stimme: »In der Tat.«

»Sie sollten mal die klasse Fotoserie sehen, die seine Leute in der Sprengkammer von den Explosionen gemacht haben, um die Detonationsgeschwindigkeit zu prüfen.«

»Wofür sind diese Sprengstoffe denn bestimmt, äh . . . gewissermaßen?«

»Na, für Bomben, Granaten und so weiter.«

»In der Tat.« Sie sah mich mit einem merkwürdigen Blick an.

»Na ja, er *macht* das Zeug doch bloß. Gerade jetzt steht er vor einem chemischen Problem: Wie man Druckwellen innerhalb einer bestimmten Anzahl von Mikrosekunden maximieren kann. Ist doch nicht *seine* Schuld, wenn manchmal Mißbrauch mit seinen Produkten getrieben wird.« Miss Head schwieg eisern. »Oder?«

»Das kann ich Ihnen leider nicht sagen. Ich bin streng apolitisch, Miss Babcock. Ich bin derselben Meinung wie Descartes, wenn er sagt, sein Grundsatz sei, ›immer bemüht zu sein, lieber (sich) selbst als das Schicksal zu besiegen, lieber (seine) Wünsche als die Weltordnung zu verändern und überhaupt (sich) an den Glauben zu gewöhnen, daß nichts vollständig in (seiner) Macht sei als (seine) Gedanken‹. Ich war immer der Überzeugung, die Intelligenz eines Menschen manifestiere sich durch die Anzahl der widerstreitenden Meinungen, die er gleichzeitig über dasselbe Thema haben kann.«

Ich dachte kurz darüber nach. Ganz sicher war ich nicht, daß ich in diesem Punkt mit Descartes übereinstimmte. Doch wenn Miss Head mit ihm übereinstimmte, würde ich mit der Zeit zweifellos auch dahin kommen.

»Wie dem auch sei, ich brauche Ihre Unterschrift.«

»Lassen Sie sehen.« Sie nahm meinen Plan zur Hand.

Ich war überaus zufrieden mit mir, weil ich die Fächer, die ich belegen wollte, ganz allein und ohne ihre Hilfe gewählt hatte: Astronomie, Physik, die Philosophen des neunzehnten Jahrhunderts und Psychologie. Sie erbleichte. Was hatte ich falsch gemacht?

»Ich hatte gedacht«, sagte sie ein wenig pikiert, »Sie würden unter meiner Anleitung weiter an Descartes oder Spinoza arbeiten wollen.«

»Na ja, überlegt hatte ich mir das schon. Aber dann fand ich, es wäre besser, wenn ich mich über ein paar weitere Gebiete informiere, bevor ich mich auf ein Spezialfach konzentriere.«

»Das ist vermutlich gar nicht so schlecht. Aber wie wär's denn mit der Musik des achtzehnten Jahrhunderts oder dem frühen englischen Roman?«

»Na ja, ich weiß nicht . . . Ich meine, wollen würde ich schon, aber ich kann schließlich nicht alles auf einmal belegen, nicht wahr?«

»Nein, aber ich glaube wirklich nicht, daß Sie mit den Philosophen des neunzehnten Jahrhunderts glücklich sein werden, Miss Babcock. Denn sie unterscheiden sich grundlegend von Descartes und Spinoza. Schopenhauer, Nietzsche, Kierkegaard – in der Tat!« Sie schnaufte so verächtlich, daß ihr die Brille von der Nase rutschte und an der Kette vor der Brust baumelte. »Und in Verbindung mit Ihren anderen Wahlfächern – nein, ich glaube, Sie machen da einen Fehler, Miss Babcock. Als Ihre Studienberaterin muß ich Sie warnen.«

»Aber *warum,* Miss Head? Das begreife ich nicht.« Ich war aufrichtig verwirrt. Ich hatte erwartet, sie würde erfreut sein, daß ich meine Entscheidungen diesmal selbständig getroffen hatte.

»Es ist zuviel auf einmal«, erklärte sie etwas mysteriös.

»Aber *ich* bin es doch, die diese Vorlesungen verarbeiten muß, Miss Head, und diese hier möchte ich unbedingt nehmen. Schließlich kann ich in der Jahresmitte immer noch umbelegen. Und im Januar werde ich mit Sicherheit Ihr Descartes-Seminar besuchen.«

Sie sah mich an, wußte anscheinend nicht recht, was sie machen sollte. Da sie nie Mutter gewesen war, hatte sie keine Erfahrung in den ewigen Auseinandersetzungen zwischen Eltern und Kindern. Schließlich unterzeichnete sie die Liste und gab sie mir zurück.

»Vielen Dank, Miss Head.« Damit stand ich auf.

»Bitte sehr, Miss Babcock«, erwiderte sie kühl.

Mich ergriff Panik. Am liebsten hätte ich meine Liste zerrissen und auf der Stelle eine neue angefertigt, die voll und ganz ihren Wünschen entsprach. Denn wenn ich diese Frau verärgerte, würde sie mir ihre Zuneigung und Unterstützung entziehen. Gab ich aber andererseits meinen eigenen Wünschen nicht nach, endete ich möglicherweise wie meine Mutter: so lange ein Opfer der Launen anderer, daß ich bald selbst nicht mehr wußte, was ich wollte. Und war denn das nicht die Lehre, die ich in all diesen Monaten aus Miss Heads Beispiel gezogen hatte: daß es mein Schicksal nicht sein konnte, das Verhaltensmuster meiner Mutter nachzuahmen? Daß es Alternativen gab?

In den Fängen dieses Paradoxons zappelnd, gelang es mir, Miss Head im selben eisigen Ton zu antworten: »Ich habe mich sehr gefreut, Sie wiederzusehen.«

Sie nickte knapp mit dem grauen Kopf und entbot mir ein verkniffenes Lächeln. Wieder hätte ich sie am liebsten umarmt, um mir trotz allem ihre bleibende Zuneigung zu sichern. Aber wieder bremste ich mich. Als ich durch ihren kleinen Vorflur in den Korridor hinausging, mußte ich mit einer Hand an der Wand Halt suchen.

Ich hatte wieder dasselbe Zimmer wie im vorigen Jahr: die kleine Mansarde im vierten Stock mit einem Fenster, das auf den Innenhof hinausging. Es roch muffig. Ich stieß die Fensterflügel auf und blickte zum See hinüber, vorbei an der Bronzestatue der Artemis, an deren ausgestreckten Finger irgend jemand ein Jo-Jo gehängt hatte.

Plötzlich ertönte ein lauter Krach, ich hörte ein Scheppern, und dann fluchte im Nebenzimmer jemand: »Verdammte Scheiße!«

Eine Blechbüchse segelte durch die Luft. Langsam rotierend verspritzte sie eine rote Flüssigkeit auf die grauen Steinplatten und die flämische Sonnenuhr unten im Hof.

Wieder ein Scheppern nebenan, und dieselbe rauhe Stimme schrie: »Himmel, Arsch und Zwirn!« Die Blechdose landete mit hohlem Geklapper. Als sie endlich liegenblieb, rann die rote Flüssigkeit aus den Löchern im Deckel heraus. Die Steine ringsum und die bronzene Sonnenuhr waren mit roten Spritzern bedeckt, als hätte ein Raubtier dort seine Beute zerfleischt.

»Scheiße! Scheiße! Scheiße!« tönte es von nebenan.

Neugierig auf meine so ausdrucksstarke Nachbarin, klopfte ich vorsichtig an ihre Tür.

»Ja?«

Ich steckte den Kopf durch den schmalen Spalt. »Alles in Ordnung?«

Das junge Mädchen trug weizengelbe Jeans und einen schwarzen Rollkragenpullover, der eng um ihre großen Brüste lag. Sie war hochgewachsen, kräftig, monumental. Das dicke braune Haar hatte sie zu einem Zopf geflochten, der ihr auf dem Rücken hing. Ihre Gesichtszüge waren grob: breite Stirn, große Nase, vorspringende Wangenknochen. Sie besaßen jedoch eine Plastizität, die ihrem Gesicht eine verblüffende Ausdrucksfähigkeit verlieh. In diesen wenigen Sekunden, in denen ich die Tür geöffnet und ein paar Worte mit ihr gewechselt hatte, war eine phänomenale Skala von Emotionen über ihr Gesicht gehuscht: Überraschung, Verlegenheit, Ärger, Neugier.

»Alles in Ordnung?«

»Ich wußte gar nicht, daß außer mir schon jemand da ist.«

»Ich bin gerade erst gekommen. Wir sind Nachbarinnen. Mein Name ist Ginny Babcock.«

»Edna Holzer. Eddie.«

Diesen Namen kannte ich. Sie war eine Studentin im vorletzten College-Jahr, Redakteurin der Campus-Zeitung. Ich sah mich in ihrem Zimmer um. Dafür, daß es erst ein bis zwei Tage belegt war, machte es einen außerordentlich bewohnten Eindruck. An der einen Wand hingen Theaterplakate und ein Bob-Dylan-Poster, an der anderen eine mexikanische Decke, in der Ecke lehnte eine Gitarre, auf dem institutseigenen Schreibtisch und der Fensterbank standen mehrere kleine Tonfiguren.

»Was ist passiert? Ich meine, wegen dem Krach und dem Geschrei.«

»Ich hab 'ne Dose Tomatensaft runtergestoßen. So was steht immer bei mir auf der Fensterbank. Für den Fall, daß ich morgens verschlafe und zu spät zum Frühstück runterkomme. Und das passiert mir leider häufig.«

»Ach so! Na ja, freut mich, dich kennengelernt zu haben. Wir werden uns sicher bald mal sehen.« Ich begab mich auf den Rückzug. »Gut, daß nichts Schlimmeres passiert ist. Der Tomatensaft, der da unten rumspritzte, sah genau aus wie richtiges Blut.«

Sie musterte mich interessiert. »Findest du?« Ich kam mir vor, als hätte ich ihr unbewußt den Schlüssel zu meinem Charakter in die Hand gedrückt. »Woher kommst du eigentlich, Ginny?«

»Aus Tennessee.«

Unvermittelt trat ein Ausdruck des Ekels auf ihr Gesicht, der anscheinend für sie der natürlichste aus ihrem großen Repertoire war und den sie nur bis jetzt unterdrückt hatte. »Mann, ihr Südstaatler macht mich noch krank!«

»Wieso?« fragte ich sie, verblüfft über diesen unqualifizierten Ausfall.

»Liest du denn überhaupt keine Zeitung? Diese Bürgerrechtler, die ihr da unten umgebracht und in den Sümpfen vergraben habt? Gott, seid ihr tatsächlich so unbedarft?«

»Wir sind nicht anders als die Leute hier. Wir *klingen* nur anders. Na ja, bis bald, Eddie. Ich muß weiter auspacken.« Damit stürmte ich hinaus, selbst überrascht, mich so plötzlich in der Rolle einer Verteidigerin des Südens zu sehen.

Am nächsten Vormittag lernte ich meine Nachbarin auf der anderen Seite kennen, ein erstes Semester aus Iowa namens Bev Martin. Sie war groß, knochig und sehr linkisch, mit großen angstvollen Augen, die hin und her huschten wie die eines verängstigten Kaninchens. Sie sprach so leise, daß sie fast flüsterte. Überempfindlich, stufte ich sie sofort ein. Sie, Eddie und ich gaben großartige Nachbarinnen ab: Wir ließen einander völlig in Ruhe. Bev und ich konzentrierten uns stur aufs Lernen, entweder in der Bibliothek oder auf unseren Zimmern, während Eddie ständig an Leitartikeln für die Zeitung arbeitete, in denen sie entweder Handelssperren für Südafrika vorschlug, verlangte, das College solle seine Rüstungsindustrieaktien abstoßen, oder forderte, die vertrockneten alten Jungfern auf der College-Krankenstation sollten Antibabypillen verteilen. Manchmal übte sie sich auch im Kunstzentrum des Colleges im Modellieren. Außerdem hörte ich, daß sie mit Hilfe eines Stipendiums studierte und sich ihr Taschengeld mit Gitarrespielen in einem Café von Cambridge verdiente. Wann sie Zeit fand, auch nur die notwendigsten Dinge zu erledigen, etwa Referate vorzubereiten und Semesterarbeiten zu schreiben, erfuhr ich nie. Vielleicht erledigte sie sie auch gar nicht und überredete mich später nur, am Ende des Jahres mit ihr zusammen Worthley zu verlassen, weil sie ohnehin relegiert worden wäre. Aber ich greife mal wieder vor.

Eines Abends lag ich im Bett und las in meinem Physikbuch, daß die Erdrotation aufgrund der Gezeitenreibung pro Tag um zehn bis fünfzehn Mikrosekunden nachlasse. Auf einem Notizblock versuchte ich gerade auszurechnen, wie lange es wohl dauern würde, bis die Erdrotation ganz aufhörte und die Ozeane auf der Sonnenseite zu kochen begännen, als meine Tür aufgerissen wurde und Eddie Holzer in ihren hellen Jeans und dem schwarzen Rollkragenpullover hereingeschlendert kam.

»Du hättest wenigstens anklopfen können«, knurrte ich sauer, weil ich in meiner Berechnung der Apokalypse gestört worden war.

»Oh, Verzeihung. Hattest du gerade masturbiert?« Ich wurde knallrot. »Du masturbierst doch sicher, oder? Nein? Dann solltest du's aber unbedingt versuchen. Ich kann's allerbestens empfehlen. Löst garantiert sämtliche Spannungen. Oder hast du einen festen Bettfreund?«

Ich riß mich zusammen und informierte sie pikiert: »So was interessiert mich nicht.«

»Ach nein? Was interessiert dich denn?« fragte sie und warf sich unaufgefordert auf mein Bettende, als fühle sie sich hier ganz zu Hause.

»Wissen, Wahrheit und so weiter.«

»Das sagst du, als bekäme man das fertig verpackt und verschnürt zu kaufen.«

»Na ja, gewissermaßen ist das auch so. Man kauft die Bücher, in denen es steht.«

»Dann ginge es also nur noch darum, die Informationen von den Buchseiten in deinen Kopf zu übertragen?«

»Mehr oder weniger ja.«

»Wie kurios!«

»Das ist überhaupt nicht kurios. Man muß sich nur die Möglichkeit verschaffen, in Ruhe alles verarbeiten zu können, *ohne immer wieder gestört zu werden.*«

»Okay, schon kapiert«, gab sie zurück. Dann stand sie auf. »Ich hatte dich nur fragen wollen, ob du morgen abend an einem Freiheitsfasten teilnehmen würdest. Für jede Studentin, die das Abendessen ausläßt, spendet Worthley fünfzig Cent in einen Fonds, aus dem der Bustransport schwarzer Kinder aus Roxbury zu weißen Schulen finanziert werden soll.«

»Bleibt mir eine Wahl?«

»Selbstverständlich bleibt dir eine Wahl. Du kannst entweder essen gehen oder es bleiben lassen. Ich *bitte* dich lediglich, nicht zu essen.«

»Weißt du, wenn ich es recht bedenke, werde ich wohl doch essen gehen. Denn siehst du, ich bin apolitisch. Ich bin derselben Meinung wie Descartes, dessen Grundsatz lautet, ›immer bemüht zu sein, lieber (sich) selbst als das Schicksal zu besiegen, lieber (seine) Wünsche als die Weltordnung zu verändern und überhaupt (sich) an den Glauben zu gewöhnen, daß nichts vollständig in (seiner) Macht sei als (seine) Gedanken‹.« Ich hatte das Zitat, das ich bei Miss Head gehört hatte, Wort für Wort auswendig gelernt.

»*Descartes*! Das ist doch alles Mist, was dieser Descartes da verzapft hat. Und wenn mir die Augen im Kopf verfaulten, weil ich sie nicht gebrauche – Descartes würde ich bestimmt nicht lesen, diesen Scheiß-Faschisten!«

»Politik besteht nur aus persönlichen Ansichten«, erwiderte ich geringschätzig. »Für jeden, der deinen Leitartikeln über den Bustransport von Kindern aus Roxbury beistimmt, findest du einen, der anderer Meinung ist. Und aus genauso logischen Gründen. Möglicherweise nicht hier in Worthley, wo es jetzt große Mode ist, liberal zu sein, in der Welt draußen aber ganz bestimmt.«

»Ich habe noch nie behauptet, daß die Welt nicht von Faschisten wimmelt. Deswegen müssen ja wir, die wir eben keine sind, den Mund aufmachen.«

»Wie kannst du so sicher sein, daß ausgerechnet *deine* Einstellung richtig ist? Siehst du, deswegen bin ich apolitisch. Ich interessiere mich nicht für Meinungen. Ich interessiere mich für die *Wahrheit*!«

»Wahrheit! Wahrheit! Ginny, du bist unbezahlbar! Wirklich und wahrhaftig unbezahlbar. Und Descartes, das ist die Wahrheit?«

»Descartes besitzt zumindest genug intellektuelle Bescheidenheit, um seine Äußerungen auf Gebiete zu beschränken, auf denen er die Wahrheit tatsächlich selbst feststellen kann, statt sich in unverantwortlichen Meinungsäußerungen über jedes Thema unter der Sonne zu ergehen.«

»Meinst du etwa diesen Unsinn mit ›cogito ergo sum‹?«

»Das ist kein Unsinn, wie du es so wenig elegant formulierst. Es ist zufällig ebenso beweisbar wie eine mathematische Formel.«

»Hast du schon mal Nietzsche gelesen?«

»Nein, das kommt erst in diesem Semester.«

»Dann lies mal, was Nietzsche über deinen kostbaren Descartes zu sagen hat. Du hängst doch dauernd mit dieser Head-Ziege zusammen, nicht wahr?« Sie schüttelte mitleidig den bezopften Kopf.

»Miss Head ist eine Freundin von mir. Was ist dabei?«

Eddie seufzte mitleidig. »Du bist ein hoffnungsloser Fall. Und ich wette, du bist auch voll auf diesen Hegelschen Quatsch mit These und Antithese eingestiegen, wie? Ach, ihr Südstaatler seid immer so berechenbar reaktionär!«

»Wer hat *dich* eigentlich um deine Meinung gefragt?« schrie ich ihr nach, als sie aus meinem Zimmer verschwand.

Nie hat mir eine Mahlzeit in Worthley besser geschmeckt als das Abendessen am nächsten Tag: mir und Miss Head und einem halben Dutzend weiterer unbekehrbarer Apolitischer, ganz allein in dem weiten, hallenden Speisesaal unter den starren Blicken der mittelalterlichen Wasserspeier, die die vielen hohen Säulen schmückten. Einmal erschien Eddie an der Tür und notierte sich eifrig sämtliche Namen.

Nach dem Essen jedoch schlug ich innerlich widerstrebend in ›Jenseits von Gut und Böse‹ nach, was Nietzsche über Descartes gesagt hatte:

›Es gibt noch immer harmlose Selbst-Beobachter, welche glauben, daß es »unmittelbare Gewißheiten« gebe, zum Beispiel »ich denke« . . . Sie stellen sich sämtlich, als ob sie ihre eigentlichen Meinungen durch die Selbstentwicklung einer kalten, reinen, göttlich unbekümmerten Dialektik entdeckt und erreicht hätten . . . während im Grunde ein vorweggenommener Satz, ein Einfall, eine »Eingebung«, zumeist ein abstrakt gemachter und durchgesiebter Herzenswunsch von ihnen mit hinterher gesuchten Gründen verteidigt wird . . . Wenn ich den Vorgang zerlege, der in dem Satz »ich denke« ausgedrückt ist, so bekomme ich eine Reihe von verwegnen Behauptungen, deren Begründung schwer, vielleicht unmöglich ist, – zum Beispiel, daß *ich* es bin, der denkt, daß überhaupt ein Etwas es sein muß, das denkt, daß Denken eine Tätigkeit und Wirkung seitens eines Wesens ist, welches als Ursache gedacht wird, daß es ein »Ich« gibt, endlich, daß es bereits feststeht, was mit Denken zu bezeichnen ist, – daß ich *weiß,* was Denken ist. Denn wenn ich nicht darüber mich schon bei mir entschieden hätte, wonach sollte ich abmessen, daß, was eben geschieht, nicht vielleicht »Wollen« oder »Fühlen« sei?‹

Voll Wut über diese schäbige Attacke gegen den edlen Descartes (die ich dennoch nicht abwehren konnte) sprang ich auf. Ich riß meine Tür auf, lief zu Eddie hinüber und stieß mit Donnergepolter ihre Tür auf. Von ihrem Plattenspieler dröhnte mir Peter, Paul und Mary's ›Blowing in the Wind‹ entgegen. Eddie hob erschrocken den Blick vom Schreibtisch; als sie mich sah, lächelte sie mir jedoch zu und sagte in einer recht guten Imitation des Südstaatenakzents: »Nanu, wenn das nicht meine liebe kleine Südstaatenfreundin ist!« Als ich nicht zurücklächelte, sondern mein Gesicht zu einer wütenden Fratze verzog, fügte sie eindeutig besorgt hinzu: »Stimmt was nicht?«

»Allerdings stimmt hier was nicht! Hier stimmt etwas ganz und gar nicht. Ich habe gerade eben gelesen, was dieser Scheißkerl von einem Nietzsche über Descartes geschrieben hat.«

Eddie grinste verständnisinnig. »Und was hältst du davon?«

Da ich fand, mit einem miesen Würstchen wie dieser Eddie müsse man in ihrer eigenen Sprache reden, fauchte ich aufgebracht: »Das ist doch alles aufgeblasene Scheiße!«

Eddie begann über das ganze Gesicht zu strahlen. »Aha, aufgeblasen meinst du also! Weißt du denn überhaupt, was das ist, blasen?«

Ich funkelte sie voller Empörung an. »Woher nimmst du bloß die Unverschämtheit, mir gegenüber immer so überheblich zu tun? Du glaubst wohl, ich bin so 'ne ungebildete, naive Südstaatlerin, wie? Jawohl, ich weiß, was blasen ist!« Vermutlich das, was ich Clem in jener Nacht verweigert hatte, als ich von ihm im Luftschutzkeller geohrfeigt wurde.

»Na, und was hältst du nun davon?«

»Wovon?«

»Vom Blasen.«

»Was hat denn das mit Descartes zu tun?«

»Siehst du? Überhaupt nichts!« antwortete sie triumphierend. »Das ist ja mein Reden. Ich blase, darum bin ich. Was sagst du dazu?«

»Der Mensch ist zufällig mehr als . . .«

»›Der Mensch‹ – *Scheiße*! Mit Leuten, die mir erklären wollen, was ›der Mensch‹ ist und was nicht, *rede* ich nicht mal, Ginny. Wenn du mit mir über eine bestimmte Handlung eines bestimmten Menschen sprechen willst – okay. Aber komm mir bloß nicht mit diesem geschwollenen Mist wie ›Der Mensch ist dieses oder jenes‹, hörst du? Denn das interessiert mich nicht. Damit kannst du zu deiner Miss Head laufen.« Sie wandte sich wieder dem Schreibtisch zu. Ich schlich mich in mein Zimmer zurück und blieb bis in die Nacht hinein schlaflos. Die von Miss Head errichtete Zitadelle lag ganz fraglos unter schwerem Beschuß.

Miss Head hinterließ mir eine Nachricht im Briefkasten, sie lade mich zu einer Aufführung von Wagners ›Rheingold‹ ein. Ich hatte sie seit dem Semesterbeginn nicht sehr oft gesehen, weil ich keine ihrer Vorlesungen belegt hatte und weil wir beide anderweitig beschäftigt waren. Also nahm ich mit Freuden an.

Wir trafen uns unten in der Halle. Sie wirkte trotz ihres grauen Haarknotens und ihres formlosen Lodenmantels beinahe hübsch. Vor lauter Freude über das Wiedersehen nahm ich sie liebevoll in den Arm. Sie erstarrte und wich, mit der Hand nach der Uhr unter ihrem Mantel tastend, errötend zurück. »Mein Wagen steht draußen. Wir sind spät dran und sollten uns ein bißchen beeilen.«

Doch selbst die Tatsache, daß wir spät dran waren, hinderte mich nicht, den Fond des Wagens nach möglicherweise versteckten Mördern abzusuchen, wie der Major es mir immer wieder geraten hatte. Auf dem Weg zur Oper verfuhren wir uns, und während wir uns in den fremden

Straßen zurechtzufinden suchten, wurde die Gegend immer schäbiger. Abfälle schwammen in der Gosse, die Hausfassaden hatten schon längst keine Farbe mehr. Auf dem schmutzstarrenden Hochgleis ratterte die MTA-Bahn vorüber, und die Menschen, die man sah, waren fast alle schwarz. Unvermittelt wurde mir klar, daß wir uns in Roxbury befanden. Das Fasten, das Eddie organisiert hatte, war als Beitrag zum Transport der Schulkinder dieses Viertels mit Bussen in die viel besseren ›weißen‹ Lehranstalten gedacht gewesen.

»Wissen Sie«, begann ich zögernd, »ich glaube fast, wir hätten neulich abends doch fasten sollen. Dies ist eine ziemlich scheußliche Umgebung für Kinder. Meinen Sie nicht?«

Miss Head warf mir einen ungehaltenen Blick zu. »Bitte ersparen Sie mir Ihre Anfälle von Sentimentalität, Miss Babcock. Sie haben offenbar zu viele Leitartikel von dieser Eddie Holzer gelesen.«

»Na ja, aber finden Sie es nicht auch deprimierend?« Wir fuhren an einem Block baufälliger Reihenhäuser entlang, vor denen ein paar schwarze Kinder mit spitzen Stöcken nach Schokoladenpapier und Zeitungsfetzen stocherten, die träge in der um einen verstopften Abfluß angestauten Dreckpfütze schwammen.

»Man soll niemals verallgemeinern. Aus den Elendsvierteln gehen zuweilen die überragendsten Persönlichkeiten mit den großartigsten Leistungen hervor.«

Sie bezog sich eindeutig auf sich selbst und ihre Herkunft aus der Dust Bowl. »Ja, *Sie* sind aus Morgan rausgekommen. Aber was ist aus denen geworden, die dableiben mußten?«

»Meine Jugendfreunde sind keineswegs unzufrieden mit ihrem Leben. Das heißt, nicht unzufriedener als die anderen. Schließlich haben sie keine Vergleichsmöglichkeiten.«

»Aber ist denn gerade das nicht so schrecklich? Daß sie selbst nie andere Möglichkeiten kennengelernt haben?«

»Wie kommen Sie darauf, daß Worthley besser sein sollte als Morgan?« fragte sie mich mit leicht ironischem Lächeln. »Ich finde das äußerst überheblich von Ihnen, Miss Babcock. Es ist der Beweis für einen grundlegenden Mangel an Respekt vor der Würde anderer Menschen, die nicht so sind wie Sie. Das empört mich ja auch so sehr an Miss Holzers unausgegorenen Leitartikeln. Sie kommt überhaupt nicht auf die Idee, daß es in Roxbury etwas geben könnte, das für die Kinder nicht weniger wertvoll ist als eine Ausbildung nach dem Standard der weißen Mittelklasse.«

»Aber *ich* war es doch nicht, die behauptet hat, daß Worthley besser ist als Morgan. Oder Hullsport. Vergessen Sie bitte nicht, Miss Head, daß *ich* gar nicht aus Hullsport weg wollte. Mein Vater mußte mich mit Gewalt herschleppen. Sie waren es selbst, die gesagt hat, Worthley wäre besser als Morgan.«

»Für mich, wie ich jetzt bin, ist es das auch«, antwortete sie geduldig. »Wäre ich jedoch in Morgan geblieben, wäre ich ein anderer Mensch geworden und würde besser nach Morgan passen.«

»Ein *besserer* Mensch als jetzt?«

»Ich habe weder besser noch schlechter gesagt. Ich sagte, anders. Wirklich, Miss Babcock, Sie müssen sich mehr Objektivität erarbeiten. Es ist unsinnig, Ausdrücke wie ›gut‹ und ›schlecht‹ zu verwenden. Was geschieht, das geschieht. Und das soll nicht *Ihre* Sorge sein.«

»Sie meinen also, keine Handlungsweise sei besser als die andere?« fragte ich voller Entsetzen, weil ich merkte, wohin Miss Heads Gedankenkette führte – und meine auch, da ich sie mir ja zur Mentorin gewählt hatte.

»Über Handlungsweisen sollten Sie sich nicht den Kopf zerbrechen, Miss Babcock. Ihre Aufgabe ist es, eine Situation zu begreifen, die Wahrheit in ihr zu erkennen. Was, wie Sie im vergangenen Jahr von Spinoza gelernt haben müßten, falls Sie richtig aufgepaßt haben, dadurch geschieht, daß Sie Ihre Emotionen, Ihre Gefühle zum Schweigen bringen und nur noch als Werkzeug des reinen Gedankens funktionieren. Distanz ist *alles,* Miss Babcock, glauben Sie mir. Das Böse ist immer in uns, sagt Spinoza. ›Die Dinge sind nicht mehr oder weniger perfekt, je nachdem, wie sie unsere menschlichen Sinne befriedigen oder kränken, oder je nachdem, wie dienlich oder abstoßend sie für die Menschheit sind . . . Es mangelt Gott nicht an Materie, um alle Stufen der Perfektion zu erschaffen, von der höchsten bis zur niedrigsten. Die Gesetze Seiner Natur sind umfassend genug für die Produktion all dessen, was sich die menschliche Intelligenz vorzustellen vermag.‹«

»Aber, Miss Head, ich glaube nicht, daß ich damit einverstanden bin. Ich meine, sehen Sie sich doch an, was Nietzsche darüber sagt, ob es möglich ist, daß es so etwas wie Objektivität oder den ›reinen Gedanken‹ überhaupt gibt.«

Im matten Licht der Straßenlaternen, das durch das Wagenfenster fiel, sah ich, wie sie erbleichte. »Nun, gewiß, wenn Sie dem Bann dieser elenden, neurotischen Mystikerin verfallen, kann Ihnen Descartes auch nicht mehr helfen, Miss Babcock. Wußten Sie, daß Mussolini Nietzsche verehrt hat? Aber nein, natürlich nicht. An Ihrer Stelle würde ich mich mal mit Nietzsches Stammbaum befassen, bevor ich zu seinen Fahnen eile, Miss Babcock.«

Ich dachte mir, für jemanden, der angeblich die höchsten Höhen der Distanz erklommen hatte, sei Miss Head doch verdächtig ärgerlich geworden.

Während der Oper entwickelte ich ein ganz besonderes Mitgefühl für die armen Zwerge, die von dem bösen Alberich so grausam mit der Peitsche traktiert wurden. Sie waren so klein, daß sie seine Forderungen – sie sollten mit ihren winzigen Spitzhacken Erze für ihn fördern – unmöglich erfüllen konnten. Trotzdem bemühten sie sich getreu und fleißig. Sie taten mir von Herzen leid. Wäre Eddie hier gewesen, ich glaube, sie wäre sofort auf die Bühne gesprungen und hätte versucht, die Ausgebeuteten gewerkschaftlich zu organisieren. So sehr identifizierte ich mich mit ihrer Qual, daß mir Schweißtropfen auf die Stirn traten.

Miss Head beugte sich zu mir herüber. »Beachten Sie, wie das Leitmotiv der Zwerge wiederholt wird, wie seine tonale Struktur auf die Eitelkeit ihrer Bemühungen hinweist.«

Zähneknirschend fuhr ich zu ihr herum. Aber Miss Head konzentrierte sich, ernst über ihre Halbbrille hinwegblickend, auf die Bühne und nickte im Takt des Leitmotivs mit dem Kopf.

Als ich am nächsten Abend zu Eddie ging, hockte sie auf dem Fenstersitz auf einem Fleck, den sie sich inmitten hoher Zeitungsstapel freigemacht hatte, spielte Gitarre und sang dazu ›Mr. Tambourine Man‹. Als sie mich sah, nickte sie mir freundschaftlich zu, sang aber weiter, weil sie anscheinend den Song beenden wollte. Sie hatte eine angenehme, etwas heisere Altstimme.

Ich sah mich im Zimmer um. Auf dem Buchregal stand eine neue, rötliche Tonplastik. Ich ging hinüber, um sie mir näher anzusehen. Zwei nackte Frauen lagen, einander zugekehrt, auf der Seite. Sie hatten die Arme umeinandergelegt, und auch ihre Beine waren verschlungen. Auf beider Gesicht stand ein Ausdruck der Ekstase.

Eddie beendete den Song mit einem lauten, ironischen Akkord, legte die Gitarre auf die Zeitungsstapel, stand auf und reckte ihren junonischen Körper träge wie eine Katze. »Na, gefällt sie dir?« fragte sie mich mit einem Kopfnicken zu der Tonplastik hinüber. »Ich habe sie gerade fertig.«

»Äh, ja . . . Die Linien sind faszinierend.«

»Das weiß ich. Vom technischen Standpunkt aus ist sie brillant. Aber ich habe dich gefragt, ob sie dir *gefällt*.«

»Ja, sicher. Doch. Sie ist sehr hübsch.«

»Und was sagt dir das dargestellte Thema?«

Ich distanzierte mich nach bester Spinoza-Manier von dem flüchtigen Gefühl der Panik, das mich ergriffen hatte, als ich die Plastik sah, und antwortete ruhig: »Ich halte es für eine legitime sexuelle Ausdrucksform. Schließlich sagt Freud, daß der Mensch in seinem tiefsten Wesen bisexuell ist und nur durch seine Konditionierung in die eine oder andere Richtung gedrängt wird.«

»Ich scheiße auf Freud und diesen Mist mit dem ›der Mensch ist‹. Welche Gefühle erregt diese spezielle Tonplastik in dir, Ginny Babcock?«

Ich atmete tief durch. »Nun, ehrlich gesagt, Eddie, ich interessiere mich nicht allzusehr für Sexualität in irgendeiner Form.«

»Aha.«

»Ich habe zu früh zuviel inadäquaten Sex erlebt und habe das alles gründlich satt. Es gibt wichtigere Dinge, über die ich nachdenken muß.«

»In der Tat«, sagte Eddie gravitätisch, zog das Kinn an die Brust und musterte mich, eine hervorragende Imitation von Miss Head, über den Rand einer imaginären Brille hinweg. »Übrigens«, fragte sie mich dann energisch, »würde es dich interessieren, meine Petition an Präsident Johnson zu unterschreiben? Ich verlange darin von ihm, daß er unsere Militäraktionen in Südostasien beendet.«

»Wieso fragst du, wo du genau weißt, was ich antworten werde?«

»Ich wollte dir nur Gelegenheit geben, deine unsterbliche Seele zu retten.«

»Vielen Dank. Aber – nein, danke.«

»Warum nicht? *Willst* du deine Seele nicht retten?«

»Du sagst, daß es ein Bürgerkrieg ist und daß wir uns nicht einmischen sollen. Mein Vater sagt, es ist die Vorhut einer weltweiten Machtübernahme durch den Kommunismus und muß im Keim erstickt werden. Dir tun die unschuldigen Menschen leid, die von den amerikanischen Truppen verwundet und getötet werden. Ihm tun die unschuldigen Menschen leid, denen die Theorien anderer Menschen eingehämmert und die von kommunistischen Truppen verletzt und getötet werden. Woher soll ich wissen, wer von euch beiden recht hat?«

»Was sagt dir denn dein *Gefühl*?«

»Gar nichts. Ich fühle gar nichts. Es interessiert mich nicht. Mich interessieren nur Tatsachen, nicht Meinungen. Ich bin zum Beispiel überzeugt, daß der Intelligenzgrad eines Menschen abzulesen ist an der Zahl der widerstreitenden Einstellungen, die er zum selben Thema vorbringen kann«, verkündete ich, Miss Heads Papagei.

»Intelligenz? Scheiße! Was du meinst, ist Paralyse, absolute moralische Paralyse! Das Leben, das du führst, ist doch schon eine politische Handlung *an sich*, ob dir das paßt oder nicht. Allein durch die Tatsache, daß du dich weigerst, Partei zu ergreifen, ergreifst du ja gerade Partei.«

Sekundenlang funkelten wir einander mit ideologischer Verachtung an. »Doch welchem edlen Zweck verdanke ich die Ehre deiner Anwesenheit in meiner bescheidenen Mansarde?« fragte mich Eddie.

»Na ja, eigentlich wollte ich dich fragen, wie der Bustransport von Roxbury verläuft.«

Sie warf mir einen mißtrauischen Blick zu. »Was interessiert denn dich das, du Faschistin?«

»Ich bin gestern abend mit Miss Head auf dem Weg zur Oper zufällig durch Roxbury gekommen, und da habe ich dich in gewisser Weise plötzlich verstanden.« Ich tat jetzt so, als würde ich nachgeben, um später wieder mehr Boden zu gewinnen.

»Wie großzügig von dir! Es läuft ganz gut, allerdings nicht dank deiner oder der Hilfe von Miss Head.«

»Aber ich habe noch eine Frage«, erklärte ich unschuldig. Eddie hob beide Hände mit den Handflächen nach oben und neigte den Kopf, um kundzutun, sie sei ganz Ohr. »Findest du nicht, daß es überheblich von dir ist anzunehmen, unsere Lebensweise sei derjenigen der Bewohner von Roxbury so überlegen, daß man ihnen Gelegenheit geben sollte, uns nachzuäffen?« Ich hoffte wider alle Vernunft, Eddie wüßte die richtige Antwort auf dieses Argument Miss Heads.

Eddie zuckte ungeduldig die Achseln. »Ist es überheblich, wenn man jemandem das notwendige Wissen, die notwendige Ausbildung verschaffen will, damit er genug Geld verdienen kann, um seine Kinder davor zu bewahren, daß sie des Nachts, wenn sie schlafen, von Ratten angenagt werden?«

»Aber meinst du nicht, daß die Creme auch von allein nach oben steigt?«

»Mag sein. Aber bis dahin wird eine Menge durchaus brauchbarer Vollmilch sauer.«

»Woher willst du wissen, daß die Leute von Roxbury mit ihrem Leben nicht genauso zufrieden sind wie die Menschen anderswo?«

»Ich will dir sagen, woher ich das weiß.« Sie fuhr hitzig zu mir herum. »Ich weiß das, weil ich in einem Bostoner Slum aufgewachsen bin. Weißt *du*, wer mein Vater war?«

Ich zögerte, weil ich glaubte, ich *müsse* es wissen. So viele Studentinnen hier waren Töchter von Diplomaten, berühmten Wissenschaftlern, bedeutenden Geschäftsleuten. Holzer. Holzer. Wer *war* Eddies Vater, und warum in aller Welt hatte er sie in einem Bostoner Slum aufwachsen lassen? »Nein, keine Ahnung.«

»Dann geht's dir nicht besser als mir. Ich weiß es auch nicht. Er war ein Mann, von dem meine Mutter vergewaltigt wurde. Er hat sie in ein Kellerloch geschleppt, ihr einen Stoffetzen in den Mund gesteckt, ihre Hände mit seinem Gürtel gefesselt, sie grün und blau geschlagen und sie dann vergewaltigt.«

Ich starrte sie voller Entsetzen an. »Das . . . das tut mir leid, Eddie.«

»O nein, mir nicht!« gab Eddie mit rauher Stimme zurück. »Ich meine, wenn das nicht passiert wäre, wäre ich jetzt nicht hier, oder? Wenigstens nicht in meiner jetzigen Gestalt. Aber dein Rahm, der nach oben steigt, ist eine ganz große Scheiße. Rahm steigt nicht, wenn er ständig aufgerührt wird oder wenn man die Flasche zerschlägt.«

»Aber das tut er doch!« widersprach ich und streckte zum Beweis meine Hand nach ihr aus. »Sieh dich an!«

»Weißt du, warum ich in Worthley bin? Weil eine einzige miese Lehrerin in diesem verdammten Loch, wo ich zur Schule gegangen bin, sich für mich interessiert, mich mit Büchern bepackt und sich meiner Fortbildung gewidmet hat. Aber von der Sorte gab es bei uns einfach nicht genug. Tatsächlich war ich die einzige in meiner Klasse, der ein so großer Segen beschieden wurde.« Sie sah mich trotzig an und wartete ab, mit was für unausgegorenen Ansichten ich nunmehr aufwarten würde, um sie zur Aufgabe ihrer Position der größeren Erfahrung zu bewegen.

»Na, aber das bestätigt doch nur, was ich immer sage – daß sich vernünftige Menschen aus der Politik raushalten. Ich meine, man kann eine Situation doch nur begreifen und wissen, wie man sie anzupacken hat, wenn man alle Tatsachen kennt. Und wie viele Situationen dieser Art gibt es im Leben?«

»Quatsch!« schrie Eddie aufgebracht. »Reaktionärer Blödsinn! Dieses dämliche alte Weib, die Head, hat dir den Kopf mit lauter *Scheiße* vollgestopft, Ginny! Aber nur zu, nimm sie dir zum Vorbild! Renn durchs Leben mit einer Uhr am Busen – alles schön sauber und ordentlich und um Himmels willen kein Risiko, sonst könnte es ja Fehlschläge geben! Keinen Lebensgefährten, keine Kinder, keine Tiere, die ihre kostbare Tageseinteilung durcheinanderbringen könnten. Ein Cello, das sie zwischen die Beine nehmen kann, wenn sie sich einsam fühlt, und ihr *magnum opus* über Descartes, damit ihr eifriges kleines Hirn auch schön beschäftigt ist. Ideal, findest du? Dann nichts wie los!«

»Ach, so übel ist das Leben gar nicht, das sie führt. Auf jeden Fall verdammt viel besser, als von einer Katastrophe in die andere zu schliddern wie ich, ehe ich nach Worthley kam.«

»Nein, nein, so übel ist es ganz bestimmt nicht, wenn's dir nichts ausmacht, eine lebende Tote zu sein.«

»Du bist so gottverdammt selbstgerecht!« fauchte ich empört. »Wieso glaubst du, daß deine Lebensanschauung der ihren überlegen ist?«

»Das *glaube* ich nicht, das *weiß* ich. Ich *weiß,* daß es weit besser ist, sich mit anderen Menschen zu befassen und für eine gute Sache Ablehnung oder Spott zu riskieren, als sich bei lebendigem Leib selbst zu mumifizieren. Die einzige Leidenschaft, die Miss Head in ihrem ganzen Leben entwickelt hat, ist ihre Leidenschaft für die Gewißheit à la Descartes und Spinoza.«

»Nun, mir ist zufällig nicht ganz klar, was eigentlich eine ›gute Sache‹ ausmacht, Eddie, und das ist der Grund, warum ich apolitisch bin. Sieh dir doch all die Greuel an, die im Namen von ›guten Sachen‹ begangen worden sind! Nein, nein, ich halte mich, genau wie Miss Head, da lieber an die Dinge, die ich wirklich mit Sicherheit ›weiß‹.«

Eddie schüttelte verächtlich den Kopf, daß ihr langer Zopf nur so flog. »Aber du *weißt* doch gar nichts mit Sicherheit! Du *glaubst* nur zu wissen. Du denkst, darum bist du. Ha!«

»Aber selbst wenn ich jetzt zugeben würde, daß Nietzsche mich überzeugt hat, was ich auf gar keinen Fall tue, gibt es andere Wissensgebiete, die wirklich unbestreitbare Fakten darstellen.«

Eddie kicherte. »Und was, zum Beispiel?«

»Zum Beispiel die Tatsache, daß eine Sekunde der 31556925, 9747.

Teil des Orbitaljahres ist, das am 1. Januar 1900 um zwölf Uhr mittags begonnen hat. Und die Tatsache, daß man, von diesem Faktum ausgehend, andere Fakten konstruieren kann, die sich Minuten, Stunden, Tage und Jahre nennen. Zum Beispiel die Tatsache, daß ein Atom aus positiven Ladungen, Protonen genannt, und negativen Ladungen, Elektronen genannt, besteht und daß man, wenn man sie auf eine bestimmte Art und Weise kombiniert, stets ein bestimmtes Element bekommt.«

Eddie schüttelte den Kopf. »Und du brauchst dich nicht um andere Menschen zu kümmern, weil du so ungeheuer damit beschäftigt bist, diese bedeutenden Fakten aufzuspüren? Na schön, von mir aus. Aber weißt du auch, daß es in Indien einen Kulturkreis gibt, der die Zeit, die es dauert, einen Topf Reis garzukochen, als grundlegende Zeiteinheit nimmt? Und daß die Leute damit ausgezeichnet zurechtkommen?«

Ich machte kehrt, stürzte hinaus und pfefferte die Tür hinter mir ins Schloß. Ich lief den Korridor entlang, stieg in den altersschwachen Lift und ließ mich ins Erdgeschoß hinuntertragen. Ich rannte quer durch die Empfangshalle, an den Reihen imposanter Porträts vorbei, unter dem gewölbten steinernen Durchgang hindurch und hämmerte an Miss Heads schwere Tür.

Sie öffnete mir mit dem Cello in der Hand. »Ach so, Miss Babcock – Sie sind es nur! Mein Gott, und ich hatte schon gedacht, es wäre mindestens ein Brand ausgebrochen. Kommen Sie, treten Sie ein.«

Ich marschierte in ihr Zimmer und sank schwer auf das kleine Roßhaarsofa.

»Was ist denn los?« Ich versuchte mich zu entspannen, indem ich ganz tief durchatmete. »Möchten Sie eine Tasse Tee? Ich habe gerade welchen gebrüht.«

»Ja, vielen Dank. Mit Zitrone bitte.« Was Eddie über Miss Head gesagt hatte, war einfach nicht wahr. Sie *kümmerte* sich um andere Menschen – zum Beispiel um mich. Daß sie dabei Hintergedanken hatte, spielte in diesem Zusammenhang keine Rolle.

Miss Head lehnte ihr Cello an einen Sessel, nahm an ihrem Queen-Anne-Teetisch Platz und schenkte aus der Silberkanne ein. »Also! Was führt Sie so spät abends noch zu mir, Miss Babcock?«

»Habe ich Sie sehr gestört? Das tut mir leid.«

»Nein, nein, es ist schon gut. Ich hatte gerade Vivaldi gespielt.«

»Ist es zu spät, von der Vorlesung über die Philosophen des neunzehnten Jahrhunderts in diesem Semester noch in Ihr Descartes-Seminar überzuwechseln?«

»Hmmm . . .« Sie musterte mich mit listigem Blick, offenbar krampfhaft bestrebt, ein ›Ich hab's ja gleich gesagt‹ zu unterdrücken. »Nun ja, ein bißchen spät ist es jetzt in der Tat. Ich meine, das Semester ist schon halb um. Aber lassen Sie mich nachdenken. Zum Glück bin ich zugleich Ihre Klassenvorsteherin, Ihre Studienberaterin *und* die Leiterin des

Seminars, in das Sie überwechseln wollen. Doch Ihre Bitte ist äußerst ungewöhnlich. Äußerst ungewöhnlich, in der Tat . . .«

»Ich wäre Ihnen wirklich dankbar, Miss Head. Nietzsche macht mich völlig fertig.« Ganz zu schweigen von seiner treuen Anhängerin Eddie Holzer.

»In der Tat«, sagte sie nachdenklich. »In der Tat. Ja, ich kann Ihnen das nachfühlen. Nun, ich werde Ihnen in ein paar Tagen Nachricht geben. Sie dürfen sich darauf verlassen.«

Sie setzte ihre Teetasse ab und stellte ihr Metronom auf ein fast schwindelerregendes Tempo ein. Dann nahm sie ihr Cello zur Hand, klemmte es sich zwischen die Knie und füllte ihre Gemächer mit einer mitreißenden Wiedergabe einiger Ausschnitte aus den ›Vier Jahreszeiten‹. Ich folgte den klaren Themen und Variationen mühelos und fühlte mich schon bald erheblich wohler. Das rötlich schimmernde Cello glänzte weich im matten Schein einer auf Strom umgebauten Öllampe. Draußen vor den Fenstern hingen die Eiszapfen wie Stalaktiten.

»Herzlichen Dank, Miss Head«, sagte ich, als ich meine Teetasse absetzte und mich zum Aufbruch bereitmachte. »Das war genau das, was ich brauchte.« Ich war jetzt so gelassen wie eine gehetzte Hausfrau nach ihrer morgendlichen Dosis Librium.

»Gern geschehen, Miss Babcock. Sie sind mir jederzeit willkommen. Innerhalb vernünftiger Grenzen.«

Am Mittwoch, als ich im Speisesaal Chop-Suey aß, kam Eddie mit ihrem Lunchtablett an meinen Tisch und ließ sich einfach neben mir nieder. Ich nahm ihre Gegenwart mit einem kühlen Kopfnicken zur Kenntnis. Ich, in meinem ordentlichen Tweedkostüm, fand Eddies betont saloppe Aufmachung – die hellen Jeans, den Rollkragenpullover, die Riemensandalen, den unordentlichen Zopf, aus dem einzelne fettige Haarsträhnen heraushingen – widerwärtig, meinen Sinn für Ästhetik beleidigend.

»Na, wie geht's unserer Grande Dame von Castle Court?«

»Meinst du mich?« erkundigte ich mich würdevoll.

»Jawohl, Liebchen, ich meine dich. Also, wie geht's?«

»Gut – jedenfalls bis du kamst. Danke.«

»Ach, hör auf, Ginny! Wir müssen noch viele lange Monate als Nachbarinnen nebeneinander leben. Seien wir lieber nett zueinander. Okay?«

»Von mir aus gern. Wenn du dich vielleicht erinnern würdest – *du* warst es, die sich mit dem Ausdruck ›Grande Dame‹ über mich lustig machen wollte.«

»Na schön, du hast recht. Jawohl. Ich entschuldige mich. Aber hör zu, Ginny. Du mußt mir helfen.«

»Wie bitte?« Die Vorstellung, sie könnte meine Hilfe brauchen, überraschte mich.

»Ein paar Freundinnen von mir machen ein Experiment für die Psychologie-Vorlesung. Dazu brauchen sie noch ein Versuchskaninchen. Machst du mit? Es dauert höchstens eine halbe Stunde.«

»Na ja, ich weiß nicht . . . Ich muß noch eine Arbeit schreiben und . . .«

»*Bitte!*«

»Na schön.« Ich war entzückt, daß die überhebliche Eddie Holzer mich um einen Gefallen bat.

Nach dem Lunch gingen wir gemeinsam durch den Garten zu den Psychologie-Labors hinüber. Bei der bronzenen Sonnenuhr mit ihren Zierblättern und -ranken, den kunstvoll gegossenen Göttern und Göttinnen blieb sie stehen. Der reich verzierte Gnomon warf seinen Schatten auf 2.15 Uhr.

»Um Gottes willen!« rief ich entsetzt. »Viertel nach zwei? Um halb drei muß ich bei Miss Head sein!« Sie wollte mir ihre Entscheidung wegen des Descartes-Seminars mitteilen.

Eddie lachte. »Nur keine Panik, Kleines. Es ist noch nicht Viertel nach zwei. Dieses alberne Ding ist flämisch und also auf den Längengrad von Flandern eingestellt.«

Als wir ins Labor kamen, waren Eddies Freundinnen schon versammelt: mehrere erste und letzte Semester, allesamt Angehörige der sehr kleinen Künstlerclique auf unserem Campus, die zum Teil entweder Theaterstücke schrieben, Regie führten oder Rollen übernahmen, zum Teil die Zeitung und das Literaturmagazin herausgaben oder dafür schrieben. In ihren weizengelben Jeans, den Rollkragenpullovern und Sandalen, den langen, glatt herabhängenden Haaren oder Zöpfen sahen sie allesamt aus wie Eddie. Neben ihnen fühlte ich mich in meinem Helena-Head-Tweedkostüm und dem strengen Haarknoten sofort mehr als eingeschüchtert.

»Jetzt sind wir komplett«, erklärte eine große dunkle Studentin im letzten Semester, die sich sehr schlecht hielt und momentan im Kunstzentrum eine Gemäldeausstellung hatte. Dieser psychologische Test war anscheinend ihre Aufgabe. Eddie, ich und zwei andere Mädchen setzten uns nebeneinander auf vier Stühle; die ältere Studentin stellte sich mit einer zweiten zusammen vor uns hin. Eine dritte saß in der Ecke und führte ein Protokoll.

Die ältere Studentin erklärte die Regeln. Sie selbst werde eine unveränderliche Kontrollkarte aus Pappe hochhalten. Das andere Mädchen würde eine Folge von Karten verschiedener Länge danebenhalten. Wir Testpersonen sollten eine nach der anderen sagen, ob die zweite Karte länger, kürzer oder genauso lang war wie die Kontrollkarte. Das Ganze kam mir beinahe lächerlich einfach vor. Ich hätte gedacht, diese hyperkreativen höheren Semester wüßten ihre Zeit mit weit nützlicheren Dingen zu verbringen.

Nach mehreren Übungsläufen begann das endgültige Experiment. Ich saß am Ende und mußte mein Urteil immer zuletzt abgeben, aber das spielte eigentlich keine Rolle, weil wir alle ohnehin einer Meinung waren. Jawohl, diese Karte war kürzer als die Kontrollkarte. Und die da war länger. Und so weiter. Ich wurde allmählich ungeduldig und ärgerlich. Schließlich mußte ich noch eine Arbeit schreiben.

Beim sechsten Durchgang plötzlich veränderte sich die Atmosphäre gelangweilter Übereinstimmung, und ich mußte feststellen, daß die drei anderen stur behaupteten, diese Karte sei kürzer, während sie in meinen Augen doch eindeutig länger war.

Und gleich noch einmal. »Länger«, sagte die erste.

»Länger«, pflichtete ihr die zweite bei.

»Länger«, erklärte Eddie gähnend.

»Gleich lang«, behauptete ich selbstsicher.

Und noch einmal. Ich warf verstohlene Blicke um mich, während die anderen eindeutig und mit Gleichgültigkeit dem Urteil ihrer eigenen Sinne widersprachen. Oder wenigstens *meiner* Sinne.

»Gleich lang«, sagte die erste.

»Gleich lang.«

»Gleich lang«, bestätigte Eddie.

»Länger«, knurrte ich empört. Verdammt noch mal! Wie konnten sie behaupten, die Karte sei gleich lang, wenn sie ganz eindeutig länger war?

»Kürzer«, sagte die erste.

»Kürzer«, sagte die zweite.

»Kürzer«, sagte Eddie, die sich wohlig rekelte.

»Gleich lang?« meinte ich unsicher. Sie *konnte* einfach nicht kürzer sein. Oder doch? Die anderen musterten mich erstaunt.

»Länger«, sagte die erste von einer Karte, die in meinen Augen ganz klar kürzer war.

»Länger«, bestätigte die zweite.

»Länger«, behauptete auch Eddie.

Unfähig, meine gesellschaftliche Isolierung länger zu ertragen, wandte ich mich bewußt gegen das, was mir meine Augen sagten, und erklärte mit eiserner Gelassenheit: »Länger.« Es war ein wunderbares Gefühl, wieder mit den anderen übereinzustimmen! Ich stieß einen erleichterten Seufzer aus.

»Gleich lang«, sagte die erste.

»Gleich lang.«

»Gleich lang.«

»Kürzer«, stöhnte ich voll Elend. Was war mit meinen Augen los? Ich kniff sie zusammen, riß sie anschließend so weit auf, wie es nur möglich war, und versuchte so, meine offenbar falsche Perspektive zu korrigieren. Dann starrte ich so intensiv auf die Kontrollkarte, daß mir schwarz vor den Augen wurde und ich sekundenlang gar nichts mehr sehen konnte. Eddie und die erste Versuchsperson musterten mich, dann sahen sie einander achselzuckend an.

Nach zwei Dutzend Durchgängen, bei denen entweder sie übereinstimmten und ich differierte, sie übereinstimmten und ich so tat, als stimme ich mit ihnen überein, oder wir tatsächlich übereinstimmten, konnte ich nicht mehr sagen, welche Karte länger war oder kürzer. Sah ich die eine kürzer, behaupteten die anderen, sie sei länger, und auf wunderbare Weise begann die Karte vor meinen Augen zu flimmern und sich zu strecken, bis sie mir auch länger vorkam. Oder sie wechselte neckisch zwischen länger und kürzer.

Bald darauf wurde mir schlecht, meine Augen brannten wie Feuer.

»Gleich lang«, sagte die erste von einer Karte, die mir anfangs länger vorgekommen war.

»Gleich lang«, sagte die zweite.

»Gleich lang«, sagte Eddie.

Ich riß mehrmals abwechselnd die Augen auf und kniff sie zusammen, während die Größe der Karte ständig wechselte. Dann fiel ich vom Stuhl und brach schluchzend auf dem Fußboden zusammen.

Eddie kniete sich neben mich, half mir auf und sagte beruhigend: »Komm, Ginny – komm! Ist doch nur ein Experiment! Wo ist deine Spinoza-Distanz?«

Ich sank weinend an ihre Schulter, während sie mir tröstend den Rükken tätschelte. Die ältere Studentin, die den Test durchführte, kam zu uns und sagte: »Du hast dich wirklich tapfer gehalten, Ginny. Du hast dich fünfundsechzig Prozent der Versuchszeit gegen die anderen behauptet. Der Durchschnitt liegt bei nur dreiundvierzig Prozent.«

»Was für ein Durchschnitt?« erkundigte ich mich zwischen den Schluchzern und sah fragend zu ihr auf.

»Die durchschnittliche Zahl der korrekten Antworten, die eine Versuchsperson gibt im Widerspruch zu den vorgetäuschten anderen Versuchspersonen.«

»Den *vorgetäuschten* Versuchspersonen? Soll das heißen, das Ganze war bloß eine Falle?« Wutentbrannt wandte ich mich an Eddie.

»Wir dachten, das wäre dir inzwischen aufgegangen«, antwortete die Versuchsleiterin. »Stimmt das nicht?«

Ich hob die Faust, um auf Eddie einzuschlagen. Sie legte mir liebevoll den Arm um die Schultern. Ich stieß sie weg.

»Tut mir leid, Ginny, aber es mußte sein«, erklärte Eddie.

»Wieso? Du hättest es mir wenigstens sagen können.«

»Wenn ich es dir gesagt hätte, wäre der Versuch sinnlos gewesen. Verstehst du das nicht? Außerdem *suchst* du doch die Wahrheit, nicht wahr? Oder schließt deine Suche die Wahrheit über dich selbst nicht ein?«

Ich stürmte hinaus; mein Sehvermögen war so überanstrengt und verzerrt, daß ich gegen den Türrahmen rannte. In meinem Dormitorium lief ich ins Badezimmer und übergab mich. Dann ging ich auf mein Zimmer, schloß die Vorhänge, stieg ins Bett und zog mir die Decke über den Kopf. In diesem Versteck blieb ich bis zum folgenden Tag. Ich versäumte nicht nur mehrere Vorlesungen, sondern auch meinen Termin bei Miss Head.

Die Weihnachtsferien kamen und gingen. Aus dem Winter wurde Frühling. Der Schnee schmolz und lief in Rinnsalen über die Steinplatten. Und noch immer hatte ich nicht mit Eddie gesprochen. Sie hatte mich vor ihren künstlerisch angehauchten Freundinnen gedemütigt. Ich wußte genau, wie sie, wenn ich ihnen auf dem Weg zur Bibliothek oder zu den Vorlesungen begegnete, hinter der vorgehaltenen Hand über meine Charakterschwäche kicherten. Ich hatte beschlossen, nie mehr ein Wort mit Eddie zu sprechen. Wenn ich ihr im Speisesaal oder beim Betreten unserer Zimmer begegnete, wandte ich den Kopf ab. Sie respektierte meinen Groll und machte keine Anstalten, sich mir zu nähern. Manchmal hörte ich sie in ihrem Zimmer Lieder von Bob Dylan singen. Ganz gelegentlich ließ ich mich auch herab, einen ihrer lächerlichen Leitartikel in der Campus-Zeitung zu lesen, in denen sie verlangte, die College-Leitung solle die Sperrstunde aufheben, die Verantwortlichen sollten im Sommer auf dem Campus ein Ferienlager für Getto-Kinder einrichten. Ein paarmal, wenn ich wußte, daß sie nicht da war, schlich ich mich durch ihr unaufgeräumtes Zimmer und zu ihrem Mansardenfenster hinaus auf ein Flachdach, wo ich in der späten Aprilsonne ungestört nackt sonnenbaden konnte.

Zumeist jedoch studierte ich. Freundinnen hatte ich nicht, außer Miss Head, und von den Vorlesungen und Mahlzeiten abgesehen, sah ich keinen einzigen Menschen. Ich war viel zu eifrig damit beschäftigt, der Wahrheit auf die Spur zu kommen, um am Gesellschaftsleben teilzunehmen. Unter Miss Heads Anleitung erforschte ich das Thema freier Wille kontra Determinismus, wie es von den rationalistischen Philosophen des achtzehnten Jahrhunderts behandelt wurde. Der Determinismus obsiegte, ohne einen Finger krumm zu machen. Ich war erfreut. Ich machte Hackfleisch aus Eddies Grundsätzen des sozialen Engagements.

Mit meinen übrigen Vorlesungen dagegen lief es nicht ganz so gut. Schopenhauer sagte im Philosophie-Unterricht so deprimierende Dinge wie: ›Keine Wahrheit ist also gewisser, von allen anderen unabhängiger und eines Beweises weniger bedürftig, als diese, daß Alles, was für die Erkenntniß daist, also diese ganze Welt, nur Objekt in Beziehung auf das Subjekt ist, Anschauung des Anschauenden, mit Einem Wort, Vorstellung. Natürlich gilt Dieses, wie von der Gegenwart, so auch von jeder Vergangenheit und jeder Zukunft, vom Fernsten, wie vom Nahen: denn es gilt von Zeit und Raum selbst, in welchen allein sich dieses alles unterscheidet. Alles, was irgend zur Welt gehört und gehören kann, ist unausweichbar mit diesem Bedingtseyn durch das Subjekt behaftet, und ist nur für das Subjekt da. Die Welt ist Vorstellung.‹

Für Astronomie begab ich mich jeden Abend ins Observatorium und beobachtete ein Sternbild der Milchstraße mit Namen Hydra; das Licht, das ich da sah, war vor zwei Milliarden Jahren dort ausgestrahlt worden. Mit einem Wort, ich beobachtete die Vergangenheit. Diese Vorstellung entnervte mich. Voll Empörung studierte ich die rötliche Verschiebung seines Spektrums, die bedeutete, daß die Milchstraße sich mit einer Geschwindigkeit von 61 153,40 km pro Sekunde von mir entfernte.

Und in Physik studierte ich die subatomaren Partikel – Mesonen und Neutrinos –, deren Existenz lediglich durch den Schweif winziger Bläschen bewiesen werden konnte, die sie hinter sich herzogen, wenn sie durch flüssigen Wasserstoff schossen. Manche lebten sogar so kurz, daß sie nicht einmal das taten, hatten eine Lebensspanne von zehn Millionsteln eines Milliardstels eines Milliardstels einer Sekunde.

Ich brütete über dem breiten Bereich elektromagnetischer Strahlungen zu beiden Seiten des schmalen Bandes, das die menschlichen Sinnesorgane wahrnehmen konnten. Das machte mich über alle Maßen wütend.

Der Tropfen, der das Faß zum Überlaufen brachte, war jedoch Einsteins Relativitätstheorie. Es schockierte mich zutiefst, daß man sich nicht einmal auf die Zeit verlassen konnte, daß ihre wahrgenommene Dauer sich im Verhältnis zum Standpunkt des Beobachters im Raum und in der Bewegung veränderte. Plötzlich war ich rings von der modernen Naturwissenschaft umzingelt, mit ihren Kräften und Partikeln, die ich weder sehen noch hören, schmecken oder fühlen konnte. Ich fühlte mich bombardiert – bombardiert von hundert verschiedenen elektromagnetischen Wellen und subatomaren Partikeln. Von Zeitspannen, zu winzig, um gemessen werden zu können. Von Lichtstrahlen, die ihre Quellen verlassen hatten, ehe sich Leben auf der Erde regte. All diese Dinge brachen über mich herein. Und doch hatte mir Lord Kelvin als Lohn für das Studieren der Physik Gewißheit zugesichert. »Wenn man das, wovon man spricht, messen und in Zahlen ausdrücken kann, weiß man etwas darüber«, hatte er im vergangenen Jahr in der einführenden Physik gesagt. Ich fühlte mich hintergangen.

In dieser Phase abgrundtiefer Verzweiflung – wer klopfte da ausgerechnet an meine Tür? Bev Martin, das erste Semester aus Iowa, meine unmittelbare Nachbarin. Ich hatte sie das ganze Jahr über kaum einmal gesehen, höchstens, wenn ich bis in den frühen Morgen über einer Arbeit gesessen und vom Fenster aus entdeckt hatte, wie sie in einem dunkelblauen Trainingsanzug, vom Purpur des Sonnenaufgangs übergossen, am Seeufer durch den Schnee trabte. Ich sprach zuweilen wenigstens mit Miss Head. Bev dagegen sprach mit niemandem.

Deswegen war ich auch so verblüfft, als sie an jenem Abend zu mir ins Zimmer kam, während ich gramgebeugt über einer Himmelskarte hockte, die das Alter des Universums, der Milchstraße, unserer Sonne und der Erde aufzeigte: Demnach war die Menschheit erst vor so kurzer Zeit entstanden, daß sie gar nicht der Erwähnung wert war. Ich war buchstäblich krank vor Entrüstung. Ungeduldig hob ich den Kopf, um zu hören, was Bev ausgerechnet von *mir* wollte, diesem elenden kleinen, vom Frühjahrsputz der Ewigkeit aufgewirbelten Nichts von Stäubchen.

»Ich wollte fragen, ob du Lust hast, heute abend mit mir in die Stadt essen zu gehen.« Tief errötend biß sie sich auf die Unterlippe und starrte zu Boden. Ihre Augen waren groß und ängstlich. Es fiel ihr offensichtlich schwer, mich zu fragen.

Ich jedoch antwortete prompt durch die fest zusammengebissenen Zähne: »Es tut mir leid, Bev, aber *ich habe einfach keine Zeit.* Ich muß morgen eine Arbeit über Descartes abliefern und bin noch lange nicht damit fertig.«

»Ach so. Okay.«

»Trotzdem vielen Dank. Ein anderes Mal vielleicht.«

Ehe ich mich am Abend zu Bett begab, ging ich noch schnell über den Flur ins Bad. Drinnen spähte ich unter die Kabinentüren, um mich, wie meine Mutter es mich schon in zartem Alter gelehrt hatte, zu vergewissern, daß sich dort kein Sittenstrolch versteckt hielt. Mein Blick fiel auf die Tür zur Badekabine. Dahinter hing ein Arm fast bis zum Boden. Ich stieß die Tür auf. Neben der Wanne auf einem Stuhl saß in sich zusammengesunken Bev. Mit einem schwachen Lächeln blickte sie zu mir empor; ihre hyperthyroiden Augen waren glasig. Auf dem Boden zu ihren Füßen lag eine Tablettenflasche. Sie war leer.

Mein Blick wanderte zwischen Bev und dem Fläschchen hin und her. Ich dachte über das Thema Selbstmord nach. Selbstmord: Einerseits konnte man ihn als Bitte um Hilfe betrachten. Denn schließlich, warum hatte es Bev hier getan statt in ihrem Zimmer, wo sie wochenlang nicht gefunden worden wäre? Nach Ansicht zahlreicher Fachleute wollte ein Mensch, der einen Selbstmordversuch machte, gar nicht wirklich sterben, sondern suchte Zuflucht bei dieser Verzweiflungstat als letzte Möglichkeit, sich einer gleichgültigen Umgebung bemerkbar zu machen. Es war lediglich eine vorübergehende Verirrung. Gerettet, würde dieser Mensch in vielen Fällen weiterleben und ein langes, produktives Dasein führen.

Bev sank auf ihrem Stuhl noch tiefer in sich zusammen. Ihre Augen waren jetzt halb geschlossen.

Andererseits hatte der Mensch das Recht, allein über sein Leben zu verfügen, es zu beenden, falls er das wollte. Ihm dieses Recht streitig zu machen, diesen Ausdruck des Bestrebens eines Menschen nach größerer Autonomie im Keim zu ersticken, konnte durchaus dazu führen, daß der Mensch jene Selbstachtung verlor, die für ihn unabdingbar war, wollte er ein existentiell sinnvolles Leben führen. Einen Selbstmordversuch zu verhindern unter dem Vorwand, um das Wohlergehen des Menschen besorgt zu sein – diese Handlung mochte in Wirklichkeit lediglich erfolgen, um dem Retter die Konfrontation mit Zweifeln am Wert seiner eigenen Existenz zu ersparen . . .

Bev rutschte zu Boden.

Und dann gab es natürlich eine ganze Schule der Psychiatrie, die behauptete . . . Eddie kam. Im Bademantel. Sie beugte sich über das Waschbecken und wollte sich die Zähne putzen. Dann richtete sie sich plötzlich auf und starrte mich an, die ich an der offenen Tür der Wannenkabine stand.

Sie kam herüber und erfaßte die Situation mit einem Blick: Bev, zusammengesunken auf dem Boden, die leere Tablettenflasche in meiner Hand. Einen Augenblick sah sie mich ungläubig an, dann stürzte sie zum Bad hinaus. Als sie wiederkam, stieß sie mich schweigend beiseite und kniete sich neben Bev auf den Boden. Sie versetzte ihr mehrere kräftige Ohrfeigen und hatte sie schon bald soweit, daß sie sich aufsetzen und ein Glas warmes Salzwasser nach dem anderen trinken konnte. Nicht lange, und der Fußboden der Kabine, Eddie und Bev selbst waren von oben bis unten mit Erbrochenem bespritzt.

Dann erschienen ein paar Ärzte und brachten Bev auf die Krankenstation. Ich ging zu Bett und zog die Decken über meinen Kopf. In dieser Nacht träumte ich vom Meer. Miss Head saß in ihrem Tweedkostüm auf einem geschnitzten viktorianischen Stuhl mit Petit-Point-Stickerei am Strand. Das Metronom stand tickend zu ihren Füßen, während sie mit dem grauen Kopf im Takt dazu nickte. Sie spielte auf ihrem Cello Händels ›Wassermusik‹, und die Wellen brachen sich rhythmisch am Strand und spülten bis zu ihren Füßen hinauf. Der Stuhl, das Cello und sie selbst sanken immer tiefer in den Sand. Die Wellen bestanden jetzt aus verwässertem Blut. Gelegentlich brachten sie außer Seetang, Muscheln und bläulich-fluoreszierenden Röhrenquallen zerschmetterte menschliche Gliedmaßen oder blind starrende Augäpfel mit. Miss Head betrachtete dies gleichgültig und versäumte dabei nicht einen Takt.

Am nächsten Vormittag besprachen wir in der Vorlesung über die Philosophen des neunzehnten Jahrhunderts Schopenhauers Worte aus ›Die Welt als Wille und Vorstellung‹: ›Wir müssen ohne Vorbehalt alle Objekte, selbst unseren eigenen Körper, lediglich als Vorstellung betrachten und sie lediglich Vorstellung nennen.‹ In Physik beschäftigten wir uns mit der Auffassung, daß alle Objekte, organischer oder anorganischer Natur, lediglich leerer Raum mit Billionen von Partikeln seien, die sich in dieser Leere jagten, und daß sogar diese ›Partikel‹, ging man einen Schritt weiter, nichts seien als Energiewellen und Wahrscheinlichkeitsfunktionen.

Ich beschloß, den Lunch auszulassen. Ich hatte den Appetit verloren, wahrscheinlich für immer. Als ich zum Biologielabor ging, in dem ich seit dem vergangenen Jahr nicht mehr gewesen war, rief ich mir das Bild in Erinnerung, das Bild von Bev, zusammengesunken auf ihrem Stuhl, und von mir, die ich wie gelähmt danebenstand. Ich versuchte die Szene, wie es Schopenhauer verlangte, lediglich als eine meinem Gehirn entsprungene Vorstellung zu sehen. Dann versuchte ich sie in Energiewellen und Wahrscheinlichkeitsfunktionen zu zerlegen. Keines von beiden wollte mir gelingen. Ich bebte innerlich weiterhin vor Schuldbewußtsein und Entsetzen darüber, daß ich keine Zeit für Bev gehabt hatte, als sie mich darum bat, und über meine Lähmung angesichts ihres fürchterlichen Elends.

Das Labor war leer. Ich zog einen weißen Kittel an. Ich nahm einen Bakterienausstrich aus einer Petrischale und färbte einen Teil davon ein. Dann schob ich den Objektträger unter ein Mikroskop. Ich beobachtete, wie die gefärbten Bakterien in dem Versuch, die giftige Farbe zu assimilieren, zuckten und zitterten.

Nach einem überaus tapferen Kampf ließen die vergifteten Zellen eine nach der anderen die in ihnen enthaltenen Vakuolen frei – Enzyme, die sie zur Verdauung fremder Zellen verwandten – und zerstörten dadurch sich selbst.

Ich verschob den Objektträger, um die ungefärbten Bakterien zu beobachten. Sie begannen auch schon zu zittern und entfernten sich von ihren sterbenden Artgenossen. Trotz ihrer äußeren Membranen würde keine von ihnen ungeschoren davonkommen: Alle hatten sie Kanäle, die von der Flüssigkeit draußen unmittelbar in ihr Inneres führten. Und ich wußte, daß diese scheinbar undurchdringlichen äußeren Membranen, unter einem Elektronenmikroskop gesehen, sich in eine Reihe von Perforationen auflösen würden.

Ich wußte ebenfalls, daß radioaktive Tracer, auf einen Baumstamm aufgetragen, binnen kurzem in allen benachbarten Bäumen auftauchen würden. Bevs Verzweiflungstat war kein in sich abgeschlossener Vorgang; seine Ausläufer würden uns alle in Mitleidenschaft ziehen.

Ich wusch den Objektträger und hängte den Kittel an einen Haken. Auf dem Rückweg zum Dormitorium zupfte ich ein Blatt von einem Forsythienstrauch und betrachtete es so aufmerksam, als hätte ich noch nie ein Blatt gesehen. Seine Atome und subatomaren Partikel waren identisch mit denjenigen, aus denen meine Finger bestanden. Diese Atome bildeten zusammen Moleküle, die ebenfalls identisch waren – in dem Blatt und in meinen Fingern. Die Moleküle bildeten Aminosäuren – identisch. Die Säuren bildeten Proteine, Enzyme und Hormone – ähnlich im Blatt und in meinen Fingern. Die Enzyme von Gräsern ähnelten denjenigen eines Elefanten. Der Saft, der in diesem Forsythienstrauch aufstieg, war in seiner Zusammensetzung nahezu mit dem menschlichen

Blut identisch, das wiederum mit verdünntem Meerwasser identisch war, aus dem alles Leben kam und in das es zurückkehrte. Und in diesem Saft waren Substanzen enthalten, jenen ähnlich, die das menschliche Blut in Gruppe A oder B unterteilten. Unsere Erde war ein ausgeglühter Haufen anorganischer Asche, aber wir – dieses Blatt, Eddie, Bev und ich –, wir waren Sternenstaub. Unsere Körper bestanden fast ausschließlich aus leichten, flüchtigen Substanzen. Unsere Ursprünge waren weitaus grandioser, als es dieser Aschenklumpen, den wir bewohnten, erwarten ließ. Was ein Teilchen berührte, berührte uns alle. Mich schauderte, weil wieder das Bild von Bev und mir in der Wannenkabine vor meinen Augen auftauchte.

Ich ließ die Bücher in meinem Zimmer, nahm nur einen Notizblock und eine Steppdecke mit. Nachdem ich an Eddies Tür gelauscht und aus der absoluten Stille geschlossen hatte, daß sie nicht da war, öffnete ich die Tür und durchquerte das Zimmer auf Zehenspitzen, stieg über volle Aschenbecher und Stapel von Zeitschriften und Zeitungen hinweg. Auf der Fensterbank stand eine neue Plastik, die noch nicht dagewesen war, als ich das letztemal durchs Zimmer schlich: eine blankpolierte Mahagoni-Schnitzerei, ein weiblicher Torso vom Hals bis zu den Oberschenkeln. Der Körper war üppig, aber kraftvoll und fest, nicht schlaff. Das Modell dazu hätte Eddie selbst sein können. Im Geiste sah ich Bevs Körper vor mir: ein krasser Gegensatz – lang, mager, linkisch, eckig.

Ich versuchte, das hartnäckig immer wieder auftauchende Bild von der sterbend daliegenden Bev loszuwerden, die Hilfe brauchte, während ich über das Thema Selbstmordverhütung nachdachte, öffnete das Fenster und kletterte aufs Dach. Hohe Mauern schützten es auf zwei Seiten vor dem Wind. Auf der dritten sah man über eine niedrige Brüstung hinweg in den Hof und auf den See hinunter. Ich stand an der Brüstung und blickte hinab, tief, tief hinab, fünf Stockwerke tief bis auf den mit Steinplatten belegten Innenhof. Dort wurde gerade für den May Court geprobt, der am nächsten Tag stattfinden sollte. Der May Court war ein Worthley-Brauch mit verschiedenen Frühlingsritualen und Tänzen um die Statue der Artemis, der jungfräulichen Jägerin. In jedem Frühling wurde unter den Studentinnen eine May Court Mistress mit ihren Gefährtinnen gewählt, die, der liberalen Tradition Worthleys entsprechend, jeweils irgendwie gehandicapt war: entweder amputiert oder Angehörige einer rassischen Minderheit. Die Maikönigin dieses Jahres hatte eine radikale Brustamputation hinter sich und würde den Sommer nicht überleben.

Ich breitete die Steppdecke aus, warf die Kleider ab und legte mich lang auf den Bauch. Willkürlich blätterte ich in meinen Notizen, machte hier und da mit dem Filzschreiber eine Anmerkung und suchte nach einer Idee für meine Semesterarbeit über die Philosophen des neunzehnten Jahrhunderts.

Schon bald merkte ich, daß ich zwei Absätze wieder und immer wieder las. Jedesmal unterstrich ich sie mit meinem Filzschreiber, bis die Linien zu einem dicken blauen Klecks ineinanderflossen, der das ganze Papier durchnäßte. Die Sonne stand hoch und war sehr heiß, ich aber hatte das Gefühl, daß sich schwarze Wolken davorschoben. Mein Körper war klamm, meine Zähne klapperten. Ich legte das Notizbuch hin, rollte mich auf den Rücken, wickelte mich in die Decke und lag still, mit geschlossenen Augen, unfähig, mich zu rühren. Ich spürte, wie meine Lippen blau wurden. Mein Magen war ein steinharter Angstknoten.

Dann hörte ich ein Geräusch. Aber ich konnte die Augen nicht öffnen, um seine Herkunft auszumachen. Eine Stimme – Eddies Stimme – sagte: »Mein Gott, Ginny, du siehst ja aus wie ein Gespenst! Was ist mit dir?« Ich antwortete nicht. Ich konnte meine Lippen nicht bewegen.

»Ginny?« fragte sie eindeutig beunruhigt.

Sie stand irgendwo neben meinem Kopf. Ich hörte die Blätter meines Notizbuchs rascheln. Sie las laut die Zitate von Nietzsche und Kierkegaard, die ich unterstrichen hatte: »›Wandern wir nicht durch ein endloses Nichts?‹« Und: »›Die moderne Spekulation hat alles aufgetrieben, damit das Individuum objektiv über sich selbst hinauskomme; aber das läßt sich gar nicht machen; die Existenz hält zurück, und wenn heutzutage die Philosophen nicht Schreiber im Dienste der Vielgeschäftigkeit eines phantastischen Denkens geworden wären, dann würden sie eingesehen haben, daß Selbstmord die einzig praktische, leidliche Auslegung ihrer Versuche wäre.‹

Allmächtiger!« sagte sie leise. Ich zitterte unter der Decke wie im Schüttelfrost. Ich atmete in tiefen, unregelmäßigen und keuchenden Zügen. Ich war mir durchaus dessen bewußt, daß ich all diese Dinge tat, aber ich war unfähig, aufzuhören oder etwas anderes zu tun.

»Aber Ginny«, erklärte sie mir, als säßen wir bei einer freundschaftlichen Diskussion zusammen, »du hast den Rest des Kierkegaard-Zitats nicht unterstrichen. Hast du ihn gelesen? Soll ich ihn vorlesen?« Ohne sich von meinem Schweigen abschrecken zu lassen, las sie laut: »›Aber die schreibende moderne Spekulation achtet Leidenschaft gering; und doch ist Leidenschaft für einen Existierenden gerade das Höchste der Existenz – und Existierende sind wir nun einmal. In der Leidenschaft ist das existierende Subjekt in der Ewigkeit der Phantasie unendlich gemacht und doch zugleich eben am allerbestimmtesten es selbst.‹«

Sie hielt inne. Dann hörte ich Bewegungen neben mir. Kurz darauf fragte sie mich ganz selbstverständlich: »Ginny, könntest du mir den Rücken bitte mit Babyöl einreiben? Ich war gestern schon in der Sonne und möchte lieber vorsichtig sein.«

Und tatsächlich, Wunder über Wunder, ich schlug meine Steppdecke zurück, richtete mich gehorsam auf, nahm ihr die Flasche aus der Hand und rieb ihr den glatten, rötlichbraunen Rücken ein.

Dann legte ich mich auf den Bauch, wickelte mich in die Steppdecke und fing wieder an zu zittern wie vorher.

»Soll ich dich auch einreiben? Du bist schon ganz schön rot.«

Als ich nicht antwortete, kam sie zu mir herübergekrochen, schlug die Decke zurück und ölte mir den Rücken ein. Sie rieb auch meine Arme und Schultern, Hüften und Beine ein. Dort, wo ihre Hände gewesen waren, glühte meine Haut vor Wärme. Sie gab mir einen kleinen Stoß, und ich rollte mich bereitwillig herum. Sie rieb mir Brust, Bauch und Beine ein. Allmählich ließ das Zittern nach. Unter ihren Händen schmolz der Knoten in meinem Magen wie ein zugefrorener Teich im Frühling. Sie kroch zu meinen Füßen hinunter und massierte sie. Dann kroch sie zu meinen Schultern empor, um mir das Öl auf Wangen, Stirn und Oberlippe zu tupfen. Dann legte sie sich neben mich und nahm mich liebevoll in die Arme, so daß mein Kopf unmittelbar über dem Herzen an ihrer Brust ruhte.

Ich weiß nicht mehr, wie lange wir so dagelegen hatten, während ich dem Klopfen ihres Herzens lauschte und meinen Atem darauf abstimmte. Es können Minuten oder auch Stunden gewesen sein. Wie dem auch sei, auf einmal hörten wir ein stakkatoartiges, flappendes, lautes Geräusch. Und gleich darauf fegten riesige wirbelnde Luftströme über unsere Körper hin.

Über uns schwebte ein Hubschrauber des nahe gelegenen Militärstützpunkts. Ein männlicher Stoppelkopf beugte sich heraus und schrie uns aus vollem Hals durch die an den Mund gelegten Hände zu: »Ihr verdammten Worthley-Lesben!« Dann erschien eine Hand mit einer Blechdose, und Eddie und ich wurden mit wahren Sturzbächen von Coca-Cola überschüttet.

Eddie sprang in ihrer ganzen nackten Herrlichkeit auf, reckte beide Arme über den Kopf und zeigte den Männern verächtlich den Mittelfinger. »Ihr Schweine!« kreischte sie dabei. »Ihr verdammten Faschistenschweine!«

Der Hubschrauber drehte ab, wandte sich anderen Heldentaten im Zuge der nationalen Verteidigung zu. Die Probe unten im Hof war abrupt unterbrochen worden, weil der gesamte May Court dastand und sich den Hals nach Eddies prachtvollem Körper ausreckte, der fünf Stockwerke über ihnen an der Dachkante aufragte. »Nicht springen!« schrie jemand, und sofort entstand eine hektische Aktivität im Hof, als alles hastig dem Haus zurannte, um mit dem Lift ins Dachgeschoß hinaufzufahren und Eddie vor dem Selbstmord zu retten.

»Na?« fragte Eddie mich breit grinsend. »Wollen wir uns gegenseitig die Cola ablecken, wenn unsere Retter hier erscheinen?«

Eilig krochen wir zum Fenster zurück und kletterten nacheinander hindurch. Als wir dann, Hand in klebriger Hand, zum Badezimmer rannten, hörten wir schon das Surren der Aufzüge.

An der Tür zögerte ich. »Alles geputzt«, versicherte mir Eddie grimmig. Ich betrat das Badezimmer mit der Begeisterung der Überlebenden einer Flugzeugkatastrophe beim Besteigen einer neuen Maschine. Mißtrauisch schnupperte ich die Luft und glaubte den säuerlichen Geruch von Erbrochenem zu entdecken. Als ich die Wannenkabine sah, begann ich plötzlich wieder zu zittern.

Eddie zerrte mich in die Duschkabine. Sie seifte mich überall gründlich ein. Anschließend seifte ich sie ein. Dann umarmten wir uns und küßten uns unter dem Wasserstrahl. Wir blieben, bis wir das ganze heiße Wasser des Dormitoriums verbraucht hatten; die Rohre begannen furchtbar zu lärmen.

Die Nacht verbrachten wir in Eddies durchgelegenem schmalen Bett und schliefen, eine in den Armen der anderen, bis nach dem Lunch. Ich erwachte mit der freudigen Gewißheit, endlich selbst erfahren zu haben, wer bei der körperlichen Liebe zwischen zwei Frauen was wohin steckt.

Nachdem ich aufgestanden war und mein Tweedkostüm angezogen hatte, fuhr ich mit dem Lift ins Erdgeschoß. Es war 13.25 Uhr. Wie ich wußte, würde Miss Head jetzt ihre nachmittägliche Cello-Übungsstunde beendet haben und sich an die Arbeit zu ihrem Buch setzen.

Vor ihrer Tür, unter den gestrengen Blicken der Worthley-Ruhmesgalerie, blieb ich stehen und überlegte, warum ich eigentlich hergekommen war. Ohne Ergebnis. Kurz entschlossen klopfte ich an die massive Tür. Miss Head öffnete und musterte mich mit einer Mischung aus Freude und Ärger darüber, daß ihre sorgfältig eingehaltene nachmittägliche Zeiteinteilung unterbrochen wurde, und zwar von jemandem, der genau wußte, wie wichtig ihr deren Einhaltung war.

»Treten Sie ein«, forderte sie mich ein wenig zögernd auf. Ich trat ein und blieb verlegen, von einem Fuß im flachen Halbschuh auf den anderen tretend, in ihrem Wohnzimmer stehen. »Setzen Sie sich«, lud sie mich ein. Dabei sah sie mich neugierig an. »Tee?«

»Ja, danke.«

»Also. Was kann ich für Sie tun, Miss Babcock?« fragte sie mich, nachdem sie mir Tasse und Untertasse gereicht hatte.

Ich riß mich zusammen und erwartete, daß nun meine Worte wie Quellwasser fließen würden. Ich öffnete sogar den Mund. Doch kein einziger Ton kam heraus. Das Sprachzentrum in meinem Gehirn ließ mich schmählich im Stich. »Ach, nichts Besonderes. Ich war nur gerade vorbeigekommen.«

»Das finde ich aber nett«, antwortete sie mit gezwungenem Lächeln. Ich wußte genau, wie ärgerlich es für sie war, einfach so gestört zu werden, weil ich mich selbst zwei Tage zuvor ebensosehr geärgert hatte, als Bev mich bat, abends alles stehen und liegen zu lassen und mit ihr in der Stadt essen zu gehen.

»Entschuldigen Sie«, sagte sie, nachdem sie ziemlich lange auf eine

Erklärung gewartet hatte, »aber ich habe gerade an ein paar Schubertliedern gearbeitet. Lassen Sie mich das eine schnell noch mal durchspielen, damit ich es nicht wieder vergesse.« Sie stellte das Metronom auf eine ziemlich langsame Geschwindigkeit ein. Dann nahm sie den Bogen zur Hand und schob sich das Cello zwischen die Knie. Nach dem ersten Takt hielt sie jedoch noch einmal inne. »Beachten Sie die exquisite Koloratur, Miss Babcock«, sagte sie. »Ein junger Mann singt. Es ist Frühling. Die Blumen blühen, die Vögel zwitschern und bauen Nester. Aber er ist bekümmert und kann dieses Gefühl der allgemeinen Erneuerung nicht teilen, weil im Winter seine Liebste gestorben ist. Achten Sie auch auf die Art, wie Schubert seine Melodien behandelt, um diese Spannung zwischen dem Lebendigen und dem Toten zu demonstrieren.« Mit ernster Miene nickte sie mir zu.

Ich knirschte wütend mit den Zähnen, aber sie bemerkte meinen Zorn nicht. Kopfnickend, um den Takt des Metronoms aufnehmen zu können, begann sie noch einmal von vorn, wiegte sich auf ihrem antiken Stuhl hingebungsvoll vor und zurück. Das Lied wechselte zwischen einer traurigen Melodie in den unteren Registern und einer hohen, leichten Melodie, die tanzendes Sonnenlicht, zitterndes Laub und fliegende Vögel andeutete. Miss Head sang leise den deutschen Text. Sie schloß die Augen und lehnte den Kopf, während sie die Finger vibrierend auf die Saiten preßte, an den Hals des Instruments. Ich bemerkte, wie sie den Knieschluß um die geschwungenen Celloseiten verstärkte und ein rosiger Schimmer ihr bleiches Gesicht überzog.

Ich sprang auf, marschierte zu ihr hinüber und trat zornbebend vor sie hin.

»Miss Head, ich . . . ich . . .« Eigentlich wollte ich ihr sagen, daß ich sie liebte oder etwas ähnlich Unüberlegtes. Am liebsten hätte ich sie von diesem infernalischen roten Cello weggerissen und diese irregeleitete, bedauernswerte Frau in meine starken, lebendigen Arme genommen. Nach der Lektion, die Eddie mir in der letzten Nacht erteilt hatte, hielt ich es für meine Aufgabe, Miss Head vor ihrem eigenen, niemals rastenden Verstand zu retten.

Sie riß die Augen auf und starrte mich erschrocken an, die ich, vor unterdrücktem Eifer zitternd, hoch aufgerichtet vor ihr stand.

»Nanu, Miss Babcock, was ist denn los?« fragte sie mich, vor Überraschung den Bogen fallen lassend. Das Metronom tickte träge vor sich hin. Die heiße Frühlingssonne schien brennend durch die bleiverglasten Fenster auf ihre kostbaren Orientteppiche.

»Es ist unmöglich«, behauptete ich mit leiser, leidenschaftlicher Stimme. »Das, was Sie wollen. Es ist unmöglich. Man muß sich kopfüber hineinstürzen und Fehler machen und Ablehnung riskieren und . . . und so weiter.« Meine kleine Predigt gelang nicht ganz so gut, wie ich sie geplant hatte.

Miss Head richtete sich steif auf und fragte kalt: »Was wollen Sie eigentlich von mir, Miss Babcock? Sie schwatzen unsinniges Zeug.«

Ich starrte sie hilflos an, während das Metronom immer langsamer wurde; entweder lief es allmählich ab, oder die Zeit zog sich in die Länge. »Ich . . . ich . . . ich werde Ihre Vorlesungen in diesem Semester nicht beenden.«

»Nonsens! Selbstverständlich werden Sie sie beenden, Miss Babcock.«

»Das werde ich *nicht* tun.«

»Machen Sie sich nicht lächerlich.«

»Ich *kann* nicht.«

»Selbstverständlich können Sie.«

»Ich werde es *nicht* tun.«

»Sie *werden* es tun!«

»Miss Head, ich bin eine Lesbierin«, verkündete ich trotzig.

Sie saß ganz still und sagte gar nichts.

Ich räusperte mich. »Ich habe die ganze Nacht mit Eddie Holzer geschlafen, und es war herrlich.«

Jetzt endlich hob Miss Head den Kopf. »In der Tat«, sagte sie. »Möchten Sie noch etwas Tee?«

Ich packte das Metronom, riß das Pendel ab und schleuderte es wütend zu Boden. »Werden Sie jetzt endlich dieses verdammte Ding vergessen und mir *zuhören*?«

»Meine liebe Miss Babcock«, erwiderte sie gelassen, mit einem Blick auf das zerstörte Metronom, »ich bin nicht Ihre Mutter. Bitten Sie mich also nicht um Zustimmung.«

»Ich *will* Ihre Zustimmung gar nicht. Ich *pfeife* auf das, was Sie von mir halten!«

»Warum sind Sie dann gekommen?«

Jetzt hatte sie mich. Ich überlegte ein paar Sekunden. »Ich bin gekommen, Miss Head, um Sie vor sich selbst zu retten, bevor es zu spät ist. Ja, *sehen* Sie denn nicht, wohin das führt? Sie sind so gottverdammt distanziert, daß Sie moralisch schon gelähmt sind! Sie sind so verrannt in Ihre Scheiß-Ideen, daß Sie für *Menschen* überhaupt keine Zeit haben. Das alles hier ist doch der lebendige Tod!« Mit einer ausholenden Gebärde deutete ich auf ihre Wohnung.

»Ich fürchte, ich muß Sie bitten zu gehen, Miss Babcock.«

Aha, das hatte ich gewußt! Ich hatte *gewußt*, daß sie mich zurückstoßen würde, wenn ich mit ihrer Lebensweise nicht einverstanden war. Triumphierend schritt ich zur Tür.

Dort jedoch zögerte ich. Dann drehte ich mich ein letztes Mal um, und Miss Head und ich sahen uns schmerzerfüllt an. Ich hatte mir gerade noch soviel von meiner zugrundegerichteten Distanziertheit bewahrt, um einzusehen, daß das, was ich da eben gesagt hatte, eine Lüge war.

Ich hatte einfach schamlos projiziert, mein Versagen Bev gegenüber Miss Head angekreidet. Miss Head dagegen *hatte* sich um einen anderen Menschen gekümmert – um mich. Sie liebte mich fast, als wäre ich ihre Tochter, und ich wußte das genau. Aber sie hatte ihre Schuldigkeit getan. Sie war die These zu Eddies Antithese gewesen. Die Show mußte weitergehen – rücksichtslos.

Hilflos starrte ich sie an. Sie wirkte benommen; grau und müde in der Frühlingssonne. Verstand sie eigentlich, was sich hier abspielte? Daß es notwendig für meine Entwicklung war, sie zurückzustoßen, indem ich sie zwang, mich zurückzustoßen? (Ich hatte nicht umsonst Psychologie belegt.) Fast wäre ich auf sie zugelaufen und hätte mich bei ihr entschuldigt, ihr dieses Hegelsche Phänomen erklärt, dessen Marionette ich offenbar war. Aber schließlich war *sie* die Lehrerin. Und Eddie wartete.

Mit vor Kummer verzerrter Miene machte ich kehrt und ging hinaus.

Eddie hockte in der Sonne auf ihrem Fenstersitz. Sie hatte den geschnitzten weiblichen Torso auf dem Schoß und rieb Leinöl in das glatte Holz. Ich beobachtete sie, wie sie mit den Händen darüberstrich, das Öl über die Brüste, die Oberschenkel und bis in den Schritt hinein verteilte. Mein Atem ging schneller. Lächelnd vor Freude und Verlegenheit zugleich über meine ganz neue Situation rollte ich mich mit Heideggers ›Sein und Zeit‹ am Fußende von Eddies Bett zusammen.

Irgendwann merkte ich auf einmal, daß ich minutenlang dieselbe Stelle immer wieder gelesen hatte, ohne sie zu verstehen. Ich krauste die Stirn. Schließlich rief ich: »Himmel! Das alles ist doch einfach *sinnlos*!«

Eddie blickte von ihrem Mahagoni-Torso auf. »*Was* ist sinnlos?«

»Hör dir das an! ›Das Vorlaufen enthüllt dem Dasein die Verlorenheit in das Man-selbst und bringt es vor die Möglichkeit . . ., es selbst zu sein, selbst aber in der leidenschaftlichen, von den Illusionen des Man gelösten, faktischen, ihrer selbst gewissen und sich ängstenden Freiheit zum Tode . . . Das Wovor der Angst ist das In-der-Welt-Sein als solches . . . Daß das Bedrohende nirgends ist, charakterisiert das Wovor der Angst . . . Am Sterben zeigt sich, daß der Tod ontologisch durch Jemeinigkeit und Existenz konstituiert wird . . . Im Sein des Seienden kehrt das Nichten des Nichts wieder.‹«

Als ich endete, zitterte ich schon wieder und konnte den letzten Satz kaum vorlesen, so sehr klapperten mir die Zähne. Ein wehender schwarzer Vorhang wurde vor meinen Verstand gezogen. Logik, ins Extrem getrieben, drohte einen Kurzschluß in meinem Gehirn auszulösen.

Eddie wischte sich das Leinöl von den Händen an die Jeans. Sie nahm mir das Buch aus der Hand, warf es beiseite, setzte sich zu mir, nahm meinen Kopf auf ihren Schoß und streichelte mir Gesicht und Haar. Langsam, als erwarte sie Protest, zog sie mir die Haarnadeln heraus und löste meinen strengen Helena-Head-Knoten. Sie fuhr mit den Händen durch mein Haar und legte mir spielerisch Strähnen übers Gesicht. Dann teilte sie es in drei Stränge und flocht es sorgfältig zu einem dicken Zopf, der mir auf dem Rücken hing. »Wir müssen hier raus«, stellte sie mit ruhiger Stimme fest, während unten im Hof der May Court um die Artemis-Statue hüpfte. »Dies ist ein gottverdammtes Irrenhaus.«

Dienstag, 27. Juni

Mrs. Babcock konnte nichts sehen. Es war stockdunkel und so still wie in einem Grab. Wo war sie? Ihr Körper war eiskalt. Sie zitterte, und ihre Zähne klapperten. Sie konnte sich nicht vorstellen, wo sie war. Mit den Händen tastete sie herum. Sie lag eindeutig in einem Bett, auf einer Matratze. Sie begann die verschiedenen Betten ihres Lebens Revue passieren zu lassen: die schmale Bettstelle in der Farmhütte, als sie noch klein war, das französische Bett, das sie mit Wesley geteilt hatte . . . Dieses Bett war eindeutig zu breit, um jene Bettstelle zu sein, aber zu schmal, um das Doppelbett zu sein. Wo um Gottes willen *war* sie nur?

Sie fühlte etwas Feuchtkaltes, Klebriges auf dem Bettlaken. Panische Angst stieg in ihr auf. O Gott, es war so kalt und dunkel! War sie allein hier, wo immer dieses ›hier‹ sein mochte? Sie lauschte gespannt, aber sie hörte nichts. Als sie schluckte, schmeckte sie Blut. Vor Entsetzen schlug sie um sich und traf dabei zufällig den Lichtschalter am Kopfende des Bettes.

Licht durchflutete das Krankenzimmer. Sie seufzte vor Erleichterung. Bis sie hinabblickte und entdeckte, daß ihr Kopfkissen und das Bettlaken mit dunklem Blut getränkt waren. Unbeteiligt musterte sie das Blut, als hätte es nichts mit ihr zu tun. Es sah aus, wie menschliches Blut eben aussah. Es sah haargenau so aus, wie ihr eigenes Blut immer ausgesehen hatte. Was also war los damit, daß es so aus ihr herausströmte? Mit dem Zeigefinger rieb sie an einem der gerinnenden Flecken und führte die Fingerspitze an die Zunge. Das Blut schmeckte so salzig wie immer. Sie brachte Daumen und Zeigefinger zusammen und zog sie vorsichtig auseinander. Es schien auch genauso klebrig zu sein wie immer. *Warum* aber ließ es sie dann so schmählich im Stich?

Sie klingelte nach der Schwester. Kurz darauf erklangen Schritte. Es war Miss Sturgill, die energisch das Zimmer betrat, auf halbem Weg jedoch plötzlich erstarrte und mit schlecht verhohlenem Entsetzen auf Mrs. Babcocks Bettzeug glotzte. »O du liebe Zeit!« sagte sie. »O Himmel!«

»Es tut mir leid. Ich fürchte, ich habe da was schmutzig gemacht.«

»Meine Güte!«

Miss Sturgill half Mrs. Babcock ins Bad und reichte ihr eine Monatsbinde. »Warten Sie bitte eine Minute. Ich hole Ihnen ein paar Tampons dazu.«

Als Mrs. Babcock wieder herauskam, hatte Miss Sturgill das Bett frisch bezogen. Die schmutzigen Laken lagen in einem unordentlichen

Haufen auf dem Fußboden. Miss Sturgill half ihr wieder ins Bett; dann zupfte sie ihr die blutdurchtränkten Wattebäusche aus der Nase und ließ sie in eine Schale fallen. Mrs. Babcock legte sich erschöpft zurück und spürte, wie ihr das Blut in die Kehle rann, während Miss Sturgill ihre Nase frisch verstopfte und ihr mit einem Schwamm das verklebte Blut von Wangen, Kinn und Oberschenkeln wusch.

»So!« sagte Miss Sturgill munter, als hätte sie es mit einem Kind zu tun. »Ist das nicht ein herrliches Gefühl, frische Bettwäsche zu haben?«

»Aber nicht mitten in der Nacht.« Das hatte ironisch, witzig klingen sollen. Statt dessen kam es weinerlich und mitleidheischend heraus. »Vielen Dank, Miss Sturgill«, fügte sie schlechten Gewissens hinzu.

Miss Sturgill eilte voll Eifer davon, um Dr. Vogel herbeizurufen. Dann kam sie wieder zurückgeeilt und gab Mrs. Babcock eine halbe Schlaftablette. »Der Doktor möchte, daß Sie schlafen, bis er in ein paar Stunden seine Visite macht.«

Dr. Vogel riß sie aus ihrem Drogenschlaf, indem er sie mit forciert fröhlicher Stimme fragte: »Na, Mrs. Babcock, wie fühlen wir uns denn heute?«

Mrs. Babcock betastete in Gedanken ihren Körper und befand, daß ›wir‹ uns alles in allem in Anbetracht der Tatsache, daß sie in der Nacht beinahe verblutet wäre, einigermaßen wohl fühlten. Dr. Vogel studierte das Krankenblatt, befühlte die Wattepfropfen in ihrer Nase, inspizierte die Binde zwischen ihren Beinen, zählte ihren Puls und maß Blutdruck sowie Temperatur. Gelegentlich murmelte er ein: »Hmmm, ja, hmmm.«

»Ich muß Sie daran erinnern, Mrs. Babcock«, sagte er schließlich, »daß ich Sie vor den möglichen Folgen gewarnt habe, wenn Sie Ihre Medikamente nicht nehmen.«

Stumm deutete Mrs. Babcock auf den leeren Fleck auf ihrem Nachttisch, wo zuvor die verweigerten Steroidtabletten gelegen hatten. Dr. Vogel wurde rot. »Hmmm, ja, hmmm«, machte er verlegen.

»Nun«, sagte er dann, »ist es heute wenigstens heiß genug für Sie?«

»Ich bin seit Wochen nicht mehr draußen gewesen.«

»Tja, eine richtige Gluthitze.« Er legte sein Stethoskop zusammen, steckte es in die Jackentasche seines Ärzteanzuges und ging zur Tür.

»Dr. Vogel?«

Der blonde Kopf wandte sich ihr nur zögernd zu; seine Hand lag bereits auf dem Türgriff.

»Ich möchte wissen, was eigentlich mit mir los ist, Doktor. Würden Sie bitte so gut sein und es mir mit einfachen Worten erklären?«

Er errötete bis an die blonden Haarwurzeln. »Nun, ich muß jetzt meine Visite machen . . .«

»Dann eben hinterher.«

»Ja, gern. Gewiß, Mrs. Babcock.«

Mrs. Babcock lehnte sich bequem zurück, um zu warten, bis die Schwester kam und sie zum Frühstück abholte. Ungeduldig stocherte sie mit der Nadel an ihrem Stickrahmen herum. Pamela, die junge Schülerin, die ihr beim Sticken half, würde sicher sehr betrübt sein, wenn sie am Nachmittag kam und sah, wie wenig sie in einer Woche geschafft hatte. Sie blickte zum Fenster hinaus und beobachtete die roten Eichhörnchen, die mit wehendem Schweif und eifrig schnatternd am Stamm der Ulme auf und ab huschten.

Sie versuchte auszurechnen, wann Ginny wohl kommen würde. Das war schwierig, so ohne Uhr. Wenn Ginny nur endlich mal daran denken würde, ihr eine zu bringen! Aber Ginny war noch nie für ihre Aufmerksamkeit berühmt gewesen . . . Dem Sonnenstand nach zu urteilen, war es jetzt ungefähr sechs. So, wie sie Ginny kannte, würde die nicht vor zehn aus den Federn kommen. Heute wollte ihr Mrs. Babcock vorschlagen, daß sie nach Vermont zurückkehren sollte. Dies waren wirklich nicht die idealen Voraussetzungen für ein erfreuliches Zusammensein von Mutter und Tochter. Hierher nach Tennessee konnte Ginny zurückkommen, wenn Mrs. Babcock wieder gesund war. Ihr Verhältnis zueinander war auch in den besten Zeiten nie problemlos gewesen; Ginnys Repertoire von Reaktionen auf ihre Eltern hatte aus lediglich zwei Variationen bestanden: aus Schmollen und Spötteln, beide gleichermaßen aufreizend. Und dieses Verhältnis, das schon normalerweise für sie beide anstrengend war, erschien ihr unter diesen Umständen schlechthin unmöglich. Der Krach gestern war absurd gewesen. Wenn auch offenbar unvermeidlich. Denn Ginny hatte sich um ihren Haushalt zu kümmern und Mrs. Babcock um ihr Blut. Helfen konnten sie einander nicht, daher war schon der Versuch dazu im Grunde albern. Am besten reiste Ginny ab. Ihr Mann und die Kleine brauchten sie.

Nach einem Frühstück aus Tee und Toast begab sich Ginny zur Fichte hinaus, um nach ihren Vögeln zu sehen. Sie hingen mit geschlossenen Augen und weit aufgerissenen Schnäbeln lautlos schreiend an den Zweigen. Nirgends eine Spur von den Rabeneltern.

Ginny suchte in den Bücherregalen und fand schließlich jenes Buch, von dem ihre Mutter gesprochen hatte. Es war ein dicker, höchst wissenschaftlich wirkender Band, verfaßt von dem berühmten Ornithologen Wilbur J. Birdsall. Nomen est omen. In dem Kapitel über Jungvögel dozierte Mr. Birdsall: ›Nur zehn bis dreißig Prozent aller Vogeljungen wachsen heran. Die übrigen verhungern, erfrieren oder sterben an den verschiedensten Krankheiten. Jungvögel mit angeborenen Deformationen werden von den Eltern nicht gefüttert. Die Eltern, von denen die Jungen völlig abhängig sind, wenn sie nicht verhungern wollen, können einem Unfall zum Opfer fallen. Häufig fallen Jungvögel auch aus dem Nest, entweder zufällig oder beim Fliegenlernen, woraufhin sie entweder verhungern oder von Tieren gefressen werden. Die Jungen mancher Vogelarten können von Menschen aufgezogen werden. Andere hingegen, zum Beispiel die Familie der Segler, leben von dem halb verdauten, wieder ausgewürgten Futter der Eltern und können in Gefangenschaft nicht mit der Hand gefüttert werden. Diese Vögel sollte man töten, wenn man sie findet, um ihnen ein längeres Leiden zu ersparen.‹

Ginny fühlte sich sterbenselend. Sie schloß das Buch und blieb lange still sitzen. Dann ging sie in die Küche und holte ein Glas frisches Wasser. Draußen tauchte sie ihren Zeigefinger ins Wasser und ließ einen Tropfen in den aufgerissenen Schnabel des einen Vogeljungen fallen. Es öffnete die großen Augen; dann begann es kaum merklich zu zittern – und schließlich zog sich die hellrosa Kehle zusammen, und das Wasser verschwand. Ginny wiederholte die Prozedur mehrmals bei allen drei kleinen Vögeln. Dabei kam ihr der Gedanke, daß sie sie ebensogut einen nach dem anderen nehmen und sie im Wasserglas ertränken könnte.

Statt dessen hockte sie sich auf die Steinstufen und brütete nachdenklich vor sich hin. Daß sie auf Kommando erbrechen konnte, um die Vögel mit Futter zu versorgen, erschien ihr unwahrscheinlich. Außerdem würden die menschlichen Verdauungssäfte den Magen der Vögel wahrscheinlich zerfressen. Als sie geistesabwesend auf die Steinstufen starrte, stieg ein anderes Bild vor ihrem inneren Auge auf: Sie hielt ein Vogeljunges mit der einen Hand auf einer Steinstufe fest und hob mit der anderen einen dicken Stein, etwa so einen wie den weißen Quarzbrokken, der als Gartenschmuck neben dem Eingang lag. Ein einziger wohlgezielter Schlag würde genügen . . .

Sie nahm eine Machete von der Wand, ging vor die Tür und hackte in der heißen Sonne auf den Kudzu ein. Sie wollte die Entscheidung hinausschieben. Bei der Arbeit aber hatte sie wieder eine Vision: Ein Vogeljunges lag auf dem Hackklotz neben dem Blockhaus; ein einziger geschickter Hieb mit der Machete . . .

Sie marschierte zur Fichte hinüber. Als sie einen der drei Vögel von seinem Zweig löste, öffnete er die dunklen, kreisrunden Augen und kreischte los, als flehe er sie an, gnädig mit ihm zu verfahren. Hatte ihn das Wasser belebt? Sie beschloß, vorerst noch keinen Entschluß zu fassen und diesen Rabeneltern noch eine Chance zu geben. Der Gedanke, den lieben Gott zu spielen, behagte ihr gar nicht.

Sie zog ein frisches T-Shirt mit einer Reklame für Boone's Farm Apple Wine und eine ihrer Latzhosen an. Dann setzte sie sich hin und überlegte, ob sie heute überhaupt ins Krankenhaus fahren sollte. Gestern hatten sie und ihre Mutter sich zum Schluß nur noch angeschrien. Das war bestimmt nicht gut für die Mutter. Und daß es für sie selbst nicht gut war, wußte sie. Weil sie am Morgen mit gräßlichen Kopfschmerzen und einem furchtbar schlechten Gewissen aufgewacht war. Vielleicht sollte sie sich einen Vorwand ausdenken, um nach Vermont zurückkehren zu können. Und dann einfach irgendwo anders hinfahren. Wenn sie nur wüßte, wie schwer die Krankheit ihrer Mutter wirklich war!

Sie ging zum Telefon und wählte Dr. Tylers Nummer. Niemand antwortete.

Auf der Fahrt zum Krankenhaus machte sie einen Umweg zur Villa und holte die Familienfotos vom Kaminsims im Schlafzimmer der Mutter. Sie wollte sie als Friedensangebot mitnehmen. Als sie das Foto ihrer Urgroßmutter Hull, der Großmutter ihrer Mutter, herunternahm, betrachtete sie es eingehend. Ihre Mutter hatte immer behauptet, Ginny sähe ihr sehr ähnlich. Auf diesem Foto war sie so alt wie Ginny, also ungefähr Ende Zwanzig. Sie trug eine hochgeschlossene Spitzenbluse mit einer Schmuckbrosche am Kragen. Ihre Haare hatte sie aufgesteckt; ein oder zwei kecke Strähnen hingen heraus.

Ginny trat vor den reichverzierten vergoldeten Spiegel über dem Kaminsims und musterte sich. Wie immer, versetzte ihr der Anblick einen Schock. Sie erkannte sich nur selten in ihrem Spiegelbild. Die Einschätzung des eigenen Aussehens schwankte je nach ihrer Stimmung; heute stufte sie sich weit unter dem Durchschnitt ein. Sie hielt das Bild ihrer Urgroßmutter empor, so daß sie beide Gesichter nebeneinander sah. Doch auch mit forschend zusammengekniffenen und dann wieder weit aufgerissenen Augen entging ihr immer noch die äußerliche Ähnlichkeit, die nach Aussagen aller anderen angeblich zwischen ihnen bestand. Abgesehen von der Tatsache natürlich, daß sie beide eine Nase, zwei Augen und so weiter besaßen.

Aufmerksam betrachtete sie diese Urgroßmutter, die sie nie kennengelernt hatte. Dixie Lee Hull. Sie war eine fast legendäre Köchin gewesen – bis zu dem Tag, da sie sich mit der Rezeptkarte für Reisauflauf in den Finger schnitt und an der Blutvergiftung starb. Neun Kinder hatte sie hinterlassen. Eine ihrer Töchter, Ginnys Großmutter, hatte die Hausarbeit und das Kochen gehaßt und ihr Erwachsenendasein auf Clubversammlungen verbracht. Für Ginnys Großmutter war außerdem *ein* Kind mehr als genug gewesen: Ginnys Mutter, die später völlig in Familie und Haushalt aufging. Und so war es weitergegangen, mit den Generationen; jeder neue Sprößling hatte seine Eltern offen kritisiert, indem er ihre Lebensweise rigoros ablehnte. Ginny war also, noch ehe sie geboren wurde, vom Schicksal dazu bestimmt worden, Kind und Hausarbeit zu vernachlässigen und sich mit dem Gewehr aus dem Haus jagen zu lassen. Genau wie es der armen Wendy jetzt vorbestimmt war, den Faden dort wieder aufzunehmen, wo ihre Großmutter, Ginnys Mutter, ihn fallen gelassen hatte, und einen tadellosen Haushalt zu führen, mit Kindern bis hoch unters Dach. Es war ein anstrengender Prozeß, und im Widerspruch zu dem, was Hegel sagte, schien aus dieser immer wiederkehrenden Juxtaposition von These und Antithese keine Weiterentwicklung zu entstehen.

Das Erstaunlichste aber, dachte Ginny, war die Tatsache, daß sie in jeder ihrer Körperzellen ein unendlich winziges Teilchen Nukleinsäure aus dem Körper der Frau auf diesem zerknitterten, vergilbten Foto trug, an sie weitergegeben durch die Vermittlung ihrer Mutter und Großmutter. Ging man zwanzig Generationen oder sechshundert Jahre zurück, überlegte sie, kam man zu der Feststellung, daß sie mit 1 084 576 Menschen direkt verwandt war, schätzungsweise mit der gesamten Bevölkerung des nördlichen Europa jener Zeit, dem Teil der Welt, aus dem ihre Vorfahren stammten. Das vermittelte ihr ein eher unheimliches Gefühl der Fortdauer, fast so, als stehe *sie* jetzt auf der Bühne und verpfusche ihren Auftritt, während geisterhafte Reihen zahlloser Vorfahren hinter der Bühne standen und sie ausbuhten.

Ging man noch weiter durch die Jahrhunderte zurück, besaß wohl jeder lebende Mensch identische submikroskopische Spuren genetischen Materials des ersten Mannes und der ersten Frau. Ach was, Adam und Eva: Jeder Mensch besaß die kleinsten vorstellbaren Teilchen der von einem Blitzschlag ins Leben gerufenen Urzelle.

Das war wirklich atemberaubend. Kein Wunder, daß die Menschheit wahnsinnig war, wo sie seit Äonen Inzucht betrieb! Dieses bißchen genetisches Material von ihrer Urgroßmutter übte einen so starken Einfluß auf sie aus, daß Ginny ihr fast zum Verwechseln ähnelte – behaupteten jedenfalls die anderen, obwohl Ginny entgegengesetzter Ansicht war. Dieses winzige Partikelchen war die Ursache dafür, daß Ginny, obwohl sich die beiden nie kennengelernt hatten, deutlich sah, wie sehr sich das Lächeln der beiden Gesichter glich. Beide lächelten sie mehr mit den Augen als mit dem Mund.

Ginny fragte sich, welches Foto sich ihre Nachkommen wohl zur Erinnerung an sie selbst aussuchen würden. Dieses hier war vermutlich eines der sehr wenigen Fotos, die von Dixie Lee Hull jemals gemacht worden waren. Um sich fotografieren zu lassen, hatte sie sich zweifellos einen ganzen Tag von ihrem Auflaufbacken freimachen, ihr wahrscheinlich einziges gutes Kleid anziehen und mit dem Pferdewagen nach Big Stone Forge fahren müssen. Ein großes, aufregendes Ereignis. Während Ginny inzwischen auf Hunderten von Fotos in den unterschiedlichsten Posen, Stimmungen und Kleidermoden zu sehen war, ganz zu schweigen von den Tausenden Metern Filmschnappschüssen, deren Hauptdarstellerin sie war. Wie sollten ihre Nachkommen sich auf ein Bild als das charakteristischste für sie festlegen können? Welches würde Ginny selbst wählen?

Dann fiel ihr ein, daß diese Frage rein akademisch war. So, wie es mit ihr abwärts ging, würden ihre Nachkommen nichts Eiligeres zu tun haben, als sie aus dem Familienstammbaum zu streichen. Ira tat bereits sein Bestes, um sie aus Wendys Erinnerung zu löschen, und Ginny konnte sich nicht vorstellen, daß sie je wieder heiraten oder ein zweites

Kind haben würde. Die lange Reihe der Hull-Frauen verlor sich anscheinend im Sand.

Über die Maßen bedrückt von diesem Gedanken, lief Ginny hinunter und durchwühlte den Schreibtisch ihrer Mutter. Dann stibitzte sie einige Fotos aus einem Album: ein Bild von Ginny als Baby ganz in Weiß auf dem Arm ihrer Mutter und eins von Wendy als Baby auf Ginnys Arm. Sie steckte beide in einen Umschlag, den sie an Wendy in Vermont adressierte. Ira würde es sicher nicht wagen, Wendys Post zu konfiszieren – oder doch?

Erschöpft nahm sie die wie eine Kostbarkeit gehütete Hullsche Familienuhr mit dem Spitzdach und der geschliffenen Glastür vom Schreibtisch und staubte sie sorgfältig mit ihrem Hemdzipfel ab. Dann zog sie sie auf: acht Umdrehungen, nicht mehr und nicht weniger. Mit Karl und Jim hatte sie jedesmal heiße Schlachten um die Frage ausgefochten, wer in dieser Woche mit dem Aufziehen dran war. Und selbst jetzt, da sie doch angeblich erwachsen war, freute sich Ginny an dem knirschenden Geräusch beim Aufziehen. Als sie die Uhr in ein Tuch wickelte, hörte sie ein Kratzen am Türschloß, und dann kam eine Dame mittleren Alters mit einer hochblonden Perücke herein. Ihr auf dem Fuß folgte ein Ehepaar mittleren Alters, beide in modischer Sommerkleidung. Die Frau kreischte mit einem unerträglich dicken New-Jersey-Akzent: »O *Harry*! Ist das nicht *zauberhaft*? Stell dir vor, wie sich die Kinder freuen würden, wenn sie in einer *richtigen* Südstaaten-Villa leben dürften!«

Harry knurrte: »Na ja, wird aber auch viel Arbeit machen, Liebling . . .«

Die Frau mit der Perücke sagte ermutigend: »Nun, etwas Authentischeres als diese Villa werden Sie in Hullsport so leicht nicht finden. Mr. Zed Hull hat sie persönlich erbaut. Himmel, wenn Sie wüßten, was viele Leute dafür geben würden, wenn sie in diesem Herrenhaus wohnen dürften! Es ist ein Prachtstück, ein Juwel!« Sie blickte auf und zuckte erschrocken zusammen, als sie Ginny entdeckte, die mitten im Einwickeln der Uhr innegehalten hatte.

»Nanu, meine Liebe!« sagte die Frau mit der Perücke. »Sie sind sicherlich die Putzfrau.«

»Nein, ich bin eine Einbrecherin.« Ginny starrte die drei Eindringlinge herausfordernd an. »Das heißt, eigentlich bin ich Virginia Babcock. Und wer sind *Sie*?«

»Na, so was!« rief die Frau aufgeregt. »Ginny, Schätzchen, ich hab Sie so lange nicht mehr gesehen, daß ich Sie beinah nicht erkannt hätte! Mein Gott, Sie sind so groß geworden, Sie haben mindestens einen Kopf mehr drauf!«

»Ich hab immer noch nur einen Kopf«, erwiderte Ginny mit wütendem Blick. Wer war diese alberne Person, die so dämlich daherquatschte?

»Thelma Buford, Schätzchen, von der Southland Realty«, erklärte die Perückenfrau pikiert.

»Ach ja, natürlich. Mrs. Buford. Wie geht's?« Ihre Tochter war mit Ginny zur Hullsport High gegangen. Die Tochter hatte auch zuviel gequasselt.

»Danke, gut. Und Ihnen?«

»Danke, gut.«

»Die Herrschaften hier sind die Hotchkisses. Sie wollen von New Jersey hier runterziehen. Mr. Hotchkiss arbeitet in der Fabrik von Ihrem Daddy. Sie interessieren sich sehr für Ihr schönes Haus.«

»Es ist fabelhaft elegant«, versicherte Mrs. Hotchkiss eifrig.

Ginnys Gedanken begannen zu rasen. »Ach, hat Vater denn vor seinem Tod noch dieses Durcheinander wegen dem Rechtstitel geklärt?«

»Was für ein Durcheinander?« fuhr Mrs. Buford auf. »Der Rechtstitel ist klar wie Glas.« Sie lächelte den Hotchkisses beruhigend zu.

»Ach ja, *richtig*!« Ginny hob erschrocken die Hand an den Mund. »Ich hätte nichts davon sagen sollen, nicht wahr?«

Mr. und Mrs. Hotchkiss warfen einander beunruhigte Blicke zu. »Was soll der Unsinn, Ginny? Was reden Sie da?« wollte Mrs. Buford wissen.

»Ach, nichts!« antwortete Ginny mit einem strahlenden, verständnisinnigen Blick zu Mrs. Buford, der ihre Bereitschaft zur Kooperation bei dieser Täuschung anzeigen sollte. »Überhaupt nichts!«

Die Hotchkisses wurden eindeutig nervös. »Tja, was könnten Sie uns denn sonst noch zeigen, Mrs. Buford?« erkundigte sich Mr. Hotchkiss schließlich.

Als Ginny endlich ins Krankenhaus kam, war ihre Mutter gerade beim Frühstück. Rasch packte sie die Uhr aus und stellte sie auf den Nachttisch. Dann holte sie ein paar gummierte Bilderhaken heraus und klebte sie an die Wand neben dem Bett. Nachdem sie trocken waren, hängte sie die Fotos – Dixie Lee Hull, Großonkel Lester, Cousine Louella, Großpapa Zed mit seinem wilden weißen Haarschopf – daran auf. Nichts sorgt so umgehend dafür, daß etwas erledigt wird, wie ein schlechtes Gewissen, dachte Ginny.

Dann setzte sie sich hin und lauschte voll Freude dem steten Ticktack der alten Uhr. Bald klopfte ihr Puls im Gleichtakt mit dem kostbaren Erbstück.

Während Ginny sich noch auf diese seltsame biologische Tatsache konzentrierte, kam ihre Mutter am Arm von Mrs. Childress hereingeschlurft. Mrs. Babcock sah sich erschrocken im Zimmer um. Als sie die Uhr und die Fotos entdeckte, verzog sich ihr müdes, gelbliches Gesicht zu einem erfreuten Lächeln, und sie sagte angenehm überrascht: »Vielen Dank, Liebes!«

Von ihrem schlechten Gewissen befreit, lächelte Ginny ebenfalls. Es war wirklich einfach, ihrer Mutter eine Freude zu machen. Sie war so wenig anspruchsvoll. Aber warum hatte sie, Ginny, dann den größten Teil ihres Lebens damit verbracht, ihr Kummer zu bereiten? »Wie fühlst du dich heute?«

»Danke, gut. Besser.« Mrs. Babcock legte sich ins Bett und betrachtete beim Ticken der Uhr liebevoll die Gesichter auf den Fotos.

Kurz darauf erschien Dr. Vogel. Er nahm in einem Armstuhl Platz und schlug die Beine übereinander; offensichtlich plante er einen längeren Aufenthalt. »Also schön, Mrs. Babcock, weil Sie mich darum gebeten haben, werde ich offen mit Ihnen sein.« Beide lehnten sich bequem zurück, bereiteten sich innerlich auf die ihnen bei diesem Aufklärungsgespräch zufallende Rolle vor.

»Also. Wie gerinnt Blut eigentlich? Nun. Stark vereinfacht ausgedrückt, gibt es zwölf Komponenten, die man Koagulationsfaktoren nennt. Diese Faktoren arbeiten auf die verschiedenste Weise bei der Produktion eines Enzyms namens Prothrombinase zusammen. Prothrombin liefert beim Vorhandensein von Prothrombinase und Kalzium Thrombin. Und Fibrinogen liefert beim Vorhandensein von Thrombin Fibrin. Thrombozyten, also Blutplättchen, werden unter dem Einfluß des Thrombins aufgespalten und setzen ADP frei, welches wiederum andere Thrombozyten anregt, an der verletzten Stelle zu koagulieren. Die entlang des Fibrins koagulierenden Thrombozyten bilden die Blutgerinnsel.«

Ginny sah ihn verächtlich an. War das alles, was er dem armen, ahnungslosen Laien bieten konnte? Mrs. Babcock wirkte benommen.

»Hmmm, ja, hmmm«, fuhr er fort. »Wie Sie sehen, kann eine Störung an irgendeinem Punkt dieser Kette das Koagulieren verzögern: entweder das Fehlen eines oder mehrerer dieser zwölf Faktoren in entsprechendem Maße oder eine Funktionsstörung bei einer der chemischen Reaktionen. Die Hämophilie, zum Beispiel, ist auf einen Faktorenmangel zurückzuführen. Aufgrund Ihrer Thrombozytenzählung kann man jedoch annehmen, daß ein Faktorenmangel in Ihrem Fall nicht zutrifft. Denn sehen Sie, bei Menschen mit Faktorenmangel tritt nicht gleichzeitig eine zu niedrige Thrombozytenzahl auf. Hmmm, ja. Daher leiden Sie nicht an einem Faktorenmangel, sondern an Thrombozytenmangel. Sie haben nach dem Coulter-Zählschema F nur $16000/mm^3$ statt, wie es normal wäre, über $150000/mm^3$.

Hmmm, ja, hmmm. Also. Woher kommt dieser Thrombozytenmangel? Hmmm, ja, hmmm. Nun, ein Thrombozytenmangel kann auftreten, wenn eine ungenügende Anzahl produziert wird. Nicht wahr? Oder wenn sie sich irgendwo verstecken. Hmmm, ja. Oder wenn sie zerstört werden. Der Grund, warum wir Ihnen soviel Blut abgenommen haben, Mrs. Babcock, liegt darin, daß wir ständig Tests machen, um den Grund für Ihre Krankheit einzukreisen. Hmmm, ja. Die kleinen Protoplasmakörperchen, die wir Thrombozyten nennen, werden von Riesenzellen im Knochenmark ausgeschieden, die man Megakaryozyten nennt. Falls die Thrombozytenproduktion niedrig wäre, müßte die Megakaryozytenzahl im Knochenmark herabgesetzt sein. Wir haben jedoch eine Knochenmarksaspiration gemacht, und Ihre Megakaryozytenzahl scheint völlig normal zu sein. Das ist gut, denn es bedeutet, daß Sie sich nicht in einem frühen Stadium der Leukämie befinden, in dem zuweilen ähnliche Symptome wie die Ihren auftreten.«

Mrs. Babcock war zu Tode erschrocken. Da hätte sie doch tatsächlich an Leukämie sterben können, ohne es zu wissen, nur weil sich niemand die Mühe gemacht hatte, das Opfer all dieser erstaunlichen Tests zu informieren!

»Hmmm, ja. Also – das würde darauf schließen lassen, daß Ihre Thrombozyten sich verstecken, Mrs. Babcock. Oder daß sie zerstört werden. Ja. Wie aber werden Thrombozyten zerstört?«

Ginny fühlte sich wie hypnotisiert vom Ticken der Uhr und dem simultanen Pochen ihres Blutes, welchselbes offenbar nur dank eines Glücksfalls der Natur gesund zu sein schien. Denn wie *konnte* das Blut irgendeines Menschen gesund sein, wo es all diese kleinen Fehlerquellen gab?

»Die Milz funktioniert als Filter«, erklärte Dr. Vogel weiter. »Sie sondert abgenutzte oder kranke Blutkomponenten aus und zerstört sie. Es wäre möglich, daß Ihr Körper einen Antikörper gegen Ihre eigenen Thrombozyten gebildet hat und Ihre Milz sie zerstört. Wir versuchen diese Möglichkeit immer noch einzukreisen und müßten in den nächsten Tagen eine Antwort für Sie parat haben. So. Noch Fragen?«

Ginny und Mrs. Babcock saßen stumm wie Collegestudenten während einer Diskussionsstunde. »Wie zerstört die Milz die Thrombozyten?« erkundigte Ginny sich schließlich.

»Hmmm, ja, hmmm. Äh, das wissen wir noch nicht genau.«

»Wer sind diese ›wir‹, von denen Sie dauernd sprechen?« wollte Mrs. Babcock wissen.

»Hmmm, ja. ›Wir.‹ Die moderne Medizin, nehme ich an.« Errötend rutschte er auf seinem Stuhl herum.

»Sie haben mir also Steroide gegeben, um die Thrombozytenproduktion anzuregen, obwohl Sie aufgrund meiner Knochenmarksaspiration bereits wußten, daß ich genug davon produziere?« fragte Mrs. Babcock gelassen.

»Hmmm, ja. Nun, nein, nicht direkt. Also, sehen Sie, wir wissen nicht genau, wie die Steroide wirken. Wir wissen nur, *daß* sie oft helfen.«

»Aber nicht bei mir«, stellte Mrs. Babcock fest.

»Nein, das nicht.«

»Was machen wir jetzt?« fragte ihn Ginny.

»Hmmm, ja. Nun, zunächst versuchen wir's mit einer Transfusion.

Wir geben Ihnen zwei Einheiten volles Blut, Mrs. Babcock, weil wir glauben, daß Ihr Blutstrom die fremden Thrombozyten zum Eindämmen Ihrer Blutungen benutzen wird, bis sie absterben. Außerdem wird sich dadurch Ihre Anämie und Ihr niedriger Blutdruck vorläufig bessern. Bis diese Besserung wieder nachläßt, hoffen wir, Ihr Leiden genau bestimmt zu haben, damit wir es gezielt behandeln können. Darüber hinaus ist es durchaus möglich, wenn auch medizinisch nicht bewiesen, daß die fremden Thrombozyten so etwas wie eine anregende Wirkung auf Ihr eigenes Blut ausüben. Ich habe das selbst schon mehrfach erlebt.«

»Was Sie da sagen, bedeutet doch eigentlich, daß Sie nicht wissen, was Sie tun – oder?« fragte Ginny.

Dr. Vogel stand auf. »Meine liebe junge Dame, ich kann Ihnen versichern, daß wir Mediziner eine ganze Menge mehr wissen von dem, was wir tun, als ein Laie.«

Ginny antwortete nicht. Aus ihren Beobachtungen an Eddie Holzer, bei der das immer wieder vorgekommen war, hatte sie gelernt, daß es unmöglich war, vernünftig mit einem Menschen zu diskutieren, der von sich ständig im Pluralis majestatis sprach.

»Zugegeben, es ist bis zu einem gewissen Grad ein Versuch und ein Irrtum, aber es ist ein wissenschaftlich fundierter Versuch und ein auf Erfahrung beruhender Irrtum.«

Ginny starrte ihn ausdruckslos an.

»Daher werden wir mit den Transfusionen beginnen, sobald wir einen Spender finden. Wir brauchen frisches Blut, höchstens eine Stunde alt, da die Thrombozyten in Blutkonserven häufig beschädigt oder abgestorben sind. Leider haben Sie eine seltene Blutgruppe, Mrs. Babcock. Wußten Sie das? An der Bowery in New York City würden Sie fünfundvierzig Dollar pro halbem Liter bekommen.« Er lachte schwach über seinen Scherz. »Aber wir sind dabei, das Personal auf einen Spender zu überprüfen.«

»Welche Blutgruppe hat sie denn?« fragte ihn Ginny.

»B negativ.«

»Die habe ich auch. Dann könnte ich ja den Spender machen.«

»Ja, warum habe ich nicht gleich an Sie gedacht? Warten Sie, ich mache schnell einen Test bei Ihnen.« Er eilte hinaus, um eine Spritze zu holen.

Und erst jetzt wurde Ginny und Mrs. Babcock gleichzeitig klar, daß sie auf die Frage nach der Schwere von Mrs. Babcocks Krankheit immer noch keine definitive Antwort erhalten hatten.

»Was hat er gesagt?« fragte Mrs. Babcock mit eingefallenem, gelbem Gesicht.

»Keine Ahnung«, gestand Ginny. »Aber ich finde, es klang ziemlich ermutigend, nicht? Ich meine, sie geben sich doch wirklich Mühe, mit den vielen Tests und so.« Sie wußte genau, daß ihre Versuche, Fröhlichkeit vorzutäuschen, nicht überzeugend wirkten. »Wo ist Dr. Tyler eigentlich?« erkundigte sie sich, weil sie ihn möglichst bald aufsuchen und gründlich ausfragen wollte.

»Der geht jetzt im Sommer auf seine Hütte in Spruce Pine bei Asheville.«

Ginny stellte den Fernseher an. Es gab gerade ›The Price Is Right‹, ein Spiel, bei dem die Kandidaten den Preis eines Gewinns erraten mußten. Beide starrten sie geistesabwesend auf den Bildschirm. Ginny war mit diesem Spiel wohlvertraut. Es hatte oft die Geräuschkulisse für ihre allmorgendliche Hausarbeit in Vermont geliefert. Die meisten Gewinne – ein lebenslanger Vorrat von Alpo-Hundefutter, ein zimmerhoher Bücherschrank mit einem ledergebundenen Satz der Außenhüllen von Weltklassikern, ein Jahresabonnement für New Yorks vornehmsten Weckdienst, ein Küstenfunkgerät für eine Jacht – hätte sie nicht gebrauchen können, und das war gut so, denn so brauchte sie ihre lebenswichtige Energie nicht damit zu vergeuden, auf die freudekreischenden Gewinnerinnen neidisch zu sein.

Dann jedoch wurde eine dreiwöchige Irlandreise ausgesetzt. Mrs. Babcock hatte schon immer gern mal nach Irland, Schottland, England reisen und dort die Orte aufsuchen wollen, aus denen ihre Vorfahren stammten. Aber Wesley hatte sich stets geweigert. Er hatte dort nicht geschäftlich zu tun; die Reise war nicht von der Steuer abzusetzen, also kam sie nicht in Frage. Und was ist mit der IRA? hatte sie ihn gefragt. Machen die denn keine Bomben? Allein zu reisen war ihr nie in den Sinn gekommen. Ohne sie würde der Haushalt zusammenbrechen.

»Laß uns nach Irland fahren, wenn ich hier raus bin«, schlug Mrs. Babcock plötzlich vor.

Ginny musterte sie zweifelnd – zweifelnd daran, daß ihre Mutter überhaupt je wieder hier herauskam, zweifelnd daran, daß sie, falls doch, für eine Reise kräftig genug sein werde, zweifelnd daran, daß sie beide es miteinander auch nur bis zum Stadtzentrum von Hullsport aushielten, und vor allem zweifelnd daran, daß die bemühte Munterkeit im Ton ihrer Mutter echt war. »Ja, gern. Das wäre herrlich!« erklärte Ginny strahlend. Tatsache war, daß sie selber gern nach Irland gereist wäre. Denn durch die vielen Erzählungen ihrer Mutter fühlte sie sich eng mit ihren Vorfahren verbunden. Es waren deutsche Lutheraner aus dem katholischen Teil Deutschlands darunter, Puritaner und Pilgerväter aus dem anglikanischen England, Anglikaner aus dem katholischen Süden Irlands, schottisch-irische Presbyterianer aus dem katholischen Teil Schottlands nach den Aufständen von 1745. Außenseiter allesamt, mit Loyalitäten, die nicht weniger wirr und fragmentarisch waren als Ginnys eigene. War dieser Hang, sich in ein Milieu zu begeben, in dem man sich von den anderen ausgestoßen fühlen mußte, erblich, eine

Folge jener winzigen Partikel Nukleinsäure in jeder Zelle? Oder übernahm man diesen Hang von den eigenen Eltern so, wie die Katzenjungen Milch trinken lernen: indem sie ihre Mutter beobachten?

». . . und es ist für mich eine besondere *Gnade*, daß Er mich für würdig hält, so sehr zu leiden«, sagte Schwester Theresa hitzig, als Ginny und Mrs. Babcock zum Lunch in die Sonnenveranda kamen.

»Eine *Gnade*!« wiederholte Mr. Solomon verächtlich. Die dicken Brillengläser vergrößerten seine Augen zum Umfang von Untertassen. »Eine *Gnade!* Glauben Sie etwa, man hätte Sie für Sonderbegünstigungen ausersehen, Schwester? Sie machen mir Spaß. Gott sagt also: ›Da ist Schwester Theresa. Ich schätze sie so sehr, daß ich ihr gern Krebs schenken möchte.‹«

Schwester Theresa bekreuzigte sich. »Jawohl, eine *Gnade*«, bestätigte sie und fingerte an ihrem Anhänger mit den betenden Händen und dem Motto ›NICHT MEIN WILLE, SONDERN DER DEINE‹ herum. »Der Herr gibt nicht mehr, als der Mensch erdulden kann. Das Kreuz und die Kraft, es zu tragen.«

»Überaus gütig von Ihm, nicht wahr? Die Summe des Unglücks, das Sie erfahren, ist also ein Zeichen dafür, wie hoch die kosmische Instanz das Wohlergehen Ihrer Seele einschätzt, wie?«

»Als ich noch klein war und zur Schule ging«, berichtete Schwester Theresa ernst, »kam ich manchmal weinend nach Hause, weil die größeren Jungen mich verspottet hatten. Und meine Mutter sagte dann: ›Aber sie würden dich nicht verspotten, wenn sie dich nicht gern hätten, mein Kind.‹ So sehe ich meine gegenwärtige Situation, Mr. Solomon.«

»Na also! Endlich sind wir uns mal einig, Schwester! Gott – Ihr Gott und mein Gott – Gott ist ein Menschenschinder.«

Schwester Theresa bekreuzigte sich abermals. »Das habe ich nicht gesagt, Mr. Solomon.« Sie senkte den Blick; ihr fleischiges Gesicht wurde tiefrot. »Ich habe gesagt, es sei eine Freude für mich, die Bürde zu tragen, die mir der Herr auferlegt. Ich bin stark, und die Bürde macht mich stärker.«

»Na, wenn das so ist, Schwester, müßte ich jetzt ein wahrer Herkules der Seele sein!«

Schwester Theresa sah ihn verständnislos an.

»Meine Frau und meine drei Kinder wurden in einen Viehwaggon verfrachtet, Schwester. Ich vermute, sie sind gestorben. Ich *hoffe*, daß sie gestorben sind. Das wäre eine Gnade im Vergleich zu dem Leben im KZ.«

Das ist unfair, dachte Ginny. Die Juden gewinnen immer, wenn's um den Wettstreit im Leiden geht.

»Das tut mir leid, Mr. Solomon.« Und nach einer rücksichtsvollen Pause fügte sie hinzu: »Das Böse hat es immer schon auf der Welt gegeben – seit dem Sündenfall. Das Böse wird blühen und gedeihen, bis alle

Menschen Christus, unseren Herrn, mit ihrem Herzen und ihrem Verstand als Heiland angenommen haben. Gott tut und duldet nichts Böses. Aber er kann es manchmal nach seinem Sinn wenden. Sehen Sie nur, wie klug und sensibel Ihr Volk durch seine Leiden geworden ist, Mr. Solomon.«

Mr. Solomon räusperte sich; er merkte, daß ihm jetzt Honig ums Maul geschmiert wurde. »Vielen Dank, Schwester. Aber ich behaupte dennoch, daß es eine verdammt miese Art ist, die Welt zu regieren. Wenn ich mein Geschäft so geführt hätte wie Ihr Gott die Welt – glauben Sie mir, es hätte keine Woche gedauert, und ich wäre auf der Suche nach Arbeit durch die ganze Stadt gezogen.«

Das elektrische Glockenspiel der Southern Baptist Church spielte gerade ›Call Me Unreliable‹. Mrs. Babcock kämpfte mit einem viel zu trockenen Stück Fleisch, das ebensogut Rind oder Kalb wie Schwein oder Lamm sein konnte.

»Wie können Sie das als ›mies‹ bezeichnen, Mr. Solomon, wenn Sie bloß aus dem Fenster zu sehen und den Sonnenschein und die singenden Vögel zu betrachten brauchen?« Schwester Theresa deutete auf einen Vogelfutterplatz in einer Fichte, auf dem eine Spottdrossel saß.

Mr. Solomon hieb mit der Faust auf den Tisch, daß das Geschirr klirrte und die Bestecke klapperten. Zum erstenmal während der gesamten Diskussion blickte Mrs. Cabel von ihrem Teller auf; sie hatte sich das Essen übers ganze Gesicht verschmiert. »Genau aus diesem Grund nenne ich es mies! Gott hat mich in diese Welt gesetzt und dafür gesorgt, daß ich Liebe empfand für alles, was ich hier vorfand. Und dann hat er mir nach und nach alles wieder genommen. Zuerst meine Eltern, dann meine Frau und meine Kinder, dann mein Haus und meine Heimat und jetzt meinen Beruf und meine Verdienstquelle.« Er deutete auf seine milchigen Augen. »Ich kann keine Uhren mehr reparieren. Ich kann den Vogel, von dem Sie reden, Schwester, kaum noch *sehen*. Und bald wird Er mir noch den Atem nehmen und damit gleichzeitig das Leben.« Er war entsetzlich aufgeregt und atmete mühsam. »Wissen Sie, wie ich Ihren Gott nenne, Schwester? Einen Sadisten nenne ich ihn!«

»Nein, Mr. Solomon, *nein*. Dieses Leben ist nur eine kleine Vorahnung des nächsten. Der Tod ist der Anfang, nicht das Ende. Sie verlieren *nichts*, Sie gewinnen *alles*. All das Kostbare, das Ihnen hier genommen wurde, werden Sie auf der anderen Seite mit Zins und Zinseszins zurückerhalten. Das weiß ich *genau*, Mr. Solomon. Ihre Frau, Ihre Kinder – alles.«

»Jawohl, ich weiß, was Ihre Leute predigen, Schwester. Und darum müssen Sie das natürlich auch sagen. Sie haben eine Ware zu verkaufen, genau wie wir. Dabei war es *Ihr* Pascal, Schwester, der gesagt hat: ›Das ewige Schweigen dieser unendlichen Weite erschreckt mich.‹ Aber eine Frage, Schwester: Wann sind Sie ins Kloster gegangen?«

Diese Frage schien Ginny nicht zur Sache zu gehören. Sie sah zu ihrer Mutter hinüber, die dem Gespräch so aufmerksam gefolgt war wie einem Tennis-Match. »Mit sechzehn, Mr. Solomon. Warum fragen Sie?«

»Verzeihen Sie, wenn ich das sage, Schwester. Ich bin, wie Sie sehen, sehr erregt und habe mich nicht ganz in der Gewalt. Aber was wissen Sie davon, wie es ist, wenn einem von psychopathischen Wahnsinnigen der Lebensgefährte und drei Kinder genommen werden?«

Schwester Theresa errötete tief und schwieg. Die Diskussion schien beendet zu sein. Die vier aßen schweigend, während Ginny ihnen vom Sofa aus zuschaute.

Am Nachmittag lag Ginny mit einer Nadel im Arm auf dem zweiten Bett im Zimmer der Mutter. Ihr Blut pulste durch einen Schlauch in einen Plastikbeutel, der an der anderen Seite ihres Bettes befestigt war.

Sie und die Mutter hatten sich gerade ›Hidden Heartbeats‹ angesehen. Sheilas Bridgeparty war katastrophal verlaufen, weil Ella, die Ehefrau von Marks Chef, nicht gekommen war, ohne abzusagen, und Sheila eine Spielerin zu wenig hatte. Während sie ungeschickt ein Spiel zu dritt zu machen versuchten, tuschelten die anderen Damen hinter ihren vorgehaltenen Karten und überlegten, warum Ella Sheila wohl derart brüskiert und ihr den Bridgenachmittag verdorben hatte. Sheila gab sich große Mühe, sich den Ärger nicht anmerken zu lassen. Gegen Ende der halbstündigen Fortsetzung läutete das Telefon. War das Ella, die ihr Nichterscheinen erklären wollte? Das würden sie erst am folgenden Tag erfahren. Die Abrechnungsblöcke jedoch, die Sheila während des ganzen gestrigen Programms ausgesucht hatte, waren ein Riesenerfolg. Alle Damen der Bridgeparty erkundigten sich, wo in aller Welt sie so fabelhafte Blöcke aufgetrieben habe. »Und das bei Marks Einkommen«, flüsterte eine der Damen hinter ihren Karten den anderen zu.

»Glaubst du, daß das Ella am Telefon war?« fragte Mrs. Babcock Ginny.

»Eigentlich nicht. Ich glaube eher, daß es Mark war. Er hat im Büro vermutlich einen Zusammenstoß mit Ted gehabt, und Ted hatte Ella gebeten, nicht zu dieser Party zu gehen.«

»Aber Ella ist bestimmt nicht so charakterlos!«

»Wirklich nicht?«

»Niemals. Sie hätte wenigstens angerufen, wenn sie nicht kommen konnte. Nein, ihr muß was zugestoßen sein.«

»Na ja, möglicherweise hast du recht.«

Jetzt lief ›Westview General‹, das Ginny ebenfalls aus ihrer Stillzeit kannte.

Dr. Marsh unterhielt sich mit Sam, dessen Frau seine Patientin gewesen war. »Sam, wir sind doch alte Freunde, nicht wahr?«

»Ja, Doc, das sind wir. Ganz bestimmt.«

»Also, Sam, wenn ich jetzt sage, daß es mir schwerfällt . . .«

»Doc, Sie meinen doch nicht etwa . . .«

»Sam, alter Freund, Sie wissen, ich würde Ihnen niemals etwas Falsches . . .«

»Doc, Sie wollen doch nicht etwa sagen . . .«

»Sam, Sie müssen jetzt ganz stark sein . . .«

»Soll das heißen . . .«

»Ich war immer aufrichtig mit Ihnen, nicht wahr, Sam?«

»Ist es . . .«

»Ich habe wirklich mein Bestes für Sie getan, Sam.«

Jetzt brach Sam völlig zusammen und begann sehr männlich zu schluchzen.

Dr. Marsh legte den Arm um Sams zuckende Schultern und überreichte ihm die Rechnung. »Also, Sam, das meiste übernimmt ja die Krankenkasse. Und schließlich haben Sie Ihre liebe Frau ja wieder heil und gesund zu Hause, nicht wahr?«

Ginny lag da und sah zu, wie das Blut aus ihrem Arm durch den Schlauch floß. Ihr Blut. Aus den Physiologie-Vorlesungen in Worthley wußte sie eine Menge darüber. Zum Beispiel, daß nur 1,5 Prozent aller Amerikaner ihre und die Blutgruppe ihrer Mutter hatten: B negativ. B negativ kam weitaus häufiger in Zentralasien vor. Wie es von da aus nach Südwest-Virginia gelangte, war ihr ein Rätsel. Außerdem wußte sie, daß Thrombozyten innerhalb von drei bis vier Tagen abstarben. Und sie wußte, daß ihr eigenes, gesundes Knochenmark tagtäglich fünfhundert Milliarden Blutplättchen erzeugte. Mit anderen Worten, Ginny würde vorerst weder nach Vermont zurückkehren noch sonstwohin fahren können, denn ihre Mutter brauchte sie jetzt. Diesmal war es zur Abwechslung mal umgekehrt. Ein ganz neues Selbstgefühl.

Regungslos lauschte sie dem Ticken der Familienuhr, während ›Westview General‹ die Hintergrundgeräusche lieferte. Sie konzentrierte sich auf ihr Herz, auf eine einzige rote Zelle, verfolgte ihren Weg vom Herzen aus durch die Lunge, die Arterien und Kapillaren bis zum großen Zeh hinunter, wo sie ihren Sauerstoff ablud. Dann schwamm die Zelle wieder zurück durch Kapillaren und Venen bis zu ihrem Herzen hinauf. Wenn sie den Kreislauf richtig eingeschätzt hatte, hätte er etwa fünfundzwanzig Sekunden dauern müssen. Ein Blick auf den Filigran-Sekundenzeiger der alten Uhr bestätigte ihr zu ihrer Genugtuung, daß sie recht gehabt hatte.

Die Frage war nicht, warum die Menschen starben, sondern vielmehr, wieso überhaupt ein Mensch *lebte*. Wie konnte ein Körper nur all das koordinieren, was er zu koordinieren hatte? Es war verwirrend. Rote Zellen, weiße Zellen, Thrombozyten, Antikörper, die zwölf Koagulationsfaktoren. Das Erstaunliche daran war, daß das alles reibungslos funktionierte, vor allem bei den meisten Menschen, denen man so begegnete.

Als ihr Beutel mit dunkelrotem Blut gefüllt war, zog Dr. Vogel die Nadel heraus und wies sie an, den Arm eine Zeitlang über dem Kopf zu halten. Dann legte er eine Staubinde um Mrs. Babcocks Oberarm und suchte mit einer sterilen Nadel nach einer Vene. Er schien Schwierigkeiten zu haben, denn er stieß mehrmals versuchsweise zu und mußte die Nadel jedesmal wieder herausziehen.

»Junger Mann, müssen Sie Ihr Praktikum unbedingt an *mir* absolvieren?« Mrs. Babcock hatte einen Witz machen wollen, aber es kam doch ziemlich grantig heraus. Ginny lachte laut und herzlich, um ihren Worten die Spitze zu nehmen. Endlich fand Dr. Vogel eine kooperationsbereite Vene und bohrte die Nadel tief hinein. Und dann begann Ginnys Blut durch den Schlauch aus dem Plastikbeutel in Mrs. Babcocks Körper zu fließen.

Ginny, die sich inzwischen ausruhte, bewunderte die Gerechtigkeit dieses Arrangements. Als Ginny es brauchte, hatte die Mutter sie via Plazenta an ihrem Blut teilhaben lassen. Und jetzt erwiderte Ginny ihr diesen Liebesdienst wesentlich einfacher durch einen Gummischlauch. Es lag ganz unbestreitbar eine gewisse Genugtuung in der Vorstellung, das Blut der Mutter könne von Ginnys Blut etwas über Thrombozyten-Management ›lernen‹. Schließlich war der Unterweisungsprozeß zwischen ihnen gewöhnlich in entgegengesetzter Richtung verlaufen. Ginny genoß die Vorstellung dieses umgekehrten Arrrangements. Doch wenn sie die Blutgruppe mit ihrer Mutter teilte und irgendwann in grauer Vorzeit tatsächlich das Blut selbst mit ihr geteilt hatte, bedeutete das nach allem, was sie über die Gene wußte, denn nicht, daß Ginnys eigenes, gesundes Blut darauf programmiert war, zu irgendeinem Zeitpunkt ebenfalls zu erkranken? Und Wendys auch?

Dies hat mich wenigstens vor dem Handarbeitsprogramm bewahrt, überlegte Mrs. Babcock, während sie zusah, wie Ginnys Blut in ihren Arm hinüberfloß. Aus der Enzyklopädie wußte sie, daß die Zuschauer der römischen Gladiatorenkämpfe jedesmal, wenn ein besonders tapferer und geschickter Gladiator im Staub der Arena sein Leben aushauchte, von ihren Plätzen aufsprangen und um das Vorrecht stritten, sein Blut trinken zu dürfen. Sinn dieser Gewohnheit war es damals, mit dem Blut auch die Kraft und den Mut des Sterbenden in sich aufzunehmen.

›Und er nahm den Kelch, sprach das Dankgebet darüber, gab ihnen denselben und sagte: Trinket alle daraus! Denn das ist mein Blut des Bundes, das für viele vergossen wird zur Vergebung der Sünden.‹ Mrs. Babcock argwöhnte, daß dieses Wein/Blut-Ritual bei der heiligen Kommunion seinen Ursprung sowohl in den Tatsachen als im Symbolismus hatte. Wissenschaftler konnten etwa einen Wurm darauf trainieren, eine einfache Handlung auszuführen, ihn in Stücke schneiden und damit einen untrainierten Wurm füttern; dieser untrainierte Wurm besaß dann plötzlich alle Fähigkeiten des Wurmes, mit dem er gefüttert worden war. Gene, RNA, DNA, Chromosome . . . die gesamten Erfahrungen einer Spezies, über die Zeiten hinweg in kodierter Form weitergegeben. Genau wie diese Transfusion. Ihr eigenes, krankes Blut konnte von Ginnys gesundem etwas über das Wirtschaften mit Thrombozyten ›lernen‹.

Irgendwie lag etwas äußerst Beunruhigendes in diesem Vorgang. Gewiß, auch darin, daß sie so krank war, daß sie eine Bluttransfusion brauchte. Aber es war mehr als das. Es paßte ihr nicht, daß Ginny ihre Blutspenderin war. Denn erstens hieß das, daß sie ihr nicht vorschlagen konnte, möglichst bald nach Vermont zurückzukehren. Diese Spannung zwischen ihnen war für sie beide nicht gut, besonders aber nicht für Mrs. Babcock, die dringend Ruhe brauchte, um wieder gesund zu werden.

Aber es gab da noch einen weiteren Grund, den sie sich,das wußte sie, partout nicht eingestehen wollte. Es hatte nämlich im Kräfteverhältnis zwischen Ginny und ihr eine kaum spürbare Verschiebung gegeben, die ihr ganz und gar nicht behagte. Normalerweise war es immer so gewesen, daß Mrs. Babcock sich für ihre Kinder gewissermaßen weißbluten ließ, obwohl es wahrhaftig kaum jemals so weit gekommen war, daß diese um etwas bitten mußten. »Mein Leben heißt Dienen«, hatte sie fröhlich gescherzt, wenn sie wieder einmal hereingestürmt kamen und etwa drei Dutzend Schokoladenplätzchen für eine Klassenweihnachtsfeier oder Thunfisch-Sandwiches für ein Club-Picknick mit achtzehn Personen verlangten. Doch in diesem Scherz hatte ein Quentchen Wahrheit gesteckt, das war ihr jetzt klar. Denn als sie nicht mehr dienen konnte, war sie seelisch und körperlich zusammengebrochen. Und jetzt war Ginny hier und diente *ihr*, lag da auf dem anderen Bett mit einem Ausdruck selbstzufriedener Genugtuung über diese Tatsache auf dem Gesicht. Mrs. Babcock empfand Unbehagen über diesen Rollentausch.

Und daß sie darüber so außer sich war, rückte ihr eine recht wenig schmeichelhafte Möglichkeit vor Augen: die nämlich, daß sie ihre Kinder durch ihre Schwäche beherrscht, sie mit ihrem Märtyrertum erstickt hatte. Indem sie immer alles für sie tat, und zwar gewöhnlich, ehe sie darum baten – hatte sie dadurch vielleicht ihre Initiative und Selbstsicherheit untergraben? Möglicherweise fiel es Jim und Ginny deswegen so schwer, einmal ein bißchen Stehvermögen zu zeigen, vielleicht klammerte sich Karl deswegen so fanatisch an seine Routine. Aber sie suchte Zuflucht in Selbstvorwürfen. Wenn sie damals, als sie noch jung waren, *ihnen* einige dieser Vorwürfe gemacht hätte statt sich selbst, vielleicht läge sie dann jetzt nicht im Krankenhaus. Tatsache war, daß sie sich als Amateur der Elternschaft wahrhaftig die größte Mühe gegeben hatte. Und jetzt, da sie ein Profi geworden war und drei fertige Exemplare vorweisen konnte, waren ihre Fähigkeiten nicht länger gefragt, und es war viel zu spät, die während der Lehrzeit begangenen Fehler gutzumachen.

Als Ginny ins Blockhaus zurückkehrte, machte sich die Sonne bereits daran, hinter den Rand der kudzu-überwucherten Mulde zu sinken. Sie ging zur großen Fichte hinüber. Zwei Vogeljunge hingen an den Zweigen, die Köpfe zurückgeworfen, die Augen geschlossen, die gelben Schnäbel so weit aufgerissen, daß man die hellrosa Kehlen sah. Sie würden leiden, behauptete Wilbur J. Birdsall; und sie, Ginny, ließ die Ärmsten leiden, zwang sie sogar zu leiden. Sie suchte nach dem dritten Vogel, suchte ihn überall, in der Schüssel und an den benachbarten Zweigen. Schließlich fand sie ihn auf dem Erdboden: ein starrer Leichnam mit ausgebreiteten Flügeln und vor Hunger weit aufgerissenem Schnabel. Ginny, der ganz übel wurde, warf den zierlichen kleinen Kadaver in den Kudzu.

Dann setzte sie sich auf die Steinstufen. Ihr blieben nur wenige Möglichkeiten. Sie konnte sie durch die Toilette spülen; sie würden ebenso leicht durchrutschen wie Tampax. Sie konnte ihre kleinen Schädel auf den Steinstufen zerschmettern. Sie konnte sie mit der Machete guillotinieren. Wenn sie sich selbst nicht dazu hergeben wollte, sie zum Tode zu befördern, konnte sie sie auf den Boden legen, damit die Wildkatzen sie leichter fanden. Oder sie ganz einfach verhungern lassen.

Verdammt noch mal, nein! Sie würde sich Wilbur J. Birdsalls Urteilsspruch nicht beugen, auch wenn er eine bekannte Autorität auf diesem Gebiet war. Die Vogeljungen lebten normalerweise vom Erbrochenen ihrer Eltern. Doch irgendwann einmal *mußte* ihr winziger Verdauungsapparat doch zu selbständiger Arbeit übergehen! Ginny hielt es durchaus für möglich, daß sich die Körperfunktionen der Jungvögel unter so extrem ungünstigen Umständen, wie sie hier herrschten, sehr viel schneller als normal entwickelten und umstellten. Einen Versuch war es jedenfalls wert.

Sie holte ein Glas Wasser und flößte jedem Vogel ein Tröpfchen ein. Zuerst war sie nicht einmal sicher, daß sie überhaupt noch lebten. Sie bewegten sich nicht ein bißchen. Aber sie waren warm, und auf ihrer flaumbedeckten Brust waren ganz schwache Herzschläge zu erkennen. Nach etwa einer Minute begannen die Vögel das Wasser zu schlucken. Und dann schluckten sie einen Tropfen nach dem anderen.

Ginny verknetete rohes Fleisch, Thunfisch und Weizenmehl zu einer widerlichen Paste. Dann rollte sie ein winziges Bröckchen zu einem ganz winzigen Ball, den sie zwischen Daumen und Zeigefinger nahm. Sehr behutsam ließ sie ihn in den Schnabel des ersten Jungvogels fallen. Dann wartete sie. Nichts geschah. Kurz darauf jedoch bewegte sich der Schnabel des jungen Vogels. Er zuckte krampfhaft. Dann zog sich die rosa Kehle zusammen, und der winzige Ball verschwand wie ein Insekt in einer Venusfliegenfalle.

Beglückt fütterte Ginny jeden Vogel mit mehreren dieser Kügelchen. In der Hütte fand sie einen kleinen, tiefen Deckelkorb, an dessen Wänden sie sich festkrallen konnten. Außerdem war es da drinnen genauso schön dunkel und kühl wie in ihrem verlorenen Kaminparadies. Sie tat sie hinein, ohne sich weiter darum zu kümmern, daß sie sie mit ihrem Menschengeruch verunreinigte, denn die Eltern hatten sie ja ohnehin verlassen. Wie gern ihr Wendy wohl bei diesem Abenteuer geholfen hätte! Ginny sah sie beinahe vor sich, wie sie die dicken kleinen Wurstfinger in die Fleischpaste grub und mit angestrengt gekrauster Stirn versuchte, einen winzigen Ball zu formen. Sie würde eines der Vogeljungen in ihre klebrige Kinderfaust nehmen und vor Wonne glucksen, wenn ihr das Tierchen ins Gesicht kreischte. Wenn es nur eine Möglichkeit gäbe, zu verhindern, daß sie die Vögel in ihrer Begeisterung in Stücke riß! Sie würde ihnen die Schnäbel aufbrechen, mit Stöcken nach ihren Augen stechen und ihnen die Flügel ausreißen – alles nur vor unwiderstehlicher, überschäumender Kinderneugier. Mit der Klarheit echter Inspirationen kam Ginny plötzlich eine Idee: Sie brauchte das große Haus nicht zu verkaufen! Sie würde dort mit Wendy wohnen, und ihre Mutter konnte das Blockhaus beziehen. Drei Generationen Hull-Frauen zusammen!

Aufgemuntert von dieser Idee ging sie zum Telefon und erfragte Dr. Tylers Nummer in Spruce Pine.

»Hallo, Ginny, was für eine nette Überraschung!« begrüßte er sie. »Ich habe dich seit Jahren nicht mehr gesehen.«

»Ich war in letzter Zeit selten zu Hause.«

»Das ist schade. Weißt du, ich fühle mich den Kindern, die ich auf die Welt geholt habe, immer noch besonders verbunden.«

»Das beruht auf Gegenseitigkeit. Ich sitze jetzt sogar gerade auf dem Bett, in dem ich geboren bin.«

»Tatsächlich? Na, so was! Gott, ich werde diese Nacht niemals vergessen! Deine Mutter hatte schon richtig kräftige Wehen, und was meinst du, was da passierte? Ein halbes Dutzend Stachelschwanzsegler kamen durch den Kamin herunter! So was hab ich mein Lebtag noch nicht gesehen! Durchs ganze Haus flogen diese verdammten Vögel in ihrer Panik, verschmierten alles mit dickem Ruß, die Decke, die Wände, die Polstermöbel. Dabei hatte deine Mutter den ganzen Tag noch wie wild geputzt, damit alles schön sauber war, solange sie im Wochenbett lag. Na, und plötzlich sprang sie aus dem Bett, packte sich einen Besen und jagte diese verdammten Vögel damit durchs Haus, schlug in ihrer Wut blind auf sie ein. Zwischendurch kam immer wieder mal eine Wehe, und sie brach vor Schmerzen auf dem Fußboden zusammen. Sobald die Wehe jedoch vorbei war, sprang sie sofort wieder auf und jagte hinter den Vögeln her, während ihr die Tränen nur so übers Gesicht liefen. Und dein Daddy und ich jagten natürlich hinter *ihr* her, um sie wieder ins Bett zu schaffen, und dabei kriegten wir auch unser Teil mit dem Besenstiel ab!« Beide lachten. »Du liebe Zeit, war das ein Anblick!«

»Was ist denn aus den Vögeln geworden?«

»Dein Daddy hat sie, glaube ich, schließlich zur Haustür rausscheuchen können.«

»Warum sind sie denn überhaupt durch den Kamin gekommen?«

»Keine Ahnung. So was kommt manchmal vor. Nichts wie Ärger hat man mit diesen Stachelschwanzseglern. Gefiederte Ratten, sage ich immer. Aber du hast mich bestimmt nicht angerufen, um dich mit mir über Vögel zu unterhalten. Was kann ich für dich tun, Kleines?«

»Mutter liegt im Krankenhaus.«

»Ach! Davon habe ich ja gar nichts gehört. Was hat sie denn?« Ginny hatte im stillen gehofft, er werde jetzt seine Amtsmiene aufsetzen und mit professioneller Routine sofort die Zügel übernehmen. Als sie hörte, daß er lediglich interessiert war – besorgt, aber doch unbeteiligt –, bekam sie Angst.

»Idiopathische thrombozytopenische Purpura.«

»Hmmm. Und wie geht's ihr?«

»Das weiß ich nicht. Deswegen rufe ich Sie ja an. Weil ich das gern von Ihnen wüßte.«

»Wer ist ihr Arzt?«

»Dr. Vogel.«

»Ach ja, Vogel! Prachtvoller junger Mann. Und ein ganz ausgezeichneter Arzt. Bei ihm ist sie in besten Händen.«

»Er hat ihr Steroide gegeben. Und heute eine Bluttransfusion.«

»Das ist üblich.«

»Ja, aber Mutter merkt, daß die Steroide ihr nicht helfen.«

»Ginny, Kind, früher, ehe es die Steroide gab – weißt du, was wir da getan haben, wenn jemand mit einer unerklärlichen Blutung kam? Wir haben Transfusionen gegeben, und manchmal haben wir auch die Milz rausgeschnitten. Mal half es, mal half es nicht. Wenn es nicht half, mußten wir hilflos dasitzen und zusehen, wie mehr und mehr Blutungen auftraten, bis es zu einer Hirnblutung kam und der Patient Gott sei Dank starb. Sie sind wirklich unbezahlbar, diese Steroide. *Und* die Antibiotika, richtig angewandt. Sie haben die Medizin revolutioniert. Tja, wenn man damals, als ich in Hullsport zu praktizieren anfing, eine Lungenentzündung bekam, mußte man den ganzen Winter im Bett liegen. *Wenn* man Glück hatte. Viele sind auch daran gestorben. Heutzutage können die Patienten in der Regel schon nach wenigen Tagen wieder aufstehen.«

»Ja, und heutzutage, Dr. Tyler, mit den Steroiden und so, ist da die idiopathische thrombozytopenische Purpura, na ja, ist sie lebensgefährlich?«

»Das kann ich dir nicht sagen, Ginny. Deine Mutter ist nicht meine Patientin. Im allgemeinen ist das bei Kindern nicht so gefährlich. Da bessert es sich sehr schnell wieder. Bei Erwachsenen liegt der Fall allerdings ernster. Wie gesagt, es besteht die Gefahr einer Gehirnblutung. Aber das kommt heutzutage nur selten vor.«

»Sie könnte nicht . . . na ja, daran sterben – oder?«

»Weißt du, Ginny, das Dumme bei den Patienten ist, sie erwarten von uns Ärzten immer, daß wir Schamanen, Hellseher oder so ähnlich sind. Ich weiß es nicht. Und ich bezweifle, daß Dr. Vogel es weiß. Die moderne Medizin hat große Fortschritte gemacht, aber es gibt immer noch sehr, sehr viel, was wir *nicht* wissen. Idiopathisch. Ursache unbekannt. Es gibt hunderttausend Möglichkeiten für Defekte am menschlichen Körper. Wir haben mehrere tausend katalogisiert. Einer meiner Lehrer an der medizinischen Fakultät in Richmond hat mir einmal gesagt: ›Wenn Sie die Medizin praktizieren, werden Sie feststellen, daß Sie nach und nach in Ihre Schuhe hineinwachsen. Sie werden merken, daß es vieles gibt, was Sie *nicht* wissen.‹ Ist deine Mutter unglücklich gewesen?«

»Unglücklich?« An diese Möglichkeit hatte Ginny noch nie gedacht. Von dem Ausbruch am Tag zuvor abgesehen, war ihre Mutter, soweit Ginny sich erinnern konnte, immer fröhlich und energisch gewesen.

»Das war sie nämlich, in den letzten paar Jahren.«

»Davon habe ich nichts gewußt«, erklärte Ginny schlechten Gewissens.

»Nun, dann sollte ich vielleicht auch nicht davon sprechen. Doch ich bin alt, und mein Gefühl für Berufsethos ist nicht mehr so unfehlbar wie früher.«

»Unglücklich – worüber?«

»Über alles, was den Menschen einfällt, wenn sie an Depressionen leiden. Kurz gesagt, über alles.«

»Aber weshalb hatte sie denn Depressionen?«

»Danach solltest du sie lieber selbst fragen.«

»Wer – *ich?*«

»Ja, gewiß, Kind. Du bist schließlich ihre Tochter.«

»Aber was haben Depressionen mit körperlicher Gesundheit zu tun?«

»Sehr viel sogar, das kann ich dir versichern.«

»Warum hat Dr. Vogel dann nichts davon erwähnt?«

»Weil das eine Auffassung ist, die . . . nun, unter den Medizinern augenblicklich nicht sehr geschätzt wird. Weißt du, wir haben auch unsere Trends und Moderichtungen, wie alle anderen. Mandelresektionen sind jetzt aus der Mode, Luminal für Krämpfe bei Säuglingen dagegen en vogue. Und so weiter. Doch wenn man so lange im Beruf war, wenn man Patienten unter allen möglichen Bedingungen behandelt hat, wenn man ihre Eltern und ihre Kinder behandelt hat, dann erkennt man allmählich gewisse Schemata. Krankheiten schlagen nicht willkürlich zu, wie ein Dieb in der Nacht. Gewisse Menschentypen bekommen an einem bestimmten Punkt ihres Lebens bestimmte Leiden. Nach einiger

Zeit kann man sie beinahe voraussagen. Eine Krankheit kann in den Augen eines aufmerksamen Arztes dieselbe Funktion erfüllen wie ein Rorschachtest für einen Psychologen; sie ist, wenn man so will, eine Form des existentiellen Selbstausdrucks für den Patienten. Ich weiß, das klingt ein bißchen weit hergeholt, mein Kind, aber Krankheiten treten nicht zufällig auf, und sie ›überfallen‹ die Menschen nicht. Aber Himmel, die Lieblingstheorien eines alten Mannes interessieren dich doch bestimmt nicht . . .«

Ginny schwieg höflich. Dr. Tyler war im Ruhestand eindeutig ein bißchen senil geworden.

»Eines kann ich dir aber versichern, Ginny«, fügte er nun doch noch hinzu. »Einen besseren Arzt als Dr. Vogel wirst du nicht finden. Ich bin überzeugt, daß er alles tut, was getan werden kann.«

Ginny hatte sich insgeheim eingebildet, Dr. Tyler werde Ruhestand Ruhestand sein lassen und die Behandlung ihrer Mutter übernehmen. »Glauben Sie, ich sollte Mutter sagen, daß die Gefahr einer Gehirnblutung besteht?«

Eine längere Pause entstand. »Nun, Kind, das mußt du selbst entscheiden. Vielmehr, du und deine Brüder. Denn siehst du, Kleines, ich bin inzwischen sehr alt geworden und muß an meinen eigenen Tod denken statt an den Tod anderer Leute.«

Entnervt sagte Ginny: »Also gut, Dr. Tyler. Es war sehr schön, wieder einmal mit Ihnen zu sprechen. Vielen Dank für Ihre Hilfe.«

»Gern geschehen, mein Kind. Ich bin immer für dich da. Richte deiner Mutter meine allerbesten Grüße aus und sage ihr, daß ich sie besuchen komme, sobald ich im Herbst wieder zu Hause bin.«

»Das werde ich. Auf Wiedersehn.«

Sie legte den Hörer auf und blieb regungslos sitzen. Das Wort ›Gehirnblutung‹ kreiste in ihrem Kopf. Sie entschied, daß sie von Wendy die Wahrheit würde hören wollen, wenn sie an der Stelle ihrer Mutter wäre. Andererseits konnte das Gespenst einer Gehirnblutung möglicherweise erst eine auslösen, weil es den Patienten mit Sicherheit aufregte.

Wieder einmal beschloß sie, vorerst keine Entscheidung zu treffen. Sie zog es vor, von den Umständen zu ihren Entschlüssen gezwungen zu werden. Und wollte abwarten, wie die Mutter auf die Transfusion reagierte.

Sie holte Kugelschreiber und Briefpapier und begann zu schreiben. »Meine liebe Miss Head. Ich schreibe Ihnen aus dem tiefen Bedürfnis heraus, vergangene Schuld einzugestehen. Ich weiß, daß Sie, als ich in Worthley war, versucht haben, die Dinge kritisch und distanziert zu betrachten und sie in klare Schemata zu bringen. Insoweit ich mir diese Fähigkeit erwerben konnte, hat sie sich mir als unbezahlbar erwiesen. Ihre Philosophie-Vorlesungen sowie die Fahrten mit Ihnen nach Boston und die Besuche in Ihrer Wohnung waren für mich Lichtblicke in einer ansonsten schwierigen und unglücklichen Phase, und dafür danke ich Ihnen von ganzem Herzen. Ich denke seitdem stets mit großer Zuneigung an Sie und wünschte nur, die Umstände, unter denen ich aus Worthley schied, wären anständiger und würdiger gewesen. Aber Sie wissen sicher, daß das leider nicht möglich sein konnte, wenn man bedenkt, was für ein Mensch ich damals war. Es tut mir aufrichtig leid, daß ich Sie so schwer enttäuscht habe. Es gehört zu den Dingen in meinem Leben, auf die ich am allerwenigsten stolz bin. Ich hoffe, es geht Ihnen gut und Sie arbeiten fleißig an Ihrem Buch oder an einem anderen. Mit herzlichen Grüßen, Ginny Babcock Bliss.«

Sie brachte den Brief gleich zum Postkasten am Fuß von Cloyds Hügel, damit sie es sich nicht noch einmal überlegen und ihn wieder zerreißen konnte. Bei Clem und Maxine brannte noch Licht in der Küche. Sie beschloß, ihnen einen Besuch abzustatten.

»Na, wie geht's deiner Mutter heute?« erkundigte sich Clem, als Ginny an ihrem Abendbrottisch Platz nahm, der mit schmutzigem Geschirr bedeckt war. Drei kleine braune Kinder, Ebenbilder von Clem als Junge, hockten in der Ecke auf dem Fußboden und malten.

»Das kann ich nicht genau sagen. Heute nachmittag hat sie eine Transfusion bekommen. Der Arzt hofft sehr, daß sie ihr helfen wird.«

»Möchtest du ein bißchen Bohneneintopf mit Maisbrot?« fragte Maxine. »Es ist noch eine Menge übrig.«

Ginny hatte den ganzen Tag nichts gegessen und überdies einen halben Liter Blut gespendet. »Aber gern, wenn du wirklich noch was hast. Ich bin nämlich halb verhungert.« Maxine brachte ihr einen Teller. Ginny goß Ketchup über den dicken, bräunlichen Brei und fiel gierig darüber her.

»Gibt dir dein Mann oben in Vermont nichts zu essen?« erkundigte sich Clem mit kurzem Lachen.

Ginny lachte ebenfalls und beschloß, nicht zu erwähnen, daß ihr Mann sie rausgeschmissen hatte. Warum sich einen guten Bohneneintopf vergällen? »Hör mal, Clem, sag ruhig, ich soll den Mund halten, wenn du findest, daß es zu taktlos ist«, begann Ginny zwischen zwei Löffeln, »aber was ist mit deinem Bein passiert?«

Clem und Maxine lächelten still. »Es is gesund«, antwortete er.

»Das hab ich gesehen. Aber wie kommt das? Hast du dich operieren lassen, oder was?«

»Nein, der liebe Gott hat's geheilt.«

»O Mann!« sagte Ginny mit breitem Grinsen.

»Aber es *stimmt*, Ginny. Nach unserem Unfall hab ich mein Leben Jesus geweiht, und mein Bein is gewachsen und wieder grade geworden.«

Ginny starrte ihn ungläubig an. Er zog das Bein seines Overalls hoch. An seiner Wade liefen mehrere gräßliche Narben hinab. Da auch die Narben der entsprechenden Stiche zu sehen waren, wirkten sie wie die

Nähte eines Fußballs. Er war allein an der Wade über hundertmal genäht worden. Davon abgesehen jedoch sah das Bein völlig gesund und ganz normal aus. Die Geschichte von der wunderbaren Heilung schien tatsächlich zu stimmen.

»Äh . . . gehörst du einer der Kirchen am Rondell an, oder was?« stotterte Ginny.

»Wir haben unsere eigene kleine Gemeinde hier, ich und Maxine. Wir treffen uns jeden Freitagabend oben im Quellenhaus, ungefähr ein Dutzend von uns.«

»Was? Ihr trefft euch hier oben?«

»Ja. Und wir würden uns freuen, wenn du am Freitag auch kommen würdest, nicht wahr, Maxine?« Maxine nickte.

Ginny stocherte schweigend mit dem Löffel im dicken Bohnenbrei.

»Was is?« stieß Clem nach. »Du brauchs ja nich mitzumachen. Du brauchs bloß zugucken.«

»Würde das denn die anderen nicht stören?« Ginny suchte eine Ausrede.

»Bestimmt nich, wenn ich ihnen sage, daß du 'ne alte Freundin von mir bist.«

»Tja, ich weiß nicht . . .« Sie stippte die Bohnensauce mit einem Stück Maisbrot auf.

»Es könnte vielleicht dein Leben verändern. Wie bei mir«, gab Clem zu bedenken. »Aber auch so – was hättst du denn verloren? Höchstens eine oder zwei Stunden von deiner Zeit.«

»Predigst du da, oder was macht ihr?«

»Wir haben keine feste Ordnung. Wir tun, was uns der liebe Gott eingibt.«

Ginny spürte, wie tief gekränkt Clem sein würde, wenn sie ablehnte, und sagte zu. »Um wieviel Uhr?«

»Freitag, halb acht.«

»Also schön. Ich werde kommen.«

»Fein«, sagten Maxine und Clem unisono.

»Und vielen Dank für das gute Essen.« Ginny stand auf.

Mrs. Babcock erwachte am nächsten Morgen von selbst, ohne daß ihr ein Thermometer in den Mund gerammt wurde. Sie blieb still liegen und lauschte voll Freude dem Ticktack der alten Uhr auf ihrem Nachttisch. Dieses Geräusch hatte sie durchs Leben begleitet. Es hatte, als sie ein kleines Mädchen war, das Blockhaus erfüllt. Und als sie mit ihren Eltern ins große Haus umzog, stand die Uhr auch dort im Wohnzimmer auf dem Kaminsims. Manchmal hatte sie sich auf das Empire-Sofa gekniet und eine Stunde lang oder mehr einfach nur ihrem regelmäßigen Ticken gelauscht. Und der aufregendste Moment der ganzen Woche war immer am Sonntagvormittag nach der Kirche gekommen, wenn ihre Mutter die

Uhr herunterholte und ihr erlaubte, sie mit dem Filigranschlüssel aufzuziehen: acht Umdrehungen, nicht mehr und nicht weniger.

Als sie Wesley geheiratet hatte und mit ihm ins Blockhaus zog, hatte die Mutter ihr die Uhr mitgegeben wie die Bundeslade im Alten Testament. Als Wesley dann während des Krieges in Übersee war, trug Mrs. Babcock Ginny, wenn sie des Nachts zu schreien begann, ins Wohnzimmer hinüber und wanderte mit ihr auf und ab. Sie hielt das winzige Wesen an ihrem Herzen, das im gleichen Takt schlug wie die Uhr, ging hin und her und tätschelte Ginnys zuckenden Rücken. Sie hatte Verständnis für den Kummer des Kindes, und dieses Verständnis war das einzige, was sie in manchen Nächten daran hinderte, das Kind bei seinen Füßen zu packen und es gegen die Wand zu schmettern. Wenn man neun Monate lang zu Mutters Herzschlag im Fruchtwasser gewiegt worden war, hatte man sich an diesen Rhythmus gewöhnt. Wurde er dem Kind entzogen, fühlte es sich allein und verlassen. Es war ein Bedürfnis, das man nie überwand, hatte Mrs. Babcock in jenen dunklen, kalten und einsamen Nächten gedacht, während sie, dem Ticken folgend, endlos durch das Zimmer marschierte. Sie hatte sich mit dem Gedanken getröstet, daß Wesley heil und gesund nach Hause kommen würde, sobald das ruhelose Pendel acht weitere Monate getickt hatte, oder wie immer die Zahl gerade lautete.

Und als Wesley heimkehrte – etwa einundzwanzig Millionen Ticktacks später, wie sie eines Nachts ausgerechnet hatte, als sie mit dem weinenden Kind auf und ab gewandert war –, wurde die Leidenschaft, mit der sie sich noch viele Monate nachher liebten, für sie um so leidenschaftlicher, weil sie vom Ticken dieser Uhr begleitet wurde, die sie an das Gefühl unendlichen Verlustes während Wesleys Abwesenheit und an die Gefahr seines Todes erinnerte.

Als sie dann mit Wesley und den Kindern ins große Haus umzog, war die Uhr ebenfalls mitgekommen und stand auf Mrs. Babcocks Schreibtisch in der großen Halle. Die Kinder tobten wie junge Hunde auf dem Fußboden herum und stritten sich, wer sie aufziehen durfte. Wenn sie während des Tages einmal in ihrer Hausarbeit innehielt, hörte sie das Ticken der Uhr. Wenn sie mitten in der Nacht, wie so oft während ihrer Depressionen der letzten Jahre, in panischer Angst hochschreckte, hörte sie das Ticken der Uhr. Genauso hatte die Uhr für ihre Urgroßmutter, ihre Großmutter und ihre Mutter getickt. Das Leben ging weiter, die Stimmungen änderten sich mit dem Ticken, ihre Ängste würden vorübergehen. Und sie gingen wirklich vorüber. Aber nur, um wiederzukehren, während das ruhelose Ticken sie dem Alter und dem Tod näher brachte, sie von den hektischen Jahren der jungen Mutterschaft, als sie zu beschäftigt oder zu erschöpft gewesen war, um sich die Unausweichlichkeit beider Tatsachen vor Augen zu führen, immer weiter entfernte.

Sie machte ein Auge auf und sah auf die Uhr, auf das vertraute vergilbte Zifferblatt mit den verschnörkelten römischen Zahlen und den Filigranzeigern. Ihr Freund, ihr Feind. An manchen Tagen war sie ein Feind, für den sie einfach aufgrund der Vertrautheit eine widerwillige Zuneigung empfand. Heute jedoch war die Uhr ihr Freund: Wie viele Ticks noch, und sie würde aus dem Krankenhaus entlassen werden? Schon jetzt fühlte sie sich sehr viel besser. Sie betastete die Wattepfropfen in ihrer Nase und die Binde zwischen ihren Beinen. Alles trocken. Die Transfusion schien ihr zu helfen.

Mrs. Babcock reckte und streckte sich behaglich wie eine Katze im Sonnenschein. Nur jemand, der selbst schwer krank gewesen war, der selbst gesehen hatte, wie seine Körperfunktionen zusammenbrachen, konnte dieses überwältigende Wohlgefühl nachempfinden, das davon herrührte, daß diese Funktionen allmählich wieder in Gang kamen. Dieser junge Dr. Vogel wußte wirklich, was er tat. Daran hegte sie jetzt nicht mehr den geringsten Zweifel. Und schämte sich sehr, seine Urteilsfähigkeit hinsichtlich der Steroide bestritten zu haben.

Mrs. Babcock ließ sich aus dem Bett gleiten und zog ihren grünen Flanellmorgenrock an. Und zwar, ohne Schmerzen in ihren Blutergüssen zu spüren wie sonst, wenn sie des Morgens aufstand. Als sie zum Fenster hinausblickte, sah sie über der Anhöhe hinter der Fabrik wie einen rotglühenden Ball die Sonne aufgehen. Vor ihren Augen sprangen die emsig beschäftigten Eichhörnchen in einer wilden Verfolgungsjagd durch die Äste der Ulme.

Mrs. Childress kam mit der Lanzette. Mrs. Babcock legte sich gehorsam hin und spürte mit geschlossenen Augen, wie ihr angestochenes Ohrläppchen im Rhythmus des Uhrtickens pochte. Mrs. Childress betupfte immer wieder den Einstich, um gleich darauf den Sekundenzeiger ihrer eigenen Uhr zu beobachten. Sie richtete sich viel früher auf als sonst.

»Siebeneinhalb Minuten, Mrs. Babcock!« verkündete sie, als hätte Mrs. Babcock einen lange stehenden Rekord gebrochen.

»Ist das normal?«

»Beinahe.«

»Was ist denn normal?«

»Danach müssen Sie Dr. Vogel fragen. Ich darf nicht darüber sprechen.«

»Aber warum denn nicht?«

»Er ist der Arzt.«

»*Sie* sind die Schwester.«

»Vier Minuten ist normal«, flüsterte sie, sich schuldbewußt umblikkend. »Aber Sie sind von zwölf auf siebeneinhalb runter, Schätzchen. Das ist wirklich großartig!«

Widerstreit der Loyalitäten

Eddies und mein Leben verlief nach der Abreise aus Worthley völlig außerhalb jedes Zeitbegriffs. Im Gegensatz zur allgemein üblichen Ansicht gibt es in Wirklichkeit *drei* Sorten von Menschen auf der Welt: diejenigen, die Uhren tragen, diejenigen, die keine Uhren tragen, und diejenigen, die manchmal Uhren tragen und manchmal nicht. Eddie war eine überzeugte Anhängerin der zweiten Kategorie und verspätete sich bei all ihren Unternehmungen; ich dagegen falle zwar in die dritte Kategorie, war aber in jenem Jahr eindeutig uhrenlos.

Unsere Wohnung lag am Broadway von Cambridge, im zweiten Stock eines baufälligen Mietshauses, das irgendwann im folgenden Jahrzehnt der Stadtsanierung zum Opfer fallen sollte. Da das Gasrohr an unserem Herd undicht war, mußten wir ständig das Küchenfenster angelehnt lassen, sogar im Winter, wenn der Schnee durch die Ritzen hereintrieb. Wir mußten uns außerdem aufs Waschen beschränken, da die Dusche ständig leckte und beim Brausen das Wasser nach unten durchsickerte, in die Wohnung einer nervenzermürbten, Wohlfahrt beziehenden Mutter von fünf Kindern, die wahrhaftig genug Probleme hatte, auch ohne daß ihr die Decke auf den Kopf fiel. Die schmale Loggia am Wohnzimmer, die auf die belebte, unratverschmutzte Straße hinausging, wurde ständig von ungebetenen Gästen frequentiert: von Tauben, die unentwegt gurrten und den ganzen lieben Tag lang schissen. Dieses Loch, von seinem skrupellosen Besitzer frech als ›möbliert‹ bezeichnet, war mit den unveräußerlichen Restbeständen aus dem Feuerschaden-Ausverkauf eines Möbelgroßhandels eingerichtet. Der Gasherd brauchte so lange, bis er brannte, daß er ständig die trostlose, linoleumbelegte Küche in die Luft zu jagen drohte.

Kurz gesagt, es war ein Elendsquartier. Eddie und ich jedoch liebten es heiß. Denn wir lebten endlich Arm in Arm, Wange an Wange mit ›dem Volk‹. War es vielleicht unsere Schuld, daß alle Angehörigen ›des Volkes‹ in unserer Nachbarschaft Anträge auf Wohnungen in den Hochhäusern der bereits sanierten Viertel eingereicht hatten? Konnten wir etwas dafür, daß sie so schnell wie möglich auszogen, nur um Leuten wie uns Platz zu machen? Konnte man uns die Verantwortung dafür aufbürden, daß die Wohlfahrt beziehende Mutter unter uns ein finsteres Gesicht machte und die Kleinen hinter ihrem Rücken versteckte, wenn wir im Treppenhaus an ihr vorbeikamen, und daß sie unterdrückten Tones schimpfte: »Dreckige Lesben«? Ich mußte mich immer wieder daran erinnern, daß ich jetzt eine offiziell etablierte Lesbierin war.

Denn ich hatte das Gefühl, mich im Grunde gar nicht verändert zu haben, auch wenn ich jetzt, genau wie Eddie, helle Jeans, Rollkragenpullover, Sandalen und einen langen Zopf auf dem Rücken trug. Wütende Blicke trafen uns, wenn ich mit Eddie Arm in Arm zum Einkaufen ging; im Kino wandten sich uns empörte Köpfe zu, wenn wir im Dunkeln Händchen hielten. Die Gleichgültigkeit der Öffentlichkeit mir gegenüber hatte sich seit meiner Flucht aus Worthley eindeutig in Abneigung verwandelt. Dabei war ich im Grunde immer noch ich, ganz gleich, was dieses ›Ich‹ auch sein mochte!

Die einzige Heizung, die wir hatten, war ein uralter Kerosinofen im Wohnzimmer, der einzig wirklich gemütliche Platz unser Bett mit seinen zahllosen Schichten zerfranster, aus Mülltonnen geretteter Stepp- und kurzerhand aus Worthley mitgenommener institutseigener Wolldecken. Da wir die Miete und unsere geringen Ausgaben von meinen Dividendenschecks bestritten, brauchten wir nicht nach der Uhr zu leben. Und verbrachten infolgedessen den größten Teil unserer Zeit im Bett, ohne genau zu wissen oder auch nur wissen zu wollen, ob es Tag war oder Nacht.

Eddie jedoch spielte weiterhin an zwei Abenden der Woche in ihrem Café in Cambridge Gitarre, wie sie es schon getan hatte, als sie noch in Worthley lebte. Ich war ihr Groupie, hockte allein an einem dunklen Ecktisch, lauschte ihren Protestliedern und beobachtete voll Stolz, wie die Leute ihre rauchige Stimme und ihre erdhaft-sinnliche Erscheinung bewunderten, die durch den schwarzen Rollkragenpullover, die schwarze Strumpfhose und den schwarzen Rock, die sie zu ihren Auftritten trug, erst richtig zur Geltung gebracht wurde. In den Pausen rauchten wir heimlich unter dem Tisch einen Joint. Um drei Uhr früh oder noch später kamen wir heim und schliefen bis zum Nachmittag des folgenden Tages. Ein Tag ging nahtlos in den anderen über, und wir verloren jedes Zeitgefühl. Ohne es zu merken, wurde ich großjährig und bekam die Verfügungsgewalt über mein Treuhandvermögen, was ich erst erfuhr, als ich von Anwälten und Maklern Papiere bekam, die ich unterschreiben mußte.

Während ich diese Papiere durchsah und Besitz von ›meinem‹ Geld ergriff, begannen gewisse Zweifel hinsichtlich der Natur meiner Investments an mir zu nagen. Obwohl Eddie und ich uns immer wieder träge im Bett wälzten, gehörten wir andererseits dem sogenannten Demonstrationszirkel an. Wir hatten uns Sturzhelme gekauft und auf dem Kopf stehende amerikanische Flaggen draufgeklebt. Genau wie die Pferdebesitzer dem Rennzirkus folgten und die Football-Fans ihre Saisonkarten ausnutzten, gingen wir zu jeder Demonstration, von der wir irgendwie Wind bekamen: Friedensmärsche, Mieterstreiks, Arbeitsverzögerung, Gewöhnlich nahmen wir eine Art Picknick mit und lernten mit der Zeit eine ganze Anzahl unserer Berufsdemonstrantenkollegen kennen.

Eines herrlichen Oktobernachmittags nahmen wir an einer Antikriegskundgebung im Stadtzentrum von Boston teil. Die Luft war frisch, die Sonne schien heiß, und bunte Blätter wehten über das Pflaster. Wir waren alle bester Stimmung, die sogar noch wuchs, als wir sahen, wie un-einsam wir alle waren, wie dicht sich die Menge auf dem weiten Platz drängte. Für die Angestellten, die aus den hohen Bürosilos auf uns herabblickten und uns mit Konfetti aus durch den Reißwolf gedrehten Regierungsdokumenten bewarfen, müssen wir wie die Invasion eines brausenden und summenden Heuschreckenschwarms ausgesehen haben.

Unser Sprecher, ein ehemaliger Beamter aus dem Büro des Generalstaatsanwalts, der wegen seiner fanatischen Kriegsgegnerschaft die Stellung verloren hatte, erging sich redegewandt über das Thema ›Sinnlosigkeit der Gewalt‹. Ernst dreinblickende junge Mütter mit schlafenden Kleinkindern im Tragetuch auf dem Rücken nickten eifrig Zustimmung. Studenten jubelten an den richtigen Stellen. Geschäftsleute im Straßenanzug zeigten den begeisterten jungen Rebellen das Friedenszeichen. An diesem strahlenden Nachmittag kam es uns allen unmöglich vor, daß zwischen den Völkern unserer Welt *nicht* nur Frieden und Eintracht herrschen sollten; bestimmt würde sich Präsident Johnson in wenigen Tagen schon dem Willen ›des Volkes‹ beugen und die amerikanischen Truppen aus Südostasien abziehen. Die Menge auf dem Platz, winzig klein zu Füßen der Regierungsgiganten aus blankem Glas und glänzendem Stahl, erglühte vor brüderlicher Liebe. Und nicht zuletzt Eddie und ich, die wir nicht einmal unsere Sturzhelme mitgebracht hatten, weil wir sie zu jener Zeit nur noch in Streikpostenketten vor Baustellen benutzten. Als ich die Kinder, die Hunde, die Mütter, die Geschäftsleute, die Studenten und die Regierungsangestellten in den Fenstern betrachtete, stieg mir ein dicker Klumpen in die Kehle. Derselbe Klumpen, der mir in die Kehle gestiegen war, wenn ich als Kind das Vaterunser gesprochen oder ›America the Beautiful‹ gesungen hatte. Wir konnten nicht scheitern! Eddie und ich sahen uns an, dann fielen wir uns um den Hals und brachen in echte Freudentränen aus. Wie wunderbar war es doch, für das Recht zu streiten und so großartige Mitstreiter zu haben!

Das innerliche Glühen hielt den ganzen Nachhauseweg an. Die Sonne sank schon, als wir, an der ramponierten Tür vorbei, hinter der mehrere Kinder im Chor mit der Mutter Schimpfworte intonierten, müde unsere dunklen, schmutzigen Treppen erklommen. Eddie und ich sahen uns, nach diesem triumphalen Nachmittag vor moralischer und seelischer Erhebung zitternd, erwartungsvoll an und schritten Hand in Hand zu unserem Bett. Wir genossen eine Runde unbeschreiblich leidenschaftlicher Liebe, die ihren atemberaubenden Höhepunkt in einer Serie ungezügelter Orgasmen fand, ausgelöst durch das Einführen je eines eingefetteten kleinen Fingers in den After der anderen.

Aus den Physiologie-Vorlesungen wußte ich, daß unsere übersteigerte Reaktion auf diese Manipulation lediglich eine Funktion des Dehnmechanismus unseres Schließmuskels war. Aber ich trachtete eifrig danach, möglichst vieles von dem in Worthley Gelernten zu vergessen, um meine Einstellung zu unserer Liebe auf eine höhere Ebene als diejenige der chemischen Sekretionen und genetisch induzierten Reflexe zu heben. Außerdem gingen zwischen Eddie und mir Dinge vor, die in den Physiologie-Vorlesungen nicht erwähnt worden waren. Zum Beispiel, wie unsere Körper, eingehüllt in Gerüche, Geräusche, Bilder und Geschmackswahrnehmungen, plötzlich zu zucken begannen wie ein Auto, das für den eingelegten Gang zu langsam fährt, bis wir über den Bereich körperlicher Empfindungen gänzlich hinausgetragen wurden. Sekunden, Minuten oder Stunden vergingen – wir wußten es nicht und wollten es auch nicht wissen. Aufregende Erlebnisse für ein Kleinstadtmädchen; aber auch unheilschwanger, wie ich fand, als ich hinterher kaum spürbar atmend dalag und der Vergleichbarkeit dieser Erlebnisse mit meinem Sturz von Clems dahinrasender Harley nachgrübelte.

Alles in allem jedoch mußte ich zugeben, daß mich die Liebe mit Eddie, ohne Rücksicht auf den Gedanken, was Mutter dazu sagen würde, rund herum glücklich machte. Da hier die Zielsetzung weit weniger eindeutig war als bei der heterosexuellen Liebe, war selbstverständlich weit mehr Phantasie vonnöten. Und nach der phantasiestrotzenden Darbietung jenes Abends war mir klar, daß ich nun endlich mit der Wahrheit herausrücken müsse. Die Angst davor ließ meine Glieder zu Wasser werden. Wie konnte sie mich je wieder zum Orgasmus lecken, wenn sie die volle Wahrheit kannte? Gewiß, Eddie fand, Reichtum müsse stets geteilt werden, angefangen natürlich bei *meinem* Reichtum. Aber würde sie auch Blutgeld mit mir teilen wollen? Andererseits wußte ich, daß ich es ihr nicht verschweigen konnte.

»Eddie?«

»Hmmm?« knurrte sie, schlang ihre Arme von hinten um mich und drückte ihren Mund an meinen Hals, genau wie Joe Bob es damals im Kofferraum von Doyles Dodge so gern getan hatte.

»Ich muß dir was sagen.«

»Hmmm?«

»Hörst du zu, Ed? Es ist wichtig.«

»Hmmm? Hat's nicht doch bis morgen Zeit?« Sie knabberte an meinem Ohrläppchen.

»Nein, hat es nicht. Ich muß es dir jetzt sagen. Ich halte es nicht mehr aus.« Beinahe hätte ich angefangen zu weinen.

»Was ist denn los, Ginny?«

»Kennst du die Papiere, die ich unterschrieben habe? Die von meinem Treuhandvermögen?«

»Hmmm.«

»Weißt du, woher mein Geld kommt, Eddie?«

»Na, woher denn?« fragte sie gähnend.

»Zum größten Teil von der Fabrik meines Vaters.« So! Jetzt war es heraus. Was Eddie jetzt tat, war ihre Sache. Ich jedenfalls hatte reinen Tisch gemacht.

»Na und?« Na und? Hatte ich Eddies Grundsätze etwa irgendwie mißverstanden? »Na und?« Vielleicht bestand tatsächlich kein moralischer Konflikt in der Tatsache, daß wir unsere Ausgaben für Demonstrationen gegen den Krieg mit Geld bestritten, das mit der Lieferung von Munition für eben jenen Krieg verdient worden war. Schließlich war es Eddie gewesen, die mir beigebracht hatte, daß eine Logik à la Miss Head verkehrt war, daß nur Engagement und Opposition den Weg zur Wahrheit ebneten. Vielleicht bestand der Konflikt lediglich in meinem eigenen überrationalen Hirn?

»Ich wußte gar nicht, daß dein Vater eine Fabrik hat«, murmelte Eddie. »Was produziert er denn?«

Aha, so war das also! Die Wahrheit war doch noch nicht ans Licht gekommen. »Sprengstoff«, flüsterte ich in tiefstem Elend.

»Meinst du vielleicht, für Bergbau, Straßenbau und so?«

»Nein, ich meine für Bomben und Granaten. Für Vietnam.«

Sehr lange kam kein Ton von Eddie. Schließlich rollte ich mich herum. Ihr Gesicht war zu einer Grimasse verzogen.

»Wenn du mich verlassen willst, kann ich das verstehen«, sagte ich leise. »Es tut mir leid, Eddie. Ich hätte es dir früher sagen sollen. Aber ich war mir gar nicht richtig klar darüber, bis ich diese Papiere sah.«

Eddie schwieg; ihr Gesicht war noch immer eine Grimasse. »Kannst du mich je wieder lieben?« jammerte ich. »*Kannst* du das?« Sie antwortete nicht. Ich besah sie mir näher. Sie war eingeschlafen.

Wenn ich in jener Nacht zu hoffen gewagt hatte, damit sei die Angelegenheit erledigt, mußte ich am nächsten Morgen entdecken, daß ich einem Irrtum erlegen war. Als ich gegen Mittag aus dem Bett kroch, wanderte Eddie im Wohnzimmer auf und ab und murmelte vor sich hin: »Jesus Christus! Jesus Christus!«

Sie weigerte sich, mich anzusehen oder mit mir zu sprechen. Ich flüsterte mehrmals demütig: »Verzeih mir, Eddie.«

Schließlich fragte sie mich kalt: »Hast du sonst jemandem davon erzählt?« Ich schüttelte bedrückt den Kopf. »Du darfst es *keinem Menschen* sagen, hörst du? *Niemandem*. Mein guter Ruf steht auf dem Spiel.«

»Du kannst dich auf mich verlassen«, versicherte ich ihr ernst, während eine Taube an dem lockeren Kitt des zerbrochnenen Außenfensters herumpickte.

»Also! Nach meiner Ansicht mußt du sofort deine Aktien verkaufen und das Geld in eine Firma investieren, die medizinische Artikel herstellt oder so.«

»Das kann ich nicht.«

»Wieso kannst du das nicht? Die Aktien gehören doch dir, nicht wahr?«

»Ja, aber ich kann erst damit machen, was ich will, wenn meine Eltern beide tot sind. Das ist irgendein Steuertrick. Um die Erbschaftssteuer zu umgehen. Außerdem stellt eine Tochterfirma derselben Gesellschaft in New Jersey medizinische Artikel her: Plasmaflaschen.«

»Na, wenigstens etwas«, antwortete sie nachdenklich. »O *Himmel!*« Sie nahm ihren Treck über den schiefen Fußboden des Wohnzimmers wieder auf. »Das ist so widerlich, daß es mich ganz krank macht, Ginny. So krank, daß ich dich kaum noch sehen kann! Ich habe von den Profiten einer Firma gelebt, die die Kriegsmaschinerie beliefert!«

»Es tut mir leid, Eddie. Ich weiß, daß du dir jetzt schmutzig vorkommen mußt. Und ich würde alles geben, wenn ich dir dies ersparen könnte. Ich habe der Frau, die ich liebe, weh getan. Nein, ich kann's einfach nicht ertragen!« Ich brach in Tränen aus und auf der wackeligen Couch zusammen, die ihrerseits unter meinem Gewicht zusammenbrach.

So lag ich weinend auf dem verschossenen Blumenteppich. Eddie ging in die Hocke wie ein Baseballfänger und streichelte mir das nasse Gesicht. »Na, na! Mach dir doch keine Sorgen, Ginny! Wir werden schon einen Ausweg finden.«

Der Ausweg, den wir schließlich fanden, war eine Reise nach Tennessee, wo wir uns als Streikposten vor der Fabrik aufstellen und dem Major seine Kriegsverbrechen vorhalten wollten. Wenn ich schon nicht meine Aktien abstoßen konnte, so konnte ich wenigstens der Direktionsebene ein bißchen Aktionärs-Input eintrichtern.

Als wir vor der riesigen weißen Villa mit den hohen Säulen standen, knurrte Eddie: »Jesus! Das ist ja richtiggehend feudal!« Maybelle, unsere Köchin, kam herausgelaufen, riß mich in die Arme und wirbelte mit mir über den Rasen. Ich versuchte ihr mit einer würdevollen Gleichheitsgeste statt dessen die Hand zu schütteln, denn ich hatte Mißbilligung in Eddies Miene gelesen, mußte aber schließlich nachgeben und schwenkte nun meinerseits Maybelle auf dem Rasen herum.

»Herr Jesses, ja«, sagte Maybelle zu Eddie in ihrem T-Shirt mit dem Aufdruck ›Power to the People‹, »nu bin ich bei den Babcocks, seit Miss Virginia 'n halben Meter hoch war; Herr Jesses, auf mei'm Schoß hat sie gesessen, und ich hab dem arm, klein Ding gezeigt, wie man sich die Schuhe bindet . . . Ja, Miss Ginny, alles, was sie kann, hat sie von ihrer alten Maybelle gelernt. Ja, wirklich, wenn ich nu . . .« Und so plapperte sie weiter, und ihr Akzent wurde immer dicker, so dick, wie ich es noch nie bei ihr gehört hatte. Ich musterte das schwarze Gesicht eingehend und glaubte in ihren Augen einen Ausdruck boshafter Freude zu entdecken. Ob diese Bosheit gegen Eddie gerichtet war oder gegen mich, konnte man nicht hundertprozentig entscheiden. Eddie jedenfalls war aus tiefstem Herzen empört.

Mutter zeigte uns unsere Zimmer. »Ich freue mich sehr, Sie kennenzulernen, Edna. Ginny hat uns so viele interessante Dinge über Sie geschrieben.«

»Hm«, knurrte Eddie.

Mutter hatte mich in meinem alten Zimmer untergebracht, während Eddie Jims ehemaliges Zimmer direkt gegenüber bekommen sollte. Aber Eddie hatte mir eingebleut, wie man genau diese Situation auf moralisch einwandfreie Art und Weise klären konnte.

»Mutter«, verkündete ich, puterrot werdend, »Eddie und ich, wir werden beide in meinem Zimmer schlafen.« So! Das wäre geschafft! Ich hatte mich tapfer der Wahrheit gestellt, und das meiner eigenen Mutter gegenüber!

Mutter erwiderte jedoch nur heiter: »Schön, Kind. Schön. Genau wie früher, wenn deine kleinen Freundinnen hier schlafen durften.«

Damit wollte ich mich zufriedengeben und das Thema fallenlassen, Eddie versetzte mir jedoch einen Tritt mit ihrer Sandale. »Äh, Mutter . . . Eddie und ich werden . . . äh . . . in einem Bett schlafen.«

»Ja, gewiß«, antwortete Mutter fröhlich. »Das ist schön, Kind. Wie ihr beiden Lieben es wollt.«

Eddie zuckte ergeben die Achseln.

Am nächsten Tag fertigten Eddie und ich zwei Demonstrationsplakate an; auf einem stand: ›Arbeiter, vereinigt euch! Alle Macht dem Volke!‹, auf dem anderen: ›Tennessee Westwood Corporation: Faschistische Arschkriecher der imperialistischen Schweine!‹ Im Jeep des Majors überquerten wir den Fluß, bauten uns vor dem Maschendrahtzaun des Fabrikgeländes auf und begannen mit den Plakaten auf und ab zu marschieren. Ein Wachtposten kam heraus, las die Schilder und sagte zu uns: »Ich glaube, Mädchen, ihr solltet hier lieber verschwinden.« Eddie kochte, weil er sie ›Mädchen‹ genannt hatte.

»Schon gut, junger Mann. Ich bin Major Babcocks Tochter.«

»Und ich bin der Kaiser von China«, gab er zurück. Als ich jedoch, wie ein FBI-Beamter, meine Shell-Kreditkarte zückte, sagte er, unsicher geworden: »Ach so! Okay, Miss Babcock. 'tschuldigen Sie.«

In diesem Moment heulte die Mittagssirene. Wir ließen die Plakate fallen, um uns die Ohren zuhalten zu können, hoben die Schilder aber schnell wieder auf, als die Nachtschicht aus den Toren zu strömen begann und zu den großen Parkplätzen strebte. Mehrere Arbeiter in grünen Werksanzügen lasen unsere beiden Parolen; die meisten aber bemerkten sie gar nicht. Hier und da sah ich bekannte Gesichter von Leuten, mit denen ich zur High School gegangen war, von Leuten, die ich kannte, weil wir unsere Jugend in derselben Stadt verbracht hatten.

Zwei junge Männer waren bemüht, den Text von Eddies Plakat zu entziffern. Wir trabten zu ihnen hinüber. »F-A-Sch . . .«, buchstabierte der eine. Als wir vor ihnen stehenblieben, wurden sie rot und warfen nervöse Blicke um sich, um festzustellen, ob auch niemand sah oder sich darum kümmerte, daß sie sich von zwei überkandidelten jungen Mädchen in T-Shirts mit dem Aufdruck ›Power to the People‹, die unverständliche Parolen auf ihre Plakate geschrieben hatten, ins Gespräch ziehen ließen.

»Faschistisch«, half Eddie ihnen weiter.

»Faschistisch?« wiederholte der eine mit dümmlichem Grinsen. »Was heißt denn das?«

Eddie starrte ihn ungläubig an. »Faschistisch? Äh . . . Na ja, zum Beispiel Hitler.«

»Dreck!« sagte der eine und spuckte aus.

»Was halten Sie von der Arbeit, zu der man Sie hier zwingt?« erkundigte sich Eddie diplomatisch, als wären die beiden Männer Zwerge aus ›Rheingold‹. »Herstellung von Munition für Vietnam.«

»Ach, ist das Zeug dafür bestimmt?«

»Na klar, Dummkopf!« Der andere versetzte ihm lachend einen Rippenstoß.

»Scheiße, ist mir doch egal«, sagte der erste. »Ich arbeite bloß hier, weiter nichts. Die da bezahlen mich, und ich mach, was sie sagen.«

»Na, *mir* ist es nicht egal«, erklärte der zweite.

Eddies Miene hellte sich auf. »Nein?«

»Mein Bruder ist nämlich in Vietnam, und ich werde, weiß Gott, dafür sorgen, daß er immer genug Munition zum Schießen hat. Darauf können Sie sich verlassen!«

»Ach so«, entgegnete Eddie enttäuscht. »Tja, also . . . kennen Sie jemand, dem es *nicht* paßt, daß er Munition für Vietnam herstellen muß?«

Die beiden sahen einander fragend an. »Wenn es hier so einen gäbe«, sagte nun drohend der zweite, »soll er mir bloß nicht unter die Augen kommen.«

Wir zogen ab, auf der Suche nach einem hilfswilligeren Opfer. Gleich darauf stellten wir einen mageren, unterwürfig wirkenden Mann mittleren Alters, der direkt an dem von mehreren Strängen Stacheldraht gekrönten Maschendrahtzaun stand. Als er sah, daß wir auf ihn zusteuerten, versuchte er sich zu verdrücken. Aber wir hatten ihn schon in der Zange.

»Hören Sie«, flüsterte er nervös und streckte abwehrend die Hände aus, »ich will keinen Ärger. Ich hab fünf Kinder.«

Erleichtert entdeckte ich Harry vom Instandhaltungstrupp, den ich seit dem Sommer, als ich aushilfsweise in der Fabrik arbeitete, nicht mehr gesehen hatte. Er erkannte mich trotz meiner gegenwärtigen Tarnung als Retterin ›des Volkes‹ und winkte mir von weitem zu. »Mann, ich glaub, es sind jetzt zwei Jahre, daß ich Sie nich mehr gesehn hab! Fast hätt ich Sie nich wiedererkannt.« Mit einem Kopfnicken deutete er auf meine hellen Jeans, das T-Shirt und den Zopf, der mir wie einem Chinesen lang über den Rücken hing.

»Harry, jetzt mal ehrlich«, forderte ich ihn auf. »Wie finden Sie's, daß Sie Bomben für den Krieg machen müssen?«

Er seufzte müde. »Tja, Schätzchen, ich finde, daß es verdammt viel besser ist als die alten Kohlengruben oben in Sow Gap.«

»Harry!«

»Aber ich *mache* sie doch gar nich, Schätzchen! Ich bin doch bloß beim Instandhaltungstrupp. Außerdem, wenn Ihr Daddy sagt, daß es richtig is, dann finde ich es auch richtig.«

»Wenn man vom Teufel spricht«, unterbrach uns Eddie. Mit unerhört energischem Schritt kam der Major persönlich in seinem feinen Nadelstreifenanzug auf uns zumarschiert. Automatisch zuckte ich zusammen.

»Sagt mal, Kinder, was soll das heißen?« Ich errötete und zuckte verlegen die Achseln. »Virginia! Wenn ihr beide hier nicht sofort diese albernen Schilder verschwinden laßt und macht, daß ihr hier wegkommt . . . werde ich deine Dividendenschecks sperren lassen.«

»Kannst du gar nicht! Die laufen jetzt auf meinen Namen!«

»Ich kann tun, was mir beliebt. Du scheinst zu vergessen, daß *ich* hier immer noch Herr im Haus bin.«

»Kannst du denn nicht vielleicht was anderes machen als ausgerechnet Bomben?« erkundigte ich mich hoffnungsvoll, ohne zu ahnen, daß ich damit bei ihm die Schleusen geöffnet hatte.

»Was ich hier mache, ist *zufällig* wesentlich für die nationale Sicherheit, mein Kind. Die beste Verteidigung ist eine starke Verteidigung. Natürlich weiß ich, daß einige Leute« – mit einem verächtlichen Blick auf Eddie – »unser Land am liebsten dazu zwingen würden, den Kommunisten demütig auf den Knien liegend die Schlüssel zu seinen Toren zu überreichen, aber *ich* gehöre gewiß nicht dazu.« Ich entschied, dies sei wohl doch nicht der richtige Zeitpunkt, meinen Vater darauf hinzuweisen, daß er seine Metaphern durcheinanderbrachte. »Ich habe zu lange und zu schwer gegen Hitler gekämpft, um dabei nicht gelernt zu haben, daß man die Tyrannei keiner politischen Couleur irgendwo Fuß fassen lassen darf. Außerdem, was hier in dieser Fabrik hergestellt wird, entscheide nicht ich. Diese Entscheidungen werden in der Zentrale in Boston getroffen. Also besteigt schleunigst das nächste Flugzeug und begebt euch mit euren idiotischen Parolen und euren unausgegorenen politischen Ideen dahin zurück, wo ihr hergekommen seid.«

»Schwein!« zischte Eddie aufgebracht, als wir zum Jeep zurücktrabten. »Mann, was für ein Schwein ist dein Vater!«

Daheim in Boston kamen Eddie und ich zu der Überzeugung, daß es das Beste für meine politische Entwicklung sei, wenn ich jede Verbindung mit meiner reaktionären Familie abbräche, da sie ganz offensichtlich die Ursache für meine sämtlichen Neurosen und meine politische Bourgeois-Einstellung war. Deswegen sollte ich kurzerhand den Kontakt mit ihnen beenden und mich auf diese Weise mit einem einzigen, raschen Schnitt aus dem Netz kapitalistischer Ideen befreien, in dem sie mich gefangen hielten.

»Man darf seine Wurzeln nicht zu eingefahrenen Gleisen werden lassen«, verkündete Eddie.

»Und auch nicht zu Fußangeln und Fallstricken.«

Ich besorgte mir einen Index der Standard & Poor's Corporation für Aktienpreise, suchte den Stand des Westwood Chemical Corporation heraus und errechnete den Prozentsatz der Profite aus der Fabrik in Hullsport. Dann zog ich jedesmal, wenn mein vierteljährlicher Dividendenscheck eintraf, den entsprechenden Betrag von unserem Taschengeld ab und spendete ihn für freie Schulen, Volkskliniken und Splittergruppen von Freiheitskämpfern in Boston. Der edle Zweck sollte die ruchlosen Mittel rechtfertigen, beschlossen wir. Und Eddie fand weiterhin Trost in der Tatsache, daß wir einen Aspekt jener korrupten, den Tod produzierenden maskulinen Machtstruktur, die das ganze Elend in der Welt verschuldete, boykottierten, indem wir unsere sexuelle Erfüllung anderswo suchten.

Eines Abends im April kam Eddie keuchend die Treppe heraufgehastet. Atemlos blieb sie an der Wohnungstür stehen, ihr so ausdrucksvolles Gesicht eine fast beängstigende Leidensmiene.

»Was ist los?« fragte ich sie nervös vom Schreibtisch aus, wo ich gerade einen Scheck für einen mühsam sich über Wasser haltenden Hippie-Flohmarkt ausschrieb.

»Das Café wird abgerissen; sie wollen da eine Bank bauen!« Sie ließ sich behutsam auf die durchhängende Couch nieder.

»Im Ernst? Mein Gott, das ist ja furchtbar!«

»Leider ist das aber nicht alles.«

»Was denn noch?«

»Dieses Loch, das wir unsere Wohnung nennen, soll jetzt ebenfalls abgerissen werden. Wir müssen zum nächsten Ersten raus.«

»*Was?* Ja, aber wo sollen wir denn hin?« Wir saßen da und starrten uns fassungslos an. Unsere gemütliche kleine Welt brach zusammen.

Als wir den ersten Schock überwunden hatten, nahmen wir uns sowohl mein Scheckbuch als auch den Wohnungsteil des Bostoner ›Globe‹ vor. Unsere Berechnungen ergaben, daß wir entweder die Blutgeldspenden für die Poster Shops und ähnliche Unternehmungen einstellen und die Beträge für die Miete verwenden mußten, oder daß eine von uns beiden sich einen Job suchen mußte.

Beide begannen wir uns etwa zwei Wochen lang halbherzig nach Verdienstmöglichkeiten umzusehen. Sängerinnen von Protestliedern waren zu jener Zeit nicht mehr gefragt, da inzwischen harter Rock die Szene erobert hatte. Während ich ohne Collegeabschluß höchstens als Kellnerin in Waldorf's Cafeteria am Harvard Square arbeiten konnte, wo ich im ersten College-Jahr traurig mein Thanksgiving-Dinner verzehrt hatte. Eddie versuchte mir einzureden, dieser Job lohne sich allein schon deswegen, weil er mich in direkten Kontakt mit ›dem Volk‹ bringen, möglicherweise einige meiner kleinbürgerlichen, von meinen unmöglichen Eltern ererbten Vorurteile beseitigen und meine politische Bildung erheblich fördern werde. Ich protestierte, weil ich mich nicht mehr in der Lage fühlte, feste Arbeitszeiten einzuhalten. Und hatte Eddie mir nicht selbst eingetrichtert, daß man seinen Gefühlen gehorchen müsse?

Nachdem uns nur noch zwei Wochen blieben, bis wir auf die Straße gesetzt werden sollten, beschlossen wir, unsere ausweglose Situation zu ignorieren und zwei Freundinnen von Eddie in Vermont zu besuchen. Beide waren Seniors, Studentinnen im vierten Jahr, in Worthley gewesen, als sie selber noch im zweiten Jahr war, und arbeiteten als Redakteurinnen bei der College-Zeitung, während Eddie dort Reporterin war. Ihnen war es, laut Eddie, zu verdanken, daß sie schließlich ›politisiert‹ wurde. Und sie brachte ihnen die gleiche sentimentale Anhänglichkeit entgegen wie ich Clem Cloyd, weil er mich damals defloriert hatte. Beide waren zunächst Sozialhelferinnen in Newark gewesen und lebten nun mit einigen anderen Leuten zusammen auf einer Farm bei einer Ortschaft namens Stark's Bog.

Mona war eine hochgewachsene, hagere Frau mit großen fiebrigen Augen, die sie hinter einer purpurroten runden Brille verbarg, wodurch ihre Augenhöhlen wirkten, als hätte sie zwei prächtige Veilchen. Das schwarze Haar trug sie im Pagenschnitt mit überlangen Simpelfransen. Ihre Art, den Buckel krumm zu machen, das Kinn einzuziehen und durch ihre purpurrote Brille zu spähen, bewirkte manchmal, daß sie einem Aasgeier ähnelte.

Atheliah war ebenfalls groß, im Gegensatz zu Mona jedoch breit und kräftig, mit ziemlich struppigen roten Haaren, die ihr nach allen Himmelsrichtungen vom Kopf abstanden wie Protuberanzen bei einer Sonnenfinsternis. Sie war sehr lustig und lachte oder lächelte ständig so breit, daß ihre Augen sich zu Schlitzen verengten. Alle beide umarmten Eddie liebevoll: Mona ernsthaft, Atheliah übermütig. Sie lebten mit fünf Männern und einer dritten Frau in einem baufälligen weißen Farmhaus, das durch einen verlotterten, rechtwinklig angebauten Flügel mit einer riesigen Scheune verbunden war. In der Scheune fanden wir auf unserem Besichtigungsrundgang nicht nur den angesammelten, festgetretenen Stallmist von Jahrzehnten, sondern auch zwei Holsteiner Kühe und ein paar eifrig pickende Hühner.

In den Innenräumen des Hauses herrschten Zustände wie auf Coney Island am Tag nach dem Vierten Juli. Überall lagen Kleidungsstücke herum, Bettzeug, Bücher, Papiere, schmutzige Teller und schlafende Menschen. Die feuchten Innenwände waren mit blaßgrünem Schimmel überzogen.

Da gerade Saatzeit war, verbrachten Eddie und ich den größten Teil unseres ersten Nachmittags auf der Farm damit, den Brüdern und Schwestern beim Auslegen der Saat in recht sorglos quer durch den frisch geeggten Garten gezogene Rillen zu helfen. Die Sonne schien heiß, die Feuchtigkeit stieg in Schwaden aus den nassen, tauenden Feldern empor. Müde Fliegen summten träge im hohen Gras. Und in der Ferne erhoben sich, Reihe um Reihe, die von frischem Grün chartreuse gefärbten baumbestandenen Vorberge.

Das Abendessen bestand aus einer undefinierbaren Suppe mit dunklen, klitschigen Klumpen drin, die aussahen wie Laubfetzen aus der untersten Schicht eines Komposthaufens und wie vergammelnder Seetang schmeckten; dazu gab es Vollkornbrot, das man höchstens mit Diamantzähnen kleingekriegt hätte. Anschließend lagen wir zu siebt auf dem schmutzigen Fußboden herum und ließen die Joints wandern, während zwei räudige Stallkatzen auf den Eßtisch sprangen und unsere Teller sauberleckten.

»Was ist eigentlich los mit euch beiden?« wandte sich Eddie an Mona und Atheliah. »Ihr wart doch früher so begeistert sozial engagiert. Für mich wart ihr immer das große Vorbild. Nachdem ihr Worthley verlassen hattet, hab ich versucht, die Zeitung in eurem Sinne weiterzuführen. Mit Artikeln über Weltereignisse und so, statt nur mit dämlichen Partyberichten. Außerdem hab ich Fastenkampagnen für den Bustransport der Kinder aus Roxbury und ähnliche Aktionen organisiert. Ich kapier das einfach nicht, daß ihr plötzlich nur noch aufs einfache Leben aus seid!«

»Ich hatte eben die Nase voll«, erklärte Mona ihr träge, den letzten halben Zentimeter eines Joints zwischen Daumen und Zeigefingernagel geklemmt. Sie sog den Rauch zischend durch die zusammengebissenen Zähne bis tief in ihre Lunge hinein. Dann hielt sie den Atem an, bis ihr Gesicht eine beängstigend tiefrote Farbe annahm, zertrat die brennende Kippe mit ihrem Stiefel, lehnte sich zurück und schloß die besorgniserregend dunklen, geweiteten Augen.

»Dann habt ihr also richtig gekniffen? Euch in eine erholsame ländlich-sittliche Idylle für ausgeflippte Radikale zurückgezogen?« erkundigte sich Eddie.

»Ganz und gar nicht«, wurde sie von Atheliah in einem Ton zurechtgewiesen, der an Julia Child in ›The French Chef‹ erinnerte, nachdem sie den Braten fallen gelassen hat und ihn kurzerhand wieder auf die Platte befördert. »Wir versuchen hier unseren Theorien nachzuleben. Weißt du, wer mein Gehalt bezahlt hat, als ich in Newark die Organisation machte? Das Ministerium für Gesundheit, Bildung und Wohlfahrt! Man kann nicht am Umsturz eines Systems arbeiten und gleichzeitig davon leben. Wenn der Gastkörper stirbt, sterben auch die Parasiten. Zuerst verdient euch mal auf ehrliche Weise, Hand in Hand mit ›dem Volk‹, euer Brot. Dann könnt ihr mit mir über Gesellschaftsformen diskutieren, die ihr Geld mit dem Tod machen, über Ungleichheit und Ungerechtigkeit. Alles andere ist einfach schizo.«

Mona nickte zustimmend und stieß endlich, fast erstickt, in einer dikken Wolke den Rauch aus. Sie begab sich in die Küche, suchte einen Moment im Kühlschrank herum und kam mit einem Plastikbehälter voll tiefgefrorener ›Magic Mushrooms‹ zurück. »Teonanactl haben die alten Azteken die Dinger genannt«, murmelte Mona monoton, während sie sie herumreichte. »Gottes Fleisch, der Schlüssel zur Kommunikation mit der Gottheit.«

Zögernd nahm ich auch einen von diesen eiskalten Brocken und dachte, während ich den Pilz in den Fingern drehte und ihn mir voll Abscheu ansah, über die Frage nach, wie man Gott essen konnte.

»Was ist los? Stehst du etwa nicht auf Drogen?« fragte Mona ungläubig, drauf und dran, mich von ihrer Weihnachtskartenliste zu streichen.

»Aber sicher steht sie drauf«, beteuerte Eddie eilig.

Meine Erziehung war jedoch stärker als mein Wunsch, Eddie zu gefallen: Ich hatte einfach kein Vertrauen zu Leuten, die ihren Gästen Drogen anboten; wie oft hatte ich gelesen, daß ›Magic Mushrooms‹ häufig ganz gewöhnliche Pilze waren, die man in Holzhammerberuhigungsmittel getaucht hatte. Wenn ich das Ding hier aß, würde ich auf dem Fußboden dieses abgelegenen Farmhauses in Vermont eines gräßlichen Todes sterben. Also tat ich nur so, als ob ich abbiß, und hielt das Ding statt dessen heimlich den beiden Katzen hin, die aber nur einmal kurz daran schnupperten und dann ebenfalls nichts damit zu tun haben wollten.

Eddie war von Atheliahs Beweisführung deutlich beeindruckt. Bis zum Abschied saß sie mit nachdenklicher Miene da und stellte eine Menge Fragen über Gartenbestellung, Tierhaltung und Bodenpreise.

»Sind Mona und Atheliah . . . na ja, sexuell *simpatico?*« fragte ich Eddie, als wir auf dem Rückweg nach Boston auf unseren Sitzen im Bus hingen. Die Knie hatten wir gegen die Rücklehne der Sitze vor uns gestemmt. Draußen flogen nasse Wiesen, Nadelwälder und Berggipfel mit dem letzten Schnee an den Busfenstern vorüber.

»Nun ja, *asimpatico* sind sie jedenfalls nicht, und das ist es doch, worauf es ankommt, oder?«

»Was heißt denn *das?*«

»Daß sie kein Pärchen sind, wenn du das wissen wolltest. Beide sind überhaupt nicht an Sex interessiert, soweit ich das beurteilen kann. Aber das ist es, glaube ich, gerade, was sie miteinander verbindet.«

»Wie langweilig!«

»Findest du? Ich finde es erfrischend.« Feindselig funkelten wir, die wir körperlich voneinander abhängig geworden waren, uns an.

»Wie kommen sie denn zu dieser segensreichen Einstellung?«

»Tja, ich weiß noch, daß Mona damals diesen Freund hatte, als sie noch in Worthley war. Einen Medizinstudenten. Sie trafen sich immer im Leichenkeller irgendeines Bostoner Krankenhauses, wenn er Nachtdienst hatte, und dann bumsten sie die ganze Nacht auf einer Trage im Büro.«

»Na, wenigstens brauchten sie keine Angst zu haben, daß sie erwischt wurden«, sagte ich, ganz schwach vor Ekel. Ein Leichenkeller war als Liebeslaube beinahe ebenso unheimlich wie ein Luftschutzkeller.

»Oh, aber es hat sie schließlich doch erwischt. Sie wurde schwanger. Ich erinnere mich noch an den Tag, als sie es mir beichtete. Wir saßen im Zeitungsbüro und korrigierten die Fahnen für einen Leitartikel über die Kampagne für die Freiheit des Worts, und plötzlich warf sie sich quer über den Tisch und fing an zu heulen. Ich konnte es zuerst nicht fassen. Ich hatte Mona immer für ein Musterbeispiel an Selbstbeherrschung gehalten. Na ja, und dann kam es heraus wie ein wahrer Wasserfall. Und dann richtete sie sich auf, putzte sich die Nase und versuchte die tränennassen Druckfahnen trockenzutupfen. ›Was willst du jetzt machen?‹ fragte ich sie. ›Vom College abgehen und heiraten, natürlich‹, antwortete sie kurz. Tja, eines Wochenendes verschwand sie dann und kam kurz darauf aschgrau im Gesicht und hohlwangig wieder. Und verlor nie mehr ein Wort über die Sache. Sie wohnte auf meinem Stockwerk, und soweit ich weiß, ist sie nie wieder mit einem Mann ausgegangen, weder mit ihrem Medizinstudenten noch mit einem anderen. Ich hatte immer das Gefühl, daß man sie nicht danach fragen durfte.«

»Hättest du nicht Atheliah fragen können?«

»Nein. Das wollte ich nicht. Außerdem ist es gut möglich, daß Atheliah überhaupt nichts davon weiß. Jedenfalls kann man Atheliah so was nicht fragen. Sie ist wahrscheinlich die einzige, die ich kenne, die mit sechsundzwanzig noch Jungfrau ist.«

»Hat sie dir das gesagt?«

»Natürlich nicht. Das ist reine Spekulation.«

Daheim in Boston gingen wir weiter auf die Suche nach Arbeit oder einer Wohnung, die wir uns von meinen Dividendenschecks allein leisten konnten. Eines Nachmittags führte uns diese Suche in einen Teil Bostons, in dem ich noch nie gewesen war. Obwohl an jenem Tag die Sonne schien, waren die Straßen, durch die wir wanderten, dunkel und feucht, weil die hohen Expressway-Rampen über ihnen das Licht aussperrten. Wo man hinsah, überquellende Mülleimer und ehemals elegante Stadthäuser, deren Fassaden mit den bröckelnden Gipsamouretten auf der Dachkante trostlos und verschmutzt wirkten. Über dem ganzen Viertel lag ein dichter Nebel aus feuchten Auspuffgasen.

Eddie war, während wir nach einer Adresse suchten, wo es, laut Anzeige, eine billige Zweizimmerwohnung geben sollte, merkwürdig still. Als wir an einer Betontreppe vorbeikamen, die in einen dunklen Keller führte, sagte sie auf einmal grimmig: »Hier, an dieser Stelle, bin ich gezeugt worden.«

»Wie bitte?« fragte ich sie mit einem entsetzten Blick auf einen in einem nahen Hauseingang zusammengebrochenen Betrunkenen, wobei ich mir dies als meine neue Umgebung vorzustellen versuchte.

»Da unten im Keller. Da hat mein Vater, wer immer das war, meine Mutter vergewaltigt.«

Ich erkundigte mich vorsichtig: »Äh . . . woher weißt du das?« Wir blieben stehen und starrten auf die finstere Treppe und in die tiefe Türnische, in der sich leere Schnapsflaschen und Glasscherben häuften.

Sie lachte bitter. »Woher ich das weiß? Weil das unser Familienschrein ist, daher! Immer wieder ist meine Mutter, als ich noch ein Teenager war, mit mir hierhergegangen und hat mir diesen Keller gezeigt. Als abschreckendes Beispiel für die männliche Hälfte unserer Spezies, an der ich zu jener Zeit ein ausgeprägtes Interesse hegte.«

»Heißt das etwa, daß du in diesem Viertel gewohnt hast?«

»Fünf Straßen weiter östlich«, antwortete sie trotzig. »Wie gefällt dir das, Scarlett?« Sie hatte es sich angewöhnt, mich jedesmal, wenn meine feine Südstaatenerziehung zum Vorschein kam, nach der Scarlett O'Hara aus ›Vom Winde verweht‹ Scarlett zu nennen.

»Ich . . . Ich weiß nicht . . .«

Sie stieß einen verächtlichen Seufzer aus. »Spielt es denn eine Rolle, *wo* ich aufgewachsen bin? Du bist in einem Herrenhaus mit Sklaven aufgewachsen und ich eben in einem Slum. Na und?«

In dem Bewußtsein, daß sie hinsichtlich meiner feudalen Herkunft äußerst nachsichtig mit mir war, nickte ich eifrig zustimmend. Wir standen da wie angewurzelt, starrten die dunkle Treppe hinab und stellten uns, in unseren Herzen brennenden Haß auf das männliche Tier, die Vergewaltigungsszene vor.

»Er hielt ihr ein Messer an die Kehle«, fügte Eddie mit erstickter Stimme hinzu. »Sie war erst fünfzehn. Auf dem Heimweg von der Schule, an einem Spätnachmittag im Vorfrühling. Sie wollte Friseuse werden, doch als sich herausstellte, daß sie schwanger war, mußte sie die Schule verlassen.«

»Hätte sie's denn nicht abtreiben lassen können?«

»Bist du verrückt? 1944? In Massachusetts? Ohne Zaster?«

»Dann kann sie jetzt noch nicht sehr alt sein. Wohnt sie immer noch in dieser Gegend?«

Eddie nickte.

»Vielleicht sollten wir sie mal besuchen. Ich würde deine Mutter sehr gern kennenlernen. Schließlich hast du meine auch kennengelernt. Und die Mutter *ist* nun mal ein wesentlicher Faktor im Leben eines Menschen, wie wir alle aus dem Physiologie-Unterricht wissen.«

»Du würdest meine Mutter bestimmt nicht gern kennenlernen.«

»Aber ja – doch, Eddie!«

»Nein«, erklärte Eddie energisch. »Ich habe sie seit über einem Jahr nicht mehr gesehen. Verwandte sind etwas Gräßliches.«

»Bitte!«

»Nein!« Ich blickte sie verwundert an. In ihren Zügen zuckte es vor unterdrückter Emotion. »Wir müssen hier weg«, sagte sie plötzlich, packte mich bei der Hand und zerrte mich mit, den Weg zurück, den wir gekommen waren.

Einen Monat später wohnten wir in einer gemieteten Fertigblockhütte auf einer an Monas und Atheliahs Grundstück grenzenden Farm. Das Blockhaus stand auf einer Anhöhe mit Blick auf einen Biberteich von achtzehn Morgen Größe. Eine weite Wiese mit Timotheusgras erstreckte sich von der Hütte bis zu dem Schachtelhalmdickicht am Teichufer hinab. Aus dem Wasser ragten die abgestorbenen grauen Zweige Hunderter ertrunkener Bäume. An einem Ende, in einem Bereich, der von den Baumskeletten befreit worden war, lag die Burg, in der die Biber hausten.

Am Abend des Tages, an dem wir mit einem gemieteten Lastwagen, vollgepackt mit unseren Siebensachen, dort eingetroffen waren, saßen Eddie und ich in Schaukelstühlen aus Binsengeflecht auf der Veranda. Ich lag weit zurückgelehnt, die Füße auf dem Holzgeländer. Eddie hockte hinter mir und bürstete mir mit ernster Miene das Haar, um es mir anschließend sauber zu flechten. Die Sonne war rotglühend hinter den baumbestandenen Klippen untergegangen, die den Hintergrund des Teiches bildeten, während vom Wasser selbst dichter Dunst aufstieg und die grauen Baumrinden verbarg.

»Woran denkst du?« fragte ich sie.

»Daran, daß wir endlich unseren Platz im Leben gefunden haben.«

Aber wir waren natürlich erst angekommen. Verglichen mit dem Broadway von Cambridge war unser ausgefahrener Feldweg in Stark's Bog, Vermont, das Ende der Welt. Und wir hatten keine Ahnung, daß wir uns mitten auf einem Schlachtfeld befanden. Doch die Schlachten kamen erst später. Der erste Monat brachte uns uneingeschränkte Wonnen. Wir hatten das erhebende Gefühl, endlich heimgekehrt zu sein, erkannten jetzt erst, wie weit wir vom Weg abgeirrt waren. Unsere Vergangenheit hatten wir endgültig hinter uns gelassen, indem wir bei der Post in Cambridge keine Nachsendeadresse hinterlegt hatten (dafür aber natürlich bei der Westwood Chemical Corporation, denn die Leute mußten ja schließlich wissen, wohin meine Schecks geschickt werden sollten).

Das Blockhaus stand auf dem Platz eines alten Farmhauses, das irgendwann einmal abgebrannt war. Es war wenige Jahre zuvor von einem Börsenmakler aus New York City als Sommerfrische und Winterskihütte dort hingestellt worden. Warum er uns so bereitwillig ein Stück Paradies vermietete, war uns eigentlich nicht ganz klar, wurde uns jedoch immer klarer, je weiter die Zeit fortschritt. Immerhin hatte das ursprüngliche Farmhaus mehrere Generationen fleißiger Farmer beherbergt, so daß die benachbarte Scheune sich in gutem Zustand befand. Also zogen wir sofort los, um eine Guernsey-Milchkuh namens Minnie, ein halbes Dutzend rote und schwarze Rhode-Island-Hühner sowie einen bösartigen schwarz-weißen Barred-Rock-Hahn zu kaufen. All diese Tiere brachten wir in der riesigen, modrigen alten Scheune unter, deren Fachwerk aus massiven handbehauenen Fichtenbalken bestand. Wir bestellten einen Bienenstock, nagelten ihn zusammen, stopften ein Paket Bienen aus Kentucky hinein und stellten ihn in den alten Obstgarten hinter dem Haus, der nur aus Apfelbäumen bestand. Die Blüten der Bäume waren jedoch bereits abgefallen, und es hatten sich winzige grüne Äpfel entwickelt. Da die Wachstumszeit längst angebrochen war, pflanzten wir nach den Instruktionen eines Fachbuchs in aller Eile noch einen Garten an.

Familie und Stadt hatten wir also hinter uns gelassen. Jetzt ging es, nach Eddie, unserer großen Theoretikerin, nur noch darum, auch die gesamte kapitalistisch-imperialistische Wirtschaftsform hinter uns zu lassen. Wir nahmen uns vor, nahezu alles, was wir an materiellen Dingen brauchten – Nahrung, Kleidung, Brennmaterial –, selbst anzubauen und herzustellen. Unbequeme Ausgaben wie etwa Steuern wollten wir aus unserer Ahornzuckerproduktion im Frühjahr bestreiten, da wir auf der Anhöhe hinter dem Haus eine ausgedehnte Zuckerahornpflanzung und einen Zuckerschuppen mitsamt den notwendigen Apparaturen gefunden hatten. Wenn ich meine Dividendenschecks sparte, konnten wir bald schon eine Anzahlung auf die Farm leisten, die zu einem lächerlich geringen Preis angeboten wurde – aus Gründen, die uns nur allzu bald klar werden sollten. Und schließlich mochte es uns gelingen, uns gänzlich von jenem korporativen Feind ›des Volkes‹, der Westwood Chemical Corporation, unabhängig zu machen. Wir hofften, in aller Kürze schon in der Lage zu sein, uns wahrhaft mit ›dem Volk‹ identifizieren zu können.

Was nun die Vertreter ›des Volkes‹ in Stark's Bog anging, so waren uns bisher keine bekannt. In Monas und Atheliahs altem Ford-Lieferwagen waren wir mehrmals in den Ort gefahren, um dort Vorräte einzukaufen. Sobald wir den Hügel, auf dem unsere Farmen lagen, hinunterpolterten und -ratterten, konnten wir unten Stark's Bog liegen sehen. Das Moor, auf englisch ›bog‹, von dem der Ort seinen Namen hatte, war auf drei Seiten von Holzhäusern umgeben. Beinahe überall in Vermont fand man Häuser aus Backsteinen und Feldsteinen, für eine kleine

Ewigkeit erbaut; in Stark's Bog dagegen bestanden alle Häuser aus Holz, und nur das Haus von Ira Bliss war für Generationen aus Stein errichtet. Anscheinend hatte von allen frühen Siedlern ausschließlich die Familie Bliss geplant, endgültig hierzubleiben.

Nach Monas und Atheliahs Aussage fror die dicke Schlammschicht des Moores im Winter zu. Im Frühling verwandelte sie sich dann in einen zähen Morast, in dem die Tiere, die dort hineingerieten, hilflos steckenblieben und versanken wie die Mammuts in den prähistorischen Asphaltlöchern. Jetzt allerdings hatten wir Sommer, und das Spartgras raschelte knochentrocken. Der Sumpf war von einer schillernd grünen Schleimschicht überzogen. Die stinkenden Wasserlöcher wimmelten von Moskitos.

Auf dem Weg in den Ort kamen wir zunächst an einem Softeisstand der Firma Dairy Delite vorbei. Hier versammelten sich die Stark's Bogger nach dem Abendessen, um sich an Rootbeer- oder Toffee-Eisbechern zu laben. Anschließend fuhren oder marschierten sie zum Moor, wo sie dem Todeskampf der Tiere zusahen, die allmählich im Schlamm versanken. War es dann etwa 18.27 Uhr, schlenderten sie zum Bahngleis hinüber, um auf den durchfahrenden Fernschnellzug New York-Montreal zu warten. (Er hatte noch nie in Stark's Bog gehalten. Im Gegenteil, manche Passagiere zogen sogar die Rouleaus herunter, wenn der Zug den Ort passierte – zur größten Enttäuschung der eifrig winkenden einheimischen Kinder.)

Obwohl die Stadtgrenzen von Stark's Bog das Moor sowie die umliegenden Hügel und Farmen einschlossen, bestand der eigentliche Ort aus einer einzigen Straße, die von St. Johnsbury kam und zu einem Grenzübergang nach Quebec führte. Dort, wo die Straße durch den Ort verlief, war sie gesäumt von einer Futtermittelhandlung, einem Eisenwarenladen, einem Hotel, in dem im Herbst die Jäger abstiegen, einem IGA-Lebensmittelgeschäft, einer Waffenhandlung, der Werkstatt eines Tierpräparators, einem Beerdigungsinstitut, einem Geschäft für landwirtschaftliche Maschinen und einem Ausstellungsraum für Motorschlitten namens Sno Cat City. All diese Unternehmen hatten sich in Häusern aus den Anfangsjahren des neunzehnten Jahrhunderts etabliert, mit Simsen, Kröpfungen und Eingängen im Kolonialstil,die in ihrer Schlichtheit schön waren. Schön für alle, nur nicht für die Stark's Bogger, die diese Häuser gründlich satt hatten und alles taten, was in ihren Kräften stand, um sie abzureißen oder mit fluoreszierendem Plastik, Neonröhren, Kristallglas und blitzendem Chrom zu verunzieren. Jeder einzelne Geschäftsmann am Ort gierte danach, die Holzbauten auf seinem Grundstück verschwinden und an ihrer Stelle einen Ausstellungsraum aus Gußplastik und Aluminium erstehen zu lassen. Aus der Fassade der Sno Cat City, dem Eigentum von Ira Bliss IV., sprang dem Beobachter zum Beispiel ein riesiger orangegelber Berglöwe entgegen;

und da es gerade Sommer war, standen vor der Tür lange Reihen von blanken, gelb leuchtenden Mopeds. Genau wie es der Traum eines jeden Haushaltsvorstandes von Stark's Bog war, das verhaßte Kolonialstil-Holzhaus, das seine Familie seit Generationen bewohnte, endlich abzureißen und sich ein Fertig-Ranchhaus hinzustellen, in dem es nicht zog und in dem die Installationen funktionierten.

Wir fanden das alles zutiefst bedrückend. Denn es war eindeutig ein Zeichen für die Bereitschaft, sich ins Leben der modernen amerikanischen Gesellschaft einzufügen. Und da uns das überaus mißfiel, fuhren wir möglichst selten nach Stark's Bog hinein. Wenn wir diese Fahrt aber doch einmal unternahmen, beäugten die Stark's Bogger uns, die wir in unseren T-Shirts mit dem Aufdruck ›Off the Pigs‹ – ›Raus mit den Schweinen‹ – und unseren einträchtig auf dem Rücken baumelnden Zöpfen von der Futtermittelhandlung zum Eisenwarenladen marschierten, mit derselben Begeisterung, mit der die Inkas die soeben gelandeten Spanier begutachtet haben mochten. Wie Mona berichtete, nannte man uns das ›Sojabohnengesindel‹, weil wir in der Futtermittelhandlung Halbzentnersäcke Sojabohnen kauften, um sie für den eigenen Bedarf zu verwenden statt für die Tiere. Eddie hatte nämlich entschieden, es sei politisch tadelnswert, *nicht* ausschließlich vegetarisch zu essen, solange für jeden Mastochsen fünf Bewohner der Dritten Welt verhungern mußten. »Wer braucht schon das verfaulende Fleisch abgeschlachteter Tierkadaver?« fragte sie mich und verbrannte sämtliche Kochbücher mit Fleischrezepten im Holzofen. »Wir müßten in der Lage sein, uns zu ernähren, ohne unschuldige Tiere in Sklaverei zu halten.«

Natürlich dauerte es nicht allzu lange, bis die ersten Dinge schiefliefen: nicht länger als zwei beseligende, sonnenwarme Monate. Eines unserer Probleme bestand darin, daß die regelmäßigen Pflichten der Farmarbeit unserem Lebensstil zuwiderliefen. Eines Morgens ging Eddie in die Scheune, um uns zum Frühstück ein paar frische Eier zu holen, während ich eine gußeiserne Bratpfanne auf die Kochstelle unseres Holzofens stellte und die Glut des vergangenen Abends zu einem bescheidenen Feuerchen entfachte. Mit der Absicht, Rühreier zu machen, schlug ich eines am Rand einer Schüssel auf. Ein widerlicher Geruch stieg mir in die Nase. Ich brach die Schale auf und leerte den Inhalt in die Schüssel. Er war bräunlich verfärbt und stank bestialisch. »Äh, Ed . . . Ich glaube, die Eier sind faul.« Sie kam herüber und begann nach einem kurzen Blick in die Schüssel zu würgen. Ich schlug weitere Eier auf: Alle waren sie schmutzig-braun.

»Vielleicht genügt es nicht, wenn wir sie nur einmal in der Woche sammeln«, überlegte ich laut.

»Scheiße! Ich bin doch nicht verrückt und verbringe mein ganzes verdammtes Leben mit dem Einsammeln von Eiern!« Sie ließ sich in den Armstuhl vor dem Ofen fallen.

»Es würde doch höchstens jeden zweiten Tag ein paar Minuten in Anspruch nehmen, wenn wir uns abwechseln«, erklärte ich ihr.

»Abwechseln! Zeitpläne! Listen! Hat dir schon mal jemand gesagt, daß du die Mentalität eines Buchhalters besitzt, Ginny? Wahrscheinlich möchtest du sogar die Tage im Kalender ankreuzen, an denen wir miteinander schlafen dürfen, wie?«

Es war mir während all dieser Jahre keineswegs leichtgefallen, das Badezimmer mit einer Angehörigen ›der Elite‹ zu teilen, daher kamen bei dieser ungerechten Attacke jetzt all meine aufgestauten Ressentiments zum Ausbruch. »Die *Mentalität eines Buchhalters?* Es ist ein Glück, daß wenigstens *einer* hier diese Mentalität besitzt! Wenn ich nicht da wäre und deine Rechnungen bezahlte, meine Liebe, säßest du so schnell mit dem Arsch auf der Straße, daß du nicht wüßtest . . .«

»Aha!« Triumphierend richtete Eddie den Zeigefinger auf mich. »Jetzt ist es raus! Ich hab's ja gewußt! Ich *wußte*, daß es dir im Unterbewußtsein gegen den Strich ging, dein beschissenes Blutgeld mit mir zu teilen. Ihr raffgierigen Bourgeois-Typen seid euch doch alle gleich. Ich lese in euch wie in einem offenen Buch!«

»Ach, wirklich?« kreischte ich, zornbebende Verkörperung bourgeois-gerechter Wut. »Ich habe bisher noch nicht bemerkt, daß *du* dich bemühst, ehrliches Geld zu verdienen, Miss Päpstlicher-als-der-Papst! *Du* scheinst keineswegs unglücklich darüber zu sein, daß du von meinem ach so verachtenswerten Blutgeld lebst!«

»*Dein* Geld, *mein* Geld! Ich scheiße auf dein verdammtes Geld! Steck's dir von mir aus in den Arsch, Scarlett.« Sie saß vorgebeugt in ihrem Armstuhl und funkelte mich aufgebracht an.

»Raus mit dir! *Sofort* raus, du mieser Schnorrer! *Ich* bezahle hier die Miete, dies ist *mein* Haus. Und ich kann darauf verzichten, mir ständig von dir anzuhören, daß ich raffgierig und bourgeois bin, während du dich von mir ernähren läßt, du schwanzverschissener Parasit!«

Der Ausdruck ›schwanzverschissen‹ war mir bisher noch nie über die Lippen gekommen, obwohl ich ihn während der Zeit mit Clem häufig genug zu hören gekriegt hatte. Eddie starrte mich verblüfft an, aber wohl kaum verblüffter als ich sie. Vor Schreck waren wir beide wie gelähmt.

»Aha, so ist das also!« Eddie nickte verständnisinnig.

»Wie ist was?«

»Aber Ginny – du weißt aus dem Psychologie-Unterricht genauso gut wie ich, daß es hier um mehr geht als nur um verfaulte Eier und die Frage, wer die Miete bezahlt. Und mir ist soeben klargeworden, um was.«

»Um was denn?«

»Du magst mich nicht mehr, Ginny. Du willst einen Mann. Einen Schwanz«, fügte sie voll Abscheu hinzu.

»Nein, nein! Das stimmt nicht!«

»Ich hatte so was schon lange erwartet. Du brauchst es gar nicht abzustreiten. Früher oder später *mußte* es ja so kommen. Du hast mit mir nur rumgespielt. Im Grunde bist du eine eingefleischte Hetero-Type.«

»Aber du *irrst* dich, Eddie! Ich will nur dich. Ich *habe* doch einen fabelhaften Partner, wozu brauche ich also einen anderen? Schließlich, wieviel Sex kann der Mensch überhaupt verkraften?« Ich warf mich neben ihrem Stuhl auf die Knie und begann ihr die Schläfen zu massieren.

»Laß nur, es hat keinen Zweck.« Düster stieß sie meine Hände weg. »Was passiert ist, ist passiert.«

»Aber es *ist* doch gar nichts passiert, Eddie«, protestierte ich, verkrampft auflachend. »Was soll ich mit einem Mann anfangen? Ich hab früher Männer gehabt, und du bist ihnen als Liebhaber und auch in jeder anderen Hinsicht so himmelweit überlegen, daß es albern wäre, ein Wort darüber zu verlieren.« Ich küßte sie zärtlich auf den Mund. Darauf folgte eine Umarmung. »Du bist verrückt, Eddie«, wisperte ich ihr liebevoll ins Ohr.

»Vielleicht hast du recht.«

In Ermangelung von Eiern tischte ich uns eine Schüssel angeschimmelten Sojabohnensalat auf, der vom Abend zuvor übrig war. Es war ein ziemlich großer Rest; ehrlich gesagt, der ganze Salat. Wir saßen beide schweigend am Tisch, aßen und genossen dabei den Blick auf den Biberteich. Ich versuchte, beim Essen nicht einzuatmen, um möglichst wenig schmecken zu müssen.

»Köstlich«, erklärte Eddie so energisch, daß es klang, als müsse sie sich selbst überzeugen.

»Köstlich«, echote ich ein wenig schwächer. »Und bis obenhin voll Proteine.«

Die Sommersonne schien hell und heiß auf die Wasserfläche. Rings um das Blockhaus waberten Hitzewellen. Bienen summten im blühenden Unkraut, das im Garten beinahe hüfthoch stand.

»Ich hab überlegt«, sagte ich zwischen zwei hastig runtergewürgten Bissen, »ob wir uns nicht unten im Eisenwarengeschäft einen Motorpflug für den Garten ausleihen sollten.« Der Garten, den wir so liebevoll bepflanzt hatten, erstickte inzwischen fast im Unkraut. Es mußte schnellstens etwas geschehen: Entweder wir mußten Unkraut jäten oder auf die Tomaten verzichten.

»Bist du *verrückt?* Ein Motorpflug? Du hast wohl den Verstand verloren! Willst du eine Wirtschaftsform unterstützen, die ›das Volk‹ zu austauschbaren Zahnrädchen an einem endlosen Fließband macht? Du kannst doch nicht ernsthaft an einem Produktionssystem teilnehmen wollen, das mit der einen Hand medizinische Artikel herstellt und mit der anderen tödliche Bomben! Ich meine, deswegen sind wir doch überhaupt hier, nicht wahr – um uns von dieser Heuchelei zu befreien, um ehrlich arbeitende Menschen zu werden. Oder?«

Ich schwieg. Denn ich war mir auf einmal gar nicht mehr so sicher, daß ich deshalb in Vermont war. Und als ich meine Motive ergründete, kam ich zu dem Schluß, daß ich hauptsächlich hier war, weil Eddie aus bestimmten Gründen hier sein wollte und weil ich bei Eddie sein wollte. Wieder einmal ließ ich bedenkenlos einen anderen Menschen über mich bestimmen. Doch ich fürchtete, daß es im günstigsten Fall hoffnungslos ›bougie‹ (Eddies Abkürzung für ›bourgeois‹) klingen würde, wenn ich das zugab – und im schlimmsten konterrevolutionär. Also fragte ich nur kleinlaut: »Ja, aber was machen wir mit dem Unkraut?«

»Das werden wir mit der Hand jäten«, verkündete Eddie großspurig. »Wie es *alle* Bauern der Dritten Welt tun.«

An jenem Nachmittag zupften wir ohne Hemd und unter Schweißbächen, die unseren behaarten Achselhöhlen entströmten, in der heißen Sonne ungefähr fünfzehn Minuten lang Unkraut und säuberten ein winziges Eckchen unseres Tomatenbeets. Am ganzen Körper naß von Schweiß, lagerten wir uns sodann unter einen Apfelbaum und rauchten zusammen einen Joint.

»Wenn sich die Tomaten nicht gegen das Unkraut behaupten können, verdienen sie nicht, daß sie durchkommen«, befand Eddie. »Indem wir alles Unkraut jäten, schwächen wir die Tomaten nur und machen sie von uns abhängig.«

»Wahrscheinlich ist es schon zu spät. Ich habe jedenfalls das Gefühl, daß sie nicht mehr zu retten sind. Offenbar brauchen sie uns doch.«

Die Äpfel über uns im Baum trugen einen rosigen Hauch. Doch da wir sowohl vergessen hatten, die Bäume zu stutzen, als auch die Schädlinge zu kontrollieren, waren sie winzig, verkrüppelt und voll Wurmlöcher. Kurz entschlossen drehten wir uns auf den Bauch, um nicht noch länger diesen Früchten unserer Unfähigkeit ins Gesicht sehen zu müssen.

»Mag sein, daß wir unseren ehemaligen Lebensmittelbedarf nicht für die Verschiffung in die Dritte Welt freisetzen«, sagte ich, »aber den Schädlingen dieser Gegend haben wir einen verdammt reichen Tisch gedeckt.«

Als Eddie mich ansah, wurde mir klar, daß meine Bemerkung nicht nur nicht komisch, sondern schlechthin reaktionär gewesen war. »Was willst du?« fragte sie zurück. »Wir sind doch erst Anfänger bei diesem Ackerbaukram. Im nächsten Sommer kriegen wir's bestimmt hin.«

Wir ließen den Joint hin und her gehen, und unsere Laune besserte sich. Immer wieder wanderten unsere Blicke zu dem Bienenstock unter dem Nachbarbaum hinüber. Wenigstens Honig würden wir haben. In Befolgung unserer Methode, die Dinge selbst ums Überleben kämpfen zu lassen, hatten wir uns nie um die Bienen gekümmert. Und nur die Bienen hatten es unter diesen Bedingungen geschafft. Schwer beladen mit Nektar und Blütenstaub summten sie drüben ein und aus. Da sollte bloß einer was von Buchhaltermentalität sagen . . .

»Wir müssen im nächsten Jahr unbedingt mehr Bienenstöcke anschaffen«, sagte Eddie gähnend. »Das ist eine Tierhaltung nach meinem Herzen.« Sie rollte sich herum, schlang die Arme um mich und knabberte an meinem Hals.

Eines Tages ging ich mit Eddie zu Mona und Atheliah hinüber, wo eine Herbstäquinoktienparty gefeiert werden sollte. Es war geplant, daß wir bei der Einbringung der Ernte helfen sollten. Anschließend sollte es ein ›Großes Fressen‹ geben. Unser Obolus bestand in Sojabohnenkroketten à la Créole. Als wir ankamen, hockten ungefähr ein Dutzend Leute in den verschiedensten Stadien der Entkleidung auf dem Unkrautfeld herum, das den Garten des baufälligen Farmhauses darstellte. In etwa der Hälfte aller Anwesenden erkannte ich Angehörige von Monas und Atheliahs Kommune. Die übrigen kamen von den benachbarten Farmen. Die ganze Gruppe war von Marihuanarauch umweht wie von erbsensuppendickem Londoner Nebel. Eine Frau in einem langen indischen Gewand mit Haaren, die ihr bis zur Taille hingen, zupfte ein Hackbrett und sang dazu mit Brooklyn-Akzent ein Lied der Bergleute aus Kentucky. Flüchtig empfand ich Sehnsucht nach den Kohlenzechen der Appalachen, obwohl ich sie noch nie gesehen hatte. Das machten zweifellos die Gene, die Kollektiverfahrung meiner Ahnen, jeder einzelnen meiner Zellen tief eingeprägt.

Ein Mann ohne Oberhemd, mit Simon-Legree-Schnauzbart, trug auf seinem blauen T-Shirt in Weiß die Aufschrift ›Power to the People‹. Atheliah rührte in einem großen gußeisernen Kessel, der mitten auf einem kleinen Feuer stand. Ein nacktes Kleinkind tapste herum, die Arme sehnsüchtig nach der Mutter ausgestreckt, die anscheinend nicht aufzufinden war. Ich überreichte Mona meine Steingutschüssel; sie hob den Deckel, schnupperte kurz und sagte: »Sojabohnen – ungeheuer!«

Nach einer Weile machten sich ein paar Leute zu dem Maisfeld auf, das beinahe so verunkrautet war wie unsere Tomaten. Eddie setzte sich zu der Frau mit dem Hackbrett, stimmte ihre Gitarre und begleitete sie darauf. Ich ging mit zum Maisfeld hinüber, um den anderen zu helfen. Wir streiften die Lieschen von den Kolben und warfen sie auf einen Karren. Die Kolben waren höchstens zehn Zentimeter lang und von braunen Wurmspuren überzogen.

Etwa in der Mitte des Feldes fand Laverne, eine Frau aus Monas Haus, einen verkümmerten ovalen Kürbis, etwa von der Größe eines kleinen Footballs. Laverne war statuesk. Einen anderen Ausdruck gab es nicht dafür. Ihre wohlgeformten Hüften und prallen Brüste drohten ihr T-Shirt und ihre Jeans zu sprengen. Sie hatte langes blondes, natürlich gekraustes Haar und blaue Augen. In einer anderen Ära wäre sie ein Filmstarlet geworden oder ein Modell für Rubens. Jubelnd hielt sie den Kürbis empor.

»Ein Football!« keuchte ein bärtiger Mann mit trüben Augen, der fast aussah wie General Sherman auf dem Marsch durch Georgia. Er packte den Kürbis, sprang ein paar Schritte zurück und gab ihn an einen anderen Mann weiter, der nichts an hatte außer Jeans, die er, weil sie zu weit waren, in der Taille zusammengerafft und mit einer Seidenkrawatte als Gürtel befestigt hatte.

»Los, wir spielen!« schlug er vor. »Hemden gegen Haut.« Wir sahen uns um. Fünf von uns trugen Hemden, drei Männer hatten nackte Oberkörper.

Mit einer einzigen, fließenden Bewegung zog sich Laverne das T-Shirt über den Kopf. »Ich spiele als Haut!«

Wir alle standen wie angewurzelt und starrten fasziniert auf ihre herrlichen braungebrannten Brüste, die eindeutig an Freiheit gewöhnt waren. Eifrig bemüht, so zu tun, als hätten wir sie *nicht* angestarrt, als sähen wir tagtäglich einen so atemberaubend schönen Busen, als sei die weibliche Brust für sexuell so freizügige Menschen wie uns gar nichts Besonderes, stürzten wir uns in eine wilde Balljagd quer durch das ganze Maisfeld, trampelten die saftigen grünen Halme nieder und spielten uns dabei den Kürbis zu. Und warfen alle hin und wieder einen verstohlenen Blick auf Lavernes Brüste, die beim Rennen knackig hüpften und in der Septembersonne wie Bronze glänzten.

Das Spiel wurde allmählich immer härter, bis sich die Leute gegenseitig ansprangen und auf dem staubigen Erdboden um den Kürbis rangen. Einmal lag ich nach einem wilden Angriff General Shermans ausgepumpt im Dreck und versuchte wieder zu Atem zu kommen. Als ich mich aufrappelte, sah ich, daß das Spiel vom Garten auf die mit hohem Gras bewachsene Wiese verlegt worden war. Laverne, deren Jeans direkt über dem Schamhaar tief auf ihren Hüften hingen, sprang voll Übermut auf und ab und winkte dem Mann mit dem Krawattengürtel, ihr den Kürbis zuzuwerfen. Sie hatte die Arme hoch über den Kopf gereckt, eine Haltung, die ihre schmale Taille betonte. Ihre Brüste hüpften wie Götterspeise.

Der Kürbis flog hoch durch die Luft. Laverne tat einen Satz, um ihn zu schnappen, wurde aber von drei gegnerischen Männern attackiert. Der Kürbis segelte über ihren Kopf hinweg, prallte auf, zerbrach und spie seinen orangefarbenen Inhalt ins Gras. Laverne selbst landete lang auf dem Rücken, die Jeans bis zu den Knien gerutscht.

Verblüfft beobachtete ich, wie sich der Bärtige auf sie stürzte und seine Hüften gegen die ihren prallten. Ich hörte sie keuchen und aufschreien. Gleich darauf wälzte er sich von ihr herunter, und ein anderer bestieg sie wie ein Cowboy, der ein Wildpferd zureitet.

Ich warf einen Blick zum Haus zurück. Mehrere Leute sahen gleichgültig zu. Niemand schien beunruhigt. Von dort, wo ich mit offenem Munde stand, sah das Gerangel aus wie das, was Clem als ›Gang Bang‹ zu bezeichnen pflegte. Sie benahmen sich wie ein Rudel Straßenköter, die nacheinander eine läufige Hündin bespringen. Laverne wurde vergewaltigt, und keiner half ihr! Ich lief hinüber, obwohl ich eigentlich fand, daß sie es herausgefordert hatte.

Als ich noch zehn Meter entfernt war, konnte ich sehen, daß sie die Beine breitmachte und ihr ganzer wollüstiger Körper mit Erde, Schweiß und Sperma beschmiert war. Außerdem verstand ich jetzt auch, was sie dabei schrie: »Schneller! Schneller! Nicht aufhören, du Mistkerl! O du heilige Mutter Gottes! *Nicht aufhören!*« Ihr Körper bog sich dem Mann entgegen und zuckte krampfhaft wie ein Froschschenkel, der mit einem stromführenden Draht verbunden ist. Drei Männer lagen keuchend im Gras, zu Tode erschöpft wie eine Biene nach dem Stich.

Ich gab meine Absicht, ihr zu Hilfe eilen zu wollen, auf und blieb wie versteinert stehen. Beim Zuschauen stieg mir das heiße Blut ins Gesicht, und meine Brustwarzen begannen vor Erregung zu prickeln. Mir war klar, daß ich mich an dem Getümmel beteiligen wollte, doch ob nun auf Laverne oder unter den Männern, konnte ich nicht so genau sagen. Widerstreit der Loyalitäten.

Ich machte kehrt und schlenderte tief durchatmend, um das Untier in mir zu bezwingen, langsam und nachdenklich zum Haus zurück.

Dort nahm ich neben Eddie Platz, die eine finstere Miene zog. ». . . einfach widerlich«, sagte Mona gerade zu ihr.

»Ekelhaft«, bestätigte Eddie mit einem Blick auf mich. Aber ich schwieg.

Später, als Eddie und ich an Atheliahs gußeisernem Kessel vorbeikamen, holten wir uns einen Schlag Suppe. »Dr. Dekleines Heldenbräu«, erklärte uns Atheliah. »Brauhefe, Milchpulver und geröstetes Sojamehl. Köstlich. Und bis obenhin voll Proteine.«

Wir hockten uns auf die Treppenstufen, und Eddie fragte mich beiläufig: »Na, das hat dir wohl gefallen, nicht wahr?«

»Was soll mir gefallen haben?«

»Lavernes aufreizende Nummer da draußen.«

»Ach so, das!«

»Ich hab gesehen, wie du zugeschaut hast. Dabei ist es dir fast gekommen.«

»Weil ich dachte, die Männer würden sie vergewaltigen. Ich hab mir eben Sorgen gemacht.«

»Um Laverne braucht man sich keine Sorgen zu machen. Aber um *dich* mache ich mir Sorgen.«

»Um *mich*?«

»Na, gib's doch zu! Du fandest es himmlisch. Du wärst am liebsten mitten drin gewesen. Nicht wahr?«

»Der Gedanke kam mir allerdings.«

»Na bitte! Ich hab's ja gewußt! Du magst mich nicht mehr.«

»Das ist nicht wahr«, beteuerte ich nicht sehr überzeugend.

»Kann ich was dafür, daß ich keinen Penis habe?«

»Natürlich nicht«, antwortete ich müde. »Ich habe dir doch gesagt, daß es mir nichts ausmacht. Das Zusammensein mit dir als Partner hat eine Menge Kompensationen.«

»Kompensationen? *Kompensationen?* Na, dann los, Scarlett O'Hara! Schlepp doch einen von diesen Jungstieren auf dem Macho-Trip ab! In den Wald! Aber du traust dich ja nicht. Du kommst sofort wieder bei mir angekrochen. Los! Versuch's doch mal!«

»Vorsicht, Eddie! Sonst tu ich's wirklich.« Aufgrund ihrer unqualifizierten Schimpfkanonade erschien mir der Gedanke immer verlockender.

An jenem Abend wanderten wir in eisigem Schweigen zur Blockhütte zurück – ich mit der von Essensresten verkrusteten Sojabohnenkrokettenschüssel unter dem Arm. Als wir ins Bett stiegen, kehrten wir einander den Rücken.

Etwas später in der Nacht wachte ich auf, weil Eddie mich streichelte. Heiße Tränen tropften auf meine nackte Brust. »Verlaß mich nicht, Ginny! Bitte! Wenn ich wüßte, daß du mit einem Mann zusammen bist – ich könnte es nicht ertragen. Allein der Gedanke macht mich schon krank. Bitte, tu mir das nicht an!«

Automatisch nahm ich sie in die Arme, wir küßten uns und hielten uns fest umschlungen. Sie teilte meine Beine und begann mich zu streicheln. Als ich kurz vor dem Orgasmus war, spürte ich, daß etwas Kaltes, Hartes in mich hineinglitt und sich vor und zurück bewegte. Ein phantastisches Gefühl! Bald jedoch gewann die Neugier die Oberhand über die Lust, und ich richtete mich auf. »Was machst du da, Eddie?« fragte ich sie und knipste das Licht an.

Mit verlegenem Grinsen zeigte sie mir eine eingefettete Salatgurke. Ich starrte sie voll Entsetzen an. »Beruhige dich«, sagte sie tröstend, »sie ist nicht gespritzt.«

Der Zwischenfall mit Laverne, so wenig er die Leute damals beeindruckt zu haben schien, hatte jedoch Auswirkungen, die weit über den Einfluß hinausgingen, den er auf Eddies und mein Verhältnis ausgeübt hatte. Zunächst einmal hielten in der folgenden Woche Mona und Atheliah bei uns Einzug.

»Wir wollten Lavernes Flitterwochen nicht stören«, erklärte Mona verächtlich, als wir am Abend ihrer Ankunft in den Armstühlen um den Holzofen herumsaßen. Da die Herbstluft bereits kühl war, hatten wir ein bißchen Feuer gemacht.

»Du meinst . . . sie ist da mit den ganzen Männern und . . .?« erkundigte sich Eddie mit völlig uncharakteristischem Taktgefühl. Als Mona mit ironischem Lächeln nickte, schauderte Eddie. »Dann kann ich nur allzu gut verstehen, daß ihr dort weg wolltet. Ihr könnt herzlich gern bei uns bleiben, so lange ihr wollt.«

»Aber wir wollen fair sein, Mona«, sagte Atheliah. »Es war nicht nur Laverne allein. Dies hat sich schon seit langem zusammengebraut.« Atheliah schärfte ihre Axt an einem Schleifstein und prüfte die Klinge immer wieder mit ihrem schwieligen Daumen. Manchmal legte sie sie hin, um eine Zigarette zu rauchen, die sie zwischen Daumen und Zeigefinger hielt, das glühende Ende in ihrer überdimensionalen Hand verborgen.

Mona nickte zustimmend. Sie rauchte einen Joint, hatte gerade tief inhaliert und hielt jetzt lange den Atem an. Ihr Gesicht wurde so dunkelrot wie das eines Kindes mit einem Wutanfall. Ihre Augen, die aussahen, als wären sie von Blutergüssen umgeben, wurden hinter den purpurroten Brillengläsern allmählich glasig.

»Es *mußte* ja zu diesem Bruch kommen«, fuhr Atheliah fort. »Die Kerle wollten den ganzen Tag im Garten rumhocken, und wenn sie ins Haus kamen, erwarteten sie, daß eine heiße Mahlzeit auf dem Tisch stand.«

»*Nein!*« sagte Eddie zutiefst empört. Sie nahm ihren Stuhl und stellte ihn hinter meinen. Mit je einem Knie zu beiden Seiten meines Stuhls begann sie vorsichtig mein Haar zu lösen.

»Doch«, versicherte Atheliah. »Oder einer von ihnen sagte gebieterisch: ›Mona!‹ Und deutete auf seine Tasse, zum Zeichen, daß er noch Tee wollte. Es war absolut irreal.«

»Nicht zu fassen!« staunte Eddie.

»Aber es stimmt«, erwiderte Atheliah nachdrücklich. »Die sind auf einem richtigen Macho-Trip. Ich Tarzan, du Jane.«

»Wie dem auch sei« – Mona stieß den inhalierten Rauch aus –, »Atheliah und ich brauchen einfach mehr Lebensraum, damit wir richtig arbeiten können. Laverne ist ganz verrückt nach diesem Macho-Scheiß, aber uns stinkt das einfach.«

»Stinken ist noch zu schwach ausgedrückt«, erklärte Eddie angewidert. Sie bürstete mir das wirre Haar mit kurzen, scharfen Strichen aus.

»Aber das ist nicht die Schuld der Männer«, sagte ich aus eigener Erfahrung. »Das kommt nur von ihrer Erziehung, von diesen masochistischen Müttern, die ewig an ihnen rumhängen und ihnen jeden Wunsch von den Augen ablesen. Die sind *macho*, ich bin bougie. Wir können eben einfach nicht anders.«

»Das ist cool«, stimmte Mona zu; sie saß vorgebeugt, die Ellbogen auf die Armlehnen gestützt, auf ihrem Stuhl; das dunkle Haar hing ihr tief in die Augen. »Aber an welchem Punkt fangen diese Scheiß-Charakterzüge, die von der Kindheit übrigbleiben, dann an, unter deine eigene Verantwortung zu fallen statt unter die deiner Eltern?«

Wir saßen da, meditierten über diese Frage und lauschten dem hypnotischen Geräusch von Atheliahs Axt auf dem Schleifstein. Eddie stand auf und schob ein Holzscheit in den Ofen. Als sie sich wieder setzte, begann sie mein dichtes, langes Haar zu glätten, in dem es vor Elektrizität knisterte. Ein Fenster ratterte im Rahmen, ein paar verfrühte Schneeflocken wirbelten vorüber. Die Wirkung, die das Schleifen ausübte, fiel irgendwo zwischen eine Rückenmassage und einen Nagel, der über eine Schiefertafel kratzt.

»Jesus!« seufzte Mona, sank noch tiefer in ihren Stuhl und streckte die Beine aus. »Dieses Schleifen geht mir durch Mark und Bein. Das macht mich so richtig schön an.«

Nach einigen Minuten, als Atheliah endlich mit der Schärfe der Schneide zufrieden war, ölte sie sie sorgfältig ein und schob sie in eine braune Lederscheide. Dabei glich sie einer treusorgenden Mutter, die ihr heißgeliebtes Baby badet, einölt und dann anzieht.

»Danke, daß wir bleiben dürfen«, sagte Atheliah.

»Ich finde es schön, daß ihr da seid«, antwortete Eddie. »Außerdem kommen uns zwei fleißige Rücken mehr bei der Landarbeit sehr gelegen.« Ich lachte. »Was ist so komisch daran?« fragte Eddie mich liebevoll.

»Ach, nur daß ich seit meiner Footballzeit nicht mehr als Rücken, als ›back‹, bezeichnet worden bin. Als Kopf, als Fotze, als Stück Hintern – ja. Aber niemals als Rücken. Das ist außerordentlich erfrischend.«

Am nächsten Morgen zeigte Atheliah uns, wie man Bäume fällt. Als wir Einzug hielten, hatte ein kleiner Vorrat Brennholz auf der vorderen Veranda gelegen, aber den hatten wir fast ganz zum Kochen verbraucht. Und jetzt, da der Herbst gekommen war, mußten wir unbedingt Holz zum Heizen haben. Eddie und ich waren ziemlich verdutzt darüber, weil uns bis vor kurzem überhaupt nicht klargeworden war, daß wir die Heizung fälschlich für selbstverständlich gehalten hatten, als etwas, das automatisch vom Hauswirt gestellt wird. Aber jetzt hatten wir ja zum Glück zwei zusätzliche ›Rücken‹.

Atheliah in rotkariertem Wollhemd, olivgrüner Army-Hose und grünen Gummistiefeln testete die Schneide der Axt mit dem Daumen, als hätte sie nicht am Abend zuvor eine ganze Stunde damit verbracht, sie so scharf zu schleifen wie eine Rasierklinge. Sie stemmte beide Beine fest auf den Boden und schwang ihre geliebte Axt wie einen Baseballschläger mit beiden Händen hoch über die eine Schulter. Ihr sofort gefrierender Atem umgab ihren Kopf, den die roten Haarzotteln in ein Medusenhaupt verwandelten, wie eine Aura. Dann trieb sie die Axt diagonal in einen Birkenstamm. Anschließend zog sie die Axt vor und zurück, bis sie sie aus dem Holz befreit hatte, und schwang sie abermals hoch über den Kopf. Ein großes keilförmiges, mit weißer Rinde bedecktes Holzstück flog heraus. Ein halbes Dutzend wohlberechneter Schläge später war der Stamm zur Hälfte durchtrennt. Jetzt wechselte sie auf die andere Seite und schlug dort einen Keil heraus, der etwas höher lag als der erste. Der Baum begann sich langsam zu neigen. Atheliah stemmte die Schulter gegen den Stamm, und er brach langsam, krachend um.

»Wo hast du denn *das* gelernt?« erkundigte sich Eddie tief beeindruckt.

»Bei den Girl Scouts, zu Hause in Ohio«, gestand Atheliah.

»Irre«, gab Eddie zurück. Jetzt übernahm Mona die Axt und befreite den Stamm mit geschickt gezielten Schlägen von Ästen und Zweigen. Ihre Technik war zwar weniger spektakulär als die von Atheliah, darum aber nicht weniger wirksam; mit gebeugtem Rücken führte sie kurze, schnelle Schläge, daß ein Hagel von winzigen Holzspänen wirbelte. Als alle Äste am Boden lagen, war der Stamm erstklassig getrimmt.

Auf der Free Farm, wie wir sie getauft hatten, entwickelte sich allmählich eine Art Schema. Jeden Morgen nach dem Aufstehen machte ich zunächst das Frühstück. Dann spülte ich das Geschirr, während Eddie, Atheliah und Mona die Ackergäule einspannten, die wir gekauft hatten, und den Berg hinauf zu unserem Holzschlag zogen. Bald hatten wir genügend Holz für den Winter, die anderen wollten aber noch den Holzverschlag oben beim Zuckerschuppen füllen, damit alles für die Zuckerproduktion Ende Februar vorbereitet war. Während die drei auf dem Berg waren, blieb ich zu Hause und machte sauber. Außerdem spann und färbte ich Wolle, aus der ich Regenbogenvorhänge für unsere kahlen Fenster häkelte. Dabei kam ich mir wie Schneewittchen vor, während die anderen natürlich die Zwerge darstellten.

Sobald ich dann mittags das Klirren der Pferdegeschirre den Hang herabkommen hörte, machte ich einen herzhaften Lunch zurecht: Fettgebackenes aus Sojabohnen, Sukiyaki aus Sojabohnenschößlingen oder Pilaf aus Sojabohnengrütze. Jeden Mittag hockten wir vier an dem knarzenden Tisch, während ich neue kulinarische Genüsse auftischte. Jeder probierte vorsichtig einen Bissen, wartete einen Moment, und dann sagte Eddie unweigerlich: »Also, das ist wirklich köstlich!«

»Jawohl, köstlich«, echoten die anderen beiden.

»Und soviel Nährstoffe«, fügte eine von ihnen hinzu.

Eines Vormittags, als ich gerade den violetten Streifen meines fünften Regenbogenvorhangs häkelte, klopfte es an die Tür. Ich erschrak, denn ich hatte keinen Wagen kommen hören. Als ich öffnete, stand da Laverne, einen Rucksack auf dem Rücken, einen Duffelbag in der Hand. Sie wirkte üppig und sehr sinnlich in der verschossenen Latzhose, dem Flanellhemd und dem krausen blonden Haar, das ihr frisches Gesicht umrahmte.

»Hallo, Ginny!«

»Was willst du hier?« fragte ich, sehr bemüht, Mißbilligung anklingen zu lassen.

»Bei euch einziehen.«

»Bist du verrückt? Was ist denn los? Haben deine Freunde dich rausgeschmissen?«

»Ich hab die Nase voll von Männern! Endgültig!«

Ich musterte sie argwöhnisch, trat aber doch einen Schritt zurück, um sie einzulassen. Sie warf ihr Gepäck auf den Fußboden und sah sich um. Ich war sehr stolz auf unser Haus, das im Vergleich zu jenem Katastrophengebiet, dem sie gerade entronnen war, ein Musterbeispiel an Ordnung bot.

»Ach, ich weiß nicht recht, Laverne. Ich weiß wirklich nicht, ob du hierbleiben kannst. Wir müssen warten, was die anderen sagen. Zum Mittagessen sind sie wieder hier.«

»Ich weiß ja, daß sie meine sexuellen Neigungen nicht schätzen.« Sie hatte die Angewohnheit, ihre Unterlippe mit der Zunge zu befeuchten und dann langsam mit dem Mittelfinger über die Lippe zu streichen.

»Das ist noch vornehm ausgedrückt.«

»Aber das ist ehrlich vorbei. Ich habe mich geändert. Ich will mein Leben lang keinen Mann mehr sehen.«

In diesem Augenblick kamen die anderen und stapften mit ihren schmutzigen Stiefeln auf meinem sauberen Fußboden herum. »Stiefel ausziehen!« kreischte ich wie die Hausfrau einer Fernsehwerbung.

Gehorsam bückten sie sich, um sich die Stiefel auszuziehen, nach und nach jedoch fiel ihnen auf, daß Laverne anwesend war.

Schließlich raffte sich Eddie auf. »Nanu, das Weib von Bath! Welchem Anlaß verdanken wir das Vergnügen deiner wollüstigen Gegenwart in unserer keuschen Hütte?«

Laverne kicherte nervös.

»Sie möchte hier einziehen«, erklärte ich.

»Hier?« fragten die drei anderen unisono.

»Ich kann keinen Mann mehr *sehen*.«

»Aber *tun* kann er mit dir, was er will, wenn du ihn nur nicht zu sehen brauchst, wie?« fragte Eddie.

»Nein, ehrlich! Ich bin fertig mit den Männern. Die bringen doch nur eine Enttäuschung nach der anderen. Man kann sich auf ihre Bereitschaft und ihr Stehvermögen einfach nicht verlassen. Ehrlich, ich will nichts weiter als meine Ruhe und meinen Vibrator.«

Darüber mußten wir alle lachen: Wieder ein Beispiel für die Tatsache, daß der Mensch von seinen eigenen Maschinen verdrängt wurde. Kurz darauf jedoch, als wir uns über die Curry-Koteletts aus Sojabohnen hermachten, verging uns das Lachen ganz von selbst.

Allmählich hielten wir die Zeit für gekommen, uns direkt mit ›dem Volk‹ zu befassen. Schon viel zu lange hatten wir uns abseits gehalten und sogar geduldet, daß eine Legende bei den Stark's Boggern entstand: das Sojabohnengesindel bestehe aus Kommunisten, Lesbierinnen, Deserteuren, Atheisten und Wohlfahrtsempfängern. Unsere Abgeschiedenheit war notwendig gewesen, um die Free Farm in Gang zu bringen.

Inzwischen aber lagerten die spärlichen, kümmerlichen Produkte unseres unkrautüberwucherten Gartens in Gläsern und auf Tabletts voll Sand in dem modrigen, unausgemauerten Keller der Blockhütte. Das Holz für Haus und Zuckerschuppen war geschlagen, gespalten und sauber gestapelt. Nun wurde es Zeit, nach Stark's Bog hinabzusteigen und sich unter das Volk zu mischen, dessen Schicksal wir zu teilen beabsichtigten. Es wurde Zeit, Köpfe und Herzen für die Revolution zu erobern!

Unsere erste Geste der Solidarität bestand in der Teilnahme an einer Blutspendeaktion, die in der ortseigenen Schule stattfand. Ich muß ihn zweifellos schon früher einmal gesehen haben; schließlich gehörte er zu den aktiven jungen Unternehmern des Ortes, war Präsident der Freiwilligen Feuerwehr von Stark's Bog, einer der eifrigsten Square Dancer bei den Wheelers 'n' Reelers sowie Mitglied des Friedhofsausschusses. Meine erste klare Erinnerung an ihn ist jedoch unsere Begegnung bei jener öffentlichen Blutspende.

Wir fünf marschierten, alle in karierten Wollhemden, Khakihosen aus Armeebeständen und grünen Gummistiefeln, geschlossen in die Turnhalle ein. Totenstille entstand in dem weiten Raum, als wir der freundlichen grauhaarigen Dame hinter dem Tisch unsere Namen nannten. Wir saßen Seite an Seite auf den Klappstühlen und warteten, bis wir aufgerufen wurden, um der weiß gestärkten freiwilligen Schwesternhelferin unsere Krankengeschichte anzugeben. Ein Teil der Turnhalle wurde von fahrbaren Holzpritschen eingenommen, neben denen jeweils ein Plastikbeutel hing. Von jedem Beutel führte ein Schlauch in den Arm eines lang ausgestreckten Stark's Boggers. In der Ecke war ein Erfrischungsstand aufgebaut, wo diejenigen, die es schon hinter sich hatten, plaudernd und Doughnuts mampfend herumstanden. Ich erkannte den Laufjungen aus dem IGA-Lebensmittelgeschäft, den Besitzer der Futtermittelhandlung, einen Farmer aus unserer Nachbarschaft und noch ein paar vertraute Gesichter. Das Bewußtsein, das mein Plastikbeutel in der Blutbank direkt neben den ihren liegen würde, vermittelte mir ein wunderbares Gefühl der Verwandtschaft. Wir waren alle Mitstreiter im großen Kampf ums Überleben.

Eine nach der anderen wurden wir dann zur Schwester gerufen. Schließlich lagen wir auf den Pritschen und spendeten unseren Lebenssaft für die Gemeinde – Blut, das Vermont-Farmer retten würde, die einem Traktorunfall zum Opfer gefallen waren, Vermont-Frauen, die im Kindbett zu verbluten drohten, Vermont-Kinder, die sich an ihren Schlittenkufen verletzt hatten. Wir strahlten vor Genugtuung über diesen unseren Dienst am Volk. Hinterher mischten wir uns unter unsere Mitbürger und tauschten mit ihnen so tiefgründige Bemerkungen wie: »Na, kalt genug heute?« Oder: »Sieht aus, als käme Schnee von Norden.« Nach den Doughnuts und dem Coke strebten wir dann wieder dem Ausgang zu.

Und dort stand Ira Bliss IV., Vertreter der Missouri Mutual Insurance sowie Besitzer der Sno Cat City, und verteilte kleine rote Plastikherzen. Ira sah aus wie Victor Mature in seinem großen Film ›Der Mantel‹: hohe Wangenknochen, fester Mund mit vollen Lippen und große dunkle, aufmerksame Augen unter dichten, buschigen Brauen, die ihm einen ewig verwunderten Ausdruck verliehen. Sein dunkles, gewelltes Haar hing ihm so tief ins Gesicht, daß es die hohe Stirn teilweise verdeckte. Stirn und Wangen waren vom häufigen Aufenthalt im Freien gerötet und glänzten vor Schweiß, so daß er wirkte, als habe er gerade einen besonders schnellen Ruderspurt in einer römischen Galeere absolviert. Er trug ein Sporthemd mit weichem Kragen, so eng, daß sich bei jeder Bewegung Bizeps und Brustmuskulatur unter dem roten Stoff abzeichneten. Die drei obersten Knöpfe standen offen und zeigten einen Wald von schwarzer, krauser Brustbehaarung. Er stand unmittelbar an der Tür und blähte die Nüstern wie ein Rennpferd. Rückblickend möchte ich fast schwören, daß wir bedeutungsschwere Blicke tauschten. Damals jedoch stand ich nur still und ließ mir von ihm das Plastikherz am Kragen meines Wollhemdes befestigen, als wäre er ein junger Mann, der dem Mädchen, mit dem er ausgeht, ein Blumengesteck ans Kleid heftet.

Als er uns alle fünf mit Herzen versehen hatte, nickte er uns freundlich zu. »Vielen Dank, Mädchen, für die Hilfe, die ihr mit dieser Spende unseren tapferen Jungens in Vietnam leistet«, sagte er.

Wie auf Kommando fuhren wir herum. »*Dafür* soll die Blutspende sein?« fragte Eddie. »Ich dachte, sie wäre für die Blutbank, die für *unsere* Gemeinde zuständig ist.«

»Ist sie sonst auch.« Er lächelte freundlich. »Aber heute handelt es sich um eine Sonderaktion zugunsten der amerikanischen Truppen.«

Eddie erbleichte und hielt während des ganzen Rückwegs zum Wagen meinen Arm umkrampft. Auf der Heimfahrt herrschte ein unbehagliches Schweigen – und zwar nicht nur, weil Ira diesen patriarchalischen *faux pas* begangen und uns ›Mädchen‹ betitelt hatte.

Das nächstemal begegnete ich Ira unter erheblich weniger angenehmen Umständen in unserem Info-Center für Geburtenkontrolle an der Main Street. Unsere Finanzierungskampagnen begannen uns Sorgen zu machen: Immer wieder hatten wir Schecks an Underground-Theatergruppen und Caféstuben der Subkultur in Boston geschickt. Da wir jedoch keine Möglichkeit hatten, deren Aktionen zu kontrollieren, wurde Eddie langsam unruhig. Sei behauptete steif und fest, ein Drogenrehabilitationszentrum,das wir unterstützten, sei eine Tarnorganisation für die Unterwanderung der Radikalen mit FBI-Spitzeln. Also stellten wir die Spenden ein. Außerdem hielten wir es für notwendig, unsere eigene, unmittelbare Umgebung aufzuklären. Denn jedesmal, wenn wir in der Stadt Vorräte besorgten, hatten wir Frauen unseres Alters gesehen, viel zu dick, mit Zahnlücken und strähnigen Haaren, in alle vier Himmelsrichtungen zugleich gezerrt von ebenso vielen Kleinkindern. Diese Frauen waren unsere Schwestern. Sie verdienten unsere Hilfe weit mehr als ein paar linke Läden in Boston.

Also hatten wir einen leerstehenden Laden gemietet, den wir mit Möbeln aus dem Sperrmüll einrichteten und mit kostenlosen Prospekten der Organisation ›Planned Parenthood‹ über Familienplanung bestückten. Draußen befestigten wir ein Schild mit der euphemistischen Aufschrift ›Zentrum für Familienplanung‹. Während der üblichen Geschäftszeiten hatte jeweils eine von uns dort Dienst, allzeit bereit, über die Methoden der Geburtenkontrolle zu diskutieren und hilfesuchende Frauen zum Erwerb eines entsprechenden Geräts an den einheimischen Arzt zu verweisen. Außerdem war noch geplant, Frauen, die eine illegale Abtreibung wollten, mit den Adressen sympathisierender Ärzte in Montreal zu versorgen und im Staatskapitol von Montpellier eine Lobby zur Liberalisierung der staatlichen Abtreibungsparagraphen zu organisieren.

In diese Aufgaben teilten wir uns alle außer Mona, die uns eines Abends erklärte: »Ich würde mich lieber umbringen, als eine Abtreibung machen zu lassen. Jedenfalls dann, wenn der Vater ein Mann ist, den ich liebe oder geliebt habe. Das ist doch, als risse man sich selbst eine Hand aus und trampele darauf herum.«

»Manchmal muß man einen Ast opfern, um den Baum zu erhalten«, erwiderte Eddie knapp.

Innerhalb von zehn Tagen hatten wir zwei Klientinnen. Die erste war eine zarte junge Frau mit seltsam unruhigen Augen. Nachdem sie immer wieder nervös die Straße hinauf- und hinabgeblickt hatte, um sich zu vergewissern, daß niemand von ihren Freunden und Nachbarn sie beobachtete, stahl sie sich ängstlich zur Tür herein.

»Kann ich Ihnen helfen?« erkundigte ich mich fürsorglich, als sie unsicher vor meinem Schreibtisch stand.

»Ich . . . ich möcht's machen«, stotterte sie errötend.

»Aber ja, gern.« Ich vermutete in ihr eine unberührte Jungfrau, die sich in das gefährliche Abenteuer der Sexualität stürzen wollte, möglicherweise eine Schülerin, deren voreheliche Schwangerschaft ich nur zu freudig verhindern würde. »Bitte, setzen Sie sich doch.« Sie hockte sich vorsichtig, fluchtbereit auf die Stuhlkante.

»Also!« Ich suchte nach einer möglichst taktvollen Formulierung. »Ihren . . . Partner – haben Sie den schon lange?«

Sie musterte mich merkwürdig. »Aber ja! Ich meine, wir sind schon seit vier Jahren verheiratet, aber es will einfach nicht klappen.«

Ich erwog diese Mitteilung sorgfältig. »Sie wollen sagen . . . äh . . .« Mir brach der Schweiß aus. Der Blick der jungen Frau fuhr nervös hin und her. »Ich weiß nicht, ob ich Sie recht verstanden habe. Sie sind seit vier Jahren verheiratet, aber Sie haben . . . äh . . . es noch nie *ge-*

macht?« Im Zweifelsfalle war es immer das Beste, sich der Ausdrucksweise der Klientin anzupassen.

»Was denn gemacht?«

»Na ja, Sie wissen schon.« Der Ausdruck ›ficken‹ war mir inzwischen so geläufig, daß mir kein in der Öffentlichkeit akzeptiertes Synonym dafür einfallen wollte. »Es.«

»Es?«

»Na ja, als Sie hereinkamen, sagten Sie, daß Sie ›es machen‹ wollten.«

»Ja, sicher. Meine Familie planen«, antwortete sie leise. »Das steht doch draußen auf dem Schild. ›Zentrum für Familienplanung‹. Bin ich hier falsch?«

»Aber nein!« beruhigte ich sie hastig. »Sie haben völlig recht, genau das ist es, was wir hier machen: Familien planen. Und nun . . . Also, ja. Sie sind vier Jahre verheiratet? Tja, also was haben Sie denn bisher . . . benutzt, gewissermaßen?«

»Benutzt? Wofür?«

»Für die Familienplanung.«

Sie starrte mich ausgesprochen verdutzt an. »Na ja, Sie wissen schon – dasselbe, was die anderen auch benutzen.«

Ich mußte einsehen, daß ich hinsichtlich der volkstümlichen Empfängnisverhütung in Vermont nicht so auf dem laufenden war, wie ich es eigentlich hätte sein müssen. »Was nehmen Sie denn da – Kondom, Pessar oder was sonst?«

Sie sah mich verständnislos an. »Ich dachte, wenn man eine Familie haben will, nimmt man überhaupt nichts von diesem Zeug.«

»Nein, aber ich dachte, Sie wollten *keine* Familie haben.«

»Ich habe gesagt, daß ich hierhergekommen bin, weil auf dem Schild da draußen ›Zentrum für Familienplanung‹ steht. Ich versuche jetzt schon seit vier Jahren, eine Familie zu bekommen, aber es klappt einfach nicht.«

Ich sah sie erschüttert an. »Soll das heißen, daß Sie schwanger werden *wollen*?«

»Trotzdem, vielen Dank, Ma'am«, flüsterte sie, schob sich zur Tür und stürzte hinaus.

Unsere zweite Klientin war von Eddie mit etwas mehr Einfühlungsvermögen beraten worden. Sie war ein Mädchen von der High School, das vorzeitig schwanger geworden war. Der Vater des Kindes wollte sie, wie sie behauptete, unbedingt heiraten. Aber sie wollte nichts mit ihm zu tun haben. Eddie verabredete alles mit einem Arzt in Montreal und lieh ihr etwas vom Dividendengeld. In der darauffolgenden Woche schrieb sie Eddie, die Operation sei gut verlaufen, sie habe eine Arbeitsgenehmigung erhalten und einen Job als Kellnerin angenommen, sie wolle in Montreal bleiben und sei glücklich und sehr dankbar.

Kurz darauf kam mit geblähten Nüstern und schweißbedeckter Stirn

Ira in unsere Beratungsstelle gestürmt. An seiner Seite ein kleiner untersetzter Mann in grünem Arbeitszeug, der die Glastür mit einem Krach zuwarf, der das ganze Haus erschütterte.

Ich hob den Blick von einem Merkblatt mit Ratschlägen zur Untersuchung der eigenen Brust, das mich soeben überzeugt hatte, ich sieche langsam an Brustkrebs dahin. Als ich Ira erkannte, lächelte ich freundlich. Schließlich waren wir beide freiwillige Helfer im Kampf gegen die Leiden der Menschheit, auch wenn es sich im Fall der Blutspende für die Truppen in Vietnam um Selbstverstümmelung handelte.

»Kann ich Ihnen helfen?«

»Allerdings können Sie das!« grollte Iras dicker Freund. »Verschwinden Sie aus unserer Stadt und nehmen Sie Ihre verdammten Lesben-Freundinnen mit!«

Ich starrte ihn an. »Wie bitte?«

»Ich wollte das Mädchen heiraten!« erklärte er mit bebender Stimme.

»Welches Mädchen?«

»Das Mädchen, das Sie und Ihre linksgewebten Freundinnen nach Montreal auf die Schlachtbank geschickt haben!«

»Vielleicht wollte das Mädchen *Sie* aber nicht heiraten.«

»Natürlich wollte sie das nicht«, knurrte er. »Deswegen habe ich sie ja geschwängert.«

Ich blickte verdutzt von Ira zu seinem Freund. »Soll das heißen, daß Sie das *mit Absicht* gemacht haben?«

»Wie hätte ich sie sonst dazu kriegen können, daß sie mich heiratet?«

»Ja, wissen Sie denn überhaupt, was es heißt, schwanger zu sein, wenn man nicht will?« fragte ich, damit andeutend, *ich* wisse es.

»Schnauze, du miese Fotze!« brüllte er und kam auf meinen Schreibtisch zu. Ira hielt sich in der Nähe der Tür. »Ihr verdammten Scheiß-Roten! Kommt hierher und wollt uns Heim und Familie zerstören!«

»Na schön, Sie wollten sie heiraten!« fuhr ich ihn an, allmählich wieder Mut fassend. »Aber *sie* wollte nicht. Bedeutet *ihr* Wille denn gar nichts? Vielleicht *wollte* sie kein Heim und keine Familie.«

»Was *sie* wollte, ist ganz einfach: Sie wollte geschwängert werden und Heim und Familie haben. Ihr Weiber seid doch alle gleich. Mehr als das wollt ihr doch nicht!«

»Blödsinn!« kreischte ich erzürnt und sprang empört auf. »Quatsch! Ihr Männer . . .«

Der Mann langte mit seinen Wurstfingern zu und pflasterte mir einen Autoaufkleber auf den Mund, der meine antimännliche Schimpfkanonade abrupt beendete. »Und *du* willst das auch, Baby. Mach dir nichts vor!« Damit stapfte er schwerfällig hinaus.

Ira zog eine entschuldigende Miene und sagte, quasi als Erklärung: »Rodney ist richtig kaputt. Er hat die Kleine wirklich geliebt.« Dann ging er ebenfalls und stieg in den beigefarbenen Bronco, der draußen stand. Rodney saß schon, schluchzend zusammengebrochen, auf dem Beifahrersitz. Ira legte den Gang ein und schoß davon. Der Aufkleber auf der hinteren Stoßstange lautete ›Abtreibung ist Mord‹.

Auf dem Heimweg an jenem Nachmittag kam ich an dem beigefarbenen Bronco vorbei, der hinter den Hügeln am Rand unseres Biberteichs stand. Die Leiche eines riesigen Schwarzbären war auf dem Dach festgezurrt, und das Blut rann über das Wagenheck bis auf den Aufkleber ›Abtreibung ist Mord‹ hinab. An die vorderen Kotflügel waren zwei kleine Bärenjunge gebunden. Ich hielt unseren Lieferwagen an und betrachtete das Bild voller Entsetzen; mir war so übel, daß sich mir der Magen umdrehte.

Schließlich stieg ich aus dem Wagen, trat an den Straßenrand und spähte suchend in den Wald. Ein kaum sichtbarer Pfad führte quer durch unser Grundstück. Ich ging in die Hocke und ließ die Luft aus allen vier Reifen. Obendrein riß ich noch die Antenne ab.

Der Krieg war erklärt.

Als ich Ira das nächstemal sah, war er nur eine ferne Entenjägersilhouette.

Etwas früher in der Woche war Atheliah in hüfthohen Wasserstiefeln im Moor am anderen Teichufer herumgestapft und hatte nach Löchern in unserem Stacheldrahtzaun gefahndet. Wir besaßen inzwischen ein halbes Dutzend Färsen, die immer wieder ausbrachen und wie richtige dumme Kühe blindlings auf der Fahrstraße zur Stadt herumtrabten. Wir mußten sie dann wieder einfangen und sie mühselig nach Hause treiben.

Atheliah, zuverlässig und treu wie ein Bernhardiner in einer Lawine, spürte die Löcher im Zaun auf und reparierte sie auch gleich. Dabei entdeckte sie einen baufälligen grauen Ansitz zum Entenschießen. Da er durch die grauen, im Wasser versunkenen Baumskelette bestens getarnt war, hatten wir ihn noch nie gesehen. Und sogar als ihn Atheliah uns vom Blockhaus aus zeigte, konnten wir ihn nur dann ausmachen, wenn das Licht im richtigen Winkel einfiel. Sonst verschmolz er unauffällig mit den grauen Leichen des Baumfriedhofs. »Der ist noch von früher übriggeblieben«, versicherte Eddie uns guten Glaubens. »Jetzt, wo wir hier sind, wagt ihn bestimmt keiner mehr zu benutzen.« Eddies Art, sich auszudrücken, ihre tiefe Stimme mit der autoritativen Modulation, ihre Haltung, wie sie auf stämmigen Beinen dastand, Beinen, stark wie die Pfähle einer Pier, wie sie die Arme vor der Brust gekreuzt hielt – das alles verlieh ihren Aussprüchen den Effekt einer Urteilsverkündung. Daher war ich unsagbar verblüfft, als ich am ersten Tag der Jagdsaison frühmorgens von Gewehrschüssen aus dem Schlaf gerissen wurde.

Ich lag ganz still und überlegte, wo ich war. Schüsse waren für mich kein fremdes Geräusch, denn die Cloyds hatten ewig was zu schießen gehabt. Jeder Cloyd besaß eine Lieblingsflinte, und Gewehrständer gab es bei ihnen im Haus wohl ebenso viele wie Kruzifixe in einer katholischen Kirche. Unentwegt brachten sie blutige Kadaver als Geschenk für unsere Familie angeschleppt. Meine Mutter hatte vergeblich versucht, mir Duldsamkeit gegenüber dem Landvolk einzuimpfen: »Die Farmer sind nun einmal so.« Und hatte ihrer Freude über die zerfetzten Tierleichen so begeistert Ausdruck zu geben verstanden wie eine Mutter beim Anblick der ersten Fingerfarben-Malversuche ihres Lieblings. Und immer schaffte sie es auch irgendwie, dieses Fleisch genießbar zu machen. Die Erinnerung an Mutter und ihre zwanghafte Liebenswürdigkeit weckte unangenehme Gewissensbisse in mir: Seit fast einem Jahr hatte ich ihr weder geschrieben noch mit ihr telefoniert, und ihre Briefe hatte ich in Cambridge ungelesen in den Papierkorb geworfen; darüber hinaus war ich umgezogen, ohne eine Nachsendeadresse zu hinterlassen, so daß sie ihre Briefe jetzt stets mit dem Stempel ›Empfänger unbekannt verzogen‹ zurückbekam. Eigentlich hatte sie Besseres verdient.

Nachdem ich endlich die rauhe Holzwand als zu unserem Blockhaus in Vermont gehörig identifiziert hatte, rappelte ich mich auf, stieg aus dem Bett und ging ans Fenster. Weitere Schüsse knallten. Flügelrauschend stieg eine Kette Wildenten auf. Zwei von ihnen fielen ins Wasser. Als ich meine Augen anstrengte, um in der grauen Dämmerung mehr zu erkennen, konnte ich gerade noch zwei menschliche Gestalten ausmachen (eine davon, wie sich herausstellte, Ira), die über den Rand des Ansitzes hinwegspähten.

Dann sah ich Eddie über die Wiese marschieren; ihr Zopf pendelte und peitschte wie der Schweif eines erbosten Löwen. Atheliah, Mona und Laverne, alle in karierten Wollhemden, Khakihosen und hohen Stiefeln, segelten in ihrem Kielwasser.

Von Atheliah konnte man allerdings nicht behaupten, daß sie irgendwo ›im Kielwasser segelte‹. Vielmehr stapfte sie mit ihrer Axt einher wie eine Diesel-Lok auf einer Gefällstrecke. Laverne folgte ihr auf dem Fuß, geschmeidig durch das Timotheusgras gleitend. Wäre Laverne gestern vom Dach gefallen, als sie mit Atheliah oben war, um die Ritzen abzudichten, hätte sie es zweifellos geschafft, sich mitten im Fall zu drehen und geschickt auf allen vieren zu landen. Während Atheliah schwer zu Boden gekracht wäre und einen Krater wie von einem überdimensionalen Meteoriten hinterlassen hätte. Atheliah hatte vom jahrelangen Kaschieren dessen, was sie für zwei absurde, ärgerlich deplacierte Fleischberge hielt, einen ausgesprochenen Rundrücken bekommen, Laverne hingegen trug ihre Brust stets stolzgeschwellt vor sich her.

Das Schlußlicht der vier bildete Mona. Strahlte Laverne eine Aura der Verlockung aus, war es bei Mona eine der Herausforderung. Die großen Augen hinter den purpurnen Rundgläsern der Brille blickten zuweilen scharf und drohend. Sie wirkte wie der Gestapo-Beamte in Agentenfilmen, der zu den Verhafteten sagt: »Wir haben Mittel und Wege, Sie zum Sprechen zu bringen.«

Am Teichufer machte Eddie so plötzlich halt, daß die anderen fast in sie hineinrannten. Mit einem Kopfnicken deutete sie auf das dunkelgrüne Ruderboot. Atheliah warf es mit einer schwungvollen Drehung des Handgelenks auf den Kiel und schob es dann mit dem Fuß ins Wasser. Als Eddie einstieg, setzte es unter ihrem Gewicht sofort auf. Die anderen drei befreiten es schließlich, indem sie es gemeinsam, unter vielem Herumspritzen und -stolpern in dem kalten, schleimigen Wasser anschoben. Dann sprangen sie ebenfalls hinein.

Atheliah ruderte das Boot über die offene Wasserfläche zum Ansitz hinüber; die Riemen bewegten sich mit weit ausholenden Schlägen wie die Flügel eines Riesenvogels. Die beiden Köpfe drüben im Ansitz beobachteten ungläubig, wie sich das Boot durch die abgestorbenen Baumleichen wand wie ein Skiläufer über den Slalomkurs. Eddie stand, wie einst Washington bei der Überquerung des Delaware, einen gummibestiefelten Fuß auf den Bug gesetzt, auf der vorderen Sitzbank. Das kleine Boot, bis zum Dollbord im Wasser, schwankte gefährlich. Ich knirschte vor Spannung mit den Zähnen. Gerade noch rechtzeitig erreichten sie den Ansitz, so daß Eddie rasch zupacken und das sich neigende Gefährt wieder aufrichten konnte.

Dann schrie sie was in ihrem autoritativsten Ton. Die beiden Männer schrien zurück. Atheliah langte hinüber und schüttelte den ihr am nächsten stehenden Pfosten wie ein junger Hund den Lappen, den er zwischen den Zähnen hat. Der Ansitz bebte, dann schwankte er, als sei er aus morschen Zahnstochern erbaut. Wieder brüllten die Männer etwas. Eddie drehte sich plötzlich um und sprach mit Atheliah. Atheliah steckte einen Riemen mit dem Blatt zuerst senkrecht ins Wasser. Dann kletterte sie, am Ansitz Halt suchend, mit ihren hüfthohen Stiefeln in den knietiefen Teich. Mona reichte ihr die Axt. Ehrfürchtig entfernte Atheliah die Lederhülle. Sie nahm den Stiel in beide Hände und schwang die Axt hoch über den Kopf. Die messerscharf geschliffene Schneide blitzte rot in der aufgehenden Sonne. Mit einem einzigen, mächtigen Schlag grub sie sich tief in den Holzpfosten. Der Ansitz wakkelte und produzierte eine Flutwelle, auf der das kleine Boot knarrend zu tanzen begann. Atheliah zog die Axt aus dem Holz und holte gerade zum zweiten Schlag aus, als die beiden Männer mit ihren Gewehren eilig in ihr Schlauchboot kletterten. Hastig ruderten sie an Land und verschwanden, das Boot zwischen sich, im Wald.

Atheliahs zweiter Schlag durchtrennte den Pfosten, und der Ansitz hing schief im Wasser. Sie durchtrennte zwei weitere Pfosten, bis der letzte von selbst abbrach. Das ganze Bauwerk landete mit lautem Klatschen im Teich.

Später am selben Tag wies Eddie uns an, die Grenzen unseres Grundstücks auszumessen und alle fünfzehn bis zwanzig Meter ein blankes Silberschild aufzustellen, auf dem stand: ›Jagen, Fallenstellen, Angeln und

Befahren mit Motorschlitten verboten‹. Laverne schritt die Entfernung ab und kennzeichnete den Standort jedes Pfostens mit Bindfaden, den sie an die Zweige der Bäume knotete. Eddie und ich nagelten die Schilder an die Pfosten. Atheliah, zu ihrer vollen Größe von eins-achtzig gereckt, den Holzhammer hoch über den Kopf schwingend, trieb die Pfosten mit laut hallenden Schlägen in den Boden.

Während einer Ruhepause wandte ich mich mit behutsamem Vorwurf an Eddie: »Schließlich ist das hier seit Generationen ihr Jagdgebiet. Und außerdem dachte ich immer, du hältst nichts von Privatbesitz.«

Eddie war verblüfft über meine Bemerkung. »Gemeinschaftsbesitz, das kann nur klappen, wenn die Beteiligten hochentwickelte Typen sind«, erklärte sie mir. »Die meisten Stark's Bogger müssen umerzogen werden, bevor sie reif dafür sind. Bis dahin muß man ihre ungezügelte Wildheit mit strengen Richtlinien regulieren. Das ist allerdings nicht ihre Schuld. Sie sind in einer korrupten Gesellschaftsform aufgewachsen, die mit dem Tod Geschäfte macht. Also *konnten* sie sich gar nicht anders entwickeln.«

»›Hochentwickelt‹? Meinst du damit diejenigen, die mit dir einer Meinung sind?« erkundigte ich mich, selber verblüfft über meinen Mut. Wie gewöhnlich standen meine Loyalitäten im Widerstreit miteinander. Ich hatte zuviel Zeit mit Clem verbracht, um nun zu glauben, ich könnte mir ein Urteil über die von den verschiedenen Gesellschaftsgruppen erreichte Evolution leisten.

Eddie funkelte mich wütend an. »›Hochentwickelt‹: für die Revolution aufgeschlossen. Dieser Macho-Scheiß – anpirschen, töten und terrorisieren – ist wohl die niedrigste Stufe der Evolution.«

Als sich der Tag dem Ende zuneigte, hatten wir dreiundachtzig Schilder auf den Hügeln ringsum aufgestellt. Wir kehrten nach Hause zurück und bauten uns in unseren schlammverkrusteten Stiefeln, die schwieligen, aufgerissenen Hände hinten verschränkt, mit dem Rücken zum Feuer um den Ofen auf. »Tja«, sagte Eddie, »das wär's dann wohl.«

Leider Gottes war's das nicht. In der folgenden Woche suchten Eddie und ich im Wald wieder mal nach den Jungkühen. Das bunte Herbstlaub war verwelkt, zu Boden gefallen und raschelte unter unseren Stiefeln. Die sechs schwarz-weißen Färsen hatten wir bald gefunden; jetzt fehlte nur noch Minnie, die Milchkuh. Minnie stand inzwischen trocken, und wir bekamen keine Milch mehr, denn ich hatte völlig vergessen, daß sie ja gedeckt werden und ein Kalb werfen mußte, wenn wir weiterhin in den Genuß ihrer Milch kommen wollten. Dieser Aspekt der weiblichen Sexualität wurde in den Handbüchern für Familienplanung nicht erwähnt. Wir durchsuchten weiter den Wald. Normalerweise kam sie sofort, wenn sie uns hörte. Heute aber erschien sie nicht.

Ein wenig ängstlich spähte ich in eine Höhle, die so aussah, als wohnten dort Bären, als Eddie rief: »O du mein lieber Gott!«

Ich lief hinüber und sah entsetzt, was der Anlaß für diese Lästerung war: Um einen der neuen Grenzpfähle war wie ein Cape eine blutige braune Kuhdecke drapiert worden. Auf der Pfahlspitze steckte mit geschlossenen Augen Minnies Kopf. Und rings um den Pfosten verteilt lagen auf dem leuchtenden Laubteppich abgeschlagene Kuhbeine, strickähnliche Gedärme und dicke Klumpen weißes, wabberndes Fett.

»Diese Schweine haben Minnie geschlachtet!« schrie Eddie erregt. Mir wurde beim Anblick der blutigen Szene so übel, daß ich mich schnell abwenden mußte. Dabei entdeckte ich in einem Fleck Lehm Reifenspuren von zwei Mopeds.

Benommen legten wir Minnies Decke zusammen und nahmen sie mit heim zum Blockhaus.

In der darauffolgenden Woche wurde die Hochwildjagd eröffnet. Wir saßen, unser Dessert aus Sojabohnen kauend, an dem Fenster, das zum Teich hinausging. Hinter den Bergen war die Sonne gesunken. Es dämmerte. Aus dem Wald kamen zwei Hirschkühe und ein Hirsch, verhielten, lauschten, witterten und schritten dann graziös zum Teichufer. Als sie die Köpfe zum Wasser senkten, fiel ein Schuß. Der schöne Hirsch schüttelte mehrmals sein herrliches Geweih. Dann sank sein Kopf schlaff herab. Die beiden Hirschkühe sahen sich ängstlich um. Mit weiten Sätzen entfernten sie sich vom Teich, hielten aber noch einmal inne und blickten fragend zu ihrem Hirsch zurück, der im seichten Teichwasser in die Knie gesunken war. Während die Kühe im Wald verschwanden, brach der Hirsch unten am Ufer endgültig zusammen.

Wir fünf saßen da wie gelähmt, die Gabeln mit dem köstlichen Dessert in der Luft. Als uns klar wurde, was da geschehen war, sprangen wir auf und rannten zur Tür. Draußen schrie Eddie zum Wald hinüber: »Ihr verdammten Scheiß-Mörder!«

Stolpernd liefen wir durch das verfilzte Timotheusgras. Als wir ans Ufer kamen, war das Wasser, in dem der große braune Hirsch trieb, rot von Blut. Aber der Hirsch war noch nicht tot. Als er uns hörte, schnaubte er und machte einen schwachen Versuch, drohend den Kopf mit dem Geweih zu werfen. Es war ein Neunender, eine herrliche Jagdtrophäe. Diese Protestgeste kostete ihn jedoch die allerletzten Kraftreserven. Während wir zusahen, wurden seine Augen starr. Er zuckte, daß das Wasser sich wellte; dann lag er still.

»Oh, verdammt!« schrien wir zu dem dunkelnden Wald hinüber, und dicke Tränen liefen uns über die Wangen.

Jeder von uns packte ein Bein, und wir zogen den toten Hirsch unter Geschnauf und erheblichem Kraftaufwand aus dem Wasser auf das Gras. Wir begutachteten das saubere Loch in der weißen, muskulösen Brust. Doch dann wußten wir nicht, was wir mit ihm machen sollten. Wir hielten es für pure Verschwendung, soviel schönes Protein zu vergraben; andererseits hätten wir das Fleisch einfach nicht runtergekriegt, und es den unverschämten Jägern zu überlassen, kam gar nicht in Frage.

Inzwischen war der Himmel ganz schwarz geworden. Das einzige Licht ringsum war der schwache Schein unserer Küchenlampe oben am Wiesenhang. Schließlich ließen wir den Hirsch liegen. Am nächsten Morgen war er verschwunden.

Kurz darauf begann es zu schneien, und einmal, in einer stürmischen Nacht, erwachten wir von einem ohrenbetäubenden Lärm draußen. Eddie und ich lagen still unter dem Schlafsack aus Armeebeständen, den wir als gemeinsame Steppdecke benutzten, und lauschten verstört dem Gedröhn von Motoren, die immer wieder unsere Hütte umkreisten. Schließlich aber standen wir doch auf und traten angsterfüllt ans Fenster. Durch die Löcher meiner Regenbogenvorhänge, dort, wo ich beim Häkeln einen Fehler gemacht hatte, sahen wir ein halbes Dutzend Motorschlitten vorbeijagen, deren Scheinwerfer geisterhaft über den frischen Schnee auf unserer Wiese glitten.

Erleichtert und empört zugleich stapfte Eddie zum Schlafzimmer hinaus und zur Haustür. Dort stand schon Atheliah in Gummistiefeln und olivfarbenem Air-Force-Parka, unter dem ihr Nachthemd hervorschaute. Sie hielt ihre Axt in der Hand und strich mit dem schwieligen Daumen ruhig über die Blattschneide. Laverne und Mona waren nirgends zu sehen. Eddie und ich zogen Stiefel und Parkas über unsere Trainingsanzüge, und zu dritt betraten wir die Veranda.

Die sechs Motorschlitten fegten an uns vorbei, zogen weiterhin wie angreifende Indianer um einen Wagenzug ihre Kreise und hüllten uns in Wolken von Auspuffgasen. Am Steuer jeder Maschine kniete eine Gestalt undefinierbaren Geschlechts in gestepptem Skianzug, filzgefütterten Gummistiefeln und einem riesigen Sturzhelm mit einem Visier wie an alten Ritterrüstungen. Hinter einem Visier glaubte ich Iras geblähte Nasenflügel erkannt zu haben, hinter einem anderen das bullige Gesicht seines Freundes Rodney.

Eddie schrie aus vollem Hals: »Verschwindet sofort von unserem Grundstück, oder ich hole die Polizei!«

Ihre Stimme ging im Motorenlärm unter, außerdem gab's gar keine Polizei in Stark's Bog, doch ihre Miene machte die leere Drohung offenbar wett. Denn nach einer weiteren Runde um die Hütte bogen die Motorschlitten einer nach dem anderen ab und fuhren in Kiellinie die Wiese zum Teich hinunter. Eine Zeitlang trieben sie sich auf dem Hang herum und zeichneten ein verschlungenes Zickzackmuster in den Schnee, wobei ihre Scheinwerfer einen gespenstisch-verrückten Tanz aufführten. Dann verschwanden sie über die Anhöhe in Richtung Stadt.

Am nächsten Morgen beorderte uns Eddie auf die Wiese, wo wir an einer Stelle den Schnee wegräumten. Da der Boden noch nicht gefroren war, fiel es uns leicht, ein tiefes Loch zu schaufeln, indem wir uns an den zwei Spaten abwechselten. Am Spätnachmittag hatte das Loch etwa die Größe eines sehr breiten Grabens: anderthalb Meter tief, mit einem Durchmesser von zirka eins-achtzig.Eddie lief in die Scheune hinüber, um von dort zwölf Holzstangen mit scharfen Spitzen zu holen, die mich an jene Stangen erinnerten, die von den Cloyds zum Beizen des Tabaks benutzt wurden. Als mir endlich klar wurde, was wir da taten – eine auf den Guerillamethoden der Vietcong basierende Falle bauen –, kniff ich.

»Moment mal, Eddie! Wir wollen sie doch bloß erschrecken! Wir wollen sie doch nicht gleich umbringen!«

»*Wer* will das nicht?« entgegnete Eddie, eine nach der anderen ansehend.

Laverne zuckte die Achseln.

Mona antwortete genüßlich: »Wenn wir hier schon so was bauen, können wir auch gleich Nägel mit Köpfen machen.« Atheliah nickte zustimmend.

»Ich will nichts damit zu tun haben!« verkündete ich kategorisch, machte auf dem Absatz kehrt und zog mich in die Hütte zurück. Meine Haltung war nicht gänzlich selbstlos. Ich vermutete nämlich, daß Ira und sein Freund Rodney zu den Motorschlittenfahrern gehört hatten. Und obwohl ich diese *machos* haßte, wollte ich sie auf keinen Fall schwer verletzt auf unserer Wiese liegen haben. Diese altbekannte Grube-mit-Spitzpfählen-Methode erforderte, daß es sich bei dem Opfer um etwas Abstraktes handelte. Ira und Rodney jedoch wurden für mich allmählich zu richtigen Menschen.

Durch meine Regenbogenvorhänge sah ich zu, wie die anderen die spitzen Stangen in die Grube versenkten. Dann legten sie Tannenzweige über die Öffnung und häuften Schnee obendrauf. Als sie damit fertig waren, war die Lage der Grube für einen, der von ihrer Existenz wußte, immer noch recht gut zu erkennen. Bei Nacht aber war sie für den Ahnungslosen unsichtbar.

Etwas später in der Woche tauchten nach heftigen Schneefällen in der Nacht wieder die Motorschlitten auf. Abermals wurden wir von dem Lärm rücksichtslos aus dem Schlaf gerissen. Alle fünf sprangen wir aus den Betten und drängten uns an dem Fenster, das auf die Wiese hinausging. Genau wie beim erstenmal bogen die Motorschlitten nach ein paar Dutzend Runden um die Hütte einer nach dem anderen ab und fuhren den Wiesenhang hinunter. Die ersten drei kamen nicht mal in die Nähe unserer Grube. Jedesmal, wenn einer ohne Zwischenfall den Fuß des Hanges erreicht hatte, stöhnten meine vier Freundinnen vor Enttäuschung auf.

Der Fahrer des vierten Schlittens jedoch war offenkundig ein Angeber. In wildem Zickzackkurs jagte er den oberen Teil der Wiese hinab und schwenkte das Heck seiner Maschine wie ein Skiläufer den Hintern beim Wedeln. Seine Luftlinie führte geradewegs über die Grube, doch ob er ihr aufgrund seiner schwungvollen Eskapaden entgehen würde, war ungewiß. Ich hielt den Atem an, mußte mühsam den Wunsch unterdrücken, hinzulaufen und ihn aufzuhalten. Auf dem Sitz kniend, wie Clem auf seiner Harley jedesmal mitschwingend, wenn die dahinrasende Maschine in eine Kurve ging, wedelte er munter weiter.

Und gerade, als ich überzeugt war, daß er die Grube verfehlt hätte, öffnete sich der Boden unter ihm, und seine Maschine wurde vom Abgrund verschlungen. Eddie stieß einen Freudenschrei aus. Der Fahrer wurde vom Sitz geschleudert. Er lag benommen im tiefen Schnee. Und aus der Grube schossen auf einmal Flammen empor.

Mona sagte unsicher: »Jesus!« Vor Schreck gebannt sahen wir zu, wie die Flammen brüllten und ringsherum den Schnee schmolzen. Der Fahrer rollte mit hoher Geschwindigkeit den Hang hinab.

»Was jetzt?« fragte ich Eddie, unseren Feldmarschall, während ich selbst vor Angst zitterte.

»Wir gehen raus und ›helfen‹ ihm«, antwortete Eddie mit irrem Gekicher.

Also zogen wir Parkas und Skistiefel an, marschierten hinaus und schnallten die Langlaufskier unter. Dann glitten wir neben den festgefahrenen Schlittenspuren den Hang hinab. Inzwischen war das Feuer heruntergebrannt. Die übrigen Motorschlitten standen in einer Gruppe daneben, ihre Fahrer starrten in das langsam verlöschende Inferno und schüttelten verwirrt die behelmten Köpfe. Zum Glück hatte der Brand sämtliche Spuren unserer Stangen und Tannenzweige vernichtet. Nur das geschwärzte, leere Gestell des Motorschlittens war noch zu sehen. »Allmächtiger, was ist passiert?« erkundigte sich Eddie höchst scheinheilig.

»Keine Ahnung«, antwortete einer der Fahrer leise. »*Jesum Crow*, ich hab das verdammte Loch gar nicht gesehen!«

»Können wir Ihnen helfen?« fragte Mona.

»Da kann keiner mehr was helfen«, erwiderte ein anderer Fahrer mürrisch.

Der Fahrer der verbrannten Maschine lag noch immer am Fuß des Hanges im tiefen Schnee. Zwei seiner Freunde waren bei ihm. Eddie und ich glitten hinüber.

»Fehlt Ihnen was?« erkundigte sie sich todernst.

Das unglückselige Opfer hatte den Helm abgenommen. Es war Rodney; sein bösartiges Vollmondgesicht war blaß. Neben ihm hockte Ira, dessen hochgeklapptes Visier die geröteten Wangen und die bebenden Nasenflügel sehen ließ. Wir erkannten uns und lächelten uns zu.

»*Mir* fehlt nichts«, fauchte Rodney uns wütend an, »aber Sie müssen mir die Maschine ersetzen.« Daraus folgerte ich sofort, daß man uns auf die Schliche gekommen sein müsse.

Eddie jedoch schnappte vor gespielter Empörung nach Luft. »Also, das . . . Wir denken ja gar nicht daran!«

»Sie haben, verdammt noch mal, keine Warnschilder aufgestellt. Also müssen Sie mir die Maschine ersetzen!«

»Das ist ja doch wohl wirklich die Höhe! Sie dringen unberechtigt auf unser Grundstück ein. Sie belästigen uns in der Nacht in unserem eigenen Haus, indem Sie Ihre Runden mit diesen . . . Rasenmähern drehen. Und jetzt verlangen Sie von uns, daß wir Ihnen einen neuen schenken, nur weil *Sie* so dämlich waren und in eine Grube gefallen sind!«

»*Jesum Crow*, Lady!« brüllte Rodney. »Wir fahren mit unseren Maschinen seit ewigen Zeiten auf dieser Wiese und auf dem Teich! Dies ist die beste Rennbahn, die man sich vorstellen kann. Die können Sie uns nicht einfach verbieten.«

»Und ob wir das können!« Eddie wendete mit ihren Skiern. Ira und ich sahen einander achselzuckend an. Dann begannen Eddie und ich den Aufstieg zum Haus, tief gebeugt, kräftig die Stöcke aufsetzend und leicht arthritischen Flamingos gar nicht so unähnlich.

»Wir sehen uns vor Gericht!« schrie Rodney.

Bald setzten die richtigen Schneestürme ein, und wir fünf verbrachten viel Zeit zu Hause. Die Atmosphäre war gespannt. Wir fragten uns, was uns die Fehde mit den Stark's Boggern, mit denen wir doch Freundschaft schließen und denen wir die Grundsätze der Revolution nahebringen wollten, wohl als nächstes bescheren würde. Außerdem hatten wir nach mehrwöchigem abendlichen Herumsitzen am Ofen sämtliche in unseren Autobiographien enthaltenen Gesprächsstoffe restlos erschöpft. Wir hatten eine detaillierte Beschreibung jenes Eingriffs gehört, bei dem Monas Fötus durch die Absaugmethode zerstückelt worden war. Eddie hatte zögernd, aber ausführlich von ihrer Mutter erzählt, die, wie sich herausstellte, eine Prostituierte war und ihre Freier stets zu Hause bedient hatte. Atheliah berichtete davon, daß ihre Mitschüler sie hinter ihrem Rücken immer Goliath genannt hatten und sie daher, um ein wenig kleiner zu wirken, eine immer tiefer gebückte Haltung eingenommen hatte, weil sich ihr Rückgrat unter der Last des Gespötts kleiner, pubertierender Jungens immer weiter krümmte. Und als sie sich erfolgreich an die Größe der anderen angepaßt hatte, begannen diese, wenn sie nicht hinsah, ihren Buckel zu imitieren, gingen gebeugt und schwangen dabei die Arme, die in dieser Haltung bis an die Knie reichten. Und nannten sie nun ›Atheliah, der Gorilla‹.

Nachdem sich also herausgestellt hatte, daß wir an keinem unserer Fehler selbst die Schuld trugen, daß wir vielmehr alle fünf Opfer jener ausbeuterischen, patriarchalischen Gesellschaft waren, die zu stürzen wir uns verschworen hatten, daß wir uns im Prozeß der Befreiung von den sozialen Banden befanden, die uns gefangen hielten, und daß wir auf dem besten Weg zu der Erkenntnis waren, wie gut und tugendhaft wir doch sein mußten – was blieb da noch weiter zu sagen?

Und so suchten wir uns Hobbys. Eines dunklen, verschneiten Nachmittags hatte sich Laverne mit ihrem Vibrator in ihrem Zimmer eingeschlossen. Ekstatische Schreie hallten durchs Haus. Das elektrische Licht in der Küche, wo Eddie und ich beisammen saßen, flackerte in rhythmischen Abständen – fast wie das Licht in den Todeszellen, wenn der elektrische Stuhl eingeschaltet wird. Seit Laverne bei uns weilte, war unsere Stromrechnung um fünf Prozent in die Höhe geschnellt.

Ich saß neben dem Holzofen und häkelte den grünen Streifen meines neunten Regenbogenvorhangs, der für Eddies und mein Schlafzimmer bestimmt war. Eddie hatte in einer Ecke der Küche eine fußbetriebene Töpferscheibe aufgestellt und lenkte ihr beträchtliches Gestaltungstalent in etwas unmittelbarer praktische Kanäle: Sie machte Geschirr. An jenem Nachmittag arbeitete sie an ein paar Suppenschalen. Draußen stob der Schnee gegen die Fenster, drinnen das Feuer war herrlich warm.

Mona und Atheliah übten sich im Wohnzimmer in Tae Kwon Do, das sie per Fernkurs aus Boston lernten. Ihr Grunzen und das Geräusch der Schläge mischten sich mit dem Keuchen und Quietschen, das aus Lavernes Schlafzimmer kam. Es hörte sich an, als wäre das Blockhaus eine Art mittelalterlicher Folterkammer.

»Was habt ihr, du und Laverne, eigentlich hier zusammen getrieben, wenn wir anderen beim Holzfällen waren?« erkundigte sich Eddie beiläufig. Sie befeuchtete ihre Finger in einer Schale Wasser und trat mit dem Fuß das Pedal für die Scheibe.

»Ach, nichts Besonderes. Ich hab eben so das Übliche gemacht: gekocht, geputzt und aufgeräumt. Und Laverne ist immer so rumgewandert und hat überlegt, wie sie die Zeit totschlagen soll.«

»Was du nicht sagst!« Ich ließ die Hände mit der Häkelarbeit sinken und sah sie an. »Hat sie ihn bei dir benutzt?« fragte sie, meinem Blick ausweichend.

»*Was* soll sie bei mir benutzt haben? Wovon redest du, Eddie?«

»Diesen Apparat, den sie hat. Den Plastikpenis.«

»Was – den Vibrator? Den hab ich überhaupt nicht *gesehen*. Sag mal, Eddie, was ist mit dir?«

»Oh, ich weiß genau, daß du dir wünschst, du könntest jetzt bei ihr sein. Glaub ja nicht, ich hätte nicht gemerkt, wie ihr euch anglotzt.« Mit den nassen Fingern glättete sie den Ton.

»Aber *nein*, Eddie! Du bist auf dem Holzweg, Liebling. Wenn ich einen neuen Liebhaber wollte, würde ich bestimmt keine Fr . . .« Es war zu spät.

»Aha, keine Frau!« krähte Eddie. »Ich hab's ja gewußt. Du bist wieder auf dem Normaltrip. Welchen von den Männern in Stark's Bog beehrst du denn, Ginny? Welcher Dorfbulle besorgt's dir, eh? Du brauchst gar nicht zu protestieren. Ich weiß, was für ein Spiel du treibst. Ich war im Info-Büro, als du dort Dienst hattest, aber du warst nicht da.«

Ich errötete und senkte schuldbewußt den Kopf. Sie war mir tatsächlich auf die Schliche gekommen! Während des vergangenen Monats war ich ihr mehrmals untreu gewesen. An den Tagen, an denen ich im Büro Dienst hatte, schmierte ich mir pflichtschuldigst ein Sandwich für die Mittagspause: Sojabohnenaufstrich auf kernigem Vollkornbrot. Aber es war nicht nur so, daß ich inzwischen den Anblick von Sojabohnen nicht mehr ertragen konnte, sondern unsere Behälter mit den ungespritzten Samen hatten sich überdies in regelrechte Terrarien verwandelt, in denen alle möglichen Insektenarten ausschlüpften und gediehen. Infolgedessen hatte ich es mir angewöhnt, in der Mittagspause heimlich zum IGA-Lebensmittelgeschäft rüberzulaufen, eine Dose franco-amerikanische Spaghetti-Os zu erstehen und sie hinter dem Haus, wo die Mülltonnen standen, hastig und verstohlen runterzuschlingen, während ich mit meinem unberührten Sojabohnensandwich eine Mülltonne beglückte. Ich blieb stumm; es war mir unmöglich, Eddie diese Missetat zu beichten.

»Glaub ja nicht, ich hätte dieses heimliche Lächeln nicht bemerkt, das du diesem Widerling zugeworfen hast, dessen Freund seinen Motorschlitten auf unserer Wiese zuschanden gefahren hat!«

Ich starrte sie hilflos an; dann nahm ich meine Häkelarbeit wieder zur Hand und zog die Streifen mit einer Geste des Unwillens gerade. »Ich bin ihm hier und da in der Stadt begegnet«, antwortete ich würdevoll. »Ich war nur höflich.«

»O ja, natürlich! Was für ein Gefühl ist das denn, was Echtes zwischen den Beinen zu haben, nach dem monatelangen Ersatzsex mit mir, Ginny?«

»Jetzt reicht's mir aber«, erklärte ich gelassen und ließ meine Häkelarbeit abermals sinken. »Jetzt hab ich genug. Ich gehe.«

»O nein, das wirst du nicht tun!« erklärte Eddie. Ich sah sie an. »*Ich* werde gehen.« Sie stand auf.

»Nein, *ich* gehe«, wiederholte ich und stand ebenfalls auf. »Ich habe es zuerst gesagt.« Ich machte Miene hinauszugehen.

Plötzlich verspürte ich einen scharfen Schmerz an der Schläfe und hörte gleichzeitig, wie neben mir etwas zu Boden fiel und zerbrach. Weil mir schwindlig wurde, hielt ich mich am Türpfosten fest.

»Verdammt noch mal, Ginny!« zischte Eddie durch die zusammengebissenen Zähne. »Wage bloß nicht noch mal, mir den Rücken zu kehren, wenn ich mit dir spreche, du Miststück!«

Ich betastete meine Stirn; als ich die Hand herunternahm, waren meine Finger voll Blut.

Im nächsten Moment stand Eddie neben mir mitten zwischen den Scherben ihrer Tonschale, tupfte ungeschickt an meiner Schläfe herum und schluchzte: »O Gott, ich habe sie umgebracht! O Himmel! Was habe ich bloß getan? Ginny, du blutest!«

Wie sich herausstellte, war es nur ein geringfügiger Schnitt, der blaue Fleck jedoch würde zu meiner Genugtuung um einiges größer werden. Später, als die Wunde gesäubert war, sagte ich: »Eddie, irgend etwas Erschreckendes geht mit dir vor. Du mußt dich zusammennehmen. Diese Eifersucht, die du an den Tag legst, ist einfach unvernünftig.«

»Kann sein, daß sie unvernünftig ist«, erwiderte sie mürrisch, tief über ihre Töpferscheibe gebeugt, »aber ich fühle, daß sie berechtigt ist. Außerdem bist *du* es, mit der etwas vorgeht, nicht ich. Und ich weiß auch, was mit dir vorgeht: Du bist wieder auf dem Normaltrip. Das weiß ich so eindeutig, als hättest du's mir selbst gesagt.«

Ich seufzte; dann sagte ich ruhig, einen zweiten Ausbruch befürchtend: »Du hast immer behauptet, Eddie, daß man zwei entgegengesetzte Meinungen über ein und dieselbe Sache gleichermaßen überzeugend belegen kann, indem man einfach die zugrundeliegenden Voraussetzungen umkehrt. Du hast gesagt, um die Wahrheit über eine bestimmte Situation zu erkennen, müsse ich mich auf mein *Gefühl* verlassen. Also schön, du fühlst, daß ich das Interesse verliere. Aber *ich* fühle, daß das nicht der Fall ist. Wer von uns beiden hat nun recht, Eddie?«

»*Ich* habe recht, weil ich weiß, daß ich recht habe.«

»Und *ich* weiß, daß *ich* recht habe. Wir sind also keinen Schritt weitergekommen.«

Eddie brütete vor sich hin, während ich ruhig häkelte. Beim Abendessen fragte sie: »An welchem Punkt hören die Menschen auf, lediglich in einem Haus miteinander zu leben, und werden eine Wohngemeinschaft?« Wir zuckten gleichgültig die Achseln, was mir schwerfiel, da ich einen Eisbeutel an mein geschwollenes Auge hielt.

»Dieses Zusammenleben hier wird allmählich . . . na ja, inzestuös«, fuhr Eddie fort. »Ich hab kein gutes Gefühl mehr dabei. Ich fürchte, bald machen wir uns gegenseitig verrückt.«

Mona nickte nachdrücklich. »Du hast recht, Eddie. Es ist eine absolut insulare Existenz.«

»Aber das *mußte* es doch sein«, widersprach ich. »Wir mußten doch erst mal alles in Gang bringen. Aber in letzter Zeit haben wir doch Kontakte angeknüpft, mit dem Info-Center und so weiter.«

»Das meine ich nicht, wenn ich Kontakte sage«, erwiderte Eddie verächtlich. »Das ist bloß Kleinkram. Nein, ich habe den ganzen Nachmittag drüber nachgedacht. Paßt auf, was haltet ihr von folgendem: Wir gründen hier auf der Free Farm eine Frauenkommune Dritte Welt! Wir kaufen das Haus und das dazugehörige Land und holen Frauen aus den Großstädten hierher – Schwarze, Puerto-Ricanerinnen, Indianerinnen –, die sich dann hier ihre Häuser bauen. Nicht kreuz und quer, sondern schön sorgfältig nach Plan, damit jeder sowohl seine Privatsphäre wahren als auch an der Gemeinschaft teilhaben kann. Wir bauen ein Gemeindezentrum mit Töpferscheiben, Holzschnitzgeräten und allem möglichen Handwerkszeug. Und mit einem Kindergarten! Wir bebauen gemeinsam das Land und machen uns mit Hilfe unseres Ahornzuckers und des Apfelweins finanziell unabhängig. Wir legen einen Gemüsegarten an. Und Unterkünfte für Radikalengruppen aus den Großstädten, die hier mit ihren Familien die Ferien verbringen wollen. Wir werden hier, in Stark's Bog, Vermont, ein Beispiel dafür geben, daß Frauen aller Rassen und Klassen in Frieden und Liebe zusammen leben können. Wir werden ein für allemal beweisen, daß ihr Leben bisher nur deshalb so unerträglich war, weil sie von diesem miesen *machismo* der herrschenden Klasse unterdrückt worden sind!«

Ich betastete mein blaues Auge und fragte mich, wie wir mit unbekannten Schwarzen und Puerto-Ricanerinnen auskommen sollten, wenn wir schon miteinander nur sporadisch auskamen. Doch Eddie hatte mit ihren Worten bei den anderen einen Funken gezündet. Als sie endete, standen überall auf den Hügeln selbsterbaute Holzhäuser, wimmelte es auf den Feldern von barbusigen Schwestern aller Hautfarben, die Schulter an Schulter im Schweiße ihres Angesichts schufteten. Am Biberteich stand ein Gemeindezentrum, eifrig frequentiert von begabten Handwerkerinnen, die fröhlich alle materiellen Güter herstellten, die unsere Gruppe brauchte. Rings hallten die Hügel wider von den Hymnen weiblicher Solidarität.

»Eddie«, fragte ich ein wenig zögernd, weil ich fürchtete, bougie zu klingen, »woher sollen wir denn die sechzigtausend Dollar nehmen, die das Land kostet?«

»Du mit deiner Scheiß-Buchhaltermentalität!« sagte Eddie überheblich und winkte ab.

»Ich habe eine Idee!« erklärte Atheliah mit begeistertem Grinsen. Die roten Zottelhaare standen ihr um den Kopf wie bei einem verrückten Erfinder. »Wir werden . . . na ja, ein Frauen-Festival aufziehen. Am Wochenende, mit Arbeitsgruppen und so weiter. Ein Free Farm Womens's Weekend! Ich kann die Nachricht durch Freunde in Newark und New York verbreiten lassen. Auf die Art kriegen wir die Frauen hierher, sie können sich alles ansehen, wir können sie begutachten, und dann schließen einige sich uns vielleicht an.«

»Mit anderen Worten, wir brauchen Verstärkung gegen die Stark's Bogger, wie?« entgegnete ich bissig. Ich wurde kurzerhand ignoriert. Für eine Buchhaltermentalität war in ›der Revolution‹ kein Platz.

Der Teufel weiß, wie wir achtzig Frauen in unserem Blockhaus unterbrachten. In der ersten Nacht war der Fußboden dicht bedeckt mit ihren Schlafsäcken, in denen sie wirkten wie Verwundete, die auf den Abtransport vom Schlachtfeld warteten. Sie kamen aus den umliegenden Ortschaften und aus den Wäldern von Vermont. Sie kamen aber auch, in allen Größen und Variationen, aus Montreal und Boston, New York und Philadelphia. Die Flüsterpropaganda hatte gewirkt. Die Männer in

Monas und Atheliahs ehemaligem Haus hatten sich bereit erklärt, ebenfalls einen Beitrag zur edlen Sache der weiblichen Freiheit zu leisten: Sie fungierten als Babysitter und beaufsichtigten in ihrem moosbewachsenen Wohnzimmer achtundzwanzig verschreckte, unglückliche Kinder in den verschiedensten Stadien des Toilettentrainings.

Am nächsten Morgen, nach einem entnervenden Schlangestehen vor der einzigen Toilette und nachdem Freiwillige die Überreste von etwa 148 Scheiben Vollkorntoast und halb so vielen Schaumstoffbechern Hagebuttentee weggeräumt hatten, teilten wir uns in Gruppen ein und begaben uns in die verschiedenen Räume für die einzelnen Seminare. Meine Aufgabe bestand darin, die Freiwilligen bei der Zusammenstellung des Mittagessens aus den von allen gestifteten Lebensmitteln zu beaufsichtigen. Daher hatte ich ein bißchen Freizeit und wanderte unauffällig von Zimmer zu Zimmer. Eddies Gruppe ›Frauen und Politik‹ machte einen Rundgang durch die Free Farm, wobei so erhebende Sehenswürdigkeiten wie der von Mist überquellende Stall, die Eier, die zu sammeln wir vergessen hatten, und der nicht okulierte Obstgarten in Augenschein genommen wurden. Eddie sah in ihrer Besichtigungstour etwa das Gegenstück eines Rundgangs durch das Musterhaus einer Vorortsiedlung. Falls man ihren Worten Glauben schenken konnte, war sie darauf aus, möglichst viele Frauen zu jenem einfachen Leben zu bekehren, das wir hier auf dem Lande führten.

Aber sie hatte einen *advocatus diaboli* – eine hochgewachsene, intelligente Frau, die ständig so unangenehme Bemerkungen machte wie: »Was wollt ihr eigentlich hier oben im Wald, Mann? Die ganze Welt stürzt über euren Köpfen ein, und ihr müßt unbedingt Farmer spielen! Ihr seid doch auf 'nem beschissenen Naturtrip, Mann!«

Anmaßend erwiderte Eddie: »Aber es genügt eben nicht, daß man sagt, man ist gegen den Krieg oder gegen die Gesellschaft, die diesen Krieg führt. Es kommt darauf an, *wofür* man ist! Es genügt nicht, gegen den Tod zu sein, man muß für das Leben sein. Man kann nicht eine Gesellschaft kritisieren und gleichzeitig ihre Früchte genießen wollen. Man muß *produzieren*, nicht konsumieren. Es genügt nicht, gewisse Dinge nur zu *glauben*, man muß sie eben auch leben.«

»Aber ich *lebe* meine Überzeugung ja«, protestierte die Frau mit einem angewiderten Blick auf die Dunghaufen. »Und zwar nicht in einem Hinterwäldlernest von Vermont, wo sich keiner dafür interessiert. Ich bin Dozentin an der Bostoner Universität. Ich verändere die Gesellschaft direkt durch meinen Einfluß auf die Studenten, die zukünftige Führerschicht dieser auf Unterdrückung basierenden Gesellschaft. Einen radikaleren Trip als das Lehramt kann man sich gar nicht vorstellen. Ihr seid diejenigen, die schiefliegen – die schön versteckt in einem verschneiten Winkel unseres Landes Spielchen treiben!«

Eddie und die andere Frau fochten einen richtigen Revolutionärsstreit aus; beide waren sie in den üblichen Radikaler-als-du-Ton verfallen. Wahrscheinlich geht das während des ganzen Wochenendes so weiter, dachte ich und wandte mich zum Gehen.

»Quatsch!« fauchte Eddie voll Verachtung. »Du hockst da in einem Tempel der Gelehrsamkeit, wo jeder Student von vornherein jedem Wort zustimmt, das du äußerst. Die stammen doch alle aus demselben Milieu wie du, denken wie du, benutzen dieselben Ausdrücke wie du. Der *echte* radikale Trip dagegen ist, wenn man sich freiwillig einen Platz mitten unter ›dem Volk‹ sucht, dem vielleicht vieles an dir verächtlich vorkommt. *Wir* hier arbeiten tagtäglich Schulter an Schulter mit solchen Menschen. Wir dringen in ihre Köpfe ein und erobern unbemerkt ihre Herzen.«

Ich drehte mich um und warf Eddie einen erstaunten Blick zu. Redete sie tatsächlich von *uns*, den kommunistischen Außenseitern von Stark's Bog, die wir allwöchentlich allein aufgrund unserer Existenz in Scharmützel mit ›dem Volk‹ verwickelt wurden? Durch den Schnee stapfte ich zur Hütte zurück.

In Eddies und meinem ebenerdigen Schlafzimmer bildete Lavernes Gruppe ›Die Frauen und ihr Körper‹ einen fasziniert zuschauenden Kreis um Laverne selbst. Sie hockte vor ihnen auf einem Stuhl, die Knie wie Hühnerschlegel bis an die Schultern hochgezogen. Mit Hilfe eines komplizierten Arrangements aus einem in die Scheide eingeführten Plastik-Spekulum, einigen Spiegeln und einer Taschenlampe demonstrierte sie den aufmerksamen Zuhörerinnen, wie man, falls man so biegsam war wie eine Olympiasiegerin im Bodenturnen, das Innere der eigenen Vagina und den Muttermund betrachten konnte. Ich stand wie gebannt und starrte auf das feucht glitzernde Loch. Aber mir wollte ums Verrecken nicht einleuchten, warum man im Spiegel seinen eigenen Muttermund betrachten sollte. Und vor lauter Angst, bougie zu klingen, konnte ich auch Laverne nicht fragen.

Ich ging weiter. Im Wohnzimmer tagte Monas Gruppe ›Die Frauen und ihr Zorn‹. Eine Frau im T-Shirt mit der bekannten Aufschrift ›Sisterhood Is Powerful‹ lag auf dem Fußboden. Tränen rannen ihr aus den geschlossenen Augen. Ihr ganzer Körper wurde von Schluchzen geschüttelt. Mona und die anderen Mitglieder der Gruppe hatten sich rechts und links von ihr aufgereiht und massierten ihren zuckenden Körper von oben bis unten mit langsamen, liebevollen Bewegungen.

»Das ist cool«, sagte Mona, die einen Oberschenkel knetete, mit ruhiger Stimme. »Wir sind alle Schwestern. Die meisten von uns sind auch schon mal in deiner Lage gewesen. Nur zu. Rede dir alles von der Seele.«

»Also«, berichtete die Frau atemlos unter Schluchzen, »ich hab ihm gesagt, daß ich schwanger bin. Na ja, ich dachte, er würde sich . . . na ja, darüber freuen oder so.« Sie hielt inne, weil die Schluchzer sie zu stark schüttelten. Eine Frau, die neben ihrem Kopf kniete, beugte sich über sie und leckte ihr sanft die Tränen von den Wangen. Das schien sie zu beruhigen, mich aber machte es krank vor Ekel.

Mit zitternder Stimme fuhr sie fort: ». . . Dann stand er auf. Ich dachte, er wollte zu mir kommen und mich küssen und in die Arme nehmen. Ich lächelte ihn an. Ich war so furchtbar stolz und glücklich. Und wißt ihr, was er dann getan hat? Er hat mir eine Ohrfeige gegeben. So hart, daß ich vom Stuhl kippte und zu Boden fiel. Dann fing er an, mich anzuschreien, ich wäre eine Hure, eine Fotze, ein Miststück, und warf mir vor, ich wollte ihn ja nur . . . na ja, einfangen.« Sie weinte jämmerlich. Die Gruppe verstärkte ihre Massage. Mona kroch zum Kopf der Weinenden hinauf, blickte durch ihre purpurnen Brillengläser liebevoll auf sie hinab und massierte ihr die Schläfen.

»Und was hast du gemacht?« Mit einer schnellen Kopfbewegung schüttelte sich Mona das lange schwarze Haar aus dem Gesicht.

»Ich bin einfach liegengeblieben. Ich war fassungslos; konnte es nicht begreifen. Ich lag da und versuchte einen klaren Kopf zu bekommen. Zunächst mal war ich entsetzt darüber, daß er sich nicht ebenso freute wie ich, und dann natürlich, weil er mich eine Hure nannte, denn ich hatte ihn aufrichtig geliebt. Er wußte genau, daß ich vor ihm mit keinem Mann geschlafen hatte. Aber vor allem konnte ich es nicht fassen, daß er mich geschlagen hatte. Er war immer so . . . na ja, so lieb und sanft zu mir gewesen. Aber im nächsten Moment trat er mich in den Bauch. Er hatte Kampfstiefel an und trat mich immer wieder, mit aller Kraft. Dabei schrie er immer wieder, er ließe sich nicht von einem billigen Flittchen festnageln. Er hörte nicht auf, mich in den Bauch zu treten, so daß ich bald keine Luft mehr bekam.« Sie rang auch jetzt keuchend um Luft. Eine aus der Gruppe begann mit künstlicher Beatmung. Alle machten sie grimmige Mienen.

»Und was war dann?« fragte Mona, die allmählich immer rachsüchtiger wirkte.

»Als ich im siebten Monat war, ging er fort und kam nie wieder. Ich weiß noch genau, es war sechs Uhr morgens. Ich lag in der Küche auf den Knien und schrubbte das Linoleum. Er hatte 'nen richtigen Tick mit der Sauberkeit. Mir selbst lag eigentlich nicht viel daran, daß das Linoleum glänzte. Ich tat es ausschließlich für ihn, morgens, ehe ich zur Arbeit ging. Er selbst arbeitete damals nicht regelmäßig. Manchmal spielte er abends in einer Band. Und ich mußte alles bezahlen. Wie dem auch sei, ich kniete vor dem Putzeimer, mitten auf dem überschwemmten Fußboden, und fing an zu weinen. Ich war einfach zu müde, mit der ganztägigen Arbeit und der Schwangerschaft im siebten Monat und dem frühen Aufstehen, um den Fußboden zu schrubben und seine Hemden zu bügeln. Meine Tränen tropften in das schmutzige Seifenwasser. Und da kam er hereingepoltert. Er war die ganze Nacht aus gewesen, wahrscheinlich bei einer anderen. Voller Abscheu starrte er mich an. ›Mann‹, sagte er, ›sieh dich bloß an! Du bist völlig verwahrlost – überall verdreckt, und diese ungepflegten Haare! Kein Wunder, daß ich so selten zu Hause bin!‹ Er stopfte seine Sachen in einen Duffelbag und verschwand. Ich habe ihn nie wiedergesehen.«

»Los, zeig uns, wie zornig du bist!« flüsterte Mona. »Laß dich mal so richtig gehen!«

Der Ausdruck der Frau wechselte abrupt von genießerischem Selbstmitleid zu heißem Zorn. »Dieses Schwein!« kreischte sie. »Dieser gottverdammte, widerliche Scheißkerl! Jesus, wie ich diesen beschissenen Makkaroni hasse!«

Die Gruppe rollte sie auf den Bauch. Mit beiden Fäusten hämmerte sie einen rhythmischen Trommelwirbel der Wut auf die Bretter.

»Und was würdest du am liebsten mit ihm machen?« flüsterte Mona.

»Am liebsten würde ich ein schönes scharfes Fleischermesser nehmen und ihm . . .«

Ich ging rasch in die Küche hinüber, um nicht mit anhören zu müssen, was sie mit dem Messer tun wollte. So groß mein Mitgefühl mit ihr auch war, ich fand es peinlich, unversehens in die Intimsphäre einer Frau hineingezogen zu werden, die ich noch nie im Leben gesehen hatte und vermutlich auch nie wieder sehen würde. Ein Quickfick der Emotionen.

Atheliah leitete irgendwo im Haus ein Seminar über ›Die Frauen und die Arbeit‹. Ich wußte genau,daß dort nur über Hausarbeit und Kindererziehung geschimpft wurde und daß ich mir qualvoll bougie vorkommen würde, sollte ich gezwungen sein zu gestehen, was für ein Trip es für mich war, die Duschnische zu putzen, daß ich begeistert all meine Kleider abzulegen, mit einem Schwamm und Scheuerpulver hineinzusteigen und so richtig loszulegen pflegte.

Ich setzte mich hin und versuchte das Gehämmer und Geschrei der Arbeitsgruppe ›Die Frauen und ihr Zorn‹, wo die Frau ihren ehemaligen Liebhaber zerstückelte, zu ignorieren. Ich fühlte mich meinen Schwestern entfremdet und mithin sehr allein und verlassen. Außerdem empfand ich ein bißchen Angst, weil ich wußte, wenn ich auch nur ein paar Minuten an der Arbeitsgruppe ›Die Frauen und ihr Zorn‹ teilnähme, würde ich dieses Gefühl der Entfremdung, das mir sozusagen als Schutzpanzer diente, ablegen und am heftigsten von allen auf den Fußboden einhämmern.

Nach dem Lunch kam das Vergnügen. Einige Frauen gingen auf der Wiese Schlitten fahren, Ski oder Schneeschuh laufen. Andere bauten vor dem Wohnzimmerfenster einen hoch aufragenden weiblichen Torso aus Schnee. Wieder andere hockten herum, rauchten Joints und tranken Annie Green Springs Country Cherry Wine. Zwei spielten Gitarre und sangen dazu.

Nach dem Abendessen bauten ›Bev Butch and the Four Femmes‹,

eine weibliche Rockband aus Boston, die zum Wochenende rübergekommen war, im Wohnzimmer ihre Instrumente und Lautsprecheranlage auf. Sie spielten geräuschvolle Songs aus den frühen sechziger Jahren, und wir anderen tanzten Boogie, entweder zu zweit oder allein. Es war fast wie auf einem Schul-Ringelpietz, ehe die Jungens Mut oder Geschick genug aufbrachten, die Mädchen selbst herumzuschwenken.

Im Laufe des Abends wurde es trotz der winterlichen Temperaturen draußen im Wohnzimmer heiß und stickig, so sehr verausgabten sich die Tanzenden. Alle Gesichter troffen von Schweiß, die Anglo-Afro-Frisuren wurden noch zottiger, als sie es ohnehin schon waren. Der Country Cherry Wine wurde gekippt wie Limonade an einem Sommernachmittag. Schließlich zog Laverne mit einer großartigen Geste ihr T-Shirt mit dem Aufdruck ›Off the Pigs‹ aus. Und da waren sie wieder, ihre herrlichen Brüste, naß-glänzend von Schweiß. Ein Dutzend oder noch mehr Frauen folgten ihrem Beispiel, und bald schien unser Wohnzimmer nur noch aus nackten Busen zu bestehen, die im Takt der mitreißenden Musik hüpften und schaukelten. Ich lag mit Eddie an irgendeinen aufgerollten Schlafsack gelehnt. Wir hielten Händchen und rauchten einen Joint.

»Also, ich finde, es ist ein großer Erfolg. Du nicht?« fragte ich sie.

»Doch, schon«, stimmte sie zu. »Aber die meisten sind, glaube ich, nur zu ihrem Vergnügen hier.«

»Dagegen ist doch aber nichts einzuwenden, oder?« Ich hatte Eddies Traumziel vergessen, die vielfarbige Phalanx von Frauen, die Schulter an Schulter den Boden bestellten.

»Sicher – wenn du 'n Scheiß-Urlaubszentrum betreibst. Außerdem ist nur eine einzige Schwarze hier. Keine Puerto-Ricanerinnen, keine Indianerinnen. Wie sollen wir je ein Kollektiv aufbauen, wenn keine Frauen aus der Dritten Welt kommen?«

»Ich bin zum Teil Cherokee«, versuchte ich sie ein wenig zu trösten.

Mit freudigem Erstaunen wandte sie sich zu mir um. »Ist das wahr? Wieso hast du mir das nie gesagt? Schämst du dich deswegen, oder was?«

»Ehrlich gesagt, ich vergesse es immer wieder. Bin ich deswegen ein Onkel Tom-tom?« Ich bog mich vor Lachen über den kleinen Scherz.

»Du verdrängst es«, entgegnete sie düster. »Du verdrängst dein Erbe. Diese Gesellschaft hat es fertiggebracht, daß du dich deines Geburtsrechtes schämst. Du hältst Indianer für Menschen zweiter Klasse.«

»Das tu ich nicht«, widersprach ich heftig, stets auf der Hut vor den Manifestationen meiner bürgerlichen Vorurteile. »Ich halte es einfach nicht für wichtig. Meine Ur-ur-urgroßmutter war eine Cherokee-Squaw. Folglich bin ich zu einem Zweiunddreißigstel Cherokee-Indianerin. Und das bei soviel Angelsachsentum. Unerheblich.«

»Unerheblich? Das ist zufällig das fehlende Glied in deinem Charakter! Ich habe mich immer wieder gefragt, warum du mit deinem Herrenhaus und diesen erzfaschistischen Eltern nicht einfach absolut unmöglich bist. Jetzt weiß ich's endlich. Du hast *doch* ›soul‹ in dir, Ginny.« Sie wälzte sich zu mir herum und begann mich leidenschaftlich zu küssen. Ich war erfreut, daß meine genetische Struktur sie dermaßen glücklich machen konnte.

»Und mein Großvater war Bergmann«, fuhr ich fort, um ihr ein weiteres Geschenk zu machen. »Eine ganze Menge von meinen Vettern sind auch Bergleute. Oben in den Appalachen.«

»Ist das *wahr*?« Eddie strahlte. »Klasse, Mann! Jesus, Ginny, und das hast du vor mir geheimgehalten! Komm, wir tanzen. Ich möchte dich in den Armen halten.«

Bev Butch sang gerade das langsame ›Longer Than Always Is a Long Long Time‹. Eddie und ich umschlangen uns, wiegten uns auf der Stelle und vergruben die Lippen am Hals der anderen. Ringsumher tanzten außer uns noch viele andere eng umschlungene Pärchen im Rhythmus der Musik, darunter einige, bei denen beide Partnerinnen kein Hemd trugen. Überall wurden eifrig Brüste gestreichelt. Marihuanarauch hing in der Luft wie Industrie-Smog über Hullsport. Die meisten Lampen waren aus. Diejenigen, die noch brannten, flackerten im Takt von Lavernes Vibrator in einem der oberen Schlafzimmer. Paare und auch Dreiergruppen zogen sich in die verschiedenen Zimmer zurück. Ich seufzte tief auf vor Zufriedenheit. Jenes Gefühl der Entfremdung, das mich am Vormittag gequält hatte, war sternenfern. Dies war mein Heim, hier war ich zu Hause; endlich, nach langer Suche, hatte ich meinen Platz gefunden: in den Armen von Eddie Holzer.

Die Tür flog krachend gegen die Wand. Kalter Schnee wehte herein. Von draußen kam ein Dutzend riesenhafter Gestalten in Filzstiefeln, dunklen, gesteppten Skianzügen und Sturzhelmen mit Visier herein. Sie sahen aus wie Astronauten auf dem Mondflug, nur viel bedrohlicher und nicht so durchtrainiert. Die Band verstummte. Die tanzenden Paare blickten auf und fuhren auseinander.

Die Motorschlittenfahrer formierten sich zu einer Kette. Ihre winzigen Augen, in den dunklen Höhlen ihrer Helme beinahe nicht auszumachen, funkelten vor Gier. Langsam, einen gestiefelten Fuß vor den anderen setzend, begannen sie als geschlossene Phalanx vorzurücken.

Von blinder Panik gepackt, klammerte ich mich an Eddie, während sie uns zusammentrieben wie Schafe zur Schlachtbank. Die Gestalt am äußersten Ende streckte die Hand aus und fing das Handgelenk einer barbusigen Frau in tief auf den Hüften sitzenden Bluejeans ein, die sich ängstlich an die Wand drückte. Sie wollte ihm die Augen auskratzen, doch ihre Fingernägel schrammten wirkungslos über das getönte Plastikvisier. Sie versuchte ihn in die Hand zu beißen, bekam aber nur gefüttertes Leder zwischen die Zähne. Als er sie zur Haustür zerrte, schrie sie auf und wehrte sich. Mehrere Frauen wollten ihr zu Hilfe eilen, merkten aber unversehens, daß sie sich selber in Gefahr befanden, weil die Kette der dunklen Gestalten unaufhaltsam weiter vorrückte.

Offenbar stand ihnen der Sinn nach einer Art Raub der Sabinerinnen. Jeder würde sich eine von uns greifen, sie quer über seinen Motorschlitten werfen und mit ihr in der Nacht verschwinden. Ich hatte nichts dagegen einzuwenden – solange sie mich in Ruhe ließen.

Eddie löste sich von mir und stellte sich ihnen mit in die Seite gestemmten Fäusten in den Weg. Eine Gestalt aus der langen Reihe kam auf mich zu. Durch das Visier konnte ich zwar nicht viel erkennen, denn das matte Licht im Zimmer wurde von der Plastiksichtscheibe gespiegelt. Aber ich hätte schwören können, Iras unruhige Augen, seine geblähten Nasenflügel und seine vollen Lippen entdeckt zu haben. Er wirkte jedoch nicht bösartig, sondern eigentlich eher sehnsüchtig. Und ich blickte ihn ebenso sehnsüchtig an – so wie Julia ihren von seinen feindlichen Gefährten umgebenen Romeo angeblickt haben muß.

»Was soll das heißen?« fragte Eddie mit einer Stimme, die jede Blüte im Frühling zum Welken gebracht hätte. Die Reihe machte, einen Fuß vorgestreckt, mitten im Schritt halt. Atheliah stellte sich neben Eddie. Gelassen zog sie die Lederhülle von ihrer Axt. Sie prüfte die Schneide mit dem Daumen und musterte die Monstren in den Skianzügen so gelassen, als wären sie Bäume, die sie zu fällen beabsichtigte.

»Verlaßt sofort unser Haus und unser Grundstück!« befahl Eddie in einem Ton, der durchblicken ließ, dieses ›unser‹ repräsentiere mindestens siebenunddreißig Prozent der amerikanischen Bevölkerung und nicht nur ein paar Dutzend verschreckte Frauen.

Die Reihe blieb eine ganze Minute lang regungslos stehen; die Konfrontation verlagerte sich für einen Moment in eine Dimension, in der es weder Worte noch Taten gab.

Schließlich hob der Mann, der sich mir genähert hatte – es war tatsächlich Ira –, wie ein gerüsteter Ritter sein Visier und erklärte verlegen: »Wir haben die Musik gehört und wollten nur mal eben reinschauen.«

Eddie starrte ihn verwundert an. »Aber ihr seid nicht eingeladen, also bewegt euren Arsch endlich hier raus. Und nimm deine *macho*-Freunde gefälligst mit.« Energisch kehrte sie ihm den Rücken und gab Bev Butch das Zeichen zum Weiterspielen. Ein wenig unsicher stürzte sich die Band in eine unkoordinierte Version von ›Great Balls of Fire‹.

Die Motorschlittenfahrer trotteten finsteren Blickes zur Tür. Als sie draußen auf der Veranda waren, ging ihnen Eddie einige Schritte nach und rief voller Genugtuung darüber, daß sie die Situation gemeistert hatte, hinter ihnen her: »Und untersteht euch ja nicht, noch einmal hierherzukommen. Nur auf unsere Einladung, und auf die könnt ihr lange warten!«

Kleinlaut traten sie in den Schnee hinaus. Einen hörte ich etwas murmeln, das so ähnlich klang wie ›von Weibern schurigeln lassen‹. Zwei stemmten, als sie an der riesigen, bläulich schimmernden Eisstatue des weiblichen Torsos vorbeikamen, die Schultern dagegen, daß sie umkippte und in tausend Stücke zersprang.

Als unsere Gäste am nächsten Morgen abreisten, lud Eddie eine sorgfältig ausgewählte Handvoll von ihnen ein, sich unserem ›Frauenkollektiv Dritte Welt‹ anzuschließen. Auf die Frage nach der Bezeichnung ›Dritte Welt‹ antwortete sie von oben herab: »Ach, wißt ihr, meine Freundin ist eine halbe Cherokee-Indianerin, und ihre Eltern sind natürlich Bergleute aus den Appalachen.«

»O Mann!« sagte die Frau, die ihr die Frage gestellt hatte, bewundernd. Sie schien nicht weniger beeindruckt als eine Hausfrau aus den eleganten Vororten, die hört, daß eine Nachbarin Worthley besucht hat.

Ich plusterte mich regelrecht auf vor Stolz.

»Und *mein* Vater war natürlich Puerto-Ricaner«, ergänzte Eddie. Ich warf ihr einen zweifelnden Blick zu.

»Na ja, hätte doch sein können«, erwiderte sie trotzig, nachdem die andere gegangen war.

Wir hatten zwar niemanden rekrutiert, an jenem Nachmittag, aber wir hatten das Gefühl, in einige interessierte Köpfe ein kleines Samenkorn gelegt zu haben. Außerdem hatten wir die schwesterliche Verbundenheit mit den anderen Farmen der Umgebung gefestigt und verabredet, in nächster Zeit zu einem Subkultur-Äquivalent eines Bridgenachmittags oder Kaffeekränzchens zusammenzukommen: zu einer Bewußtseinserweiterungsparty.

Nachdem wir das Chaos in der Hütte beseitigt hatten, unternahm ich mit Mona, Atheliah und Eddie eine Skiwanderung. Laverne zog es vor, zu Hause zu bleiben: Sie hatte ein Rendezvous mit ihrem Vibrator.

Wir liefen mehrere Meilen weit schweigend dahin und genossen die Ruhe nach dem Wirbel des Wochenendes. Wir liefen über Wiesen und durch schneebeladene Nadelwälder. Wir spähten unter Hemlocktannen und entdeckten Wildverstecke – Zweige, die vom Schnee zeltförmig am Boden gehalten wurden, während der Schnee unter diesem Zelt von winzigen Hufen festgetreten worden war. Wintervögel hüpften in den Ästen. Die blasse Wintersonne sank hinter den Wolken und den hohen Baumwipfeln. Ein wunderbares Gefühl des Friedens und Wohlbehagens breitete sich in mir aus.

»Puh! Wie gut, daß wir *das* hinter uns haben!« Die anderen warfen mir vorwurfsvolle Blicke zu, die mir verrieten, daß ich anscheinend nicht genug Kollektivgefühl zur Schau trug. »Na ja, es war doch wirklich ziemlich eng und laut. Und das Durcheinander, das so viele Leute verursachen, die alle gleichzeitig essen, schlafen und scheißen wollen!«

»Diese ›Leute‹ sind unsere Schwestern«, ermahnte mich Mona.

»Schwestern oder nicht, es ist einfach schön, daß sie wieder weg sind«, behauptete ich munter. Niemand antwortete.

Wir liefen weiter; unsere Skispitzen klapperten, der Schnee knirschte, und die Sonne streifte unsere Gesichter. Falls nicht Gott selbst, dann war jedenfalls ein anderer recht Einflußreicher dort oben im Himmel, und die Welt schien rundherum in Ordnung zu sein – eine beträchtliche Erleichterung nach meinem Anfall unaussprechlicher Einsamkeitsgefühle gestern vormittag mitten unter meinen achtzig Schwestern. Munter erklommen wir im Grätschritt einen Hügel.

Als wir auf der anderen Seite hinabfuhren, erschütterte ein ohrenbetäubender Donnerschlag die Landschaft. Wir warfen uns besorgte Blicke zu.

»Da hat einer die Schallmauer durchstoßen«, behauptete Eddie optimistisch. In diesem Moment wären wir beinahe frontal gegen einen Maschendrahtzaun gefahren.

»Was, zum Teufel, ist denn das?« knurrte Eddie. Ärgerlich, weil uns der Weg abgeschnitten war, wandten wir uns südwärts und liefen an dem hohen, mit Stacheldraht gekrönten Zaun entlang. Nach fünfzig Metern kamen wir an ein Schild. Die roten Buchstaben auf weißem Grund lauteten: ›Zutritt verboten! Geschütz-Testgelände‹.

Wir sahen einander verwundert an. Wir befanden uns mitten in einem Wald im unterbevölkerten Gebiet eines Agrarstaates. Im Umkreis von Meilen hatten wir keinen einzigen Menschen gesehen, lediglich eine Handvoll Häuser. *Was* für Geschütze, um Gottes willen, und *wer* testete sie?

Wir liefen weiter, immer am Zaun entlang, mit dem Vorsatz, unsere Neugier zu befriedigen. Dabei erschütterten immer wieder Detonationen das kleine Tal. Unvermittelt bildete der Zaun eine Ecke. Wir folgten ihm wie Dorothy im ›Zauberer von Oz‹ dem gelben Backsteinweg.

Mehrere hundert Meter und eine Ecke weiter standen wir vor einem verschlossenen Tor. Ein riesiges Schild informierte uns: ›Betreten verboten. Geschütz-Testgelände. General Machine, Inc., Ludbury, Vermont.‹ Drinnen hantierten Gruppen von Männern in Drillichzeug an großen, wie Mörser wirkenden Geschützen.

»O Gott, die sind einfach überall«, flüsterte Eddie. »Die sind erst zufrieden, wenn sie uns alle umgelegt haben.« Sie fing an zu zittern. Noch nie zuvor hatte ich erlebt, daß sie sich vor etwas fürchtete. Doch jetzt hatte sie eindeutig einen Angstanfall, wie er uns andere mit schöner Regelmäßigkeit heimsuchte. Der Zusammenstoß mit den Motorschlittenfahrern mußte sie ihre ganze Wochenration an Courage gekostet haben.

Ich ergriff einen ihrer angststarren Arme, Atheliah den anderen, und dann schafften wir sie in den Wald zurück, wo sie wenigstens so weit die Beherrschung wiederfand, daß sie sich umdrehen und zum Testgelände hinüberrufen konnte: »Verdammte Mörder!«

Als wir jedoch die Hälfte des Rückwegs zum Blockhaus hinter uns hatten und uns mühsam durch tiefe Schneeverwehungen über ein weites

Feld arbeiteten, hörten wir über uns ein Dröhnen. Wir stießen die Skistöcke in den Schnee und hielten uns die Ohren zu. Direkt auf uns zu kamen in perfekter Formation drei tieffliegende Jets von der flachen, dreiecksförmigen Art, die wie silbrige fliegende Stachelrochen aussahen.

»O mein Gott, jetzt haben sie mich!« kreischte Eddie. Und warf sich kopfüber, mit verhedderten Skiern, in eine Schneewehe.

Die Maschinen flogen hoch über uns hinweg. Zu dritt zogen wir Eddie aus dem Schneehaufen. Zitternd, das Gesicht in den Händen vergraben, blieb sie minutenlang im Schnee sitzen.

»Alles in Ordnung?« fragte ich schließlich, tief beunruhigt von dieser Schwäche meines heiß bewunderten Vorbilds der Kraft.

Wortlos entwirrte sie ihre Skier, stand auf, und wir fuhren weiter.

Am nächsten Morgen gingen alle anderen fort, und ich blieb allein zu Haus. Eddie und Laverne fuhren ins Büro, Atheliah und Mona liefen auf Skiern zu ihrer alten Farm hinüber, wo sie Sojabohnen borgen wollten.

Ich hockte gemütlich in der Küche, beide Füße auf den Ofen gelegt, und genoß das Alleinsein wie die echte Konterrevolutionärin, die ich, wie ich allmählich zu glauben begann, tatsächlich war: Ich hatte es gründlich satt, alles mit den Schwestern zu teilen. Plötzlich hörte ich draußen auf unserer Wiese einen Motorschlitten. Zögernd nahm ich die Füße vom Ofen und lugte hinaus. Der Mann, der da von seiner Deluxe Sno Cat 44 sprang und den Helm abnahm, war Ira. Ganz kurz durchfuhr mich ein flüchtiges Gefühl der Freude, das ich natürlich sofort unterdrückte. Schließlich hätte er mich am letzten Samstag, wäre Eddie nicht gewesen, fast in die finstere Nacht verschleppt.

»Ja?« fragte ich kühl, auf die Veranda hinaustretend. Ira trug einen gesteppten Skianzug; das dunkle Lockenhaar war vom Helm verstrubbelt, und als er lächelte, glänzten blendend weiße Zähne in seinem frischen Naturburschengesicht.

»Hallo! Ira Bliss«, stellte er sich vor. Er zog den riesigen schwarzen Lederhandschuh aus und reichte mir die Hand.

Ich übersah sie geflissentlich. »Was wünschen Sie, Mr. Bliss?« fragte ich.

»Ira«, verbesserte er mich mit strahlendem Lächeln und bebenden Nüstern. »Darf ich einen Augenblick reinkommen?« Er blies sich frierend in die Hände und begann sie kräftig zu reiben. Er hatte recht. Es war kalt. Ich zitterte in meinem Rollkragenpullover.

»Dazu besteht keine Veranlassung.«

»Hören Sie, Ma'am, ich erfriere.«

»Dann rasen Sie nicht mit sechzig Meilen pro Stunde auf Ihrem Spielzeugschlitten rum.«

»Na schön«, sagte er und hob die Arme, als halte ihm jemand eine Pistole an die Rippen. »Ich ziehe mit 'ner ziemlich wilden Bande rum. Manchmal machen die Jungens Sachen, die mir nicht passen, und ich mache mit, weil ich nicht soviel Charakterstärke besitze, um mich gegen sie stellen zu können. Aber das ist schließlich der Grund, warum ich hier bin. Ich möchte mich für Samstagabend entschuldigen.«

Ira hatte mein Mitgefühl. Ich wußte genau, was er damit meinte: Ich zog auch mit wilden Banden herum und hatte auch häufig nicht den Mut, abseits zu stehen, wenn mir ihre Unternehmungen nicht paßten. Wider Willen lächelte ich – ein schwaches Lächeln, das Gemeinsamkeiten bestätigte. »Also gut, Mr. Bliss. Kommen Sie rein. Sie können sich am Ofen aufwärmen.«

Er nahm mir gegenüber Platz und öffnete den Reißverschluß seines Skianzugs bis zur Taille. Er trug wieder das enge rote Hemd von der Vietnam-Blutspende, unter dem sich seine eindrucksvollen Muskeln abzeichneten. Ich betrachtete die straffen, sehnigen Muskelpakete und war gleichzeitig bemüht, mir dieses Interesse nicht anmerken zu lassen. Sein Körper war so ganz anders als ein weiblicher. Eddies Körper, mit dem ich es in den letzten drei Jahren ausschließlich zu tun gehabt hatte, bestand aus festen Rundungen, glatten Kurven und versteckten Falten. Die eine Version war vermutlich nicht besser oder schlechter als die andere, aber verschieden waren sie doch sehr.

Ich räusperte mich, suchte angestrengt nach einem nicht provokanten Gesprächsthema. »Tja . . .« sagten wir beide gleichzeitig. Und dann lachten wir vor unterdrückter Nervosität.

»Es gibt allerdings noch einen zweiten Grund für meinen Besuch«, gestand Ira. »Ich verkaufe Lebensversicherungen. Nein, warten Sie! Bevor Sie mich rauswerfen, hören Sie sich bitte an, was ich zu sagen habe. Also, ich weiß, daß Sie und Ihre Freundinnen sehr selbständig sind. Aber haben Sie sich schon mal überlegt, was passiert, wenn eine von Ihnen stirbt? Das klingt ziemlich makaber, aber es ist ein Gedanke, mit dem wir uns alle früher oder später befassen müssen, nicht wahr? Okay, normalerweise betrachten die Leute eine Lebensversicherung als etwas, das ein Mann abschließt, um seine Frau und seine Kinder für den Fall seines Todes zu versorgen. Sie haben vermutlich keine Kinder, die Sie versorgen müßten, aber Sie haben eine Möglichkeit, für die Menschen, die Ihnen am nächsten stehen, im Fall Ihres Todes vorzusorgen. Irgend jemanden muß es doch geben, der von Ihrem Tod profitieren könnte, stimmt's? Äh, Verzeihung, das klingt anders, als ich es meine . . .«

Ich warf Ira nicht hinaus. Im Gegenteil, ich hörte ihm aufmerksam zu. Es war nicht das erstemal, daß ich mir Gedanken machte, was aus Eddie werden sollte, falls ich plötzlich starb – eine in meinen Augen ständig vorhandene Möglichkeit, wenn man bedenkt, wer mich erzogen hatte. Über mein Treuhandvermögen konnte ich nicht in dem Sinne verfügen, daß Eddie meine Dividendenschecks bekam. Das Vermögen würde an den Major zurückfallen, der vermutlich schon Detektive auf meine Spur gehetzt hatte, da ich seit unserer Demonstration vor der Fabrik nicht mehr nach Hause geschrieben hatte. Wovon sollte Eddie leben, wenn ich zwei Meter unter der Erde lag? Sie würde Dinge tun müssen, die sie haßte, die ihren Oppositionswillen brachen: Kellnerin, Zimmermädchen oder Sekretärin werden. Sie war arm, ich war reich. Das war nicht ihre Schuld und nicht mein Verdienst. Ich mußte meinen Reichtum mit ihr teilen und dafür sorgen, daß er auch weiterhin mit ihr geteilt wurde, wenn ich nicht mehr unter den Lebenden weilte.

Eindeutig erstaunt, weil er nicht abgewiesen wurde, redete Ira, dessen Victor-Mature-Stirn von der Ofenhitze schweißbedeckt war, eifrig weiter. »Also, es gibt da zwei Versicherungsformen, die für Sie in Betracht kämen: eine Versicherung auf Zeit und eine volle Lebensversicherung. Bei einer Versicherung auf Zeit zahlen Sie eine relativ geringe Prämie, und der Bezugsberechtigte erhält den Nennbetrag der Versicherung, wenn Sie innerhalb des angegebenen Zeitraums sterben. Die volle Lebensversicherung ist eigentlich eher eine Geldanlage. Sie bezahlen die Prämie, solange Sie leben, und erhalten im Erlebensfall mit sechsundneunzig Jahren den Nennbetrag zurückerstattet. Welche von diesen beiden Versicherungsformen Sie für sich wählen, hängt von Ihrer finanziellen Situation und dem Versicherungszweck ab. Darf ich fragen, wovon Sie leben?«

Unvermittelt fuhr ich aus meinen Überlegungen auf. »Das dürfen Sie nicht! Das geht Sie überhaupt nichts an!«

Seine Augen wurden groß, sein Blick beunruhigt. »Verzeihen Sie. Ich wollte Ihnen ja nur helfen.«

»Verzeihen *Sie*. Ich wollte Sie nicht anschreien. Was Sie da sagen, ist sehr interessant, aber ich weiß nicht recht, was ich machen soll.«

»Zunächst einmal: Wer lebt hier mit Ihnen zusammen?«

Ich funkelte ihn mißtrauisch an. »Was hat denn *das* damit zu tun?« Ich vermutete plötzlich in ihm einen Spitzel der Rowdies von Stark's Bog.

»Nun, ich finde, wenn Sie eine Lebensversicherung abschließen wollen, wäre es doch sicher gut, wenn man wüßte, für wie viele Personen Sie vorsorgen wollen, nicht wahr?«

In diesem Moment kam unser Lieferwagen die Einfahrt heraufgedonnert. Schuldbewußt sah ich mich um. Ich hatte mich ganz allein mit einem Mann unterhalten, mit einem Motorschlittenfahrer aus Stark's Bog – und es hatte mir Spaß gemacht. Was würde Eddie dazu sagen? »Ich glaube, Sie sollten jetzt lieber gehen.«

»Meinen Sie nicht, Ihre Freundinnen würden sich gern über die Möglichkeiten einer Lebensversicherung unterrichten lassen?«

»Bestimmt nicht«, beteuerte ich. »Außerdem soll es eine Überraschung sein«, fügte ich noch hinzu, um ihm die Tatsache, daß ich ihn vor die Tür setzte, zu versüßen. Ich machte die Haustür auf und schob ihn hinaus. Seinen Reißverschluß hochziehend, betrat er die Veranda. Als er durch die Trümmer der Eisstatue watete, kam Eddie auf die Hütte zu. Wütend schüttelte sie die Faust, in der sie einen Papierfetzen hielt, und schrie: »Bestellen Sie Ihren lieben Freunden, Sie könnten uns am Arsch lecken!«

Verblüfft drehte er sich zu ihr um. »Hören Sie . . .«

»Hauen Sie ab!« befahl ich grimmig und drängte ihn zu seinem Motorschlitten hinüber.

Als er geräuschvoll davonknatterte, baute sich Eddie zornbebend vor mir auf. »Also *das* treibst du hier, während ich weg bin, du hinterlistiges Stück Dreck! Aber jetzt habe ich dich erwischt!«

»Ich ›treibe‹ gar nichts, Eddie. Ganz bestimmt nicht.«

»*Scheiße*, Ginny! Ich bin vielleicht arm, aber ich bin nicht dämlich! Ich hab genau gesehen, wie ihr beiden euch angeglotzt habt. Richtig schuldbewußt und konspirativ! Verdammt, ich hab doch *gesehen*, wie er seinen Anzug zugemacht hat, als er ging! Hör auf zu lügen, du miese Hure!«

Ich beschloß, Feuer mit Feuer zu bekämpfen. »Halt den Mund, du bist ja verrückt! Wenn ich dir sage, daß ich gar nichts getrieben habe, dann stimmt das! Ich lüge nicht, Eddie, und dich belüge ich schon gar nicht. Aber wenn ich wirklich etwas getrieben hätte – was dann? Wo bleiben all deine großen Ideen über Reichtum, den man teilen soll? Oder gelten diese Ideen ausschließlich für meine Dividendenschecks? Was ist mit all dem Mist, den du ständig von dir gibst, daß wir uns unters Volk mischen sollen? Schließt dieses Mischen unters Volk etwa Herzlichkeit und Zuwendung aus? Ich will dir was sagen, liebe Eddie: Ich habe die Nase voll von deiner Eifersucht! Du widerst mich an! Ich schwöre zu Gott, daß ich dich nie betrogen habe, aber du treibst mich direkt zu diesem Ira ins Bett!«

»Hör auf, mir zu drohen«, sagte sie, eindeutig entsetzt, weil ich es gewagt hatte, ihr so heftig zu widersprechen.

»Ich drohe nicht. Ich erkläre dir nur, was los ist. Ich erkläre dir die Dynamik unseres Verhältnisses, damit du nicht allzu überrascht bist, wenn sich die Dinge so entwickeln, wie du sie programmierst.«

Wir standen da, bei den Schneebergen der zerbrochenen Statue, und funkelten uns wütend an. Ich zitterte vor Kälte.

»Verdammt, ich friere«, murmelte ich dann. Ich hatte meine ganze emotionale Energie verausgabt. »Komm endlich rein. Dann kann ich dir in Ruhe erklären, warum er hier war.«

Als wir mit Laverne zusammen am Ofen saßen, sagte Eddie ein wenig erschöpft: »Jetzt laß *mich* dir erst mal erzählen, was unten in der Stadt passiert ist. Als wir heute ins Büro kamen, war ein Fenster eingeschlagen und das Türschloß durchgesägt. Warte. Es kommt noch mehr. Drinnen waren alle Wände und Möbel mit roter Farbe verschmiert. Die

Prospekte waren in unserem Metallpapierkorb verbrannt worden und die Asche auf dem Fußboden verstreut. Und eine Wand war buchstäblich tapeziert mit diesen verdammten Aufklebern ›Abtreibung ist Mord‹.«

»O Gott!« Stöhnend schlug ich die Hände vors Gesicht. »Wir haben das alles anscheinend völlig falsch angefangen.«

»*Wir?* Was erwartest du denn von einem Haufen geistig zurückgebliebener Faschisten?« Ich beschloß, nicht darauf hinzuweisen, daß diese ›geistig zurückgebliebenen Faschisten‹ ja doch ›das Volk‹ waren, die große Hoffnung der radikalen Linken.

»Hier, lies.« Sie reichte mir den zerknüllten Wisch.

Mit einer kindlichen, beinahe unleserlichen Schrift stand auf dem rosa, mit Zeichnungen von Wildblumen geschmückten Blatt: »Liebe Kommies: Wenn Ihr bei uns Familien gründen wollt wie alle anderen normalen Menschen, und in die Kirche gehen und Eure Kinder in unsere Schule schicken, dann heißen wir Euch in Stark's Bog willkommen. Aber wenn Ihr die Familie zerstören und dem Willen unseres Herrn zuwiderhandeln wollt, dann habt Ihr hier nichts zu suchen, Ihr Kinderverderber. Dies ist eine Warnung. Hochachtungsvoll, ein besorgter Bürger.«

Wir starrten uns alle drei voll mühsam beherrschter Angst an.

»Ich glaube, jetzt stecken wir bis über die Ohren im Dreck«, sagte ich.

»Du siehst also, weshalb ich so verärgert war, als ich kam und dieses *macho*-Schwein hier sah«, erklärte Eddie. »Entschuldige, Ginny.«

»Nichts zu entschuldigen.«

»Aber warum war dieser Kerl denn nun hier?«

»Ob du es glaubst oder nicht – er wollte sich für den Abend neulich entschuldigen. Im Ernst! Außerdem wollte er uns eine Lebensversicherung verkaufen.«

»O nein!« stöhnte Laverne.

»Du hast doch nicht etwa schon eine abgeschlossen?« erkundigte sich Eddie besorgt.

»Ich habe es in Erwägung gezogen.«

»O Gott, eine Lebensversicherung!« höhnte sie. »Wie bougie!«

»Gut. Macht nur weiter: Lacht mich aus. Aber was soll aus der Free Farm und aus euch werden, wenn ich sterbe?«

»Wenn du stirbst, werden wir vermutlich alle mitsterben«, gab Eddie scherzhaft zurück. »Oder ich stürze mich auf deinen Scheiterhaufen.«

Ich fand das überhaupt nicht komisch. »Nein, wirklich!«

»Wir werden schon was finden. Du bist nicht ganz so unersetzlich, wie du anzunehmen scheinst.«

»Ich würde das ganze Geld in ungefähr siebzig Jahren zurückbekommen«, erklärte ich ihr nachdenklich. Laverne und Eddie fielen beinahe vom Stuhl vor Lachen.

Plötzlich wurde Eddie ernst und sagte finster: »Das kaufe ich dir nicht ab.«

Ich zuckte die Achseln. »Schließlich ist das sein Beruf. Also muß er es ja wissen.«

»Nein, ich meine, ich kaufe dir nicht ab, daß diese Versicherungsmasche sein Beruf ist.«

»Was soll das heißen?«

»Wer hat je davon gehört, daß man einer Frau eine Lebensversicherung verkauft!«

»Nicht mal einer emanzipierten Frau wie mir?«

»Was für Fragen hat er dir gestellt?«

Ich versuchte die Szene zu rekonstruieren. »Er hat mich gefragt, wovon wir leben und mit wem ich zusammenlebe.«

»Siehst du? Ich hab's ja gewußt. Der Mann ist ein FBI-Spitzel. Bestimmt!«

Laverne massierte sich nachdenklich den linken Oberschenkel. »Ach, hör doch auf, Eddie!« sagte sie.

»Er hat sich anständig und freundlich verhalten, Eddie. Mehr nicht.«

»Das hat er *dir* vorgemacht, daß er anständig ist. Siehst du den Wald vor lauter Bäumen nicht, Ginny? Er will, daß du auf ihn reinfällst,damit er dir Informationen aus der Nase ziehen kann.« Ihre Augen funkelten.

»Quatsch! Du hast zu viele schlechte Filme gesehen.«

»Hör mal, Ginny, ich mache dir ja keinen Vorwurf daraus. Aber er will dich eindeutig einwickeln. Ich hab gesehen, wie er dich angeglotzt hat! Na schön, ich behaupte nicht, daß du auf ihn reinfällst – obwohl du ein paarmal *nicht* im Büro warst, als ich hinkam . . . Aber ich will, daß du dir klar darüber bist, was hier gespielt wird, damit sie dir nicht schaden können. Und damit du uns nicht schaden kannst. Dieser Mann ist ein FBI-Spitzel, Ginny. Davon bin ich fest überzeugt.«

»Das bildest du dir ein, Eddie. Warum sollte das FBI seine kostbare Zeit auf Schmalspur-Hippies wie uns verschwenden?«

Eddie zog eine gekränkte Miene. »Na ja, aus vielen verschiedenen Gründen: Drogen, politische Protestkundgebungen, das Geld, das wir für die Subkultur gespendet haben . . . Vielleicht glauben sie, wir hätten politische Flüchtlinge oder Deserteure versteckt. Vergiß nicht, daß wir Bürger eines faschistischen Staates sind. Mein Gott, ich könnte dir *alle möglichen* Dinge aufzählen, die uns vom FBI zur Last gelegt werden.«

»Du spinnst!«

»Mag sein. Aber ich weiß, was ich weiß. Und ich weiß, daß du dich vor diesem Mann in acht nehmen solltest.«

»Eddie, du bist doch nicht etwa eifersüchtig!«

»Ich? Eifersüchtig?« Sie lachte auf. »Eifersucht ist ein bürgerliches Gefühl, das dem Besitzinstinkt entspringt, und ich halte nun mal nichts von Privatbesitz. Du bist eine erwachsene Frau, Ginny. Du kannst

kommen und gehen, wie du willst, dir Freunde und Liebhaber suchen, wie es dir paßt. Ich würde nicht mal im *Traum* daran denken, dich in deiner Entscheidungsfreiheit zu beeinträchtigen. Ich möchte nur, daß du die potentiellen politischen Folgen erkennst, die deine wahllose Rumbumserei für unsere Schwestern haben kann. Weiter nichts.«

»*Rumbumserei?* Mein Gott, Eddie, ich habe den Mann doch erst heute offiziell kennengelernt! Außerdem bumse ich nicht wahllos herum. Das weißt du genau. Aber laß mich endlich in Ruhe, sonst werde ich's eines Tages doch noch tun!«

»Du sollst mir nicht drohen, Ginny!«

»Ich drohe dir nicht. Ich warne dich nur.«

»Und *ich* warne *dich*.«

»Na schön, da wir nun beide hinreichend gewarnt sind . . .«

Eines Abends nach dem Essen hockten wir alle um den Ofen und kauten Peyote-Köpfe, die in der Konsistenz an trockene Apfelsinenschalen erinnerten. Ich selbst knabberte nur ein bißchen daran herum, vermied es aber, sie runterzuschlucken. Atheliah schliff ihre Axt. Mona fabrizierte mit trägen Bewegungen mehrere Arrangements aus trockenen Gräsern und Samenschoten, die sie am Nachmittag unter dem Schnee auf der Wiese zusammengesucht hatte. Jedes ihrer Arrangements war freizügig und reichlich mit den getrockneten Marihuanastengeln durchsetzt, die bisher in Bündeln an den Deckenbalken der Küche gehangen hatten. Monas Absicht dabei war, sie in Erwartung des FBI-Überfalls, der uns ihrer und Eddies Überzeugung nach in Bälde blühte, möglichst unauffindbar zu verstecken.

Laverne massierte sich, den blonden Lockenkopf zurückgelegt, die Augen vor Behagen geschlossen, mit beiden Händen den Nacken. Eddie saß mir gegenüber, hielt meinen Kopf zwischen den Händen und bewegte ihn hin und her. »Nein, wirklich, Ginny«, beteuerte sie, »ich kann eindeutig indianische Züge an dir erkennen. An deiner Stirn und an den Wangenknochen. Und eigentlich auch an deiner Hautfarbe.«

»Aber ich hab doch nur ein Zweiunddreißigstel Indianerblut, Eddie! Jeder Mensch hat sechzehn Ur-ur-urgroßmütter, und nur eine einzige von den meinen war Indianerin. Ihre Erbanlagen müssen doch völlig verwässert sein.«

»Nein, nein, Ginny! Ich sehe sie deutlich. Nicht wahr, Mona?«

»Irre«, murmelte Mona zerstreut; ihre Blutergußaugen hinter der Purpurbrille wurden schon glasig, ihr glattes, schwarzes Haar verhedderte sich in den trockenen Gräsern.

Plötzlich hörten wir unten am Biberteich ein Dröhnen. Eddie sprang auf, lief ans Fenster und blickte hinaus. »Schnell, kommt her!«

Alle vier stürzten wir ans Fenster. Es war stockdunkel draußen, doch während wir hinaussahen, erschienen auf den Hügeln hinter dem Teich lange Reihen von Scheinwerfern. Die Fahrzeuge bahnten sich zwischen den kahlen Bäumen hindurch einen Weg zum Teich hinunter. Und immer mehr kamen, Reihe um Reihe, aus Richtung Stark's Bog über die Hügel.

Der Teich war inzwischen zugefroren, und die Motorschlitten fuhren aufs Eis. Das heulende Dröhnen war ohrenbetäubend, sogar aus dieser Entfernung und hinter den Holzwänden des Hauses. Es mußten hundert oder noch mehr sein. Das Ganze wirkte wie eine Versammlung auf dem Hexentanzplatz.

Ehe wir uns versahen, flackerte an unserem Ufer ein Feuer auf. Quer über ein Ende des Teichs wurden Rennen ausgetragen. Am anderen Ende wurde Schnee auf die hartgefrorene Biberburg gepackt, die dann als Sprungschanze benutzt wurde und von der die waghalsigsten Fahrer mit Höchstgeschwindigkeit durch die Luft schossen, um erst viele Meter weiter krachend auf dem Eis zu landen.

Wir sahen einander verzweifelt an. Wir fünf gegen hundert Stark's Bogger Rowdies mit ihren Ehefrauen und Freundinnen. Bedrückt kehrten wir an unsere Plätze zurück. Mona verteilte noch ein paar Peyote-Köpfe, die wir mümmelten wie widerkäuende Kühe. Als wir zu Bett gingen, war die Party, zu der wir nicht geladen waren, immer noch in vollem Gang. Wir preßten uns Kissen auf die Ohren und konnten schließlich sogar einschlafen – aber erst spät.

Am Morgen nach der fünften schlaflosen Nacht organisierte Eddie unsere Abwehr. Eimerweise schafften wir Wasser zum Teich hinab, das wir auf die Eisfläche gossen. Die Rennbahn trug eine dünne Schneedekke. Mit dem Wasser schufen wir unsichtbare Glatteisflächen, vor allem da, wo die Motorschlitten immer wendeten.

An jenem Abend schnallten wir uns, um das Spektakel aus der Nähe zu betrachten, die Skier an und glitten zeitig zum Teich hinunter, wo wir uns Logenplätze suchten. Büsche, hinter denen wir uns verstecken konnten, gab es hier nicht. Aber wir waren überzeugt, daß uns in dieser mondlosen Nacht niemand bemerken würde, wenn wir uns nur schön still verhielten.

Zu der inzwischen gewohnten Zeit tauchten auf den Hügeln die Scheinwerfer auf und kurvten nacheinander zum Teich hinab. Eine Zeitlang standen die Fahrer – Männer, Frauen und Kinder – auf der Eisfläche herum, unterhielten sich und warfen leere Dosen, Papierfetzen und Flaschen in die Gegend. Dann starteten sie zu ihren Rennen. Wie die Wagenlenker in ›Ben Hur‹ starteten je zwei auf den Sitzen kniende Fahrer zugleich. Schimpfend und fluchend steigerten sie ihre Geschwindigkeit, jeder darauf bedacht, einen Vorsprung herauszuschinden.

Mehrere Rennen wurden ohne Zwischenfall ausgetragen. Unsere Glatteisidee schien ein Versager zu sein. Aber eben, als wir hügelauf zur Hütte zurückklettern wollten, begann sich ein Motorschlitten hilflos zu drehen. Sein Lenker flog hoch durch die Luft. Das Fahrzeug krachte in ein zweites, das nun ebenfalls aus dem Steuer lief und seinen Besitzer aufs Eis schleuderte. Ich beobachtete alles voll Angst, weil ich fürchtete, der Mann, der durch die Luft geflogen war, könne sich verletzt haben. Nie hätte ich von unserer kleinen Ursache eine derart dramatische Wirkung erwartet. Während ich mit klopfendem Herzen dasaß, begann Eddie vor Vergnügen zu kichern.

»Halt den Mund, Eddie!« sagte ich und versetzte ihr einen Rippenstoß. Aber sie lachte immer lauter. Bald stimmten die anderen drei in ihr Lachen ein, wälzten sich außer Atem im Schnee und kreischten vor hellem Entzücken.

Ein paar Männer waren in die Hocke gegangen und untersuchten die Glatteisstelle. Jetzt blickten sie auf und sahen sich um. »Achtung, die hören uns!« flüsterte ich.

Leider hatten sie uns bereits gehört. Der Mann, der durch die Luft geflogen war, humpelte unsicher am Arm eines anderen Mannes einher und versuchte behutsam die Knie zu beugen. Seinen Helm hatte er abgenommen. Es war Rodney. Und der Mann, der Rodney half, war kein anderer als Ira Bliss.

Rodney starrte zu meinen Freundinnen hinüber, die sich noch immer lachend im Schnee wälzten. Irgend jemand wendete sein Gefährt, bis die Scheinwerfer uns beleuchteten wie auf der Bühne.

Rodney hinkte zu seiner Maschine und saß auf. Er lenkte direkt auf uns zu.

»Er will uns überfahren!« schrie ich angstvoll und watschelte breitbeinig wie eine Ente auf meinen Skiern den Hang hinauf.

Eddie sprang hoch und stieß sich mit den Skistöcken aufs Eis hinaus, wo sie sich Rodney in den Weg stellte. Seine Scheinwerfer erfaßten sie, als er mit über siebzig Kilometern Geschwindigkeit geradewegs auf sie zujagte. Eddie blieb ruhig stehen, beide Hände auf die Skistöcke gestützt.

»Aus dem Weg, Eddie!« schrie ich aufgeregt, als die Maschine sie in helles Licht tauchte.

Doch erst als der Schlitten ihre Skispitzen erreichte, machte sie einen geschickten Satz zur Seite. Dabei hob sie die Arme hoch über den Kopf und pflanzte Rodney die spitzen Skistöcke in die Flanke wie ein Banderillero, der dem auf ihn einstürmenden Stier die Banderillas setzt. Rodney schrie.

Wir vier, die wir in aller Eile den Hang hinaufzuklettern versuchten, machten halt, kehrten um und rasten in Schußfahrt auf Eddie zu, um sie vom Eis runterzuholen.

In blinder Wut, die im Fahrtwind schwankenden Skistöcke noch im Körper, machte Rodney kehrt und fuhr abermals auf Eddie los, die ruhig dastand und, von den Scheinwerfern hypnotisiert wie ein Stück Wild, offenbar den Tod erwartete.

Ira rannte zu seiner Sno Cat, sprang auf und donnerte ebenfalls auf Eddie zu. O Gott, nein – wollte *er* sie etwa auch überfahren? Gegen beide hatte sie keine Chance. Sie hatte also die ganze Zeit recht gehabt: Ira war kein guter Freund, er hielt nur zu den anderen. Mona, Atheliah, Laverne und ich stießen uns mit den Skistöcken hastig über das Schneefeld, um noch rechtzeitig aufs Eis zu kommen.

Voll Entsetzen sah ich zu, wie die beiden schweren Maschinen auf Eddie zuhielten, die ganz still dastand, ohne mit der Wimper zu zucken. Dann jedoch wurde mir klar, daß Ira versuchte, Rodney abzudrängen – ungefähr so, wie ein Streifenwagen der Polizei einen Temposünder an den Straßenrand drängt. Funken flogen, als die Kufen zusammenstießen. Und während es Ira tatsächlich gelang, Rodney um eine Kleinigkeit aus dem Kurs zu bringen, schrie er ihr zu: »Weg da! Verschwinden Sie!«

Endlich kam Eddie auf ihren Skiern in unsere Richtung gestolpert. Ohne Stöcke war sie hilflos, doch wenn sie die Skier abgeschnallt hätte, wäre sie bis zur Taille im Schnee versunken. Atheliah und ich nahmen sie bei den Armen und schleppten sie den Hang hinauf.

Oben packten wir vorsichtshalber unsere Schlafsäcke zusammen und verließen vorerst die Blockhütte. »Paßt das etwa zu einem Mann, der uns fertigmachen will?« fragte ich Eddie grimmig, als wir durch den Wald zu Monas und Atheliahs früherer Farm fuhren.

Als wir wenige Tage darauf zurückkehrten, stand unser Haus immer noch. Nicht das geringste war beschädigt, niemand hatte unseren Vorrat Sojabohnen geplündert. In dieser Woche hatten wir viel zu tun. Tagsüber war es bereits recht warm, und in den Ahornbäumen stieg der Saft. Jeden Morgen lenkten wir zu viert die kräftigen Ackergäule mit ihrem klirrenden Geschirr den Hang hinauf zur Zuckeranlage. Die fünfte blieb allein zu Haus, erledigte die Hausarbeit und kochte für die anderen. Gegen Ende dieser Woche hatten wir sämtliche Eimer gewaschen, die Hälfte aufgehängt, Löcher gebohrt, Metalltüllen eingesetzt und die Eimer daran befestigt.

Trotz unseres Scharmützels diente der Teich den Stark's Boggern immer noch als Rennbahn und Kommunikationszentrum. Benutzten die Fahrer die Burg der armen, trauma-behafteten Biber immer noch als Sprungschanze. Verunreinigten die Teilnehmer immer noch das Eis mit leeren Blechdosen und Schokoladenpapier. Sammelten sich die Auspuffgase immer noch zu einer Nebeldecke in unserem Tal. Verhinderte der ohrenbetäubende Lärm immer noch jegliches Gespräch im Haus, wenn wir nicht gerade schreien wollten.

Aber wir hatten allmählich gelernt, mit dieser mechanisierten Winterwunderwelt zu leben, denn die einzige Alternative dazu schien unser eigenes Ableben zu sein. Das heißt, wir hatten es alle gelernt außer Eddie, die weiterhin grollte, grübelte und trotzte und den Holzofen mit zerknüllten Zeichnungen diabolischer, auf Guerillamethoden der Vietcong beruhender Menschenfallen fütterte. »Wir *dürfen* uns das nicht gefallen lassen«, erklärte sie. »Der Mensch besitzt zwar die Fähigkeit, sich an nahezu jeden Grad der Demütigung zu gewöhnen, aber das ist nicht der springende Punkt. Gewiß, ich *könnte* es ertragen. Aber ich finde, daß wir das gar nicht sollten. Wenn einer dich schlägt, schlägst du sofort zurück, sonst kriegst du schließlich eine Nummer in den Unterarm tätowiert.«

In ihren weniger vernünftigen Phasen lag Eddie beinahe hysterisch im Bett, wand sich, wickelte sich Kissen um den Kopf, um den Lärm nicht hören zu müssen, und knirschte in hilfloser Wut mit den Zähnen.

»Wir ziehen einen Stacheldraht zwischen den beiden Birken links am Teich«, schlug sie uns eines Abends vor. »Wir befestigen ihn an dem bereits bestehenden Zaun, damit es aussieht, als wäre er die Fortsetzung davon. Wir nehmen alten, rostigen Draht, dann sieht es aus, als hätte nur jemand vergessen, ihn abzumontieren. Wenn dann diese teuflischen Maschinen kommen, um sich auf *unserem* Grund und Boden einen vergnügten Abend zu machen – krach! Wickelt sich der Draht um ihre gottverdammten Kufen!«

»Damit will ich nichts zu tun haben«, verkündete ich energisch, und die anderen pflichteten mir rückhaltlos bei. »Wenn wir noch einen Monat durchhalten, schmilzt der Schnee. Und für den nächsten Winter finden wir vielleicht eine andere Farm.«

»O ja, natürlich! Mitten auf einem Geschütz-Testgelände«, fauchte Eddie. »Was ist los, Ginny? Hast du Angst, die kostbare Maschine von deinem großen Freund könnte Schaden nehmen?«

Ich warf ihr einen müden Blick zu. »Du irrst dich, Eddie. Und außerdem hat er dir das Leben gerettet.«

»Mir das Leben gerettet? Bitte, erspare mir dein Melodram. Ich hatte die Situation voll in der Hand. *Ich* habe ihn nicht gebeten, sich einzumischen.«

Ich starrte sie ungläubig an.

»Wirklich«, fuhr sie beinahe fröhlich fort, »ihr seid doch die duckmäuserischsten, phantasielosesten, hasenfüßigsten Frauenzimmer, mit denen ich je zusammengehaust habe! Wenn der Ku-Klux-Klan an eure Haustür klopfte, ihr würdet noch helfen, die Schlinge zu knüpfen, damit sie euch möglichst bequem aufhängen können, wie? Und *du* vor allem, Ginny. Nachdem deine Leute soviel gelitten haben – kannst du da wirklich stillhalten und all dies einstecken?«

»Welche Leute?« fragte ich. Die fünfundvierzig Gramm verwässertes Cherokee-Blut, die durch meine Adern flossen, hatte ich inzwischen völlig vergessen. »Ich halte nichts von Gewalttätigkeit.«

Eddie stieß einen ungläubigen Schnaufer aus. »Das ist eine unlogische Bemerkung. Ebensogut könntest du sagen, du hältst nichts vom Regen. Du bist davon *umgeben*, Baby!«

»Das bedeutet immer noch nicht, daß ich mich mitten hineinstellen muß.«

»Mao sagt: ›Alle Macht kommt aus dem Lauf einer Waffe‹«, nuschelte Mona.

»Vielleicht gibt es noch ein paar zivilere Möglichkeiten zum Zusammenleben mit den Stark's Boggern als ausgerechnet die, daß sie uns fertigzumachen versuchen und wir sie«, sagte Atheliah mit ihrer Julia-Child-Stimme.

»Unsinn!« fauchte Eddie. »Che sagt: ›In der Revolution lebt man, oder man stirbt.‹«

Ich kramte vergebens in meinem Gedächtnis nach einer gleichermaßen profunden Bemerkung einer Persönlichkeit, deren Bedeutung mit Che und Mao konkurrieren konnte. Mir wollte nur eine Verszeile der Beatles einfallen: ›*All you need is love.*‹ Großen Eindruck machte ich damit nicht.

»Die Starken überleben«, fuhr Eddie fort, »die Schwachen gehen unter! Und wenn ihr nicht für euch selbst sorgen wollt, dann muß ich das eben für euch tun.« Damit stapfte sie hinaus.

Mona blickte trotzig in die Runde, stand auf und folgte ihr aus dem Zimmer.

Laverne, die wie immer ihre Unterlippe mit der Zunge befeuchtete und dann mit dem Zeigefinger über die Lippe strich, zuckte die Achseln und begab sich nach oben. Kurz darauf begann das Licht zu flackern, und wollüstiges Stöhnen drang zu Atheliah und mir herunter. Ich saß da und starrte nachdenklich zu Boden. Atheliah wetzte ihre Axt, den roten Wuschelkopf konzentriert über die Arbeit gebeugt.

Schließlich war ich es, die das Schweigen brach. »Atheliah«, fragte ich sie, »du kennst doch Eddie länger als ich. Findest du nicht, daß sie in den letzten paar Monaten irgendwie . . . sonderbar geworden ist?«

Atheliah hob seufzend den Kopf. »Nun ja, Eddie ist schon immer sehr . . . konsequent in ihren Ansichten gewesen. Aber . . . Ach, ich weiß nicht. Möglicherweise hast du recht.«

»Ich habe *Angst*, Atheliah.« Atheliah senkte verlegen den Blick.

In diesem Moment ertönte ein Schrei im oberen Stock, und dann hörten wir ein Zischen. Gleich darauf gingen die Lichter aus.

»Was war denn das?« fragte Atheliah.

»Keine Ahnung«, flüsterte ich.

Eine Tür wurde aufgestoßen. »Jetzt sind sie da! Jetzt greifen sie an!« schrie Eddie. »Seht ihr? Wie ich es euch gesagt habe! Wir sind ihnen hilflos ausgeliefert!« Es klang, als jage sie im Wohnzimmer umher wie ein eingesperrter Vogel und stoße überall gegen die Wände.

»*Wer* kommt?« schrie ich.

»Wo denn?« schrie Atheliah.

»Was ist passiert?« rief Mona, die hereingestürzt kam.

Endlich faßte Mona Mut und riß ein Streichholz an. In seinem Schein fanden wir eine Kerze. Im Licht der Kerze entdeckte ich, daß Eddie sich in der Zimmerecke hinter einem Sessel versteckt hatte. Da hockte sie, in der Hand wurfbereit eine Lampe, und sah mit irrem Blick im Zimmer umher.

Ich erwartete jede Sekunde,daß die Tür oder die Fenster von amoklaufenden Motorschlittenfahrern eingeschlagen wurden. Doch als ich mich zusammenriß, wurde mir klar, daß nirgends ein außergewöhnliches Geräusch zu hören war – nur das stete Dröhnen vom Teich unten.

»Ich glaube, da ist eine Sicherung durchgebrannt«, sagte ich.

»Wo ist Laverne?« fragte Mona.

»Da hat jemand geschrien«, stellte Atheliah ruhig fest. »Ich war es nicht und Ginny auch nicht. War es eine von euch beiden?«

Eine nach der anderen stiegen wir, geführt von Mona mit der Kerze, die Treppe hinauf.

Auf halbem Weg stießen wir auf Rauch. »Verdammt, die haben uns das Dach über dem Kopf angezündet!« schrie Eddie, preschte an Mona vorbei, riß ihr die Kerze aus der Hand und rannte den Flur entlang, uns drei andere der Dunkelheit überlassend.

»Schnell! Hinterher!« rief Eddie aus Lavernes Zimmer.

Mein Regenbogenvorhang stand in Flammen, ebenso ein Teil der Wand direkt daneben. Eddie schlug mit einem Kissen auf das Feuer ein. Dicker Rauch wallte. Wir kriegten keine Luft, unsere Augen tränten.

»Das Fenster!« schrie Mona.

Atheliah schlug es mit ihrer Axt ein.

Kurz darauf war der Brand gelöscht, und der Rauch hatte sich größtenteils verzogen. Eine ganze Zimmerecke war verkohlt. Und erst jetzt fiel uns Laverne wieder ein. Wir sahen uns um und fanden sie schließlich splitternackt unter ihrem Schlafsack aus Armeebeständen auf dem Bett. Ihre Augen waren geschlossen, das Gesicht hatte die Farbe ihrer hellblonden Haare angenommen. Soweit wir sehen konnten, atmete sie nicht mehr.

»Rauchvergiftung«, konstatierte Eddie düster. Sie begann mit der Mund-zu-Mund-Beatmung. »Ruft einen Arzt, verdammt noch mal!« keuchte sie zwischen den Atemzügen, die sie Laverne in die Lunge blies, während wir anderen hilflos umherrannten.

»Aber wir haben kein Telefon«, gab ich zu bedenken.

»Wir holen ihn«, erklärte Mona und lief mit Atheliah hinaus.

Endlich reagierte Laverne auf den Lebenskuß. Nicht lange, und ihre Lunge begann wieder selbständig zu arbeiten. Wenige Minuten später hörte ich den Lieferwagen zurückkommen. Als ich hinausblickte, sah ich zu meinem Kummer nicht den Arzt, sondern nur Atheliah und Mona, die hastig ihre Skier anschnallten und in Schußfahrt den Hang zum Teich hinuntersausten.

Kurz darauf löste sich ein einzelner Motorschlitten aus dem Rudel und kam dröhnend zum Haus herauf. Atheliah und Mona bemühten sich hektisch, mit ihren Skiern im Grätschschritt das Tempo zu halten, blieben jedoch schon bald in den wirbelnden Schnee- und Auspuffwolken zurück.

Der Fahrer sprang von der Maschine, noch ehe sie richtig zum Stehen gekommen war, riß sich den Helm vom Kopf und stürzte ins Haus. Wir hörten ihn die Treppe heraufjagen. Es war der Arzt, höchst ungewohnt in seinem gesteppten Skianzug. Aber wir beschwerten uns nicht. Nachdem er uns ernst zugenickt hatte, begann er Lavernes Gesicht zu untersuchen und drehte ihren Kopf hin und her. Er schlug den Schlafsack zurück, legte das Ohr auf ihre Brust und lauschte auf ihren Herzschlag. Er fühlte den Puls. Er studierte ihr Zahnfleisch, hob ihre Lider und klopfte ihre Lunge ab. Dann schlug er den Schlafsack noch weiter zurück, zog ein Knie darunter hervor und entdeckte an den Innenseiten der Oberschenkel Brandwunden. Stirnrunzelnd fand er eine elektrische Schnur. Als er daran zog, kam der Vibrator aus ihr herausgerutscht. Eddie und ich sahen einander beunruhigt an und schluckten.

Der Arzt hielt den phallusförmigen Vibrator in der Hand, drehte ihn hin und her, schnupperte daran und kratzte sich den Schädel. Das Ding hatte von oben bis unten einen Sprung. Anscheinend hatte Laverne ihr ganz großes Ziel erreicht: den höchsten Orgasmus.

Der Arzt, ein älterer, grauhaariger Mann, blickte auf und sagte ein wenig verwirrt: »Äh . . . Was ist . . . Äh . . .« Er legte den Vibrator hin und fuhr hastig mit der Untersuchung fort.

Nachdem er sich ein Bild gemacht hatte, stand er auf und sagte errötend: »Tja, nun . . . Ihre Freundin hier ist leider bewußtlos. Sie hat einen schweren elektrischen Schlag bekommen, von diesem . . . äh . . . Tja . . . Und Rauchvergiftung. Und ihre Verbrennungen müssen behandelt werden. Ich würde vorschlagen, daß wir sie sofort nach St. Johnsbury ins Krankenhaus bringen. Wenn Sie mich in die Stadt fahren würden, kann ich dort meinen eigenen Wagen holen. Meinen Motorschlitten hole ich morgen.«

Am nächsten Tag telefonierte ich mit dem Börsenmakler in New York wegen des Feuerschadens an seinem Haus. Er versprach, sich mit seiner Versicherung in Verbindung zu setzen. Es würde sich dann jemand melden.

Eines Abends, kurze Zeit später, war ich ganz allein zu Haus. Laverne war heimgefahren nach Chicago, um sich an den Oberschenkeln Hautübertragungen machen zu lassen. Mona, Atheliah und Eddie waren auf einer nahegelegenen Farm. Eine Frau dort, die auch an unserem Frauenwochenende teilgenommen hatte, lag in den Wehen und hatte eine Freundin geschickt, um uns einzuladen, damit wir der Geburt zusehen und anschließend mit ihr die Plazenta essen konnten. Ich befand, daß ich nicht hungrig war. Außerdem genoß ich meine kostbaren, gestohlenen Momente konterrevolutionärer Einsamkeit so gierig wie ein Hungernder einen Bissen Brot. Ich saß einfach da, tat gar nichts und lauschte den Schneemobilen auf dem Teich.

Meine so kostbare Einsamkeit sollte jedoch nicht lange währen. Ein Dröhnen näherte sich dem Haus; mit einem tiefen Seufzer stand ich auf. Als ich zur Tür kam, sah ich, daß es Ira war. Ich lächelte ihm zu und überlegte dabei, ob wohl alle FBI-Spitzel so gut und sinnlich aussahen.

»Hallo«, begrüßte ich ihn, durchaus bereit, mit dem Feind zu paktieren.

»Hallo. Sie haben Schwierigkeiten gehabt, wie ich höre.«

»Ein bißchen.«

»Haben Sie was dagegen, wenn ich reinkomme und mir den Schaden mal ansehe? Ich habe nämlich die Feuerversicherung für das Haus hier abgeschlossen und muß nun einen Bericht schreiben.«

Der Börsenmakler hatte gesagt, seine Versicherung würde sich bei uns melden. Aber ich hatte jemanden aus New York erwartet und bestimmt nicht Ira Bliss IV. War das vielleicht eine geschickt erdachte List, mit der sich das FBI Eintritt verschaffen wollte, um nach dem Marihuana in Monas Gräserarrangements zu fahnden? Ira lächelte. Ich ließ ihn ein.

Wir stiegen zu Lavernes Schlafzimmer hinauf. Der Winterwind heulte durch die zerbrochenen Fensterscheiben. Als Ira die verkohlte Ecke sah, stieß er einen langen Pfiff aus. »Großer Gott, ist ja ein Wunder, daß nicht das ganze Haus runtergebrannt ist! Da haben Sie aber Glück gehabt, weil nämlich damals in der Nacht die gesamte Freiwillige Feuerwehr auf dem Teich war.«

Er öffnete den Reißverschluß seines gesteppten Skianzugs bis zur Taille und holte einen Kugelschreiber sowie ein kleines Notizbuch aus seiner Hemdtasche. Dann schlenderte er im Zimmer umher und machte sich dabei Notizen. »Haben Sie den Schaden von einem Fachmann schätzen lassen?«

»Nein. Müssen wir das?«

»Lassen Sie lieber gleich zwei kommen. Sieht aus, als hätte da was mit den elektrischen Leitungen nicht gestimmt. Der Brand muß in der Wand entstanden sein. Durch Kurzschluß. Haben Sie hier oben an jenem Abend ein altes Elektrogerät benutzt, eine Kaffeemaschine oder etwas Ähnliches?«

»Etwas Ähnliches, allerdings.«

»A-ha! Da haben wir's. Feuer durch Kurzschluß in der Wand. Das Schlimmste, was es in der Hinsicht gibt. Ganz besonders schwer zu löschen.« Er klappte sein Notizbuch zu. Den Kopf ein wenig schiefgelegt, musterte er mich neugierig und fragte: »Haben Sie eigentlich immer mit Frauen . . . äh . . . zusammengelebt?«

Eingedenk der Warnung, die Eddie geäußert hatte – daß er mich einwickeln wolle, um mich als Informantin zu benutzen –, beschloß ich, ihn ein für allemal abzuschrecken. »Ja, das habe ich. Auf mich wirken Männer einfach abstoßend.«

Er betrachtete mich mit neuem Interesse. Ich hatte ihn falsch eingeschätzt. Es gab Menschen – Männer und Frauen –, die der Überzeugung waren, ausschließlich durch ihren Charme bewirken zu können, daß ein Ahornbaum mitten im Winter auszuschlagen begann. Ira gehörte offensichtlich dazu.

»Wissen Sie, ich habe über diese Lebensversicherung nachgedacht«, sagte ich hastig, um das Thema zu wechseln. Außerdem hatte ich tatsächlich über die Lebensversicherung nachgedacht, denn mein Tod schien mir immer näher zu rücken. Ich wollte meine Angelegenheiten regeln, für Eddie und die Free Farm versorgen.

Ira blickte hocherfreut auf. »Ich halte das wirklich für eine gute Idee«, fügte ich daraufhin noch hinzu.

»Ist es auch.« Er schlug das Notizbuch wieder auf und begann eifrig Zahlen hineinzukritzeln. »Also, hier habe ich eine Versicherung, die Ihren Erfordernissen entsprechen würde . . .« Er wirbelte herum, um mir zu zeigen, was er aufgeschrieben hatte. Dabei stieß er mich versehentlich mit der Schulter an. Ich verlor das Gleichgewicht, stolperte rückwärts und landete auf Lavernes Bett. Im Fallen hakte sich einer meiner Füße irgendwie hinter sein Knie, daß es einknickte. Er fiel vornüber und landete direkt auf mir.

Verdutzt blieben wir einen Moment still liegen und wußten nicht so recht, was eigentlich geschehen war. Meine Nase steckte mitten in seiner behaarten Brust.

Da hörte ich an der Tür eine Stimme zischen: »Das hab ich ja gewußt!« Gleich darauf polterten Schritte die Treppe hinab.

Mit aller Kraft schob ich Ira von mir und rannte durch den Korridor. Eddie war schon am Fuß der Treppe und hastete ins Wohnzimmer.

»Aber Eddie! Es ist alles ganz anders, als du denkst!«

Sie blieb stehen und drehte sich zu mir um. Ihre Augen waren rot und standen voll Tränen; sie war schneeweiß im Gesicht, ihr Mund war verkniffen. »Und ich habe dir vertraut, Ginny!« sagte sie vorwurfsvoll mit zitternder Stimme. Dann fuhr sie herum und lief zur Tür.

»Ich habe dein Vertrauen nicht mißbraucht, Eddie!« schrie ich ihr nach.

Ich rannte drei Stufen auf einmal die Treppe hinunter. Auf halbem Weg knickte ich mit dem Fuß um und kollerte die restlichen Stufen hinab. Bis ich mich aufgerappelt und humpelnd das Wohnzimmer durchquert hatte, war Eddie schon auf Iras Sno Cat 44 gesprungen. Ich hinkte auf die Veranda hinaus und schrie: »So warte doch, Eddie! Hör mir zu!«

Sie machte eine obszöne Geste und raste mit der wie verrückt schleudernden Maschine den Hang hinab. Mit Höchstgeschwindigkeit beschrieb sie einen weiten Bogen, beide Hände um die Lenkstange gekrampft. Der Wind peitschte ihren langen Zopf. Ira pflügte inzwischen mit großen Sprüngen durch den tiefen Schnee, der vom Vollmond bläulich beleuchtet wurde. Aber auch er konnte sie nicht mehr einholen.

Das Gas bis zum Anschlag aufgedreht, schoß sie den gegenüberliegenden Hang zum Teich hinunter. Es sah aus, als plane sie eine Kamikazefahrt, wolle möglichst viele der versammelten Motorschlitten und Fahrer in den Tod mitnehmen. Einige Männer sahen sie kommen und schrien auf sie und ihre Kumpane ein, während sie wie aufgescheuchte Hühner durcheinanderwimmelten.

Kurz ehe Eddie den Teich erreichte, schien Iras Sno Cat ganz leicht zu zögern. Im nächsten Moment flog Eddies Kopf von den Schultern und hüpfte über das Eis wie ein wildgewordener Basketball. Ich beobachtete das Ganze mit ungläubigem Entsetzen: Was ich da eben gesehen hatte, *konnte* einfach nicht passiert sein! Iras Sno Cat kam zum Stehen, und Eddies kopfloser Körper rollte mit dumpfem Aufschlag vom Sitz aufs Eis.

Rufe und Schreie mischten sich in den Lärm der Motoren. Ich fing an zu laufen, aber der Schnee ging mir bis an die Hüften. Ich schnellte mich vorwärts und hin und her wie ein Fisch an der Angel, kam aber keinen einzigen Schritt weiter.

»Hinlegen und rollen!« rief Ira mir von der halben Höhe des Abhangs zu, wo er erschöpft liegengeblieben war.

Gehorsam legte ich mich auf den Schnee und rollte mich den Hang hinab wie ein Kind an einem Grashügel, die Arme hoch über den Kopf gereckt. Lag ich auf dem Bauch, mit dem Gesicht im Schnee, streckte ich die Zunge heraus und schleckte. Lag ich auf dem Rücken, betrachtete ich den schönen großen Mond. Was ich da kurz zuvor gesehen hatte, konnte unmöglich Wirklichkeit sein. Folglich hatte ich es geträumt. Sehr erleichtert über diese Erkenntnis, beschloß ich, das Rollen über die mondhelle Wiese ausgiebig zu genießen.

Mein Kopf schlug schmerzhaft auf das Eis. Völlig benommen sah ich mich um. Alle Fahrer hatten sich mit ihren Schlitten ein paar Meter entfernt von mir versammelt. Ich raffte mich auf und wankte hinüber. Die Leute traten sofort beiseite und ließen mich durch, als wäre ich eine Aussätzige. Als ich den Mittelpunkt des Kreises erreicht hatte, sah ich, daß der Arzt mit Ira sprach, der die Hand auf den Lenker seines Motorschlittens gelegt hatte. Und auf dem Boden, unter einer Decke, lag eine umrißlose Gestalt. Nur ein paar Zentimeter Zopf hatten sich unter einem Zipfel hervorgestohlen. Drüben am Ufer, zwischen zwei Birken, die im Mondlicht schneeweiß schimmerten, spannte sich ein einzelner Stacheldraht.

»Da ist überhaupt kein Blut«, sagte ich zu dem Mann neben mir.

Verwundert schüttelte ich den Kopf. Der Mann musterte mich mit merkwürdigem Blick und ging davon.

Ira kam und ergriff meinen Arm. Ich sah zu ihm auf und lächelte freundlich. »Komisch, nicht? Überhaupt kein Blut.« Er führte mich zu einem geliehenen Motorschlitten, setzte mich auf den Rücksitz und fuhr mich langsam zur Hütte hinauf.

Drinnen fragte ich ihn abermals: »Haben Sie das gesehen? Da war überhaupt kein Blut.«

»Hören Sie – wie kann ich Ihnen helfen?« fragte er mich mit erstickter Stimme.

»Ich will Sie nie wieder sehen. Bitte, gehen Sie.«

Mitten in der Nacht, im Halbschlaf, rutschte ich hinüber, um mich in die Kurve von Eddies Körper zu schmiegen, damit wir, wie immer, wie ein Doppel-S schlafen konnten. Ich rutschte weiter, tastete mit den Händen nach ihrem warmen, glatten Fleisch. Ich rutschte noch weiter – und fiel aus dem Bett.

Als ich benommen auf den kalten Bohlen des Fußbodens lag, fiel mir wieder ein, was geschehen war. Ich konnte mich nicht mehr an Eddie schmiegen, denn es gab keine Eddie mehr. Ihr Leichnam lag im Beerdigungsinstitut von Stark's Bog, endlich mit ›dem Volk‹ vereint. Ich richtete mich auf, schlang die Arme um meine Knie und wiegte mich stöhnend vor und zurück. Ich grub die Zähne in meine Knie.

O Gott, wie ich mich nach ihr sehnte! Ich stellte mir vor, daß ich auf Skiern in die Stadt fuhr, mich ins Beerdigungsinstitut schlich, alle Särge durchsuchte und sie fand – ohne Kopf. Der Körper, der mir so tiefe Lust geschenkt hatte – wie war es möglich, daß er dort kalt und still im Sarg lag, ohne zu reagieren? Der Körper, der unter meinen Händen gebebt und gezittert hatte – ich konnte ihn bis in alle Ewigkeit streicheln, er würde sich nie wieder rühren. Doch wenn diese mir so vertrauten Körperrundungen nicht ›Eddie‹ waren – was war dann ›Eddie‹? Wo war sie jetzt?

Ich schmeckte Blut. Ich hatte die Haut auf meinem Knie durchgenagt.

Da wir Eddies Mutter nicht finden konnten, bestimmten wir selbst, was mit ihr geschehen sollte. Als ihre Asche vom Krematorium in Montreal zurückgeschickt wurde, beschlossen die anderen, daß ich allein damit verfahren sollte, wie ich es für richtig hielt. Und so trug ich die Urne eines Nachmittags in unseren Garten. Schon lugten das Unkraut und die Abfälle der Ernte vom letzten Sommer durch den Schnee. Mit einer Schaufel räumte ich den Schnee von unseren Tomaten. Eine Handvoll nach der anderen, verstreute ich die Asche auf dem Beet und dachte mit einem kleinen schmerzlichen Lächeln daran, wie wir hier gelegen hatten, während Eddie mich belehrte, daß die Tomaten verweichlicht würden, wenn wir sie vom Unkraut befreiten. Dann bedeckte ich die Stelle wieder mit Schnee.

Zusammen mit Mona und Atheliah versuchte ich die Free Farm so weiterzuführen, wie es Eddie von uns erwartet hätte, statt sie während der Trauerzeit zu schließen. Die Zuckerproduktion war in vollem Gang; tagtäglich mußten wir, zusätzlich zu den Stall- und Hausarbeiten und dem Dienst im Büro, noch den Ahornsaft einsammeln. Mir jedoch fehlte eindeutig der Schwung. In meinen Augen war die Dynamik verlorengegangen. Mehrmals während des Arbeitstages hielt ich in meiner Beschäftigung inne, starrte ins Leere und fragte mich, warum ich mir überhaupt die Mühe machte, das zu tun, was ich tat. Das einzige, was mich bei der Stange hielt, war die vage Idee, meine halbherzigen Bemühungen seien eine Verbeugung vor Eddies Andenken.

Mehrmals während einer Woche mußte jeweils eine von uns die ganze Nacht im Zuckerschuppen verbringen und das Feuer in Gang halten, damit der Saft eindickte. Eines Nachts lag ich, schweißgebadet von der Hitze des Feuers, auf dem Fußboden des Schuppens und versuchte, intellektuell und distanziert, die Umstände von Eddies Tod zu ergründen: War sie damals an jenem Abend zufällig oder absichtlich in diesen Stacheldraht gerast? Mit anderen Worten: War es ganz und gar meine Schuld, oder nur teilweise? Hatte ich sie unbewußt zum Selbstmord getrieben, indem ich ihre irrwitzige Eifersucht nährte? Oder war sie in ihre eigene, diabolisch ausgetüftelte Falle gerannt? Ich würde es niemals mit Gewißheit erfahren. Ich würde diese Frage – und diese Schuld – bis an mein Lebensende mit mir herumschleppen . . .

Plötzlich hämmerte ich voll Verzweiflung mit der Faust gegen die Wand und brach schluchzend auf dem Boden zusammen.

Als ich mir mit dem Hemdzipfel die Tränen abwischte und das Schniefen allmählich nachließ, hörte ich draußen einen Motorschlitten vorfahren. Die Tür des Schuppens wurde aufgerissen, und da stand er – Ira –, mit bebenden Nasenflügeln und seinem so unwahrscheinlich sinnlichen Mund.

»Hören Sie«, sagte er hastig angesichts meines so überdeutlichen Mangels an Begeisterung, »diese Sache mit Ihrer Freundin macht mich ganz krank. Ich konnte überhaupt nicht mehr schlafen. Ich begreife nicht, was damals am Abend vor sich gegangen ist, aber irgendwie fühle ich mich schuldig. Gibt es denn gar nichts, was ich für Sie tun könnte?«

»Es war wirklich nicht Ihre Schuld. Aber bitte gehen Sie jetzt und lassen Sie mich allein.«

»Wollen Sie mir nicht wenigstens erklären, was da vor sich gegangen ist?«

»Nein.« Mit flehender Miene ging er hinaus.

Während der nächsten Tage bemerkten wir einen unangenehmen Geruch im Haus, vor allem aber in der Küche.

»Der Tod«, orakelte Mona mysteriös. »Es riecht nach Tod.«

Ich schauderte. Dann ging ich ins Wohnzimmer und holte Räucherstäbchen aus Sandelholz. Wir zündeten sie an, trugen sie überall herum, und bald roch es auch wirklich schon viel besser. Wir wiederholten dieses Ritual an mehreren aufeinanderfolgenden Abenden.

Eines Vormittags dann, als wir alle drei auf dem Hügel waren und Ahornsaft sammelten, ging die ganze Hütte auf einmal mit einem ungeheuren Knall in Flammen auf wie ein gigantischer, in Brand gesetzter Gasherd.

Das Haus brannte nieder, bevor die Freiwillige Feuerwehr mit ihren schwarzen Helmen und den gelben Schutzmänteln anrücken konnte, ja sogar ehe sie überhaupt von der Stadt aus den Berg heraufgekommen war. Der Schnee war in einem Umkreis von mehreren hundert Metern geschmolzen.

Als ich mit Atheliah und Mona dastand und in die immer wieder aufflackernde Glut der Ruine starrte, kam Ira zu uns herüber und stellte uns in sehr offiziellem Ton einige Fragen. »Undichte Gasleitung«, entschied er schließlich, nachdem wir ihm unsere vergeblichen Versuche, den ›Geruch des Todes‹ mit Räucherstäbchen zu vertreiben, geschildert hatten. Er sah uns an, als wären wir Neandertaler. »Sie haben Gas gerochen und *Streichhölzer* angemacht?«

Mona funkelte ihn zornig an, voll Haß auf seine *macho*-Kenntnisse über Gas und Strominstallation. Mit Atheliah marschierte sie zu unserem Lieferwagen und verkündete, sie würden zu ihrer ehemaligen Kommune zurückkehren. Ich sagte, ich käme später nach; ich wollte vorerst ein bißchen allein sein.

Der Löschwagen mit seiner Besatzung jagte davon; die Männer waren eindeutig enttäuscht, daß sie keine Gelegenheit gehabt hatten, ihren Heldenmut zu beweisen. Ira schritt zu seinem roten Wagen, der ihm als Brandmeister zustand und mit einem roten Warnlicht ausgestattet war. Kurz ehe er ihn erreichte, drehte er sich zu mir um und sagte behutsam: »Falls Sie eine Bleibe brauchen – ich habe ein großes Haus mit vielen Gästezimmern.«

Voll Dankbarkeit ging ich ihm nach und stieg auf den Beifahrersitz des roten Wagens. Ich sehnte mich nach ein wenig Ordnung in meinem Leben.

Freitag, 30. Juni

Am dritten Morgen nach der Transfusion entdeckte Mrs. Babcock eine teerartige schwarze Substanz in ihrem Stuhl.

»Das ist Meläna. Eine Folge bei Magenbluten«, erklärte ihr Dr. Vogel knapp, ohne sie anzusehen. »Ich werde Sie auf eine milde Diät setzen. Und auf ein anderes Medikament – ACTH.« Er drückte auf ihrem Magen herum. »Und heute nachmittag werden wir Ihnen zwei weitere Einheiten Blut geben. Ich bin ziemlich fest davon überzeugt«, fuhr er fort und hockte sich auf das Fußende ihres Bettes, »daß es sich um eine Sequestration handelt, vermutlich der Milz. Das werden wir in Kürze festgestellt haben. Vorerst werden wir Thrombozyten-Antikörpertests machen. Sie haben Purpura haemorrhagia, Mrs. Babcock. Das Werlhof-Syndrom. Idiopathische thrombozytopenische Purpura, Mrs. Babcock. Morbus maculosus werlhofii.« Er rezitierte diese Namen, als beschwöre er römische Gottheiten an ihr Krankenlager herab.

Mrs. Babcock nickte ernst; sie war bemüht, keine Ironie erkennen zu lassen. Mein Gott, dieser junge blonde Mann hätte ihr Sohn sein können! Sein Ausdruck der Genugtuung über die Tatsache, daß er diese kniffligen medizinischen Termini perfekt beherrschte, belustigte sie. Den kannte sie ja so gut aus der Zeit, als ihre eigenen Kinder noch klein gewesen waren! So hatte sich Karl damals überaus großzügig erboten, ihr seine Boy-Scout-Knoten beizubringen. Sie hatte ihm aufmerksam zugeschaut, sich gezwungen, Interesse an Trompetensteks und halben Steks zu bekunden, und ihm Fragen über die Anwendungsmöglichkeiten und Vorzüge der einzelnen Knoten gestellt. Und er hatte sich mit genau dem gleichen Ausdruck selbstzufriedener Genugtuung über die eigenen Kenntnisse in ellenlange Dissertationen gestürzt wie jetzt Dr. Vogel. Dann hatte er, weil er ihr etwas demonstrieren wollte, an dem fertig geschlungenen Knoten gezogen, und das Seil hatte sich wieder gelöst und war schlaff zu Boden gefallen. Karl war dunkelrot geworden und hatte angefangen zu stottern. Während er es wieder aufhob, hatte er einen verstohlenen Blick in sein Lehrbuch geworfen und ihr erklärt, er habe das absichtlich getan, um ihr zu zeigen, wie man ein Webeleinstek *nicht* knüpfen solle.

Sie wünschte nur, Dr. Tyler wäre da. So vieles hatten sie gemeinsam überstanden: Geburten, Todesfälle, Wechseljahre, Halsentzündungen, Abstriche, Depressionen. Er würde ihr wenigstens die Wahrheit sagen. Aufgrund seines Alters und seiner Erfahrung konnte er es sich durchaus leisten, es offen einzugestehen, wenn er nicht mehr weiter wußte.

»Junger Mann«, fragte sie Dr. Vogel jetzt, der mit dem Stethoskop ihr Herz abhorchte, »wie schwer krank bin ich eigentlich?«

Er richtete sich auf, mied aber peinlichst ihren Blick. »Hm, ja, hmmm . . . Nun, offensichtlich ziemlich krank, sonst wären Sie bestimmt nicht hier – oder?« Als sie nickte, schob er sich möglichst unauffällig zur Tür.

»Besteht die Möglichkeit, daß ich sterbe?« erkundigte sie sich ruhig und hoffte, ihn mit der Frage überrascht zu haben.

Er räusperte sich stirnrunzelnd. »Ich würde nicht sagen, daß Sie *sterben* können . . . Doch andererseits – niemand lebt ewig.«

Während sie dalag und seine Antwort zu analysieren versuchte, schlüpfte er zur Tür hinaus. Von nebenan drang ein Wortschwall zu ihr herüber: »Ihr lauft, bis ihr umfallt, und dann steht ihr auf und lauft weiter! Kapiert, Leute? Ihr . . .«

Mrs. Babcock rekapitulierte ihre Situation. Wesley war auf dem Fußboden seines Büros einer Herzattacke erlegen. Zwei Monate darauf hatte sie mehrere Stunden lang Nasenbluten gehabt. Ein Staubindentest und eine Thrombozytenzählung hatten für Dr. Vogel genügt, um ihr Prednison zu verschreiben. Es hatte geholfen, und sie war nach einer Woche aus dem Krankenhaus entlassen worden. Drei Monate später war ihr etwas Ähnliches passiert. Und vor drei Wochen, auf den Tag genau ein Jahr nach Wesleys Tod, hatte das Nasenbluten wieder eingesetzt. Diesmal hatte das Medikament allerdings nicht geholfen. Die Transfusion hatte nur vorübergehend gewirkt. Tests wurden gemacht. Andere Behandlungsmethoden würden noch ausprobiert werden. Aber was ging *wirklich* vor? Warum behandelte man sie wie ein zurückgebliebenes Kind? Wessen Körper *war* das eigentlich?

Die Tür ging auf, und ihre Tochter kam in einem Latzoverall und einem schmuddeligen T-Shirt mit dem Aufdruck ›Boone's Farm Apple Wine‹ herein. Mrs. Babcock schloß die Augen. Sie seufzte ergeben. »Woher hast du denn *diesen* Aufzug? Aus einer Futtermittelhandlung?«

Ginny warf ihr einen finsteren Blick zu. »Tut mir leid, wenn dir meine Sachen nicht gefallen. Es sind zufällig die einzigen, die ich besitze.«

Mrs. Babcock seufzte abermals. »Du Ärmste! Ich kann mir denken, wie schwer es sein muß, von achttausend Dollar Dividendenschecks im Jahr zu leben.« Sie zwang sich, nicht auf Ginnys BH-losen Busen zu starren. Mit anzusehen, wie ihre Kinder sich körperlich entwickelten, hatte sie immer wieder mit Staunen erfüllt. Gewiß, sie und Wesley hatten den gesamten Prozeß ins Rollen gebracht, doch beinahe sofort war ihnen klargeworden, daß es die Gene waren, und nicht sie selbst, die diesen Vorgang bestimmten, den Rahmen schufen und ihn dann ausfüllten. Wenn es nach ihr gegangen wäre, hätte sie die Entwicklung der Kinder etwa im Alter von fünf Jahren gestoppt. Da waren die kleinen, festen Körperchen für sie noch etwas Anbetungswürdiges gewesen. Und da bot nicht mehr jedweder Gegenstand im Haus den potentiellen Anlaß zu einer Katastrophe. Sie brauchten nicht mehr ständige Aufsicht und ihre immer gegenwärtige Hilfe. Wenn sie zu ihren Schallplatten tanzten, waren sie so atemberaubend natürlich und graziös, daß ihr die Tränen in die Augen stiegen. Und dennoch hatten sie sie andererseits noch immer gebraucht, waren auf ihren Schoß geklettert, um sich herzen, kitzeln oder trösten zu lassen.

Vor ihnen hatte jedoch ein Sturz in den Abgrund gelegen. Über Nacht, mit Schulbeginn, waren sie erwachsen geworden, wollten sich nicht mehr liebkosen lassen, bestanden darauf, alles allein zu können, und suchten nie mehr Schutz auf ihrem Schoß, um ihre Batterie durch mütterliche Liebe wiederaufladen zu lassen. Nachdem sie endlich gelernt hatte, mit Anstand die Verantwortung für ihre Kinder zu übernehmen, sollte sie all das nun auf einmal wieder vergessen und sie aus ihrer Obhut entlassen. Und dann die körperlichen Veränderungen: Die Jungens kamen in den Stimmbruch, wurden linkisch und schüchtern wie Zweijährige und versuchten das durch eine unerträgliche Angeberei zu kompensieren. Ginnys Menstruation hatte eingesetzt, sie bekam allmählich Hüften und Busen. Wirklich, es war abstoßend – denn es bedeutete, daß diese Kinder schließlich doch keiner höher entwickelten Rasse angehörten. Sie würden Lust, Hunger und Sehnsucht empfinden, genau wie ihre Eltern vor ihnen. Und daraus würden wiederum ihre eigenen Kinder entstehen, die *sie* in der Hoffnung auf Einzigartigkeit heranwachsen sehen würden.

Wesley hatte es – aus belegbaren psychologischen Gründen – besonders schwer genommen, als Ginny anfing, mit jungen Burschen auszugehen und erst spät abends mit völlig verschmiertem Make-up wieder nach Hause zu kommen. Er sagte immer, das sei, als käme ein dreckiges Waldmurmeltier und stehle sich einen Bissen von einer besonders schönen Aubergine, die man den ganzen Sommer im Garten liebevoll gehegt und gepflegt habe. Und als sie Ginny nach ihrem Sturz von Clem Cloyds Motorrad auf der Unfallstation gesehen hatten – der Rücken blutigrot und roh wie Roastbeef, das Bein blaurot, mit dem gezackten, weißen Knochen, der sich von innen nach außen durchs Fleisch gebohrt hatte –, da waren Wesley und sie sich weinend in die Arme gesunken.

Solange Ginny erwachsen war, hatte sich Mrs. Babcock stets zwingen müssen, nicht darüber nachzudenken, *wer* diesem jungen weiblichen Körper, den sie gleichzeitig liebte und haßte, *was* antat. Um Ginnys geistige Gesundheit nicht zu gefährden, hatte sie sich zu einer distanzierten Gleichgültigkeit durchgerungen. Außerdem war er einfach lächerlich, dieser körperliche Besitzanspruch. Und trotzdem – nach so vielen Jahren, in denen sie diesen Körper gepflegt hatte, ihn gebadet, angezogen, gefüttert, verbunden hatte – wie konnte man da von ihr verlangen, daß sie jetzt plötzlich anders empfand? Und war Ginny sich nun, da sie selber auch ein Kind hatte, dieser Unterströmung ebenfalls bewußt? Wahrscheinlich nicht. Ginny schien sich nie irgendwelcher Gefühle anderer Menschen bewußt zu sein, nur immer ihrer eigenen – sonst hätte sie ihre kranke Mutter bestimmt nicht in Latzhose und T-Shirt besucht.

Ginny setzte sich und betrachtete diese Xantippe, die den Körper ihrer unterwürfigen Mutter usurpiert hatte und die immer dann auftauchte, wenn man es am wenigsten erwartete. »Tut mir leid, daß du dich heute nicht sehr wohl fühlst«, sagte sie gutmütig, während sie die fürchterlichen Blutergüsse auf den Armen ihrer Mutter musterte und sich ins Gedächtnis rief, daß diese Frau tatsächlich schwer krank war. In Wirklichkeit war Ginny gereizt, weil sich das Ganze so endlos hinzog, und hatte dazu ein schlechtes Gewissen, *weil* sie deswegen gereizt war. Aber schließlich hatte sie auch noch ein eigenes Leben – sozusagen.

»O ja, natürlich«, antwortete die Mutter ironisch und fügte mit beinahe hellseherischer Einsicht hinzu: »Mir tut es leid, daß ich nicht einfach sterben und alles hinter mich bringen kann, damit du dein eigenes Leben weiterführen kannst.«

»Aber *Mutter*, um Gottes willen!«

»Ich hatte dich gebeten, mir deine Lästerungen zu ersparen, Ginny. Darf ich *bitten*?« Mrs. Babcock war sogar selbst ein wenig bestürzt über dieses Auftauchen einer Persönlichkeit, die sie nicht als die ihre erkannte. Über diese Ausbrüche ungerechtfertigter Feindseligkeit, die da urplötzlich auftraten. Sie war einfach in die falsche Generation hineingeboren worden: Als sie noch klein war, hatte man von Kindern verlangt, daß sie den Eltern in jeder Hinsicht gehorchten, sie bedienten, im Haus halfen und so weiter; doch als sie selbst Mutter wurde und sich darauf freute, nun selber Gehorsam verlangen zu können, war der Wind der Mode hinsichtlich der Kindererziehung umgesprungen, und man verlangte von den Eltern, ihrerseits den Kindern zu gehorchen, um ihre Kreativität und Phantasie nicht zu beeinträchtigen. Sie war immer die Benachteiligte gewesen.

Interessant aber war, daß sie seit dem Moment, da sie ihrem Zorn Luft zu machen begonnen hatte – mit anderen Worten, seit Ginny da war –, keine Depressionen mehr gehabt hatte. Wenn sie sich über das Betragen der Kinder ärgerte, hatte sie früher immer sich selbst die Schuld daran gegeben, ihrer eigenen Erziehungsmethode. Sie hatte sich als Versager in dem von ihr gewählten Beruf – dem Muttersein – betrachtet und war immer tiefer in den schwarzen Abgrund der Selbstanklage versunken, hatte sich mit den Pillen von Dr. Tyler bis zur völligen Lähmung betäubt und voll Hoffnungslosigkeit und dem Gefühl, nichts wert zu sein, tatenlos im Haus herumgelegen. Anders jetzt – jetzt, da sie mit ihrem versagenden hämatopoetischen System im Krankenhaus lag, in einem Zustand, in dem man bei ihr doch am ehesten Depressionen hätte erwarten dürfen.

Mit bemühter Liebenswürdigkeit sagte Mrs. Babcock zu Ginny: »Nun, Liebes, erzähl mir doch ein bißchen von dir. Was hast du im vergangenen Jahr gemacht?«

Ginny zog eine Grimasse, weil sie nicht recht wußte, was sie darauf antworten sollte. »Ich habe neulich nachmittags zufällig Clem Cloyd getroffen.«

»Bitte!« Mrs. Babcock schloß die Augen. »Erwähne diesen Namen nicht. Ich habe dem Jungen nie verziehen, daß er dich damals fast umgebracht hat.«

»Aber er hat sich sehr verändert.«

»Wolf bleibt Wolf, auch wenn er von den Menschen erzogen wurde.«

»Aber es ist wirklich so, Mutter. Er hat jetzt eine große Familie – eine Frau und drei kleine Kinder.«

»Das hörte ich. Na und? Attila, der Hunnenkönig, hatte, wie du wahrscheinlich weißt, auch Kinder.«

»Offenbar ist Clem ein sehr verantwortungsbewußter Mensch geworden, Mutter. Und braucht diese gefährlichen Todeskunststücke nicht mehr. Vater sagte, daß er ein großartiger Farmer sein soll.«

»Das behauptete dein *Vater*.«

»Weißt du eigentlich, daß er jetzt Laienprediger ist?«

»Reden wir von demselben Clem Cloyd?«

»Ich habe dir doch gesagt, daß er sich verändert hat.«

»Das glaube ich erst, wenn ich's selber sehe. Und das wird sicher niemals passieren.«

»Jedenfalls hat er sich nach dir erkundigt. Er ist sehr besorgt um dich.«

»Was hörst du von Ira?«

»Ach, nicht viel«, erwiderte Ginny nichtssagend. »Der ist um diese Jahreszeit immer viel zu sehr mit dem Verkauf von Mopeds beschäftigt.« Gab es eine Möglichkeit, ihrer Mutter zu gestehen, daß Ira sie hinausgeworfen hatte, daß sie *überhaupt nichts* von ihm gehört hatte, ja nicht einmal wußte, wie es Wendy ging? Sie hatte mehrere Tage dazu gebraucht, ihren ganzen Mut zusammenzunehmen, bis sie Ira gestern abend angerufen hatte, aber es hatte sich niemand gemeldet. Und in Wirklichkeit hatte sie nur den einen Wunsch: die Mutter zu fragen, was sie tun sollte. Denn wozu waren Mütter da? Nur wußte sie leider schon im voraus, was die Mutter ihr antworten würde: »Außerehelicher Geschlechtsverkehr ist vulgär.« Und: »Kinder brauchen ihre Mutter.« Und: »Du mußt deine Pflicht tun.« Falls das Geständnis sie nicht auf der Stelle umbrachte.

Sie saßen schweigend. Ginny überlegte, ob sie die Gefahr einer Gehirnblutung erwähnen sollte. Sollte sie es der Mutter sagen, damit sich diese auf einen plötzlichen Tod vorbereiten konnte? *Gab* es überhaupt eine Vorbereitung auf einen plötzlichen Tod? Und wie sah die aus?

Nein, es war zu grauenhaft, dieses Bewußtsein, daß das eigene Gehirn im nächsten Moment ganze Ströme von Blut speien konnte, die das Schädelinnere in einen blutigen Brei verwandeln würden! Panik hielt ihren Magen in stählernen Klauen, und ihr wurde übel. Nein, es war besser für die Mutter, wenn sie davon nichts erfuhr.

Die beiden Frauen lächelten sich mühsam zu, das dröhnende Schweigen wurde peinlich – bezeichnend für die vielen Jahre des gegenseitigen Schweigens, die sie durchlebt hatten.

»Ich sollte vielleicht Karl und Jim anrufen«, meinte Ginny schließlich beiläufig.

»Warum?«

»Na ja, um ihnen zu sagen, daß du im Krankenhaus liegst. So was müssen sie doch erfahren.« In Wirklichkeit fand sie, man müsse die Brüder auf die Möglichkeit einer Totenwache hinweisen.

»Ich wüßte nicht, warum, Ginny. Schließlich liege ich ja noch nicht im Sterben. Und dir habe ich es die beiden anderen Male ja auch nicht mitgeteilt – oder?«

»Nein, hast du nicht. Aber das meine ich ja gerade. Ich wünschte, du hättest es getan. Warum mußt du immer die Märtyrerin spielen und im verborgenen vor dich hin leiden?«

»Weil ich keinen Sinn darin sehe, viel Lärm um nichts zu machen – darum. Und nur, weil ich indisponiert bin, hast du noch lange nicht das Recht, über mich zu bestimmen, Virginia Babcock Bliss. Also bitte, rufe die beiden nicht an, ja? Ich werde es ihnen im nächsten Brief schreiben.«

»Versprichst du mir das?«

»Ich verspreche es dir. Aber offen gestanden finde ich, daß dich das überhaupt nichts angeht.«

»Es ist ja nur, weil du immer so verschlossen gewesen bist.«

»*Ich* war verschlossen? Mata Hari nennt *mich* verschlossen?«

»Tja, ich glaube, da hast du recht, Mutter. Als Familie sind wir nicht gerade sehr kommunikativ, nicht wahr?«

Der Ausdruck ›kommunikativ‹ belustigte Mrs. Babcock. Das war auch so ein Klischee, das jeder modebewußte Talkshowgast im Land im Munde führte. »Ja, es ist mir bewußt, daß wir nicht . . . kommunikativ sind«, antwortete sie. »Aber weißt du, das ist eines der wenigen Vergnügen, die mir noch geblieben sind, Ginny.«

Ginny prustete vor Lachen. Sie mußte zugeben, daß ihre Mutter wirklich sehr witzig sein konnte. Leider war sie das aber nicht oft genug. Oder vielmehr, nicht im richtigen Augenblick. »Na schön. Nur zu, Mutter. Mach einen Witz draus. Aber es ist und bleibt die Wahrheit.«

Mrs. Babcock nickte der Tochter nachsichtig zu. »Ja, Liebes, aber ich glaube, du wirst feststellen, daß die wirklich wichtigen Dinge sich doch immer irgendwie mitteilen. Nicht unbedingt direkt, durch Worte – aber immerhin.«

»Tja, wenn du meinst . . .« Ginny dachte an ihre zerbrochene Ehe, an Gehirnblutungen und all das, was sie nicht zur Sprache bringen konnte. Schließlich erhob sie sich. »Ich muß mit Dr. Vogel sprechen; ich habe ein paar Fragen wegen der Transfusion heute nachmittag«, erklärte sie lahm.

In Wirklichkeit wollte sie ihn nach dem Magenbluten der Mutter ausfragen. Mit dem Lift fuhr sie ins Kellergeschoß, wo sich das Labor befand. In einer Ecke des Metallkäfigs entdeckte sie eine kleine Pfütze getrocknetes Blut.

Der Lift hielt. Ginny rührte sich nicht vom Fleck. Wie gebannt starrte sie auf das Blut. Ihr wurde übel, aber sie konnte den Blick nicht abwenden. Wessen Blut war das? Aus welcher Ader war es geflossen? War es krank oder gesund? Wie hoch war die Gerinnungszeit, die Thrombozytenlysiszeit? Welche Blutgruppe hatte es? Während sie die Pfütze anstarrte, schien diese in Erinnerung an ihr nicht mehr gegenwärtiges Herz zu pulsieren. Blut, überall dasselbe, in jedem Menschen: die ionische Zusammensetzung von verdünntem Meerwasser, bestehend aus Zellen, die dieselbe Funktion ausübten, regiert von denselben Enzymen und Hormonen. Und trotz aller Übereinstimmung waren, wie Schneeflokken und Fingerabdrücke, die Proben von nicht einmal zwei Menschen sich gleich. Es gab so vieles, was schiefgehen konnte . . .

»Miss? *Miss!*« Ein weißgekleideter Pfleger stand ungeduldig wartend vor der Lifttür.

»Entschuldigen Sie.« Wie betäubt stieg Ginny aus.

Sie betrat das unpersönliche Laborbüro mit den grün getünchten Wänden. Der Schreibtischsessel der Sekretärin war leer. Vorsichtig spähte Ginny durch die Tür. Dr. Vogel im weißen Laborkittel blickte durch ein Mikroskop, das er immer wieder adjustierte. Neben ihm stand eine Zentrifuge und ein Gestell mit Reagenzgläsern. Er machte sich hastig Notizen auf einem Formular.

»Dr. Vogel?«

Er hob den Kopf. »Tut mir leid, Miss Babcock. Ich bin beschäftigt. Würden Sie bei meiner Sekretärin eine Nachricht hinterlassen?«

»Sie ist nicht da.«

Als Ginny näher kam, wandte er den Blick ab. »Würden Sie sagen, daß die Transfusion geholfen hat?«

»Nun, Ihre Mutter hat bis jetzt erst eine bekommen. Und die hat die von uns angestrebte Aufgabe erfüllt: Sie hat die Anämie beseitigt und die Blutungen vorübergehend gestillt, so daß wir inzwischen weiter bemüht sein können, die Ursache einzukreisen. Jetzt ist ihre Thrombozytenzahl allerdings wieder gefallen: auf 25000/mm^3.«

»Gegenüber?«

»Gegenüber der Zahl direkt nach der Transfusion, die sich annähernd um 100000/mm^3 bewegte.«

»Darf ich mal sehen?«

»Tja, ich weiß nicht . . . Es ist äußerst ungewöhnlich, Miss Babcock, daß Sie einfach so hier hereinkommen.«

Ginny blickte durchs Mikroskop und sah auf einem Gitter eingezeichneter Quadrate Gruppen durchscheinender Kügelchen. Das waren sie also, die Übeltäter: die arbeitsunwilligen Blutplättchen ihrer Mutter. Es konnten aber auch ihre eigenen sein, die noch von der Transfusion übrig waren.

Als sie aufblickte, hielt Dr. Vogel ein Reagenzglas mit einer roten Flüssigkeit, wahrscheinlich Blut, gegen das Licht der Deckenbeleuchtung. Er studierte es eingehend. Nachdem er eine fluoreszierende Lampe direkt über dem Arbeitstisch eingeschaltet hatte, griff er nach einem zweiten Reagenzglas und ließ den Blick zwischen den beiden hin und her wandern.

»Was machen Sie da?«

»Wir untersuchen das Blut Ihrer Mutter auf Thrombozyten-Antikörper, um festzustellen, ob ihre ITP von einer Autoimmunreaktion ausgelöst worden ist. Wir haben ein wenig von ihrem Serum zusammen mit Ihrem Blut und einer Probe des Medikaments, das Ihre Mutter vor der Einlieferung genommen hat, in den Brutschrank getan, und nun prüfen wir die Gerinnungsretraktion.«

»Was für ein Medikament?«

»Amitriptylen. Elavil, für den Laien.«

»Wogegen ist das?«

Verwundert über das Maß ihrer Unwissenheit, warf er ihr einen kurzen Blick zu. »Gegen Depressionen natürlich.«

Natürlich? Ginny wand sich innerlich. Dr. Tyler hatte von Depressionen gesprochen. Und jetzt dies. Worüber *war* ihre Mutter denn deprimiert gewesen? Über Mr. Zeds Tod? Über den Tod des Majors? Schuldbewußtsein überfiel Ginny. Ihre Kinder waren eine Enttäuschung für sie gewesen. Ginny wußte zwar nicht genau, was die Mutter von ihnen erwartet hatte, aber sie hatte es eindeutig nicht bekommen. Das hörte man schon an der Art, wie sie von Jim und Karl zu sprechen pflegte: nachsichtig, aber mit viel Stirnrunzeln und Seufzen. Und über sie selbst sprach sie mit den Brüdern vermutlich auch nicht anders. Vielleicht hatte die Mutter doch recht: Wichtige Dinge teilten sich, so oder so, schließlich ganz von selber mit.

»Nun, ich glaube, wir haben Grund zu der Annahme, daß wir die Sache bald unter Kontrolle haben werden, meinen Sie nicht?« fragte er sie.

Ginny bekämpfte das Bedürfnis, ihm zu glauben. Da sie von Eltern erzogen worden war, die einfach niemals ›Ich weiß nicht‹ sagen konnten, wußte sie, daß sie an etwas litt, was die Psychologie-Lehrbücher in Worthley als Autoritätsneurose bezeichnet hatten. Ihr Leben lang hatte sie überall Götzen aufgestellt, die ihr jenes Gefühl der Sicherheit zurückbringen sollten, das ihr unter der Obhut der Eltern zuteil geworden war. Doch obwohl dieses verzweifelte Verlangen nach einem Menschen, der genau wußte, was er tat, in ihr erhalten geblieben war, sagte ihr die klare Vernunft, daß Dr. Vogel auch nur ein ganz gewöhnlicher, fehlerbehafteter und unwissender Sterblicher war wie sie. »Aber sicher«, antwortete sie, ohne wirklich daran zu glauben. »Aber wie *schwer* ist ihre Krankheit denn nun eigentlich?«

Er wurde rot und wandte den Blick ab. »Miss Babcock«, antwortete er schließlich, »Sie fragen, als könnte ich Ihnen auf einer Skala von eins bis zehn eine bestimmte Ziffer nennen. Aber das kann ich leider nicht. Außerdem hat man mich gelehrt, Leben zu retten. Ich halte nichts davon, Patienten einfach abzuschreiben.« Zum Zeichen, daß sie entlassen sei, beugte er sich wieder über sein Mikroskop. Ginny funkelte ihn wütend an. Was sollte *das* denn nun wieder heißen?

Als Ginny auf der Sonnenveranda eintraf, um ihrer Mutter beim Lunch Gesellschaft zu leisten, waren Mr. Solomon und Schwester Theresa mitten in einer hitzigen Diskussion.

». . . Sie sehen also, Schwester, daß es am Menschen überhaupt nichts gibt, das es wert wäre, in alle Ewigkeit erhalten zu bleiben. Ich meine, *wirklich*, Schwester – würden Sie uns die Ewigkeit wünschen? Nein, das wäre unsinnig. Wir sind eine unvollkommene Spezies. Das einzige, was man zu unseren Gunsten sagen kann, wäre, daß unsere Körper verfaulen und von Maden und Würmern gefressen werden können; und daß die Grundstoffe, die freigesetzt werden, dazu dienen können, die Körper einer anderen – im Idealfall moralisch nicht zurückgebliebenen – Spezies aufzubauen.«

»Mein lieber Mr. Solomon, ich empfinde tiefstes Mitgefühl für Sie«, gab Schwester Theresa ruhig zurück, die Hand an ihrem Anhänger mit der Aufschrift ›Nicht mein Wille, sondern der Deine‹. »Wenn diese Hoffnung das einzige ist, was Sie aufrechterhält, dann weiß ich nicht, wieso Sie immer noch am Leben sind. Wirklich nicht. Vielleicht ist es für Sie unsinnig, daß unser Herrgott uns trotz unserer vielen Schwächen und Eitelkeiten lieben und für uns sorgen kann, aber *fühlen* Sie es denn nicht in Ihrem Herzen? Sehen Sie doch da hinaus, Mr. Solomon.« Sie deutete in die Richtung der Fabrik. Das elektrische Glockenspiel ließ ›You'll Never Walk Alone‹ erklingen. »Wenn Sie die Sonnenstrahlen auf dem Grün der Wiesen spielen sehen, fühlen Sie dann nicht hier drinnen« – sie klopfte sich auf den nicht vorhandenen Busen –, »daß es Faktoren gibt, die nicht einmal *Sie* in Rechnung gezogen haben, daß Gott oben in Seinem Himmel und daß mit der Welt alles in Ordnung ist? Denn glauben Sie mir, Mr. Solomon, Er *ist* dort oben!«

»Wenn Sie mich so fragen, Schwester« – er klopfte auf seine emphysembehaftete Lunge –, »dann muß ich sagen, nein, ich fühle es nicht hier drinnen. Ich glaube vielmehr . . .«

»Aufhören!« kreischte Mrs. Babcock plötzlich und schmetterte ihre Schale mit der Cremesuppe zu Boden. »Könnt ihr beiden nicht endlich *den Mund halten*? Ihr quasselt weiter und weiter und sagt immer wieder nur dasselbe. Keiner von euch nimmt Notiz von dem, was der andere sagt, hört ihm überhaupt nicht zu! Warum könnt ihr nicht *einmal* still sein? Mrs. Cabel ist die einzige in diesem Raum, die noch ein *bißchen* Vernunft besitzt.« An allen Gliedern zitternd stand sie da, während die anderen sie verstört anstarrten.

Und sie begann ihr schmerzhaftes Schlurfen zur Tür. Ginny sprang auf und ergriff ihren Arm. Gemeinsam gingen sie den Flur entlang, überließen es den anderen, sich um die verschüttete Suppe und das zerbrochene Porzellan zu kümmern.

»Mutter . . .« begann Ginny eine sanfte Zurechtweisung. Gewiß, die Mutter war krank, aber das war kein Grund, sich unversehens in eine Megäre zu verwandeln.

»Kein Wort! Bitte, Ginny – *kein* Wort!«

Während Mrs. Babcock sich auf schmerzenden Beinen den Korridor entlangquälte, geschah etwas mit ihr. Es war, als hätte ihr Gehirn einen anderen Gang eingelegt. Der Korridor zog sich teleskopartig in die Länge, wirkte auf einmal meilenlang. An Ginnys Arm hängend, schlurfte sie weiter. Sie mochte seit Minuten so dahinschlurfen, oder seit Monaten. Sie wußte es nicht, und es war ihr gleichgültig.

Wieder im Bett, lag sie schlaff und lethargisch da. Es war, als wäre ein Ventil geöffnet worden, und die Lebenskraft entströme ihrem Körper. Aber es war nicht die bekannte Schwäche der Depression. Mit der war sie inzwischen gründlich vertraut. Eine Depression war in Wirklichkeit ein überaus aktiver Zustand. Selbst wenn man auf den Beobachter unbeweglich wirkte, befand der Verstand sich in einer Raserei der Paralyse. Man war nicht mehr in der Lage, richtig zu funktionieren, haßte sich aber selbst äußerst aktiv dafür. Ihr jetziger Geisteszustand unterschied sich davon jedoch völlig. Ihre einzige Empfindung, falls man es als eine solche bezeichnen konnte – war distanzierte Indifferenz. Nichts war mehr wichtig. Wenn sie starb – bitte sehr. Träge hob sie ihren Arm und betrachtete die Blutflecken: dunkelrot, purpurn und grün. Was hatte dieser groteske Arm mit ihr zu tun? Was sollte um alles in der Welt dieser ganze Aufruhr rings um sie her?

Ein Nebelschleier legte sich über das Zimmer. Menschen hasteten herein und hinaus, stellten alles mögliche mit ihrem armen Körper an. Die Stimmen, die eindringliche Fragen an sie richteten, summten und brummten wie gereizte Bienen. Sie hätte ihnen gern geraten, sich zu entspannen und sie in Ruhe zu lassen.

Dr. Vogel, der ebenfalls herbeigeeilt war, wandte sich an Ginny. »Scheint nicht sehr bedenklich zu sein«, erklärte er. »Ihre lebenswichtigen Symptome sind in Ordnung. Vielleicht ist sie einfach erschöpft.«

Während die Mutter kraftlos dalag und das Blut eines anderen Spenders in ihren Arm floß, schaute sich Ginny im Fernsehen ›Westview General‹ an. Die beiden Ärzte Turcott und Adrian, zwei gutaussehende Junggesellen, führten gerade eine unglaublich schwierige Operation aus, mit der sie einen kleinen Jungen dem Rachen des Todes zu entreißen hofften, rissen jedoch gleichzeitig Witze, zitierten Shakespeare und verabredeten sich mit den Operationsschwestern, denen es tatsächlich gelang, in ihren scheußlich unmodernen, sterilen Kitteln und Kappen dennoch irgendwie aufreizend zu wirken.

Allmählich jedoch, und als sei sie von der Mutter angesteckt, spürte Ginny, wie eine geradezu kosmische Gleichgültigkeit über sie hinflutete. Auf einmal war ihr alles egal: die jungen Ärzte aus ›Westview General‹, die kranke Mutter, Ira und sogar Wendy. Es war, als habe sich der unglaubliche Streß der letzten Wochen bis zu einem Punkt gesteigert, über den sie einfach nicht hinaus konnte. Ihr Organismus streikte; ihre Gefühle machten Ladenschluß. Da lagen sie nun beide, sie und die Mutter, jede auf einem Bett und trieben in einem heilsamen Meer der Gleichgültigkeit.

Denn heilsam war sie, daran bestand bei Ginny kein Zweifel. Es war eine unaussprechliche Erleichterung, ganz einfach aufzugeben. Immer noch kamen und gingen Leute, trugen Daten in Krankenblätter ein, schüttelten Kissen auf, zogen Bettlaken glatt. Im Fernsehen kam jetzt ›Beat the Clock‹: Eine Frau mit struppigen Haaren, angetan mit einem gelben Regenmantel, versuchte auf ihrer Stirn mit Wasser gefüllte Milchkartons zu balancieren, während sie auf einem Skateboard über die Bühne rollte und die überdimensionale Uhr unerbittlich weitertickte und ihren Geldgewinn verschlang.

»Würden Sie das bitte abstellen?« wandte Ginny sich an Mrs. Childress. Und dann ließen sich Mutter und Tochter weiter durch den Nachmittag treiben, während die Familienuhr auf dem Nachttisch immer langsamer und langsamer tickte. Ginny wußte nicht, lief die Uhr ab, oder waren ihre Ohren nicht in Ordnung. Aber es war ihr gleichgültig. Schließlich blieb die Uhr ganz stehen.

Als Ginny die große Villa erreichte, war sie noch immer in diesem Zustand der Trägheit gefangen. Ihre Entschlossenheit, zu kämpfen, gegen was es auch immer sein mochte, war so vollständig dahingeschmolzen wie der Schnee vom letzten Winter unter der heißen Frühlingssonne Vermonts. Sie nahm die Post aus dem Briefkasten. Und fand ihr eigenes Schreiben an Miss Head, ungeöffnet und in Miss Heads kleinlicher Handschrift mit der Bemerkung ›Zurück an Absender‹ versehen. Gleichgültig schob Ginny ihn in die Tasche ihres Overalls. Gleichgültig schlenderte sie an dem Verkaufsschild der Southland Realty auf dem Rasen des Vorgartens vorbei zum Haus.

Sie stieg hinauf in ihr altes Zimmer, das noch genauso aussah wie vor neun Jahren, als sie es zuletzt bewohnt hatte. Ein Himmelbett, eine stoffgeschürzte Frisiertoilette, eine Queen-Anne-Kommode. Die Mutter hatte, seit sie nicht mehr zu Hause lebte, immer wieder vorsichtig angedeutet, sie möge die Sachen in ihrem Schrank aussortieren. Und jedesmal, wenn die Mutter davon sprach, hatte Ginny sie angefahren: »Aber warum denn? Willst du Untermieter aufnehmen? Warum kann das Zimmer nicht so bleiben?« Trotzdem war sie bei jedem Besuch zu Hause mit dem Vorsatz an ihren Schrank gegangen, ihn endlich auszuräumen. Und jedesmal vertiefte sie sich dabei in ein Sammelalbum oder ein Tagebuch; jedesmal stellte sie wieder fest, daß es nichts gab, wovon sie sich trennen konnte: die vollständige Sammlung der Programme aller Sportfeste der Hullsport High von 1960 bis 1962; der Verkaufsbon für ihren ersten Büstenhalter; die mit Joe Bobs kindlicher Handschrift gekritzelte Liste aller Pärchen von der Hullsport High, die im Jahre 1962 ›bis zum Letzten‹ gegangen waren; ihre mottenzerfressene Fahnenschwingerjacke und die Flagge mit dem Spruch ›Streben, Suchen, Finden und nicht Nachlassen‹; die Schärpe des Burly Tobacco Festivals von Persimmon Plains; ihre Schulterpolster und der Helm mit dem Gesichtsschutz; vier trägerlose Chiffonkleider; ein Stapel Scrooge-Comicbooks, die inzwischen Sammlerwert besaßen. Jedesmal war sie zu dem Schluß gekommen, nichts von all dem dürfe weggeworfen werden.

Außerdem hatte Ginny immer irgendwie das Gefühl gehabt, wenn sie tatsächlich ihre Sachen ausräumte, würde die Mutter womöglich jemand anders dort einquartieren. Ein völlig irrationales Gefühl, da niemand im Haus ein Zimmer brauchte, aber es war nun einmal vorhanden. Sie betrachtete die Villa immer noch als ihr ›Zuhause‹, diesen Raum immer noch als ›ihr Zimmer‹. Weder Iras Steinhaus in Vermont noch ihre Mansarde in Worthley, weder die Wohnung in Cambridge noch die Blockhütte in Stark's Bog – nur diese Villa.

Die Vergangenheit war für sie stets realer, gegenwärtiger gewesen als die Gegenwart. An diesem Tag jedoch räumte Ginny ohne Bedauern und ohne Genugtuung, nur mit absoluter Gleichgültigkeit den ganzen Schrank aus, bündelte die Sachen zusammen und schleppte sie zu den Mülltonnen hinaus. Sie hatte sich ausgemalt, daß sie mit Wendy zusammen in diesem Haus wohnen, daß dieser Raum Wendys Zimmer sein und daß sie all diesen Kram weiter aufheben würde, um ihn eines Tages Wendy zu zeigen. Jetzt jedoch wußte sie, daß daraus nie etwas werden konnte, daß es lächerlich war, das ganze Zeug aufzuheben. Jetzt war endlich der Zeitpunkt gekommen, sich der bedrückenden Vergangenheit zu entledigen.

In der Blockhütte empfing sie das Geschrei der Jungvögel. Träge holte sie die Futterpaste aus dem Kühlschrank, verabreichte jedem ein paar Kügelchen und anschließend ein Tröpfchen Wasser. Ohne Freude und ohne Besorgnis. Wenn sie starben – bitte sehr. Dann legte sie sich auf das breite Doppelbett, in dem sie das Licht der Welt erblickt hatte. Und blieb dort liegen, ohne schlechtes Gewissen wegen ihrer Untätigkeit, ohne die Zufriedenheit verdienter Ruhe, ohne Kummer wegen vergangenen Versagens oder Befürchtungen über ihre ungewisse Zukunft.

Mrs. Babcock erwachte am nächsten Morgen wie von einer Wespe gestochen. Alles, woran sie denken konnte, war der vorangegangene Nachmittag, den sie regungs- und emotionslos im Bett verbracht hatte. Sie war mutlos gewesen und hatte einfach aufgegeben. Das erinnerte sie an die Beschreibungen von Menschen im letzten Bewußtseinsstadium vor dem Erfrieren, wenn sie sich mit dem Gedanken an den Tod abgefunden und den Kampf ums Überleben aufgegeben hatten. Nun, auf diese Art würde sie nie aus diesem gräßlichen Krankenhaus herauskommen. Und wo sie hier doch soviel zu tun hatte: Dankesbriefe an die Leute schreiben, die ihr Blumen geschickt hatten, auf dem Stickrahmen Zierstiche üben, den letzten Band der Enzyklopädie auslesen.

Energisch kletterte sie aus dem Bett und ging ins Bad. Unterwegs warf sie einen Blick aus dem Fenster und lächelte erfreut über die Possen der roten Eichhörnchen, die sorgfältig gezielte Zweige auf die Leute hinunterwarfen, die das Krankenhaus betraten.

Sie sah in den Spiegel, betastete die Wattepfropfen in ihrer Nase und stellte mit Genugtuung fest, daß sie nicht naß waren. Ebensowenig die Binde zwischen ihren Beinen. Und als Miss Sturgill hereingehuscht kam, um den üblichen Gerinnungstest zu machen, betrug die Zeit sechs Minuten. Die Blutübertragung hatte wieder gewirkt.

Sie nahm die stumme Uhr auf den Schoß und zog sie auf, bis es nicht weiterging. Sie erinnerte sich, daß sie am vorangegangenen Nachmittag abgelaufen war – nur hatte sie es zu jenem Zeitpunkt nicht als ›Ablaufen‹ betrachtet. Sie hatte getan, als sei sie ein Kind und die Zeit dehne sich in die Länge, wie es bei Kindern ja der Fall war. Sie stellte sich vor, wie es früher mit der Zeit gewesen war, als sie noch zur Schule ging und die Sommerferien herrlich lang vor ihr lagen – lang wie eine Ewigkeit. Damals war ein Tag soviel gewesen wie jetzt eine Woche. Während heute ein Tag kaum mehr als ein Nieser war. Wenn die Menschen älter wurden, spielte ihnen die Zeit Streiche. Aus der Enzyklopädie wußte sie, daß sich die Zeit zu dehnen schien, wenn sich die Stoffwechselgeschwindigkeit steigerte. Die Lebensspanne sich schnell bewegender instabiler Partikel nahm zu, wenn ihre Geschwindigkeit zunahm; näherte sich das Tempo der Lichtgeschwindigkeit, verlangsamte sich die Zeit so sehr, daß sie fast stillzustehen schien. Kinder hatten einen schnellen Stoffwechsel; der langsamer wurde, wenn der Körper des Menschen zur Reife kam und damit auch der Abstieg begann. Während die Stoffwechselgeschwindigkeit langsamer wurde, wurde das Zeitgefühl schneller.

Leicht zu erklären, schmerzlich zu erleben. Gerade wenn man das Gefühl hatte, seine Zeit gut nutzen zu können, blieb einem dazu keine Zeit mehr.

Sie merkte, daß die Uhr, die sie gerade aufgezogen hatte, nicht tickte. Warum nicht? Was war damit passiert? Vielleicht konnte Mr. Solomon . . . Schuldbewußt erinnerte sie sich an die Szene, die sie beim Lunch gemacht hatte. Wie hatte sie den armen Mr. Solomon und Schwester Theresa nur so anschreien können, diese beiden, die so sehr litten und wahrscheinlich bald sterben würden? In ihrem Zustand war es ihr gutes Recht, zu reden, worüber sie lustig waren. Ihr selbst kam es ja absurd vor, über das Wesen Gottes zu diskutieren, aber wenn es *ihnen* ein Trost war, warum sollten sie dann nicht? Wenn sie sich darüber aufregte, durfte sie nicht mehr auf die Sonnenveranda gehen.

In einem Anfall von Tatendurst stieg sie aus dem Bett, ging zu Mr. Solomon hinüber und entschuldigte sich bei ihm. Anschließend ging sie zu Schwester Theresa. »Aber bitte, Mrs. Babcock, Sie brauchen sich nicht zu entschuldigen. Ich verstehe Sie«, versicherte ihr Schwester Theresa. Mrs. Babcock bezweifelte das. »Ich weiß, es ist manchmal schwer, das Wirken unseres Herrgotts hinzunehmen. Für den Gläubigen liegt der Sinn des Lebens im Tod. Für diejenigen, die nicht im Schoß der Kirche ruhn, macht der Tod das Leben sinnlos, schmerzhaft und bitter.«

Mrs. Babcock nickte feierlich, fest entschlossen, keine Antwort zu geben, denn jede Antwort, die sie geben konnte, würde angesichts solch religiösen Eifers leichtfertig oder zynisch klingen. Wenn sie die Wahl hätte zwischen den beiden, hätte sie Mr. Solomons bitter-heiterem Nihilismus jederzeit den Vorzug gegeben. Zum Glück brauchte sie jedoch nicht zu wählen. Sie würde sich von beiden Weltanschauungen das aneignen, was ihr half, und es verwenden, wenn auch sie *in extremis* lag, was sie trotz Schwester Theresas Anspielungen auf das Gegenteil ganz eindeutig noch *nicht* tat.

Ginny schlug die Augen auf. Sie lag voll angekleidet auf dem Bett; durchs Fenster strömte Sonnenlicht herein. Angewidert wurde ihr klar, daß sie den gesamten gestrigen Nachmittag und Abend vergeudet, daß sie in einer Art neurotischem Stupor hier herumgelegen hatte, während es doch soviel für sie zu tun gab: Kudzu schlagen, Vögel füttern. Sie hatte einen regelrechten Anfall jenes Zustands gehabt, der in den Psychologielehrbüchern von Worthley als ›Ego-Schock‹ bezeichnet wurde.

Sie sprang auf und ging ins Wohnzimmer, wo die Jungvögel in ihrem Körbchen kreischten. Ein Wunder, daß sie während der Nacht nicht verhungert waren. Ginny holte das Futter. Sie schrien wütend, die blanken schwarzen Augen weit aufgerissen, die winzigen gelben Schnäbel verzweifelt zuckend. Ginny steckte ihnen einige Pastenkugeln in den Rachen und tropfte ein bißchen Wasser hinterher.

Dann schloß sie den Deckel, holte sich Birdsalls Vogelbuch und blätterte nicht minder aufgeregt darin herum als damals, da Wendy noch ein Baby gewesen war, in Dr. Spocks Mütterlehrbuch, um einen Anhaltspunkt dafür zu finden, wie sie weiter mit ihnen verfahren sollte. Kreischten sie so wild und verzweifelt, weil sie gediehen oder weil sie bereits im Todeskampf lagen? Professor Birdsall verriet es nicht. Wie der Lichtstrahl in Einsteins Theorie über das Universum, kehrte sie immer wieder an den Ausgangspunkt zurück, dorthin, wo sie begonnen hatte, nämlich bei dem Satz: ›Falls man solche Jungvögel findet, ist es besser, sie zu töten, um ihnen eine Verlängerung ihrer Leiden zu ersparen.‹

»Nein!« knurrte sie böse. Was zum Teufel bildete sich dieser Professor Wilbur J. Birdsall ein? Der saß da in seinem Labor an der University of Chicago, meilenweit entfernt von jenen Vögeln in der Natur, denen er sein Lebenswerk gewidmet hatte. Was wußte der schon? Durchaus möglich, daß er sich hinsichtlich der Verdauung dieser Stachelschwanzsegler irrte. Die Jungvögel akzeptierten die widerliche Paste aus Mehl, Thunfisch und Hackfleisch gierig. Sie würgten sie nicht wieder heraus. Wahrscheinlich unterschied sich das, was angesichts bitterer Notwendigkeit geschah, ziemlich weitgehend von dem, was unter den von Professor Birdsall arrangierten günstigen Laborbedingungen geschah. Sie mußte ihre Autoritätsneurose bekämpfen und ihren eigenen Beobachtungen vertrauen.

Laut Professor Birdsall waren die Vögel noch lange nicht für die ersten Flugversuche bereit. Ob hier derselbe Grundsatz zutraf? Würden sie angesichts der Notwendigkeit, fliegen zu lernen, Flugmuskeln und Schwungfedern schneller entwickeln als normal? Oder würden sie abstürzen und sterben? Ginny beschloß, einen Versuch zu wagen. Sie liefen ein Rennen gegen die Zeit. Birdsall behauptete, daß in Gefangenschaft heranwachsende Wildvögel häufig ohnehin früh starben. Ginny mußte die Vögel freilassen, ehe sie entweder starben oder eine nicht mehr rückgängig zu machende Abhängigkeit entwickelten. Aber vielleicht waren sie schon viel zu abhängig von ihr, da sie ihnen, im Gegensatz zu Vogeleltern, nicht zeigen konnte, wie man Würmer und Körner suchte und sich ein Nest baute. Oder waren diese Informationen in ihren Genen enthalten? Wenn ja, so war das ein Grund mehr, sie zur Selbständigkeit zu erziehen, bevor jene Instinkte überlagert wurden.

Sie öffnete den Korb, löste die beiden Jungvögel von dem Geflecht und trug sie hinaus in den Sonnenschein. Beide schlossen die schwarzen Augen und begannen protestierend zu kreischen. Ginny setzte den einen hin und strich dem anderen mit dem Finger über den grauen Federflaum. Er öffnete die winzigen Knopfaugen und starrte sie an. Sie streckte die Hand aus, auf der der Vogel saß. Nichts geschah. Sie setzte ihn auf ihren Zeigefinger – keine einzige kooperative Bewegung. Er öffnete lediglich den gelben Schnabel, um aufgebracht zu schimpfen.

Ginny schloß die Hand um ihn und streichelte ihm liebevoll den Kopf. Dann warf sie ihn, fast wie Konfetti, kurzerhand hoch in die Luft. Mit fest angelegten Flügeln sauste er wie eine plustrige schwarze Kugel senkrecht hinab und landete in den Kudzuranken.

Seufzend hob Ginny den zweiten auf und wiederholte den Versuch. Dann nahm sie sich wieder den ersten vor. Nach ihrer unausgegorenen Theorie mußte die Entwicklung sich den Erfordernissen anpassen. Sie mußte jenen Zentren ihrer kleinen Gehirne, die für die körperliche Reife zuständig waren, das Bedürfnis nach Schwungfedern und Flugmuskeln einprägen. Also warf sie die beiden unglücklich kreischenden Vogeljungen noch einige Male hoch, ehe sie sie in den Korb zurücksetzte.

Als sie neben ihnen aufs Sofa sank, hörte sie ein Knistern in ihrer Tasche. Sie zog ihren Brief an Miss Head heraus. Schmerz durchzuckte sie. Miss Head, die sie geliebt hatte, was immer das auch bedeuten mochte, und von der sie, Ginny, auf ihre eigene Art ebenfalls geliebt worden war, wollte nichts mit ihr zu tun haben. Sieben Jahre waren offenbar nicht genug, um die von Ginny geschlagenen Wunden zu heilen. Ginny wußte, daß sie sich unmöglich benommen hatte. Miss Head hatte alle diejenigen Dinge mit ihr geteilt, die ihr selbst am wichtigsten waren; und Ginny hatte es ihr gedankt, indem sie ihr diesen Schlag versetzte. Wenn sieben Jahre nicht genügten, um Miss Head wieder versöhnlich zu stimmen, würde auch eine Ewigkeit nicht genügen. Sie spürte, wie ihr die Tränen in die Augen stiegen, und gestattete sich den Luxus, sie überquellen zu lassen. Dann leckte sie sich die salzige Flüssigkeit von den Wangen. Sie schmeckte wie Meerwasser, wie Blut.

Sie trocknete sich das Gesicht mit dem Zipfel ihres T-Shirts, stand auf und verließ das Haus.

Als sie zur großen Villa kam, sprang sie aus dem Jeep und rannte durch den verunkrauteten Vorgarten auf das Verkaufsschild der Southland Realty zu. Mit einem kräftigen Ruck zog sie es aus dem Boden und warf es unter die ausladenden Äste der Magnolie. Dann versenkte sie die Nase in die weichen, cremefarbenen Magnolienblüten und atmete tief ihren süßen Duft. Die Blütenblätter streichelten ihr das Gesicht. Der Duft weckte Erinnerungen an eine verwirrende Folge von Sommerhochzeiten, Schulbällen und Festessen, bei denen diese herrlichen Blüten jedesmal den Tafelschmuck gebildet hatten. Sie brach zwei ab und legte sie behutsam in den Jeep.

Dann schlenderte sie ums Haus herum und betrachtete verärgert ihre Abendkleider, die aus der Mülltonne quollen wie Schaum aus einem zu vollen Bierglas. Resolut holte sie alles aus der Tonne heraus, was sie am vorangegangenen Nachmittag hineingestopft hatte. Sie mußte mehrmals hin- und herlaufen, bis sie den ganzen Kram wieder hinaufgetragen hatte. Oben packte sie ihre Schätze genauso in den Schrank und die

Kommoden zurück wie vor ihrem neurotischen Anfall von Zerstörungswut. Schon jetzt stellte sie sich Wendys Begeisterung über die Scrooge-Comics vor. Sie würde alles wieder hervorholen und dem gebannt lauschenden Kind alles – na ja, fast alles – erzählen, was sie selbst als kleines Mädchen getan, gehofft und geplant hatte. Dieses Zimmer sollte Wendy bekommen. Aus dem Bücherregal nahm sie ihr altes, zerfleddertes Bilderbuch aus den Tagen, da sie noch nicht hatte lesen können. Die angeknabberten, zerrissenen Seiten zeigten Bilder von Haustieren mit ihren Müttern in den verschiedensten Posen der Zuneigung und Sorge: Lamm und Mutterschaf, Fohlen und Stute, Ferkel und Sau. Sie steckte es in einen großen braunen Umschlag und adressierte ihn an Wendy . . .

Als sie später ins Krankenhaus kam, sah Ginny erfreut, daß ihre Mutter aufrecht im Bett saß und Briefe schrieb. Ihre Augen blickten klar, ihr Gesicht wirkte nicht mehr so gedunsen. »Hallo!« begrüßte die Mutter sie mit freundlichem Lächeln.

»Hallo!« Ginny ging mit einer Schüssel ins Bad, ließ Wasser hineinlaufen und setzte die beiden Magnolienblüten darauf. Dann stellte sie die Schale auf den Nachttisch der Mutter – stolz auf ihre umsichtige Initiative angesichts der nahezu überwältigenden Versuchung zur Passivität, die sie jedesmal überfiel, wenn ihre Mutter zugegen war, um alles zu arrangieren, zu kontrollieren, zu dirigieren und zu organisieren.

Mrs. Babcock starrte die Blüten verwundert an. »Vielen Dank, Liebes! Sie sind wunderschön.«

»Ja, nicht wahr?«

»Ich wünschte nur, ich könnte sie riechen.«

»Das wirst du, Mutter – ganz bestimmt, noch ehe sie welken«, versicherte Ginny. Ihre Mutter nickte ernst Zustimmung.

Ginny warf einen Blick auf das Krankenblatt, das jemand im Zimmer vergessen hatte: Gerinnungszeit – sechs Minuten; Thrombozytenzählung – 110000/mm^3.

»Fabelhaft!«

»Ja, nicht wahr? Ich fühle mich so wohl, daß ich fast glaube, das Handarbeitsprogramm heute nachmittag durchhalten zu können.«

»Na, na, immer langsam! He, die Uhr geht ja wieder. War sie gestern einfach abgelaufen, oder was?«

»Keine Ahnung. Mr. Solomon hat irgendwas mit der Feder gemacht, die das Pendel bewegt, und jetzt ist alles wieder in Ordnung. Er ist wirklich erstaunlich, weißt du. Der Ärmste kann die Uhr kaum sehen, wegen seines Stars, aber er hat den Fehler trotzdem gefunden und ihn fast nur nach dem Gefühl behoben. Es ist eine sehr gute Uhr, sagt er. Deutsch soll sie sein. Ich kann mir gar nicht vorstellen, wie die in meine Familie gekommen ist. Jener Zweig war nämlich fast ausschließlich schottisch-irischer Abstammung.«

»Ja, aber der Kaas unten im Flur ist doch holländisch, nicht wahr?«

»Richtig. Und ich dachte immer, ihr Kinder hättet nie zugehört, wenn ich euch von all den Sachen erzählt habe.«

»Ich *brauchte* überhaupt nicht zuzuhören, Mutter. So oft, wie du uns von den alten Erbstücken erzählt hast, mußte ich das alles automatisch absorbieren.«

»Na, *so* schlimm kann ich doch nicht gewesen sein!«

»Denkst *du*.«

»Na schön, aber meine Schuld war das auf gar keinen Fall. Ihr Kinder habt doch ewig an mir rumgebettelt, ich soll die Bilder runterholen« – sie deutete auf die Familienfotos an der Wand – »und euch von ›dem Mann, dem der Kopf von einem Lastwagen abgerissen wurde‹ erzählen.«

»*Wir* sollen das gemacht haben? Nein, Mutter, *du* warst diejenige, die immer von den Bildern angefangen hat. Als didaktisches Lehrstück über unsere eigene Sterblichkeit.«

Mrs. Babcock lächelte nachsichtig. »Tut mir leid, Liebes, aber da irrst du dich. Ihr alle drei, vor allem du, wart geradezu fasziniert von Verletzungen, Unfällen, Feuersbrünsten und Diebstahl. Ich habe mir immer die größten Sorgen deswegen gemacht. Weil ich nicht wußte, wo ich versagt hatte, was ich getan oder unterlassen hatte, um dich so unsicher und ängstlich zu machen. Schließlich kam ich zu dem Schluß, es sei darauf zurückzuführen, daß euer Vater in den Krieg mußte, als du erst zwei Monate alt warst. Die Welt und ihre Lebensbedingungen müssen dir viel zu früh wie eine sehr harte Belastungsprobe vorgekommen sein.«

»Aber in *meiner* Erinnerung war es anders. In meiner Erinnerung warst du die Ängstliche, Mutter. ›Man kann nicht vorsichtig genug sein‹, hast du uns immer wieder gepredigt. ›Wenn du mit dem Fahrrad auf der Straße fährst, mußt du darauf gefaßt sein, von einem Lastwagen überfahren zu werden‹«, imitierte Ginny die Mutter.

»Und der *Tod*«, fuhr die Mutter fort. »Immer wieder habt ihr mich mit Fragen darüber drangsaliert. Warum müssen die Menschen sterben? Was passiert mit ihrem Körper? Wie kann Gott die Menschen sterben lassen? Muß der liebe Gott auch sterben? Hat der liebe Gott eine Frau, und muß die auch sterben? Mußte ich, eure Mutter, auch sterben? Wann würden dein Vater und ich sterben? Was würde passieren, wenn wir auf der Stelle sterben müßten und euch allein ließen? Dürftet ihr das Auto behalten, wenn wir tot waren? Und so weiter, und so fort. Manchmal wurde es so komisch, daß euer Vater und ich uns schließlich vor Lachen bogen. Und dann fingst du an zu weinen und warfst uns vor, es wäre uns gleichgültig, ob du stürbest. Jahrelang habe ich mir deswegen Sorgen gemacht. Immer hast du mir in den Ohren gelegen, ich sollte die Hunde, Katzen und Vögel ausgraben, die wir in unserem Garten beerdigt hatten, damit du nachsehen konntest, was aus ihnen geworden war.«

Ginny schüttelte energisch den Kopf. »Aber *du* hast es doch immer mit dem Tod gehabt, Mutter! Den ganzen Tag hast du herumgesessen, jeden Tag, und hast Grabinschriften, Todesanzeigen und Beerdigungen für dich entworfen. Und im Sommer hast du uns immer zu den Familiengrabstätten geschleppt, damit wir die Grabsteine zeichnen konnten und so.«

Mrs. Babcock musterte sie stirnrunzelnd. »Du übertreibst, Liebes. Gewiß, ich *habe* einmal eine Grabinschrift und einen Plan für meine Beerdigung entworfen. Aber das ist nichts Ungewöhnliches. Das ist genauso, als würde man sein Testament aufsetzen. Man tut es, um ganz sicherzugehen, daß man seine Wünsche auch festgelegt hat. Und ein- oder zweimal korrigiert man diese Entwürfe dann auch vielleicht noch, weil man seine Wünsche geändert hat. Vor allem aber tut man es, damit die Hinterbliebenen etwas haben, woran sie sich halten können, wenn sie schließlich vor der Aufgabe stehen, über den Toten und die Hinterlassenschaft verfügen zu müssen. Aber ich habe *niemals* eine Todesanzeige für mich aufgesetzt. Ich möchte wissen, wie du darauf kommst.«

»Keine Ahnung«, antwortete Ginny lahm. »Aber was ist mit den Zeichnungen von den Grabsteinen, Mutter? Das mußt du doch nun wirklich zugeben, daß du uns auf der Suche nach unseren Ahnen durch verdammt viele Friedhöfe geschleppt hast.«

»Durch ›viele‹ Friedhöfe, das weiß ich nicht. Aber es stimmt, daß ich ein paar Jahre lang an Grabsteinen interessiert war. Als eine Art Volkskunst, weißt du.«

Ginny starrte die Mutter mißtrauisch an. Wessen Version der gemeinsamen Vergangenheit traf denn nun zu? Und wieso war ihrer beider Version so verschieden?

»Was ist eigentlich aus den Jungvögeln geworden, die du gefunden hast? Leben sie noch?«

»Ja. Ich habe sie gefüttert. Erinnerst du dich an das Vogelbuch? Von diesem Birdsall? Der schreibt, man sollte junge Stachelschwanzsegler töten, wenn man sie findet, weil sie von der ausgewürgten Nahrung ihrer Eltern leben. Tja, aber ich füttere sie jetzt seit einer Woche mit Hackfleisch, und sie leben immer noch.«

»Da kannst du mal sehen, wie weit man sich auf die Experten verlassen kann.« Mrs. Babcock dachte grimmig an ihren eigenen Fall. Aber die zweite Transfusion hatte gewirkt. Heute fühlte sie sich großartig. Vielleicht konnte man sich doch auf den jungen Dr. Vogel verlassen.

»Tja, diese Experten! Aber ich habe mir gedacht, daß die Laborbedingungen doch ziemlich anders sind als in der Natur. Ich meine, diese Jungvögel *mußten* doch einfach lernen, unverdautes Futter zu akzeptieren. Und das haben sie anscheinend auch getan, weit vor ihrer normalen Zeit. Klingt das einleuchtend?«

»Ganz gewiß. Sogar wahrscheinlich. Man kann einen Apfelbaum zum

Ansetzen von Früchten zwingen, indem man einen Streifen Borke von seinem Stamm entfernt. Das habe ich in der Enzyklopädie gelesen. Aber du weißt ja, wie diese Experten sind.«

Nach dem Lunch sah sich Ginny von dem zweiten Bett aus ›Hidden Heartbeats‹ an.

»Weshalb *tun* wir das eigentlich?« fragte die Mutter mit nachsichtigem Lächeln. »Überleg doch mal, wie viele Klassiker es gibt, die ich noch nicht gelesen habe.«

»Wir sind eben süchtig.«

»Ja, aber im Grunde ist es mir egal, was aus diesen Leuten da wird. Und trotzdem *muß* ich es einfach wissen.«

»Gib's zu, Mutter. Wir sind beide hemmungslose Klatschtanten.«

»Wir könnten so tun, als wären wir Soziologen und seien rein klinisch an der Frage interessiert, warum Millionen Amerikanerinnen an jedem Nachmittag wie festgenagelt vor ihrem Fernsehschirm hocken.«

»Das machen wir!«

Der Serienteil dieses Nachmittags war ein Schock. Frank hatte entdeckt, daß seine heißgeliebte kleine Tochter in Wirklichkeit das Kind des Großonkels des Schwagers seiner Frau war und daß seine Frau den alten Mann noch immer besuchte und heimlich von ihm Geschenke annahm, zum Beispiel riesige Stofftiere für das Kind. In einer wahrhaft herzzerreißenden Szene warf Frank Linda zum Haus hinaus und schwor, sie dürfe die Kleine nie wiedersehen. Diese ziemlich alberne Handlung setzte Ginny besonders hart zu.

Während des Werbespots, als ein anthropomorpher weißer Wirbelwind in der Toilettenschüssel einer verdutzten Hausfrau herumquirlte, sagte Ginny: »Weißt du, ich bin wirklich entsetzt. Ich habe gedacht, Frank wüßte, daß er nicht Martys richtiger Vater ist.«

»Tatsächlich? Wie kommst du darauf? Nein, ich hatte eigentlich nie das Gefühl.«

»Trotzdem – findest du nicht, daß er zu heftig reagiert?«

»Du etwa?«

»Na ja, ich begreife nicht, warum die sich alle so aufregen. Ich meine, ist der Sex, oder die Frage, mit *wem* die Leute ihn betreiben, denn schließlich so furchtbar wichtig?«

Mrs. Babcock musterte Ginny nachdenklich, erwartete, daß ihre Tochter etwas sagte, was sie wieder mal auf die Palme brachte. »Ich finde außerehelichen Sex vulgär. Durch so was wird der Sex gleichzeitig zu wichtig und nicht wichtig genug.«

Als Ginny gerade empört widersprechen wollte, ging der Film weiter, und sie verstummten, beide vertieft in die moralischen Dilemmas des modernen Amerika. Die halbe Stunde endete damit, daß Frank dem armen Kind zu erklären versuchte, warum die Mommy nicht mehr da war. Ginny war von dem verzweifelten Kummer der Kleinen zutiefst bewegt, um so mehr, als sie vom Psychologie-Unterricht in Worthley wußte, wie sehr der frühe Verlust einer wichtigen Bezugsperson den Menschen für schwere Depressionen im Erwachsenenalter prädestiniert.

Ärgerlich sagte Ginny: »Ich glaube kaum, daß ein Kind in diesem Alter den Unterschied bemerkt. Hauptsache, es ist jemand da, der sich um die Kleine kümmert.«

Die Mutter musterte sie aufmerksam; dann sagte sie ruhig, aber mit Nachdruck: »Kleine Kinder brauchen die Mutter.«

»Quatsch! Es genügt, wenn *irgendein* wärmespendender Körper da ist!« Ginny war den Tränen nahe.

An diesem Abend kletterte Ginny mit Clem und Maxine den Pfad zum Quellenhaus hinauf. Das Quellenhaus sah von außen noch genauso aus wie früher: aus verwitterten Holzplanken erbaut und leicht hügelabwärts geneigt. Die Tür war immer noch mit einer Kette verschlossen, doch daran hing jetzt ein roh gefertigtes Schild mit der handgemalten Aufschrift: ›Heiliger Tempel Jesu‹.

Draußen warteten etwa sechs Personen. Ginny kannte keinen von ihnen, aber sie waren alle Prototypen der Menschen, denen sie im Verlauf ihres Lebens oder vielmehr der Lebensspanne, die sie in Hullsport verbracht hatte, immer wieder begegnet war: der Farmerfamilien aus der Umgebung. Die Männer trugen saubere, frisch gebügelte Arbeitskleidung in Dunkelgrün oder Khaki. Ihre Haare waren sorgfältig gekämmt, gescheitelt und pomadisiert. Einige von ihnen hatten Instrumentenkästen mitgebracht. Die Frauen trugen geblümte Hauskleider aus dem Ausverkauf, weiße Söckchen und flache Schuhe. Die Haare hatten sie sich zu Pferdeschwänzen frisiert. Obwohl die meisten älter aussahen, behandelten sie Clem und Maxine mit einem Respekt, der an Ehrfurcht grenzte, und nannten sie Bruder und Schwester Cloyd. Seit ihrem Abschied von der Free Farm hatte Ginny nicht mehr gehört, daß nicht miteinander verwandte Menschen sich gegenseitig Bruder und Schwester betitelten. Sie erlitt einen Anfall von Kulturkonflikt.

Der sich jedoch sehr rasch legte, als Bruder Cloyd sie rings als eine alte Freundin vorstellte. Eines war ihr sogleich klar: Clem verließ sich fest darauf, daß sie seinen Brüdern und Schwestern in Christo nicht verriet, daß sie einander vor nicht einmal zehn Jahren auf dem Fußboden ihres Heiligen Tempels im biblischen Sinne ›erkannt‹ hatten. Ginny hatte sich innerlich auf den Abend vorbereitet: Sie hatte auf ihre verschiedenen aufreizenden T-Shirts verzichtet und statt dessen ihr Patchwork-Folklorekleid angezogen; sie hatte sich sogar das Haar naß gekämmt und versucht, es dadurch ein wenig zu bändigen.

Drinnen standen vor einem erhöhten Podium mehrere Reihen roh zusammengezimmerter Bänke auf dem Steinboden. Wie Ginny feststellte, gab es die Möbel, die Clem gemacht hatte, als sie noch Kinder waren, auch immer noch; in den Bücherregalen, in denen er seine Porno-Taschenbücher aufbewahrt hatte, standen jetzt allerdings zerfledderte Gesangbücher. Der kleine Tisch, auf dem sie damals gehockt hatte, als sie das letztemal vor ihrer Abreise nach Worthley hier gewesen war, diente nunmehr, mit einem weißen Fransentuch bedeckt, als Altar. Darüber an der Wand hing ein schlichtes Holzkreuz. Und der Bach plätscherte auch immer noch in seinem Steinbett und verlieh dem Raum an diesem heißen Sommerabend eine frische, kühle Atmosphäre.

Ginny setzte sich ganz hinten auf eine Bank und versuchte so wenig wie möglich aufzufallen, was allerdings nicht ganz gelang. Sie war immer noch verblüfft über die Veränderung, die mit Clem vorgegangen war. Nicht nur, daß sein verkrüppeltes Bein verheilt war; an dieses Wunder hatte sie sich allmählich gewöhnt. Sondern vor allem staunte sie über die Veränderung in seinem Wesen. Sie hatte ihn als verbitterten, antisozialen, beinahe pathologischen Jungen gekannt. Und jetzt stand er hier an der Tür des Quellenhauses und begrüßte seine Gemeindemitglieder: verwandelt in einen warmherzigen, selbstsicheren Erwachsenen. In seiner Jugendzeit hatte er den Tod gesucht und war ihm nur durch das Eingreifen einer höheren Macht entronnen. Während er jetzt äußerst erfolgreich eine große Farm leitete, eine Familie ernährte und seine Schäfchen betreute. Wie war das möglich? Ginny hatte zwar immer gewußt, daß der Mensch ein flexibler Organismus war, aber daß er *so* flexibel war, das war ihr nicht bekannt gewesen. Vielleicht bestand doch noch Hoffnung für die Spezies.

Auf dem Podium waren drei Männer mit dem Auspacken ihrer Instrumente beschäftigt: Baßgeige, Gitarre, Trommel. Ein weiterer Mann, der eben erst gekommen war, trug einen großen schwarzen Kasten zum Altar, stellte ihn ehrfürchtig darauf ab und entfernte sich dann wieder.

Schließlich saßen ungefähr zwanzig Personen auf den Bänken. Maxine stand vor den Männern mit den Musikinstrumenten auf dem Podium – genauso, wie sie vor vielen Jahren auf dem Podium des Bloody Bucket gestanden und gesungen hatte. Das Goldkreuz, zwischen ihren Mammutbrüsten eingeklemmt, funkelte im Licht der Kerosinlaternen, während sie Lieder sang, die Ginny völlig unbekannt waren: Gospel-Songs in schönen Harmonien, Bitten an ›Sweet Jesus‹, Seinen Anhängern den Weg zu zeigen.

Allmählich wurde das Tempo der Lieder schneller, und bald begannen die Leute zu klatschen und sich in den Gängen zwischen den Bänken zu wiegen. Ein paar junge Mädchen schlugen vor den Bankreihen das Tamburin. Die Gläubigen riefen immer wieder: »Yes, Lord!« Und: »Sweet, sweet Jesus!«

Das rhythmische Klatschen übte eine gewisse hypnotische Wirkung auf Ginny aus. Sie hatte von Anfang an mitgeklatscht und auch mitzusingen versucht, um ihren Höflichkeitspflichten als Gast zu genügen. Sie war ganz darauf vorbereitet gewesen, den Abend langweilig zu finden, und nahm im Grunde nur daran teil, um Clem und Maxine nicht zu sehr zu kränken. Was sie allerdings nicht erwartet hatte, das war, selbst von der Woge der Emotionen mitgerissen zu werden, die jetzt durch den Raum flutete. Sie hatte wirklich nicht erwartet, mit der alten Begeisterung eines Cheerleaders zu klatschen. Und sie hatte vor allem nicht erwartet, vor ihrer Bank in eine abgewandelte Version des ›Chicken Scratch‹ der Hullsport High auszubrechen. Ebensowenig, wie sie erwartet hatte, voll mitfühlendem Verständnis zuzusehen, wie eine Frau, die neben ihr tanzte, zu Boden fiel, sich in Zuckungen wand und sinnloses Zeug zu brabbeln begann.

Am allerwenigsten jedoch hatte sie erwartet, was jetzt geschah: daß Clem selber aufs Podium steigen und einen Docht in Brand setzen würde, der aus einer mit Kerosin gefüllten Flasche ragte. Die mitreißende Gospelmusik spielte: ›It's God all over the ocean./ It's God all over the sea./It's God all over creation/ And it's God all over me.‹ Zwei Gemeindemitglieder sprachen bereits in Zungen, und mehrere flehten wie im Fieber ihren Herrn Jesus an, wobei sie wie Taschenmesser in den Hüften zusammenklappten. Clem rief mit ruhiger Stimme durch den Lärm: »Vergeßt nicht, meine Brüder und Schwestern – nur, wer vom Heiligen Geist gesalbt ist! Mißdeutet nicht die Zeichen, Brüder und Schwestern. Sonst werdet ihr Schaden erleiden. Der Teufel lauert hier heute abend nur auf eine Gelegenheit, euch irrezuführen. Also mißversteht nicht euren Zustand der Gnade.«

Nun strich Clem langsam mit der einen Hand durch die Flamme. Anschließend bot er die Flasche den anderen an. Ein Mann in grüner Arbeitskleidung – es war derjenige, der den schwarzen Kasten auf den Altar gestellt hatte – trat vor. Er nahm die Flasche und strich mit der Hand mehrmals durch die Flamme. Zwei weitere Männer kamen zu ihm nach vorn, und die Flasche wanderte herum wie ein Joint bei einer Potparty.

Dann trat Clem an den geheimnisvollen schwarzen Kasten. Er schloß ihn auf, griff hinein und holte eine Schlange heraus. Ginny hielt erschrocken den Atem an. Selbst von ihrem Platz ganz hinten aus konnte sie sehen, daß es sich bei der in verschiedenen Brauntönen gemusterten Schlange um eine Mokassin handelte. Alle Kinder in den Südstaaten – Clem und Ginny bildeten da keine Ausnahme – wuchsen in Angst vor den Mokassins auf, deren Tarnfärbung sie mit dem Laub des Waldbodens verschmelzen ließ. Und im Gegensatz zu den Klapperschlangen gaben sie kein warnendes Geräusch von sich, ehe sie zustießen. Der Major hatte es stets für seine ganz persönliche Aufgabe gehalten, den Kindern einen gesunden Horror vor den Mokassins einzuimpfen, so tief, daß Ginny sogar jetzt noch und in Vermont, wo es für Mokassins viel zu kalt war, bei Waldwanderungen ständig den Blick zu Boden richtete und eifrig nach jenen Farbunregelmäßigkeiten Ausschau hielt, die eine lauernde Mokassin verrieten. Vom Major hatte sie gelernt, mit dem Messer an der Bißstelle ein X ins Fleisch zu schneiden und das Gift fachgerecht herauszusaugen.

Sie hörte auf zu klatschen, hörte auf, nach Worten zu den unbekannten Gospelsongs zu suchen, hörte auf, den ›Chicken Scratch‹ zu tanzen, und hielt fasziniert vor Entsetzen den Atem an, als Clem die Mokassin behutsam in beide Hände nahm und sie an sein Gesicht hob. Mit dem kleinen Finger drehte er den Schlangenkopf mit dem giftzahnbewehrten Maul herum, bis Mann und Tier einander in die Augen sahen. Ein ganz leichtes Lächeln lag dabei über Clems dunklen Melungeon-Zügen.

Ginny erwartete jeden Moment, daß die Schlange ihre Giftzähne in Clems Wange schlug. Sie packte die Lehne der Bank vor ihr und repetierte in Gedanken die Methoden des Einschneidens und Aussaugens. Außer ihr schien jedoch niemand auch nur im entferntesten besorgt, ja nicht einmal besonders interessiert zu sein. Das Singen, Händeklatschen und Tanzen ging weiter. Inzwischen strichen sich vor dem Podium fünf Männer mit der Flamme über die verschiedensten Körperteile

Clem ließ seine Hände sinken und reichte die Mokassin an einen dieser Männer weiter, der sie gelassen in die Hand nahm und sie sich ebenfalls an die Wange hielt. Dann griff Clem abermals in den schwarzen Kasten – offenbar eine Art himmlischer Schlangengrube – und holte sorglos eine zweite Mokassin heraus. So ging es weiter, bis fünf Mokassins sowie zwei Diamant-Klapperschlangen herumgereicht wurden und Ginny in der letzten Reihe einem Nervenzusammenbruch nahe war.

Schließlich waren die Schlangen alle wieder bei Clem. Zwei hielt er in den Händen, zwei andere hatte er sich um die Arme und eine fünfte um den Hals gelegt. Der einen Klapperschlange, die sich auf dem Podium ringelte, streichelte er mit dem nackten Fuß den weißen Bauch. Die zweite Klapperschlange lag in Reichweite direkt hinter ihm auf einer offenen Bibel auf dem Altar und ließ ihre Zunge rhythmisch vor- und zurückschnellen.

Clem sagte etwas zu den Männern mit den Instrumenten. Die Musik brach ab, und alle Blicke richteten sich auf Clem. Er räusperte sich und sagte ruhig: »Es heißt, daß das hier nur bei Musik möglich is. Es heißt, der Rhythmus der Musik hypnotisiert die Schlangen. Also, ich hör jetzt keine Musik hier bei uns, Freunde. Der Herr tut, *was* Er will und *wann* Er es will. Ich bin es nich, der diese Schlangen hier zähmt, meine lieben Brüder und Schwestern. Das wißt ihr ja. Der Herr is es. Er is jetzt hier, mitten unter uns. Er könnt mich jeden Moment töten, indem er einen dieser Teufel hier auf mich losläßt. Aber Er tut's nich, weil er mich als Werkzeug benutzt, um euch Seine Macht über den Satan zu beweisen.« Ginny warf verstohlene Blicke um sich; sie war inzwischen auf alles gefaßt, sogar auf das Erscheinen Gottes.

»Diese Schlangen hier sind tödlich«, fuhr Clem fort. »Macht euch nichts vor, Brüder un Schwestern. Sie sind mächtig. Aber lange nich so mächtig wie der Herr! Seht die Macht und die Herrlichkeit Gottes, unseres Herrn!« Er hob die Schlangen mit beiden Händen empor. Irgendeine Emotion – Ehrfurcht? Entsetzen? – strich wie ein Windstoß durch den Raum. Ginny spürte, wie sich ihr Magen verkrampfte.

Dann warf Clem sämtliche Schlangen in den Kasten und schloß den Deckel.

Anschließend drehte er sich um und begann nach einem Text aus dem Evangelium des Markus zu predigen: »›An Zeichen aber werden folgende die Gläubiggewordenen begleiten: in meinem Namen werden sie Dämonen austreiben; in neuen Zungen werden sie reden; Schlangen werden sie aufheben, und wenn sie etwas Tödliches getrunken haben, wird es ihnen nicht schaden; Kranken werden sie die Hände auflegen, und sie werden genesen.‹« Mit ruhiger, überzeugender Stimme wies Clem in schlichten Worten darauf hin, daß alle Anwesenden all diese Dinge schon einmal miterlebt oder an ihnen teilgenommen hatten – alle, bis auf die Besucherin, die zum erstenmal dem Gottesdienst beiwohnte. Er interpretierte diese Tatsache – daß alle Brüder und Schwestern Zeugen gewesen waren oder teilgenommen hatten, ohne verletzt worden zu sein – als Zeichen dafür, daß Gott ihre Handlungen billige. Es gebe ein staatliches Gesetz gegen das, was sie hier täten, sagte er. Sie könnten jeden Augenblick wegen ihres Glaubens ins Gefängnis geworfen werden. Doch was sei das Gefängnis der Menschen gegen das Gefängnis des Fleisches? Die wahren Gläubigen aller Zeiten seien immer schon auf das Schrecklichste gejagt und verfolgt worden. Doch während ihr Fleisch litt, jubelten ihre Seelen.

Als Ginny mit Clem den Hügel hinabwanderte, sagte lange Zeit keiner von beiden etwas. »Na, was meinst du?« fragte Clem schließlich.

»Tja . . . Ich weiß nicht recht . . . Ich meine, es war verblüffend, nicht wahr? Ach was, eigentlich weiß ich gar nicht, was ich meine.«

»Dann sag mir, was du *gefühlt* hast.«

»Ich habe gefühlt . . .« Ginny überlegte. »Ich habe Angst empfunden. Ich habe entsetzliche Angst vor Mokassins.«

»Die haben wir alle. Das heißt, wir *hatten* sie alle. Aber hast du nicht die Gegenwart unseres Herrn gefühlt, wie Er die Schlangen zurückhielt und Seine Gläubigen schützte?«

Ginny durchforschte ihre Erinnerung an den Abend nach Anzeichen für die Gegenwart Gottes. Und erkannte, daß diese Suche auf der irrigen Annahme beruhte, sie wisse, wie sich die Gegenwart Gottes bemerkbar machen würde. »Ich *weiß* es einfach nicht, Clem«, seufzte sie niedergeschlagen. Sie wußte genau, daß sie bekehrungsreif war. Vom Psychologieunterricht in Worthley her identifizierte sie an sich selbst sämtliche Symptome des beginnenden Konversionssyndroms: Sie war im Privatleben auf das Furchtbarste demoralisiert; sämtliche traditionellen Bindungen und Überzeugungen hatten sie im Stich gelassen, ließen sie immer noch im Stich. Wenn sie nicht aufpaßte, das wußte sie, würde sie nur allzubald ebenso begeistert Schlangenhalsbänder tragen wie die anderen.

»Ich habe dich vor zehn Jahren beinahe umgebracht, Ginny«, sagte Clem eindringlich. »Ich würd das ja *so* gern wiedergutmachen un dir ein neues Leben in Christo schenken.« Mit seinen seelenvollen dunklen Augen musterte er sie aufmerksam.

»Ich weiß nicht, Clem.« Das Geschehen dieses Abends hatte zweifellos nachhaltigen Eindruck auf sie gemacht. Sie mußte allein sein, um ihre verschiedenen Reaktionen zu sortieren, von denen die vorherrschendste die Erkenntnis zu sein schien, daß sich Clem *doch nicht* verändert hatte: Er spielte immer noch mit dem Tod, versuchte ihn immer noch zu bezwingen.

»Überleg's dir, Ginny«, forderte Clem sie auf. »Und wenn du einen Entschluß gefaßt hast, komm zu mir.«

Welchen Entschluß? dachte sie, als sie zur Blockhütte zurückfuhr. Es war eines, die Existenz eines Gottes, das heißt, einer Macht anzuerkennen, die über das intellektuelle Begreifen hinausging. Schließlich war da ja tatsächlich etwas vor sich gegangen. Clems Bein war ganz von selbst geheilt, die Mokassins hatten nicht zugestoßen, die Flamme niemanden versengt. Aber es war etwas ganz anderes, selbst mit diesen Mokassins rumzuspielen.

Ehefreuden

». . . und da stand sie dann, mit ihren gepackten Koffern. Ich hab sie bloß angesehen. Ich konnte einfach nicht glauben, daß sie mich verlassen wollte. *Jesum Crow*, sie hatte sich nie was anmerken lassen. Ich dachte, alles wäre in bester Ordnung. Ich hatte keine Ahnung, daß sie unglücklich war.« Ira zog stirnrunzelnd an seiner Zigarre und fuhr fort, mir das Finale seiner Ehe mit einem Mädchen aus New Jersey zu schildern, das er während des Studiums an der University of Vermont kennengelernt hatte.

»Aber *weswegen* war sie denn unglücklich?« fragte ich fassungslos und betrachtete liebevoll sein sensibles, von der Wintersonne tief gebräuntes Gesicht.

Er hob den Kopf. »Das habe ich sie auch gefragt, als sie zum Haus hinausstürmte. Sie schrie zurück: ›Ich bin unglücklich, weil du niemals auf die Idee gekommen bist, daß ich unglücklich sein könnte! Du bist so verdammt zufrieden, daß es mich ganz krank macht!‹ Ich weiß heute noch nicht, was sie damit gemeint hat. *Ich* fand unser Leben schön.«

»Und was war dann?«

»Sie hat mich verlassen.«

»Soll das heißen, daß du sie nicht angebrüllt hast, oder ins Haus zurückgeholt, oder verprügelt, oder sonst was?«

»Wer – *ich?*«

»Na ja, das war es doch, was sie von dir wollte, nicht?«

»Meinst du wirklich?« fragte er perplex. »Aber ich *bin* nicht so, Ginny. Ich wollte weiter nichts als eine sanfte, stille Frau, auf die ich mich abends freuen konnte, wenn ich nach einem schweren Arbeitstag heimkam. Ich fühle mich so *einsam* hier in diesem großen, leeren Haus.«

Nach der engen, kleinen Blockhütte erschien mir allerdings nichts verlockender als ein großes, leeres Haus – es sei denn das Bild von mir selbst als ›sanfte, stille‹ Frau, nachdem ich jahrelang die halbprofessionelle Walküre gespielt hatte. Ich schenkte Ira ein sanftes, stilles Lächeln.

Wir wurden einen Monat nach meinem Einzug in sein Haus auf dem Biberteich getraut. Ira trug seinen besten schwarzen Steppanzug. Ich hatte mir für diese Gelegenheit einen violetten Skianzug gekauft: ein weißer wäre wohl übertrieben gewesen. Der Pastor der Community Church trug einen dunkelblauen Anzug, ebenso Iras Brautführer, dieser widerliche Rodney Lamoureux. Iras Schwester Angela, in einem hellgrünen Skianzug, sang das Thema aus ›Doktor Schiwago‹.

Als Ira mir den Ring auf den Finger streifen wollte, entriß ich ihn meinem frisch Angetrauten und steckte ihn, des Majors fehlenden Ringfinger vor Augen, schnell in die Tasche. Ira sah mich bekümmert an; sein sensibler Mund zitterte. Der überaus taktvolle Pastor jedoch überspielte den peinlichen Augenblick, indem er Ira das Zeichen gab, mich zu küssen und die Zeremonie damit zu beenden.

Mona und Atheliah standen auf ihren Skiern am Rand unserer kleinen Gruppe. Zuerst hatten sie gar nicht kommen wollen und ihre Zusage schließlich nur als persönliche Gefälligkeit für eine fehlgeleitete Schwester gegeben. Ich selbst sah in dieser Zeremonie, die auf unserem ehemaligen Schlachtfeld stattfand, ein Ritual des Friedensschlusses mit der Gemeinde Stark's Bog. Vielleicht fiel es den Einwohnern und dem Sojabohnengesindel jetzt ein wenig leichter, die gegenseitige Feindschaft ad acta zu legen und gemeinsam in eine strahlende Zukunft zu schreiten. Wobei ich gewissermaßen das jungfräuliche Opfer darstellte.

Jedenfalls sah *ich* es so. Für Mona und Atheliah war es Verrat, ein Treuebruch an Eddie Holzers Andenken. Trotzdem ließen sie sich, als ich mit Ira auf seiner Sno Cat davondonnerte, eifrig verfolgt von den Hochzeitsgästen auf ihren eigenen Maschinen, gnädigst herab, uns mit ungeschältem, braunem Langkornreis aus einem Rucksack auf Monas Rücken zu bewerfen. Ich war gerührt. Symbolisch gesehen verliehen sie damit dem Wunsch Ausdruck, Iras und meine Vereinigung möge blühen und fruchtbar sein.

In der Hochzeitsnacht, die wir in einem Motel beim Granby-Zoo von Quebec verbrachten, ging Ira zum erstenmal mit mir ins Bett. Als er sich auskleidete, entdeckte ich zu meinem Entsetzen, daß seine stets so attraktive Bräune bereits unter dem Hals aufhörte. Sein Körper selbst war teigig-weiß. Immerhin war er ein unermüdlicher Liebhaber und vögelte mich mit einer beneidenswerten Energie, als müsse er einen abfahrenden Zug erreichen. Sein hübsches, sinnliches Gesicht – die bebenden Nüstern, die schweißnasse Stirn und die hohen Wangenknochen – hatte schon darauf schließen lassen, daß er im Bett gut sein mußte. Was ich dagegen überhaupt nicht war. So daß Ira schließlich nach endlosen Minuten angestrengter Aktivität um Atem ringend und mit schweißüberströmtem Gesicht auf mich herabblickte und keuchte: »Tut mir leid, Ginny, aber jetzt kann ich nicht länger auf dich warten. *Jesum Crow*, ich glaube, *keine* Frau kann von einem Mann mehr als dreihundertsechsundneunzig Stöße erwarten!«

Und während ich ihm eifrig zustimmte, kam er auch schon und pumpte einen ungeheuren Erguß in mich hinein.

»Was habe ich falsch gemacht?« erkundigte er sich später bei mir.

»Gar nichts, Ira. Du bist ein fabelhafter Liebhaber. Aber beim erstenmal ist es wohl immer ein bißchen schwierig.« Wie sollte ich ihm auch erklären, daß meine sexuellen Aktivitäten früher stets unter dem

Dräuen unmittelbaren Entdecktwerdens durch strafandrohende Autoritätspersonen stattgefunden hatten? Ich war von jeher darauf gedrillt, Sex mit Angst zu assoziieren. Und darum jetzt, da der Geschlechtsverkehr erlaubt, erwünscht, ja sogar zur Pflicht geworden war, zu keiner Reaktion in der Lage.

Als wir vom Granby-Zoo zurückkehrten, kamen Mom und Dad Bliss zu einem etwas verspäteten Empfang aus Florida herbeigeeilt. Veranstaltet wurde dieser Empfang für uns vom Freundinnenkreis der Community-Church, und zwar in der gemeindeeigenen Friendship Hall, einem großen hellen, offenen Raum mit holzverkleideten Wänden und Linoleumfußboden. Mit seiner Einrichtung aus Klapptischen und -stühlen war er ein haargenauer Abklatsch jedes anderen Saales von Kirchenvereinen, Jagdclubs, Logenhäusern und Gemeindezentren in unserem Land.

Die Stark's Bogger drängten sich an einem Ende, möglichst weit von mir entfernt. Nur der Pastor gesellte sich zu mir und verlangte sogleich, ich solle ihn Onkel Lou nennen. Er war ein kleiner, rundlicher Mann mit weißem Haar, rosigen Wangen und einer dicken, randlosen Brille.

»Sie müssen mir verzeihen, daß ich Sie bisher noch nicht besucht habe«, begann er, zerrte an seinem steifen weißen Kragen und reckte dabei den wundgescheuerten Hals. »Wenn ich mal so sagen darf«, flüsterte er mit vertraulichem Kichern, »bei uns in der Stadt hieß es, Iras Frau sei Katholikin.«

Ich starrte ihn schweigend an.

»Was sagten Sie doch gleich – in welche Kirche gehen Sie?«

Gar nichts hatte ich gesagt. »Ich gehe nicht in die Kirche.« Seine Röte vertiefte sich. Und ich hatte sofort ein schlechtes Gewissen, wurde furchtbar verlegen und hätte ihm am liebsten versichert, ich sei Baptistin, Methodistin, holländisch reformiert oder was immer ihm am liebsten gewesen wäre. »Aber ich bin im Glauben der Episkopalkirche erzogen worden.«

»Oh, das ist ein *schöner* Glaube.«

»Ja.«

»Manchmal gedeihen diese Mischehen besonders gut. Wirklich, ganz besonders gut.«

Ira war unablässig bemüht, immer neue Freunde und Verwandte herbeizuschleppen, damit sie mich kennenlernten. Er war eifrig darum besorgt, daß sie mich mochten, eifrig darum besorgt, daß ich sie mochte. Sobald er uns miteinander bekannt gemacht hatte, eilte er schon wieder davon, auf der Suche nach dem nächsten Opfer, und überließ es mir und dem gegenwärtigen, einander wortlos ins Gesicht zu starren.

Einmal fragte ich eine der Frauen, Iras ehemalige Englischlehrerin von der High School, die sich durch ein freundliches Lächeln sowie krauses braunes Haar auszeichnete: »Wie geht es Ihnen?«

»Gut.«

»Ein schönes Essen, heute abend.«

»Ja, nicht schlecht.«

»Tja, mir gefällt es wirklich, hier in Stark's Bog.«

»Hoffentlich sind Sie nicht wie die *letzte*.«

In diesem Moment kam Ira mit einer seiner Tanten im Schlepptau an – einer üppigen alten Frau in aquamarinfarbenem Spitzenkostüm. »Tante Bernice, das ist Ginny. Sie hat früher auf der Stockwell-Farm gewohnt«, erklärte er kurz, ehe er wieder davonstürmte.

»Aha, *Sie* sind das also«, stellte sie fest.

»Wie geht es Ihnen? Ich glaube, wir kennen uns noch nicht.«

»So, glauben Sie.« Ihre stahlharten Augen blitzten.

»Nein, aber ich habe Sie ein paarmal im IGA-Laden gesehen.«

»Mag sein. Mag sein.« Sie starrte mich an, wollte wohl abwarten, was ich ihr zu sagen hatte.

»Tja«, meinte ich dann mit ein wenig verzweifelter Munterkeit, »ich glaube, ich werde mir noch ein Stückchen von dieser köstlichen Torte holen. Bitte, entschuldigen Sie mich, ja?« Diesen Vorwand hatte ich nun schon viermal gebraucht, und die Hochzeitstorte kam mir allmählich zu den Ohren heraus.

Ich stand allein und verlassen da und kaute schweigend vor mich hin. Nicht, daß sich der Freundinnenkreis unfreundlich verhalten hätte. Außer Ira hatten wir nur nicht sehr viel gemeinsam. Und im Gegensatz zu den Südstaatlern, die von klein auf lernten, mit völlig Unbekannten stundenlang liebenswürdig zu plaudern, besaßen die Vermonter kein besonderes Redetalent. Hätte Ira nicht dauernd Leute angebracht, ich hätte den ganzen Abend allein dagestanden und am Ende mit niemandem ein Wort gewechselt. Aber ich gab mir große Mühe, aus unzulänglichem Material das Beste zu machen, und zog es vor, diesen Charakterzug ›Toleranz‹ zu nennen.

Dann jedoch kam Rodney herüber. In seinem Anzug mit der Krawatte wirkte er fast menschlich. »Na, amüsieren Sie sich gut, *Mrs*. Bliss?« fragte er mich mit bösartigem Grinsen.

»Sicher. Warum nicht?«

»Na, dann tun Sie's nur, solange Sie können.« Ich musterte ihn fragend. »Hören Sie, wir wollen uns doch nichts vormachen. Ira ist mein bester Freund, und er hat einen schweren Fehler gemacht. Sie werden ihn gut behandeln, sonst kriegen Sie's mit mir zu tun, verstanden? Er hat genug unter den Frauen gelitten.«

»Kümmern Sie sich um Ihre eigenen Angelegenheiten, Rodney!« fauchte ich, als er davonging.

Ira kam herbeigeeilt. »Na, amüsierst du dich auch gut?« erkundigte er sich ebenfalls und sah mich aufmerksam forschend an.

»Aber natürlich, Ira. Großartig!« Ich lachte fröhlich.

»Ginny, ich weiß, wie schwierig es für dich sein muß – du, ein Außenseiter, allein unter meinen vielen Freunden.«

»Ja, aber sie sind wunderbar«, beteuerte ich ein wenig zu strahlend. *Konnte* diese Ehe überhaupt gutgehen?

»Solche Dinge brauchen Zeit. Wenn sie dich erstmal richtig kennen, werden sie dich ebenso gern haben wie ich. Das *weiß* ich.« Er beugte sich zu mir herab und drückte mir einen Kuß auf die Wange. Ich lächelte tapfer, während er sich, auf der Suche nach mir vorzustellenden Freunden, wieder davonmachte.

Jetzt kam Onkel Lou noch einmal. »Was hatten Sie doch gleich gesagt – in welche Kirche gehen Sie?« fragte er mich abermals.

»Ich gehe nicht in die Kirche.« Ich seufzte.

»Nun«, entgegnete er, in seinen Berufston verfallend, »dann sehen Sie mir jetzt fest in die Augen, damit die Leute denken, wir unterhielten uns bloß.« Ja, *tun* wir das denn nicht? dachte ich, während ich in das wäßrige Blau hinter den dicken Brillengläsern starrte. »Lieber Gott im Himmel, hilf Deiner Dienerin, die vom rechten Weg abgeirrt ist, einzusehen, wie überheblich es von ihr war, Deine Kirche zu verleugnen. Segne ihre Verbindung mit Ira Bliss, und wenn es Dein Wille ist, schenke ihnen gesunde Kinder. Leite sie, Vater im Himmel, auf daß sie einen guten, christlichen Haushalt führen, einen Hafen des Friedens und der Nächstenliebe in einer sündigen, heidnischen Welt. Hilf ihr, sich so zu verhalten, daß ihre Gemeinde stolz auf sie sein kann und sie ihrem Ehemann und ihren Kindern Trost und Hilfe schenken wird. Amen.«

»Amen«, wiederholte ich aus vollem Herzen. Denn das war tatsächlich mein Wunsch: die Stark's Bogger für mich zu gewinnen und der Stolz ihrer Gemeinde zu werden, Ira ebensoviel Trost und Hilfe zu schenken, wie er mir geschenkt hatte. »Aber halten Sie es denn nicht für möglich, daß man auch ohne die Kirche eine gute Ehe führen kann?«

»Für möglich schon«, gab er zu, die Augen schließend und bekümmert den Kopf schüttelnd, »aber nicht für wahrscheinlich. Nein, ganz und gar nicht für wahrscheinlich.«

Wesentlich wichtiger für das Gelingen unserer Ehe als die daraus folgenden Kirchgänge jedoch war die Tatsache, daß unsere nächsten 172 Versuche eines Geschlechtsverkehrs von Iras Standpunkt aus verheerend ausfielen. Sie waren wirklich sehr leicht zu zählen, denn wir liebten uns an jedem Montag-, Mittwoch- und Freitagabend. Ira hatte in ›Reader's Digest‹ gelesen, das durchschnittliche amerikanische Ehepaar habe zweimal in der Woche Geschlechtsverkehr. Also hatten wir dreimal in der Woche Geschlechtsverkehr. Am Dienstagabend war das Treffen der Freiwilligen Feuerwehr, bei dem er bis in die frühen Morgenstunden Genesee-Bier trank und pokerte. Am Donnerstag fand unser Square-Dance-Abend bei den Stark's Bog Wheelers'n'Reelers statt. Am Samstagabend fuhren wir auf seiner Sno Cat mit den anderen Einwohnern zum Biberteich hinaus. Am Sonntagabend trat die Friedhofskommission zusammen. Blieben also Montag, Mittwoch und Freitag für unser Sexualleben. Ira strich diese Tage in jeder Woche mit Rotstift auf dem Küchenkalender an, damit wir sie auch ja nicht vergaßen. Ich hatte ein geordnetes Leben gewollt, und ein geordnetes Leben bekam ich auch.

Wir standen jeden Morgen um Punkt sieben auf. Während Ira eine Viertelstunde lang Liegestütze und andere gymnastische Verrenkungen machte, während er duschte und sich rasierte, bereitete ich sein Frühstück zu: zwei leicht überbackene Spiegeleier, zwei Schinkenspeckstreifen, zwei Scheiben gebutterten Toast mit Marmelade, Orangensaft und Kaffee. Voll Stolz hatte er mir erklärt, daß er dieses Frühstück seit fünfzehn Jahren esse. Um 7.50 Uhr verließ er das Haus und machte sich in seinem roten Feuerwehrauto auf den Weg zu seinem Büro in der Main Street. Hier verbrachte er den Vormittag mit dem Verkauf entweder von Sno Cats oder von Honda-Mopeds – je nach der gerade herrschenden Jahreszeit. Außerdem prüfte er Versicherungsansprüche und diskutierte umwandelbare Policen im Vergleich zu erneuerbaren. Wie ein Lungenchirurg, der aus Gründen der Steuerabschreibung nebenher noch eine Tabakpflanzung besitzt, war Ira seinen Kunden gleichzeitig auf zweierlei Art und Weise zu Diensten: er verkaufte ihnen die Maschinen und verkaufte ihnen anschließend die Versicherung gegen alles, was mit diesen Maschinen passieren konnte.

Sobald die Glocke im Kirchturm der Community Church zwölf Uhr schlug, betrat Ira das Haus, um seinen Lunch einzunehmen, der regelmäßig aus Campbells Tomaten-Reissuppe, einem Sandwich – Bologneser und Käse auf Wonder-Toastbrot – sowie einer Tasse Kaffee bestand. Um 12.50 Uhr kehrte er zu weiteren Verhandlungen in sein Büro zurück, um seinen Kunden Versicherungspolicen mit und ohne Gewinnbeteiligung, Lebensversicherungen auf Zeit und für den Erlebensfall, Minimum-Prämienpläne, variable Lebensversicherungen, doppelte Schadensversicherungen, Prämienverzicht und garantierte Zusatzversicherungen nahezubringen.

Während Ira den Männern von Stark's Bog bei ihrer Finanzplanung behilflich war, bügelte ich seine Hemden. Er wollte sie auf eine ganz bestimmte Art gebügelt und gefaltet haben. Liebevoll tätschelte ich den Stoff, wenn ich ihn zusammenlegte. Ich scheuerte seine Kloschüssel. Ich bohnerte seine Fußböden. Es war ein wahrhaft riesiges Haus, ein großer, unpraktischer antiker Steinkasten im Kolonialstil, errichtet von seinem Vorfahren Father Bliss, dessen düsteres Porträt über dem Kamin im Salon prangte. Die Familienähnlichkeit war beinahe erschrekkend: Father Bliss hatte die gleichen großen, beunruhigten Augen, die gleichen geblähten Nüstern, die gleichen glänzenden Wangenknochen und die gleiche hohe Stirn wie Ira. Nur die Haare trug er anders. Iras

Haare, dunkel und kraus, hingen ihm tief in die Stirn, während Father Bliss seine Haare wie ein Hippie aus der Kolonialzeit hinten zu einem Pferdeschwanz zusammengefaßt hatte. Father Bliss war ein schottischer Steinmetz gewesen und wegen der ergiebigen Marmor- und Granitbrüche nach Vermont gekommen; er hatte überall im Staat Steinhäuser errichtet, unter anderem auch das, als dessen Hüter Ira und ich gegenwärtig fungierten. Außerdem hatte er Grabsteine gemeißelt. Einige Stücke seiner recht beachtlichen Produktion standen hinten auf dem kleinen Familienfriedhof: Engel mit pausbäckigen Gesichtern, aber unheimlichen, hohlen Augen – durchaus geeignet, jeden Neugierigen an den Ufern des Styx abzuschrecken. Ira war in diesem Haus aufgewachsen. Sein Vater war Farmer gewesen. Als er sich zur Ruhe setzte, hatten er und Iras Mutter die Hälfte ihres Landbesitzes verkauft und dafür eine Luxus-Eigentumswohnung in Boca Raton erworben. Die Firma, die die Erschließung der Bliss-Farm übernommen hatte, die Pots o' Gold, Inc. aus Brooklyn, baute auf einer nahegelegenen Wiese ein Original-Vermontdorf mitsamt einigen vorfabrizierten überdachten Brücken und Zuckerschuppen.

So weitläufig und groß war Iras Ahnensitz, daß meine Hausarbeit kein Ende nahm. Kaum hatte ich mich durch die antiken Möbel bis zu einem Ende des L durchgeputzt und -poliert, mußte ich schon wieder in den Salon zurückkehren und unter dem strengen Blick von Father Bliss von vorn anfangen.

Kurz gesagt, mein Eheleben war hart und auf das Langweiligste berechenbar. Ich liebte es. Ich genoß es, genau zu wissen, was ich zu jeder Minute des vor mir liegenden Monats tun würde. Ich suhlte mich in dem luxuriösen Gefühl, immer zu wissen, wo Ira sich aufhielt, mit wem er zusammen war und worin meine Pflichten bestanden. Die Freiheit hatte ich auf der Free Farm kennengelernt. Sie hatte Eddie das Leben gekostet und uns alle beinahe umgebracht. Mein neues Leben in dieser antiken Steinfestung gefiel mir besser.

Sobald die Kirchenglocke fünf schlug, kam Ira aus dem Büro nach Hause. Punkt sechs nahmen wir das Dinner ein: Steak, Koteletts oder einen Braten, Kartoffeln, Brot, Nachtisch und Kaffee. Nach dem Essen nahm Ira sich eine Zigarre aus dem Silberkasten auf dem Sideboard. Dann schenkte er sich ein Glas Brandy ein. Mit dem Taschenmesser kupierte er vorsichtig das runde Ende der Zigarre. Dann schob er sich das andere Ende in den Mund, befeuchtete es und drehte es eine Weile hin und her. Schließlich tauchte er dieses Ende in den Brandy und schob es anschließend in eine silberne Zigarrenspitze. Er setzte die Zigarre in Brand, zog kräftig und machte es sich in seinem Lehnsessel mit dem Sitz aus Binsengeflecht bequem. »Bist du glücklich mit mir, Ginny?« fragte er mich an jedem Abend besorgt. »*Bitte*, sag mir, wenn du nicht glücklich bist. Woher soll ich es sonst wissen?«

»Ich könnte gar nicht glücklicher sein, Ira«, antwortete ich jedesmal. »Ich *liebe* unser gemeinsames Leben.« Und das stimmte.

»Ich auch«, versicherte er mir eifrig. »Es ist schön, dich hierzuhaben. Ich war so einsam!«

Um halb acht brach Ira zu dem am jeweiligen Abend stattfindenden Treffen auf. (Ich beneidete ihn um die vielen Versammlungen, gönnte sie ihm nicht recht: Er würde so viele Unterschriften auf seiner Todesanzeige haben, und ich gar keine.) War es ein Abend, für den auf dem Kalender Sex vermerkt stand, saßen Ira und ich ungefähr eine Stunde vor dem Fernseher. Dann stiegen wir die Treppe hinauf und gingen ans Werk.

»Was mache ich bloß falsch?« fragte Ira immer wieder verständnislos. »Glaub mir, Ginny, mit diesem Problem hab ich mich noch nie rumschlagen müssen. So unglücklich meine erste Frau auch gewesen sein muß – im Bett hab ich sie immer restlos befriedigt, das weiß ich.«

»Das Problem liegt an *mir*, Ira, nicht an dir«, versuchte ich ihn zu trösten, während er den Kopf an meine Brust gebettet hatte. »Aber ich weiß wirklich nicht, warum ich unbedingt einen Orgasmus haben soll. Ich meine, ich bin doch durchaus glücklich, wenn ich sehe, daß *du* einen hast.« In Wahrheit hatte ich Angst vor einem Orgasmus. Solange Eddie bei mir war, hatte ich bei derartigen Gelegenheiten vollständig das Zeitgefühl verloren, war in eine Sphäre eingetreten, in der die ewige Gegenwart regierte. Alle möglichen unheimlichen Dinge waren vor sich gegangen. Und damit wollte ich nichts mehr zu tun haben. Ich fand es *wunderbar*, genau zu wissen, wieviel Uhr es war, welche Minute, welche Stunde. Ich *wollte* nicht, daß die Zeit stehenblieb, daß die Welt kopf stand oder sonst irgendwas. Ich wollte fest mit beiden Beinen auf der Erde stehen, ganz und gar Herr meiner Sinne sein.

»Aber ich komme mir selbstsüchtig vor, wenn ich dich immer nur dazu benutze, in dir zu kommen. Als Mann möchte man doch, daß die Frau ebensoviel Spaß daran hat wie man selber.«

»Ich wüßte nicht, warum, Ira. Die Männer haben jahrhundertelang gelebt, ohne sich um den Vergnügensanteil ihrer Frauen zu kümmern. Warum ist das jetzt also auf einmal so wichtig?« Ich wußte nicht, wie ich ihm erklären sollte, daß ich innerlich ausgebrannt war, daß ich nur noch Frieden, Ruhe und ein geordnetes Leben von ihm verlangte. Schließlich war er ein moderner Mann und somit für gleichen Orgasmus gegen gleiche Anstrengung. Wie konnte ich ihn dazu bringen, daß er mich ganz einfach benutzte und sich nicht weiter den Kopf zerbrach?

Aber Ira war untröstlich darüber, daß ich nicht die gleichen emotionalen Höhen erklomm wie er. »Ginny, ich mache dich nicht glücklich«, behauptete er nach dem Dinner, während er an seiner Zigarre zog und besorgt meine Miene studierte. Ich beschloß, mein Glück zu versuchen und ihm als Geschenk zu unserem ersten Hochzeitstag einen Gefallen zu tun. Also spielte ich eines Mittwochnachts im März nach achtundfünfzig Minuten eines außerordentlich phantasievollen Vorspiels und schätzungsweise 212 Stößen einen Orgasmus. Ich keuchte, stöhnte, erschauerte und zuckte wie Olivia de Havilland bei den letzten Wehen ihrer verhängnisvollen Entbindung in ›Vom Winde verweht‹.

Um das Maß vollzumachen, flüsterte ich ihm dabei ins Ohr: »Ach, Ira, ich bin ja so glücklich! Ich danke dir!«

Er rollte herum und knipste das Licht an. Er strahlte vor Freude. Dann beugte er sich über mich, studierte meine Brust und betastete mit dem Finger mein Fleisch. Als er den Kopf hob, strahlte er überhaupt nicht mehr. Seine sensiblen Lippen bebten. »Du hast nur so *getan*, Ginny. Du hast mich belogen!«

Mitten in meiner oscarpreisträchtigen Vorstellung öffnete ich behutsam ein Auge und starrte ihn an. Woher wußte er das? »Wie *kannst* du nur so etwas sagen?« fragte ich ihn, und es war eher eine aufrichtige Frage denn ein Protest.

»Deine Brust, Ginny. Frauen bekommen nach dem Orgasmus rote Flecken auf Hals und Brust.«

Mist! »Aber doch bestimmt nicht alle.« Ich würde mit meinem Maskenbildner sprechen müssen.

»Aber es stimmt doch – du hast wirklich nur so getan, nicht wahr?«

Ich nickte kleinlaut. »Weil ich dir eine Freude machen wollte, Ira.«

»*Jesum Crow*, Ginny – kein Mann will, daß die Frau lügt, um ihm eine Freude zu machen. *Bitte*, tu das nie wieder, Ginny!«

»Bestimmt nicht, Ira. Es tut mir leid. Von jetzt an werde ich mir noch größere Mühe geben, einen richtigen Orgasmus zu kriegen.«

»Das hoffe ich.«

Inzwischen waren wir mitten im zweiten Frühling unserer ehelichen Freuden. Auf der Wiese vor dem Küchenfenster waren Bulldozer aufgetaucht. Sie planierten Wege für das Chalet-Viertel des Vermont-Dorfes, das die Pots o' Gold baute. Ira spielte jetzt an den Samstagen, an denen er sonst im Winter mit dem Motorschlitten herumkutschiert war, Golf oder machte Mopedtouren. Außerdem war die Forellensaison gekommen. Drei Tage verbrachte ich mit dem Backen von sechzehn Apfeltorten, die Ira in die Angelhütte der Familie in den nahen Bergen mitnehmen wollte. Die erste Woche dieser Saison wollte er dort mit acht ausgewählten männlichen Verwandten verbringen. Er gestand mir, daß er in jedem Jahr seine gesamte Urlaubszeit auf diese Weise verbrachte: eine Woche in der Forellensaison, eine Woche in der Vogelsaison, eine Woche in der Rotwildsaison und eine Woche in der Eisfischereisaison. Darüber hinaus fuhr er in jedem Jahr mit seiner Einheit der National Guard auf zwei Wochen nach Camp Drum im nördlichen Staat New York. Wenn ich einmal verreisen wollte, würde ich es also allein tun müssen. Doch wenn ich das wahrhaftig tat – was würde seine Verwandtschaft dazu sagen? Aber bis jetzt war ich ja in Stark's Bog rundherum zufrieden.

Wegen Iras zahlreicher Versammlungen, Sportübungen und Büroarbeiten blieb mir trotz der Mühe, die mir das Putzen des großen Hauses bereitete, mehr als genügend freie Zeit. Infolgedessen faßte ich einen Entschluß von großer Tragweite: Ich wollte mich dem Frauenkreis anschließen, der die ›surprise showers‹, die Geschenk-Überraschungsparties, organisierte.

Ira zuliebe hatte ich mir die größte Mühe gegeben, mich der neuen Umgebung anzupassen. Ich hatte mein Army-Drillichzeug weggepackt, mein Lumberjack-Hemd, meinen olivfarbenen Airforceparka, mein T-Shirt mit dem Aufdruck ›Sisterhood Is Powerful‹ und meine Kampfstiefel. Ich war nach St. Johnsbury gefahren und hatte mir ein paar Polyester-Hosenanzüge mit Jersey-Oberteilen gekauft. Ich hatte meinen Zopf gelöst und trug die Haare schlicht zurückgekämmt, mit einem farbigen Tuch gehalten. Und trotzdem gingen die Leute von Stark's Bog, wenn sie mich kommen sahen, immer noch auf die andere Straßenseite hinüber. Nun, wenigstens konnten sie den Schmetterling nicht sehen, der auf meine Hüfte tätowiert war und den Eddie so gern geküßt hatte. Im Grunde aber hatte ich es nur Iras Beliebtheit zu verdanken, daß man mich nicht mit Schimpf und Schande zur Stadt hinausjagte.

Beim allwöchentlichen Square Dance der Wheelers 'n' Reelers in der Turnhalle der Schule stolperte ich blindlings in meinem gebauschten Rock und der weiten, ausgeschnittenen Bluse durch die verschiedenen komplizierten Figuren, während mich die anderen Tänzer in die jeweils richtige Position schoben und zogen. Die Männer in ihren Cowboyhüten, Westernhemden und Schnürkrawatten schienen meine Hände für die Promenade nur äußerst zögernd zu ergreifen. Die Frauen, deren weite Röcke wirbelten, wenn wir im Innenkreis unsere Prachtfigur ›Birds in a Cage‹ vollführten, betrachteten mich mit Abscheu. Und jedesmal, wenn Rodney mit mir ›Do-si-do‹ machen mußte, sah er mich, die verschränkten Arme hochgereckt, finster über die Schulter an und knurrte böse: »Denken Sie dran, ich hab Sie durchschaut, *Mrs.* Bliss.« Voll Erleichterung fiel ich dann meinem Ehemann, wenn Ira an der Reihe war, mich als seine Dame herumzuschwenken, in die Arme. Er drückte mich fest an seine Brust und musterte mich aufmerksam. »Macht es dir Spaß, Ginny? Ist es nicht großartig?« fragte er mich liebevoll.

»Großartig!« keuchte ich vergnügt und wirbelte zum nächsten ›Do-si-do‹ mit dem lieben Rodney davon.

Nur Angela, Iras jüngere Schwester, hatte Freundschaft mit mir geschlossen. Sie hatte die Sekretärinnenschule in Albany besucht, war aber anschließend reuevoll heimgekehrt, um ihren alten Schulfreund zu heiraten und bis ans Lebensende glücklich mit ihm zu sein. Immer wieder sagte sie beruhigend zu mir: »*Jesum Crow*, Ginny, in Albany hab ich *viel* schlimmere Hippies gesehen als dich.«

Angela war eine Kanone auf der Surprise-Shower-Szene, aber auch im Tupperware-Partykreis. (Wie ich feststellte, waren die Gruppen deckungsgleich.) Außerdem war sie Erfrischungswart im Weiblichen Hilfskorps der Freiwilligen Feuerwehr von Stark's Bog. Kurz gesagt, Angela war mein ›in‹-Kontakt.

Ich selbst begann eher bescheiden mit der Teilnahme an einer Tupperware-Party in Angelas Ranchhaus am entgegengesetzten Ende des Ortes. Fünfzehn Frauen verschiedenen Alters waren bei ihr versammelt. Angela hatte sie vorgewarnt, damit sie nicht allzu auffällig erblaßten, wenn ich zur Tür hereinspaziert kam. Einige gesellschaftlich weniger Belastbare hatten die Party spontan verlassen. Diejenigen, die geblieben waren, hielten sich wahrhaft bewundernswert, so daß bei meiner Ankunft nur ein betretenes Schweigen von etwa dreieinhalb Minuten entstand. Ich lächelte krampfhaft, um meinen unerschütterlichen guten Willen zu bekunden, und unterhielt mich möglichst wenig, lauschte dafür aber um so eifriger, um zunächst mal den hier herrschenden Jargon aufzuschnappen und festzustellen, welche Gesprächsthemen statthaft waren. Wie ich bald merkte, waren es folgende: 1) Wetter; 2) Kinder; 3) Küche; 4) Wetter. Kinder hatte ich leider keine, und von den hier versammelten Damen interessierte sich wahrscheinlich keine besonders für Sojabohnenaufläufe. Was jedoch das Wetter betraf, so schnappte ich mir geschickt den Ball und stürmte unaufhaltsam mit ihm davon.

»Himmel, das Dreckwetter in diesem Frühjahr hört anscheinend überhaupt nicht mehr auf, wie?« fragte ich eine füllige, grauhaarige Frau mit einer Warze auf der Nase.

»Ja, wirklich«, stimmte sie mir zu, verblüfft, von einer konvertierten Sojabohnenesserin mit einem so harmlosen Thema konfrontiert zu werden.

»Scheußliches Wetter für Mai, nicht wahr?«

»Äh-ja.«

»Ich kann's kaum abwarten, bis endlich die Sonne scheint«, gestand ich bescheiden.

»Hmmm«, erwiderte sie unverbindlich. War es denn tatsächlich möglich, daß dieselbe Sonne auf das Sojabohnengesindel schien wie auf die Stark's Bogger? fragte sie sich eindeutig.

»Finden Sie nicht auch, daß dies Frühjahr ungewöhnlich kalt ist?«

»Na ja, ich weiß nicht. Schon möglich.« Sie ließ den Blick durchs Zimmer wandern und sah nacheinander die Freundinnen an. Offenbar hatte sie Angst, die anderen könnten annehmen, sie unterhalte sich freiwillig mit diesem subversiven Eindringling.

»Vielleicht überspringen wir den Frühling und bekommen dann gleich den Sommer.« Ich lachte schwach.

Sie musterte mich mit Abneigung. Unverzagt sagte ich: »Also, ich finde, wir haben einen erstklassigen Sommer verdient, nach diesem langen, scheußlichen Frühling.«

Gerade, als mir die Variationen zu diesem Thema auszugehen drohten, erhob sich die für unseren Bezirk zuständige Tupperware-Vertreterin, eine schlanke junge Frau in dunkelblauem Hosenanzug und einer blonden Toupierfrisur, wie ich sie seit den Zeiten des Bloody Bucket nicht mehr gesehen hatte, begrüßte uns und begann mit ihrem Werbevortrag, der unser Küchenbewußtsein heben sollte.

»Also, meine Damen«, begann sie einschmeichelnd, »Sie warten gewiß schon lange darauf, etwas über die fa-bel-haf-ten neuen Tupperware-Produkte zu hören, die gerade erst herausgekommen sind und, wie immer, dafür geschaffen wurden, der modernen, vielbeschäftigten Hausfrau die Arbeit zu erleichtern. Deswegen werde ich auch sofort zur Sache kommen!« Eine schwindelerregende Folge von Wurstbehältern, Blumenkohlsieben, Schüsseln, Kanistern und Formen aus Plastik wanderte von Hand zu Hand. Alle Anwesenden inspizierten die Sachen mit dem Blick von Kennern fein geschliffener Edelsteine, wendeten sie hin und her und tauschten Bemerkungen mit der Nachbarin.

»Jawohl, meine Damen«, fuhr die Tupperware-Vertreterin fort, »genau *deswegen* verkaufen wir unsere küchen-getesteten Produkte ausschließlich auf Parties bei Ihnen zu Hause, um Ihnen die hervorragenden Eigenschaften der Ware in der gemütlichen Atmosphäre Ihres eigenen Wohnzimmers zu demonstrieren. Behandeln Sie Ihre Tupperware so, wie Sie Ihre eigenen Hände behandeln würden, und sie wird Ihnen ein Leben lang treulich dienen und Ihnen eine ganz neue Welt der Lebensmittelersparnis und des Geschmacks erschließen . . .«

Bis die ›Party‹ endete, hatten alle Anwesenden Dutzende von Plastikgegenständen bestellt. Außer mir. Ich hatte überhaupt nichts bestellt. Denn ich war restlos überwältigt von der Erkenntnis, was in meiner Küche alles fehlte. Wie hatte ich es bisher bloß geschafft, überhaupt Mahlzeiten auf den Tisch zu bringen? Als ich mich ein wenig benommen verabschiedete, versicherte mir Angela, ich hätte mir meine Chancen im Tupperware-Partykreis dadurch, daß ich nichts gekauft hatte, keineswegs auf immer verscherzt, ich könne meinen Fehler ja bei der nächsten Party wiedergutmachen.

Kurz darauf verschaffte mir Angela eine Einladung zu der Geschenkparty für eine von Iras Kusinen, die einen einheimischen jungen Mann heiraten wollte. Wanda Bliss, unser unglückseliges Opfer, ging uns mit Lockenwicklern, so groß wie Sprungfedern, im Haar in die Überraschungsfalle (die wir in ihrem eigenen Fernsehzimmer gelegt hatten). Als sie drei Dutzend ihrer besten Freundinnen und engsten Verwandten hinter den Couches und Sesseln hervorspringen sah, kreischte sie vor Entsetzen auf und wollte unverzüglich davonlaufen. Ihre Mutter zwang sie jedoch, sich uns in diesem Aufzug zu stellen. Gründlich verärgert, aber gezwungen lächelnd, öffnete sie den Berg der Geschenkpakete und reichte sie anschließend weiter. Meine Gabe war ein Serviertablett aus Blech mit Holzgriffen, der Abbildung einer überdachten Vermontbrücke und der Aufschrift ›Vermont, der grüne Bergstaat‹. Nach dem Lesen der Begleitkarte, die verriet, daß es von mir stammte, reichten es die Damen so vorsichtig weiter, als handele es sich um das Speisetablett eines ansteckenden Pestkranken.

Ich saß neben Angela und versuchte mir das korrekte Verhalten bei Geschenk-Überraschungsparties einzuprägen. Eine Schachtel kam vorbei. Angela warf einen Blick hinein und seufzte vor Neid. Sie drehte sich zu einer Frau mittleren Alters um und flüsterte verstohlen: »Ist das nicht einfach *himmlisch*, Tante Clare? Es ist so *schwer*, heutzutage einen anständigen Kommodenläufer aufzutreiben. Meinst du nicht auch, Ginny?«

Hocherfreut, ins Gespräch gezogen zu werden, antwortete ich: »Ja, da hast du recht, Angela.«

Zwei hohe Champagnergläser mit den eingeschnittenen, mattierten Figuren eines Brautpaars kamen vorbei, dicht gefolgt von Platzdeckchen aus Plastik mit einer Kodachrom-Landschaft von Vermont und einem aufgedruckten Psalm. Angela beugte sich an mir vorbei und fragte: »Ißt deine Familie eigentlich Kürbis, Jean? Bill weigert sich konstant, ihn auch nur anzurühren!«

Jean gab zu, Hal werde sie auf der Stelle verlassen, sollte sie es jemals wagen, ihm zum Essen Kürbis vorzusetzen.

»Ira kann Kürbis auch nicht ausstehen«, meldete ich mich ein wenig zaghaft.

Mehrere Stapel Laken und Handtücher später zischte Angela aus dem Mundwinkel: »Du hättest Jimmy neulich sehen sollen, Bernice. Er hatte sich Bills Rasierapparat geholt, sich das Gesicht eingeseift und wollte sich rasieren! Mit fünfeinhalb!«

»Fünfeinhalb ist er schon? Mein Gott, wie schnell die Kinder groß werden!«

»Ja, leider! Sie spielen die Erwachsenen, und dann werden sie plötzlich müde, kommen einem auf den Schoß gekrochen und wollen gehätschelt werden.«

»Ja, so ist es«, bestätigte Bernice. »Aber hätschel sie nur so lange wie möglich, Angela-Baby. Dieses Stadium geht so schnell vorbei!«

Im Lauf der Party kam ich zu der Erkenntnis, daß Durchbrennen doch eine Menge für sich habe. Als wir gingen, erzählte mir Angela, sie sei ziemlich sicher, daß sie mich nach einigen weiteren Geschenkparties in das Weibliche Hilfskorps einführen könne, vor allem, da Ira Präsident der Freiwilligen Feuerwehr sei. Vielleicht gelinge ihr das sogar noch so rechtzeitig, daß ich an der Modenschau teilnehmen könne.

»Was macht das Weibliche Hilfskorps eigentlich?«

»Ach, meistens räumen wir nach den Versammlungen auf. Schaffen die leeren Flaschen weg, und so. Manchmal richten wir auch Erfrischungen für die Versammlungen her.«

»Das würde mir Spaß machen«, beteuerte ich.

»Ich habe über unser kleines Problem nachgedacht, Ginny«, verkündete mir Ira eines Abends im Bett.

»Welches Problem?« Mir war gar nicht bewußt, daß wir eins hatten. Für mich hing der Himmel voller Geigen. An jenem Tag war die Abstimmung über meine Aufnahme ins Weibliche Hilfskorps zu meinen Gunsten ausgefallen. Einstimmig, wie Angela sagte. Bis auf Jean, aber was konnte man von so einer Frau schon erwarten?

»Das Problem, daß ich dich sexuell nicht befriedigen kann.«

»Ja, aber das *tust* du doch!«

»Bitte, Ginny! Ich hatte dich doch gebeten, mich nicht zu belügen.«

»Aber ich *will* gar nicht befriedigt werden. Oder vielmehr, es macht mir nichts aus, nicht befriedigt zu werden. Mit anderen Worten, ich bin mit unserem Sexualleben durchaus zufrieden.«

»Das bist du nicht. Ich habe lange darüber nachgedacht. Und ich weiß jetzt, worin das Problem eigentlich liegt.« Ich sah ihn erwartungsvoll an. Die Tatsache, daß andere meine Probleme lösten, noch ehe ich selbst etwas von ihrer Existenz wußte, war für mich der Gipfel des Luxus. »Du bist ein aufregendes Leben gewöhnt, Ginny . . . Boston, und all deine . . . verschiedenen Freunde . . .«

»Wer – *ich?*«

»Ja, du, Ginny.«

»Aber das stimmt doch gar nicht, Ira. Wirklich nicht! Ich hab mich nur mit den falschen Leuten rumgetrieben. Ich bin *wirklich, ehrlich* ganz anders!« behauptete ich und glaubte es selbst.

»Aber nein! Das Leben mit mir muß dir nach all dem doch ziemlich langweilig vorkommen.«

»Aber ich *mag* es langweilig! Äh, ich meine, ich finde es *überhaupt nicht* langweilig. Mir gefällt unser Leben so, wie es ist, Ira. Sonst hätte ich dich nicht geheiratet.«

»Deswegen« – er tat, als hätte er nichts gehört – »habe ich beschlossen, daß ich versuchen will, dir etwas mehr Abwechslung zu bieten. Ich wünsche mir über alles, daß du mit mir genauso glücklich bist wie ich mit dir, Ginny.« Er schlug die Bettdecke zurück und entblößte seinen phantastischen, muskelbepackten Körper, der vom Hals abwärts weiß wie Schnee schimmerte. Die Genitalien jedoch waren in ein schwarzes Ding verpackt.

»Was zum Teufel . . .«

»Das ist ein Leder-Suspensorium«, antwortete er stolz.

»Faß mal an! Los doch!« Ich stocherte probeweise daran herum. »Hilft's dir aufs Pferd?«

»Na ja, ich weiß nicht ...«

»Und jetzt – sieh mal, für dich!« Unter dem Bett zog er einen durchsichtigen Regenmantel hervor und hielt ihn mir zum Anziehen hin. »Los, Ginny. Zieh über!«

Ich gehorchte – und kam mir vor wie ein Verkehrspolizist oben ohne.

»Na, wie findest du's?« fragte er mich mit jungenhafter Begeisterung.

»Klasse.«

Er machte das Licht aus und umarmte mich. Ich knisterte wie das Zellophan einer Klopapierverpackung. »Äh ... und was nun, Ira?«

Er richtete sich auf, machte das Licht wieder an, nahm ein Buch von seinem Nachttisch und suchte im Inhaltsverzeichnis. »Äh ... ja. Nun. Ich glaube, jetzt sollten wir uns gegenseitig betrachten. Hier steht, manche Frauen werden ganz wild, wenn sie Leder riechen und fühlen.«

Also saßen Ira und ich da und sahen einander an. Dann löste er sein Suspensorium, ich schlüpfte aus meinem durchsichtigen Regenmantel, und er schob seinen Krauskopf zwischen meine gebräunten Beine: eine Tarantel inmitten eines Büschels überreifer Bananen. Während Ira sich amüsierte, überlegte ich, ob ich am nächsten Tag Braten oder Schweineleber aus dem Gefrierschrank holen sollte.

Ich bekam keinen Orgasmus. Ira richtete sich auf und machte in dem Buch bei den beiden Kapiteln mit der Überschrift ›Leder‹ und ›Polyäthylen‹ je ein Kreuzchen. »Laß dich davon nicht entmutigen, Ginny. Wir werden jedesmal was Neues ausprobieren.«

Am Morgen des Memorial Day stand ich mit vielen anderen am Rand der Main Street und sah zu, wie Ira in seiner olivgrünen Uniform der National Guard vorbeimarschierte, gefolgt von Boy Scouts, Cub Scouts, Brownies und Girl Scouts. Dann kam die Musikkapelle der Regional High School von Stark Mountain, angeführt von tänzelnden Majoretten, die nicht annähernd so gut waren wie meiner Erinnerung nach damals ich selbst. Anschließend kam der Festwagen der Freiwilligen Feuerwehr mit einem uniformierten Vertreter jeder Einheit der National Guard unserer Gegend. Die Männer grüßten ein an die Rückseite der Fahrerkabine gelehntes Blumengesteck: Schneeweiße Nelken, eine Anzahl davon rot und blau eingefärbt und alle dicht an dicht auf einem Drahtrahmen befestigt, bildeten die amerikanische Flagge. Eine handgemalte Schrift rings an den Seitenwänden des Wagens lautete: ›Wir halten Amerika stark und frei.‹ Danach folgte der blank gewienerte Rettungswagen der örtlichen Feuerwehr mit ein paar Freiwilligen Feuerwehrmännern in ihren Helmen mit dem breiten Nackenschutz, den Regenmänteln und den Gummistiefeln.

Nach dem Festzug waren Männer und Jungens auf das Testgelände der General Machine Gun geladen – jenes Gelände, das ich mit Eddie,

Atheliah und Mona entdeckt hatte –, um einen neuen Mörser zu begutachten, der in Vietnam eingesetzt werden sollte. Die Hälfte der männlichen Bevölkerung der Stadt arbeitete seit mehr als einem ganzen Jahr an dem Projekt und setzte ebensoviel Stolz darein wie ihre Vorfahren im 19. Jahrhundert in die von ihnen hergestellten Bolzen und Krampen, als die General Machine noch eine Nagelfabrik gewesen war.

Inzwischen begaben sich die Frauen und Mädchen in den Gemeindesaal, wo die Modenschau des Weiblichen Hilfskorps stattfinden sollte. Die Modechefin von Sears, Roebuck in St. Johnsbury hatte die Kollektion für uns zusammengestellt und auch den begleitenden Text verfaßt, den Angela flüssig vorlas:

»Unsere reizende Ginny Bliss tanzt durch den Sommer in einem . . .« Das war mein Stichwort. Ganz kurz schoß mir der teuflische Gedanke durch den Kopf, in meinem durchsichtigen Regenmantel und Iras schwarzem Leder-Suspensorium aufzutreten. Eddie hätte das bestimmt getan. Doch ich gab mir die größte Mühe, Eddie restlos zu vergessen. Ich gestattete es mir nie, einen Gedanken an sie zu verschwenden. Nur wenn ich schlief, gelang es ihr, sich mir heimlich aufzudrängen. Dann erschien sie mir im Traum und sagte in vorwurfsvollem Ton: »Du glaubst anscheinend immer noch, daß ich . . . na ja, tot bin oder so ähnlich.« Dann streckte ich die Arme nach ihr aus. Und erwachte, weil ich mich an Ira klammerte, der diese Geste als Aufforderung zum Tanz verstand und sich sofort auf mich wälzte. Während ich mühsam das Schluchzen und meine Sehnsucht nach Eddie unterdrückte und versuchte, mir nicht vorzustellen, Iras Hände, Mund und Zunge, die über meinen Körper wanderten, gehörten ihr. Ich war Ira dankbar dafür, daß er mich bei sich aufgenommen hatte. Und wenn ich mich auch nicht mit ihm in den Sex stürzen konnte, so wollte ich ihm doch wenigstens nicht imaginäre Hörner aufsetzen, indem ich so tat, als wäre er jemand anders.

Ich kam also in meiner Paisley-Haremshose in Pink mit rückenfreiem Oberteil heraus. ». . . in diesem aufregenden Ensemble aus Nylon-Azetat. Das Oberteil mit passendem Halsträger und die dünnen, wallenden Hosenbeine« – hier machte ich eine Drehung und zeigte meinen passenden Halsträger – »werden Ihnen, wenn Ihr persönlicher Sultan abends heimkommt, das Gefühl verleihen, verwöhnte Sklavin in einem vornehmen Harem zu sein.« Ich vollführte mehrere Schritte, damit die Hosenbeine auch richtig wallten. »Ergänzt durch ein hübsches breites Kupferarmband« – ich hob die Hand mit der breiten Fessel – »und glitzernde Goldsandalen, ist der Anzug genau das Richtige für einen Garten-Barbecue hier im schönen Stark's Bog. Oder für ein Picknick der Familie Bliss am Memorial Day, nicht wahr, Ginny?«

Ich lächelte voll Unschuld und schritt unter donnerndem Applaus die Stufen hinab. Ich war glücklich. Endlich wurde ich akzeptiert, hatte ich meine Sojabohnen-Herkunft überwunden.

Nach der Modenschau verteilte sich der Damenflor zum Familienpicknick auf die verschiedenen rivalisierenden Clans. Beinahe jeder Einwohner der Stadt war mit einer oder mehreren der fünf Hauptfamilien verwandt, zu denen auch die Blisses zählten. Die Picknicks der Familie Bliss wurden stets in der alten Heimstätte, Iras und meinem Haus, abgehalten – ganz gleich, welcher unglückselige Verwandte dort im Moment residierte. Und dieses Picknick war keine Ausnahme. Die ganze Nacht hindurch hatte ich aufgesessen und Kartoffeln für Kartoffelsalat geschnitten. Als ich heimkam, war Ira bereits vom Schießplatz zurück, hatte die Abdeckung vom Pool entfernt und ein Fäßchen Genesee-Bier angezapft. Allmählich kamen nun auch seine Verwandten. Ich konnte sie nicht auseinanderhalten: Sie waren durch die Bank kräftige und gutgebaute Menschen mit entweder dunklen oder ergrauten Locken. Immer wieder legte mir der eine oder andere alte Mann den Arm um die Schultern und flüsterte mir zu: »Ira kann sich glücklich schätzen, eine so hübsche, junge Frau bekommen zu haben.« Ira sah es voll Stolz und Dankbarkeit: Seine Familie hatte mich akzeptiert. Ich lächelte den Alten herzlich zu.

Etwa ein dutzendmal führte ich das folgende Gespräch, wobei die Rollen austauschbar waren:

»Na, heiß genug für deinen Geschmack?«

»Ein herrlicher Nachmittag für ein Picknick.«

»Ja, wir können wirklich von Glück sagen. Die ganze Woche lang hat es geregnet.«

»Meinst du, es wird heute auch regnen?«

»Schon möglich. Siehst du die dunklen Wolken, da hinten im Westen?«

»Aber wahrscheinlich nicht, bevor wir mit dem Picknick fertig sind.«

»Wahrscheinlich nicht. Wir hatten dies Jahr erst spät Tauwetter, also haben wir einen schönen Sommer verdient.«

»Allerdings. Bitte entschuldige mich, ich möchte noch ein bißchen schwimmen, bevor es sich ganz zuzieht.«

»Das könnte bald sein.«

»Hoffentlich nicht.«

»Ja, hoffentlich.«

Nur: daß wir Zuneigung für Ira empfanden, genügte eben doch nicht als Grund für die Annahme, wir hätten sonst noch was gemeinsam – bis auf die Tatsache, daß wir unter demselben Wolkendach lebten.

Es wurde dunkel und, jawohl, als sich die letzten Großonkel Bliss verabschiedeten, schoben sich dunkle Regenwolken heran. Ira und ich saßen zwischen verstreuten gebackenen Bohnen am Pool und tranken das letzte Viertelfäßchen abgestandenes Genesee-Bier.

Dann kam das Gewitter. Dicke Regentropfen pladderten auf den Betonboden, auf dem wir saßen. Die Äste der Bäume klatschten wie Peitschen. Wir wurden naß bis auf die Haut. Wo war jetzt, da ich ihn brauchte, mein durchsichtiger Regenmantel? Der Donner grollte, Blitze zuckten. Es war das erste Gewitter des Jahres, ein Genuß in diesem Schneegebiet nach den endlosen Monaten lautlos treibender Flocken. Ein Gewitter hatte tatsächlich etwas erfrischend Aufrichtiges. Man wußte genau, woran man war. Die Natur wollte die Menschen bei lebendigem Leibe braten. Während das leichte, weiße Zeug sich ganz verstohlen an einen heranmachte und einen unversehens einfach erstickte.

Es goß wie aus Kannen. Das Wasser lief uns in Sturzbächen von der Nase. Wir kicherten wie die Kinder und rannten ins Haus. Drinnen, als wir tropfnaß auf dem wetterfesten Teppich des Fernsehzimmers standen, sah mich Ira mit jenem ganz besonderen Blick an, der mir verkündete, es sei Freitagabend, 20.30 Uhr, der Zeitpunkt, der auf dem Kalender für das Geschlechtsleben reserviert war. Mein Mann löste langsam seinen Gürtel.

»Heute abend *wirst* du einen Orgasmus haben«, erklärte er.

»Aber wirklich, Ira – ich will gar keinen.«

»Was *du* willst, ist mir egal. *Ich* will, daß du glücklich bist.« Mit seinen dunklen, feuchten Augen studierte er hungrig meine Brüste unter der angeklatschten nassen Bluse. »Wenn dies nichts hilft, dann weiß ich's nicht.«

»Wenn *was* nicht hilft?« fragte ich argwöhnisch.

»Warte.« Er stürmte die Treppe hinauf und kam kurz darauf mit seinem Handbuch und einer Papiertüte zurück. Während er die Anweisungen für die Gymnastik des heutigen Abends las, sah ich, wie sein Schwanz das Bein seiner Madras-Shorts zu beulen begann.

Heftig atmend, mit bebenden Nüstern, wandte er sich sodann zu mir um. Aus der Papiertüte zog er – ein Paar Handschellen.

»O Gott!« stöhnte ich ahnungsvoll. Diese Situation hatte ich schon einmal erlebt: mit Clems Motorradkette an die Schlafplattform unseres Luftschutzkellers gefesselt.

»Wirklich, Ira – ich würd's viel lieber im Bett machen und ohne große Umstände.«

»Nein, nein, Ginny! Ich will, daß es möglichst aufregend für dich wird. Du sollst dich auf gar keinen Fall langweilen.«

Seufzend entledigte ich mich meiner Kleider, während Ira die seinen ebenfalls ablegte. »Und jetzt?« fragte ich ihn ein wenig verdrossen, als ich nackt, naß und frierend mitten in unserem Fernsehzimmer stand.

An einem Arm führte er mich ein paar Schritte weiter. Dann zog er zwei antike Bauernstühle mit Strohsitzen herbei. Er selbst kletterte auf den einen und wies mich an, auf den anderen zu steigen. Als das geschehen war, fand ich mich Auge in Auge mit dem riesigen Eichenbalken, der die ganze Länge des Zimmers durchzog. Ira schloß die Handschellen auf und ließ die eine an seinem rechten Handgelenk zuschnappen. Dann langte er über den Holzbalken und befestigte die andere an meinem linken Handgelenk.

»So, Ginny. Halt dich mit der gefesselten Hand an der Kette fest, sonst tust du dir weh.« Als ich seinen Befehl befolgt hatte, fuhr er fort: »Und nun laß dich langsam vom Stuhl herunter.«

Das tat ich, und bald baumelten wir Brust an Brust, jeder an einem Arm und durch die Handschellen miteinander verbunden, am Eichenbalken. Ira war hochgradig erregt. Sein Ständer stieß mich in den Bauch wie die Hand eines Chirurgen, der ein Blinddarmopfer untersucht.

»Na, wie findest du's?« keuchte er und senkte den Kopf, um mir einen Kuß in die Achselhöhle zu drücken.

»Sehr schön«, beteuerte ich und hatte dabei das Gefühl, der gefesselte Arm werde mir genauso aus dem Gelenk gerissen wie seinerzeit der Ringfinger des Majors.

»Meinst du, daß es helfen wird?«

»Wenn ich wüßte, wie's weitergeht . . .« Ira schlang mir den freien Arm um die Taille und zog mich an sich.

»Gut. Jetzt steck ihn rein.«

Ungläubig starrte ich ihn an. Dann hob ich gehorsam meine herabhängenden Beine nacheinander in den verschiedensten Winkeln, nie aber in dem am besten geeigneten zum Einführen von Iras Glied. Dabei stieß ich meinen Stuhl um. Und kam mir vor wie eine Marionette mit verwirrten Fäden. Schließlich schaffte ich die Vereinigung mit meinem Mann, indem ich ihm die Beine um die Taille schlang. In dieser schaukelnden Umschlingung war jedoch keiner von uns beiden fähig, sich um einen Zentimeter zu bewegen.

»Steht in dem Buch genau, wie man es macht?« fragte ich und unterdrückte eine Grimasse, da meine Schulter unerträglich zu schmerzen begann.

»Genau nicht. Da steht nur ungefähr: ›In dieser aufregenden Hängeposition werden Sie mühelos faszinierende neue Möglichkeiten entdekken, wie Sie einander zum Höhepunkt bringen können.‹«

»Aha.«

Kurz darauf sagte ich: »Äh, Ira . . . ich muß jetzt, glaube ich, wieder runter. Meine Arme tun wirklich sehr weh.«

Wieder einmal erfolglos geblieben, seufzte Ira ergeben auf, und sein Penis erschlaffte in mir. »Okay.« Er nahm den Handschellenschlüssel, den er in der freien Hand gehalten hatte, und langte hinauf, um mein Handgelenk zu befreien. Dabei ließ er den Schlüssel fallen.

Als uns die Ungeheuerlichkeit unserer mißlichen Lage dämmerte, starrten wir uns voller Entsetzen an. Auf dem Teppich glitzerte höhnisch der silberne Schlüssel, während draußen die Blitze zuckten und der Regen in Strömen an den Fensterscheiben herunterrann. Meine Schulter schmerzte nicht mehr – sie war inzwischen gefühllos geworden. Dafür schickte mein Handgelenk peinvolle Botschaften an die Schmerzzentren in meinem Gehirn. Durch die Verrenkungen im freien Hang hatte ich mir die Haut in der Breite der Handschelle aufgescheuert.

»Wenn du dich auf deinen Stuhl stellst, Ira, könntest du mich so weit runterlassen, daß ich den Schlüssel mit den Zehen aufheben kann.«

Offenbar fand er, das sei einen Versuch wert, und tastete mit den Füßen nach seinem Stuhl. Dabei warf er ihn krachend um. *»Jesum Crow!«* ächzte er verzweifelt. Mit der freien Hand packte er den Balken und vollführte einen bewundernswerten einhändigen Klimmzug, der mich fast bis auf den Teppich senkte.

Aber nur fast. Meine ausgestreckten Zehen hingen zwei Zentimeter über dem funkelnden Silberschlüssel.

»Tiefer«, sagte ich leise.

»Geht nicht«, keuchte er durch die zusammengebissenen Zähne. In diesem Moment gab sein Bizeps nach; er sackte runter und zerrte mich wieder hinauf, genau dorthin, wo ich zuvor schon gewesen war.

Mutlos starrten wir einander an.

»Tut mir leid«, flüsterte er.

»Du hast es nur gut gemeint.«

»Ich wollte dich glücklich machen.«

»Was soll aus uns werden? Wir werden sicher hier verhungern, nicht wahr? Oder werden wir vorher verdursten?«

»Irgend jemand im Büro wird mich vermissen. Oder bei den Versammlungen. Dann kommen sie, um nachzusehen, und . . .« Wir sahen einander an und versuchten uns darüber klarzuwerden, ob wir lieber tot oder lebendig sein wollten, wenn uns eine von seinen Tanten fand.

»Tante Betty will am Sonntag ihre Eismaschine abholen.« Er nickte mit geschlossenen Augen; von seiner schönen, hohen Stirn tropfte der Schweiß.

Das Telefon klingelte. Mit neu erwachender Hoffnung sahen wir einander an. Mutter Bell lebte! Das Telefon stand auf einem Tischchen an der Wand direkt unter diesem Balken.

»Wenn wir die Arme gleichzeitig seitwärts werfen, Ginny, können wir uns zur Wand rüberhangeln.«

Das Telefon verstummte. Wir versuchten es mit Iras Vorschlag, und es klappte tatsächlich. Zwar verursachte mir jeder Ruck entsetzliche Schmerzen in der Schulter, mit der Zeit aber hatten wir uns zur Wand vorgearbeitet. Mit den Füßen hob Ira den Hörer ab. Und transferierte ihn mit einer Bewegung, um die ihn selbst ein von Baum zu Baum schwingender Orang-Utan beneidet hätte, in seine freie Hand hinauf. Dann drehte er versuchsweise mit dem zweiten Zeh seines rechten Fußes die Wählscheibe.

Fragend blickte er zu mir herüber. »Wen sollen wir anrufen?« erkundigte er sich.

»Onkel Lou?« Ira war keineswegs belustigt. »Wie wär's mit der Polizei?«

»In Stark's Bog gibt's keine Polizei. Das weißt du doch, Ginny.«

»Die Feuerwehr.«

»Gute Idee.« Er begann zu wählen, Dann ging ihm auf, daß die Telefonnummer der Feuerwehr, da Ira die Funktion des Chefs ausübte, ja unsere eigene Nummer war.

»Ich weiß!« sagte er auf einmal strahlend. »Rodney.«

»O nein, mein Lieber! Ich werde auf gar keinen Fall zulassen, daß dieser widerliche *macho* mich hier hilflos und nackt hängen sieht.«

»Aber irgend jemanden *müssen* wir holen.«

»Rodney unter gar keinen Umständen.«

»Wen denn?«

»Angela?«

»Bist du verrückt? Dann wüßte es in zwei Minuten die ganze Stadt!«

»Oh, ich weiß! Mona.«

»*Wen?*«

»Eine von den Frauen, die mit mir in der Blockhütte gewohnt haben.«

»Na schön, von mir aus«, sagte er unglücklich. »Wie ist die Nummer?«

Er wählte mit dem Zeh und reichte mir dann den Hörer rüber. Zutiefst erleichtert vernahm ich das Rufzeichen. Als ich die Kommune vor einiger Zeit mal zu erreichen versucht hatte, war der Anschluß wegen nicht bezahlter Telefonrechnungen gesperrt gewesen. Eine männliche Stimme antwortete. Im Hintergrund hörte ich Gelächter und laute Musik.

Atheliah schien sich zu freuen, daß sie mal wieder von mir hörte. »Warum kommt ihr nicht einfach rüber? Wir feiern ein Saatfest, so eine Art Fruchtbarkeitsparty.«

»Klingt großartig. Aber ich fürchte, mir sind . . . im Augenblick ein bißchen die Hände gebunden. Ehrlich gesagt, Atheliah, ich bin in einer kritischen Lage. Ich bitte dich nicht gern darum, mitten in eurer schönen Party. Aber könntest du sofort herkommen und mir helfen? *Bitte!*«

»Jetzt, heute abend noch?«

»Es ist wirklich wahnsinnig wichtig, Atheliah, sonst hätte ich nicht im Traum dran gedacht, das jetzt sofort von dir zu verlangen. Ich kann's dir am Telefon nicht erklären. Aber – *bitte*, komm!«

»Na ja, schön – klar komme ich. Wenn ich 'n fahrbaren Untersatz finde . . . (Al, kann ich deinen Lastwagen nehmen, nach Stark's Bog rüber? Klar könnt ihr mitkommen!) . . . Bin sofort da, Ginny.« Sie hatte aufgelegt, ehe ich ihr erklären konnte, daß sie ihre Freunde lieber nicht mitbringen sollte.

Wenige Minuten später kamen acht Personen mit Pupillen in den verschiedensten Stadien der Erweiterung zur Tür hereingestapft. Sie betrachteten Ira und mich, die wir splitternackt über dem Telefon baumelten, mit kaum mehr als flüchtigem Interesse.

Mona kam zu uns herüber, sah uns durch ihre runden purpurnen Brillengläser an und sagte lässig: »Ungeheuer, Gin. Mann!«

Atheliah stand neben Mona, blickte liebevoll zu mir empor und fragte: »Was kann ich für dich tun, Ginny?«

Ich nickte zu Ira hinüber, der neben mir hing, und sagte: »Erinnert ihr euch an Ira? Ira, das sind Mona und Atheliah, mit denen ich im vorletzten Winter in der Blockhütte gewohnt habe.«

»Guten Tag.« Durch seine behaarte Achselhöhle blickte Ira auf sie hinab. »Ja, ich erinnere mich an Sie. Sie waren doch auch bei unserer Hochzeit, nicht wahr?«

Beide nickten höflich bestätigend.

»Eigentlich hatte ich euch angerufen, weil . . . Seht ihr den Schlüssel da drüben auf dem Teppich? Würdet ihr ihn bitte Ira geben? Und uns die Stühle unter die Füße schieben? Vielen Dank!«

Ira befreite uns von den Fesseln, wir rieben uns die Handgelenke und kletterten hinab. »Darf ich Ihnen ein Bier anbieten?« erkundigte sich Ira zuvorkommend.

»Klar, danke«, antwortete Atheliah. »Aber lange können wir nicht bleiben. Sieht aus, als würde die Straße zur Farm weggespült, und dann möchten wir drüben auf unserer Seite sein.«

Ira servierte kaltes Genesee. »*Tausend* Dank, daß ihr gekommen seid, Leute«, rief ich ihnen nach, als sie zur Tür hinausmarschierten. »Wie wär's mit Lunch, nächste Woche?« fragte ich Mona und Atheliah. »Montag vielleicht?«

»Ungeheuer«, antwortete Mona.

Zwei Tage darauf fuhr Ira zu seinem vierzehntägigen Sommerlager der Army nach Camp Drum, und ich blieb in seiner riesigen Höhle von Haus allein. Immer wieder einmal erschienen einige von seinen Verwandten, um das Geschirr vom Picknick abzuholen.

»Wo wart ihr denn am Freitagabend nach dem Picknick?« wollte Iras Tante Betty wissen. »Ich hatte angerufen, weil ich fragen wollte, ob ich meinen Pullover am Swimmingpool liegengelassen habe, aber es hat sich keiner gemeldet. Ich konnte mir gar nicht vorstellen, wo ihr wart.«

»Uns waren gleich nach dem Picknick gewissermaßen die Hände gebunden«, erklärte ich, inzwischen restlos verliebt in meine kleine Wortspielerei.

»Ein herrlicher Tag war das, für unser Picknick, nicht wahr? Wir hatten wirklich großes Glück«, verkündete Tante Betty munter.

»Ja, nicht wahr? Aber das Gewitter am Abend war ziemlich schlimm.«

»Mein Gott, war das ein Gewitter! Wirklich furchtbar!«

»Ja, ein richtiges Donnerwetter.«

»Ein Segen, daß es nicht schon beim Picknick losgegangen ist.«

»Ja, das war wahrhaftig ein Segen. Und zum Wochenende ist es dann sogar wieder schön geworden.«

»Ich hab's bemerkt.« Tante Betty hatte die Nase von diesem Thema anscheinend ebenso voll wie ich.

Am Montagnachmittag lag ich mit Mona und Atheliah nackt am Pool, neben uns Teller mit den abgenagten Knochen der Hühner, die vom Picknick übriggeblieben waren. Die beiden hatten mir gerade erzählt, Laverne sei in ein Kloster bei Chicago eingetreten, da sie bei ihrem Beinahe-Elektrotod eine göttliche Erleuchtung gehabt habe.

Mona ließ die Finger einer Hand träge durchs Wasser gleiten. »Dann bist du jetzt wieder ganz auf dem Bougie-Trip, was, Ginny?«

»Sieht so aus«, antwortete ich gähnend. Ich hatte längst nicht mehr das Gefühl, mich wegen meiner Bougie-Zugehörigkeit verteidigen zu müssen.

»Ja, aber was *tust* du hier, den ganzen Tag allein?« erkundigte sich Atheliah besorgt. Ich beschrieb ihr einen typischen Tag: Iras Stundenplan, die endlose Hausarbeit, die Geschenkparties, die Wheelers 'n' Reelers, das Weibliche Hilfskorps.

Langsam und bewundernd schüttelte Mona den Kopf. »Das muß man dir lassen, Ginny. Ich hatte gedacht, das würde dich endgültig kaputtmachen. Aber du ziehst hier wirklich die ganze Schau ab. Ungeheuer! Du hast Stark's Bog unterwandert.«

»Na ja, so kann man's wohl auch nennen . . .«

»Dringst du denn . . . na ja, zu ihnen durch?« fragte Atheliah.

»Womit?« Ich hatte den Grund, den ich ihnen für meine Eheschließung gegeben hatte, vollkommen vergessen: daß ich mich als Geisel für den Friedensschluß zwischen den Stark's Boggern und dem Sojabohnengesindel betrachtete.

»Besorgst du ihnen den ganzen Trip?« fragte Mona, deren Blutergußaugen vor revolutionärem Eifer funkelten.

»Welchen Trip?«

»*Welchen Trip?* Daß sie die Kriegsmaschinerie beliefern, daß sie sich an einer Gesellschaft beteiligen, die mit dem Tod Profite macht.«

Die Wahrheit sah so aus, daß ich während der Zeit, da ich versucht hatte, in die Herzen der Stark's Bogger einzudringen, selber ein Stark's Bogger geworden war. Ich hatte mit Angela Bliss Blair jetzt viel mehr gemeinsam als mit Mona und Atheliah. Die Menschen *werden* nun mal zu dem, was sie tun.

»Nein«, antwortete ich leise.

Atheliah musterte mich enttäuscht, Mona erzürnt.

»Soll das heißen, daß es dir *Spaß* macht, so zu leben?« fragte Mona ungläubig. Ihre Handbewegung umschloß den hellblau getünchten Swimmingpool und das antike Steinhaus im Kolonialstil.

»Sicher. Und es ist wirklich halb so schlimm«, antwortete ich ruhig und dachte an Eddie, die entsetzt gewesen wäre, wenn sie mich jetzt gesehen hätte.

»Was würde Eddie dazu sagen?« meinte Atheliah bedrückt.

»An Eddie denke ich überhaupt nicht mehr«, versicherte ich hastig und erstickte fast an meinem Schmerz.

»Deine Loyalitäten sind aber sehr kurzlebig«, sagte Mona. Dann schwiegen wir. Kurz darauf standen sie auf, zogen sich an und verabschiedeten sich von mir.

Während der beiden Wochen, die ich in dem hallenden Haus allein war, faßte ich einen Entschluß: Ich wollte ein Baby. Father Bliss war jetzt seit einhundertfünfzig Jahren tot, aber er lebte weiter in dieser Steinfestung. Er lebte weiter in der Erinnerung seiner Nachkommen, die an ihre Kinder jene Geschichte weitergaben, in der erzählt wurde, daß er fünf Miniatur-Grabsteine gemeißelt hatte, unter denen auf dem Familienfriedhof hinten im Garten seine innerhalb eines Monats an den Pocken gestorbenen fünf Kinder ruhten. Er lebte weiter durch seine Gene. Man mußte sich nur den gegenwärtigen Bliss-Clan ansehen, und man erkannte die vertrauten Züge, die trotz der Einwirkung verschiedener Eheschließungen immer die gleichen geblieben waren. Betrachtete ich sie, wußte ich genau, wie Father Bliss ausgesehen haben mußte, hätte es auch ohne sein düsteres Porträt im Salon gewußt. Ich, die ich in seinem Haus und unter seinen Nachkommen lebte, spürte seine immerwährende Präsenz.

Nun gut, ich wollte auch eine immerwährende Präsenz. Deswegen brauchte ich ein Baby. Das Kind sollte mein Unterpfand gegen den Tod werden.

»Ira, was würdest du sagen, wenn wir ein Kind bekämen?« fragte ich ihn ein paar Tage, nachdem er mit schmerzenden Knochen und zutiefst erschöpft aus seinem Pseudokrieg zurückgekehrt war.

»Du bist doch nicht etwa ...?«

»Nein, nein, Ira! Ich habe nur darüber nachgedacht, während du weg warst.«

Er strahlte. »Ginny, ich fände es *wunderbar*, wenn wir ein Kind hätten. Meine erste Frau wollte keine Kinder, deswegen habe ich mich nicht getraut, dich darum zu bitten.«

»Also, Ira, *ich* will ein Kind von dir«, erklärte ich eifrig. Und dann liebten wir uns, obwohl es erst 19.15 Uhr und außerdem ein Dienstag war. Ira versäumte die Versammlung der Freiwilligen Feuerwehr, und das Telefon schrillte fünfzehnmal vergeblich, als die Feuerwehrkameraden nach ihm suchten. Und ich hatte einen Orgasmus, der sogar diejenigen übertraf, die ich bei Eddie gehabt hatte. Ira lag neben mir, den Kopf auf meine rotfleckige Brust gebettet, und weinte vor Freude. Seine heißen Tränen kühlten meine heißen Brüste.

Die Vogelsaison nahte, doch Ira blieb diesmal zu Hause, um mir gegen die morgendliche Übelkeit Salzkekse zu bringen. Dann kam der Schnee, doch Iras Sno Cat stand unberührt im Geräteschuppen, während er den Kopf auf meinen Bauch legte, auf die Herztöne des Kindes lauschte und sich von dem winzigen Fötus aus dessen Gebärmutterfestung heraus ins Gesicht treten ließ. Rodney kam, um ihn zum Eisfischen abzuholen, doch Ira lieh ihm seinen Drillbohrer und blieb daheim, um mir die geschwollenen Füße zu massieren. Und nie mehr fragte er mich, ob ich glücklich sei. Er wußte, daß ich glücklich war, und ich wußte, daß er es war.

Nie wurde ein Kind sehnsüchtiger erwartet als das unsere. Fanden wir jedenfalls. Buch um Buch über Schwangerschaft und Entbindung verschlang ich, zum Beispiel folgendes: ›Bachs Fünftes Brandenburgisches Konzert begrüßte unsere Tochter bei ihrem Eintritt in diese Welt. Unsere Tochter! Die erhabenen Klänge bildeten die Begleitmusik zu ihrem ersten Schrei, einem kräftigen Gruß an ihre triumphierenden Eltern! Strahlend vor Freude betrachtete ich unseren kleinen Engel. Sie ist bezaubernd! In der Tiefe meiner Seele empfinde ich eine profunde, ehrfurchtsvolle Heiterkeit, genau wie nach einer erfolgreich beendeten Aufgabe!‹ Kein Wunder, daß wir eine Bevölkerungsexplosion haben, wenn eine Entbindung soviel für eine Mutter bedeutet, dachte ich. Und konnte es selbst kaum mehr erwarten. Endlich hatte ich zu mir selbst gefunden; die ganze Zeit war ich dazu bestimmt gewesen, Zuchtstute zu sein. Warum hatte es nur so lange gedauert, bis ich das einsah und mein Schicksal mit Würde akzeptierte?

Als ich eines Nachmittags auf der Suche nach einem Heftpflaster die Treppe herunter- und ins Wohnzimmer gewatschelt kam, explodierte das ganze Zimmer vor laut lachendem Gekreisch. Zu Tode erschrocken stolperte ich über eine elektrische Schnur, stürzte und riß eine Lampe herunter, die mir prompt auf den Schädel fiel. Angela, die die Überraschungsparty organisiert hatte, war voller Angst um mich bemüht, während Iras versammelte Tanten und Kusinen und auch ich selbst beunruhigt abwarteten, ob ich eine Fehlgeburt erlitt. Als es schien, als sei alles in Ordnung, konnte ich endlich aufhören, zu spucken, zu fauchen und Angela zu verwünschen, und mich an das Auspacken der Geschenke begeben.

Beglückt mit ganzen Stapeln von Babybettwäsche und Windeln, bewehrt mit wahren Bergen von überdimensionalen Sicherheitsnadeln, war ich nunmehr gerüstet für alles, was die Entbindungsstation mir bescheren würde.

Bis auf den Schmerz. Solche Schmerzen gibt es einfach nicht, dachte ich, als ich mich auf dem Kreißbett wand. Wie ein Fixer um eine Spritze hatte ich um Demerol gebettelt. Die Entbindung selbst, die ich in mehreren Spiegeln beobachten konnte, noch komplizierter angeordnet als diejenigen, durch die Laverne ihren Muttermund inspiziert hatte, verging in einem Wirbel von Farben: dem Grün des allerersten Stuhlgangs unseres Neugeborenen, einem ersten von ach, so vielen, dem Schwarz der Bliss-Haare unserer Tochter und dem Rot meines eigenen Blutes. Und im Gegensatz zu dem Triumphgefühl, das mir die Bücher versprochen hatten, empfand ich ganz einfach Erleichterung darüber, daß diese unerträglichen Schmerzen endlich vorbei waren.

Wendy war kurz vor der Eröffnung der Forellensaison geboren, doch Iras Angelgerät blieb unbenutzt im Keller hängen. Statt dessen lag Ira auf unserem Ehebett und sah ganz versunken zu, wie das winzige weibliche Wesen meine prallen Brüste knetete und gierig an ihnen saugte. Dies war endlich eine Beschäftigung, für die ich echte Begeisterung empfand: das Stillen.

Jeden Vormittag um zehn kam Ira aus seinem Sno-Cat-Verkaufsraum nach Hause geeilt, um mir bei Wendys Bad zu helfen. Hingerissen sahen wir beide zu, wie sie mit ihren pummeligen Ärmchen und Beinchen im Wasser der kleinen weißen Wanne planschte. Hatten Eltern jemals zuvor einen so vollkommenen kleinen Körper zustande gebracht? Bestimmt nicht! Anschließend versahen wir Wendy mit einem schmierigen, weißen Überzug, als verpackten wir eine Brattaube in Lehm, und waren so vertieft in unsere Aufgabe, daß wir nicht merkten, wie der eine sie dort einölte, wo der andere sie zuvor schon gepudert hatte.

Kam Ira abends aus dem Büro, lautete die erste Frage stets: »Hat unser Engelchen heute nachmittag auch einen schönen Stuhlgang gehabt?«

»O ja!«

»Noch immer hart?«

»Nein, diesmal weicher. Gott sei Dank.«

»Wie Haferbrei oder eher wie Bananen?«

»Na ja, anders als gestern. Nicht mehr wie dicke Cremesuppe; eher wie Rührei. Nur braun.«

»Nicht grün?«

»Nein, karamelfarben; eher wie Schokolade.«

»Mußte sie sich anstrengen?«

»Ein bißchen. Aber nicht so sehr wie gestern.«

»Klingt recht gut«, erklärte er, der Fäkalien-*aficionado*.

Am Abend, nachdem ich sie im Bett gestillt hatte und sie die Bettlaken mit weißlichem Erbrochenen vollspie, lagen Ira und ich neben ihr und inspizierten eingehend jedes winzige, perfekt geformte Detail ihres Körpers – wie die Besitzer eines neuen Wagens, den sie sorgfältig auf Beulen und Kratzer untersuchen. Wohl nie hatte ein Säugling weniger Intimsphäre. Sie brauchte bloß ein bißchen zu strampeln, die Stirn zu runzeln oder den Mund zu verziehen, und schon waren wir in Alarmbereitschaft, suchten unermüdlich nach Möglichkeiten, auch die allerkleinste geheimnisvolle Laune zu befriedigen, die sie dadurch vielleicht ausdrücken wollte.

Eines Abends beim Essen sagte ich zu Ira: »Kannst du dich nicht mal eine Woche freimachen? Dann könnten wir nach Tennessee fahren und Wendy meinen Eltern vorführen.« Bis auf gelegentliche Ausflüge nach Montreal und Boston zu einem Hockey- oder Baseballspiel hatte Ira Vermont nur während seiner Militärzeit in Fort Dix und für das Sommerlager in Camp Drum verlassen. Er behauptete kategorisch, wenn die übrige Welt wie New Jersey sei, wolle er nichts damit zu tun haben. »Für mich ist das hier das schönste Fleckchen Erde von allen«, erklärte er überheblich. »Was soll ich also in Schenectady?«

Jetzt verschluckte er sich fast an seinem Schweinekotelett. »Du hast doch gesagt, deine Eltern wären tot«, gab er baß erstaunt zurück.

Und das stimmte. Ich hatte ihm nämlich erzählt, meine Eltern könnten weder zu unserer Trauung noch zum Empfang kommen, da sie beide gestorben seien. »Sie *waren* auch tot, für mich wenigstens damals«, erläuterte ich ihm ein wenig schwach, ohne ihm auseinandersetzen zu können, daß ich sie aus meinem Leben verbannt hatte, weil ich hoffte, dadurch ihren Bourgeois-Einfluß auf mich zu verringern. Rückblickend war das, was ich getan hatte, in keiner Weise zu rechtfertigen. In meinem Besuch bei ihnen mit Ehemann und Tochter sah ich nun eine Geste der Entschuldigung und Versöhnung. »*Bitte*, Ira! In Tennessee ist es ganz anders als in New Jersey.« Ich hütete mich sehr, zu behaupten, daß es in Tennessee *schöner* sei als in New Jersey.

Ira starrte mich lange an, dann kehrte er bedrückt zu seinem Schweinekotelett zurück. »Na schön«, sagte er schließlich. »Dann können wir auch gleich nach Boca Raton gehen und sie *meinen* Eltern zeigen. Im März.« Ich wußte genau, daß nur die Aussicht, Wendy vorführen zu können, ihn dazu bewegen würde, Stark's Bog auch nur vorübergehend zu verlassen.

Meine Eltern begrüßten uns auf dem Flughafen, als seien wir arme Einwandererverwandte, die endlich die Überfahrt in die Neue Welt geschafft hatten. Niemals zuvor hatte ich derart rippenschädigende Umarmungen bei ihnen erlebt. Mutters Instamatic verschlang Meter um Meter Filmmaterial. Eindeutig genossen sie ihren Sieg: Nach über vierjährigem Schweigen, nicht mal unterbrochen von der Ansichtskarte einer überdachten Vermont-Brücke mit der Bitte um Auslösung aus dem Gefängnis, war ihre ungebärdige Tochter, genau wie sie es sich immer ausgemalt hatten, in den Schoß der Familie zurückgekehrt, und zwar mit einem gutaussehenden Schwiegersohn und einer anbetungswürdigen Enkelin. Ihre Ginny war endlich zur Vernunft gekommen!

Immerhin waren sie so taktvoll, mir diese Tatsache nicht unter die Nase zu reiben. Mutter übernahm sofort Wendys Pflege und erlaubte ihr, ohne mit der Wimper zu zucken, das Haus in ein Trümmerfeld zu verwandeln. Wendy lernte gerade laufen, sauste überall herum und hielt sich dabei, um nicht auf den Hosenboden zu fallen, unter anderem an Tischdecken fest, auf denen kostbare Porzellan-Erbstücke standen.

Der Major legte Ira den Arm um die Schultern – während Ira seinen fehlenden Finger mit einem unbehaglichen Blick bedachte – und führte ihn durch Fabrik und Farm. Er nahm ihn mit zum Golfspielen in den Country Club. Und sprach sogar mit ihm über die Möglichkeit, eine Lebensversicherung abzuschließen.

Eines Nachmittags, als Ira und der Major Golf spielten und Wendy ihren Mittagsschlaf hielt, saßen Mutter und ich in peinvollem Schweigen im Wohnzimmer und lauschten dem Ticken der Familienuhr.

»Wir waren sehr traurig, daß wir so lange nichts von dir hörten, Liebes«, begann sie mit beträchtlicher Verlegenheit.

»Tja, also . . .«

»Hoffentlich ist es dir gutgegangen und du warst glücklich.«

Ich mußte mich zusammennehmen, so sehr haßte ich sie für ihre Güte. Sie hatte gehofft, daß es mir gutgehe und ich glücklich sei, während ich in Vermont gewünscht hatte, sie würde tot umfallen, damit ich endlich ihrem allgegenwärtigen Einfluß entfliehen konnte. Nachdem ich schon vor längerer Zeit erkannt hatte, daß ich, selbst wenn ich nicht das Leben führte, für das sie mich erzogen hatte, dennoch gerade dadurch auf sie *reagierte*, und daß das Leben, das ich geführt hatte, daher niemals meine eigene, auf meinen eigenen Wünschen basierende Entscheidung gewesen war. Eine überaus beunruhigende Erkenntnis, die der Theorie vom freien Willen endgültig den Hals brach.

»Es ging mir gut, und ich *war* glücklich, Mutter. Und zwischendurch war ich krank und unglücklich.«

»Ja, ja, so ist das Leben«, antwortete sie glattzüngig und beendete damit das Thema.

He, warte! tobte es in mir. Warum willst du denn nicht hören, *wieso* ich krank und unglücklich war? Denn ich wußte ganz genau, daß sie eben das nicht wollte.

»Wendy ist ein bezauberndes Kind.«

»Danke, Mutter. Hin und wieder muß ich ja wohl auch mal was richtig machen, nicht wahr?« Wie gewöhnlich, überhörte Mutter die Herausforderung.

»Ihr solltet nicht zu lange warten mit dem zweiten«, fuhr sie vertraulichen Tones fort. Sie hatte mich, ohne mich zuvor zu fragen, in den vom Glück begünstigten Kreis der Mehrfachmütter aufgenommen. »Es ist schöner für die Kinder, wenn sie zusammen aufwachsen.«

»Ehrlich gesagt, Mutter, an ein zweites Kind habe ich noch nicht gedacht.« Das war eine dreiste Lüge. Im Gegenteil, ich wußte ja jetzt, daß ich für den Beruf der Mutter geschaffen war. Ich war sogar besonders gut darin. Er war super für mich, wie Eddie zu sagen pflegte. Ich hatte endlich zu mir selbst gefunden. Und der Gedanke an ein zweites Kind hatte mich während der vergangenen zwei Monate kaum losgelassen. Aber ich fand Mutters Bemerkung anmaßend. Es paßte mir nicht, daß sie meinen Gehorsam für selbstverständlich hielt.

Sie war bestürzt. »Oh, entschuldige, Ginny! Ich meine ja nur, Einzelkinder sind oft so einsam. Und wenn man zwei hat, wird man mit dem ersten viel besser fertig.«

»Wenn du mich fragst – das ist genauso, als würde man sagen, wir könnten uns aus Vietnam zurückziehen, indem wir Laos besetzen.« Warum mußte ich bloß immer so schnippisch zu meiner armen Mutter sein?

Die Luxus-Eigentumswohnung von Mom und Dad Bliss lag in einem Hochhaus, das wie ein grauer Steinspargel am Strand von Boca Raton aufragte. ›Boca‹, wie es genannt wurde.

»Ach, Kinder! Sind sie nicht zauberhaft? Ich liebe sie! Ihr müßt möglichst viele bekommen. Füllt Father Bliss' Haus bis zu den Dachsparren mit ihnen!« predigte mir Mom Bliss eines Nachmittags am Strand, während Ira mit Dad Bliss zum Golfspielen gefahren war. Mom Bliss lag in einem rotgeblümten Badeanzug im feuchten Sand und sank, während das Wasser sie umspülte, langsam immer tiefer ein. Wendy tapste den zurückweichenden Wellen nach, quietschte laut auf, wenn neue Wellen sich brachen und heranrauschten, und kam schnell zu mir zurückgewatschelt. Es war schwer, Kinder in dieser Umgebung *nicht* zu lieben – die perfekten, strammen Körperchen braungebrannt von der heißen Sonne, jede Muschel, jeder Vogel, jedes Stück nasser Seetang etwas Wunderbares und Geheimnisvolles. Wendy zu beobachten war, als trinke man ein Sechserpack Geritol; meine Sinne, abgestumpft durch vier Monate mit nichts anderem als nur blendend weißem Schnee, öffneten sich wie eine verhungernde Venusfliegenfalle während der Mückensaison in Vermont.

»Nichts ist schöner für eine Frau, als zu sehen, wie ihre Kinder gedeihen.«

»Und wenn sie nun *nicht* gedeihen?« fragte ich sie in dem mühsamen Versuch, Widerstand zu leisten gegen diese Gehirnwäsche durch die Geheimagentinnen der Fruchtbarkeitsgöttin. Verdammt, ich wollte dieses zweite Kind, das ich mir zuzulegen gedachte, aufgrund meiner eigenen, freien Entscheidung bekommen! Doch war eine derartige Entscheidung überhaupt möglich?

»Ja, es ist immer wieder interessant, Kinder um sich zu haben.«

»Warum seid ihr eigentlich nach Boca gezogen?«

»Nun, weil es einfach in Vermont zu kalt ist, wenn man allmählich älter wird.«

»Fehlen dir deine Kinder und Enkel denn nicht?«

»Dad und ich haben uns etwas Ruhe verdient.« Anscheinend vergaß sie, daß sie sich gerade auf einem Kreuzzug für die Elternschaft befand. »Ewig kam Angela mit ihren vieren an und fragte mich: ›Mom, würdest du sie heute nehmen?‹ Das wurde mir auf die Dauer zuviel. Mein Leben lang habe ich Kinder versorgen müssen – acht im ganzen! Hatten wir vielleicht jemals all dieses Zeug zur Geburtenkontrolle wie ihr jungen Frauen heutzutage? *Wir hatten es nicht!* Wir nahmen die Kinder, wie sie kamen, und waren dankbar, wenn wir's heil überstanden. Und ich habe meine Mutter *niemals* gebeten, auf die Kinder aufzupassen, darauf kannst du dich verlassen. Deswegen finde ich, daß ich mir ein bißchen Ruhe und Frieden verdient habe, bevor ich sterbe.«

Auf dem Heimflug, während Wendy, die von meinem Schoß gerutscht war, den Stewardessen vor die Füße lief und den anderen Passagieren die Zeitungen entriß, sagte ich zu Ira: »Unsere Mütter meinen, wir sollten uns ein zweites Kind anschaffen.«

Ira blickte erstaunt von ›Road and Track‹ auf. »Das meinen unsere Väter auch. Und ich auch«, antwortete er. »Du nicht?«

Anscheinend war mir die Entscheidung bereits von allen möglichen Leuten vorweggenommen worden. Aber ich wollte mich nicht zu einer Gebärmaschine herabwürdigen lassen. »Ach, ich weiß nicht . . .«

»Du *weißt* es nicht? Aber wir können doch nicht nur *ein* Kind haben!«

»Wieso nicht?«

»Weil man einfach nicht nur ein Kind hat. *Jesum Crow*, Ginny! Außerdem willst du doch sicher auch einen Sohn, nicht wahr?«

So kamen wir aus dem ewigen Sommer von Boca in den schneeverwehten Frühling von Stark's Bog zurück, und nur die Sonnenbräune erinnerte uns daran, daß wir überhaupt fortgewesen waren. Während unserer Abwesenheit hatte sich der Schnee bis zur Unterkante der Erdgeschoßfenster aufgetürmt.

»Na, war es nicht schön, mitten im Winter in den Sommer zu reisen?« fragte ich Ira.

»Ich sehe nicht ein, warum wir deswegen so weit verreisen müssen. In Vermont scheint schließlich auch die Sonne.«

»Wo denn?«

Zwei Monate später hetzten Wendy und ich unter wesentlich weniger angenehmen Umständen abermals nach Tennessee hinunter: der Major war tot, auf dem Fußboden seines Büros einem Herzanfall erlegen. Dabei sah ich zum erstenmal nach mehreren Jahren Karl und Jim wieder und mußte feststellen, daß wir uns trotz der gemeinsamen Vergangenheit nur noch sehr wenig zu sagen hatten. Als der Sarg des Majors in die Erde gesenkt wurde, dachte ich, das alles könne doch nicht genug sein; die Tatsache, daß er diese Sprößlinge zurückließ, die seine Gene in die Zukunft tragen sollten, sei keine echte Kompensation für das Nichts, das, wie er immer behauptet hatte, jenseits des Grabes lag.

Daheim in Vermont stellten sich plötzlich Veränderungen ein. Wendy verlangte hartnäckig nach einer Tasse, wenn ich ihr meine Brust bieten wollte. Ich war vernichtet. Meiner Selbsteinschätzung als Erdmutter entsprechend hatte ich sie *mindestens* noch ein Jahr stillen wollen. Und dies war nur der erste Anhaltspunkt für die Ungeheuerlichkeit dieser meiner Torheit, denn Wendy sollte doch mein erweitertes Ich sein, meine Extrapolation in die Zukunft. War es möglich, daß es Dinge gab, die *sie selbst* tun und lassen wollte?

Anstelle von Milch verlangte sie jetzt ausschließlich Gerichte, die sie auf den Fußboden werfen und in der Küche herumschleudern konnte. Überall flog Spinat gegen die Wände wie im Sommer Insekten gegen die Windschutzscheibe. Und ständig wollte sie durchs ganze Haus tapsen, die stets nassen Windeln wie eine Schleppe hinter sich herziehend. Sie wollte sich fünfmal am Tag ans Bücherregal im Wohnzimmer klammern und sämtliche Bücher herunterreißen, die ich Dummkopf jedesmal schön ordentlich wieder eingeräumt hatte.

Mein eigener Tagesablauf bestand inzwischen nur noch aus einer Kombination von Iras und Wendys Stundenplan. Wendy wurde um halb sieben wach und verlangte sofort ihr Frühstück aus zerkleinerten Früchten, heißem Haferschleim und Milch. Anschließend begab sie sich an ihr Zerstörungswerk, während ich die Küche aufwischte, die Wände reinigte, den Teppich abschäumte und Iras Frühstück zubereitete. War Ira fort, kam Wendy wieder bis zehn ins Bett. Um zehn Uhr wurde sie gebadet, zu welcher Gelegenheit Ira sich schon längst nicht mehr einstellte, und bekam ihre Mittagsmahlzeit aus zerkleinertem Irgendwas mit Milch; hinterher abermaliges Herumkriechen und -tapsen im ganzen Haus, um das Chaos wiederherzustellen, das ich während ihres Schläfchens beseitigt hatte. Anschließend bis zwei Uhr Mittagsschlaf, und dann sahen wir uns – eine Gewohnheit aus vergangenen Stilltagen – ›Hidden Heartbeats‹ und ›Westview General‹ an. Das Abendessen aus feingehacktem Fleisch und Gemüse mit Milch landete zumeist auf dem Fußboden, auf ihrem Hemd und in meinem Gesicht. Ab, in den Schlafanzug mit ihr, damit sie, wenn Ira heimkam, für eine Spielstunde mit dem Vater bereit war. Das bedeutete, daß ich zwischen halb sieben Uhr morgens und halb elf Uhr abends, wenn ich völlig erschöpft in tiefen Schlaf sank, anderthalb Stunden vormittags und zwei Stunden nachmittags Zeit für mich selbst hatte, in denen ich meine Hausarbeit erledigen, Iras Hemden bügeln, das Dinner kochen, Wendys Essen von den Wänden kratzen sowie ihre Windeln waschen und legen mußte. Es war zuviel – sogar für eine Ordnungsfanatikerin wie mich.

Ich begann jedes einzelne Buch zu hassen, das Wendy herunterriß, jede Windel, die ich spülen mußte. Ich haßte sogar ihre bezaubernden Clownerien, die sie sich ausdachte, um mich zum Lachen zu bringen, etwa, wenn sie sich mit dem Rücken zu mir hinstellte, sich bückte und mich zwischen den Beinen hindurch anlächelte. Selbst wenn ich sie mit hinausnahm, weil ich im Garten Unkraut jäten wollte, hing sie, sobald ich mich nach ihr umsah, über dem Swimmingpool und betrachtete ihr Spiegelbild. Oder sie lief die Einfahrt hinunter bis auf die Autostraße hinaus. Mein ehedem geordnetes Leben bestand nur noch aus Chaos, einem einzigen irrsinnigen Chaos. Meine heitere, gelassene Stark's-Bog-Persönlichkeit hing in Fetzen. Meine Polyester-Hosenanzüge waren mit Aprikosenbrei bekleckert. Und zu allem übrigen zeigte Wendy die beunruhigende Neigung, ihren Vormittagsschlaf aufzugeben.

So vollauf war ich mit Wendy beschäftigt, daß ich nicht einmal Zeit hatte, mich nach einem Babysitter umzusehen. Daher konnte ich niemals ausgehen. Das Weibliche Hilfskorps hatte mich vorübergehend vom Dienst befreit, und seit meiner eigenen vor über einem Jahr hatte ich an keiner Geschenk-Überraschungsparty mehr teilgenommen. Die einzigen Menschen, mit denen ich sprach, waren Wendy und Ira. Mit verzweifelter Intensität klammerte ich mich an meinen Mann. Wenn er des Abends nach Hause kam, lauteten meine ersten Worte: »Gibt's was Neues? Mit wem hast du heute gesprochen? Was hört man denn so an Klatsch in der Stadt?«

Und das Gräßliche daran war, daß es, hörte man Ira reden, *überhaupt* nichts Neues gab. Nie kam er mit kleinen, saftigen Details über die neuesten vorehelichen Schwangerschaften oder heimliche Trinkerinnen nach Hause. Nicht mal, wer welche Versicherung mit welchem Berechtigten abgeschlossen hatte, wollte er mir verraten. Iras Charakter barg nicht das geringste bißchen Bosheit; er hielt nichts von Klatsch. Deswegen ging es mir allmählich auf, daß ich ihn im Grunde schlichtweg verabscheute. Die gelassene Freundlichkeit, mit der er alles und jedes in seiner kleinen, engen Welt hinnahm, trieb mich zum Wahnsinn. Ursprünglich hatte ich diese Eigenschaft für eine bis zum Extrem entwickelte Toleranz gehalten, eine Toleranz, die es ihm ermöglicht hatte, selbst angesichts der entsetzten Mienen von Freunden und Familie eine aus dem Sojabohnengesindel zu heiraten. Jetzt jedoch argwöhnte ich, daß es sich bei dieser Eigenschaft eher um ein Nichtvorhandensein von Differenzierungsvermögen handelte. Ira hatte keinen Geschmack – nicht etwa *schlechten* Geschmack, nein, *überhaupt keinen* Geschmack. Und das beste Beispiel dafür war, daß er ausgerechnet mich geheiratet hatte, die ich doch eindeutig nicht das darstellte, was er wollte oder brauchte (trotz meiner Bemühungen, uns beide davon zu überzeugen, daß ich die sanfte, stille Frau unserer Träume sei). Für Ira war eines nicht besser oder schlechter als das andere. Sein mieser Freund Rodney Lamoureux schimpfte, giftete und kämpfte wenigstens für das, was er für richtig hielt – genau wie Eddie. Selbst wenn das, was Rodney und Eddie für richtig hielten, nahezu immer falsch gewesen war.

»Was gibt's Neues?« fragte ich, wenn Ira abends zur Tür hereinkam.

»Ach, nicht viel.«

»Mit wem hast du heute gesprochen?«

»Ach, nicht mit vielen.« Damit schüttelte er meine Fragen ab, um sich nach Wendys Zähnen und ihrem Toilettentraining zu erkundigen. Sehnsüchtig fragte er stets nach meiner Periode, weil er hoffte, wenigstens ein einziger unerschrockener Samenfaden könnte an meinem wehrhaften Pessar vorbeigeschlüpft sein. (Ich selbst stellte meine Entscheidung hinsichtlich der Sohnes-Produktion vorerst immer noch zurück.)

Eines Abends im frühen Herbst drückte er sich schuldbewußt zur Haustür herein. Während ich an seinem Hals hing und seine Miene auf Anzeichen für Neuigkeiten aus der Außenwelt prüfte, stotterte er verlegen herum. »Ich . . . ich dachte, ich könnte diese Woche mal mit Rodney zum Camp rauffahren. Vögel schießen.«

Meine Arme fielen von seinem Hals herab, und ich starrte ihn niedergeschmettert an. So! Ira wollte also unser Heim zerstören. Na schön. Wenn das sein Wunsch war, sollte er Weib und Kind ruhig verlassen. Tapfer meine Tränen schluckend, wandte ich mich von ihm ab. »Fein!« sagte ich gespielt munter. »Großartig! Fahr nur los, ich wünsche dir viel Vergnügen! Wendy und ich werden schon zurechtkommen. Wir werden hierbleiben und warten, bis Daddy wieder nach Hause kommt. Nicht wahr, Wendy?«

Seit meiner Heirat hatte ich es konsequent vermieden, mir die Abendnachrichten anzuhören. Meine Theorie lautete: Was man nicht ausstehen kann, davor soll man sich verschließen. Im Fernsehzimmer stapelten sich die ungelesenen Zeitschriften und Zeitungen des vergangenen Jahres. An jenem Montagabend jedoch, da Ira und ich miteinander geschlafen hätten, wäre er nicht auf die Vogeljagd gegangen, setzte ich mich vor den Fernseher und hörte mir hintereinander Howard K. Smith, John Chancellor und Walter Cronkite an. Anschließend blieb ich die ganze Nacht auf und las mich durch die Zeitungsberge.

Es war unglaublich! Monsterpanzer rollten durch die Regenwälder, hinter sich eine Spur von Leichen zurücklassend. Atomsprengköpfe sprenkelten den Globus mit der Häufigkeit des Mäusedrecks in meinen Schränken. Hungernde Kinder kämpften um die unverdauten Körner im Kuhdung. Ganze Busse voll schwarzer Kinder wurden von weißem Mob umgestürzt. Und die Weltmeere waren nur noch eine Giftbrühe. Jesus Christus, Eddie hatte doch recht gehabt! Unsere Gesellschaft brachte den Tod. Wie war es möglich, daß ich noch immer am Leben war? Und ich hatte mir Gedanken darüber gemacht, ob ich mir einen weiteren Konsumenten der herrschenden Klasse andrehen lassen sollte! Es war widerlich!

Ich sprang auf und begann in dem hallenden Haus auf und ab zu wandern. Dann warf ich mich auf die Couch im Salon, starrte zu dem pferdegeschwänzten Father Bliss hinauf und dachte daran, wie der Sarg des

Majors in die Erde gesenkt worden war. Nein, es ist nicht genug! Es ist nicht *genug*! klagte ich innerlich immer wieder. Man hatte Nachkommen – na und? Das verhinderte immer noch nicht, daß man an Industrieabgasen erstickte, daß man bei einer Atomkatastrophe lebendig gegrillt wurde, daß man eines grauenvollen Todes sterben mußte. Wenn man *Glück* hatte, konnte man hoffen, friedlich in die Erde gesenkt zu werden, wo man verfaulte und von Würmern gefressen wurde . . .

Die *Welt* brauchte mich, und ich saß hier in den Wäldern fest, zerquetschte Bananen und wusch Windeln! Für einen kleinen Scheiß-Vampir von Kind, der nur gedieh, weil er mir die Kraft aussaugte und mich dabei verschrumpelt wie eine schlecht einbalsamierte Mumie zurückließ . . .

In einem kurzen, lichten Moment wurde mir klar, daß ich über Nacht verrückt geworden sein mußte. Ich griff zum Telefon und rief Angela an, den einzigen Menschen hier im Ort, mit dem ich mich annähernd verständigen konnte. Nach dem üblichen Austausch von Höflichkeiten explodierte ich unversehens. »Hast du denn nicht auch manchmal die Nase voll von allem, Angela – immer dasselbe, Tag um Tag, Jahr um Jahr? Essen kochen, Betten machen, Wäsche legen, Spielzeug aufräumen. Kinder baden, schlafen legen, windeln. Forellensaison, Vogelsaison, Rotwildsaison. Und so weiter und so fort. Nichts verändert sich. Jemals. Das ist doch wie im Gefängnis, Angela! Und währenddessen sterben die Menschen wie die Fliegen, die ganze Welt bricht zusammen, und . . .«

»O ja, natürlich kriege ich manchmal solche Anfälle«, unterbrach mich Angela, eindeutig verwirrt durch meinen Anruf.

»Und was *machst* du dagegen?«

»Ach, Bill und ich, wir schreien uns an und schlagen uns und werfen mit Tellern. Und dann schleppt mich Bill kurzerhand ins Bett, und dann kriege ich wieder ein Kind.« Sie lachte fröhlich.

Ich starrte entsetzt ins Telefon. »*Wirklich?*«

»Du solltest dir auch noch ein Kind zulegen, Ginny. Wirklich. Zwei sind soviel einfacher zu versorgen als eins.«

Das *muß* sie ja denken, sagte ich mir mißtrauisch. Sie hat vier. Deswegen *muß* sie einfach finden, daß sie den bestmöglichen Weg gewählt hat. Und nun ist sie ebenso auf der Jagd nach Bekehrbaren wie alle anderen.

»Das sagen die anderen auch immer . . .«

»Ja, und es stimmt. Und es wird wirklich mit jedem Kind einfacher. Also, ich fühle mich so entspannt mit meinen vieren, daß ich fast auseinanderfalle.« Das traf zu. Angela wirkte häufig ganz abwesend. Ihre Kinder waren alle ungefähr zwei Jahre auseinander. Wie bei den meisten Familien auch. Das bedeutete, daß Angelas Methode, häusliche Flauten zu bekämpfen, immer ungefähr fünfzehn Monate zwischen der Geburt des letzten Kindes und der Empfängnis des nächsten anhielt.

Wendy war schon älter als fünfzehn Monate. Also würde Ira mich jetzt bald auch ins Bett schleppen und mir, um meine geistige Gesundheit wiederherzustellen, ebenfalls ein zweites Kind machen. Ich zog es zwar vor, in der Empfängnis eine wohlüberlegte Entscheidung zu sehen, doch wenn ich wollte, daß meine Kinder wohlüberlegten Entscheidungen entsprangen, mußte ich mich zusammenreißen und mich entscheiden, ob ich nun noch eines wollte oder nicht.

Als Ira von seiner großen Vogeljagd heimkehrte, lag ich in einem nervenzusammenbruchähnlichen Zustand auf der Couch im Salon und starrte zu Father Bliss hinauf. Überall auf dem Fußboden lagen Bücher aus dem Bücherregal. Die Küche und meine Haare waren mit Spinat bekleckert. Ich hatte soeben eine Anzahl von Briefen fertiggestellt: Anfragen nach Prospekten über Landkauf im Klondike, Arbeitsmöglichkeiten in Neuseeland, Einwanderungsbedingungen in Sambia. Dieses Verhalten paßte genau zu dem Motto, das auch bisher mein Leben bestimmt hatte: ›Im Zweifelsfall abhauen.‹

»Wo ist denn mein Engelchen?« fragte Ira sofort und warf mir ein halbes Dutzend vergammelnder Spatzen zu, die ich zum Abendessen rupfen sollte.

»Keine Ahnung«, flüsterte ich.

»*Was*? Das *weißt* du nicht?«

»Vielleicht im Garten.«

Ira rannte in den Garten. »Wendy!« rief er. »Daddy ist wieder da!« Die Rufe entfernten sich immer weiter vom Haus und wurden immer angstvoller.

Ira fand Wendy schließlich auf der Straße zur Stadt, die sie auf ihren pummeligen Beinchen entlangtrottete, während die nassen Windeln im Staub hinter ihr herschleiften. Als er sie, wie durch ein Wunder unversehrt, ins Haus trug, zitterte er vor Zorn. Noch nie hatte ich meinen so beharrlich gutmütigen Ehemann auch nur annähernd so ärgerlich gesehen. Fasziniert, ja beglückt beobachtete ich ihn und sah. wie seine schwarzen Augen Wut sprühten.

Er ging hinauf und legte Wendy ins Bett. Dann kam er wieder heruntergepoltert, baute sich vor mir auf und starrte mich sprachlos an.

Ich zuckte gleichgültig die Achseln. »Ich habe heute mal gerechnet. Seit siebenundzwanzig Monaten schlage ich mich nun mit diesem Babykram rum. Ich habe es satt.«

»Du hast es *satt*?« schrie er mich an. »Aha! Und da hast du dir also gedacht, du läßt sie einfach auf die Straße laufen, damit sie überfahren wird und du dich nicht mehr mit ihr herumschlagen mußt, wie?«

»Ich wußte nicht, daß sie auf der Straße war.«

»Das ist es ja eben!« brüllte er aufgebracht. »*Du wußtest nicht, wo unser Kind war!*«

»Ach was, Kind hin, Kind her. Ich hab diese Scheiß-Kinder bis obenhin satt!« kreischte ich. »Vielleicht möchte ich zur Abwechslung mal an was anderes denken, von was anderem reden als von Stuhlgang, was anderes tun als Windeln waschen!«

»Nun, wenn du es satt hast, um so schlimmer für dich, Ginny«, fauchte Ira. »Denn wir beide werden Wendy zweifellos noch einige Jahre bei uns haben. Ich weiß, daß du es gewöhnt bist, einfach einzupakken und auf und davon zu gehen, wenn du die Dinge satt hast. Das hast du dein ganzes Leben lang gemacht. Du bist ein verwöhntes Blag! Aber du *wolltest* dieses Kind, Ginny. Es war *deine* Idee. Vergiß das nicht. Und du wirst, verdammt noch mal, für sie sorgen! Das ist deine *Pflicht* als ihre Mutter!«

»Ach, verpiß dich!« entgegnete ich ruhig. Dann warf ich ihm die toten Vögel ins Gesicht. »Und nimm deine Scheiß-Spatzen und steck sie dir in den Arsch!«

»Wenn du mir gegenüber noch ein *einziges* Mal diese Sojabohnensprache benutzt, Ginny Bliss, werde ich dich windelweich prügeln!«

»Sieh an, sieh an! Prinz Päpstlicher-als-der-Papst zeigt seineFarben«, stellte ich nachdenklich fest und streckte den nackten Fuß aus, um meine Zehennägel zu studieren. »Mr. Sanftmut ist aus seinem Versteck gekrochen, um sich an die Seite seiner illustren Schar bigotter Familienmitglieder zu stellen, der reizenden und faszinierenden Bewohner von Stark's Bog in Vermont.«

Als ich aufblickte, sah ich, daß Ira die Flinte auf meinen Kopf gerichtet hielt.

»Ich werde dein Gehirn durchs ganze Zimmer pusten, wenn du nicht sofort deine dreckige Lesben-Schnauze hältst!« keuchte er.

Ich betrachtete den Gewehrlauf gelassen. Das war's also. Der Tod hatte mir mein Leben lang aufgelauert, und nun hatte er mich beim Wikkel. Offenbar war es mir bestimmt, als Mordopfer in einem Steinhaus der Kolonialzeit in Stark's Bog, Vermont, zu sterben – ein recht ungewöhnliches Schicksal für eine Landpomeranze aus Tennessee. Aber von mir aus. Es war mein wohlverdienter Lohn. Ich hatte einen Mann geheiratet, ohne ihn zu ›lieben‹ – was immer dieses hochtrabende Wort bedeutete, und das wußte ich wahrhaftig nicht mehr. Ich war auf dem besten Weg, ihn, einen freundlichen, anständigen Mann, zu verabscheuen, und zwar aus genau denselben Gründen, aus denen ich ihn geheiratet hatte: weil er verantwortungsbewußt, zuverlässig, diszipliniert, berechenbar, langweilig und stumpfsinnig war. Ira hatte seinen Teil unserer Abmachung gehalten, indem er mir ein geordnetes Leben bot, während ich offensichtlich nicht mehr bereit war, meinen Teil zu erfüllen und eine sanfte, stille Frau zu sein, auf die sich ein Mann freuen konnte, wenn er des Abends heimkehrte. Ich schloß die Augen, ganz und gar darauf vorbereitet, daß mein Kopf wie ein zu Boden fallender Kürbis in tausend Stücke gesprengt wurde.

Doch nichts geschah. Ich hörte jemanden schluchzen. Gerade als ich die Augen aufschlug, schleuderte Ira sein Gewehr in die Ecke und sackte weinend in Father Bliss' Ohrenbackensessel zusammen. Wir schliefen beide an Ort und Stelle ein und schliefen die ganze Nacht hindurch. Am nächsten Morgen erwachte ich mit wütendem Kopfweh und dem Übelkeitsgefühl der Selbstverachtung. Als ich vorsichtig ein Auge öffnete, sah ich, daß Ira mich verzweifelt anstarrte. Auf den Flügeln der Reue flogen wir aufeinander zu, umarmten uns mitten im Zimmer und bedeckten jeder des anderen Gesicht mit heißen Küssen. Die Stunde, bis Ira ins Büro mußte, verbrachten wir mit inbrünstigen Schwüren, ein neues Leben zu beginnen und uns von nun an bis in alle Ewigkeit nur noch der eigenen Häuslichkeit zu widmen.

»Ich will dich doch glücklich machen, Ginny«, stammelte er.

»Aber ich *bin* glücklich, Ira«, antwortete ich ebenso leise. Ein Versuch, uns beide davon zu überzeugen.

»Heute abend werden wir einen Sohn machen«, versprach Ira, an meinem Ohrläppchen knabbernd, kurz ehe er zum Wagen hinauseilte.

An diesem Abend tischte ich ihm die Wildvögel auf. Ich versteckte ihre armen kleinen Köpfchen unter Salatblättern, stocherte pflichtbewußt an ihnen herum und war bemüht, die erbärmlich dünne Fleischschicht von den zarten Knochen zu lösen.

»Köstlich!« beteuerte Ira, genau wie Eddie es stets von den Sojabohnenkroketten behauptet hatte.

»Köstlich«, echote ich ein wenig matt, durchaus im Bewußtsein der Tatsache, daß mir in Kürze ein Sohn in die Gebärmutter gepflanzt werden sollte. Mutter hatte immer betont, persönliche Wünsche seien unwichtig, was zähle, sei allein, daß man seine Pflicht tue. Meine Pflicht war es nun mal, meinem Ehemann einen Erben zu schenken, und damit basta!

Wie sich jedoch herausstellen sollte, war dieser Abend nicht sonderlich für die Zeugung eines Sohnes geeignet. Zwar hatte sich der Orgasmus, den ich bei Wendys Empfängnis erlebt hatte, nicht wiederholt, dennoch aber hatte Ira die Versuche, unser Geschlechtsleben aufregend zu gestalten, endgültig aufgegeben. Das Baumeln am Balken hatte sein Vertrauen in das Handbuch zutiefst erschüttert. Dafür bestand das Projekt, dem er nunmehr sein beträchtliches Organisationstalent widmete, in der Zeugung eines Sohnes. Aus ›Reader's Digest‹ hatte er einen Artikel über die Methode ausgeschnitten, mit der man aufgrund der unterschiedlichen Geschwindigkeit, mit der sich männliche und weibliche Samen unter den verschiedenen Vaginalbedingungen bewegten, das Geschlecht des Kindes bei der Zeugung bestimmen konnte. Und daher waren nun auf meinem Küchenkalender diejenigen Tage meines Menstruationszyklus rot angestrichen, die für die Zeugung eines männlichen Kindes am günstigsten waren. Ich kam mir vor wie eine mittelalterliche

Festungsstadt, der eine Belagerung bevorsteht. Ira kaufte mir eine Vaginaldusche und mixte in einem Topf eine ganz bestimmte Spüllösung zusammen. Außerdem übte er in Sachen Sex entschlossen strengste Enthaltsamkeit, um seinen Samen für die große Attacke zu sparen.

»Aber warum muß es unbedingt ein Sohn sein?« wollte ich wissen.

»Warum ein *Sohn*? Also . . . jeder wünscht sich doch einen Sohn.«

Aber ich war nicht mal so sicher, daß ich überhaupt ein weiteres Kind haben wollte, egal, um welches Geschlecht es sich handelte. Immerhin – falls ich nicht die Absicht hegte, Father Bliss' Haus bis zu den Dachsparren mit Nachkommen zu füllen, was sollte ich tun? Welche Ausrede sollte ich Ira auftischen, um diesen Zeugungs-Blitzkrieg zu verzögern oder sogar zu verhindern? Keine Ahnung. Außerdem war da ja doch die Pflicht, die ich zu erfüllen hatte.

Unsere ersten Versuche waren ein krasser Fehlschlag. Iras Samen waren zweifellos in diesem Meer von Natriumbikarbonat ertrunken, das er mit der Vaginaldusche in mich hineingepumpt hatte, während ich in der Badewanne lag und schwächlich protestierte: »Ira, wenn du soviel Backpulver in mich reinfüllst, bringe ich noch ein Dutzend Plätzchen auf die Welt!«

Inzwischen war es Spätherbst geworden. Ich steckte Wendy in ein Gestell, das ich auf dem Rücken trug, und fing an, Marathonwanderungen durch Felder, Wälder und Täler zu machen. Diese Ausflüge waren von einer gewissen Wehmut gekennzeichnet: Ich mußte *jetzt* wandern, denn ich würde wohl bald wieder schwanger und dann nicht mehr in der Lage sein, mit Wendy auf dem Rücken weite Ausflüge zu machen. Wendy liebte ihren neuen Aussichtssitz und hüpfte unterwegs fröhlich darin herum. Oder sie wurde von dem ewigen Zappeln und Plappern müde und schlief, das Köpfchen auf meine Schulter gelegt, friedlich ein. Manchmal war ich nicht rechtzeitig daheim, um für Iras Lunch zu sorgen, oder ich kam so spät nach Hause, daß ich das Abendessen erst um sieben Uhr auf den Tisch bringen konnte und Ira sich bei seinen Versammlungen verspätete. Zumeist war das Haus ein einziges Chaos. Ich hatte jeden Versuch, mit der Unordnung Schritt zu halten, kurzerhand aufgegeben. Mehr als ein gelegentliches Aufräumen und ein nur noch symbolisches Staubsaugen war bei mir einfach nicht mehr drin. Zuweilen steckte ich eine Ladung schmutziger Wäsche in die Waschmaschine und ließ sie eine Woche lang oder mehr drin liegen; und weil ich vergaß, die Maschine auf Trocknen umzuschalten, kam die Wäsche völlig verschimmelt und grün heraus.

Ira wurde immer mürrischer. Er hörte auf, mir zu beteuern, er wolle mich glücklich machen. »Ich verlange ja nicht viel von dir«, beschwerte er sich eines Abends nach einem Dinner aus fertigen Tiefkühlgerichten und zog hektisch an seiner Zigarre.

»Nicht *viel*?« Und dann zählte ich auf, was alles zur Bewirtschaftung dieses Zwangsarbeitslagers gehörte, das er als sein Haus und Heim bezeichnete.

»Aber Ginny, das ist doch deine *Pflicht*! Ich arbeite den ganzen Tag und muß auch vieles tun, was ich wirklich nicht gern mache, um soviel Geld zu verdienen, daß wir davon leben können. Erwachsene *müssen* nun mal arbeiten, wenn sie leben wollen. So einfach ist das. Aber du tust deine Pflicht nicht, Ginny.«

»Großer Gott!« sagte ich, atemlos vor Wut und Zorn. »Du mit deiner Buchhalter-Mentalität!«

»Wenn du nicht in meinem Haus leben, meine Frau sein und meine Kinder zur Welt bringen willst«, erklärte Ira überaus selbstsicher, »dann solltest du mal darüber nachdenken, was du eigentlich wirklich willst.« Dann nahm er den Kalender von der Wand und machte sich daran, meine fruchtbaren Tage für diesen Monat auszurechnen.

Bei einer meiner Wanderungen stieß ich zufällig, aus einer völlig fremden Richtung kommend, auf unseren alten Biberteich. Wendy schlief. Ich hielt den Atem an, erwartete, beim Anblick der vertrauten Örtlichkeit von einer Faust in den Magen getroffen zu werden. Ich war zwar inzwischen öfter hier gewesen, aber immer nur bei Dunkelheit auf Iras Sno Cat, und das war lange nicht dasselbe, wie hier im Spätherbst am hellichten Tag zu stehen.

Bis jetzt war das Gefühl nur schwach, erträglich, eher angenehm nostalgisch. Ich wanderte am Teichufer entlang. Die Sonne schien indirekt, aber heiß, und das dürre Timotheusgras der Wiese raschelte, als ich langsam zum ehemaligen Platz der Blockhütte hinaufstieg. Ein paar schwarz verkohlte Trümmer waren geblieben, nicht viele. Der Schnee des Winters hatte sein heilendes Werk getan, hatte die Asche in die Wiese hinuntergewaschen. Ein paar vorwitzige Kletten hatten sich durch die Ruinen ans Licht gekämpft.

Ich blickte zum Teich hinab, so still und ruhig im Vergleich zu jenem letzten Wahnsinnswinter. Hier und da schossen Wasserinsekten über die Fläche, schickten ein Muster von konzentrischen Kreisen aus. Die grauen Baumleichen, im hellen Sonnenschein lange nicht so bedrohlich wie sonst, standen da wie stumme, finstere Beobachter der menschlichen Torheit, von der sie in jenem Winter umgeben gewesen waren.

Langsam schlenderte ich umher, horchte in mich hinein, wie man wohl einen Zeh ins heiße Badewasser steckt, um zu prüfen, ob sich vielleicht Gefühle meldeten, und strebte schließlich unserem ehemaligen Garten zu. Er war vollständig von einem wilden Durcheinander aller möglichen Unkrautgewächse überwuchert. Auf dem Tomatenbeet, auf dem ich Eddies Asche verstreut hatte, entdeckte ich ein paar Stengel vertrockneter Goldraute. Einen davon pflückte ich und steckte ihn mir ins Knopfloch.

Ich wanderte den Pfad zu Monas und Atheliahs Farm hinunter. Der

Weg war zugewachsen, beinahe nicht mehr zu erkennen. Ich dachte, ich könnte auf einen Sprung hineinschauen und guten Tag sagen. Seit über einem Jahr hatte ich sie nicht mehr gesehen. Das letztemal war ich ihnen im Lebensmittelgeschäft begegnet. Sie waren mit ausgebreiteten Armen auf mich zugekommen, um mich herzlich zu umarmen. Ich hatte nervöse Blicke um mich geworfen. Zwei von Iras vielen Tanten, mehrere Kusinen und der Geschäftsinhaber beobachteten uns. Wem gehörte meine Loyalität? Inzwischen wußte ich, daß keine Seite dulden wollte, daß ich beiden Seiten zugleich gehörte. Es war ein qualvoller Augenblick der Wahrheit. Wie von selbst hoben sich meine Arme – zögernd. Hastig ließ ich sie wieder sinken und begrüßte Mona und Atheliah kühl, mit Worten allein. Ich hatte meine Wahl getroffen. Jetzt jedoch war ich meiner Sache nicht mehr so sicher.

Ich stand da und betrachtete das weitläufige Haus. Eine Party war im Gang. Wahrscheinlich hatten sie wieder mal irgendeinen längst vergessenen Heiligentag als Anlaß für ein Fest ausgegraben, vielleicht handelte es sich auch um einen indianischen Sommerritus. Es wurde in schwarzen Kesseln gerührt, die über flackernden Feuern hingen. Überall lagen Leute in der Sonne, fast alle nackt, spielten auf Instrumenten, rauchten Marihuana, lachten. Wo früher das Maisfeld gewesen war, fand ein wildes Lauf- und Springspiel statt. Und in diesem Jahr war nicht einmal der Ansatz zu einem richtigen Garten zu erkennen. Mit breitem Lächeln auf dem Gesicht starrte ich vom Hügel auf das Anwesen hinab.

Dann hörte ich plötzlich auf zu lächeln, starrte jedoch weiterhin auf die Szene, denn nun schwemmte der Schmerz, auf den ich gefaßt gewesen war, endlich wie eine große Woge über mich hin. Ich biß die Zähne zusammen und verschloß ganz fest die Augen vor diesem Gefühl. Ich zitterte vor tiefer Qual. Und wußte, daß es kein Zurück gab. Weil ich sonst, wie Lots Weib, als es aus Sodom floh, zur Salzsäule erstarren würde. Aber ich *wollte* doch zurück! Ich wollte wieder mit Eddie faul in der Sonne liegen, Marihuana rauchen, lachen und nicht mehr an Backpulver-Duschen und schmutzige Windeln denken. Ich wollte meine Pflicht vergessen. Doch die Kehrseite des Herumliegens in der Sonne war jener Ausbruch von Unvernunft, der an dem Tag, als Ira sie auf der Straße fand, dazu geführt hatte, daß ich Wendy vernachlässigte. Diese beiden gingen Hand in Hand und hatten auch Eddie umgebracht . . .

Wendy schreckte aus dem Schlaf hoch und fing an zu weinen. Ich ließ das Traggestell vom Rücken gleiten und hob sie heraus. Dann hockte ich mich an einen Stein und setzte sie, das Gesicht mir zugewandt, auf meinen Schoß. Ich küßte ihr pausbäckiges Gesichtchen, das vom Schlaf noch feucht und rosig und schmollend verzogen war. Sie lächelte zögernd. Ich ließ sie auf meinen Knien reiten und blies ihr vorsichtig ins Ohr, um sie ein wenig aufzuheitern. Sie lachte, aber voll Ärger, weil sie eigentlich nicht lachen wollte.

Mein kleiner Vampir riß mir den Stengel Goldraute aus dem Knopfloch. Ich unterdrückte den Impuls, ihn ihr sofort wieder wegzunehmen. Ich zwang mich, dazusitzen und ruhig zuzusehen, wie sie ihn langsam, Blatt um Blatt, zerpflückte. Dann nahm ich das Traggestell in eine Hand, Wendys feuchte kleine Patsche in die andere, und gemeinsam trotteten wir durch den Wald nach Stark's Bog zurück.

Freitag, 7. Juli

Jedesmal, wenn Ginny jetzt die Jungvögel in die Luft warf, begannen sie, während sie immer noch wie Steine zu Boden stürzten, wenigstens ein bißchen zu flattern. Anscheinend begriffen sie allmählich. Sie trainierten ihre Muskeln und beschleunigten vielleicht sogar das Wachstum der Federn. Sie hatte sich eingeredet, daß sie fliegen lernen würden, wie Wendy laufen: Eben war sie noch herumgekrabbelt und hatte zu den Erwachsenen emporgesehen, die hoch über ihr vorbeigingen, im nächsten Moment gelang es ihr, sie in einem Ausbruch von Inspiration zu kopieren. Eines Morgens würden die Vögel plötzlich davonfliegen und nicht mehr zurückkommen. Im Idealfall.

Zweimal am Tag – des Morgens, wenn sie aufstand, und am Spätnachmittag, wenn sie vom Krankenhaus kam – streichelte Ginny ihnen, nachdem sie sie mit hinausgenommen hatte, mit dem Zeigefinger die winzigen Köpfchen. Diese Köpfchen waren inzwischen zur Hälfte mit dem flauschigen grauen Flaum der Kindheit, zur Hälfte mit den glatten schwarzen Federn der Erwachsenen bedeckt. Der Flaum stach in wirren Büscheln aus dem glatten, blanken Federkleid empor, das bald auch ihren Rücken bedecken würde. Sie waren häßlich, das mußte sie zugeben. Sie sahen aus wie australische Kiwi-Vögel. Sie waren linkisch, ungeschickt und häßlich wie jede heranwachsende Lebensform. Wäre sie nicht ein so von Zwängen getriebener Mensch gewesen, sie hätte sie in die Toilette gespült. Sie mußte sich zusammennehmen, um ihnen nicht den Hals umzudrehen. Was zum Teufel hatte sie sich da aufgebürdet, mit diesen beiden jungen Vögeln, die in der Sekunde, da sie den Fuß ins Blockhaus setzte, unbarmherzig zu kreischen begannen? Hatte sie nicht auch so schon genug Probleme, wo sie jeden Tag ins Krankenhaus gehen und die Clara Barton zur Camille ihrer Mutter spielen mußte?

Als Ginny das Zimmer der Mutter erreichte, blieb sie erst einmal vor der Tür stehen. Während der vergangenen zwei Wochen war es ihr immer schwerer gefallen, dieses Zimmer zu betreten. Nie wußte sie, welch neuer Horror in Gestalt körperlicher Funktionsstörungen sie erwartete. Die positive Wirkung der Transfusion hatte vier Tage lang angehalten. Die verschiedenen Schleimhäute hatten aufgehört zu bluten, die Thrombozytenzahl war gestiegen, die Gerinnungszeit kürzer geworden. Und dann war alles wieder zusammengebrochen.

Nach einem tiefen Atemzug klopfte sie an, wartete ein wenig und öffnete die Tür. Wie erniedrigend für eine Frau, die immer so sehr auf ihre Privatsphäre gehalten hatte, ständig und für jedermann mühelos erreichbar zu sein! Die Mutter hob den Blick von der Enzyklopädie und lächelte schwach.

»Hallo, Mutter!« Die Mutter nickte.

Ginny setzte sich und überlegte, was sie ihr Angenehmes sagen könnte. »Schönes Wetter heute.« Etwas Besseres brachte sie nicht zustande.

»Wirklich?«

»Erinnerst du dich an die Vögel?«

»Ja, sicher. Wie geht's ihnen?«

»Gut. Ich gebe ihnen Flugunterricht.«

Die Mutter lachte. »Das muß ja überaus amüsant für dich sein. Was machst du – springst du vom Dach und wedelst mit den Armen?«

Ginny lächelte. »Nein, ich werfe sie in die Luft und überlasse sie sich selbst. Aber ich weiß nicht so recht: Meinst du, Vögel wissen instinktiv, wie man fliegt, oder lernen sie es erst, indem sie ihre Eltern beobachten?«

»Hmmm. Gute Frage. Keine Ahnung. Hast du im Buch nachgesehen?«

»Birdsall weiß auch nichts darüber. Jedenfalls erwähnt er nichts. Worüber ich mir vor allem nicht klar bin, das ist, wie ich alles beschleunigen kann. Ich muß sie loswerden, bevor sie völlig von mir abhängig sind. Schließlich werde ich nicht mehr lange hier sein.«

»Dann kann ja *ich* immer noch weitermachen, wenn du nach Vermont zurückkehrst.« Mrs. Babcock staunte über die Leichtigkeit, mit der ihr diese Worte über die Zunge kamen. Ging Ginny wirklich nach Vermont zurück? Mrs. Babcock hatte Grund zu der Annahme, daß sie es nicht tun würde; sie hatte mehrere Dutzend mimische Reaktionen und ein paar angedeutete Bemerkungen zusammengezählt. Und sie selbst würde, wenn überhaupt, dieses Krankenhaus bestimmt nicht so bald verlassen. An diesem Morgen hatte sie im Badezimmerspiegel Blutblasen am Zahnfleisch entdeckt. Wie es schien, waren die Mundschleimhäute die nächsten Gewebeteile, die sie im Stich lassen würden. Aber sie hatte weder Dr. Vogel noch Miss Sturgill etwas davon gesagt. Irgendwie hatte sie nämlich das Gefühl, diese beiden Menschen beschützen zu müssen, vor allem aber ihre eigene besorgte und so unglückliche Tochter. Alle drei waren sie jung, tief verstrickt in die Probleme des Lebens, glücklicherweise jedoch noch unberührt von den Problemen des Sterbenmüssens.

Ginny dagegen zuckte zusammen, sowohl weil ihre Mutter glaubte, das Krankenhaus bald – oder jemals – verlassen zu können, als auch weil ihre Mutter annahm, sie selbst werde bald nach Vermont zurückkehren. Obwohl sie das jetzt, wie sie glaubte, wirklich wollte. Es war schmerzlich, jeden Abend ins leere Blockhaus heimzukommen. Als ihre Abende bis zum Bersten ausgefüllt waren mit Wendys Bad und Schlafenszeit, mit schmutzigem Geschirr, dem Füttern um elf und mit dem

Sex, hatte sie sich sehnlichst gewünscht, nur einen *einzigen* langen, köstlichen Abend verbringen zu dürfen, ohne von den Bedürfnissen ihrer unersättlichen Tochter und ihres ebenso unersättlichen Ehemannes gestört zu werden. Jetzt, nachdem sie solche Abende zwei Wochen lang genossen hatte, konnte sie es nicht mehr ertragen. Sie wanderte im Wohnzimmer auf und ab, zögerte in der Nähe des Telefons, kämpfte mit sich, ob sie nicht den Hörer abnehmen, Ira anrufen und ihn um Verzeihung bitten sollte. Ein dutzendmal wohl ging sie im Verlauf der Nacht an den Kühlschrank und starrte hinein, obwohl sie gar nicht hungrig war. Überall im Wohnzimmer standen Tassen mit kalt gewordenem Kaffee und Tee herum. Sie verwendete mehr Zeit auf diese albernen Vögel – stopfte ihnen frisches Gras in den Korb, suchte heruntergefallene Futterbrocken auf, streichelte ihre häßlichen Köpfe, während sie doch nur in Ruhe gelassen werden und schlafen wollten –, als sie jemals für Wendy und Ira aufgebracht hatte. Die nächtlichen Geräusche draußen – Ochsenfrösche am Teich, Grillen und muhendes Rindvieh – beunruhigten sie so, daß sie die Türen und Fensterläden doppelt sicherte und ein geladenes Gewehr neben die Haustür stellte. Sie warf sich auf die Couch und holte ein Buch aus dem Bücherschrank. In Gedanken jedoch war sie in Vermont und sah Ira, wie er in seinem Lehnstuhl saß und gelassen an seiner Zigarre zog, während Wendy ihm auf die Knie kletterte und angestrengt versuchte, einen Finger durch die Rauchringe zu stecken, die er für sie fabrizierte. Ganz und gar elend kroch Ginny dann ins Bett, umklammerte mit Armen und Beinen die Kissen und stellte sich vor, es wäre Iras warmer, lebendiger Körper.

All die gewohnten Hausarbeiten, die sie zum Schluß so lästig gefunden hatte – es gab nichts mehr, das ihren Platz eingenommen hätte, und Gewohnheiten legen sich nicht so rasch von selbst. Sie wollte sie wiederhaben. Sie sehnte sich nach den vertrauten Gerüchen: Iras Zigarren, Wendys Babypuder, dem Zitronenöl auf den antiken Möbeln. Nach dem vertrauten Gefühl von Iras Händen, die über ihren Körper glitten, nach Wendys pummeliger Faust, die beim Spazierengehen ihren Zeigefinger umklammerte. Gewiß, sie hatte Gründe gehabt, das alles aufs Spiel zu setzen, indem sie sich mit Hawk einließ. Aber was waren das für Gründe gewesen? Damals waren sie ihr so wesentlich vorgekommen, jetzt aber wollten sie ihr nicht einmal mehr einfallen . . .

»Ich weiß nicht, ob sich die Vögel an eine neue Mutterfigur gewöhnen würden«, antwortete Ginny ein wenig lahm. »Mir wäre es lieber, wenn sie sich selbständig machten, bevor ich abreise.«

Als sie sich zum Mittagessen den Korridor entlangquälten, hörten sie aus Mrs. Cabels Zimmer erregte Stimmen. An der offenen Tür hing ein Schild: ›Keine Besucher‹. Die Stimmen gehörten, wie sie jetzt feststellten, Mr. Solomon und Schwester Theresa. Mrs. Babcock blieb stehen.

»Habe ich dir erzählt, daß Mrs. Cabel seit gestern nachmittag im

Koma liegt?« erkundigte sich Mrs. Babcock, aufmerksam die Miene ihrer Tochter beobachtend, um zu sehen, ob diese Neuigkeit sie berührte.

»Nein, hast du nicht.« Ginny hütete sich, auch nur die Spur einer Gemütsbewegung zu verraten. »Das tut mir leid.«

Mrs. Cabels Zimmer glich Mrs. Babcocks eigenem bis aufs i-Tüpfelchen, allerdings ohne Familienfotos, ohne Familienuhr, mit weniger Blumen und weniger Grußkarten. Die gleiche Fensterwand, die gleichen imitiert-dänischen modernen Möbel, die gleichen Zwillingsbetten. In dem einen lag Mrs. Cabel flach, mit geschlossenen Augen, auf dem Rücken. Schläuche steckten in ihrer Nase und in den Armen, neben dem Bett stand eine Batterie Maschinen, die mit ihren zahlreichen Knöpfen und Skalen dem Instrumentenbord einer Raumkapsel glichen.

Am Fußende des Bettes stand mit ausgebreiteten Armen in einem dunkelblauen Wollschlafrock und braunen Lederhausschuhen Mr. Solomon, der offenbar Schwester Theresa den Weg versperrte. Schwester Theresa, im krankenhauseigenen Nachthemd und ebensolchem Schlafrock, stand vor dem kleinen Mr. Solomon, dessen dicke Brillengläser wie eine Morselampe blitzten, als er ärgerlich den Kopf schüttelte.

Mit gedämpfter Stimme schimpfte er: »Zum *Teufel* mit Ihrer ›Würde‹ und ›Selbstbestimmung‹ der Seele, Schwester! Können Sie denn nicht begreifen, daß es *außer diesem hier nichts gibt*? Gönnen Sie der Frau doch die letzten Tage ihres biologischen Lebens. Sie wird die Ewigkeit in einer kalten, schwarzen Leere verbringen!«

»*Nein*, Mr. Solomon«, widersprach Schwester Theresa, das Gesicht von der Heftigkeit, mit der sie ihre Überzeugung verteidigte, gerötet, »in jedem von uns lebt eine Seele, die über die Auflösung des Fleisches hinaus existiert. Das Leben auf dieser Erde an sich ist nicht so geheiligt, daß ihm unsere Ehrfurcht gebührt. Es ist die Lebens*qualität*, Mr. Solomon, die zählt. Wir *müssen* Mrs. Cabel von ihrem sinnlosen Leiden erlösen. Sie ist bereit. Sie gleicht einem gefangenen Vogel. Es hieße, sich dem Willen des Herrn widersetzen, wollten wir sie auf diese Art zurückhalten, von wohlmeinenden, aber gottlosen Menschen mit ihrem hinfälligen Fleisch an Plastikschläuche gefesselt!« Sie zupfte erregt an ihrem Anhänger mit der Aufschrift ›Nicht mein Wille, sondern der Deine‹.

»Die *Tatsache* des menschlichen Lebens ist hinlänglich Grund für seine Unantastbarkeit«, fuhr Mr. Solomon sie an und machte einen Schritt seitwärts, um Schwester Theresas erneuten Versuch, zu Mrs. Cabel vorzudringen, abzuwehren. »Jedes einzelne Menschenleben ist so kostbar, daß ein Eingreifen durch andere nicht gerechtfertigt werden kann. Man muß nicht erst *beweisen*, daß jemand im Recht ist, um weiterzuleben.«

Als Mr. Solomon Mrs. Babcock und Ginny sah, sagte er schroff zu ihnen: »Bitte holen Sie Miss Sturgill. Schwester Theresa will Mrs. Cabel die Schläuche rausziehen.«

»Liegt diese Entscheidung nicht bei ihrer Familie?« fragte Mrs. Babcock mit einem unsicheren Blick auf Ginny.

»Die verlassen sich auf die Ärzte«, antwortete Schwester Theresa an seiner statt. »Aber ich *kenne* Mrs. Cabel und weiß, was sie wünschen würde.«

»Und *ich* kenne Mrs. Cabel *auch* und weiß ebenfalls, was sie wünschen würde«, grollte Mr. Solomon.

Da Mrs. Cabel, seit sie hier war, kein Wort mehr hatte sprechen können, da sie immer nur mit dem Kopf nicken und sabbern konnte, neigten alle beide dazu, ihr geheimnisvolles Schweigen als Zustimmung auszulegen. Mrs. Babcock hatte mit angesehen, wie Mrs. Cabel sowohl von Mr. Solomon als auch von Schwester Theresa bestürmt wurde. Jeder redete auf sie ein, als habe er eine neu zu Bekehrende vor sich, und sie nickte, sabberte und deutete Bewunderung heischend auf ihre flauschigen roten Hausschuhe.

An jenem Nachmittag beim Flugunterricht flatterte einer der beiden Vögel ein wenig heftiger als sonst und glitt mehrere Meter weit dahin. Doch während Ginny noch zusah und applaudierte, krachte er mit einem gräßlichen Geräusch gegen einen Fichtenstamm – und fiel leblos zu Boden. Nachdem Ginny minutenlang fassungslos auf die kleine Leiche gestarrt hatte, warf sie sie, den Tränen nahe, in den Kudzu.

Da war es nur noch eins.

Am nächsten Tag fand Ginny die Mutter lang ausgestreckt, mit geschlossenen Augen auf dem Rücken liegend. Irgend etwas an ihrem Gesicht wirkte fremd – fremd über die inzwischen vertraute Aufgedunsenheit und Gelbfärbung hinaus.

Während sie das schlafende Gesicht betrachtete, öffnete Mrs. Babcock die Augen. Die Mutter nickte. »Ich kann heute leider nicht sehr deutlich sprechen«, murmelte sie. »Ich habe Watterollen im Mund.«

»Aber wieso denn?« fragte Ginny zutiefst beunruhigt.

»Weil mein Zahnfleisch blutet.«

Die beiden Frauen sahen einander hilflos an. Ginny zog die Unterlippe der Mutter zurück und entdeckte Watterollen, wie sie vom Zahnarzt verwendet wurden.

»Wann ist das passiert?« Ginny mußte sich plötzlich setzen.

»Gestern.« Mrs. Babcocks Schleimhäute platzten nun eine nach der anderen. Daher mußte man logischerweise annehmen, daß eines nicht mehr allzu fernen Tages auch ihr Gehirngewebe zu bluten beginnen und ihre Schädelhöhle nur noch blutigen Brei enthalten würde. Sollte sie Ginny davon Mitteilung machen? Nein, es war besser, wenn sie nichts wußte, besser, weiterhin vorzugeben, daß alles gut werden würde. Das Warten war in jedem Fall weit schlimmer als das tatsächliche Geschehen.

Ginny saß da und dachte ebenfalls an Gehirnblutungen. Zum hundertsten Mal fragte sie sich, ob sie der Mutter die Wahrheit sagen sollte, damit sie sich innerlich darauf vorbereiten konnte.

»Nett von dir, daß du mir Gesellschaft leistest, Ginny. Ich weiß, wie gern du wieder nach Hause zu Wendy und Ira möchtest«, sagte Mrs. Babcock beiläufig.

Ginny wandte hastig den Kopf ab; sie war nicht fähig, der Mutter in die Augen zu sehen.

»Wie wird Ira denn damit fertig?« fuhr Mrs. Babcock unbarmherzig fort. Sie machte sich Sorgen. Sie wollte zwar nicht neugierig sein, aber sie hatte das Recht, zu wissen, ob für das Wohlergehen ihrer Enkelin gesorgt war.

Ginny zuckte die Achseln. »Tagsüber hütet Iras Schwester Wendy, und bei Nacht ist Ira da. Zum Glück halte ich mich in meinem Haushalt nicht für so unentbehrlich wie du damals.«

Bei dieser unerwarteten Attacke zog Mrs. Babcock die Brauen hoch. Ja, sie betrat eindeutig unsicheren Boden.

»Ich finde, es ist gut für Wendy, auch Bindungen an andere Erwachsene zu entwickeln«, fuhr Ginny ziemlich kriegerisch fort. »Dann hat sie außer mir noch jemanden, gegen den sie opponieren kann, wenn sie heranwächst.«

Mrs. Babcock mußte lachen. »Darauf würde ich mich nicht verlassen. Ich habe euch Kindern damals aus demselben Grund verboten, Kaugummi zu kauen. Weil ich dachte, dann würdet ihr euch vielleicht aus Trotz gegen euren Vater und mich die Zähne verderben, statt eure Gedanken auf Rauchen, Trinken oder Rauschgift zu richten, und so . . . Aber es hat nicht recht gewirkt, nicht wahr?«

Ginny lächelte. »Nein, offenbar nicht.«

»Ich muß sagen, es hat mich immer wieder erstaunt, wieviel Opposition ich in euch Kindern wecken konnte. Dabei hielt ich mich immer für viel zu amorph, als daß man sich den Schädel an mir hätte einrennen können. Das muß gewesen sein, als gehe man mit den Hörnern auf ein Marshmallow los.«

»Na ja, es stimmt schon, daß du nie zu begreifen schienst, was wir von dir erwarteten. Ich erinnere mich noch, daß ich dich einmal angeschrien habe: ›Ich hasse dich!‹ Und du hast ganz gelassen geantwortet: ›Dafür sind die Eltern da, Kind.‹«

»O Himmel, habe ich das wirklich gesagt? Entschuldige! Das muß überaus frustrierend gewesen sein.«

»Na ja, der Major hat's wieder wettgemacht.«

Sie lächelten einander zu wie Soldaten, die gemeinsam eine Schlacht bestanden haben.

Dr. Vogel kam herein – ein hünenhafter Goodwillbringer im weißen Laborkittel. Mit den Worten: »Na, wie geht's uns denn heute, Mrs.

Babcock?« marschierte er forsch durchs Zimmer zum Bett. Er warf einen Blick auf das Krankenblatt und krauste die Stirn. Er betrachtete das Filterpapier des morgendlichen Gerinnungstests. Er entfernte die blutgetränkten Watterollen aus ihrem Mund und drückte an ihrem Zahnfleisch herum. Er bat sie, den Mund weit aufzumachen, und inspizierte die Innenseite der Wangen.

»Tja!« sagte er, bemüht, angesichts massiver Gründe für das Gegenteil fröhlich zu klingen. »Wir haben ein paar Spezialisten aus dem Duke Hospital über Ihren Fall konsultiert, Mrs. Babcock. Und sind zu dem Ergebnis gekommen, daß wir als nächstes Ihre Milz entfernen werden.« Mrs. Babcock und Ginny starrten ihn benommen an. »Es gibt Anhaltspunkte dafür, Mrs. Babcock, daß die Milz Ihre Thrombozyten zurückhält.«

»Und was ist der Grund für diese Vermutung?« Mrs. Babcock hatte schon zu viele definitive Diagnosen zu hören bekommen.

»Hmm, ja. Nun, Ihre Thrombozytenzahl ist herabgesetzt. Diese Tatsache ist der einzig positive Beweis, auf den wir uns bei ITP stützen können. Jede weitere Diagnose beruht auf negativen Beweisen, ist sozusagen ein Eliminationsprozeß. Die Untersuchung Ihres Knochenmarkabstrichs hat eine normale Anzahl von Thrombozyten-Vorstufen ergeben. Aber irgend etwas geschieht mit diesen Thrombozyten, wenn sie das Knochenmark verlassen, Mrs. Babcock. Wir vermuten, daß ein Serumfaktor sie anomal werden läßt und daher der Sequestration und Zerstörung durch die Milz unterwirft.«

»Ist diese Operation . . . eine Standardbehandlung bei ITP?« erkundigte sich Mrs. Babcock.

»Gewiß. Wenn die Steroide versagen.«

»Und wie hoch liegt die Erfolgsquote?«

»Fünfzig bis achtzig Prozent der ITP-Patienten, die operiert werden, finden durch die Milzextirpation Heilung. In Ihrem Fall, Mrs. Babcock, haben wir, glaube ich, guten Grund, ein günstiges Ergebnis zu erwarten. Wir haben zunächst abgewartet, um zu sehen, ob wir es mit den Steroiden allein schaffen. Es wäre uns lieber gewesen, einen Patienten mit schweren Blutungen nicht operieren zu müssen. Aber wir halten den Zeitpunkt jetzt für gekommen.«

Die Operation verlief gut. Mrs. Babcock erhielt eine Transfusion frischer Thrombozyten, um die postoperative Blutung möglichst gering zu halten. Ihre Thrombozytenzahl war hoch, die Gerinnungszeit niedrig. Die Blutungen in den verschiedenen Schleimhäuten hörten auf. Fünf Tage lang.

Am fünften Tag setzte das Magenbluten wieder ein. Die Thrombozytenzahl sank wie der Höhenmesser eines Flugzeugs beim Sturzflug.

Als Ginny Dr. Vogel in seinem Labor aufsuchte, wirkte er trotz seiner fünfzig Pfund Übergewicht eingefallen und hager. Ihrem Blick ausweichend, sagte er verteidigend: »Die histologische Analyse der Milz zeigt alle nichtspezifischen Veränderungen, wie sie für ITP charakteristisch sind: Hypertrophie der Lymphfollikel, erweiterte Kapillaren, unterschiedliche Anzahl von Megakaryozyten, Eosinophilen und Neutrophilen . . .«

»Dr. Vogel, ich habe keine Ahnung, wovon Sie reden«, unterbrach ihn Ginny energisch.

»Ich sage nur, daß die Milzextirpation ein therapeutischer Mißerfolg ist, nicht jedoch aufgrund einer Fehldiagnose.«

»Wer wirft Ihnen Fehldiagnose vor?«

»Nun, Miss Babcock, irgend etwas werfen Sie mir doch vor, so, wie Sie ständig hierherkommen und mich mit bösen Blicken anfunkeln.«

»Sie sind paranoid, Dr. Vogel.« Wenn sie jedoch darüber nachdachte, wurde ihr klar, daß sie ihm tatsächlich etwas vorwarf: daß er nicht jenem Mythos entsprach, der behauptete, die moderne Medizin sei allmächtig. Was konnte er dafür, daß seine Vorläufer übertriebene Behauptungen aufgestellt hatten?

»Vielleicht bin ich das wirklich«, antwortete er nachdenklich.

»Was nun?«

»Ich weiß es nicht.«

»Soweit ich es sehe«, erklärte Ginny am selben Nachmittag in Maxines und Clems überfüllter Küche, »haben die Ärzte alles versucht, was ihnen bekannt ist. Was sie jetzt braucht, ist ein Wunder.« Sofort bereute sie ihre Wortwahl. Seit jenem Abend im Quellenhaus hatte sie das Thema Religion in Gegenwart von Clem und Maxine sorgfältig vermieden. Die wenigen Male, da sie mit ihnen zusammenkam, hatten die beiden aufmerksam ihre Miene beobachtet, darauf gewartet, von ihr zu hören, sie sei bereit, noch einmal mit ins Quellenhaus zu kommen. Und jedesmal hatte sie die Frage ihrer seelischen Leiden geschickt umgangen. Sie war nicht in der richtigen Verfassung, Entscheidungen zu treffen, und nahm all ihre Kraft zusammen, um ein einziges Mal in ihrem Leben nicht an der nächstbesten mitleidigen Schulter Halt zu suchen.

Clems Augen funkelten fanatisch, als er sie bat: »Gib dem Herrn eine Chance, Ginny. Er hat mein Bein geheilt. Er kann auch das Blut deiner Mutter heilen.«

»Was müßten wir tun?« Clems wiederhergestelltes Bein war ein schwer zu widerlegendes Argument. Und wirkte der Herr nicht traditionsgemäß auf wundersame Art und Weise?

»Könntest du sie in den Tempel bringen?«

Ginny überlegte. »Ich wüßte nicht, wie ich sie ungesehen aus dem Krankenhaus schaffen sollte. Außerdem würde es ihr sehr schwer fallen, den Berg hinaufzusteigen.«

»Macht nichts. *Ich* werde zu *ihr* gehen. Nach einem unserer Gottesdienste. Wenn ich die Kraft in mir fühle.«

»Das wäre großartig, Clem.« Ginny fragte sich, wie sie das ihrer Mutter beibringen sollte. Was konnte es schaden, Clem einmal eine Chance zu geben? War es nicht wenigstens einen Versuch wert? Sie brauchten sich ja nicht gleich bekehren zu lassen.

Zu Hause in der Blockhütte nahm sie den letzten überlebenden Vogel zum Flugunterricht mit nach draußen. Sie setzte ihn sich auf den Zeigefinger. Beide starrten einander an, ihre blauen Augen in seine winzigen schwarzen Knopfaugen. Der Vogel sperrte den Schnabel auf, reckte den weit aufgerissenen hellrosa Rachen und kreischte: ›Gib mir zu fressen, Mutter!‹ Gereizt drehte Ginny ihre Hand um, hoffte, den Vogel zu einem plötzlichen Flugversuch bewegen zu können. Er flatterte verzweifelt, um das Gleichgewicht zu halten. Er interessierte sich nicht im geringsten fürs Fliegen. Er interessierte sich ausschließlich fürs Gefüttertwerden. Und wenn möglich, den ganzen Tag.

Unbarmherzig warf Ginny ihn in die Luft. Verdammt noch mal, er *mußte* fliegen! Zwei Sekunden lang hielt er die Flügel eng angelegt und vollbrachte einen Sturzflug wie ein Kamikazeflieger. Schließlich, als er bereits dem Boden zuschoß, breitete er sie doch noch aus, flatterte halbherzig, schwebte ein paar Meter weit und landete graziös auf dem Boden. Eines nicht mehr fernen Tages würde der Vogel endlich den Dreh kriegen und sich davonschwingen, immer höher in den Himmel hinauf. Zweierlei jedoch beunruhigte sie: Wenn er landete, konnte er vielleicht nicht wieder starten. Und zweitens konnte er weder allein fressen noch trinken. Sie hatte versucht, eine Schale mit Brotkrumen und eine zweite mit Wasser in seinen Korb zu stellen. Sie hatte seinen Kopf zwischen die Finger genommen, seinen Schnabel in die Krumen gestoßen und ihm beim Wassertrinken geholfen. Dann hatte sie aufgehört, ihn zu füttern, und abgewartet, ob er es allein versuchen würde. Es war ihm nicht im Traum eingefallen. Er hatte nur immer lauter gekreischt, bis sie ihn schließlich, wenn sie noch einen letzten Rest Nerven behalten wollte, doch wieder hatte füttern müssen. Was würde aus dem armen, kleinen Vogel werden, wenn er eines Tages einfach davonflog? Würde er die anderen Stachelschwanzsegler beobachten und von ihnen lernen, wie man auf den Teich hinabstieß, um einen Schnabel voll Wasser zu schöpfen? Oder würden sie ihn ausstoßen, weil er nach Menschen roch? Würde er etwa verhungern oder von ihr verlangen, daß sie ihn zur Strafe für ihre Einmischung bis an sein Lebensende fütterte?

Als Ginny an jenem Abend kam, lag ihre Mutter still im Bett und starrte zur Decke hinauf. Sie ignorierte den Gruß ihrer Tochter.

Ginny beschloß, direkt zum Thema zu kommen. »Mutter, erinnerst du dich daran, daß ich dir erzählt habe, Clem Cloyds Bein sei wieder gesund? Tja, und jetzt möchte Clem gern versuchen, dich auch wieder gesund zu machen. Was meinst du?«

Mrs. Babcock sagte sehr lange nichts. Sie war im vorwiegend ländlichen Süden aufgewachsen, umgeben von allen möglichen Auswüchsen religiöser Verirrung. Sie war in der Southern Baptist Church erzogen worden und hatte sie später gegen die Episkopalkirche eingetauscht, weitgehend auf Verlangen Wesleys, der seine Kinder auf gar keinen Fall einer Taufe durch Untertauchen oder allwöchentlichen Drohreden mit Höllenfeuer und ewiger Verdammnis ausgesetzt wissen wollte. Obwohl sie die würdevolle Ausdrucksweise des anglikanischen Gebetbuches bewunderte und Trost in den uralten Ritualen fand, nährte sie in ihrem Herzen immer noch eine Vorliebe für die fanatischen Fundamentalistensekten ihrer Heimat: die Glaubensheiler und Schlangenzähmer, die Gläubigen, die Visionen hatten, sich in den Gängen zwischen den Sitzreihen wiegten, in Zungen redeten. Sie hatte wiederholt, wenn sie mitten in der Nacht aufgewacht war und nicht mehr einschlafen konnte, in ihrem abgegriffenen Book of Common Prayer gelesen, hatte in der melodischen, würdevollen Sprache nach Hinweisen darauf gesucht, was mit ihr geschah und wie sie damit fertig werden sollte. Hatte jedoch nur wenige gefunden. Und hier lag sie immer noch in diesem Bett und siechte dahin. Vermutlich fehlte ihr das eine, wesentliche Element für eine Glaubensheilung: der Glaube an diese Art von Heilung. Sollte Gott jedoch Clem Cloyd zu Seinem Werkzeug erkoren haben – sie selbst war nur allzu bereit, zum Glauben ihrer Väter zurückzukehren.

»Ja, warum nicht? Alles andere haben wir ja schon versucht.«

Am nächsten Abend erschien Clem in grüner Arbeitshose und frischem weißen Hemd in Mrs. Babcocks Krankenzimmer. Er hielt die Hände mit den Handflächen nach innen empor wie ein Chirurg, der sterile Handschuhe angezogen hat. Oder als wären seine Finger die zwei Enden eines Hufeisens, und das Glück würde aus ihnen abfließen, wenn er sie zu Boden richtete. Er glühte vor Glauben und Zuversicht.

Nachdem er sie begrüßt hatte, forderte er sie auf, mit ihm zu beten. Es war ein schlichtes, kleines Gebet, in dem er bat, daß Gottes Wille geschehen, daß dieser Wille jedoch Mrs. Babcocks Genesung einschließen möge. Dann legte er die aufgeladenen Hände mit fest geschlossenen Augen wie ein Kind, das an einen Geburtstagswunsch denkt, an verschiedenen Stellen auf Mrs. Babcocks Körper: auf ihren Kopf, ihr Herz, die Operationswunde.

Er versprach, nach dem nächsten Gottesdienst wiederzukommen, wenn er abermals mit der Kraft und der Herrlichkeit erfüllt sei. Als er sich verabschiedet hatte, kamen sie sich abwechselnd lächerlich und auf abergläubische Art hoffnungsbeschwingt vor.

Am nächsten Tag begann Mrs. Babcocks rechte Netzhaut zu bluten.

Während sie im Dunkeln lag und Thrombozyten in ihren Arm flossen, beobachtete Mrs. Babcock mit dem gesunden Auge ein Gewitter, das draußen vor dem Fenster tobte. Heftige Windböen peitschten die

Zweige der großen Ulme. Die lustige Eichhörnchenfamilie hockte vermutlich warm und sicher in einer Höhle des Ulmenstammes. Immer wieder erschienen grelle Muster aus Blitzen am nachtschwarzen Himmel. Doch sosehr sie sich auch bemühte, diese Lichtmuster mit Sprüngen in Porzellantellern oder Erdbebenrissen zu vergleichen, sie sah in ihnen immer nur hell aufleuchtende Kreislaufsysteme.

An diesem Nachmittag hatte ihr Ginny, auf dem zweiten Bett liegend, aus dem letzten Band der Enzyklopädie vorgelesen. Das elektrische Glockenspiel am Kirchenrondell spielte: ›Make the World Go Away, Take It All Off My Shoulders.‹

»›Yantra‹«, las Ginny. »›Ein mystisches Diagramm, das symbolhaft eine religiöse Erfahrung darstellt. Bei verschiedenen Yogaformen als ›Anbetungsobjekt‹ verwendet, das heißt, das Objekt dient als Meditationsstütze und als Identifikationshilfe für die Stadien auf dem Weg zur Erkenntnis. . .‹« Ginnys Stimme brach. Mrs. Babcock sah sie fragend an. »Ich . . . Ich habe in Vermont auch ein bißchen Yoga gemacht. Mit einem Freund namens Will Hawk. Es war eine . . . interessante Erfahrung.« Offenbar, um widerstreitende Gefühle zu unterdrücken, atmete sie ganz tief ein.

»Und hast du Erkenntnis gewonnen?«

»In mancher Hinsicht, ja«, antwortete Ginny eindeutig schmerzbewegt. »Aber nicht, wie es sein sollte, Selbsterkenntnis.«

»*Ich* bin nach neunjährigem Studium der Enzyklopädie zu der Erkenntnis gelangt, daß alle großen Weltreligionen lediglich zu einem Zweck da sind: um ihre Anhänger zu lehren, wie man stirbt«, erklärte Mrs. Babcock.

»Aber Mutter! Es muß doch mehr hinter dem Leben stecken als nur der Tod!«

»Wieso muß es?«

Und während sie den Blitzen zusah, gestand sich Mrs. Babcock endgültig ein, daß sie im Sterben lag. Dieser letzte Monat im Krankenhaus war nur die Promotionsfeier gewesen. Der Prozeß selbst war schon seit vielen Jahren im Gang. Ein Blatt, das wußte sie aus der Enzyklopädie, begann schon mitten im Sommer zu sterben, wenn die Tage noch lang und heiß waren. Die leuchtendgrünen Blätter der Ulme da draußen hatten zum Beispiel auch schon zu sterben begonnen. Im Hochsommer verlagerte sich, als Reaktion auf Gene, Hormone und Umwelteinflüsse, das Gleichgewicht innerhalb des Blattes – das Gleichgewicht zwischen Wachstum und Zerfall, zwischen Ordnung und Chaos, zwischen Aufbau und Auflösung – zugunsten des Zerfalls. Menge und Beschaffenheit der synthetisierten Proteine veränderten sich im Laufe der Wochen und Monate allmählich und trugen das Blatt unerbittlich jenem letzten Augenblick zu, da ein leichter Windstoß genügte, um es vom Zweig zu lösen und davonzublasen.

Aber es war eines, diese Tatsache, daß sie dieses Krankenhaus nicht mehr lebend verlassen würde, mit dem Intellekt zu akzeptieren, und, wie sie wußte, etwas ganz anderes, die Tatsache emotionell hinzunehmen. Sie hatte nicht die geringste Ahnung, wie weit sie auf diesem Weg fortgeschritten war. Das Blatt mußte, bevor es im Herbst abfallen durfte, dem Baum zunächst eine reichliche Portion jenes Nitrogens und jener Minerale rückübertragen, die ihm der Baum während des Sommers zugeführt hatte. Außerdem zahlte das sterbende Blatt eine Art Miete für seinen Platz am Zweig, indem es seinem hölzernen Wirt eine Säure lieferte, die sich bei den Todeswehen des Blattes bildete und dem Baum im Winter Widerstandskraft verlieh. Ohne diese Säure würde der Baum beim ersten Frost sterben. Daher ließ der Baum das Blatt erst los, wenn er sich diese Säure verschafft hatte.

Während der letzten Tage hatte sie mehr und mehr in der Vergangenheit gelebt. Menschen und Ereignisse, an die sie jahrelang nicht mehr gedacht hatte, tauchten auf einmal wieder auf und zerrten sie in die dämmrigen Korridore der Erinnerung hinab. Zum Beispiel erinnerte sie sich noch äußerst lebhaft an das erste und einzige Mal, daß sie nach Sow Gap zurückgekehrt war, nachdem sie es mit ihren Eltern im Alter von fünf Jahren verlassen hatte und nach Hullsport umgesiedelt war. Als sie zehn Jahre zählte, war der Vater ihres Vaters gestorben, und sie war mit den Eltern zur Beerdigung gefahren.

Die Reise, einhundertfünfzig Meilen weit durch unwirtliche Vorberge, hatte mit dem blitzblanken neuen Ford zwei ganze Tage in Anspruch genommen. Der tief ausgefahrene Weg hatte einem Sumpf geglichen. Alle paar Stunden blieben sie stecken, und der Vater mußte das Auto mit Balken und Brettern aus dem Matsch wuchten. Zweimal mußten sie sich auf die Suche nach einem Farmer machen, der den Wagen mit Maultieren herauszog. Es gab Flüsse zu durchqueren, Bergpässe zu bewältigen. Irgendwelche Teile zerbrachen und mußten aus Alteisen, das sie sich auf den Abfallhaufen der Farmer zusammensuchten, nachgeformt werden.

Während der Fahrt hatte die Mutter, in Blumenhut, weißen Handschuhen und bedrucktem Seidenkleid, ihr immer wieder gepredigt: »Liebling, du darfst dich deiner Herkunft nicht schämen. Deine Verwandten sind fleißige, gottesfürchtige Menschen. Kräftiger Pionierschlag. Ein bißchen altmodisch vielleicht, ein bißchen langsam. Aber fleißig und gottesfürchtig.«

Diese Predigten hatten in dem kleinen Mädchen überhaupt erst den Verdacht geweckt, daß mit ihrer Herkunft etwas nicht stimmen konnte. Alle möglichen Fragen schossen ihr durch den Kopf: Von dieser Marathonfahrt durch den Schlamm einmal abgesehen –warum waren ihre Eltern nie mit ihr hierher zurückgekommen? Warum waren sie überhaupt fortgegangen, wo doch die ganze Familie dort lebte? Warum hatte sie ihre Großeltern, Tanten, Onkel, Vettern und Kusinen nicht mehr gesehen, seit sie fünf gewesen war?

Als sie ankamen, wurde gerade der Sarg des Großvaters auf dem Familienfriedhof auf einer Anhöhe in die Erde gesenkt. Weit in der Ferne ragte eine Gebirgskette hinter der anderen auf, stieg steil und schroff aus den Tälern empor. Und direkt unter ihnen lag Sow Gap, bestehend aus einer ungepflasterten Straße, an der ein hübsches Gerichtsgebäude aus rotem Backstein stand, umgeben von zwei Sandsteinkirchen und einigen aus Holz errichteten Geschäftshäusern. Da stand sie, in ihrem gerüschten Chiffonkleid mit den vielen Schleifchen, inmitten ihrer vielen unbekannten Kusinen in sauber aus Mehlsäcken geschneiderten Gewändern. Sie alle, ihre Kleidungsstücke, die ganze Stadt schienen trotz der augenscheinlichen Sauberkeit untilgbar mit einer Schicht allgegenwärtigen Kohlenstaubs überzogen zu sein.

Das Essen nach der Beisetzung war ein lautes, fröhliches Festmahl, das in dem windschiefen grauen Haus Onkel Reubens stattfand. Gut gestärkt von einem Krug klaren Maisschnapses, lud Reuben die Kleine und ihren Vater anschließend zum Fischen ein. ›Fischen‹, das bedeutete hier Dynamitstangen in den Bach hinterm Haus werfen und die betäubten Fische einsammeln, die an Land geschleudert worden waren.

»Reuben, das ist illegal«, warnte der Vater seinen Bruder nach der ersten Detonation. »Das ist gegen das Gesetz!«

»Zedediah, *ich* bin das Gesetz«, erwiderte Reuben nach einem kräftigen Schluck aus dem Krug.

Am nächsten Tag fuhr Reuben mit ihnen zum Bergwerk hinüber, wo ihr Vater gearbeitet hatte, ehe er nach Hullsport zog, und wo Reuben heute noch arbeitete. Es war im Grunde weiter nichts als ein dunkel gähnendes Loch im Berghang, in das Bahnschienen führten. Draußen standen ein paar Hütten aus Teerpappe. Und rings herum um das schwarze Loch lagen riesige Haufen glatten, rötlichen Gesteins. Ihr Vater schlenderte unruhig umher, spähte hier hinein und dort hinein und wirkte in dem feinen Anzug und dem steif gestärkten Kragen einigermaßen unbehaglich. Sie selbst hockte mit Onkel Reuben auf einem Schlackenhaufen, in dem der Onkel nach Fossilien wühlte, den Abdrükken prähistorischer Pflanzen, die mit jeder Ader und jedem Stengel auf alle Ewigkeit in dem weichen Stein gefangen waren.

»An diesen Pflanzen kann sich nichts mehr verändern«, erklärte Reuben seiner gespannt lauschenden kleinen Nichte. »Die liegen hier seit Tausenden von Jahren. Millionen sogar.« Sie suchte sich die schönsten heraus, um sie als Andenken mit nach Hause zu nehmen.

Abends, beim Essen, in einem Zimmer voll Verwandter, fragte der Onkel Mr. Zed: »Warum bist du nicht schon längst mal wieder hergekommen, Zed? Es hat Pa damals beinah' umgebracht, daß du so einfach weggelaufen bist, ohne richtigen Grund dafür.«

Als indirekte Antwort darauf unterhielt Mr. Zed die gesamte Familie mit dem Bericht über den Zwischenfall, der ihn vertrieben und in jene Gegend verschlagen hatte, wo später die Stadt Hullsport entstehen sollte. Sein Vetter Zeke Hull hatte als Mitglied der demokratischen Partei für den Posten des Sheriffs kandidiert. Mr. Zed war aber Republikaner gewesen und hatte Zeke ohnehin nicht sehr gemocht, deshalb hatte er es abgelehnt, ihn bei der Wahlkampagne zu unterstützen. »Wenn man sich schon auf die Verwandtschaft nicht mehr verlassen kann, auf wen kann man sich dann noch verlassen?« hatte ihn Zeke empört gefragt. Und war mit dem Gewehr auf Mr. Zed losgegangen, der zu Pferde flüchten und sich ein paar Tage lang in einem trockenen Flußbett verstecken mußte, während ihn sein politisierender Vetter wie ein wildes Tier hetzte. Zeke war trotzdem gewählt worden und hatte viele Jahre lang als Sheriff gedient, bis er vor kurzem erst bei einem Feuergefecht mit einem Schwarzbrenner erschossen worden war.

»Und jetzt, nachdem Zeke tot ist, kann ich euch endlich unbehelligt wieder besuchen«, erklärte Mr. Zed seinen versammelten Kritikern.

Am selben Abend erzählte Mrs. Hull, wie sie, während Mr. Zed im Bergwerk arbeitete, an der staatlichen Besserungsanstalt für Mädchen in der Nachbarstadt unterrichtet hatte. Eines Nachmittags, als sie gerade fortgehen wollte, hatten ihre Schülerinnen den Buggy umzingelt und ihn einfach umstürzen wollen. Mit einer langen Hutnadel hatte sie sich – fechtend wie Cyrano de Bergerac – ihrer erwehrt.

Die kleine Tochter saß indessen aufmerksam da und starrte ungläubig ihre vornehmen Eltern an: den Vater im dunklen Anzug mit gestärktem Kragen, die Mutter in ihrem Seidenkleid, dem Modeschmuck und dem elegant frisierten Haar – dieselbe Mutter, die jetzt zwei Hausmädchen hatte und fast ständig damit beschäftigt war, in Blumenhut und weißen Handschuhen an Versammlungen von Kirchenvereinen und Bürgerklubs teilzunehmen.

Kurz ehe die Hulls zur Heimkehr aufbrachen, fuhr Onkel Reuben, immer wieder den Krug mit dem klaren Maisschnaps ansetzend und die Haarnadelkurven am Berg hinter dem Haus im Rennfahrerstil nehmend, Mr. Zeds neuen Ford einen steilen Abhang hinab. Reuben rollte – nach dem vielen Selbstgebrannten entspannt wie eine Stoffpuppe – unversehrt heraus, der Ford jedoch holperte die Felswand hinunter und zersprang an ihrem Fuß in tausend Stücke.

Auf der Heimfahrt im Zug, in einem Personenwagen, der zwischen hoch mit glänzend schwarzer Kohle beladene Güterwagen eingeklemmt war, wollte das kleine Mädchen wissen: »Wieso sind wir da weggezogen?« Ihr hatten die Familienmahlzeiten, zu denen sich ihre lärmenden Tanten, Onkel, Vettern und Kusinen drängten, weitaus besser gefallen als die einsamen Dinners in dem vornehmen Speisezimmer von Hullsport, an denen sie nur zu dritt teilnahmen.

Ihre Eltern lachten verlegen, als verstehe sich die Antwort von selbst. »Deinetwegen, mein Kleines«, hatte ihr Mr. Zed erklärt. »Damit du einmal Möglichkeiten hast, die uns beiden nicht geboten wurden.«

Möglichkeiten wozu, das erklärten sie nie. Jedenfalls nicht ausdrücklich. Aber sie ließen es sie immer wieder fühlen, wenn sie von ihrem vorgezeichneten Weg abwich – zum Beispiel durch die Szene, die sie ihr machten, als Ned Ketchum, ihr High-School-Anbeter, ein Farmerssohn, Mr. Zed um ihre Hand gebeten hatte, statt sie ungehindert gen Norden aufs College ziehen zu lassen. Und so war sie nach Bryn Mawr abgereist, und ihre Eltern hatten freudig gestrahlt, als der Zug endlich losfuhr. *Ihre* Tochter, deren Vater ein ehemaliger Bergmann war, in den vornehmen Kreisen der Ivy League!

Mrs. Babcock war nach Hullsport zurückgekehrt, hatte einen Harvard-Absolventen geheiratet und eine Familie gegründet. Alles nach dem vorgezeichneten Plan, ja sogar *besser* als der Plan. Ihre hocherfreuten Eltern hatten der jungen Familie die riesige weiße Villa überlassen und von der Blockhütte aus zugesehen, wie ihr offenbar gesegneter Stamm gedieh und blühte. Mr. Zed war der wichtigste Mann in der Stadt, geschickt unterstützt von seinem weltgewandten Schwiegersohn. Es war ein langer, harter Weg gewesen, von Sow Gap nach Hullsport, doch Mr. Zed hatte es geschafft, ein Horatio Alger aus den Appalachen. Und Mrs. Hull hatte es auch geschafft. Sie war Vorstandsmitglied in einem halben Dutzend Clubs und Zirkeln, verbrachte jedes Wochenende bei Versammlungen und den größten Teil der Zeit, die sie zu Hause war, am Telefon mit der Organisation dieser Sitzungen.

Mrs. Babcock hatte immer das Gefühl gehabt, das sei doch wohl nicht die richtige Art, einen Haushalt zu führen – sämtliche Arbeiten von Dienstboten und der einzigen Tochter erledigen zu lassen. Darum hatte sie selbst sich ausschließlich ihrem Heim und der Familie gewidmet, ihre ganze Kraft auf die Fürsorge für sie verwendet: ein lebendiger Vorwurf für die Mutter. Und darum hatte sie eines Nachmittags während ihrer ›müden Jahre‹ auf der Couch der Blockhütte gelegen, völlig zerfetzt von ihrer selbstlosen Aufopferung, und geklagt: »Ich bin so müde, Mutter! Ich kann nicht mehr. Was soll ich tun?«

Und die Mutter hatte ihr, voll Angst, dieses Bild menschlicher Verbissenheit, das sie und Mr. Zed im Laufe der Jahre so gewissenhaft aufgebaut hatten, könne auf eine Scheidung oder einen Nervenzusammenbruch zusteuern, nur kalt erwidert: »Du mußt deine Pflicht tun.« Womit sie ihre Pflicht gegenüber den Eltern, dem Ehemann und den Kindern meinte.

Dann jedoch war Mrs. Hull gestorben. Wesley hatte, nachdem Mr. Zed in den Ruhestand getreten war, das Werk in eine Munitionsfabrik umgewandelt. Und Mr. Zed war über sein Leben und sein Werk und daher auch über das Leben und das Werk seiner Tochter in Verbitterung versunken. Er nannte Wesley nur noch ›diesen Carpetbagger‹ und ›diesen Episkopalfritzen‹ und begann, in der Hoffnung, er würde alles ringsum überwuchern, überall in der Stadt und der Fabrik Kudzu zu pflanzen. Die Gründung der Stadt, der Anfang des Stammes Hull wurden angesichts des nahenden eigenen Todes unwichtig. Und das Leben, das Mrs. Babcock – weitgehend in Befolgung der Visionen ihrer Eltern – geführt hatte, erschien ihr nun, als ihre Kinder zusammenpackten, davonzogen und Mr. Zeds Hullsport-Saga ein Ende setzten, ebenfalls unwichtig.

Am nächsten Nachmittag lagen Ginny und Mrs. Babcock auf den Betten und sahen sich ›Hidden Heartbeats‹ an. Linda wurde fast wahnsinnig vor Reue darüber, daß sie Frank betrogen hatte und ihre kleine Tochter nie mehr wiedersehen sollte.

Während einer Werbung, in der eine junge Mutter versuchte, ihren Stuhlgang nach der Entbindung wieder in Gang zu bringen, fragte Mrs. Babcock plötzlich: »Du hast sie verlassen, nicht wahr, Ginny?«

Ginny erstarrte mitten in dem Versuch, ihre Nagelhaut abzubeißen. »Wen?« fragte sie schließlich leise.

»Ira und Wendy.«

»Das habe ich nicht gesagt!« widersprach Ginny, ohne den Blick von dem nicht verbundenen Auge der Mutter wenden zu können. »Oder doch?«

»Du hast es mehrmals so gut wie gesagt.«

»Habe ich *nicht*!«

»Woher sollte ich es denn sonst wissen?« fragte die Mutter mit traurigem Lächeln. »Ginny, Liebes, ich fürchte, unter der Oberfläche sind wir beide uns ähnlicher, als wir es uns eingestehen wollen.«

Ginny funkelte sie böse an. Sie sah schlechterdings nicht ein, wieso sie etwas gemeinsam haben sollten. Außer einigen Partikelchen DNA. Die meiste Zeit konnten sie sich ja nicht mal vernünftig unterhalten. Ihre vernünftigen Unterhaltungen waren uninteressant, und ihre interessanten Unterhaltungen waren nicht vernünftig.

Hatte sie der Mutter tatsächlich von Ira und Wendy erzählt? Sie erforschte ihr Gedächtnis, versuchte sich zu erinnern, wann diese Aufklärung stattgefunden haben konnte. Plötzlich brach sie in lautloses Schluchzen aus. Gequält sah sie die Mutter an. Dann schloß sie die Augen und fragte sie: »Was soll ich bloß *tun*, Mutter?«

Nach diesem Ausbruch blieb Ginny still liegen; sie überlegte, warum sie überhaupt gefragt hatte, wo sie doch haargenau vorher wußte, was ihr die Mutter antworten würde: Tu deine Pflicht, kehre zurück, mache alles wieder gut, verbringe dein ferneres Leben in Sühne für den Schmerz, den du ihnen zugefügt hast. Und dann merkte sie, daß sie die Frage nur gestellt hatte, um genau diese Dinge zu hören, damit sie, falls sie tatsächlich heimkehrte, all ihr darauf folgendes Unglück auf ihre unglückselige Mutter schieben konnte.

Mrs. Babcock lag lange da und kämpfte einen stummen Kampf. Ihr erster Impuls, erfolgreich unterdrückt, war der, die Hand auszustrekken, Ginny an sich zu ziehen und ihr zu sagen, es werde alles wieder gut. Ihr nächster Impuls, unter dem sie sich jetzt gerade wand, war der, ihr Anweisungen zu geben, tu dies, tu das. Oder klarer ausgedrückt: Tu deine Pflicht. Dasselbe, was ihre Mutter ihr auch gesagt hatte. Und welches Vorbild hatte sie sonst, nach dem sie sich hätte richten können? Außerdem wünschte sie sich so sehr, ihre Kinder vor Fehlern, Mißerfolgen und Leid zu bewahren! Kleine Kinder glichen Planeten, die ihre Eltern auf klar vorgezeichneten, durch die ausgeglichenen Kräfte von Anziehung und Abstoßung bestimmten Bahnen umkreisten. Doch wenn die Kinder größer wurden, verwandelten sich diese Planetenbahnen in Kometenbahnen; die Sprößlinge schwangen in wilden Ellipsen hin und her durch das elterliche Kraftfeld und brachen zuweilen beinahe ganz aus, kamen dann wieder zurückgeschossen, um mit ihren gegensätzlichen Ladungen ein ganzes Chaos von Funken und Elektrizität auszulösen. An Kometen erteilt man keine Anweisungen. Erwachsene Kinder taten, was sie tun mußten, während die Eltern nur zähneknirschend zusehen und beten konnten, daß sie es durchstanden.

Außerdem – was, wenn Ginnys Pflicht Ira und Wendy gegenüber der Pflicht sich selbst gegenüber entgegenstand, wie es möglicherweise bei Mrs. Babcock während der ›müden Jahre‹ der Fall gewesen war? Und wer konnte das wissen, außer Ginny allein? Die Eltern erwarteten zuviel von ihren Kindern; es war unfair, sie zu benutzen, wie sie selbst – das war ihr jetzt klar – benutzt worden war: um die Ambitionen und die philosophischen Theorien der Eltern zu verwirklichen.

»Ich weiß nicht, was du tun sollst, Ginny«, antwortete sie also schließlich unter ungeheurer Anstrengung. »Du mußt tun, was du für richtig hältst.«

Ginny riß die Augen auf, als wäre sie Dornröschen, das von seinem Prinzen wachgeküßt wurde. Sie starrte die kranke Mutter an. Mrs. Babcock öffnete das gesunde Auge und starrte zurück. War es möglich, daß die Kluft zwischen den Generationen tatsächlich überbrückt worden war? Die beiden Frauen lächelten einander an, ihre Freude getrübt durch Kummer und Leid.

Die Mandala-Tätowierung

Ich lag in einem roten Paisley-Bikini am Swimmingpool; die Spätfrühlingssonne brannte mir heiß auf den Rücken. In einer halben Stunde würde Wendy von ihrem Mittagsschlaf erwachen. Ira war ein paar Tage zuvor mit seiner Einheit der National Guard nach Camp Drum aufgebrochen. Ich hätte mich über diese zwei köstlichen Wochen freuen müssen, die ich verleben durfte, ohne den ständigen Zwang, Ellie Ovum mit Sammy Sperma zu verkuppeln; sie gingen nun schon sechs Monate miteinander – ohne den geringsten Erfolg. Nach dem Geschlechtsverkehr bestand Ira jetzt immer darauf, daß ich mindestens eine halbe Stunde lang mit den Beinen hoch gegen die Wand gestützt auf dem Rücken liegen blieb, um die Anzahl der Spermien, die meine Eileiter emporkletterten, möglichst zu vergrößern. Außerdem hatte er es sich angewöhnt, am Stichtag eines jeden Monats alle zwei Stunden vom Sno-Cat-Verkaufsraum auf eine Runde Kindermachen nach Hause zu eilen. In jedem Monat hielten wir, wenn sich der Tag meiner Periode näherte, buchstäblich den Atem an – ich vor Angst, Ira voll freudiger Erwartung. Und bisher hatte ich in jedem Monat eine stumme Freudenflagge hissen können, weil die getreue rote Flut pünktlich einsetzte.

Jetzt aber war ich darüber hinaus, Vergnügen an solch kurzen, gestohlenen Augenblicken der Einsamkeit zu finden. Sondern lag, während meine weiße Haut in der Sonne brutzelte, bis an den Rand voll mit Elend da. Was mich am allermeisten störte, war die Tatsache, daß ich an jenem Tag genau wußte, was ich in einem Jahr oder in fünf Jahren am selben Tag tun würde: im IGA-Supermarkt einkaufen und mit ein paar Leuten – die meisten davon Iras Verwandte – über das Wetter plaudern; ich würde meine Rolle mit kleinen Variationen immer noch nach demselben Schema spielen, das jetzt von Ira, Wendy und unserem noch zu produzierenden Sohn diktiert wurde.

An jenem Vormittag war ich in meinem roten Club-Blazer zur Versammlung des Weiblichen Hilfskorps gegangen. Wir wollten den Herbstplan für die Reinigung des Feuerwehrhauses aufstellen. Man muß mir jedoch die Verzweiflung über mein fest vorbestimmtes weiteres Schicksal angesehen haben, obwohl ich mir die größte Mühe gab zu versichern, was für ein schöner, sonniger Tag es sei und daß es eine Schande sei, sich jetzt nicht draußen im Freien aufzuhalten.

Angela tätschelte mir den Arm und flüsterte mir mitfühlend wie die Aktrice in einer Laxativwerbung ins Ohr: »Du siehst deprimiert aus, Ginny.«

Ich nickte bedrückt.

»Glaube mir, du solltest dir ein zweites Kind zulegen.«

Und wie ein griechischer Chor griffen die beiden Frauen neben ihr das Thema auf, das sich sogleich um den ganzen Tisch verbreitete wie der Fußpilz an einem Swimmingpool: »Du solltest mit dem zweiten nicht zu lange warten.« »Einzelkinder sind oft so einsam.« »Sind Kinder nicht etwas Wunderbares?« »Nach dem ersten ist man so fabelhaft entspannt.« »Zwei sind doch viel einfacher als eines.« »Je mehr, desto besser.« »Im Dutzend billiger.«

Ich saß eindeutig in der Falle. Und was das Ganze noch unerträglicher machte: Es war eine von mir selbst konstruierte Falle. Gewiß, ich hatte meine Dividendenschecks. Ich konnte Wendy nehmen und einfach verschwinden. Aber wohin? Und was sollte ich tun? In diesem Augenblick war ich bereit, nach jedem Strohhalm zu greifen, der mir Erlösung von der tödlichen Langeweile dieses Routinedaseins versprach. Als ich so dalag und voll existentieller Verzweiflung mit den Zähnen knirschte, hörte ich hinter dem zwei Meter vierzig hohen Bretterzaun, den Ira gezogen hatte, um Wendy vom Pool fernzuhalten, eine männliche Stimme rufen. »Hallo? Hallo?«

Ich warf den Bademantel über und ging zum Tor. Vor der Hintertür stand ein junger Mann. Ohne Hemd, in einem schmutzigen Latz-Overall, der nur an einer Seite zugehakt war, und einer offen hängenden Lederjacke mit Fransen. Auf dem Rücken trug er einen Rucksack. Das war durchaus kein ungewöhnlicher Anblick für mich. Nicht weit entfernt verlief der Long Trail, der sich mit dem Appalachian Trail vereinigte. Daher tauchten gelegentlich Wanderer auf, die telefonieren wollten oder sonst was. Auch die Arbeiter von der Baustelle der Pots o' Gold kamen manchmal, baten um Wasser oder wollten das Telefon benutzen.

Als ich näher kam, sah ich, daß er sich ein rotes, schweißfleckiges Tuch um das lange, verfilzte hellbraune Haar geknotet hatte. An einem Ohrläppchen baumelte ein Silberring mit einer kleinen Silberglocke. Wegen des wilden, zerzausten Vollbartes waren nur Lippen, Augen und Nase zu sehen. Er wirkte wie ein zottiger Schäferhund.

»Ja, bitte?«

Er fuhr herum; in seinen Augen stand Furcht.

»Kann ich Ihnen helfen?« fragte ich ihn, verblüfft, eine so starke Angstreaktion ausgelöst zu haben.

»Oh! Ja, bitte, Ma'am. Wenn ich vielleicht einen Schluck Wasser haben könnte?« Interessiert musterte ich ihn. Er sprach mit Südstaatenakzent und hatte Südstaatenmanieren – eine Seltenheit hier oben in Stark's Bog.

»Aber gern. Einen Moment.«

Als ich mit dem Eiswasser aus dem Haus kam, starrte dieser Jean Lafitte mit dem roten Kopftuch durch den Zaun auf den Pool. Die Lederjacke hatte er ausgezogen. Das Rückenteil seines Overalls wies dunkle Schweißflecken auf, und er wischte sich mit dem Arm über die Stirn.

Er kippte das Wasser mit einem langen, durstigen Zug und reichte mir das Glas zurück. »Vielen Dank, Ma'am.«

Völlig bezaubert von seinem Südstaatenakzent – was mir im Süden niemals passiert wäre –, erkundigte ich mich eilfertig: »Mehr?«

»Nein, danke. Das war köstlich.«

»Woher kommen Sie, unten im Süden?«

Der gleiche angstvolle, verstohlene Ausdruck wie vorhin, als ich unerwartet aufgetaucht war, trat auf sein Gesicht, das heißt, eigentlich in seine Augen, da der Bart den Rest seines Gesichts verbarg. Ich studierte diese Augen so konzentriert, wie Trainer Bicknell die Fenster an den Spielautomaten des Liberty Cafés im Stadtzentrum von Hullsport studiert hatte. »Woher wissen Sie, daß ich aus dem Süden bin?«

Ich lachte. Woran erkennt eine Sau ihre Ferkel? »Das höre ich an Ihrem Akzent.«

»Ich dachte, den wär ich inzwischen los.«

»Tut mir leid.« Ich schüttelte den Kopf. »Aber ich könnte einen Südstaatenakzent sogar im Stoßverkehr einer Großstadt raushören. Ich komme nämlich aus Tennessee.«

»Ohne Scheiß?« Er schenkte mir ein kameradschaftliches Lächeln. »Woher denn da?«

»Aus Hullsport. In der Nähe der Grenze nach Virginia.«

»Da soll mich doch . . . Da bin ich, glaube ich, hundertmal durchgekommen. Jesus, was für 'n Jammer! Das ist doch da, wo diese Scheiß-Munitionsfabrik ist, nicht wahr?« Ich nickte kühl. *Ich* durfte auf meine Heimatstadt schimpfen, ein Fremder sollte es *ja* nicht wagen! »Ich bin aus Georgia. Atlanta. Aber da bin ich schon lange weg.«

»Was machen Sie denn so weit hier oben?«

Er funkelte mich böse an und antwortete knapp: »Das ist eine lange Geschichte.« Dann fügte er freundlicher hinzu: »Gott, ist diese Hitze nicht einfach herrlich? Jesus, so hab ich seit Georgia im Juli nicht mehr geschwitzt! Wie können Menschen bloß hier oben in diesem verdammten Eiskeller leben?«

»Keine Ahnung«, stimmte ich ihm grimmig zu. Und dann, durch die Gegenwart meines Landsmanns zu einer uncharakteristischen Entfaltung südlicher Gastfreundschaft inspiriert, fragte ich ihn: »Möchten Sie gern ein bißchen schwimmen, bevor Sie weiterwandern?«

Wieder blickte er nervös in die Runde. »Ungeheuer!« Wir traten durchs Tor. Ich legte den Bademantel ab und setzte mich wieder ans Becken. Er löste sein Kopftuch und schüttelte die schweißfeuchte Mähne aus. Dann hakte er seinen Overall auf, ließ ihn fallen und stand nackt da.

Mir blieb buchstäblich die Spucke weg. Wahrscheinlich hatte ich erwartet, daß er Jockey-Unterhosen trug wie Ira, Unterhosen mit Rennstreifen an den Seiten, die er auch als Badehose verwenden konnte. Oder hatte ich gedacht, er werde sein Kopftuch zum Lendenschurz schlingen? Wie dem auch sei, ich starrte ihn an. Sein Körper besaß eine faszinierende Symmetrie, die Ira fehlte, weil sein Gesicht bartlos war: Der Penis des Mannes, der aus dem Wald von Schamhaaren ragte, war das genaue Spiegelbild seines behaarten Gesichtes mit der weit vorspringenden Nase.

Nachdem ich mich von dem ästhetischen Genuß dieser Entdeckung erholt hatte, erwog ich die Moral der Situation im Hinblick auf den Sittenkodex von Stark's Bog: Hier hielt sich ein Mann, den ich gerade erst kennengelernt hatte, nackt mit mir am Swimmingpool auf, während Ira ausgezogen war, um seinem Vaterland zu dienen. Meine moralische Diagnose fiel leider nicht sehr günstig aus. Ach, sollen sie doch zum Teufel gehn, dachte ich tapfer, als sich mein Landsmann ins Wasser stürzte. Jetzt, da sein Haupt- und Barthaar naß und somit ein wenig gebändigt war, wirkte er eher wie ein Mensch und weniger wie ein Schäferhund. Jetzt begann er die Bahn in mühelosem Freistil zu durchmessen. Während ich dasaß und beobachtete, wie die Sonne von seinen blanken, braunen Schultern reflektiert wurde. Dann entdeckte ich bestürzt einen riesigen dunklen Bluterguß auf seinem linken Oberarm, der sich über den ganzen Bizeps hinzog und beim Schwimmen im Sonnenlicht leuchtete. Was hatte er sich da bloß geholt?

Endlich stemmte er sich aus dem Wasser und hockte sich in einem immer größer werdenden nassen Fleck neben mich hin. Ich reichte ihm ein Handtuch, und er rubbelte sich Haar und Bart und trocknete auch seinen Körper. Dabei machte ich die Entdeckung, daß der dunkelblaue Fleck auf seinem Arm doch kein Bluterguß oder gar eine Wunde war, sondern eine riesige Tätowierung. Wie gebannt starrte ich sie an. Sie war kreisrund, mit einem kunstvoll ausgeführten Filigranstreifen als Rand. Unmittelbar innerhalb des Filigranrandes lagen zwei Bänder mit stilisierten Blütenblättern. Und innerhalb dieser Blattbänder vier Dreiecke in gestaffelter Größe mit der Spitze nach oben, verzahnt mit vier ebensolchen Dreiecken mit der Spitze nach unten, mit denen sie Dutzende von kleineren Dreiecken und Tetraedern bildeten. Zweck dieses Arrangements war es, die Aufmerksamkeit des Betrachters am Filigranrand vorbei durch die Blütenblätter quer über den geometrischen Raster bis zum innersten Dreieck genau im Zentrum der Tätowierung zu lenken. Nach diesen sorgfältigen, präzisen Stilisierungen wirkte die Figur in dem zentralen Dreieck mit ihren barocken Schwüngen und Linien erschrekkend. Sie war äußerst geschickt aus mit der braunen Haut des Armes kontrastierenden Schlangenlinien und Windungen der blauen Tätowiertinte zusammengesetzt. Aus diesem Durcheinander disharmonierender Farbflecke sprang einem nun das grauenhafteste Ungeheuer entgegen, das ich jemals gesehen hatte – die spätabendlichen Horrorfilme im Family Drive-In von Hullsport mit berücksichtigt. Die riesigen Augen weit aufgerissen vor Wut. Auf dem Kopf eine Krone aus winzigen Totenschädeln, aus der ein Opfermesser emporragte. Spitze Tierlauscher wuchsen auf dem Kopf des Ungeheuers. Sein Maul war zu einer furchterregenden Grimasse verzogen, die riesige, scharfe Fänge entblößte. Und aus dem Maul schienen sich dunkle Ströme von Blut oder auch von Erbrochenem zu ergießen. Dieses Blut, oder was es sonst sein mochte, bildete unmittelbar vor dem Maul des Untiers kreisende und wirbelnde Muster, die mit dem säuberlichen Raster der umgebenden Dreiecke verschmolzen.

»Das war phantastisch!« sagte er und zog den Overall wieder an. »Vielen Dank.«

»Bitte sehr«, antwortete ich automatisch, ohne den Blick von seinem Arm lösen zu können. Das Bild ließ den tätowierten Schmetterling auf meiner Hüfte, den ich immer für recht künstlerisch gehalten hatte, so primitiv erscheinen wie den Totenschädel mit den gekreuzten Knochen, den Clem Cloyd sich mit dem Messer in den Unterarm geritzt hatte.

Jemand rüttelte am Handgriff der Holzpforte. Das war Wendy, die, aus dem Schlaf erwacht, über ihr Bettgitter geklettert und zu Boden gefallen war und sich nun auf die Suche nach mir gemacht hatte – der jüngste Trick in ihrem Arsenal kindlicher Befreiungskünste. L'il Abner konnte das jedoch nicht wissen; er zuckte bei dem Geräusch zusammen und duckte sich wie ein in die Enge getriebenes wildes Tier.

»Meine Tochter«, erklärte ich ihm rasch. Dann öffnete ich die Pforte, hob Wendy auf und setzte sie mir, feucht glitschig und übelriechend in ihren beschmutzten Windeln, auf die Hüfte.

»Wer is das?« fragte sie, den dicken Zeigefinger auf den jungen Mann gerichtet. »Wer is das, Mommy?«

»Das ist ein Mann, der gerade in unserem Pool geschwommen hat.«

»Wer is das?«

»Das ist ein Mann, der vom Wanderweg rübergekommen ist, um einen Schluck Wasser zu trinken.«

»Wer is das?« fragte sie noch einmal, legte den Kopf schief und sah mich mit verwirrter Miene an. Wie ich sie kannte, würde das den ganzen Nachmittag so weitergehen, wenn ich ihre meisterliche Konversationskunst nicht in andere Bahnen lenkte.

»Möchtest du Saft und einen Keks?« fragte ich sie. »Mögen *Sie*?« Damit wandte ich mich an den jungen Mann.

»Ich will Ihnen keine Mühe machen, Ma'am«, antwortete er mit gierigem Blick.

»Es ist keine Mühe«, versicherte ich, unversehens in die Volkstümlichkeit des Südens zurückfallend, wo die Männer, wie es heißt, die Frauen auf ein Piedestal stellen, um dieses Piedestal sodann als Fußbank zu benutzen. »Würden Sie bitte einen Moment auf das Kind aufpassen? Lassen Sie sie nicht zu nah ans Wasser. Sie meint nämlich, daß sie schwimmen kann. Sie hopst immer wieder in den Pool und geht natürlich sofort unter.« Er lachte. Strahlend weiße Zähne schimmerten durch das Bartdickicht.

Als ich mit Limonade, Pappbechern, Keksen und einer sauberen Windel zurückkam, hatte Wendy sich ein Spiel ausgedacht: Sie tapste auf die eine Seite und nahm sogleich Kurs aufs Becken; er sprang ebenfalls zur Seite, um ihr schnell den Weg zu versperren, und sie prallte frontal gegen seine Beine. Resolut schoß sie in entgegengesetzter Richtung davon und nahm abermals Kurs auf den Pool, nur um abermals aufgehalten zu werden. Sie gluckste mit einer Mischung aus Vergnügen und Frustration und umklammerte mit einer Hand einen Zipfel ihrer durchgeweichten Windeln, die ihr auf die Pummelknie hingen und zu Fußangeln zu werden drohten. Der junge Mann blickte freundlich grinsend auf sie hinab.

Dann setzten wir drei uns im Schneidersitz ins Gras, und ich schenkte die Limonade aus. »Sie scheinen sich gut mit Kindern auszukennen. Haben Sie selbst auch welche?«

»Nein, ich bin nicht verheiratet«, antwortete er kauend. »Und anders würd ich nicht mit 'ner Frau auf Babytrip gehn. Aber ich hab mich viel mit den Kindern von Freunden beschäftigt. Allerdings, um die Wahrheit zu sagen – entschuldige, du bezaubernde Kleine –, die Aussicht, Vater zu sein, hat mir nie besonders zugesagt.«

»Ach, hören Sie auf! Wie kann ein erwachsener Mensch sich *nicht* darauf freuen, ein eigenes Kind zu haben, das seine Gene stolz durch die Jahrhunderte weiterträgt?« Ich sagte es ironisch, machte mich lustig über meine frühere romantische Auffassung von Elternschaft.

»So habe ich es noch nie betrachtet. Ich habe die Welt immer als eine Bühne gesehen – wahrscheinlich zuviel Shakespeare in der Schule. Und jedes Kind von mir wäre dann ein überheblicher junger Schauspieler, der nur darauf wartet, mich von der Bühne zu verdrängen, der mich beobachtet und mich möglichst bald unter die Erde bringen will, damit *er* die Bühne besetzen kann.«

»Hmmm«, sagte ich und überlegte, ob diese Art, die Dinge zu sehen, Ira wohl von dem Wunsch nach einem Sohn abbringen könnte. Mir fiel auf, daß der junge Mann zwischen den einzelnen Sätzen fast alle meine Kekse verschlungen hatte. »Möchten Sie vielleicht ein Sandwich?«

Was ich hinter dem Bart und unter dem Haarwald von seinem Gesicht erspähen konnte, wurde blutrot. »Entschuldigen Sie, daß ich die Kekse aufgegessen habe. Aber ich habe seit gestern früh nichts mehr in den Magen bekommen.«

»Um Himmels willen!« Warum bloß nicht? fragte ich mich. »Mögen Sie Bologneser und Käse?«

Er schnitt eine Grimasse. »Einfach nur Käse wäre großartig.«

Als er beim dritten Sandwich angelangt war, fragte ich ihn beiläufig, weil ich etwas mehr über ihn wissen wollte: »Sie machen also eine Wanderung auf dem Long Trail?«

Er warf mir den üblichen angstvollen, argwöhnischen Blick zu, dann nickte er schließlich, den Mund voll Wonder-Toastbrot. »Ich will nach Hause«, antwortete er, gierig kauend. »Nach Georgia.«

»Sie wollen den ganzen Weg *zu Fuß* machen?« Er nickte. »Ja, wie lange wird das denn dauern?«

Er zuckte die Achseln. »Ein paar Monate, nehme ich an. Keine Ahnung. Wenn ich da bin, bin ich da. *Falls* ich hinkomme.«

Es ging auf den Spätnachmittag zu. Der junge Mann machte keine Anstalten, in die Berge zurückzukehren. Gesättigt streckte er sich in der tiefstehenden Sonne aus, legte den Kopf auf seinen Rucksack und schlief ein.

Als die Sonne unterging, richtete er sich auf, reckte sich und gähnte. Ich hatte Wendy gefüttert und wieder ins Bett gesteckt. Jetzt wollte ich mich hinsetzen und bei intensivem Nägelkauen Walter Cronkites Nachrichtenkommentaren lauschen.

»Hören Sie«, sagte ich, hoch über ihm stehend, »möchten Sie heute hier übernachten? Es wird bald zu dunkel sein, um den Wanderweg zu erkennen.«

Ohne das geringste Zögern antwortete er: »Ja, Ma'am. Das würde ich gern. Herzlichen Dank.«

»Ich heiße Ginny. Ginny Bliss.« Dabei fragte ich mich, was Mutter dazu sagen würde. Ob Wendy und ich wohl in der Nacht umgebracht und das Silber der Familie Bliss gestohlen werden würde?

Mit einem nervösen Blick in die Runde sagte er leise: »Sie können mich Hawk nennen.«

In dieser Nacht schlief Hawk in unserem Gästezimmer.

Wir verbrachten den ganzen nächsten Tag am Pool, wobei ich immer wieder mal verschwand, um irgendwas zu essen zu holen oder Wendy schlafen zu legen oder mit ihr in dem erfolglosen Versuch, sie zur Toilettensauberkeit zu erziehen, ins Haus hastete. In regelmäßigen Abständen sprangen wir ins Wasser, um uns ein wenig abzukühlen. Wenn wir in der Sonne brieten, unterhielten wir uns angeregt – den ganzen faulen Nachmittag lang.

Hawk sagte, er hätte eine Zeitlang in Montreal gelebt. »Sie können sich ja gar nicht *vorstellen*, wie kalt es da im Winter ist!« Es schauderte ihn, wenn er nur daran dachte. »Die Straßen wirken wie Windkanäle, durch die eiskalte Sturmböen pfeifen. Man steht an einer Bushaltestelle, und dann kommt ein richtiger Wirbelsturm aus Schnee auf einen zugejagt. Nicht mal die Scheinwerfer von dem Bus kann man erkennen. Mann, es ist einfach fürchterlich!«

Wir tauschten Horrorgeschichten über den eisigen Norden: zehn Meter hohe Schneeverwehungen, Nächte mit Kältegraden von minus vierzig und herabfallende Eiszapfen. Es war eine interessante Variante jener Wettergespräche, die das Gesellschaftsleben von Stark's Bog beherrschten.

»Wissen Sie«, sagte er, »als ich heranwuchs, hat man mich zu diesen Missions- und Erweckungsversammlungen und so mitgeschleppt. Ich weiß nicht, Sie wahrscheinlich ebenfalls. Tennessee liegt doch in der Bibelregion, nicht wahr? Und am Sonntag, wenn man in seinem Auto rumsauste, brachten die einzigen Radiosender, die man kriegte, die Holy Rollers, die irgendwas über brennende Höllenfeuer kreischten. Aber wissen Sie was? In meiner ganz persönlichen Mythologie besteht die Hölle gar nicht aus loderndem Feuer und so, sondern die Hölle, das sind die lautlosen Schneewehen und die langen, grauen Nachmittage, wenn das Thermometer nicht über minus dreißig Grad klettern will.«

»Und diese Nächte, wenn der Wind durchs Haus heult und an den Fenstern in ihren Rahmen rüttelt und das Blechdach zum Klappern bringt«, ergänzte ich völlig gebannt.

»Und in der Stadt, wenn ein Gully verstopft ist und der Straßenübergang aus knietiefem, gefrorenem Matsch besteht. Und wenn dann die Stiefel undicht sind und die Zehen fast erfrieren«, fuhr Hawk fort.

»Und im April, wenn der ganze Schnee auf einmal schmilzt und aus den Feldern Sümpfe macht und aus den ungepflasterten Straßen endlose, tief gefurchte Schlammseen. Und wenn ganze Fliegenschwärme ausschlüpfen und träge rumschwirren und sich immer wieder im Haar verfangen!«

Wir lachten beide laut auf vor Freude, jemanden gefunden zu haben, mit dem wir unsere geheimsten Gedanken über unsere Adoptivheimat teilen konnten. Denn unser überkommenes Erbe war nun mal die gnadenlos herabbrennende Sonne.

»Warum sind wir bloß von da unten weggegangen?« fragte ich sehnsüchtig.

»Jesus, wie ich den Sommer da unten gehaßt habe!« erklärte Hawk im Südstaaten-Tonfall. Wir kreischten vor Lachen.

»O Gott, ja!« stimmte ich zu. »Wissen Sie noch, wenn man des Nachts in einer Schweißpfütze im Bett lag und darum betete, daß wenigstens eine Andeutung von Brise zum Fenster hereinkommen möge?«

»Und am Tag, in der Stadt, wie die Hitze in diesen großen, erstickenden Wellen vom Beton aufstieg und von den Glaswänden der Gebäude hin- und her- und zurückgeworfen wurde? Und dieser gräßliche Asphalt, der so weich wurde, daß man fürchtete, jeden Moment bis zu den Knien drin zu versinken?« sagte Hawk.

»Und man war so erschöpft von dem Versuch, Luft zu kriegen, daß man nur noch japsend wie ein Hund im Schatten liegen konnte.«

»Aber eins muß ich zugeben«, erklärte Hawk. »Diese Yankee-Winter und Südstaaten-Sommer, die haben schon ihren guten Grund.«
»Und der wäre?«
»Na ja, stellen Sie sich doch mal vor, überall wäre es ewig Herbst oder Frühling – mit milder Sonne und Temperaturen um die . . . na, sagen wir, zwanzig Grad. Dann würde man sich ungeheuer wohl fühlen, als hätte man alles unter Kontrolle und wüßte genau, was man tut. Aber so, wie es ist, wird man fast überall auf der Erde entweder von der Sonne geröstet oder von Schneestürmen zu Eis verwandelt. Man wird ständig daran erinnert, was für ein unbedeutendes, kleines Insekt man in Wirklichkeit ist und daß man *trotz* all dieser erbärmlichen Schwächen doch am Leben erhalten wird.«
»Sie haben sich zu oft die Holy Rollers angehört!«
Er lächelte nicht. »Nein, Moment«, beharrte er. »Das ist wirklich furchtbar wichtig. Also! Die Erdachse ist schräg geneigt, dadurch entstehen die Jahreszeiten. Stimmt's? Okay. Also, in einem mathematisch perfekten Universum würde man erwarten, daß die Erdachse genau vertikal zu ihrer Bahn um die Sonne steht. Ich meine, so wär's geometrisch doch weitaus befriedigender. Aber wenn sie wirklich vertikal wäre, gäbe es keine Jahreszeiten. Das Wetter würde überall auf der Erde konstant bleiben. Stimmt's? Und ich wette um alles, was Sie wollen, daß die Menschen, die an irgendeiner bestimmten Stelle der Erde leben, infolgedessen zur Anpassung an dieses Klima körperliche Charakteristika entwickeln würden – das heißt, vorausgesetzt, daß sie nicht ziellos auf dem Globus rumwandern, wie es heute vielfach geschieht. Die Eskimos würden ein dichtes Fell bekommen, in dem sie sich auch ohne Iglus und Walfischtran warm und behaglich fühlen könnten. Und den Mexikanern würden Kaltwasserduschen aus dem Schädel wachsen. In Montreal und Tennessee jedoch würde ewig ein gemäßigtes Klima herrschen.«
»Klingt wunderbar.«
»Ja, gewiß. Das war das Problem. Deswegen mußte die Achse gekippt werden. Die Menschen litten nicht genug. Sie erkannten ihre Schwäche nicht. Sie brauchten einen Anreiz, andere Erfahrungsdimensionen zu suchen, die vielleicht günstiger für sie waren. Außerdem waren sie festgenagelt. Sie wurden geboren, wuchsen auf und starben – alles am selben Platz. Denn ihr Körper wäre mit dem Klimawechsel nicht fertig geworden, wenn sie ihre eigene Region verlassen hätten. Ihrem inneren Thermostaten mangelte es an Flexibilität, also mangelte es auch ihrem Gehirn an Flexibilität. Können Sie sich vorstellen, daß jemand, dessen Körper mit Pelz bedeckt war, vor jemandem, dem eine Kaltwasserbrause aus dem Schädel wuchs, entsetzt davongelaufen wäre?«
Ich lachte. »Das ist großartig, Hawk!«
»Danke. Aber das ist mir nicht eben nur so eingefallen. Ich schreibe ein ganzes Buch darüber.«

»Wirklich? Was für ein Buch?«

»Ich habe ein neues Gebiet entdeckt. Historische Science-fiction.«

»Ach?«

»Ich versuche in zehn bis zwölf Bänden die Geschichte der Schöpfung zu beschreiben, vom Anfang bis zum Ende, mit Betonung auf der jüngeren Vergangenheit und unter Behandlung von Themen wie dem Sinn des Lebens und dem Wesen von Wahrheit und Schönheit.«

»Aha«, sagte ich unverbindlich.

»Aber mehr kann ich Ihnen im Augenblick nicht verraten«, fügte er im Flüsterton hinzu. »Ich fürchte nämlich, daß jemand davon Wind kriegt und daß die gierige Meute der Literaturagenten und Verleger über Ihr hübsches, abgelegenes Haus herfallen würde.«

»Ich verstehe.«

Später, als er sich umdrehte, um seine behaarte Brust braunbrennen zu lassen, erkundigte er sich: »Und wieso sind Sie eigentlich hier oben?«

»Nun, um die Geschichte kurz zu machen: Ich habe in Boston das College besucht und bin dann vor ein paar Jahren mit einigen Freundinnen auf eine Farm hier in der Nähe umgesiedelt.«

»Was? Richtig so ›zurück zur Natur‹?« Ich nickte, nachsichtig über mein damaliges Ich lächelnd. »Ohne Scheiß? Ich hätte Sie nie für 'n ausgeflippten Typ gehalten.«

»Das war auch in meiner Jugend. Ehe ich mit Würde ins mittlere Alter eingestiegen bin.«

»Hmmm, ja. Das mittlere Alter ist tatsächlich eher ein Zustand des Geistes als eine Frage der Jahre. Jetzt, wo Sie das sagen, sehe ich ein, daß ich selber auch schon da angelangt bin. Seit einiger Zeit überlege ich mir, ob ich mir diesen albernen Bart abrasieren soll. Ich brauche nicht mehr zu protestieren, höchstens gegen den Sadisten, der mich so gemacht hat, wie ich bin.«

»Seien Sie nicht voreilig«, warnte ich ihn. »Versuchen Sie lieber allmählich ins mittlere Alter rüberzurutschen. Das ist viel leichter. Mit anderen Worten, schnippeln Sie immer nur ein Stückchen von Ihrem Bart ab.«

»Und wie kommen Sie in diesen Alptraum eines Museumsdirektors?« fragte er mit einer Handbewegung auf unsere ehrfürchtige Father-Bliss-Festung.

»Indem ich den Besitzer geheiratet habe.«

»Der Sie verlassen hat, oder was?« Ich fing an zu wünschen, eine Andeutung von Hoffnung in Hawks Ton entdeckt zu haben, als er mich das fragte. Aber vermutlich bildete ich mir das ein.

»Nein. Er ist nur für einige Tage fort.« Meine Erziehung war wohl schuld daran, daß ich mich dabei innerlich wand, denn es war mir selbstverständlich klar, daß ich hätte sagen müssen, Ira werde am Nachmittag zurückkommen – für den Fall, daß dieser Hawk plante, Wendy und mich als Geiseln zu nehmen oder so ähnlich.

»Ist er . . . ein Eingeborener, oder wie immer man die Ansässigen hier nennt?« Ich nickte. »Wie ist das denn so – das Leben hier?«

»Tja, ich glaube, im Grunde ganz ähnlich wie überall, in Hullsport, Cambridge oder sonstwo.«

»Und was machen Sie den ganzen Tag?« Er rollte sich wieder auf den Bauch und musterte mich in meinem Bikini mit dem distanzierten Interesse, mit dem man eine Laborprobe betrachtet.

»Na ja, wahrscheinlich dasselbe, was die Menschen überall tun. Ich koche, spüle Geschirr und mache die Wäsche. Das Kind beansprucht natürlich sehr viel Zeit. Ich mache Spaziergänge mit ihr, wir gehen einkaufen und spielen zusammen. Außerdem besuche ich Versammlungen, nehme an Geschenkparties teil und so weiter, und so fort.«

»Ach ja, das Gesellschaftsleben!« seufzte Hawk. »Reisen Sie viel?«

»Ich habe in vier Jahren eine einzige Reise gemacht – nach Tennessee und Florida, um den Großeltern das Kind vorzuführen. Ach ja, und einmal bin ich am Wochenende zu einer Beerdigung heimgefahren.«

»Was machen Sie und Ihr Mann denn so zum Vergnügen, am Samstagabend oder so?«

»Wir sehen fern, oder wir fahren auf seiner Sno Cat rum. Oder wir gehen zum Square Dance in die Schule. Oder seine Familie – er hat unendlich viele Tanten, Onkel, Vettern, Kusinen, Brüder und Schwestern – kommt zum Picknick und an den Feiertagen richtig zum Essen.«

»Wie ist er denn so, Ihr Ehemann?«

»Ira? Ach, furchtbar lieb und anständig und rücksichtsvoll. Er geht gern jagen und fischen, und er macht das wirklich gut. Er macht eigentlich alles gut, was er anfängt. Ich finde ihn überaus attraktiv – brünett, muskulös, kräftig. Er ist Versicherungskaufmann und verkauft außerdem Motorschlitten und verdient eine ganze Menge Geld damit. Er ist äußerst pflichtbewußt und zuverlässig.« Bis hierher hatte ich alles, was Ira und Stark's Bog betraf, in objektivem Ton vorgebracht. Mitten drin jedoch hatte Hawk angefangen zu grinsen. Und auch meine Mundwinkel zuckten jetzt fast unmerklich, als ich abschließend hinzusetzte: »Deswegen hasse ich ihn auch so sehr.«

Hawk seufzte; er nickte bedrückt und sagte dann: »Ja, das kenne ich. Ordnung, die erreicht wird, indem man das Chaos aussperrt, statt es zu bekämpfen und zu überwinden.« Ich nickte, erfreut darüber, daß dieser Fremde mein Problem in so klar verständliche Worte gefaßt hatte. »Aber es ist ein Jammer.«

»Ja, es bedrückt mich wirklich auch.«

»Und Sie denken an Scheidung?«

»Nein. Eher würde er mir wohl eine Kugel durch den Kopf jagen.«

»Ja, diese freundlichen, ordentlichen Typen, das sind meistens diejenigen, die so was tun«, warnte er mich. »Eines Tages hebt das Chaos, das wir so energisch an seinen Platz verwiesen haben, urplötzlich den häßlichen Kopf, und wir sind erledigt. Weil wir keine Verteidigungslinien dagegen errichtet haben.« Ich notierte interessiert, daß er das Kollektivum ›wir‹ benutzte, und überlegte, ob es eine Geste der Großzügigkeit war oder ob er aus persönlicher Erfahrung sprach.

»Wir?«

Er schloß die Augen und deutete mit einem Kopfschütteln an, daß ich nicht weiter fragen solle. Es entstand ein verlegenes Schweigen.

»Hin und wieder habe ich wirklich manchmal daran gedacht, ihn zu verlassen«, sagte ich, um die Spannung ein wenig zu lockern. »Aber wo sollte ich hin? Ich habe schon mit den verschiedensten Typen von Menschen zusammen gelebt. Ich habe in der Großstadt gelebt, auf dem Land und in einem kleinen Nest.«

»Wie wär's denn dann mal mit 'nem Vorort?«

»Nun, das wäre eine Möglichkeit. Aber ich vermute allmählich, daß das Problem weder im Wohnort noch bei meinen Partnern liegt – sondern bei mir. Offensichtlich habe ich es nicht geschafft, ein Gleichgewicht zwischen meinem Bedürfnis nach Stabilität und Ordnung und meinem Bedürfnis nach Abwechslung und Aufregung herzustellen. ›Flexible Stärke‹, hieß das in der Einführenden Psychologie im College – wie ein gebrauchtes Kleenex-Tuch.«

»Sind Sie sich eigentlich dessen bewußt«, dozierte er, »daß das eine politisch verwerfliche Einstellung ist, daß alle persönlichen Probleme auf das Konto einer korrupten Gesellschaft gehen und daß diese Gesellschaft verändert werden muß – am besten sogar vernichtet?«

»Ja. Mir ist durchaus klar, daß ich reaktionär bin.«

»Gut. Dann können wir Freunde bleiben«, antwortete er, und seine Zähne leuchteten weiß durch den wirren Bart. »Weil Sie sich auf meine Seite geschlagen haben. Wir können uns aneinanderschmiegen und einander die Hand halten, während wir auf das Eintreffen des Lynchmobs der Neuen Linken warten.« Und dann fügte er beinahe verzweifelt hinzu: »Aber es *muß* doch eine Möglichkeit zur Veränderung geben!«

»Glauben Sie das wirklich?«

»Ja. Es *muß*.«

In diesem Augenblick hupte ein Auto, und eine dröhnende Männerstimme rief: »Jemand zu Hause?«

Hawk sprang auf und duckte sich an den Zaun. Mit vor Angst weit aufgerissenen Augen zischte er mir zu: »Niemand darf wissen, daß ich hier bin!«

Ich fand diese Reaktion ein wenig übertrieben für das Verbrechen, sich an der Seite einer verheirateten Frau, während der Abwesenheit des Ehemannes, nackt zu sonnen. Aber ich nickte, als ich bereits der Pforte zustrebte. »*Niemand!*« wiederholte er eindringlich.

In der Garage stand Iras Onkel Dean, ein untersetzter Mann mit dikkem Bauch, und sah sich suchend darin um.

»Hallo, Onkel Dean!«

»Ja, lieber Gott, Ginny! Dachte, es wär niemand da, deshalb wollt ich mir Iras Handsäge ausleihen und ihm 'nen Zettel hinlegen.«

»Ira ist nicht da, aber nimm die Säge ruhig mit.«

»Wo ist er denn?«

»Mit der National Guard in Camp Drum.«

»*Jesum Crow,* das hatte ich ganz vergessen. Na, laß es dir man nicht zu lang werden, was?« Ich versprach, mir die größte Mühe zu geben.

»Schöner Tag heute, eh?« sagte ich.

»Großartig. Einfach großartig. Wird bestimmt auch 'ne schöne Woche geben.«

»Haben sie das gesagt?«

»Tjawoll. Aber diese Wetterfritzen, die irren sich ja doch immer.«

»Ist ja nur ihre Lebensaufgabe.«

»Was? Ach so, ja – Lebensaufgabe. Genau.« Als ich ihn zum Wagen begleitete, legte er mir den Arm um die Schultern. In der anderen Hand trug er Iras Säge. Dann beugte er sich zu mir herab und flüsterte mir ins Ohr: »Hast du vielleicht schon aufregende Neuigkeiten für uns, Kind?«

Ich sah ihm indigniert ins Gesicht. »Was meinst du?« fragte ich ihn würdevoll, obwohl ich sehr genau wußte, was er meinte.

»Himmel, ihr wollt doch sicher nicht mehr lange warten, bis ihr mit dem zweiten anfangt!«

Aufsässig entgegnete ich: »Die Menschen bekommen nicht immer alles, was sie sich wünschen, Onkel Dean.«

»Oh, Verzeihung. Das habe ich nicht gewußt. Entschuldige, Ginny.«

»Ist schon gut«, erklärte ich mit wehmütiger Zurückhaltung.

Als ich zum Pool zurückkehrte, kauerte Hawk immer noch wie ein in die Enge getriebenes Tier am Zaun. »Er ist fort«, berichtete ich tröstend.

Vor Erleichterung sank er in sich zusammen. »Haben Sie ihm gesagt, daß Sie noch nie was von mir gehört haben?«

»Wovon reden Sie?«

»Vom FBI.«

»Das war der Onkel meines Mannes. Sagen Sie mal, was soll das eigentlich? Was haben Sie denn so Schreckliches verbrochen, daß Sie ein nervöses Wrack sind?«

Ganz langsam erhob er sich; sein Gesicht wirkte eingefallen. Er ging zum Swimmingpool zurück und legte sich auf dem Bauch ins Gras. »Ich hätte es Ihnen gleich sagen sollen.« Ihm war offenbar elend zumute. »Jetzt hab ich Sie mit reingezogen, und es ist möglich, daß Sie 'ne Menge Scherereien kriegen.«

»Weswegen?«

»Weil Sie 'nem Deserteur Unterschlupf gewährt haben.«

Jetzt war es an mir, ihn mit angstvollem Blick anzustarren. So finstere Assoziationen weckte der Ausdruck ›Deserteur‹ in mir. Deserteur: ein Feigling, der seinen Posten an der Front verläßt, durch die umliegenden Lande streift und vergewaltigt, plündert, mordet. Gewissenlose Männer, die nur die eigene Haut retten wollen und ihre tapferen Kameraden geschwächt und einem Angriff hilflos ausgesetzt zurücklassen. Ich musterte ihn unbehaglich.

Er beobachtete meine Reaktion. Als er sah, was er erwartet hatte, schloß er die Augen, nickte verständnisvoll und sagte leise: »Ja, aber so war es wirklich nicht.«

Und tatsächlich, ich hatte trotz meines kurzen Anfalls anerzogener Panik immer noch Vertrauen zu ihm. Denn wenn Hawk auch für die Stark's Bogger all diese verabscheuenswerten Dinge verkörperte, die mir durch den Kopf geschossen waren, wäre er für Eddie ein Held gewesen. Und das bedeutete für mich die Verpflichtung, ihn wenigstens anzuhören, ehe ich ihn vor die Tür setzte.

»Also, da ich nun doch schon mit hineingezogen bin, könnten Sie mir wenigstens genau erklären, in *was* Sie mich hineingezogen haben, meinen Sie nicht?« sagte ich.

Er seufzte schwer. »Das ist eine lange Geschichte voll Kummer und Leid.«

»Wir haben mehrere Tage Zeit, bis mein Mann von der National Guard heimkommt.«

»Ihr Mann ist bei der *National Guard*?«

Indigniert, weil ich bereute, mit diesem Deserteur so frei und offen über die Fehler meines netten und getreuen Ira gesprochen zu haben, entgegnete ich: »Er sieht die Pflicht seinem Vaterland gegenüber eben anders als Sie. Ich wüßte nicht, was daran lächerlich sein sollte.«

Er hörte gehorsam auf zu lachen. »Tut mir leid, wenn Sie das so aufgefaßt haben, denn ich habe es wirklich nicht so gemeint. Mir fiel nur gerade die Ironie auf, die darin steckt: er mit dem Dienst am Vaterland beschäftigt, während seine Frau zu Hause einen Deserteur beherbergt.«

Ich zuckte zusammen. Auch mir war diese Ironie aufgegangen, und ich fand, daß sie mich in keinem sehr schmeichelhaften Licht zeigte. Kurz gesagt, ich hatte ein schlechtes Gewissen. Dies war eheliche Untreue in der Potenz. »Erzählen Sie«, befahl ich ungehalten.

Hawks Vater, ein pensionierter Army-Oberst und Ortsgruppenleiter der American Legion, hatte im Zweiten Weltkrieg in Belgien sowie später in Korea gekämpft und sich viele Orden verdient: Silver Star, Bronze Star, Purple Heart. Bei Tisch erzählte er immer wieder die Geschichte, wie er über dem besetzten Frankreich abgeschossen worden war, mit dem Fallschirm abspringen und sich ohne Lebensmittel und Kompaß zur Grenze durchschlagen mußte. Hawks Großvater, General im Ersten

Weltkrieg, hatte an der Somme gekämpft. Sein Urgroßvater, Offizier der Konföderierten, war bei einem Angriff auf den Lookout Mountain gefallen. Und so war Hawk inmitten von Plastik-Haubitzen und Panzerwagenmodellen aufgewachsen. Mit ein paar an den Schultern befestigten Seidentüchern als Fallschirm war er aus hohen Bäumen abgesprungen.

Nach der Militärakademie von Atlanta wurde er von West Point abgelehnt. Deprimiert ging er ans Technikum von Alabama, um dort Elektrotechnik zu studieren – der erste männliche Hawk in drei Generationen, der nicht Berufsoffizier wurde. Eines Morgens nach dem Abschlußexamen stand er dann mit erhobener Schwurhand unter einem retuschierten Foto Präsident Nixons. Und ehe er sich's versah, marschierte er in Fort Maynard auf und ab und brüllte dazu aus vollem Hals: »Auf ins schöne Vietnam! Auf in den Kampf gegen den Vietcong!« Wo immer er hinblickte, ragten riesige Plakate vor ihm empor, auf denen ein gutaussehender GI einem finsteren, kleinen Gelben in schwarzem Pyjama das Bajonett in den Bauch rammte.

»Es war 'ne Art psychologischer Drill«, erklärte Hawk, während ich auf dem Rasen Wendys Windeln wechselte und sie böse ansah, weil sie wieder einmal versäumt hatte, mir das geheimnisvolle Zeichen zu geben, auf das hin ich sie zur Toilette hätte bringen müssen, wie es nach Dr. Spock auch schon wesentlich jüngere Kinder mühelos tun. »Sinn der ganzen Sache war, uns so in die Verängstigung und Erschöpfung zu treiben, daß wir nur noch das taten, was man uns befahl. Mein Verstand verabschiedete sich, und ich wurde zu einem gut gedrillten Instrument, das auf Befehl augenblicklich reagierte. Einmal jedoch, beim Bajonett-Exerzieren, begann sich mein Verstand zu regen, zu gähnen und sich schließlich die Handlungen dieses Körpers anzusehen, der doch angeblich unter seiner Kontrolle stand. Ich stach gerade auf einen Sandsack ein und brüllte dazu: ›Kill! Kill! Kill!‹ Und dieser ein Meter zwanzig große Ausbildungs-Sergeant, der zwei Runden in Nam absolviert hatte, war puterrot im Gesicht, weil er so laut schreien mußte: ›Tief halten und hochziehen, ihr Sausäcke! Reißt den Gooks die Därme raus!‹ Da hab ich durchgedreht. Ich hab angefangen zu kichern und dann zu lachen. Ich krümmte mich geradezu in einem hysterischen Lachanfall. Und da kam dieser Napoleon und bellte mich an, er würde mir den Arsch aufreißen und mir die Scheiße aus dem Bauch prügeln und mir die Zähne einschlagen. Aber ich konnte nicht aufhören. Er stand vor mir und donnerte: ›Da, wo du jetzt hinkommst, Mann, wirst du bestimmt nichts zu lachen haben! Wenn du drüben in Nam rumliegst und lachst, schießen die dir das Gehirn aus dem Kopf!‹

Um uns zu zeigen, wie die Halbautomatik am M-16 funktionierte, schoß dieser Kerl einer streunenden Katze in einer Mülltonne den Kopf vom Rumpf. Und eines Nachmittags holte er mich in sein Quartier und zeigte mir den Schädel eines Vietcong, den er ausgehöhlt und getrocknet hatte wie einen Halloween-Kürbis. Dann zeigte er mir ein Album mit Fotos von verstümmelten Leichen. ›He, Mann‹, sagte ich, ›so was will ich nicht sehen. Das ist ein verdammt widerliches Hobby.‹ Und er antwortete: ›Mein Sohn, du solltest dich lieber an diesen Anblick gewöhnen, denn davon wirst du drüben noch genug zu sehen kriegen.‹ «

Als Hawk nach Vietnam ging, war er völlig besessen von dem uralten Männlichkeitswahn: Jetzt mußte er den Ritus absolvieren, der ihn entweder zum Mann machen oder vernichten würde. Wenn er am Leben blieb, hatte er irgendwie den Tod besiegt. Natürlich war er überzeugt, daß er zu denjenigen gehören würde, die am Leben blieben, daß er wie sein Vater mit Orden bedeckt heimkehren würde. Drüben jedoch wurde es bald zu seinem Hauptproblem, die unerträgliche Langeweile durchzustehen, am Leben zu bleiben und gesund nach Hause zu kommen, und das bedeutete, sämtlichen Befehlen aufs Wort zu gehorchen. Einmal, auf Patrouille, entführten er und noch vier andere eine junge Vietnamesin von einem Feld in der Nähe eines Dorfes. Hawk erhob zwar schwachen Protest, hielt aber den Mund, als man es ihm befahl. Er glaubte, John Wayne imitieren und das Mädchen noch retten zu können. Dann aber sah er sich mit einer Kugel im Kopf in einem Dschungelgrab liegen. Oder wieder daheim in Atlanta, zurückgeschafft in einem Leichensack – als Held. Es war einer jener entnervenden Augenblicke, da der Mensch sich darüber klar wird, daß er aus der vertrauten Alltagswelt in einen Bereich der Gesetzlosigkeit gelangt ist, in dem alles möglich sein kann. Das Mädchen geriet in Panik; es fing an zu treten und zu kratzen. Die anderen versetzten ihr derbe Ohrfeigen. Schließlich machte Hawk bei der Vergewaltigung mit.

Ich starrte ihn beunruhigt an: Ich war hilflos und allein mit einem Frauenschänder. Was sollte ich tun?

»Sie müssen wissen, daß ich damals fast noch eine Jungfrau war«, erläuterte Hawk grimmig, während ich ihn entsetzt anstarrte. »Natürlich hatte ich auf der Militärakademie die übliche Fummelei mitgemacht. Auf dem Technikum besuchte ich mal eine schwarze Nutte – und kam schon, ehe wir überhaupt ausgezogen waren. Einmal verschaffte ich mir eine Verabredung mit einem Mädchen aus der Stadt, die es angeblich ›mit allen trieb‹. Ich machte sie betrunken, damit sie nicht merkte, wie unerfahren ich war, und sie schlief ein. Ich bumste sie trotzdem und säuberte sie hinterher. Sie hat es niemals erfahren. Im vorletzten Jahr meines Studiums verliebte ich mich bis über beide Ohren. Aber sie legte großen Wert darauf, ihr eigenes Studium zu beenden, deshalb wollten wir nicht riskieren, daß sie plötzlich schwanger wurde. Also hatten wir über ein Jahr lang ein sehr schönes platonisches Verhältnis. Als ich in den Krieg mußte, wußte ich, daß sie ihren Abschluß haben würde, wenn ich zurückkam, und dann waren alle Hindernisse beseitigt. Ich hatte mich für sie bewahrt und sie sich für mich, und wir konnten unser Leben lang alles an Liebe nachholen, was wir bis dahin versäumt hatten.

Während ich nun das Mädchen vergewaltigte, sah ich hinab auf ihr Gesicht. Sie starrte mit haßerfüllter Resignation gen Himmel. Ihr eines Auge war zugeschwollen, sie hatte sich die Unterlippe blutig gebissen. Meine Erektion erschlaffte. Ich tat, als wäre ich in ihr gekommen. Einer der anderen zerrte sie auf die Füße. Sie spie ihm ins Gesicht. Er schrie sie an, Sachen von ›Gooks und gelben Fotzen und schlitzäugigen Huren‹, und dann stieß er sie zu Boden und schob eine Handgranate in sie hinein. Was von ihr übrigblieb, warfen wir von einem Felsen.« Er sprach ganz mechanisch, unbeteiligt ins Leere starrend. »Ich hatte geglaubt, zum Helden geboren zu sein. An jenem Tag merkte ich, daß das nicht stimmte.«

Wendy kam herübergewatschelt, hockte sich hin und wollte mit seinem Penis spielen. Er schob sie sacht von sich. Ich starrte ihn immer nur an; Angst und Abscheu kämpften in mir mit tiefem Mitleid.

Was er vor allem empfunden hätte, sei Erleichterung gewesen, berichtete er weiter. Rumms! Sie existierte nicht mehr, also brauchte er nicht mehr über sie nachzudenken. Schließlich – ohne diese zahllosen dürren, armseligen Gooks, die sich nicht gegen den Feind wehren konnten, wäre er ja überhaupt gar nicht erst in einen so gottverlassenen Regenwald abkommandiert worden.

Als er ins Lager zurückkehrte, war die Erleichterung verschwunden. Statt dessen erwartete er von Uncle Sam eine Riesenzigarre an ihrer aller Adresse. Doch nichts geschah. Zu seinem Schrecken. Denn er hatte erwartet, bestraft zu werden, er *wollte* bestraft werden – vor den Augen und unter dem Gejohle der versammelten Truppe entmannt werden. Aber es gab keine Bestrafung.

Also strafte er sich selbst. Er aß nicht mehr und schlief nicht mehr. Er lag weinend in seinem Zelt und ließ wie unter einem Zwang immer wieder die verschiedenen Phasen Revue passieren, in denen er sich gegen die anderen hätte stellen und das Mädchen retten können. Wenn er schlief, träumte er, daß man ihm den Schwanz in hauchdünnen Scheiben abschnitt. Er stritt sich mit seinen Freunden. Im Kampf mußte er sich zusammenreißen, um nicht die Waffe gegen sich selbst zu richten. Der Militärpsychiater gab ihm ein paar Pillen zum Einnehmen und riet ihm, sich zu entspannen. Der Kaplan empfahl ihm, sich in die Kapelle zu setzen und seine Sorgen Jesus anzuvertrauen. Sein Lieutenant sagte: »Wir sind im *Krieg*, Junge, und nicht auf einem Sonntagspicknick.« Als Hawk ihm was vorweinte, wurde er ärgerlich und riet ihm, eine Krankheit vorzutäuschen.

Doch Hawk war über jedes Täuschungsmanöver hinaus, also ließ er sich zu einer zweiten Kriegsdienstperiode anwerben, weil er dann nämlich Heimaturlaub bekam. Er fuhr nach Atlanta und erklärte seiner Familie, daß er desertieren werde, daß die Küste von Los Angeles nicht gefährdet sei, dafür aber seine sterbliche Seele. Sein Vater bekam fast einen Herzkollaps. Hawk fuhr zum College seiner Freundin und bat sie, mit ihm zu kommen. Sie antwortete, wenn er ein solcher Feigling sei, wolle sie ihn nie wiedersehen.

»Ich ging nach Norden. Kam auch durch Hullsport. Ich fuhr nach Washington und rollte langsam immer wieder über die Kleeblattkreuzungen beim Pentagon und starrte die Gebäude an. Ich dachte, wie sehr sich doch mein Leben von der Form wegentwickelt hatte, in die es gegossen worden war. Und eine kurze Zeit lang nahm mein Verbrechen einen Platz in einem sinnvollen Schema ein, als sei es seine Funktion gewesen, mich endgültig aus jener Form zu stoßen.

Ich fuhr durch Vermont. Es war Herbst. Die Bäume leuchteten. Bei Highgate Springs überquerte ich die Grenze. Der Grenzposten fragte mich nach Namen und Geburtsort. ›Grund Ihrer Einreise nach Kanada?‹ ›Erholung‹, antwortete ich mit meinem ersten Grinsen seit vielen Monaten und fuhr weiter – frei! Es war, als hätte man mir eine Zentnerlast von den Schultern genommen: Ich brauchte keinem Befehl mehr zu gehorchen, ich brauchte nur noch mir selbst Rechenschaft abzulegen. Die Sonne schien, der Himmel strahlte in jenem leuchtenden Kodachrome-Blau, das er an kühlen Herbsttagen dort annimmt. Ich lachte laut heraus. Ich war richtig *high*, vollgepumpt mit Adrenalin. Und als ich wieder runterkam, geschah das mit einem ungeheuren Krach. Wie dem auch sei, Ginny – das ist die Geschichte meiner Flucht.«

Ich starrte ihn an. Von meinem Schrecken hatte ich mich erholt. Jetzt versuchte ich die Tatsache zu verarbeiten, daß es eine ganze Skala von Erfahrungen gab, zu denen ich keinen Zugang hatte. Der Vietnam-Krieg war für mich jahrelang ein Symbol gewesen, eine Abstraktion, die viele verschiedene Dinge verkörperte. Nie hatte ich jemanden kennengelernt, der aktiv daran teilgenommen, geschweige denn jemanden, der sich einfach daraus verdrückt hatte. Mir kam der Gedanke, daß die Entscheidung, wie man sich in dieser Hinsicht zu verhalten habe, wohl der echte Männlichkeitsritus für die Männer meiner Generation sein mochte. Wie diese Entscheidung ausfiel, davon wurde ihre Zukunft bestimmt. Und wie bei den Pubertätszeremonien eines primitiven Stammes wurden auch hier ausschließlich Männer in die geheimen Freuden und Schrecken der Prüfung eingeweiht. Frauen konnten diesem grausamen und furchtbaren Kampf nur von fern zusehen. Genau wie Männer nicht wirklich an den Qualen einer Frau teilnehmen konnten, die sie durchmachte, wenn sie entscheiden mußte, was sie im Fall einer ungewollten Schwangerschaft tun sollte. Mit den Problemen, die das Abwägen des Lebens gegen den Tod, der Pflichten des einzelnen gegen seine Rechte mit sich brachte, schienen zahlreiche Menschen schon sehr früh in ihrem Dasein konfrontiert zu werden.

»Aber warum in aller Welt sind Sie denn bloß zurückgekommen? Was passiert, wenn man Sie schnappt?«

»Fünf Jahre Knast und Arschfickerei. Aber wenn ich Ihnen erklären soll, warum ich zurückgekommen bin, müßte ich meine Geschichte fortsetzen.«

»Ja, bitte. Tun Sie das.«

»Also, ich habe den Einwandererstatus beantragt und auch bekommen. Dann habe ich mir in einem baufälligen Haus in einer heruntergekommenen Seitenstraße des französischen Teils von Montreal ein Zimmer gemietet. Und einen Job im benachbarten Krankenhaus bekommen: Ich mußte die Operationsräume säubern.

Dann setzte der Winter von Montreal ein. Tag um Tag ohne einen Sonnenstrahl. Der Schnee türmte sich auf und wurde zu grauem Matsch. Der Wind heulte durch die Straßen. Ich hatte Angst, Freundschaften zu schließen, weil ich dann zugeben mußte, daß ich desertiert war. Ich lebte in der ständigen Angst, aufgespürt, geshanghait und in die Staaten zurückverschleppt zu werden. Sobald ich Schritte hinter mir hörte, erstarrte ich; immer wieder preßte ich mich an die Häuserwände, um andere Passanten vorbeizulassen. Und wenn meine Zimmerwirtin an die Tür klopfte, geriet ich in Panik.

Hinzu kam noch der doppelte Kulturschock. Ich war nicht mehr beim Militär. Nachdem man mir vierzehn Monate lang haargenau vorgeschrieben hatte, was ich anziehen sollte, nachdem mir solange das Essen vorgesetzt und befohlen worden war, wann ich aufzustehen und wie meine Tageseinteilung auszusehen hatte, gab es auf einmal niemanden mehr, der mir sagte, was getan werden mußte. Wochenlang lief ich wie benommen rum, kam zu spät zur Arbeit, vergaß, etwas zu essen und meine Wäsche zu waschen, bis alle meine Kleider schmutzig waren.

Und dann der andere Kulturschock, nicht mehr in Amerika zu sein. Darüber hatte ich vorher nie nachgedacht. Ich wußte, daß die Kanadier Englisch sprachen. Für mich war Kanada so was wie der einundfünfzigste Staat. Ja, und diese Einstellung war dann genau das Problem. Ich bekam die Abneigung der Kanadier gegen die Amerikaner mit voller Wucht zu spüren. Und da saß ich nun, im französischen Teil, und die Ladenbesitzer wurden wütend, weil sie meinetwegen auf Englisch umsteigen mußten. Oder vielmehr, in meiner Paranoia *glaubte* ich wenigstens, daß sie auf mich wütend waren. Ich hatte das Gefühl, von allen Seiten gehaßt zu werden – von den Kanadiern, weil ich Amerikaner war, von den Franzosen, weil ich Angelsachse war, und von der ganzen Welt, weil ich desertiert war.

Meine Arbeit bestand hauptsächlich darin, die Operationsräume aufzuwischen, blutige Wäsche hinauszuschaffen und die verschmutzten Instrumente zusammenzusuchen. Überall um mich herum Blut, Schmerzen, Elend. Ich hätte genausogut in Vietnam bleiben können.

Meiner Familie und meiner Freundin hatte ich geschrieben, sie um Verständnis für meinen Entschluß gebeten, hatte aber keine Antwort bekommen. So war ich von meinem alten Leben abgeschnitten, konnte mir aber auch kein neues aufbauen. Eines Morgens las ich in der Zeitung von einem Deserteur, der über die Grenze in die Staaten zurückgekehrt war; er war geschnappt worden, hatte durchgedreht, eine Waffe gezogen und war von den Grenzposten erschossen worden. Allmählich ging mir der Ernst meiner Lage auf. Ich konnte kaum noch richtig schlafen und hatte gräßliche Alpträume. Mühsam schleppte ich mich durch die trostlosen Tage.

Eines Tages wollte ich gerade eine Buchhandlung verlassen, da fragte mich der Verkäufer mit amerikanischem Akzent: ›He, Mann – bist du vielleicht 'n Deserteur?‹ Die Paranoia, die sich in all den einsamen, angstvollen Wochen in mir aufgebaut hatte, fiel über mich her. Ich duckte mich sprungbereit und bewegte mich rückwärts zur Tür. ›He, Mann‹, sagte er, ›nur mit der Ruhe. Ich bin nämlich auch einer.‹ Als ich ihn etwas später fragte, woran er das denn gesehen hätte, lachte er nur. Offenbar war ich mit meinem geschorenen Haar, den grünen Dschungelstiefeln und der Army-Jacke so leicht zu identifizieren wie ein Girl Scout in voller Galauniform.

Na ja, und plötzlich verlief mein Leben wie eine Art Klassentag. Der Mann nahm mich mit zu sämtlichen Versammlungen der Deserteure und Wehrdienstverweigerer. Jeder Abend war wie eine Party. Ich erzählte von all den grauenhaften Dingen, die ich gesehen und getan hatte, und dann erzählten sie von den grauenhaften Dingen, die *sie* gesehen und getan hatten. Es war . . . Na ja, ich war mit meinem Verbrechen nicht mehr allein. Und das war eine unbeschreibliche Erleichterung. Den ganzen Tag lief ich mit einem seligen Lächeln auf dem Gesicht in den Operationsräumen herum. Die neuen Freunde erlösten mich von einem großen Teil meiner Paranoia, als sie mir sagten, das FBI dürfe nicht nach Kanada herein. Mit einem Wort, ich war in Sicherheit.

Der Frühling kam. Die Bäume in den Parks wurden grün. Schnee und Eis schmolzen und sickerten in den St.-Lorenz-Strom. Ich engagierte mich sehr bei den Kriegsgegnern, ging zu Versammlungen, diskutierte Maßnahmen, organisierte Demonstrationen, druckte Flugschriften, arrangierte Unterkünfte. Sechs Monate lang schuftete ich wie besessen, widmete jeden freien Augenblick den Kriegsgegnern. Was für mich der Schritt eines einzelnen gewesen war, unternommen aus purer Verzweiflung, war von Tausenden anderer junger Männer zur gleichen Zeit ebenfalls unternommen worden! Eine berauschende Entdeckung.

Im Laufe der Monate jedoch fand ich heraus, daß diese moralische Streitmacht, die ich vereint hinter der großen und ruhmreichen Sache der Kriegsgegnerschaft geglaubt hatte, in Wirklichkeit in Dutzende von kleinen Interessengruppen gespalten war, die einander mit Geringschätzung begegneten. Die Résistance war ein Turm von Babel. Die Wehrdienstverweigerer warfen den Deserteuren vor, daß sie überhaupt in die Army gegangen waren. Die Kriegsgegner, die noch beim Militär waren, warfen den Deserteuren vor, daß sie nicht durchgehalten hatten, um die Truppe von innen heraus zu demoralisieren. Das heißt, die Kriegsgegner beim Militär kritisierten uns *alle*, weil wir weniger gebildete und begüterte Männer an unserer Stelle abschlachten ließen. Die Kriegsgegner in Amerika – im Gefängnis, beim Militär und im Untergrund – kritisierten uns im Ausland und behaupteten, indem wir ins Exil gegangen wären, hätten wir genau das getan, was die amerikanische Regierung wollte. Joan Baez tadelte uns am Schluß eines ihrer Konzerte dafür, daß wir nicht zu Hause und im Gefängnis bei ihrem David waren. Die Wehrdienstverweigerer im Ausland kritisierten die Wehrdienstverweigerer im Gefängnis und behaupteten, sie seien auf einem Märtyrer-Trip. Die Deserteure beschuldigten die Wehrdienstverweigerer, auf einem Wolkenkuckucksheim-Trip zu sein und im Grunde gar nicht zu wissen, wovon sie redeten. Und sie alle waren natürlich gegen die Wehrdienstverweigerer aus Gewissensgründen, die *conscientious objectors*. Nahezu alle, die ich da oben kennenlernte, hatten irgendwann einmal den Status eines CO beantragt und waren abgewiesen worden. Sie benutzten die Anträge auf CO-Status nur als Mittel zum Zeitgewinnen, gingen aber nie wirklich in den Ersatzdienst, weil das immer noch Zusammenarbeit mit der Kriegsmaschinerie bedeutet hätte.

In Kanada standen die amerikanischen Exiltypen gegen die kanadischen Einwanderertypen: Die Exilvertreter wollten Kanada als Basis für eine US-Exilregierung benutzen, während die Einwanderer die Staatsbürgerschaft anstrebten, kanadische Frauen heirateten und eine Menge kleiner Kanadier in die Welt setzen wollten. Die Exilbefürworter warfen den Einwanderern vor, sie wollten bloß in der kanadischen Mittelschicht untertauchen, ohne Druck auf die amerikanische Regierung ausgeübt zu haben; und die Einwanderer beschuldigten die Exilbefürworter, Kanada politisch ebenso raubgierig auszunutzen, wie die amerikanischen Konzerne es auf wirtschaftlichem Gebiet taten. Sogar die Einwanderer waren geteilt: in diejenigen, die sich gegen den amerikanischen Kolonialismus zusammentun wollten, und diejenigen, die die Franzosen gegen die Engländer mobilisieren wollten. Und die Exilbefürworter teilten sich in diejenigen, die nur gegen den Vietnamkrieg waren, und diejenigen, die gegen den Kapitalismus in allen seinen Manifestationen waren. Dann gab es noch einige, die auf dem Natur-Trip waren und verlangten, wir sollten Amerika *und* Kanada, Franzosen und Engländer vergessen, aufs Land ziehen und uns zum Schutz gegen die Apokalypse eingraben.

Tja, es war wirklich ziemlich anstrengend. Ich war so glücklich gewesen, an jenem Tag in der Buchhandlung, als ich diesen anderen Deserteur kennenlernte. Und nun war mir ungeheuer elend zumute.

Mit der Zeit verließ ich kaum noch mein Zimmer. Bis dahin hatte ich noch nie mit Drogen zu tun gehabt, nicht mal in Nam, wo es doch alles mögliche gab – immer nur ein bißchen Bier, und gelegentlich auch mal Gras. Aber jetzt stürzte ich mich so richtig rein. Nicht lange, und ich hatte alles, was mir unter die Finger kam, geschluckt, injiziert, geraucht oder geschnupft: Psilocybin, Peyote, LSD, Hasch, Kokain, Aspirin, Klebstoff, Stickstoffoxydul, Pemolin, Yohimbin, Ritalin, Reserpin, Chlorpromazin, Kodein, Atropin, Kava-kava. Ich hatte einen Freund, auch einen Deserteur, der genauso enttäuscht war wie ich. Der kam dann zu mir, und wir schluckten Acid; und wenn wir genug hatten von dem Trip, nahmen wir Thorazin, um wieder runterzukommen. Und wenn wir so weit unten waren, daß wir uns wie Scheiße fühlten, nahmen wir Dexedrin, um wieder normal zu werden. Und dann fingen wir mit was anderem wieder von vorn an. Oder wir holten unsere Speed-Sammlung raus und tauschten Pillen wie Kinder Murmeln: ›Ich geb dir sechs Greenies und zwölf Black Beauties gegen acht Purple Hearts und acht Dexies.‹ Nach so einem Wochenende hätte ein Süchtiger wochenlang von unserem Erbrochenen leben können.«

»Wie war das denn, mit all diesem Zeug?« fragte ich ihn, fasziniert wie ein Kind vor einem bunten Bonbonglas.

Überrascht sah er mich an. »Haben Sie nie mit diesem Dreck rumgespielt, als Sie draußen auf der Farm waren?«

»Nein, nie. Ein bißchen Gras, ein halber Peyote-Kopf. Offen gestanden, ich hatte Angst.«

»Mit Recht. Ich war verrückt, damals. Daß ich das Ganze mehr oder weniger heil überstanden habe, ist nur der Widerstandskraft des menschlichen Körpers zuzuschreiben. Jedes künstliche Eingreifen in den Bewußtseinszustand ist ein Fehler.«

»Ja, aber wie *war* es?«

»Ach«, antwortete er gähnend, »wie üblich. Ich stieg in den Himmel empor und begegnete Gott, der mir die Hand auf die Schulter legte und mich ›mein lieber Sohn‹ nannte. Er brachte mich an den Ort der Ewigen Wahrheit, wo mein geschärftes Wahrnehmungsvermögen sofort Einblick in das Wesen der reinen Existenz verlangte.«

»*Wirklich?*«

»*Nein. Nicht* wirklich. Das Ganze war ein furchtbarer Fehler. Ich dachte, ich könnte ein paar Pillen schlucken und sofort gültige Antworten bekommen. Ich beendete jene Phase meiner Reise zu Ihrem Garten mit dem Wunsch, mich umzubringen, doch mit der fürchterlichen Angst, wenn ich es tat, für meine gräßlichen Verbrechen direkt in die finstere Hölle zu kommen. Es war grauenhaft. Ich saß stundenlang in meinem Zimmer, hielt mir eine Rasierklinge ans Handgelenk und zitterte vor Angst, wenn ich mir vorstellte, was mich im Jenseits erwartete. Zu viele Südstaaten-Erweckungsversammlungen in der Jugend. Mann, ich konnte so richtig *fühlen,* wie mein Fleisch an diesen Bratspießen röstete! Gott segne die Südstaaten-Baptisten! Sie sind der einzige Grund, warum ich heute noch am Leben bin. Falls das überhaupt ein Vorteil sein sollte.«

»Für mich schon«, erklärte ich ehrfürchtig und sah ihn voll Bewunderung an. Er war der einzige Kriegsheld, den ich kannte. Ich hätte nie den Mut gehabt zu tun, was er getan hatte, das wußte ich. Und war wie geblendet. »Möchtest du heute nacht mit mir schlafen?«

»Nein, danke«, antwortete er mit gekränkter Würde.

Ich war sprachlos. Konnte es möglich sein, daß er mir einen Korb gab? Schließlich hatten sich ein Jahrzehnt lang die verschiedensten Leute um jenes Privileg gerissen, das ich ihm zum Lohn für seine Tapferkeit gewähren wollte. Und er wollte es *zurückweisen*?

»Ich ›schlafe nicht in der Gegend rum‹, oder wie immer die Formulierung lautet«, erklärte er mir. »Seit meinem . . . Kriegsverbrechen kann ich den Gedanken an Sex nicht mehr ertragen.« Ich sah ihn an, meine Augen glänzten: eine Mission! Ich konnte ihn sexuell wieder gesund machen und dadurch einen Kriegsbeitrag leisten, ohne meinen Garten verlassen zu müssen – und vielleicht konnte ich mir dadurch gleichzeitig die unerträgliche Langeweile ein wenig vertreiben! Großzügig übersah ich die Tatsache, daß ich als Lehrerin der Liebeskunst in etwa der gleichen Lage sein würde wie Helen Keller, wenn sie eine Gruppe von Vogelbetrachtern führen wollte. Außerdem schob ich die Tatsache beiseite, daß ich einen gesunden Ehemann hatte, für dessen moralischen Magen ein Ehebruch nicht zu verdauen sein würde.

»Gelegenheitssex interessiert mich nicht«, fuhr Hawk fort. »Mich interessiert nur tödlich ernsthafter Sex. Mich interessiert höchstens die Anwendung dieses abscheulichen animalischen Triebes in streng kontrollierten homöopathischen Dosen – wie Gift, das man zu Heilzwecken verabreicht – mit dem Ziel, über den Sex und meinen elenden Körper hinauszuwachsen. Kularnava Tantra sagt: ›So man auf den Erdboden fällt, muß man sich mit Hilfe des Erdbodens wieder erheben.‹ Würde Sie das interessieren?«

»Ich weiß nicht, ob mich das interessieren würde. Weil ich nicht weiß, wovon Sie reden.« Die Erde bebte. Dieses Gespräch schien von allergrößter Bedeutung zu sein.

»Ginny, ich habe seit Monaten nach dir gesucht. Ich dachte, ich müßte in den Süden gehen, um eine Frau zu finden, die dieselbe Wellenlänge hat wie ich, und jetzt bist du da. Willst du meine Shakti sein?«

»Wie bitte?« Ich fühlte mich ungeheuer geschmeichelt, weil er fand, wir hätten die gleiche Wellenlänge.

»Möchtest du dich mit mir im heiligen Sakrament der Maithuna verbinden?«

»Wie bitte?«

»Der Maithuna. Der rituellen Vereinigung.«

»Ich dachte, du wolltest nicht mit mir schlafen?«

»Ich will auch gar nicht ›mit dir schlafen‹«, antwortete er, eindeutigen Abscheu in der Stimme. Bei ihm war offenbar wirklich die Sicherung durchgebrannt, genau wie bei Miss Head die Sicherung im Zusammenhang mit Descartes durchgebrannt war, und bei Eddie, sobald von der herrschenden Klasse die Rede war. Ich war mit Hawk an jenem entnervenden Punkt angelangt, da man nach stunden-, tage-, jahrelangen Gesprächen entdeckt, von welchem Wahn sich die Menschen über die Nacht hinweghelfen lassen. »Ich möchte, daß wir die Fleischeslust als Vehikel für die Erlangung spiritueller Erleuchtung benutzen, als Mittel zur Bewerkstelligung der Reintegrierung unserer gegensätzlichen Polaritäten. Die generativen Kräfte, die unsere Seele an Samsara fesseln, können statt dessen eingesetzt werden, um unsere Flucht in die unaussprechliche Beseligung göttlicher Vereinigung zu beschleunigen.«

»Ungeheuer!« sagte ich grinsend. In dieser außergewöhnlichen Form war mir noch nie ein Antrag gemacht worden.

»Hör mal«, wies er mich jedoch scharf zurecht, »dies ist meine letzte Chance. Ich habe inzwischen alles versucht, was mir nur einfallen wollte. Ich habe mich seit einem Jahr auf das hier vorbereitet. Wenn du mich nicht ernst nehmen kannst, Ginny, wenn du dich nicht der Möglichkeit der Transzendenz öffnen kannst, wenn du einfach nur einen willst, mit dem du dich im Heu wälzen kannst – dann sag es bitte jetzt sofort, und ich marschiere weiter nach Süden.«

Nun, ich hatte nichts gegen die Vereinigung mit meinem Gegenpol einzuwenden. »Verzeih. Ich wollte nicht frivol sein. Es interessiert mich sehr, aber was müßten wir dazu tun?«

»Ich denke, daß ich ungefähr vier Wochen brauche, um dich für die Maithuna vorzubereiten.«

Unfähig, meine ironische Standardreaktion auf alle außergewöhnlichen Ideen zu unterdrücken, stieß ich einen langgezogenen Pfiff aus. »Mann! Das nenne ich ein Vorspiel!«

Er funkelte mich wütend an und machte Miene aufzustehen. »Na schön. Vergiß es. Ich werde weiterwandern.«

»Okay, Hawk. Bleib sitzen. Es wird nicht wieder vorkommen.«

Er setzte sich wieder. »Bist du also bereit, dich ganz in meine Hände zu geben?« Und ob ich das war! Aber ich drückte meine Bereitschaft vorsichtshalber nicht in dieser Form aus, sondern nickte nur bescheiden. »Dann mußt du die Tatsache akzeptieren, daß ich spirituell weiter entwickelt bin als du und daß ich ›sehen‹ kann, was du brauchst. Du mußt unbedingtes Vertrauen zu mir haben und dich innerlich und äußerlich zu jeder Zeit einer Haltung absoluten Gehorsams befleißigen. Ist das klar?«

Ich nickte zweifelnd; im Geiste kreuzte ich meine Finger. Doch schließlich hatte ich mich in früheren Zeiten den weitaus weniger verläßlichen Händen eines, sagen wir, Clem Cloyd anvertraut.

»Na schön. Wann kommt dein Mann wieder nach Hause?«

»In etwas über einer Woche.«

»Was würde er sagen, wenn ich hier bei euch wohnen bliebe, um dich einzuweisen?«

Ich brach in schallendes Gelächter aus.

»Ich könnte ihn ja auch einweisen.«

»Der würde bestimmt nichts davon hören wollen«, keuchte ich zwischen zwei Lachanfällen.

Dann verstummte ich und überlegte. Zog man Iras Einstellung zu unserem Geschlechtsleben in Betracht, so würde er sich vielleicht doch für eine streng reglementierte Vorbereitungszeit interessieren, die zum höchsten Orgasmus führte. Ich dachte lange darüber nach, während ich immer ruhiger wurde. Dann fiel mir ein, daß Hawk ja doch ein Deserteur war und daß wir Mr. National Guard diese Tatsache nicht würden verheimlichen können. »Nein, ich glaube, es hat keinen Zweck. Er würde dich sofort den Feds ausliefern.«

»Hmmm. Nun, du mußt bereit sein, alles, was dir lieb und teuer ist, zu opfern, um die spirituelle Erfüllung zu finden. Willst du deinen Mann und dein Kind verlassen und zur Vorbereitung mit mir nach Montreal kommen?«

Panik ergriff mich. Hawk hatte, als er desertierte, all seine Bindungen und Zukunftsaussichten, ja die gute Meinung aller Menschen, die ihm nahestanden, geopfert. Jetzt bat er mich, ein für eine Frau gleichwertiges Opfer zu bringen: mein Heim, meinen Ehemann und mein Kind aufzugeben, meinen guten Ruf zu ruinieren, alles liegen und stehen zu lassen und ihm zu folgen. Und ich kannte nicht mal seine Eltern. Also kam das gar nicht in Frage. Sooft ich auch unter dem ganzen langweiligen Leben in Stark's Bog gestöhnt hatte – wenn ich ehrlich sein sollte, so wünschte und brauchte doch etwas in mir gerade das, was dieses Leben repräsentierte. Mein innerer Kampf muß sich in meiner Miene gespiegelt haben.

Hawk sagte ruhig: »Nein, es ist noch zu früh. Wenn du bereit bist, wirst du es *wissen*. Eines Tages wird die Erkenntnis, daß du es tun mußt, um dich von den Fesseln des Fleisches zu befreien, mit so großer Klarheit und Überzeugung vor dir stehen, daß du kein zweites Mal überlegen mußt. Ja, nicht mal ein erstes Mal. Jetzt aber bist du eindeutig noch nicht bereit für den Weg des Verzichts.«

Ich stieß einen erleichterten Seufzer aus. Spirituell unterentwickelt zu sein, hatte doch seine Vorteile. In meinem ganzen Leben hatte ich noch bei keiner Entscheidung Klarheit und Überzeugung erfahren. Gewöhnlich ließ ich mich blindlings in unabänderliche Situationen treiben oder ließ mir die Entscheidung unter viel Schmerzen und Widerstreben entreißen wie einen kranken Weisheitszahn. Die Aussicht auf Klarheit und Überzeugung war daher in der Tat verlockend.

»Aber wie sollen wir das durchführen? Wenn ich nicht hierbleiben kann und du noch nicht bereit bist, mit mir zu kommen, weiß ich nicht, wie wir's machen sollen.«

In einem Anfall ganz zweifellos göttlich sanktionierter Klarheit antwortete ich: »Aber *ich* weiß es! Wir haben im Keller ein Versteck, das für entflohene Sklaven auf dem Weg nach Kanada eingerichtet wurde.«

»Himmel – perfekt!«

Wir eilten in den dunklen, feuchten Erdkeller hinab. Das Versteck war als Zisterne getarnt; man betrat es durch einen gewölbten Steinkeller, in dem die eine Wand aus einem Gestell mit Fässern bestand, das herausschwang und den schmalen Durchgang in das Versteck freigab. Der Raum selbst war ein Meter achtzig mal drei Meter groß, mit Backsteinmauern und -fußboden. Ein kleines Oberlicht ließ wenig Helligkeit von draußen herein. Er war, von ein paar herabgefallenen Mörtelbrokken abgesehen, vollkommen leer.

»Phantastisch!« erklärte Hawk begeistert. Ich selbst hielt den Raum eher für unheimlich. Aber ich fegte ihn gewissenhaft aus und möblierte ihn mit einer Liege, einem Tablett auf Klappbeinen und einem Campinghocker. Hawk stellte seinen Rucksack in die Ecke. Er war selig. Ich fragte mich, was Father Bliss, dessen Geist hier zweifellos herumspukte, wohl von dem Ganzen halten würde. Fand er, daß ich die Familientradition fortsetzte, indem ich den zu Unrecht Verfolgten und Gejagten hier versteckte, oder hielt er mich für ein falsches Weibsbild, das seinen sechs oder sieben Generationen entfernten Nachkommen betrog?

»Heute abend fangen wir an«, erklärte mir Hawk, als ich hinaufging, um Wendy zu füttern und schlafen zu legen. Ein begehrlicher Schauer lief mir den Rücken herauf, wie ich ihn schon seit Monaten nicht mehr gespürt hatte – genauer gesagt, seit Wendys Zeugung.

An jenem Abend stieg ich in einem Nachtgewand mit passendem Negligé und dem sorgfältig eingecremten Pessar an seinem Platz zu Hawk hinunter: in beseligender Erwartung Gott weiß welcher Ekstasen nach einem langen, dürren Sommer.

Hawk blickte kaum auf, als ich sein Versteck betrat. Er hockte im Schneidersitz auf dem Steinfußboden und legte Wahrsagekarten aus. Über seinem Kopf hatte er eine batteriegespeiste Laterne aufgehängt und das Oberlicht mit dem Holzladen verdunkelt.

Er bedeutete mir, ihm gegenüber Platz zu nehmen. Ich gehorchte und arrangierte mein blütengeschmücktes Negligé aufreizend über meinen Knien. Er gab mir die Karten und wies mich an, sie zu mischen und zu teilen. Dann legte er sie schweigend aus. Er sagte mir, was ich tun mußte: soundso viele Karten ziehen, ganz bestimmte Karten aufdecken. Er studierte die Gruppierungen und machte sich in einem Büchlein Notizen. Dann studierte er die Notizen. Ich war überaus nervös. Welche Karten hätte ich ziehen müssen, damit sich Hinweise auf sexuelle Meisterschaft und spirituelle Begabung zeigten? Welche bisher wohlverborgenen Charakterfehler konnte er meiner Kartenkonstellation entnehmen?

Endlich blickte er auf und nickte voll Genugtuung. Er deutete auf eine Karte, auf der ein Skelett in schwarzer Rüstung auf einem Pferd ritt, unter dessen Hufen Menschen zertreten wurden. »Hmmm«, murmelte er. »Der Tod. Ausgezeichnet. Sieht gut aus.«

»Der *Tod*?« kreischte ich entsetzt. Großer Gott, ich hatte es mal wieder geschafft! Ich hatte mich mit einem Nekrophilen eingelassen! Warum mußte ich mir immer Psychopathen als Bettgenossen aussuchen, oder sie mich?

»Psst! Beruhige dich doch! Die Todeskarte ist günstig. Sie stellt das Ablegen fleischlicher Begierde dar, das Überwinden des körperlichen Todes durch die Regeneration der Seele; Zerstörung, gefolgt von Transformation. Die Hippies in Montreal legen sich immer wieder die Karten, weil sie hoffen, den Tod genau an dieser Stelle zu finden. Bei dir ist es gleich beim ersten Mal geglückt, und ganz wie von selbst, genau wie bei mir. Die Auspizien sind also sehr gut für uns, Ginny.«

Höchst zufrieden mit meinen spirituellen Aussichten stieg ich im wehenden Chiffon die Treppe wieder hinauf, nachdem ich von Hawk, der mich jetzt seine Shishya nannte, gnädigst entlassen worden war. Mir war es gleich, wie er mich nannte, Hauptsache, er kam jetzt bald zur Sache.

Als ich mich am nächsten Morgen zur weiteren Unterrichtung meldete, sagte Hawk: »Heute und morgen sind Ausnahmen, aber von nun an möchte ich vormittags in Ruhe gelassen werden, damit ich an meinem Buch arbeiten kann.«

»Gewiß. Soll ich dir das Frühstück bringen?« fragte ich ihn beflissen und zu jeglichem Liebesdienst bereit.

»Ja, bitte. Joghurt, Vollweizentoast und Pfefferminztee.« In Gedanken durchwühlte ich unsere mit Wonder-Toastbrot vollgestopften Schränke und überlegte, wie ich seine Wünsche erfüllen sollte.

»Heute und morgen werden wir eine Sonderübung machen. Dazu brauche ich deine ständige Anwesenheit. Kannst du das Kind anderswo unterbringen?«

Ich dachte an Angela und versprach zu tun, was in meinen Kräften stehe. »Über Nacht werde ich dich auch brauchen«, fügte er dann noch hinzu. »Mach es bitte so, daß sie auch dort schlafen kann.«

Auf wallenden Wolken der Leidenschaft schwebte ich die Treppe empor und unternahm den bisher nie in Erwägung gezogenen Schritt: Ich bat Angela, Wendy für zwei Tage und eine Nacht bei sich aufzunehmen, damit ich ›nach St. Johnsbury zum Einkaufen und zu Besuch bei Freunden fahren‹ konnte. Sie war so verblüfft über meine Dreistigkeit, ihr mit ihren vier Kindern und dem Säugling ein solches Ansinnen zu stellen, daß sie ohne Einwände zusagte.

Ich war noch nie über Nacht von Wendy getrennt gewesen. Als ich sie mit ihrem Köfferchen bei Angela ablieferte, war mir daher klar, daß dies für uns beide ein traumatischer Moment sein müßte. Angela stand mit dem Säugling auf dem Arm da und erwartete, daß ich die entsprechenden Gefühle äußerte. Immer wieder machte sie vielsagende Andeutungen, wie etwa: »Ach ja, Ginny, ich weiß, wie schwer es ist, sie zum erstenmal bei Fremden zu lassen . . .«

Ich trennte mich, sobald es ging, ohne einen Schatten von Reue, während Wendy verlassen dastand und mir zum Abschied mit der kleinen, feuchten Patschhand nachwinkte. Ich schaltete die Sirene von Iras Feuerwehrauto ein und flog auf den Flügeln profilierter Kautschukreifen heim. Wieder einmal cremte ich mein Pessar, schob es an seinen Platz und stieg zu meinem Shiva hinab, wie ich Hawk von jetzt an nennen mußte.

Mein Shiva war jedoch nicht in seinem unterirdischen Gemach. Also eilte ich wieder hinauf und entdeckte ihn am Swimmingpool. Er hockte splitternackt auf dem Rasen. Das eine Bein lang hinter sich ausgestreckt, die Zehen aufgestützt. Das andere Bein, am Knie gebeugt, trug das ganze Gewicht seines Körpers, der Oberkörper ruhte auf dem Oberschenkel. Die Hände hatte er hinter dem Kopf verschränkt, und mit der Nase berührte er den großen Zeh des Fußes, auf dem sein Gewicht ruhte. Das ungebändigte hellbraune Haar fiel ihm wie ein Vorhang tief über die Augen.

Schließlich richtete er sich auf, wechselte das Standbein und nahm die gleiche Stellung ein.

»Verya stambhanasana«, erklärte er mir, als er sich wieder aufrichtete.

»Wie bitte?«

»Samenverhaltungsposition«, erläuterte er, nach abermaligem Standbeinwechsel in dieselbe Pose zurückkehrend.

»Aber warum machst du das?« erkundigte ich mich in dem gekränkten Ton einer Prostituierten, deren Freier sich ein Kondom überstreift, um sich vor venerischen Krankheiten zu schützen.

Hawk beachtete mich nicht. Als er sich aufrichtete, winkte er mir, ihm zu folgen. Er bat um Sandwiches, die ich in der Küche zurechtmachte, und einen Krug Wasser. Dann stiegen wir in den Keller hinab. Meine Brustwarzen prickelten vor Erregung.

Während ich erwartungsfroh auf der Liege saß, verstopfte er die Ritzen rings um das Oberlicht mit Socken aus seinem großen Rucksack. Während der Raum nach und nach immer dunkler wurde, wunderte ich mich über das Ausmaß seiner Schamhaftigkeit. Anscheinend wollte er nicht, daß wir uns gegenseitig sahen – oder?

Als der Raum vollkommen dunkel war, tastete sich Hawk zur Tür. »Ich möchte, daß du so lange wie möglich hier unten bleibst. Leg dich möglichst regungslos auf die Liege. Wenn du pinkeln mußt, kannst du den Krug in der Ecke benutzen. Außerdem kannst du, wenn du hungrig oder durstig wirst, die Sandwiches essen und Wasser trinken. Ich werde oben im Haus warten. Du mußt mir dein Ehrenwort geben, daß du meine Anweisungen befolgst. Tust du das nicht, ist alles umsonst, und wir werden die Übung wiederholen müssen.«

»Aber was soll ich denn dabei *tun?*«

»Konzentriere dich aufs Nichtstun. Okay?«

»Okay«, antwortete ich, enttäuscht darüber, nicht vergewaltigt worden zu sein – ritualistisch oder sonstwie. »Aber was soll das Ganze?«

Er betrachtete mich verächtlich. »Man lernt nicht, indem man sich etwas erklären läßt. Man lernt, indem man in Situationen gerät, die einen zwingen, gewisse Dinge zu erleben.«

»Ach so . . .«

Ich machte es mir auf der Liege bequem und erwartete spirituelle Erleuchtung. Ob ich sie wohl erkennen würde, wenn sie kam? Ich hatte gedacht, wenn meine Augen sich an die Dunkelheit gewöhnten, würde ich mehr sehen können – die Steine der Wand vielleicht, oder sonst was. Das geschah jedoch nicht. Ich konnte weiterhin nichts sehen. Ich hob meine Hand vors Gesicht und bewegte die Finger, aber auch das war nicht zu sehen. Außerdem hörte ich nichts, nicht mal die Vögel, die doch draußen vor dem verdunkelten Oberlicht hätten singen müssen.

Nach einer Weile reglosen Daliegens verlor ich das Gefühl in Armen und Beinen. Sie hörten einfach auf zu existieren. Dank Descartes besaß ich jedoch die beruhigende Gewißheit, daß ich selbst noch existieren müsse, da ich ja immerhin doch dachte. Ich bewegte einen Zeigefinger und spürte voller Genugtuung das kratzige Wollgewebe der Decke, auf der ich lag. Dann legte ich langsam, vorsichtig eine Hand auf die kühle, rauhe Backsteinwand. Ich schummelte; Hawk hatte mich angewiesen, gar nichts zu tun und mich so wenig wie möglich zu bewegen. Ich riß die Hand zurück und legte den Arm wieder an meine Seite.

Ich schlief ein. Als ich aufwachte, hatte ich Hunger. Ich nahm die eingewickelten Käse- und Bologneser-Sandwiches vom Tablett und aß eines davon. Kaum zu glauben, wie gut das schmeckte! Normalerweise verschlang ich Bologneser mit ebensowenig Begeisterung wie die Sojabohnenkroketten auf der Free Farm damals. Immer noch hungrig, verdrückte ich ein zweites Sandwich. Anschließend trank ich zwei Glas Wasser.

Ich legte mich wieder hin und sank in eine Art Halbschlaf, wechselte frei hin und her zwischen Träumen und Wachphantasien ohne jede tiefere Bedeutung. Zweimal stand ich auf und urinierte in den Krug in der Ecke. Hawk hatte gesagt, ich könne herauskommen, wann ich wollte, ich solle aber versuchen, möglichst lange hier unten zu bleiben. Ich hatte das Gefühl, ohne weiteres den ganzen Tag hierbleiben zu können, falls ich Hawk damit glücklich machte. Aber ich konnte an mir keine besondere Zunahme an Klarheit und Überzeugung, an intuitiver Erkenntnis feststellen. War dies ein Test, den ich wieder mal nicht bestand? Hätte ich irgendwelche Stigmata oder so entwickeln müssen? Voller Verzweiflung bei dem Gedanken, meine Chance für die Maithuna zunichte zu machen, langte ich nach einem weiteren Sandwich und schlang es herunter.

Beim Kauen dachte ich plötzlich flüchtig und ohne Unruhe daran, daß Hawk möglicherweise in diesem Moment die Familien-Erbstücke der Bliss' mit einem Mietlastwagen abtransportierte. Vielleicht verschwand er aus meinem Leben, während ich hier unten im Dunkeln lag. Vielleicht hatte er die Tür zugemauert, wie in Poes ›Das Faß Amontillado‹, und ich würde nie wieder das Licht des Tages erblicken. Doch diese Phantasievorstellungen ließen mich völlig kalt. Ich war von einem Psychopathen lebendig begraben worden; ein ähnliches Geschick hatte ich mein Leben lang erwartet. Das war also weiter nichts Abwegiges für mich. Abermals fiel ich in Schlaf. Als ich erwachte, trank ich wieder ein bißchen Wasser.

Plötzlich öffnete sich die Tür. »Na, wie war's?« erkundigte sich Hawk und zog die Socken aus den Fensterritzen.

»Gut. Aber ich fürchte, es ist nicht allzu viel passiert.«

Wir stiegen in die Küche hinauf. Voll Freude sah ich mich in dem vertrauten Raum um. Er schien mir unerwartet frisch, sauber und attraktiv zu sein. Die gelbe Tapete wirkte ungewöhnlich lebhaft, ihr grün und rostfarbenes geometrisches Muster sprang mir beinahe ins Gesicht. Die Böden der Kupferpfannen an der Wand glänzten wie strahlende Augen.

»Was hast *du* denn den ganzen Tag gemacht?« fragte ich Hawk. »Sieht aus, als hättest du die Küche geputzt.«

»Aber nein«, beteuerte er mit leisem Lächeln. Wir gingen hinaus. Die Vögel schienen in den Bäumen zu *kreischen*. Und das Gras leuchtete im Sonnenlicht in einem lebhafteren Grün, als ich es je gesehen hatte. Geblendet kniff ich mehrmals die Augen zu.

»Du solltest jetzt deine Tochter abholen.«

»Ach, laß nur, das ist okay. Ich kann sie über Nacht dalassen und brauche sie erst morgen früh abzuholen.«

Hawk betrachtete mich wieder mit diesem leichten Lächeln. »Es *ist* morgen früh«, antwortete er.

»Was redest du da?«

»Was meinst du, wie lange du da unten gewesen bist?«

Ich überlegte, versuchte einen Anhaltspunkt zu finden. Um halb neun morgens war ich hinuntergestiegen. Ich hatte drei Sandwiches gegessen und ein bißchen Wasser getrunken . . . Nach meinen Berechnungen mußte es früher Abend sein. Aber warum stand die Sonne dann im Osten und nicht einmal im Zenit? Beunruhigt starrte ich Hawk ins Gesicht.

»Es ist jetzt acht Uhr morgens, Ginny.«

»Aber wie ist denn das *möglich*?« keuchte ich, außer mir vor Zorn. Ich kam mir vor wie die Pariser des Mittelalters, die rebelliert hatten, als Papst Gregor XIII. zehn ganze Tage vom Kalender abstrich, um ihn dem Sonnenjahr anzupassen: Sie hatten das Gefühl, zehn Tage ihres Lebens verloren zu haben. Und ich hatte jetzt eine ganze Nacht meines zweifellos dadurch verkürzten Lebens verloren!

Hawk studierte mich mit distanziertem Interesse. Anscheinend machte es ihm Spaß, Menschen in den Wahnsinn zu treiben.

Wutspeiend drehte ich mich zu ihm um. Er zuckte die Achseln. »Willst du nun, daß ich dich einweise, oder nicht? Ich habe nicht behauptet, daß es Spaß machen oder schmerzlos sein würde. Und ich habe ebenfalls nicht behauptet, daß du ohne Beeinträchtigung deiner Lieblingsvorurteile daraus hervorgehen würdest.«

»Aber ich mag mich nicht als Versuchskaninchen benutzen lassen.«

»Ich *benutze* dich nicht als Versuchskaninchen. Ich selbst weiß ja schon, was ich dir beizubringen versuche. Ich will dich lediglich dazu bringen, daß dein Bewußtsein die Dinge wahrnimmt, die dein Unterbewußtsein bereits weiß.«

»Hmmmpf!« Ich hatte genug Probleme mit meinem Bewußtsein, auch ohne daß es von meinem Unterbewußtsein mit sinnlosen Informationen überschwemmt wurde. Doch wenn ich dies alles mitmachen mußte, um von einem Kriegshelden aufs Kreuz gelegt zu werden, mußte ich mich damit abfinden.

Als ich bei Angela eintraf, kam Wendy mir entgegengelaufen, schlang die Ärmchen um meine Knie und schrie selig: »Mommy! Mommy!« Ich hob sie auf und drückte sie an mich – mit einem komischen Gefühl, weil ich sie nach *meiner* Version der Realität ja gerade erst verlassen hatte. Aber die Uhren ringsherum wiesen mich beharrlich auf meinen Irrtum hin. Der Sinn des Ganzen war laut Hawk, mir zu beweisen, daß es gar nicht ›mein Irrtum‹ war, sondern daß meine Version durchaus Gültigkeit besaß. Aber wie sollte man zum Beispiel einen anständigen Kuchen für Iras Jagdausflüge backen, wenn man sich nur nach der inneren Uhr richtete?

Angela hatte ihr Jüngstes auf dem Arm, das einen rosa Strampelanzug trug und mit den winzigen Armen auf einen unsichtbaren Punchingball einschlug. Das Köpfchen war von feinem hellbraunen Flaum bedeckt. Die Fontanelle pulsierte. Sehnsucht ergriff mich. Ich wollte auch ein Baby im Arm halten. Angela, die das zu spüren schien, reichte mir zögernd ihre Tochter. Ich hielt sie behutsam, hatte offenbar nach so kurzer Zeit schon wieder vergessen, wie man ein Baby trug, damit der Kopf nicht auf dem unsicheren Hals hin und her pendelte. Ich neigte den Kopf und schnupperte genußvoll; den Duft von Babypuder und den allgemeinen sauberen Geruch eines Säuglings hatte ich schon immer geliebt. Durch den Stoff des Strampelanzugs tätschelte ich ihr das feste Fleisch. Meine Reaktion auf das Gefühl und den Duft dieses Babyfleisches war infolge der Sinnesdeprivation unten im Keller beinahe überwältigend. Mein schlummernder Mutterinstinkt erwachte. Mit verzweifelter Bewunderung betrachtete ich das Kind und erbebte vor lauter Sehnsucht nach einem eigenen. Babies waren mein Spezialgebiet; was sollte ich mit Transzendenz?

Angela, die mich anerkennend beobachtete, lächelte mir zu. »Ira sagt, ihr habt es diesmal auf einen Sohn abgesehen.«

»Ich würde beides nicht in der Wanne ertränken«, gestand ich. Wendy versuchte vor Eifersucht meine Beine zu erklimmen. Ich gab Angela das süß duftende Bündel zurück und sagte mir selbst energisch, daß die ganze Welt ein junges Kätzchen bewundert, aber wer braucht eine weitere erwachsene Katze?

Während Wendy spielte, belehrte mich Hawk am Pool über Nasenlöcher – die, wie sich herausstellte, für die Eingeweihten gar keine Nasenlöcher waren, sondern Ausläufer von Astralkanälen, die dem Körper kosmische Energie zuführten.

»Man atmet vierundzwanzig Minuten lang Mondatem durchs linke Nasenloch, dann schaltet man um und atmet vierundzwanzig Minuten lang Sonnenatem durchs rechte.«

»*Nein!*« staunte ich, schockiert, weil ich die Funktionen meiner eigenen Nase mißverstand. »Auch mit den Polypen raus?«

»Handlungen, die körperliche Anstrengung und gefühlsbedingten Einsatz erfordern, sollte man nur unternehmen, wenn man durchs rechte Nasenloch atmet. Ruhige, stete Handlungen sollte man nur beginnen, wenn man durchs linke Nasenloch atmet.«

»Engt das den Aktionsradius nicht ziemlich ein?« Ich sah mich schon den ganzen Vormittag darauf warten, daß meine Atmung sich auf das rechte Nasenloch verlegte, damit ich endlich staubsaugen konnte.

»Nein, tut es nicht; wenn man's richtig gelernt hat, kann man nach Belieben hin- und herschalten. Für den Beginn der Maithuna zum Beispiel werden wir beide durchs rechte Nasenloch atmen müssen.«

Ich warf ihm einen ironischen Blick zu. Ich stellte mir vor, wie wir die ganze Nacht dalagen und versuchten, unsere Nasenlöcher zu koordinieren, was uns sicher niemals gelingen würde, genau wie bei Scarlett O'Hara und Rhett Butler in ›Vom Winde verweht‹, die jeder den anderen immer erst dann wollten, wenn sich der andere gerade entschlossen hatte zu gehen.

»Ginny«, sagte Hawk plötzlich scharf, »ich finde deine Einstellung zu dieser Sache offen gestanden beschissen. Ich habe sie dir bis jetzt durchgehen lassen, weil ich annahm, du würdest dein unreifes Bedürfnis, dich über dir unbekannte Ideen lustig zu machen, allmählich ablegen. Doch wenn du nicht ein bißchen Ehrfurcht aufbringst, müssen wir das Ganze abblasen.«

»Bitte nicht, Hawk! Ich werde mich zusammennehmen, bestimmt! Ich werde meine Einstellung ändern.«

»Na schön. Aber wenn ich dich noch ein einziges Mal ermahnen muß, ist Schluß.«

Den strengen Blick auf mich gerichtet, legte er sich auf eine Seite und zeigte mir, wie man die Atmung von einem Nasenloch aufs andere umschaltete: Daumen unterm Ohr, Finger an die Stirn. Anschließend demonstrierte er mir eine andere Methode: Er massierte sich den großen Zeh der dem Nasenloch, das er aktivieren wollte, gegenüberliegenden Seite. Ich übte beides, bis ich merkte, daß es tatsächlich funktionierte. Dann saß ich da und dachte über die unergründlichen Geheimnisse meines vernachlässigten Fleisches nach.

An jenem Mittag, als Wendy schlief und Hawk meditierte, ging ich in den Keller, um Hawks Frühstückstablett heraufzuholen. Dabei entdeckte ich auf seiner Liege einen Stapel Papiere. Neugierig, wie ich war, blätterte ich darin herum. Es handelte sich um Teile seines historischen Science-fiction-Romans. Unter nervösen Blicken zur Tür las ich etwa ein Dutzend Seiten über einen Farmer in Vermont und seine Frau, die auf ihrem Motorschlitten eines Abends aus Versehen eine Sprungschanze hinunterjagten. Als sie bewußtlos auf dem Skihang lagen, zogen die Vibrationen des Sturzes die Aufmerksamkeit des für die Milchstraße verantwortlichen Management-Außenpostens auf sie. Der Bevollmächtigte des Managements, der das seltsame Muster der Skispuren als ungeschickte Bitte der Erdlinge um göttliche Hilfe interpretierte, materialisierte in einem Anfall uncharakteristischer Güte in seinem Außenposten eine Direktionssuite im Erdenstil und holte die Vermonter zu sich herauf. Als sie tropfnaß und blinzelnd in ihren Skianzügen vor ihm standen, versuchte er sich an die Formel zu erinnern, mit deren Hilfe er sich selbst aus einem grellen Lichtfleck in eine den unzulänglichen Sinnesorganen der Erdlinge zugängliche Form bringen konnte. Schließlich gelang es ihm, sich in einem gesteppten Skianzug zu materialisieren, er mußte jedoch zu seinem Leidwesen feststellen, daß er sich aus Versehen mit einem langen Schweif ausgestattet hatte. Er beschloß, den Schweif zu behalten, und hoffte, seine Gäste, vor allem aber das Hauptbüro, würden seinen Fehler nicht bemerken.

›»Interessanter Ort, diese Erde«, sagte der Bev wohlwollend, obwohl er sie in Wirklichkeit für das scheußlichste Höllenloch des gesamten Universums hielt.‹ Und dann beschrieb er seinen eigenen Aufenthalt auf der Erde vor mehreren Jahrtausenden, als er noch Lehrling gewesen war. Damals war er ein Steinmetz der Aymara-Indianer am Titicaca-See in Bolivien gewesen. Das Kraftfeld eines vorübersausenden Kometen war mit demjenigen der Erde kollidiert, und als Folge davon hatte es tagelang ununterbrochen geblitzt, wodurch auf dem ganzen Erdball Waldbrände entstanden waren, vor denen die wilden Tiere bis in die Städte hinein flüchteten. Die Achse der Erde hatte sich geneigt, ihre Umdrehung sich verlangsamt, ihre Kruste sich in ungeheuerlichen Erdbeben gewellt und verschoben. Vulkane waren ausgebrochen. Flutwellen hatten riesige Bäume entwurzelt und Felsblöcke wie Kieselsteine umhergeschleudert. Dann hatten sich die Pole verändert, und der Bev hatte sich auf einmal weder mit den anderen Lehrlingen noch mit dem Management telepathisch in Verbindung setzen können. Das veränderte Kraftfeld blockierte außerdem seinen Materialisationsmechanismus, so daß er in seinem Erdlingskörper gefangen war.

Die folgenden Jahrzehnte waren ein verbissener Kampf ums Überleben gewesen. Ein niemals endender Regen fiel, ausgelöst durch das Verdampfen des Meerwassers aufgrund der Hitze der vielen Brände und feuerspeienden Vulkane. Alles faulte und schimmelte. Die Feldfrüchte gediehen nicht. Wegen des Vulkanstaubs bestand das Tageslicht aus einer ewigen Dämmerung. Räuberische Horden hungernder Erdlinge plünderten das Land. Der Bev versteckte seine Familie in einer Höhle, wo sie wie primitive Wilde vegetierten, während Freunde und Verwandte ringsum an Seuchen, Unterernährung und Demoralisierung starben. Die Überlebenden waren diejenigen, die Grausamkeit, Gier und List entwickelten – das Gegenteil der vor der Katastrophe in der Gesellschaft geschätzten Eigenschaften. Weil sie mehr Luft einatmen mußten, um genügend Sauerstoff zu bekommen, dehnte sich ihr Brustkorb wie bei Asthmatikern. Neugeborene kamen verkrüppelt und kränklich zur Welt.

Der Bev hatte keinerlei Erinnerung an seine ursprüngliche Aufgabe. Das Management schickte einen Kontrolleur zur Erde, der Bericht erstatten sollte, welche Lehrlinge rehabilitiert werden konnten und welche man ihrem Schicksal überlassen mußte. Der Bev, auf das Timbre der Stimme des Kontrolleurs reagierend, der vor dem Höhleneingang stand und um Obdach bat, fiel zwischen abgenagten Knochen, die blutbefleckte Steinaxt in der Hand, auf die Knie und weinte. Dem Management gelang es schließlich, sein durcheinandergeratenes Nervensystem wieder in Ordnung zu bringen und Kontakt mit ihm aufzunehmen. Und als er starb, erhielt er seinen gegenwärtigen Schreibtischjob auf vorgeschobenem Posten, den er als Sprungbrett zu bedeutenderen Aufgaben näher am Hauptbüro betrachtete.

»»Ihr seht also, ich weiß genau, was es heißt, ein Erdling zu sein, gefangen auf eurem ausgebrannten Aschenstäubchen von Planeten, ohne Aussicht, ihn verlassen zu können«, sagte der Bev mitfühlend und strich sich über die distinguiert wirkende graue Haarmähne, die er sich für die

Dauer der Materialisation zugelegt hatte. »Ich weiß, daß ihr mit ausgesprochenem Vergnügen mordet und plündert. Diese moralische Retardation ist jedoch nicht eure Schuld. Sie war nichts weiter als einer jener unglückseligen Zufälle, die im Universum ständig irgendwo vorkommen. Aber er gibt hoffnunsvolleren Erdlingen wie euch Gelegenheit, die ganze erschreckende Tragweite der Tatsache zu erkennen, daß ihr vom Management abgeschnitten seid.«

»*Jesum Crow*, wo zum Gottsdonner bin ich eigentlich?« murmelte der Farmer unsicher blinzelnd.

Der Bev musterte ihn verzweifelt. Es war ihm trotz der Direktionssuite anscheinend nicht gelungen, seinen Gästen ein Gefühl des Wohlbehagens zu vermitteln. Was hatte er übersehen? Er mußte sein Wissen hinsichtlich der Gebräuche der amerikanischen Landbevölkerung ganz eindeutig auffrischen. Er würde seinen Assistenten beauftragen, ihm sofort einen Bericht anzufertigen. Doch seine Gäste waren nicht gerade mitteilsam. Seufzend hängte er ein Röntgenbild auf und zeigte den beiden ihre Erde: ein schwarzes Pünktchen, das in einem größeren, dunkelgrauen Fleck dahintrieb, umgeben von Billionen blendend heller Flecke und Punkte. Er erklärte dem begriffsstutzigen Paar, daß das graue Gebiet in Quarantäne gelegt worden sei, weil man hoffe, die Infektion dadurch einzudämmen. Das Management arbeite mit Bestrahlung und Antikörpern, weil es hoffe, damit eine Heilung herbeiführen zu können; andernfalls werde das ganze Gebiet unterpflügt und neu bepflanzt werden müssen.‹

Der Bev begleitete die verwirrten Vermonter ins Labor, wo neue Planeten geschaffen wurden. In Mikro-Klimakäfigen wurden Pflanzen, Tiere und Insekten materialisiert, die den jeweiligen physischen Bedingungen eines jeden neuen Planeten angepaßt waren. Ein Planet mit großer Schwerkraft zum Beispiel wurde mit kleinen, gedrungenen Kreaturen ausgestattet. Sobald ein allgemeines Schema entworfen war, mußten die verschiedenen Arten hinsichtlich der Fortpflanzung und Ernährung ausbalanciert werden. Der Bev beschrieb die Schwierigkeiten, die es ihm bereitete, die Techniker dazu zu bringen, daß sie der Erde auch nur einen flüchtigen Blick gönnten, da die Gier, mit der die Erdlinge die Lebenskraftzuteilung (LKZ) der Erde den anderen Arten raubten und an sich rissen, ästhetisch einfach abstoßend war.

›»Und unsere Wissenschaftler müssen beim Entwerfen der Planeten natürlich auch ihren eigenen Geschmack berücksichtigen – Farben, Formen ... Es ist wirklich ein anstrengendes Spiel.« Er seufzte bekümmert. »Ich wollte schon immer an der kreativen Seite des Geschäfts teilhaben ...«‹

»Ich konnte nicht widerstehen, ich hab mal kurz in dein Manuskript geschaut«, gestand ich Hawk, als ich zum Pool zurückkehrte. »Hoffentlich hast du nichts dagegen. Ich fand es äußerst unterhaltend.«

»Es soll aber nicht unterhaltend sein. Es soll im Leser jene Geisteshaltung hervorrufen, die es ihm ermöglicht, meine ›Fiktion‹ als definitive Möglichkeit zu betrachten.«

»Ach so! Das heißt also, du glaubst wirklich, daß es so ist?« Ich argwöhnte allmählich, daß ich mit meinem Transzendenzlehrer doch wohl die falsche Wahl getroffen hatte.

»Das habe ich nicht gesagt! Ich will nur nicht, daß du es einfach als Unterhaltung ansiehst.« Er zupfte gereizt an dem Glöckchen, das sein Ohr zierte.

Am folgenden Tag reinigten wir die Astralkanäle, die von meinem ätherischen Double, was immer das sein mochte, in meinen ›schwerfälligen körperlichen Organismus‹ führten.

»Man atmet annähernd 21666mal pro Tag«, informierte mich Hawk. »Die meisten dieser Atemzüge sind ein schnelles, flaches Hecheln, das die Lunge etwa zu einem Sechstel füllt und nur dazu dient, den physischen Körper zu einem Minimum seiner Kapazität funktionieren zu lassen. Du mußt nun lernen, so zu atmen, daß du eine kräftige Ladung Prana zu deinem Wurzel-Chakra hinunterschickst, damit du deine schlafenden Kundalini weckst und ihre Funken zu einer alles verzehrenden Flamme entfachst. Die dann durch deinen Rückenmarkskanal bis in den Kopf hinaufsteigt, sich mit dem dort wohnenden Mahakundali Shivas vereinigt und jede einzelne deiner Zellen polarisiert.«

»Wie bitte?« Wieder einmal tappte ich blind in einer Sphäre umher, die einen eigenen Jargon besaß, nicht weniger spezialisiert als Joe Bobs Football-Terminologie oder Miss Heads Äußerungen über Descartes. Wenn meine Verbindung mit Hawk gedeihen sollte, mußte ich also Vokabeln pauken. Aber wollte ich überhaupt, daß sie gedieh? Nach dem Blick, den ich in sein Buch geworfen hatte, war ich dessen nicht mehr ganz sicher. War er geistesgestört, oder war er ein Prophet, der nichts in seinem Vaterlande galt?

»Du wirst es verstehen«, antwortete er und scheuchte meine Fragen davon wie Stechmücken.

Wir saßen mit gekreuzten Beinen am Pool und leerten unsere Gedanken von Banalitäten. Wobei ich zu entscheiden versuchte, ob meine Besorgnis, Wendy könne in den Pool fallen, in dem Bereich, mit dem wir es jetzt zu tun hatten, eine Banalität darstellte oder nicht. Dann leerten wir unsere Lungen, indem wir den Magen einzogen. Wir atmeten siebenmal ein, hielten inne und atmeten siebenmal aus. Dies wiederholten wir *ad nauseam,* indem wir im Geist immer wieder ›om‹ intonierten. Ich wartete darauf, daß meine Kundalini sich entflammten, doch nichts geschah.

»Es passiert nichts.«

»Würdest du es wissen, daß etwas passiert, *wenn* etwas passiert?« erkundigte er sich und starrte mich mit aufreizender Gelassenheit an. »In deinem gegenwärtigen unverfeinerten Zustand sind die subtilen Wirkungsgrade für dich noch nicht erreichbar. Du erwartest unmittelbare, dramatische Wirkungen, aber so geht es nicht. So bin ich in Montreal an die Drogen rangegangen: weil ich unmittelbare Erleuchtung wollte. Du bist so beschissen zielorientiert. Beim Sex verlangst du sofort einen Orgasmus.«

»Nicht unbedingt«, protestierte ich, zutiefst verletzt durch seine falsche Einschätzung meines Charakters. Wie viele Montag-, Mittwoch- und Freitagabende lang hatte ich Ira händeringend gebeten, mich *nicht* zu einem Orgasmus zu zwingen! »Vielleicht projizierst du nur deine persönlichen Macken auf mich.«

»*Ich* projiziere überhaupt nichts. Ich habe meine persönlichen Wünsche so weitgehend unterdrückt, daß ich gar keine Wünsche mehr *habe*. Wenn der Mensch sich von allen Wünschen befreit hat, braucht er sie nicht auf andere zu projizieren.«

»Woher weiß man, wann man sich von allen Wünschen befreit hat?« erkundigte ich mich aufrichtig verwirrt.

»Man *weiß* es eben«, versicherte er mir, schloß die Augen und ließ seine Bauchmuskeln rollen, als drehe er Däumchen.

Er stand auf, nahm die Samenverhaltungsposition ein und bedeutete mir, es ihm nachzutun. Ich gehorchte – verwirrt, da ich keinen Samen zu verhalten hatte. Wendy kam mit nachschleifenden Windeln herüber und versuchte uns zu imitieren, streckte ein rundliches Beinchen aus und zielte angestrengt mit ihrer Nase auf den großen Zeh. Sie fiel um, prallte mit dem Kopf auf den Beton und begann zu brüllen. Hawk sah sie mit wütenden Blicken an, während ich sie in den Armen wiegte und zärtlich ihre schmerzende Beule massierte. Seine Miene sagte deutlich: Du mußt diese störenden weltlichen Bindungen lösen. Ich kehrte ihm den Rücken zu.

Während Wendy Mittagsschlaf hielt, führte Hawk mich zu einer Stelle im Garten dicht neben dem Bliss'schen Familienfriedhof. Er stieß vier Stöcke so in den Boden, daß sie ein Viereck bildeten. Darauf legte er ein festes Platzdeckchen aus Bast von meinem Küchentisch. Dann scharrte er eine Handvoll Erde zusammen, suchte sorgfältig alle Klumpen, Stöckchen und Steine heraus und deponierte die gereinigte Erde auf der Matte. Mit einem Stein glättete er den Erdhügel, bis er einer tellergroßen Scheibe glich.

Wir setzten uns zwei Meter entfernt ins Gras und starrten durch die halb geschlossenen Lider auf den Erdkuchen. Hawk erklärte, wir versuchten sein spirituelles Bild in uns erstehen zu lassen. Dabei murmelte er Liebesworte, wie etwa ›Weit dich Erstreckende, Fruchtnährerin, Hüterin unterirdischer Geheimnisse‹. Während ich, seinen Anweisungen gemäß, über den Satz ›Staub zu Staub‹ nachdachte. Ich überlegte, durch wie viele menschliche, tierische und pflanzliche Körper das Material dieses Erdkuchens seit seiner Erschaffung wohl zirkuliert sein mochte.

Schließlich begannen Hawk und ich die Augen wie Kameraverschlüsse immer wieder zu öffnen und zu schließen, wobei wir versuchten, das spirituelle Bild des Erdkuchens auf unsere Netzhaut zu bannen. Dann ergriff Hawk meinen Arm. Endlich, dachte ich, als er mich über den Rasen zum Swimmingpool zog. Jetzt ist es soweit!

Am Rand des Pools drückte er mich nieder, warf sich selbst neben mich und schloß die Augen. »Na, siehst du's?« fragte er mich eindringlich.

Ich schloß erwartungsvoll die Augen. Aber ich sah nur das altgewohnte, phantasielose Schwarz. Verzweifelt durchforschte ich die Schwärze nach einem winzigen lichten Fleck. Und sah nichts. Sollte ich schwindeln? Würde Hawk die rituelle Vereinigung mit einem konzentrationsunfähigen Schwachkopf vollziehen wollen?

»Was soll ich sehen?« fragte ich unverbindlich.

»Die leuchtende Scheibe, gereinigt von allen groben, materiellen Unvollkommenheiten.«

»Äh . . .«

In diesem Moment lief Wendy, Gott segne sie, zum Tor hinaus, so daß es mir erspart blieb, Hawk zu enthüllen, daß er sich einen spirituellen Pygmäen zum göttlichen Sexualpartner erwählt hatte.

An jenem Abend, nachdem Wendy im Bett war, suchte ich auf dem Dachboden auf Hawks Bitte unsere Weihnachtsbaumbeleuchtung hervor. Wir richteten zwei Schnüre her, eine nur mit roten, die andere mit blauen Lichtern. Mit Hilfe einer komplizierten Anordnung von Verlängerungsschnüren gelang es uns, die rote in Hawks Kellerversteck aufzuhängen. Dann hockten wir uns beide im Lotussitz auf seine Liege. Er trug meine Lady-Bulova-Armbanduhr mit den einundzwanzig Steinen und befahl mir, mich mit offenen Augen auf das Vergehen der Zeit zu konzentrieren und es ihm zu sagen, wenn ich glaubte, eine halbe Stunde sei vorbei.

Das schien mir nun einfach genug. Ich sank im Lotussitz in mich zusammen und machte mich an die Aufgabe, dreißigmal bis sechzig zu zählen. Diesmal wollte ich Hawk nicht enttäuschen.

Nachdem ich zehnmal bis dreißig gezählt hatte, wurde es mir zu langweilig, und ich beschloß aufzuhören. Statt dessen ließ ich meine Gedanken wandern.

Als ich das Gefühl hatte, eine halbe Stunde sei vorüber, machte ich Hawk ein Zeichen. Er sah auf meine Armbanduhr und notierte sich etwas auf einem Zettel. Dann nahm er die roten Lichter herunter, hängte dafür die blauen auf, und ich mußte die ermüdende Prozedur wiederholen.

Dann nahm er die blauen Lichter herab, und die roten kamen wieder hinauf. Und dann umgekehrt. Ich fand das Ganze ziemlich albern. Es mußte doch bequemere Möglichkeiten geben, außerehelichen Sex zu treiben.

Nach der vierten Runde sagte Hawk: »Also gut. Jetzt ist es genug.« Ich seufzte erleichtert.

»Bei den roten Lichtern hast du vierundzwanzigeinhalb Minuten und siebenundzwanzig Minuten als eine halbe Stunde bezeichnet«, verkündete er. »Und bei den blauen Lichtern hast du zweiunddreißig und dreiunddreißig Minuten als eine halbe Stunde bezeichnet.«

Großer Gott – ich war wieder einmal durchgefallen! Ich konnte nicht mal die Zeit richtig einschätzen. Welche Hoffnung blieb mir nun noch, in den siebenten Himmel einzugehen? Ich sah ihn an und zuckte verzeihungheischend die Achseln. Ich hatte mir wirklich Mühe gegeben.

»Wenn dich dies nicht zu logischen Schlüssen führt«, sagte er mürrisch und fuhr sich mit den Fingern durch den verfilzten Bart, »dann fürchte ich, daß ich dir nicht helfen kann.«

Bedrückt schlich ich nach oben und legte mich in mein einsames Doppelbett.

Am nächsten Morgen nach Atemübungen, Verya stambhanasana und Erdkuchenbetrachtung sagte Hawk müde: »Ich hatte gehofft, daß es nicht nötig sein würde, aber ich fürchte, wir müssen es doch tun. Kannst du das Kind bis heute abend irgendwo unterbringen?«

Und ab ging's mit Wendy zu Angela, woraufhin ich mit eingeschalteter Sirene zurückraste, um mein Pessar einzuführen. Im Keller erwartete mich Hawk auf der Liege. Auf dem Tablett standen ein Glas und ein Krug mit Wasser. An der Tür stehend räusperte ich mich verführerisch.

Hawk hob den Kopf; das Glöckchen in seinem Ohr klingelte. Er wies mich an, mich neben ihn auf die Liege zu legen. Gehorsam folgte ich seinem Befehl. Er blickte auf mich herab. Ich schloß die Augen, erwartete seinen Kuß.

Er stand auf und wühlte in seinem Rucksack. »Ist schon gut«, flüsterte ich leise. »Ich hab mein Pessar eingesetzt.«

»Wie bitte?« gab er zurück und kramte ein kleines Plastikröhrchen aus seinem Rucksack. Er goß eine geringe Menge Flüssigkeit daraus in das Glas, füllte es mit Wasser auf und reichte es mir.

Ich trank mit kleinen, desinteressierten Schlucken. »Was ist das?« erkundigte ich mich in der Hoffnung, es sei ein exotisches Aphrodisiakum aus dem französischen Teil von Montreal.

»LSD-25.«

»LSD?« kreischte ich und verschüttete vor Schreck einen Teil der Flüssigkeit.

»Nun beruhige dich und trink.«

»Aber ich *will* kein LSD.«

»Willst du an der Maithuna teilnehmen oder nicht?« fragte er kalt.

»Aber natürlich! Bloß, was hat LSD mit schlichtem Vögeln zu tun?«

Sein Gesicht hinter dem zottigen Bart wurde knallrot. »Verdammt noch mal! Wie oft soll ich dir noch sagen, daß es hier nicht ums Vögeln geht? Das Ganze hat nicht das geringste mit diesem widerlichen, dreckigen Bumsen zu tun, das du anscheinend bisher gewohnt warst.«

»Woher weißt *du* denn, was ich gewohnt war?« fuhr ich ihn an, voll Wut darüber, daß ich mich so vertrauensselig mit Drogen betäuben und in weiße Sklaverei verkaufen ließ.

»Ich *weiß* es nicht, und es interessiert mich auch nicht im entferntesten. Das, wozu ich dich aufgefordert habe, hat keinerlei Zusammenhang mit deinen bisherigen triebhaften Vergnügungen, in welcher Form sie auch immer stattgefunden haben mögen. Ich versuche dir beizubringen, in dir etwas anderes zu sehen als nur einen physischen Körper, der ›befriedigt‹ werden muß. Du bist das ewig weibliche Prinzip. Ich bin das ewig männliche Prinzip. Wenn wir uns vereinigen, bringen wir einander entgegengesetzte Kräfte ins Gleichgewicht und stillen unsere Sehnsucht nach Ganzheit.«

In einem Anfall von Wut über seine aufgeblasene Ausdrucksweise kippte ich den Rest des Glasinhalts. Wenn unser Ziel nicht der Orgasmus war – wie paßten dicke Eier zu all dem hier? Hatte ich meine Jungfräulichkeit einem Mythos geopfert?

»Und außerdem ist die Tatsache, daß du dir nicht vorstellen kannst, wieso ein Zusammenhang besteht zwischen LSD und dem, was du so scheußlich als ›vögeln‹ bezeichnest, genau der Grund dafür, daß wir diese ganzen langwierigen Vorbereitungen treffen müssen. *Ich* bin seit Wochen bereit für die Maithuna. *Ich* brauche dies alles wahrhaftig nicht. Ich tue es ausschließlich für dich. Damit auch du die Transzendenz erleben kannst.«

Ich funkelte ihn böse an. Inzwischen war ich zu der Ansicht gelangt, daß er mir gar kein LSD gegeben hatte, daß dies einer von seinen beschissenen kleinen Tests war, mit denen er meinen wahren Charakter in all seiner Fehlerhaftigkeit entlarven wollte. Ich lehnte mich mit verschränkten Armen an die Backsteinwand und grinste höhnisch.

»Es fängt an zu wirken, nicht wahr?«

»*Nein.* Absolut nicht.«

»Du glaubst jetzt, ich habe dich reingelegt, es war gar kein LSD, ich wollte mich über dich lustig machen, wie?« Verdutzt starrte ich ihn an. Besaß dieser hinterhältige Mistkerl vielleicht doch aufgrund dieses idiotischen Trainings ein übersinnliches Wahrnehmungsvermögen?

»Ich hab soviel LSD geschluckt, daß man ein Schlachtschiff drauf schwimmen lassen könnte«, erklärte er mir, während er an meiner sich ständig verändernden Miene die Reaktionen ablas. »Das generelle Schema ist im allgemeinen ziemlich berechenbar, mit gewissen, von der Persönlichkeit abhängigen Unterschieden natürlich. Erspare mir also bitte die ermüdenden Einzelheiten deiner wunderbaren Visionen in den vor uns liegenden Stunden. Die Drogentrips anderer Leute sind für Außenstehende ebenso stinklangweilig wie die Träume und die Liebeserlebnisse anderer Leute.«

»Weißt du, was ich am meisten an dir hasse?« erwiderte ich gelassen. »Daß du ein so verdammter Heuchler bist. Du hast gesagt, du hältst nichts mehr von Bewußtseinsveränderung mit künstlichen Mitteln.« Die Steine der gewölbten Decke begannen sich plötzlich zu verschieben. Ich beschloß, so zu tun, als bemerke ich ihre Eskapaden nicht, zog es vor, mich lieber nicht Hawks Spott auszusetzen, indem ich gestand, Halluzinationen zu haben. Ich konnte mir nur allzugut vorstellen, wie er zu seinen Deserteursfreunden zurückkehrte und sie mit der Geschichte unterhielt, wie ich nach dem Genuß von klarem Wasser Halluzinationen bekommen hatte. Ich sah schon, wie die gesamte Radikalenwelt über mich kicherte.

»Ich halte nichts davon, wenn man es nur so zum Vergnügen macht.« Bisher hatte ich noch nie bemerkt, daß sich sein Mund beim Sprechen in Zeitlupe bewegte wie das Maul eines Fisches, der auf dem Trockenen nach Luft schnappt. »Wir machen es nicht nur zum Vergnügen. Dieser Versuch dient einem ganz bestimmten Zweck, und die Droge wird dir von jemandem verabreicht, der dich während dieses Erlebnisses führen und dich auf die signifikanten Aspekte aufmerksam machen kann.« Seine Augen waren zwei eisblaue Menthol-Halsdragees. Sein wirrer Bart bestand aus Tausenden von ineinander verflochtenen Spinnen, die ständig ihre dürren Beine bewegten.

Das Backsteingewölbe hatte sich in Ströme von Regenbogenfarben verwandelt.

»Fühlst du schon was?« dröhnte eine hohle Stimme wie das Donnern der Meeresbrandung in einer Höhle.

»Nein.«

Und ich spürte tatsächlich nichts. Wie konnte ich auch? Ich besaß ja keine Sinnesorgane mehr. Diese unattraktive Fleischeshülle, die ich bisher mit so großer Genugtuung als ›ich‹ bezeichnet hatte, lag schlaff und schwammig unter mir. Welche Verbindung konnte dieser stinkende Haufen faulenden Fleisches bloß jemals mit meinem erhabenen jetzigen Ich gehabt haben? O Gott, ich hatte genausowenig damit zu tun wie mit dem anderen widerlichen Haufen Muskeln und Sehnen, der da an die Wand gelehnt lag und ›meinen‹ Körper aus eisblauen Dragees beobachtete.

Ich fing an zu kichern. Es war so lächerlich. Mein ganzes Leben hatte ich damit verbracht, diesen Fleischberg zu füttern, zu kleiden und zu bewundern, dabei war ich die ganze Zeit tot gewesen! Was für ein Witz! Ich kreischte vor Lachen. Der Klumpen Fettgewebe an der Wand lächelte nachsichtig, ohne zu ahnen, daß er ebenfalls tot war. Ich wußte genau, daß es stimmte – daß jener andere Fleischklumpen mich mit

Drogen betäubt hatte, um mich nach Marokko zu verkaufen; aber der Angeschmierte war er. Er hatte einen noch zuckenden Leichnam verkauft! Ich grölte vor Vergnügen.

Langsam zog Hawk sein blaues Arbeitshemd aus. Das beanspruchte mehrere Stunden. Ich beobachtete ihn dabei, bemerkte jedes Detail: seine Finger, die an den Knöpfen herumfummelten, seine Arme, die er hob und aus den Hemdsärmeln zog, den Haarwald auf seiner Brust, der bei jeder Bewegung wogte wie Präriegras im Wind. Hawk stand auf. Er wuchs höher und höher wie eine Hopfenranke. Der winzige Kellerraum dehnte sich aus. Hawk schritt durch diesen weiten Raum wie ein Negersänger bei einem Cakewalk.

Schließlich saß er neben mir. *Wer* saß neben mir? Neben wem oder was saß er? Was war dies? Wollte er mir etwas zeigen? *Mir,* die ich bereits alles sah? Wie konnte er mich mit etwas so Unbedeutendem wie seiner Tätowierung belästigen!

Hawk hielt mir seinen Arm vors Gesicht und ließ den Bizeps springen, daß die Tätowierung verschwamm, zitterte und waberte. Bald heftete sich mein Bick auf die äußeren Umrandungen. Staunend starrte ich auf das Filigranband. Hawk hatte wirklich recht gehabt, mich zum Hinsehen zu zwingen. Das Bild verdiente meine Aufmerksamkeit. Es lebte. Das elegant gezeichnete Muster atmete und bebte, pulsierte und wirbelte. Alle Farben des Spektrums, eine nach der anderen, wanden sich, so wie sichtbar gemachte Elektrizität durch elektrische Schaltkreise, durch das Labyrinth des Filigrans.

Meine Aufmerksamkeit sprang abrupt auf die Streifen mit den stilisierten Blütenblättern innerhalb des Filigranringes über. Die bunten Farben waren immer noch da, doch hier, bei den sich weich entfaltenden Blättern, wanden sich die Farben nicht, sondern schweiften in wirbelnden Wogen dahin und beleuchteten, eine Farbe nach der anderen, die vielfältig verschlungenen Blüten.

Plötzlich sah ich mich verstrickt in den Raster ineinandergeschachtelter Dreiecke. Hier sprangen mich glühend und in ständig wechselnden Farben die geometrischen Formen an.

Ich fand es toll, aber plötzlich wurde ich mißtrauisch. Das war eindeutig eine Falle! Wie Hänsel und Gretel vom Knusperhäuschen der Hexe wurde ich hier in den Mittelpunkt gelockt, auf den stinkenden Rachen des grotesken Ungeheuers zu, das dort hauste. Mit einer blitzartigen Erleuchtung wurde mir klar, daß dieses gräßliche Untier die bezaubernden, variierenden Farbmuster nur aus seinem blutigen Maul spie, um mich in seine Höhle zu locken.

». . . beachte die verschiedenen Ebenen der Organisation«, sagte Hawk. Seine Stimme dröhnte, als käme sie aus einer weiten unterirdischen Höhle.

Und Hawk war mit diesem Ungeheuer im Bunde! Schließlich lebte das Biest auf Hawks Bizeps, nicht wahr? Wütend fauchte ich Hawk an und riß den Blick von seinem widerlichen Arm los. Endlich in Sicherheit! Ich hatte nicht hingesehen!

Dann spürte ich eine Hand an meinem Gesicht und mußte feststellen, daß ich abermals auf die pulsierende Tätowierung starrte, abermals an dem hinterhältigen Filigran, den Blütenblättern und den Dreiecken vorbei auf das Ungeheuer im Mittelpunkt zugezerrt wurde. »Nein!« schrie ich laut auf. Oder glaubte es zu schreien.

»Du *mußt* es ansehen!« dröhnte eine Stimme, die von den Wänden zurückgeworfen wurde wie die Explosionswellen in der Sprengkammer des Majors.

»Aber ich *will* nicht!«

»Du *mußt*«, befahl die Stimme im Ton einer Wagnerischen Gottheit.

Eigensinnig schloß ich die Augen. Ein Chaos von Farben wirbelte durch das Schwarz hinter meinen Lidern. Mir wurde übel. Der Anblick dieses Aufruhrs von Farben ohne ein ordnendes Schema machte mich schwindlig und auf eine unaussprechliche Art und Weise verängstigt. Ich versuchte die Farben zu stapeln, als wären es Wendys Bauklötze, aber ich konnte sie nicht zum Stillhalten bringen, konnte den wilden Tanz nicht unter meinen Willen zwingen.

Gerade als ich das Gefühl hatte, ich müsse mich übergeben, gingen meine Augen von selbst weit auf. Mit rasender Geschwindigkeit wurde meine Aufmerksamkeit an dem gewundenen Filigran vorbei, an den sich öffnenden Blütenblättern vorbei, an dem strengen, aber spielerisch pulsierenden Raster vorbei direkt in den aufgerissenen Rachen des Ungeheuers gelenkt. Ich schrie laut auf vor schierem Entsetzen. Das weiche, feuchte Schwarz seines weit geöffneten Mauls wurde rhythmisch von den dampfenden Blutströmen überschwemmt, die aus seinem Innern aufstiegen. Inmitten des pulsierenden roten Glühens erkannte ich scharfe weiße Fänge, die mich zu zermalmen drohten. Und aus dieser Perspektive sah ich genau, daß die komplizierten äußeren Muster der Tätowierung nichts weiter waren als erstarrende Wirbel geronnenen Blutes.

»Ändere deinen Blickwinkel«, donnerte eine hohle Stimme eindringlich. »Mach das Blauschwarz zum Hintergrund. Schau auf das Muster, das von den Fleischtönen gebildet wird.«

Ich spürte, wie sich meine Augen ganz von selbst zusammenzogen und wieder öffneten; mein Kopf warf sich von einer Seite zur anderen. Ich *konnte* keine Fleischtöne sehen; ich sah nur die ständig wechselnden Wirbel der Farben.

Doch dann war das Ungeheuer plötzlich verschwunden,und an seiner Stelle grinste ein Totenschädel, ganz ähnlich wie die auf den Grabsteinen von Father Bliss. Er hatte ein rundliches Gesicht und große, sehr erstaunte Augen. Wo die Krone und das Opfermesser des Ungeheuers gewesen waren, sah ich jetzt zwei graziöse, elegant geschwungene, gesprenkelte Flügel.

Voller Freude betrachtete ich den grinsenden Totenkopf. Wie hatte ich je vor dieser freundlichen Kreatur Angst haben können? Ihre Augen zwinkerten mir mitfühlend zu. Im Bann ihres Blickes konnte ich, wie ich feststellte, zurücktreten und die Tätowierung wieder als Ganzes wahrnehmen – die Art, wie sich die Musterbänder vorteilhaft voneinander abhoben.

». . . die aufrecht und die auf der Spitze stehenden Dreiecke bedeuten Yin und Yang, aktiv und passiv, männlich und weiblich . . .« dröhnte die störende Stimme belehrend.

»Halt den Mund, Hawk«, befahl ich munter und wandte mich wieder meinen privaten Studien der Ordnungsschemata zu, Schemata, zu profund und kompliziert, um mich von jenem absurden Geschnatter, Worte genannt, ablenken zu lassen. Ich betrachtete die verschiedenen Ringe, die subtile Art, wie sie die Aufmerksamkeit immer weiter einwärts auf den Mittelpunkt zu lenkten.

». . . die drei Ecken der Dreiecke symbolisieren den Intellekt, die Gefühle und die Körperfunktionen . . .«

»Scheiß auf dich, Hawk!« kreischte ich brüllend vor Lachen. Und fand, daß ich es ihm wirklich schuldig sei, mit ihm über seine anmaßende Ignoranz zu diskutieren. Wollte man jedoch einen so ausgedehnten Sumpf durchqueren – wo sollte man ansetzen? Außerdem war ich viel zu vertieft in die Eindrücke, die über mich hereinbrachen wie ein turmhoher Wasserfall. Ich lächelte dem freundlichen Totenkopf zu, zollte seinem cleveren Trick, sich als Ungeheuer zu tarnen, um die Unwürdigen abzuschrecken – zu denen ich eindeutig nicht gehörte –, den gebührenden Respekt.

Im selben Moment wich der liebenswerte Totenkopf zurück und wurde von dem wiederauftauchenden Ungeheuer verschlungen. Ich öffnete und schloß die Augen, drehte den Kopf von einer Seite zur anderen. Nach jahrelangen Bemühungen verschwand das Biest, der Totenkopf erschien und mit ihm wieder die Atmosphäre schwindelerregender Freude. Doch diesmal war diese schwindelerregende Freude gar nicht mehr so tröstlich, nicht mal im Vergleich zu dem gräßlichen Monster. Sie knirschte und kreischte. Sie bewirkte, daß ich am liebsten aufgesprungen wäre, um wild und ausgelassen zu tanzen wie eine Marionette, deren Fäden aus Hochspannungsleitungen bestanden. Jetzt wußte ich nicht mehr, was schlimmer war: sich vor lauter Entsetzen zu ducken, oder vor ziellosem Vergnügen zu zappeln. Wild pendelte ich zwischen den beiden hin und her, mindestens ein Jahrtausend lang – fürchtete, beim Ungeheuer zu bleiben, fürchtete aber ebenso den kreischenden Totenschädel. Da die Furcht vor beiden gleich groß war, fragte ich mich, welches Bild denn wohl ›wirklich‹ sei.

Dann begriff ich, was geschah. Keines von beiden war ›real‹. Beide waren real. Ich war endgültig verrückt geworden. Ich war eindeutig schizophren. Und gewann in dieser Eigenschaft zum erstenmal Einblick in das Wesen der maximalen Realität.

Dann kam mir plötzlich die Idee, daß ich möglicherweise das Heft in die Hand nehmen konnte. Vielleicht fand ich einige Erleichterung darin, dieses Tollhaus wenigstens unter Kontrolle zu haben. Und schließlich entdeckte ich, daß ich das Ungeheuer und den Totenkopf nach Belieben manipulieren konnte. Ich brauchte nur den Blickwinkel zu ändern. Ließ ich die Fleischtöne als Hintergrund wirken, erschien das Untier, und ich brach in zitterndem Entsetzen zusammen. Nahm ich die blauschwarze Tätowierungsfarbe zum Hintergrund, erschien der grinsende Totenkopf, und ich begann vor schwindelndem Übermut zu zukken und zu kreischen.

Nach mehreren Dutzend Schaltungen hin und her machte ich eine interessante Entdeckung: Die beiden Bilder hörten allmählich auf, die entsprechenden Emotionen auszulösen. Dies war die nächste Phase in der Ätiologie meiner Schizophrenie: Ein Teil von mir war zum Zuschauer geworden, zum Wächter über den armseligen Fleischklumpen, der hier Ungeheuer und Totenschädel betrachtete. ›Ich‹, das war jetzt eine weit höhere Daseinsform, von einem Rang, in dem emotionale Reaktionen mit der gleichen milden Besorgnis beobachtet wurden wie die Übelkeit eines Kindes nach dem Genuß von zuviel Eiskrem.

In mehreren, hintereinander aufzuckenden Erkenntnisblitzen – wie Blitzlichter, die rings um eine berühmte Persönlichkeit aufflammen – begriff ich plötzlich die cartesianische Teilung in Körper und Geist. Darüber hinaus verstand ich Schönheit, Wahrheit und Äußerste Realität. Leider fehlten mir die Worte, um dem armen Hawk das zu erklären, der in trauriger Ignoranz neben mir hockte. In der Tat kam ich zu der Einsicht, daß es jetzt nichts mehr gab, was ich *nicht* verstand. Meine Gedanken jagten und kreisten wie pfeilschnelle Vögel, verbanden sich zu immer komplizierteren Mustern und knoteten die gesamte Existenz zu einem sauberen Bündel austauschbarer subatomarer Partikel zusammen, alle zur Form eines Kosmos aktiviert von . . . *mir*! Kurz gesagt, ich war Gott. Ich konnte diese Welt allein durch einen einfachen Willensakt erschaffen und zerstören. Ich lachte herablassend, wie es einer herrschenden Gottheit ansteht.

Dann hörte ich auf zu lachen. Ja, tatsächlich: Ich war sogar über das Lachen hinausgelangt. Mit gelassener Heiterkeit betrachtete ich, was ich erschaffen hatte, und fand es gut. Über Banalitäten wie Kriege, Armut und Ungerechtigkeit war ich erhaben. Das waren doch bloß Chimären. Bischof Berkeley in der Philosophievorlesung hatte recht gehabt! Ich hatte die ganze Welt zu meinem Privatvergnügen entstehen lassen. Vergewaltigung und Mord waren lediglich meine göttlichen Pornofilme.

Nur ich existierte. Ich, die Großartige und Einmalige! Über kleinliche menschliche Emotionen erhaben, die zahlreichen Leiden der Existenz mit distanzierter Belustigung betrachtend, war ich eindeutig auf dem Höhepunkt spiritueller Evolution angelangt und in unmittelbarer Gefahr, die führende Weltbürgerin zu werden.

Nach mehreren Jahrhunderten, in denen ich mich im Glanz meiner moralischen Perfektion gesonnt hatte, blickte ich ganz zufällig auf und entdeckte Mr. Truppendeserteur persönlich, wie er seine Scham hinter dem buschigen Bart verbarg. Er stand vor mir, eine glänzende Injektionsspritze von den Ausmaßen einer Nike-Rakete in der Hand. Er langte hinunter und öffnete den Reißverschluß meiner Jeans. Ich kreischte vor Lachen bei der Vorstellung, er meinte, Gott selbst bumsen zu können. Er hatte seine Chance gehabt, als ich noch eine schlichte Sterbliche war, und er hatte mich abgewiesen. Nun, da ich eine Gottheit war, kam das überhaupt nicht mehr in Frage. Ich stieß seine Hände fort.

»Ich werde dir das hier in die Hüfte spritzen, dann wirst du langsam wieder runterkommen«, donnerte er und stieß die Nadel durch den Stoff meiner Jeans.

Und ich kam runter, ganz und gar. Tiefer und tiefer und immer tiefer. In großen Spiralen aus dem Himmel bis in die finstersten Gründe der Hölle. Dort war eine Modenschau im Gang, bei der die Sieben Todsünden gezeigt wurden: Miss Haß, Miss Habgier . . . Und alle waren ich. Bergleute wurden von Deckeneinbrüchen zerquetscht, entlaufene Sklaven versteckten sich in unterirdischen Räumen, Soldaten in Drillichzeug standen Schlange bei der Vergewaltigung junger orientalischer Mädchen. Ich war mitten im dichtesten Gewühl, nun nicht mehr geschützt von meiner göttlichen Maske, die mir erlaubt hatte, das alles als Konstruktionen meines Geistes zu betrachten. Nein, ich war in meinem plumpen Körper gefangen. Jeder Gedanke fühlte sich an, als trage mein Gehirn Joe Bobs Armgewichte. Ich schlief ein.

Als ich erwachte, reichte mir Hawk zwei Pillen und ein Glas Wasser. »Hier, nimm«, sagte er. »Dann fühlst du dich besser.« Ich hingegen war überzeugt, das einzige, das mir jetzt noch helfen würde, sei eine Kapsel Zyankali. In der Hoffnung, daß Hawk mich tatsächlich umbringen wollte, um in Ruhe das Haus ausräubern zu können, spülte ich die Pillen runter.

Innerhalb weniger Minuten war ich wieder ›normal‹.

Abrupt richtete ich mich auf und sagte: »Oh, mein Gott! Ich hab ja Wendy ganz vergessen! Arme Angela!« Hektisch sah ich in die Runde und sprang auf. Ich hatte Angela gebeten, Wendy tagsüber zu nehmen, aber nicht auch noch zum Abendessen und über Nacht.

»Beruhige dich«, sagte Hawk träge mit einem Blick auf meine Lady Bulova. »Du hast noch den ganzen Nachmittag Zeit.«

Völlig durcheinander sank ich auf die Liege zurück. Was mich betraf, so waren mindestens zehn Jahre vergangen. Ich hatte rasende Kopfschmerzen.

»Gott, war das irre . . .«

»Bitte« – er schloß die Augen und schüttelte den Kopf, daß sein Ohrglöckchen klingelte –, »ich möchte lieber nichts davon hören.«

»Ja, aber . . .«

»Du brauchst dich nicht zu wundern, verdammt noch mal! Der Mechanismus ist wirklich ganz einfach; das mußt du doch aus deinen College-Vorlesungen kennen. Die Retikularformation an der Hirnbasis ist eine Art Filter, die über die Zahl und Art der sensorischen Stimuli entscheidet, die in das Gehirn selbst eindringen dürfen. Halluzinogene bauen nun diesen Filter ab, und dein Bewußtsein wird von Sensationen überflutet. Die wahrgenommene Zeitdauer verhält sich direkt proportional zu der Zahl der vom Gehirn empfangenen sensorischen Eindrücke. Wenn du mit Sensationen überflutet wirst, so scheint mehr Zeit vergangen zu sein, als wenn du aller Sensationen beraubt bist. Nicht weiter großartig.«

»Aber wenn's nicht großartig ist«, knurrte ich enttäuscht, weil mein mystisches Erlebnis auf das Niveau physiologischer Filter hinabgedrückt wurde, »warum hast du dir dann die Mühe gemacht, mir diesen LSD-Cocktail unterzuschieben?«

»Weil es keinen Sinn gehabt hätte, dir das willkürliche Wesen der Zeit mit Worten zu erklären, solange du es nicht selbst erlebt hast.« Ich beschloß, ihm nicht zu beichten, daß es mir immer noch ziemlich unsinnig vorkam. Ich schmollte. Wenn ich nicht Gott sein konnte, wollte ich *überhaupt* niemand sein.

»Die Sache ist die«, erklärte mir Hawk am selben Nachmittag, als wir am Swimmingpool lagen, und rollte sich auf den Bauch. »Ich kann einfach nicht entscheiden, ob mein Roman eine Komödie oder eine Tragödie werden soll.«

Ich sah ihn verständnislos an, nicht im geringsten an den Wehen künstlerischer Schöpfungsakte interessiert. »Wieso? Macht das einen Unterschied?«

»Selbstverständlich! Es bestimmt die ganze Struktur des Romans. Der Kern der Komödie ist, daß das Leben weitergeht; die Hauptcharaktere sind Überlebende. Sie kommen immer wieder hoch, wenn sie umgeschmissen werden. Bei der Tragödie dagegen sterben die Helden zumeist und ziehen ganze Reiche mit sich in den Untergang.«

»Ich fürchte, da kann ich nicht mit«, erklärte ich gähnend. »Ich meine, das klingt, als hättest du dir schon alles zurechtgelegt, auch wenn ich dich nicht verstehe. Also worin liegt das Problem? Sind diese Kategorien denn nicht für Science-fiction unerheblich?«

»O nein, durchaus nicht. Ich habe gerade erst angefangen. Ich kann mir vorstellen, daß es *mindestens* zehn Bände werden. Ich muß immer noch den Ursprung des Menschen, des Lebens, der Erde, der Sonne, der Elemente, des Atoms nachzeichnen. Ich muß Milliarden von Jahren erfassen. Und die Frage, ob Komödie oder Tragödie, ist wirklich wesentlich. Stell dir das Universum vor, kontrahiert zu einer festen Masse, was eine Möglichkeit für das Szenarium am Schluß sein würde. Zwei Dinge können da passieren: Die Kernreaktionen können eine gigantische Explosion auslösen, die sämtliche Partikel wieder nach außen schleudert und somit die Zeit umkehrt. Das wäre ein komisches Ende. Grundton wäre das Überleben. Das Ende eines Universums wäre das Zeichen für den Beginn des nächsten. Oder alle Partikel fallen in sich selbst zusammen und bilden einen Körper mit einer so ungeheuren Schwerkraft, daß nicht einmal Lichtstrahlen entkommen können. Jedes kleinste bißchen Materie im Universum würde davon verschlungen. Dieses Szenarium des ›Schwarzen Lochs‹ wäre dann der tragische Schluß: die Vernichtung der Materie in der Form, wie wir sie kennen.

Aber ich habe bereits einen zweiten tragischen Schluß konzipiert: die Entropie. Dazu müßte das Universum nicht kontrahieren, sondern fortfahren, sich auszudehnen. Damit Bewegung, das heißt, Veränderung irgendwelcher Art entsteht, muß ein Energieprozeß stattfinden. Aber jeder Energieprozeß bedeutet den Verlust einer winzigen Menge der produzierten Energie, und zwar in Form von Wärme, die sich ausbreitet. Ein Wärmefluß erfolgt nur in einer Richtung – vom wärmeren Körper zum kühleren, nie umgekehrt. Stell dir also ein Universum vor, in dem nichts heißer oder kälter ist als alles andere. Die Sterne würden all ihre Wärme ausgestrahlt und die schwarze Leere zwischen ihnen um den winzigen Bruchteil eines Grades erwärmt haben. Die Planeten wären in ihre Sonnen gestürzt. Schließlich würden die Sonnen in den Mittelpunkt ihrer Galaxien stürzen, die Galaxien in den Mittelpunkt ihrer Galaxis-Gruppen und so weiter, bis nur noch ein einziger großer, ausgebrannter Aschenklumpen in einer ungeheuren kalten, schwarzen Leere übrigbleibt.«

»Klingt faszinierend.«

»Ja, aber 10000 Milliarden Jahre zu erfassen ist ein bißchen viel für einen Autor.«

Ira kam zum vorgesehenen Zeitpunkt nach Hause. Mir schien, als seien inzwischen mindestens zweihundert Jahre vergangen – zweifellos wegen der ungeheuren Menge sensorischen Materials, das ich in seiner Abwesenheit durch meine Retikulärformation aufgenommen hatte.

Am Nachmittag seiner Heimkehr prüfte er den Küchenkalender und erklärte mir mit glitzerndem Blick: »Heute ist der große Tag, Ginny! Wenn wir heute keinen Sohn zeugen, werden wir's nie schaffen. Ich habe mein Sperma zwei Wochen lang gespart!«

»Klasse.«

Als Wendy im Bett lag, das Geschirr gespült war und Walter Cronkite seine frohen Botschaften verkündet hatte, nahm mein Mann mich bei der Hand und führte mich die Treppe hinauf. Ich kam mir vor wie Marie Antoinette auf dem Weg zur Guillotine. Hawk hatte eine ganz neue Persönlichkeit zum Leben erweckt. Aber sie war noch zart und schwach und würde unter dem kleinsten negativen Druck zerbrechen. Ich konnte mir nicht vorstellen, wie ich für Hawk diese neue Persönlichkeit und für Ira gleichzeitig einen Sohn zur Welt bringen sollte. Der Augenblick der Wahl war gekommen, das wurde mir klar, als ich mich mit der Backpulverlösung duschte.

Resolut betrat ich unser Schlafzimmer. Ira wartete unter der Bettdekke. Ich begann meine Unterwäsche aus den Schubladen zu räumen, klemmte sie mir unter den Arm und ging hinaus. Mein Herz war im Keller – das hatte ich inzwischen erkannt.

»Was machst du da?« rief Ira hinter mir her.

»Ich ziehe um, ins Gästezimmer.«

»*Was* machst du?«

»Ich ziehe ins Gästezimmer.«

»*Wohin?*«

»Ins Gästezimmer.«

»Ins *Gäste*zimmer?«

»Ins Gästezimmer.«

»Heute abend?«

»Jetzt sofort.«

»Dann komme ich mit ins Gästezimmer.«

»Danke, nicht nötig«, antwortete ich kalt.

»Ist es doch, wenn wir einen Sohn zeugen wollen«, sagte Ira lüstern grinsend.

»Aber das werden wir nicht tun.«

»*Was* werden wir nicht tun?«

»Einen Sohn zeugen.«

Ira starrte mich entgeistert an. »Was soll das heißen?«

»Ich will keine Kinder mehr«, platzte ich heraus.

»Du willst keine Kinder mehr?« wiederholte er fassungslos.

»Ira« – traurig wandte ich mich zu ihm um –, »wir wollen doch kein totes Pferd schlagen.«

Meine Tage wurden wieder organisierter. Jetzt jedoch versuchte ich den Tagesablauf von drei Menschen zu koordinieren: Iras, Wendys und Hawks. Früh am Morgen stand ich auf, verabreichte Ira sein übliches Frühstück und kümmerte mich gleichzeitig um Wendy, während Hawk an seinem Roman arbeitete. Zum Lunch röstete ich für Hawk in einem Wok rohes Gemüse und versteckte dann den Wok wieder, kurz bevor Ira kam und seine Tomaten-Reissuppe von Campbell verlangte. Sobald Ira verschwunden war, fütterte ich Wendy und packte sie zum Mittagsschlaf ins Bett. Anschließend hastete ich in den Keller, um mich dort meinen Übungen hinzugeben, zu denen jetzt Erdkuchenanstarren, Samenverhaltungsposition und verschiedene Atemübungen gehörten. Täglich intonierten wir 108mal ›om‹. Wir lauschten mit dem rechten Ohr auf die inneren Geräusche, die sich als summende Bienen, winzige, klingelnde Glöckchen, Meeresrauschen oder Flöten bemerkbar machten, je nach dem Grad unserer spirituellen Evolution. Ich hörte allerdings nur mein Herz, das sich als Baßpauke getarnt hatte; damit gehörte ich evolutionsmäßig in die allerunterste Schublade. Wir stellten uns vor, daß die verschiedenen Teile unseres Körpers in Farben getaucht waren. Wir kontrahierten unseren Afterschließmuskel, während wir uns vorstellten, daß uns eine Feuerschlange das Rückenmark empor bis in den Kopf züngelte. Wir hielten uns ein Nasenloch zu, atmeten ein und atmeten durch das andere wieder aus, und zwar nach verschiedenen komplizierten, nur Hawk verständlichen Schemata. Wir stellten uns vor, daß mit jedem Atemzug Lebenskraft in unsere Lungen floß. Wir legten die gefalteten Hände auf die Transformationszentren unseres Solarplexus und stellten uns vor, daß leuchtende, spiralförmige Flammenzungen von unserem Atem angefacht wurden. Wir zogen ruckartig den Bauch ein und ließen ihn wieder los, wobei wir stakkatoartig ausatmeten. Wir legten uns die rechte Hand mit ausgestrecktem Mittel- und Zeigefinger aufs Herz und sagten abwechselnd zum Schlag unseres Herzens zweiundvierzigmal ›om‹ und ›hum‹, während wir uns vorstellten, das Herz sei eine gewölbte schwarze Höhle, matt erhellt von einem pulsierenden roten Glühen.

Ich ließ die Hausarbeit verkommen. »Ich begreife dich einfach nicht, Ginny«, beschwerte sich Ira abends, wenn er nach Hause kam und in der Waschmaschine nasse, vor sich hinschimmelnde Hemden fand. »Wenn du nicht meine Frau sein willst, wenn du nicht für mich kochen und mein Haus sauberhalten willst, wenn du nicht mein Bett teilen und keine Kinder von mir haben willst – was willst du dann?«

Ich lächelte heiter und schob ein paar Fertigmahlzeiten in den schmutzverkrusteten Backofen. Es war wirklich äußerst einfach: Ich wollte mich in den siebten Himmel erheben. Auf dem Rücken liegend.

Hawk war allerbester Laune. Er hatte den ersten Band über die Erschaffung des Universums fertig. Der Farmer und seine Frau waren als Propheten des Management-Bevs nach Vermont heimgekehrt. Zum Lohn dafür hatte ihnen der Bev als Ersatz für den beim Sprung von der Skischanze zerstörten Motorschlitten eine nagelneue Sno Cat mit Leopardenfellsitzen materialisiert.

Außerdem hatte Hawk hinsichtlich der Form für die restlichen neun Bände einen Entschluß gefaßt: Es sollte eine Komödie mit einem großen Knalleffekt am Ende werden.

Darüber hinaus war Hawk höchst erfreut, weil unsere Übungen so gute Fortschritte machten. Er fand, meine Einstellung zur Maithuna nehme endlich die gebührend ehrfurchtsvolle Form an, nun, da ich mich an die paradoxe Idee gewöhne, die Lust zu benutzen, um zur Transzendenz der Lust zu gelangen. Die Maithuna mußte am fünften Tag nach dem Versiegen meiner Menstruation stattfinden, und so führte Hawk ebenso gewissenhaft Buch über meine Periode wie Ira bei seiner Jagd nach einem Sohn. Hawk hatte verkündet, die Maithuna werde in zwei Tagen anschließend an eine letzte Übung stattfinden.

Diese Übung führten wir durch, während Ira an der Versammlung der Freiwilligen Feuerwehr teilnahm. Am ganzen Leib zitternd vor freudiger Erwartung stieg ich in den Keller für die entsprungenen Sklaven hinab. Hawk hockte im Lotussitz auf dem Fußboden, hatte die Zunge herausgestreckt und sog mit lautem Zischen den Atem ein. Ich wußte, daß ich ihn nicht stören durfte, wenn er Prana heraufzubeschwören versuchte, also setzte ich mich still auf die Liege und ließ den Blick wandern, um festzustellen, welche spirituelle Überraschung mir heute blühte. Auf dem Tablett stand eine entzündete weiße Kerze. Daneben ein aus dem oberen Badezimmer stibitzter Spiegel. Davon abgesehen war der Raum dunkel. Vor dem Tablett stand der Campinghocker.

Hawk winkte mir, mit dem Gesicht zum Spiegel auf dem Hocker Platz zu nehmen. »Also«, sagte er forsch, mit den Fingern seinen Bart kämmend, »jetzt wähle dir einen Teil deines Körpers, auf den du dich konzentrieren wirst. Sagen wir, Kinn oder Nase. Aber auf gar keinen Fall die Augen.« Ich verwarf meine vorwitzige kleine Sprungschanze von Nase, obwohl ich ihr immer sehr zugetan gewesen war; diesmal jedoch befand sie sich zu dicht an meinen Augen, so daß mein Blick immer wieder zu ihnen emporwanderte. Also entschied ich mich für meine Lippen.

»Wenn wir wie üblich 7 : 1 : 7 geatmet haben«, erklärte mir Hawk, »konzentrierst du dich auf den gewählten Körperteil und betrachtest ihn mit halb geschlossenen Lidern, ohne zu blinzeln. Versuche möglichst nicht zu denken. Und vergiß nicht: kein Lidschlag! Und wenn dein Blick verschwommen wird – laß ihn ruhig. Zwinge ihn nicht, wieder klar zu werden.«

Eine Zeitlang saßen wir da und atmeten rhythmisch. Dann forderte mich Hawk leise auf: »Gut. Fang an.«

Das Atmen hatte mich entspannt, und ich betrachtete meine Lippen distanziert, bemühte mich, nicht an die zahllosen Gelegenheiten zu denken, bei denen mich die beiden seltsamen Fleischlappen schon in Schwierigkeiten gebracht hatten.

Während ich in den Spiegel starrte und dem Zwinkerimpuls widerstand, merkte ich, daß mein Blick unscharf wurde, wie Hawk es mir vorausgesagt hatte. Ich wehrte mich nicht. Ich ließ ihn immer unschärfer werden und starrte weiterhin stur auf die Mitte meiner Unterlippe.

Dann merkte ich, wie meine übrigen Gesichtszüge am Außenrand meines Gesichtsfeldes verschwammen und bald nicht mehr zu erkennen waren. Und sie veränderten sich zusehends. Nach und nach nahm mein Gesicht das Aussehen eines fremden Gesichts an, eines mir ganz unbekannten. Ehe ich jedoch überlegen konnte, wem dieses Gesicht gehören mochte, veränderte es sich schon wieder ein wenig; und fuhr fort, sich langsam, unaufhörlich in ein ganzes Kaleidoskop menschlicher Physiognomien zu verwandeln. Irgendwie beunruhigte mich das: Einige der Gesichter, deren Gestalt meines annahm, gefielen mir gar nicht. Manche wirkten nett und freundlich, andere jedoch hart und bösartig.

Während in mir die Beunruhigung wuchs, schoben sich von den Außenkanten des Spiegels Nebelwolken heran. Bald darauf waren die dort gespiegelten Züge, zu wem sie auch gehören mochten, beinahe vollständig verschwunden. Der einzige Hinweis darauf, daß ein Spiegelbild existierte, war ein schwacher Schimmer, der den Kopf umgab. Ich löste mich in einer unheimlichen Nebelwolke auf!

Bei dieser Aussicht auf unmittelbar bevorstehende Elimination wurde ich von Panik erfaßt. Ich riß beide Augen auf und kniff sie mehrmals fest zusammen, genau wie Hawk es mir verboten hatte. Nebel und Lichtschimmer verschwanden sofort – und da war ich wieder und starrte mich im Spiegel an. Vor Angst ging mein Atem hektisch und keuchend.

»Was ist los?« erkundigte sich Hawk unschuldig.

»Ich bin verschwunden!«

»Gut.«

»Gut?«

»Beruhige dich. Du *solltest* verschwinden. Das war ja der Zweck der Übung.«

»Reizend!«

»Gott, Ginny, wo bleibt bloß deine wissenschaftliche Distanz?« fragte Hawk träge. »Warum mußt du aus allem ein kosmisches Melodram machen? Die Erklärung ist furchtbar einfach, und wenn du nicht ständig so nervös wärst, wärst du sicher von selbst drauf gekommen. Deine Augen reagieren auf Bewegung, Wechsel. Wenn du etwas ansiehst, sind deine Augen normalerweise unablässig in Bewegung, nehmen den Gegenstand durch schnelle, kleine Blicke auf die einzelnen Teile wahr. Wenn du diese kleinen Bewegungen verhinderst, indem du starr blickst, ohne zu zwinkern, schaffst du dadurch eine Art temporärer Blindheit. Die Sache ist die, daß unsere Sinne allesamt Instrumente zur Wahrnehmung von Veränderungen sind. Sie funktionieren, indem sie Bewegungen registrieren: das Trommelfell vibriert durch Klangwellen, und du hörst; ein Stimulus berührt deine Haut, und du fühlst. Heute abend aber hast du den Input visueller Bewegungen auf ein Minimum reduziert und warst dadurch in der Lage, einen deiner Sinne ganz kurz völlig auszuschalten. Wenn du dich nun in einer Situation befändest, in der es überhaupt keine Veränderung gibt, in der alle deine Sinne ausgeschaltet sind – würdest du dann aufhören zu existieren?«

Ich sah ihn verständnislos an, zwinkernd, immer noch erschüttert von meiner Konfrontation mit der Auflösung.

»Hast du aufgehört zu existieren, als du jetzt eben absichtlich einen deiner Sinne ausgeschaltet hast?«

»Ich weiß nicht recht.«

Hawk seufzte. Offenbar kapierte ich wieder mal einen äußerst wichtigen Punkt nicht. »Wenn du dich nun in einem Bereich der Existenz befändest, in dem es überhaupt keine Materie und daher auch keine Veränderung gäbe? Deine Sinnesorgane würden nicht funktionieren, das stimmt, aber du würdest sie ja auch nicht *brauchen,* da ihr *raison d'être* darin besteht, durch das Aufspüren von und das Warnen vor Veränderungen physisches Überleben zu gewährleisten, nicht wahr?«

Ich krauste die Stirn. Verzweifelt hob er den Blick zur Decke.

»Na schön. Versuchen wir's anders rum. Man mißt die Zeit an der Bewegung von Gegenständen durch den Raum, an der Veränderung ihrer Position, stimmt's? An der Bewegung der Erde um ihre Achse; einmal herum wird als Tag bezeichnet. An der Bewegung der Erde um die Sonne, wobei eine Umdrehung als Jahr bezeichnet wird. An der Vibration einer Stimmgabel oder eines Quarzkristalls. An der Rotation von Cäsium 133; 9 192 631 770 Perioden der am Übergang zwischen zwei Energieebenen beteiligten Frequenz nennt man eine Sekunde. An der Bewegung zweier Zeiger auf einem Zifferblatt. An der Bewegung eines Schattens auf einer Sonnenuhr. Fünfzehn Längengrade auf einem Globus sind gleich einer Stunde. Wendy fragt dich: ›Wie lang ist eine Stunde, Mommy?‹ Und du antwortest: ›So lang, wie man von hier nach St. Johnsbury und zurück braucht.‹ Mit anderen Worten, die Zeit ist, wie jemand mal gesagt hat, eine von den Erzeugern des Raums geschaffene Illusion. Die Zeit ist nichts weiter als eine Folge von Gegenständen im Raum.

Ebenso mißt man Entfernungen, die Bewegung durch den Raum, an der *Zeit.* Jemand fragt: ›Wie weit ist es von hier nach Montreal?‹ Und du antwortest: ›Zwei Stunden.‹ Die alten Perser benutzten als Grundmaßeinheit den Parasang, das heißt, eine ebene Wegstrecke, die ein Mann zu Fuß in einer Stunde zurücklegen konnte. Und interstellare Entfernungen werden nach Lichtjahren gerechnet: nach der Entfernung, die das Licht in einem Jahr zurücklegt. Aber es ist möglich, ja sogar wahrscheinlich, daß es Kräfte gibt, die sich noch schneller bewegen als mit Lichtgeschwindigkeit; wir können sie mit unseren Sinnesorganen in ihrer jetzigen Form nur nicht wahrnehmen.«

»Das weiß ich alles«, sagte ich überheblich. »Ich hab schließlich auch Physikunterricht genossen.«

»Mag sein, daß du das alles bereits weißt, aber du hast keine für deine eigene Existenz wesentlichen Schlüsse daraus gezogen – oder?«

»Mag sein.«

»Ich will mein Argument präzisieren. Du kannst ruhig sagen, daß du das ebenfalls schon weißt, aber *ich* glaube nicht, daß das der Fall ist. An dem Tag, als ich dich hier im Dunkeln eingesperrt hatte, hast du erlebt, um wieviel schneller die Zeit vergeht, wenn die Sinnesstimuli reduziert werden. Nun, hier ist meine letzte Frage vor der Maithuna, die morgen abend stattfinden wird.« Mein Herz tat einen Sprung, mein Atem ging schneller. Fast hätte ich seine letzte Frage überhört. Sie lautete: »Die Tatsache, daß wir uns eine von Zeit und Raum losgelöste Existenz nicht vorstellen können, beweist noch nicht, daß eine derartige Existenz unmöglich ist. Was geschieht mit der Zeit, wenn *alle* Sinneseindrücke unterbunden werden?«

Ich begriff, was er damit sagen wollte. Ohne zu antworten, lief ich ins Haus hinauf, um irgendwie die langen Stunden hinter mich zu bringen, bis es Zeit wurde für den Akt, auf den ich vier Wochen lang vorbereitet worden war.

Am nächsten Abend nahm Ira an einer Sondersitzung der Friedhofskommission teil. Ich gab ihm zum Abschied einen schuldbewußten Kuß. Wendy war bereits im Bett.

Ich badete, wie befohlen, um meinen bio-elektrischen Strömen freie Bahn zu verschaffen. Ich salbte mich mit dem Chanel No. 5, das Ira mir zu Weihnachten geschenkt hatte. Dann zog ich mein rosa Negligé an und schlang mir ein grünes Seidentuch um den Hals. Ich hatte Hawk gefragt, ob ich mein Pessar einsetzen sollte, da es ein möglicherweise fruchtbarer Tag war. Er hatte nein gesagt, es werde nur meine bio-elektrischen Ströme stören. Außerdem, versicherte er mir, habe er seine Ejakulation vollkommen in der Gewalt, ich werde es also gar nicht brauchen. Unsere Vereinigung habe nichts mit einem normalen Orgasmus zu tun, daher sei auch eine Schwangerschaft ausgeschlossen.

Wie auf Wolken schwebte ich hinaus, zum Familienfriedhof des Stammes Bliss. Hawk war bereits da; er trug einen braunen Bademantel von Ira. Gerade stellte er die ultraviolette Moskitolampe auf, die er von der Terrasse geholt hatte. Die ultravioletten Wellenlängen sollten meinen Muladhara-Bereich stimulieren, was immer das bedeuten mochte.

Hawk hatte aus Ziegelsteinen und einem Brett einen niedrigen Tisch gebaut und ihn mit einem weißen Leinentuch bedeckt. Darauf standen zwei Kerzen, eine Platte mit Eßbarem, eine Flasche Southern Comfort, zwei Likörgläser, ein Krug Wasser und zwei Marmeladengläser. Neben dem Tisch war Hawks Schlafsack ausgebreitet.

Und hinter dem Schlafsack erhob sich der hagere, hohläugige Engel, den Father Bliss für die Grabsteine seiner Kinder geschaffen hatte. Neben diesen Grabsteinen stand Father Bliss' eigener Stein, den er vor seinem Tod gemeißelt hatte – mit einem Skelett, das eine Sense in der einen Hand und in der anderen eine abgelaufene Sanduhr hielt. Auf dem Grabstein waren zwei Bäume, einer davon umgestürzt und zu Boden gefallen, abgebildet. Sie symbolisierten die beiden riesigen Scheinakazien, die im vorderen Garten über das Haus hinausragten: die eine war von Father Bliss selbst, die andere von seiner Frau gepflanzt worden, als sie gleich nach ihrer Hochzeit in ihr neu erbautes Haus einzogen.

Der Hügel, auf dem der Friedhof lag, senkte sich bis ins Tal hinunter, wo die Pots o' Gold-Ferienhäuser wie Pilze aus dem Boden schossen. Jetzt wogte ein leichter Bodennebel dort unten. Die Junisonne war eben hinter die fernen Berge gesunken.

Ich fühlte mich unbehaglich. »Muß es denn unbedingt hier draußen sein? Könnten wir's nicht lieber im Keller machen?«

»Der Symbolismus des Ortes ist äußerst wichtig.«

»Äh, Hawk . . .« fragte ich, weil mir etwas eingefallen war. »Was genau wird eigentlich passieren?«

Er zuckte die Achseln. »Woher soll *ich* das wissen? Ich hab so was noch nie gemacht. Mit den Übungen habe ich lediglich versucht, Aspekte dessen anzudeuten, was nach meiner Meinung *eventuell* passieren könnte.«

Ich fing an zu zittern unter einem Gefühl, das ich nur als akute Angst diagnostizieren konnte. »Wäre es möglich«, flüsterte ich, »daß wir dabei überschnappen? Ist dies nicht ebenso ein künstliches Hilfsmittel zur Bewußtseinsveränderung wie LSD?«

Er funkelte mich wütend an. »Aha, du willst kneifen, Ginny – wie? Ich wollte, du hättest mir das früher gesagt, dann hätte ich nicht vier Wochen auf deine Vorbereitung verwendet.«

»Ich kneife nicht. Ich hab nur gefragt.«

»Hör zu« – er strich sich mit der Hand durch den Bart –, »dies ist eine uralte Methode. Im Ratnasara steht: ›Wer die Wahrheit des Körpers erkennt, kann auch die Wahrheit des Universums erkennen lernen.‹ Wir haben unseren Körpern soviel Aufmerksamkeit gewidmet – nicht um der Sache selbst willen, sondern um sie als Instrumente zum Erreichen der Moksha – der Freiheit – benutzen zu können.«

Ich musterte ihn zweifelnd und reckte den Hals, um das unangenehm enge rituelle Halstuch zu lockern. Das mochte zwar Hawk getan haben, meine Motivationen jedoch, fand ich, waren weitaus weniger erhaben. Ich überlegte, ob ich vom Hüter der Moksha für dieses Sakrileg bestraft werden würde.

»Die Menschen machen das seit Jahrhunderten«, ergänzte Hawk.

»Aber nicht *ich*.«

»*Bitte*, mach jetzt keinen Rückzieher, Ginny. Seit über einem Jahr bereite ich mich auf diesen Abend vor. Nur das hat mich bisher aufrechterhalten. Es ist wirklich meine letzte Chance. Hast du eine Ahnung, wie schwer es ist, mit sich selbst zu leben, wenn man erkennt, zu welch gräßlichen Dingen man selbst und die meisten anderen Menschen fähig sind? Ich *muß* eine neue, bessere Dimension finden, sonst gehe ich kaputt.«

Wenn er es so formulierte, das Gesicht vor Qual verzerrt, wie konnte ich mich da noch weigern? Ich nickte zustimmend.

Hawk zündete die Kerzen an. Wir hockten uns im Lotussitz vor den niedrigen Tisch und atmeten zwölfmal im Rhythmus 7 : 1 : 7. Dann hielten wir den Atem an und konzentrierten uns auf unser Muladhara-Zentrum zwischen After und Genitalien, das wir durch Kontrahieren des Afterschließmuskels stimulierten, und stellten uns vor, uns in unserer Rolle als kosmisches Bewußtsein beziehungsweise kosmische Energie zu vereinigen.

Nachdem wir dies zwölfmal wiederholt hatten, tippte Hawk mit dem Finger auf die Flasche Southern Comfort und sagte: »Phat.« Dann fuhr er mit der Hand um die Flasche herum, als sei er ein Magier, der sie verschwinden lassen wollte, und intonierte: »Hung.« Er formte einen Kreis aus Daumen und Ringfinger, deutete damit auf die Flasche und sagte: »Namah.« Ich hoffte nur, daß Hawk besser wußte, was hier vor sich ging, als ich.

Hawk schraubte die Flasche Southern Comfort auf, hob sie an seine Nase, schloß das rechte Nasenloch und atmete ein. Dann schloß er das linke Nasenloch und atmete aus. Er füllte die Likörgläser, reichte mir eins, und wir kippten die süße, feurige Flüssigkeit mit einem Schluck. Er füllte die Gläser ein zweites Mal. Wir nahmen jeder eine Scheibe Bologneser von der Porzellanplatte und sagten gemeinsam: »Shiva, Shakti. Ich reinige mein wollüstiges Fleisch.« Dann aßen wir Bologneser, die das animalische Leben und die körperliche Entwicklung verkörperte, und spülten mit Southern Comfort nach.

Wieder füllte Hawk die Gläser. Wir nahmen ein Stück Thunfisch, das die Zeugungskraft und die Lebensformen des Wassers darstellte, intonierten sechsmal ›om‹, aßen und spülten abermals mit Southern Comfort nach.

Dann nahmen wir jeder einen Salzkeks, der das Korn und alle Erdelemente verkörperte; nachdem wir ihn ganz langsam gekaut hatten, kippten wir ein weiteres Glas Southern Comfort.

Wir wiederholten die Prozedur. Die Literflasche Southern Comfort war inzwischen halb leer geworden. Ich hatte das unbehagliche Gefühl, daß dieses Ritual zu anderen Zeiten, an anderen Orten einmal Bedeutung besessen haben mochte. An diesem Abend jedoch und hier in Stark's Bog entging mir seine Bedeutung irgendwie.

Wir saßen mit geschlossenen Augen und meditierten über unsere bevorstehende Vereinigung. Dann kippten wir wieder ein Glas Southern Comfort und sagten dazu: »Kulakundalini.«

Wir tranken Marmeladengläser voll Wasser. Hawk gab mir eine Kardamone. Wir betrachteten die rauhe Außenhülle. Dann öffneten wir die Schale, legten den Kern frei und betrachteten die beiden symmetrischen Hälften, die gemeinsam ein Ganzes bildeten. Wir kauten sie langsam.

Ich entledigte mich meines rosa Negligés, kroch zum Schlafsack hinüber und legte mich zurecht, während Hawk die Moskitolampe so einstellte, daß ihr Schein auf meinen Körper fiel, der jetzt bis auf das rituelle Halsband nackt war.

Hawk setzte sich neben mich; das Glöckchen in seinem Ohr klingelte. Er betrachtete meinen Körper bewundernd: Er sollte in ihm das Martyrium der Schöpfung, den juwelengeschmückten Tresor aller Reichtümer, den Erzeuger des Kosmos sehen. Diese größenwahnsinnige Einstellung mußte Hawk einnehmen, um unsere bevorstehende Vereinigung von dem gewöhnlichen, vulgären Geschlechtsverkehr der Menschen abzuheben. Die Last dieses Abends ruhte allein auf ihm. Es war wirklich ziemlich viel von ihm verlangt, all diese Superlative in meinem ein wenig schwabbeligen Fleisch zu sehen, das von Wendys Geburt mit zahlreichen Silberstreifen durchzogen war. An seinem behaarten Gesicht konnte ich die Anstrengung ablesen, die ihm diese Phantasieübung abforderte. Er hatte sein ganzes Sein in das Ergebnis der nächsten Stunde investiert. Was, wenn es uns versagt bleiben würde, das zu erreichen, was wir angeblich erreichen mußten? Und wenn wir es tatsächlich erreichten, woher wollten wir wissen, daß wir es erreicht hatten? Ich krampfte die Hände in den Stoff des Schlafsacks, mein Atem begann unter der steigenden Spannung stoßweise zu gehen. Vor diesen vielen Wochen hatte ich nichts weiter im Sinn gehabt, als einen Sprung in die Buntkarierten mit einem Kriegshelden. Warum war ich so töricht gewesen, mich mit der Transzendenz einzulassen?

Ich versuchte meine Unruhe zu dämpfen und nur an die stärkende Vereinigung zweier Gegenpole zu denken, an die Verbindung der blinden Lebenskraft, vertreten durch mich, mit der materiellen Schöpfung, vertreten durch Hawk. Ich atmete tief im Rhythmus 7 : 1 : 7.

Hawk legte die Hand auf sein Herz und murmelte: »Ich bin Shiva. Ich bin Sie.« Dann kniete er sich vor mich hin und legte mir sanft Zeige- und Mittelfinger aufs Herz, auf den Kopf, auf die Lider, die Stirn. Dabei murmelte er Worte, die ich nicht verstehen konnte, und ließ seine Finger weiterwandern, zu meiner Kehle, meinen Ohrläppchen, meinen Brüsten und Oberarmen, meinem Nabel, meinen Oberschenkeln, Knien und Füßen. Und schließlich zu meiner Yoni, wie er meine Vagina nannte. Dann warf er Iras Bademantel ab. Seine Erektion ragte gen Himmel wie ein gotischer Glockenturm. Er legte sich an meine rechte Seite und wartete darauf, daß seine Atmung wechselte. Meine hatte bereits gewechselt.

Kurz darauf nahmen wir die komplizierte rituelle Position ein, indem ich meine Beine hob, er mit dem Oberkörper von mir abrückte und sein rechtes Bein zwischen meine Beine schob. Das Ergebnis dieser Verrenkungen war, daß sein Lingam – die Maithuna-Bezeichnung für Penis – andeutungsweise in mich eindrang. Dabei begannen wir beide heftig zu zittern, und meine Yoni zog sich vor Erregung krampfhaft zusammen. Wir knirschten mit den Zähnen und zwangen uns, keine unwillkürlichen Hüftbewegungen zu machen.

Als die Initialimpulse erfolgreich bezwungen waren, fingen wir an zu warten. Zweiunddreißig Minuten mußten wir so vereinigt daliegen, über die unaussprechliche Wonne der göttlichen Vereinigung meditieren und uns die Ströme vorstellen, die durch unsere Brücke aus Fleisch flossen. Anschließend sollte sich dann etwas unsagbar Profundes ereignen, etwas, das sich von jedem bisher Erlebten unterschied. Samarasa. Nirvana. Transzendenz von Zeit und Tod. Teilnahme an Unendlichkeit und Ewigkeit. Gott mochte wissen, was.

Ich lag ganz still und dachte in der entspannten, distanzierten Form, die Hawk mir empfohlen hatte, über kosmische Ströme nach. Das fiel mir nicht schwer, da ich vom Southern Comfort ziemlich betrunken war. Hawks Aufgabe dagegen war weit schwieriger. Dieses Unterfangen war seine Schau, und wenn er sich nicht zusammennahm, sondern ejakulierte, würde es dadurch zu dem üblichen, ganz gewöhnlichen Bumsen herabgewürdigt. Weg mit dem Gedanken! Abwechselnd erschlaffte sein Lingam in mir und schwoll wieder an wie ein Tampon in der Toilettenschüssel.

Ich öffnete ein glasiges Auge und sah ihn an. Schweißtropfen perlten auf seiner Stirn. Sein Gesicht war puterrot, so angestrengt war er bemüht, den Orgasmus zu unterdrücken. Es ging mir richtiggehend zu Herzen, aber ich wußte nicht, wie ich ihm helfen sollte, daher blieb ich ganz still liegen. Tröstend streichelte ich ihm die feuchte Stirn. Sein verzerrtes Gesicht wurde schlaff, er begann mit der 7 : 1 : 7-Atmung. Ich zog meine Hand zurück, schloß die Augen und trieb auf einem verführerischen Meer von Southern Comfort dahin, mit den Gedanken bei der trägen, heilsamen Hitze eines schönen Südstaaten-Sommers. Und fiel in einen tiefen, alkoholisierten Schlaf.

Ich erwachte, weil ich jemanden schluchzen hörte. Mit vor Kopfschmerzen zusammengekniffenen Augen sah ich mich um. Ich war überzeugt, daß wir weit länger als zweiunddreißig Minuten geschlafen hatten. Der purpurne Schein der Moskitolampe übergoß die unmittelbare Umgebung: mich, Hawk, der in meine Beine verschlungen neben mir schlief, den unordentlichen Holzbrettisch. Wir waren beide mit toten Mücken bedeckt. Dann merkte ich, daß Hawks und meine vereinigten Geschlechtsteile außerdem noch von einem *weißen* Licht beleuchtet waren. Ich folgte dem Strahl zu seiner Quelle, einer Stablampe. Derjenige, der die Stablampe hielt, war auch die Quelle des herzzerreißenden Schluchzens, das sich mit dem rhythmischen Quaken der Frösche in Pots o'Gold-Tal mischte.

Ich strengte meine Augen an, suchte die Dunkelheit zu durchdringen. Es war Ira.

»So früh von der Versammlung zurück, Liebling?« hauchte ich zutiefst erschrocken.

Als Antwort schluchzte er nur auf. Behutsam entfernte ich Hawks schlaffen Lingam aus meiner Yoni, richtete mich auf und griff nach dem rosa Negligé, das ich in unserer Hochzeitsnacht getragen hatte. Mein ganzer Körper war von einer Gänsehaut überzogen. Die Nachtluft war doch ziemlich frisch.

»Es ist nicht das, was du glaubst, Ira«, beteuerte ich und zuckte zurück, als er den Lichtstrahl auf mein Gesicht richtete.

»So? Was ist es denn?« fragte er rauh.

»Wir haben keinen Sex gehabt«, erklärte ich durchaus wahrheitsgemäß.

Ira stieß den niedrigen Tisch um; die Porzellanplatte zerschellte an einem Stein. »*Jesum Crow*, Ginny! Ich habe hier doch gestanden und euch *gesehen*!«

»Ich weiß, Ira, es *sieht so aus* wie Sex. Aber es *war* keiner. Das *mußt* du mir glauben«, flehte ich.

»*Nein!*« schrie er mich an. »Ich werde dir *nicht* glauben, Ginny! Du und deine Hippy-Freunde – ihr glaubt immer noch, ihr könnt uns anständigen, fleißigen und ehrlichen Dummköpfen auf der Nase rumtanzen! Du hast mich *ausgenutzt*, Ginny! Kein *Wunder*, daß du deine ehelichen Pflichten nicht erfüllen willst. Ich möchte wetten, daß dies schon die ganze Zeit so geht, wo wir verheiratet sind. Wie konnte ich nur so dämlich sein und das nicht begreifen? Du läßt dich von mir, deinem normalen, idiotischen Ehemann, aushalten und machst in aller Ruhe mit deinen verrückten Freunden weiter so wie bisher!«

»Das ist nicht *wahr*, Ira! Ich bin dir kein einziges Mal untreu gewesen. Und jetzt war ich es auch nicht. Dieser Mann da und ich, wir haben . . . äh . . . versucht, die Bande des Fleisches zu überwinden.«

»O ja, *natürlich*. Du kannst es nennen, wie du willst, Ginny, aber ich habe die Nase *voll*! Verstanden? Du hast mich immer nur gekränkt und dich über mich lustig gemacht – vom ersten Tag unserer Bekanntschaft an. Und ich verlange, daß du jetzt *sofort* verschwindest. Und deinen komischen Freund mitnimmst.«

»Jetzt?«

»Jetzt. Auf der Stelle. Geht doch zu deinen Freunden von der Kommune. Geh, schlaf mit diesem behaarten Scheusal im Wald wie die Tiere, die ihr alle beide seid. Verschwinde irgendwohin. Mir ist es egal. Nur verschwinde aus meinem Leben!« Er begann wieder zu schluchzen.

Hawk gähnte, richtete sich auf und sah sich, verständnislos blinzelnd, unter dem Geklingel seines Glöckchens um. Ganz allmählich setzte seine Erinnerung ein. Dabei verzog sich sein Gesicht zu einer Grimasse abgrundtiefer Qual.

»O *Gott*!« jammerte er. »Ich bin *eingeschlafen*! Jesus, ich hab's *ver-*

patzt! Ein ganzes *Jahr*, und ich hab Mist gebaut! O *Gott*!« Sein Blick fuhr wild in der Gegend herum. Dann sah er mich und stöhnte vernichtet: »Ginny, wir haben's *verpatzt*! Wir sind *eingeschlafen*! O mein Gott!«

Ich deutete mit dem Kopf zu Ira hinüber. Hawk, der jetzt erst merkte, daß wir nicht allein waren, blickte zu Ira auf, der schluchzend dastand. »Ira, das ist Hawk. Hawk, das ist Ira, mein Mann.«

Ira knurrte. Hawk starrte verwirrt zu ihm empor. Schließlich sprang er auf und streckte die Hand aus: Seine Südstaatenerziehung war sogar dieser Situation gewachsen. Ira holte aus und versetzte ihm einen Fausthieb ins Gesicht, der ihn umwarf.

»Und jetzt raus aus meinem Garten – alle beide!«

»Was ist mit Wendy? Kinder brauchen ihre Mutter, Ira.«

»*Kein* Kind braucht eine Hure als Mutter.«

Hawk und ich schlichen, gefolgt von Ira, ins Haus. Als wir in die Küche kamen, sagte Hawk, in Iras Bademantel, ein Auge beinahe zugeschwollen, sehr vernünftig: »Hören Sie, Ira . . .«

»Zieht euch an und verlaßt das Haus«, befahl Ira ruhig und langte sich die .22er von der Wand.

Ich schlüpfte in einen Hosenanzug und stopfte ein paar Toilettenartikel in meine Handtasche. Ich konnte es nicht fassen, daß ich rausgeworfen wurde, konnte nicht fassen, wie wenig Rechte ich besaß, die mir ein Bleiben ermöglicht hätten. Schließlich war dies Iras Familiensitz, seine Stadt, seine Verwandtschaft, sein Mobiliar . . . seine Tochter? Ich war lediglich vorübergehend ein Gebrauchsgegenstand gewesen. Und da ich seinen Anforderungen nicht entsprochen hatte, wurde ich eben abgeschafft. Bis jetzt hatte ich unter schweren Gewissensbissen gelitten, weil ich Ira, wenn auch unbeabsichtigt, so sehr weh getan hatte. Jetzt aber wurde ich langsam böse. Er fand, *ich* habe *ihn* ausgenutzt? Und was war mit all den Mahlzeiten, die ich für ihn gekocht, den Bergen von Hemden, die ich gewaschen und nach seinen Wünschen gebügelt, den ausgefallenen sexuellen Perversionen, die ich geduldig mitgemacht hatte? Zählte das gar nicht?

Auf Zehenspitzen schlich ich in Wendys Zimmer. Sie lag und schlief, schweißfeucht, mit geröteten Bäckchen, die winzigen Hände zu Fäusten geballt, tief und gleichmäßig atmend. Sie gehörte ihm ebenso wie alles andere hier. Im Gegensatz zu allem anderen hier gehörte sie jedoch auch mir. Ich würde sie mir zurückholen. Behutsam beugte ich mich über sie und küßte sie auf die Wange. Sie seufzte im Schlaf und drehte sich auf die andere Seite.

An der Tür stand Ira, das Gewehr an der Hüfte, und räusperte sich. Als wir den Korridor entlanggingen, klagte er: »Alle Leute haben mich immer gewarnt, ich soll mich nicht mit dem Sojabohnengesindel einlassen. Aber ich dachte, ich wüßte schon, was ich tue. Ich dachte, ich könnte eine anständige, gottesfürchtige Frau aus dir machen.«

»Dann haben wohl alle Leute in der Stadt recht gehabt, und du nicht, wie?«

»Vermutlich ja.«

»Nimm's nicht so schwer, Ira. Eine Schlange bleibt immer eine Schlange, selbst wenn du ihr'n Halsband umlegst und sie zwingst, aufrecht zu gehen.«

Es war nach Mitternacht. Hawk und ich hatten bei der Maithuna über vier Stunden geschlafen. Während Ira mit dem Gewehr an der Hüfte in der Haustür stand, trotteten wir davon, ließen den riesigen Steinkasten hinter uns und wanderten die unbefestigte Straße der kanadischen Grenze entlang. In jener Nacht schliefen wir auf dem Feld. Hawk sagte kein Wort. Sein Gesicht war eine stumme Leidensmaske.

Als ich am nächsten Morgen erwachte, sah ich, daß Hawk, die Hände unter dem Kopf verschränkt, dalag und in den sonnigen Sommerhimmel hinaufstarrte.

»Also – wohin jetzt, Hawk?«

Er antwortete nicht, schien mich überhaupt nicht gehört zu haben. Ich fuhr mit der Hand vor seinen Augen hin und her. Er blinzelte nicht mal. Langsam wandte er den Kopf und starrte mich an, ohne mich zu erkennen. Entnervt wiederholte ich meine Frage: »Wohin gehen wir jetzt? Die Welt steht uns offen!«

Er starrte mich schweigend an. Dann starrte er wieder zum Himmel hinauf.

»Hawk?« fragte ich beunruhigt. Keine Andeutung einer Reaktion. »*Hawk!*« Er blieb regungslos, ausdruckslos liegen.

Energisch zupfte ich an dem Ring in seinem Ohr – wie ein Farmer, der einen störrischen Bullen am Nasenring zieht. »Hör mal, Hawk, dies ist doch kein Weltuntergang! Wirklich nicht. Wir sind jetzt vorbereitet. Wir können die Maithuna am fünften Tag nach meiner nächsten Periode wiederholen. Das ist doch ganz einfach. Wir brauchen bloß statt Southern Comfort Wein zu trinken.«

Er starrte weiterhin in den blauen Himmel.

»Hawk, ich meine – *ehrlich*! Es ist albern, deswegen so deprimiert zu sein.«

Er antwortete nicht, starrte wie gebannt in den Sommerhimmel. Ich packte seinen Arm in der Nähe der Mandala-Tätowierung und schüttelte ihn wütend; es war, als schüttelte ich einen Leichnam.

Ich legte mich wieder hin und starrte ebenfalls gen Himmel. Ich erwog die Möglichkeiten, die mir und meinem Zombie blieben. Wir konnten zu Ira zurückkehren. Ich konnte Hawk dem FBI übergeben, vorübergehende Bewußtseinstrübung geltend machen und Ira bitten, mich wieder aufzunehmen. Ich konnte mit Hawk nach links über den Hügel klettern und Zuflucht bei Monas und Atheliahs Kommune suchen. Ich konnte Hawk hier auf dem Feld liegen lassen und auf eigene Faust losziehen, nach Hullsport zurückkehren oder so. Ich konnte Hawk an den Grenzposten vorbeischmuggeln, nach Montreal bringen, vielleicht einige seiner Freunde auftreiben, mit ihm zusammen leben, wenn er das wollte, oder auch allein weiterziehen.

Ich rollte den Schlafsack zusammen und befestigte ihn auf dem Rucksack. Dann schüttelte ich Hawk und deutete auf den Rucksack. Gehorsam duldete er, daß ich ihm das Ding auflud. Dann ergriff ich seine Hand und führte ihn wie ein gehorsames Packpferd die Anhöhe hinauf. Wir marschierten den Kamm entlang, bis Monas und Atheliahs weitläufiges Haus unter uns lag. Dann stiegen wir den Hang hinab und gingen durch den Wald zur Farm. Ich hatte das Gefühl, endlich, nach einem langen, schmerzlichen Exil unter Fremden, wieder heimzukommen.

Als wir das Haus erreichten, fanden wir es leer, verlassen. Die Vordertür war aufgesprungen und schlug im Wind. Wir traten ein. Die meisten Sachen, die auf dem Wohnzimmerfußboden rumgelegen hatten, waren weggeräumt worden. Die Karawane war weitergezogen. Panik ergriff mich. Ich hatte fest damit gerechnet, hier guten Rat oder wenigstens moralische Unterstützung zu finden.

Ich durchsuchte alle Räume, entdeckte aber keinerlei Spuren eines gegenwärtigen Aufenthalts von Menschen. Ich stopfte ein paar ausrangierte T-Shirts in den Rucksack, nahm ihn von Hawks Rücken herunter, führte Hawk zur Couch und setzte ihn hin. Er starrte angestrengt auf seine schmutzigen Fingernägel. Dann setzte ich mich ebenfalls und starrte Hawk an. Während er mich ausbildete, war er ein so gestrenger Diktator gewesen, hatte immer genau gewußt, was zu tun war. Wohin war diese Persönlichkeit verschwunden, jetzt, da wir sie so dringend brauchten?

»Was nun, Maharishi?« Er starrte weiter auf seine Fingernägel, als hätte er nichts gehört.

Ich ging in die Küche. Dort fand ich ein paar große Töpfe mit braunem Reis, Sojabohnen, Trockenobst, Nüssen, Sesamsamen und Sonnenblumenkernen. Insekten schwirrten in den Gefäßen wie fliegende Reptile. Ich nahm zwei Handvoll Trockenobst und gab eine davon Hawk. Wir saßen da und kauten ernst auf den ledrigen Birnen und Aprikosen herum.

Lauerten auf Hawk wirklich die FBI-Agenten, um ihn zu schnappen? Falls ja, würde Ira davon hören und die entsprechenden Schlüsse ziehn? Hier auf die Farm würde er sie in seinem Anfall von National-Guard-Zorn sicher zuerst schicken. Ich leistete einem Flüchtling Beihilfe. Ich steckte bis über die Ohren mit drin. Was sollte ich tun?

Ich musterte Hawk. In seiner gefransten Lederjacke, dem Overall, mit seinem Bart und den wirren Haaren wirkte er wie die Quintessenz aller Deserteure. Ich holte eine Schere aus der Küchenschublade. Dann schor ich Hawk, als sei er ein Schaf, schnitt ihm den Bart, bis nur noch

Stoppeln blieben, und stutzte sein Haar. Er schien es überhaupt nicht zu bemerken. Dann nahm ich den Rasierapparat, den ich für meine Beine benutzte, aus der Handtasche. Zuerst seifte ich ihn ein, dann rasierte ich ihn. Ich löste den Silberring mit dem Glöckchen aus seinem Ohr und half ihm, der nicht protestierte, aus Lederjacke und Overall. Die Nadelstreifenhose des zweiten Anzugs, den ich zum Wechseln mitgebracht hatte, war der Mode entsprechend weit. Sie paßte ihm gut und wirkte wie eine Männerhose. Die Jacke jedoch saß lächerlich eng, und die Ärmel gingen ihm nur bis zum halben Unterarm. Lieber ließ ich ihn sein Arbeitshemd und seine Sandalen tragen. Trotzdem wirkte er erstaunlich sauber, frisch und kindlich ohne seinen verfilzten Bart. Erschrocken war ich, als ich sein Kinn nach so vielen Wochen sah. Kein Wunder, daß er es versteckt hatte. Es war ein schwaches, fliehendes Kinn.

Ich warf mich aufs Sofa. Dann räusperte ich mich. »Meinst du, wir sollten nach Montreal gehen, Hawk?« fragte ich ihn.

Er hob den Blick nicht von den Fingernägeln.

»Würdest du Schwierigkeiten haben an der Grenze?«

Seufzend zog ich ihn von der Couch. Ich hängte ihm den Rucksack um, und wir marschierten los, nordwärts durch die dunklen Wälder. Als wir die Straße zur Grenze erreichten, ließen wir uns von ein paar Jugendlichen in einem Volkswagen mitnehmen. Die Grenzposten waren so eifrig mit der Fahndung nach Rauschgift beschäftigt, daß sie uns Normalbürger mittleren Alters gar nicht beachteten. Inzwischen war mir eingefallen, daß Hawk ja ein legaler Einwanderer war. Hier befand er sich auf kanadischem Boden und war also in Sicherheit.

In Montreal sagte ich mir, daß wir es uns wohl eine Nacht lang auf Iras Kreditkarten gutgehen lassen konnten, während wir (sprich: ich) über den nächsten Schritt nachdachten. Wir hielten Einzug im Hotel Bonaventure.Ein chinesischer Kuli nahm Hawk den Rucksack ab und führte uns durch endlose, miteinander verbundene, teppichbelegte Korridore zu einem geräumigen Zimmer, ausgestattet mit kostbaren Stoffen in dichtem Faltenwurf und zwei überdimensionalen Betten. Die Fensterwand gab den Blick frei auf einen viele Stockwerke tiefer liegenden romantischen Parkplatz.

Hawk saß in einem Polstersessel, ich in dem anderen. »Hör mal, Hawk, ich finde, du übertreibst. Ja, stimmt, wir haben Mist gebaut. Wir haben zuviel Southern Comfort getrunken und sind eingeschlafen. Na und? Wir können das Ganze wiederholen und diesmal Obstsaft oder Limonade trinken. Das kann dich doch nicht so umschmeißen. Was ist los?« Tatsächlich kam ich fast um vor Schuldbewußtsein. Möglicherweise hatte meine miese Einstellung zur Maithuna, die ich weitgehend als Gelegenheit zum Bumsen betrachtete, eine größere Rolle bei diesem Fehlschlag gespielt.

Und zum erstenmal an diesem Tag antwortete Hawk. Er sah mich aus blutunterlaufenen blauen Augen an und krächzte: »Entropie.«

»Entropie?«

Er rieb sich mit beiden Händen das glattrasierte Gesicht wie Samson, der entdeckt, daß man ihm das Haar abgeschnitten hat. »Jetzt haben sie mich«, flüsterte er.

»*Wer?*«

»Ich muß in den Süden«, murmelte er.

»Du *kannst* nicht in den Süden. Da stecken sie dich nur ins Gefängnis.«

»Ich *bin* im Gefängnis«, krächzte er.

»Hawk, jetzt hab ich aber genug von diesem Unsinn!« fuhr ich ihn an wie eine altjüngferliche Lehrerin. »Jetzt nimm dich endlich mal zusammen!«

Er starrte mich verdrossen an. »Wenn du nicht schon tot wärst, würdest du's auch fühlen. Entropie – alle Wärme wird einem aus dem Körper gesogen.« Er begann krampfhaft zu zittern, seine Zähne klapperten hörbar.

»Aber hier drinnen ist es wirklich schön warm«, widersprach ich. »Vierundzwanzig Grad. Thermostate in allen Zimmern.« Er zitterte stärker und schlang sich die Arme um den Oberkörper.

Ich musterte ihn hilflos. Und sagte mir, wenn ich ihn einfach weiterhin normal behandelte, sein Spiel nicht mitmachte, würde er vielleicht ebenso plötzlich aus diesem Zustand erwachen, wie er hineingeraten war.

»Komm jetzt«, blaffte ich wie ein Militär-Sergeant. »Wir werden essen gehen. Und bitte, Hawk, benimm dich, ja?«

Ich fand ein teures Restaurant in einer stillen Seitenstraße und schleppte Hawk mit mir hinein. Draußen unter der Markise saßen elegante Paare an kleinen Tischen. Eine große Neonreklame mit einem alten amerikanischen Farmer lautete ›Old MacDonald's‹.

Die Bar drinnen bestand aus einem überdeckten Futtertrog. Die Barhocker waren Traktorsitze, die sich auf Milchkannen drehten. An der Wand hinter der Bar prangten Bilder stilisierter Haustiere, Silos und Traktoren, gefertigt aus zu Mustern geklebten ausländischen Bieretiketten. Die Chromtüllen an den aufgereihten Schnapsflaschen waren wie Kuheuter geformt.

Ich dirigierte Hawk zu einem Traktorsitz und hockte mich auf den Sitz daneben. In einem Anfall von Großzügigkeit, ausgelöst von Iras Kreditkarten, bestellte ich uns Bloody Marys. Die Kellnerin, in zerlumpten, abgeschnittenen Jeans, Brusttuch und breitkrempigem Strohhut, erkundigte sich mit französischem Akzent: »Zwei Red Roosters?«

»Wie auch immer«, antwortete ich achselzuckend. Als die Drinks kamen, steckten statt Cocktailquirlen winzige Heugabeln in den Gläsern.

Nach ein paar Minuten suchte ich die Damentoilette auf, die wie ein Aborthäuschen eingerichtet war.

Als ich wiederkam, war Hawk verschwunden. Ich nahm an, er sei auf der Herrentoilette, und setzte mich, um auf ihn zu warten. Mein Nachbar, im Wildlederoverall und dicken Plateauschuhen, begann leise ›Red River Valley‹ zu summen.

Schließlich drehte er sich zu mir um. »Was lesen Sie da?« erkundigte er sich.

Ich hatte einen Stadtführer von Montreal in der Hand. »Die Autobiographie von Alice B. Toklas.«

»Ach! Interessant?«

»Wenn man so was mag«, erwiderte ich und sah mich unruhig suchend nach Hawk um.

»Trinken Sie gern Red Roosters?« fragte mein Freund auf dem benachbarten Traktorsitz, ohne den Blick von meinen Titten zu wenden.

»Was? Ach so, Red Roosters. Ja. Ja, die trinke ich gern.«

»Möchten Sie noch einen?«

Ich starrte ihn überrascht an. Es verblüffte mich immer wieder, wenn jemand mich aufzureißen versuchte. Ich konnte mir nicht vorstellen, daß sich jemand lieber mit mir unterhielt, statt schweigend und stumm ins Leere zu starren. Das männliche Ego war wirklich etwas Wundersames.

»Nein, danke. Ich warte auf meinen Begleiter.«

»Ach? Also, der ist vor ungefähr zehn Minuten gegangen.«

Ich warf ihm einen hastigen Blick zu. »Wissen Sie das genau?«

Er nickte. Ich kletterte vom Hocker herunter und eilte hinaus. Ich jagte durch sämtliche umliegenden Straßen. Da ich ihn nirgends entdekken konnte, dachte ich mir, er sei müde geworden und vermutlich ins Bonaventura zurückgekehrt.

Als ich unser Zimmer betrat, war Hawk nicht da. Nur sein Rucksack lehnte in einer Ecke.

Ich sank auf das riesige, breite Bett und schlief.

Am nächsten Vormittag klapperte ich die Büros der verschiedenen Kriegsgegnergruppen ab und erkundigte mich nach Hawk. Nachdem ich keinen Schritt weitergekommen war und feststellen mußte, daß die Männer an ihren Schreibtischen nicht mal so recht mit mir reden wollten, wurde mir klar, daß etwas an meinem Äußeren nicht stimmte. In meinem eleganten Hosenanzug, das Haar mit einem Tuch zurückgebunden, wirkte ich wie eine verlassene Ehefrau. Also ließ ich mir die Haare zu einer Afrokrause schneiden und kaufte mir auf Iras Kreditkarten ein Patchwork-Folklorekleid und dazu handgearbeitete Leder-Clogs.

In dieser Tarnung machte ich abermals die Runde durch die Büros und fragte nach Hawk. Diesmal gestanden mir zwei junge Männer, ihn zu kennen, ihn aber seit Monaten nicht mehr gesehen zu haben. Einer gab mir seine ehemalige Adresse, bei der ich sofort nachforschte. Es war ein heruntergekommenes, baufälliges Wohnhaus weit von der Stadtmitte entfernt. Die schlampige Frau erinnerte sich an Hawk, hatte ihn aber lange nicht mehr gesehen. Ich erstattete Vermißtenmeldung bei der Polizei.

Ein paar Tage noch suchte ich weiter, folgte einigen unergiebigen Spuren, versuchte Leute aufzutreiben, die ihn gekannt hatten. Ich hatte angenommen, daß er schließlich wieder auftauchen und zu seinen alten Freunden und Treffpunkten zurückkehren würde. Dann wollte ich da sein und mich um ihn kümmern. Das wäre dann meine Lebensaufgabe: Ich wollte irgendwo ein Zimmer mieten, mir einen Job als Kellnerin suchen und in meiner Freizeit ganz Montreal nach meinem Kriegshelden durchforschen. Etwas anderes hatte ich nicht als Lebenszweck.

Ich kehrte nach Stark's Bog zurück, um meine wenigen Habseligkeiten zu holen. Der Bus setzte mich direkt vor Iras Bürotür ab. Ich schleppte Hawks fast leeren Rucksack; seine Sachen hatte ich in einem Schließfach des Busbahnhofs von Montreal deponiert, bis ich sie wieder abholen konnte.

Ira erbleichte, als er mich sah. Mit seinem Feuerwehrauto fuhr er mit mir nach Hause. Bei meiner Post fand ich einen Brief von Mrs. Yancy, die mich bat, sofort nach Hullsport zu kommen und mich um meine Mutter zu kümmern, die mit einem Gerinnungsdefekt im Krankenhaus lag. Auf der Fahrt zum Flughafen von St. Johnsbury, Hawks Rucksack mit meinem gesamten Besitz im Kofferraum, informierte Ira mich, er werde von nun an dafür sorgen, daß Wendy mich nie wiedersehe. Sie habe ein paar schwierige Tage hinter sich, sei aber inzwischen in Angelas Familie zu Hause. Ich sei es ihr schuldig, mich von ihr fernzuhalten.

Samstag, 22. Juli

Ginny stand da und blickte auf ihre schlafende Mutter hinab. Wattepfropfen in Nasenlöchern und Mund, eine Binde zwischen den Schenkeln, neue Blutergüsse an Armen und Beinen. Das rechte Auge bandagiert. Sie hatte leicht erhöhte Temperatur.

Jeden Tag jetzt konnte das Gehirn der Mutter anfangen zu bluten. Dieser Erkenntnis konnte man nicht mehr aus dem Weg gehen. Seit fast einer Woche war die Mutter nicht mehr aufgestanden. Den ganzen Tag lag sie da, ohne ein Wort zu sprechen. Die Schwestern kamen hereingehuscht und verschwanden wieder, verrichteten diese oder jene Handreichung, um ihrem wunden Körper Erleichterung zu verschaffen. In letzter Zeit verglich Ginny den Körper der Mutter mit einem Apfel, der früher einmal fest und knackig gewesen, jetzt aber vom Baum gefallen war und verrottete. Es war ein abstoßender Vergleich, aber sie konnte den Gedanken daran nicht loswerden. Wie bei einem Apfel war es sein gesamter Lebenszweck gewesen, den Keim neuen Lebens zu tragen, zu schützen und zu nähren. Und nun, da diese neuen Leben – Karl, Jim und Ginny – selbst zu Äpfeln herangereift waren, hatte die Funktion der Mutter ein Ende. Sie wurde beseitigt. Sie lag in einem Krankenhausbett und verrottete. Sie war ausgenutzt worden. Das war nicht fair. Aber schließlich hatte sie selbst immer wieder betont, das Leben sei unfair.

Ginny ging in den Flur hinaus. Aus dem Zimmer Trainer Bicknells kamen dröhnende Befehle: »Schafft mich *augenblicklich* hier raus! Verstanden? Ich will raus hier, und zwar sofort. Kein Wenn und Aber – *jetzt sofort*!« Ginny konnte nicht entscheiden, ob Trainer Bicknell in der Vergangenheit oder in der Gegenwart lebte. Ob er wußte, daß er im Krankenhaus war und wirklich raus wollte, oder ob er ein Drama aus seiner Vergangenheit nacherlebte.

In der offenen Tür von Mrs. Cabels Zimmer stand Schwester Theresa in ihrem Krankenhausnachthemd und dem Krankenhausschlafrock darüber. Die Hände links und rechts gegen den Türrahmen gestemmt. Direkt vor ihr, die Nasenspitze in Höhe ihres Busens, stand Mr. Solomon in seinem blauen Wollschlafrock und bebte vor Zorn.

»Die Frau da drinnen *leidet*, Schwester Theresa!«

»Woher wollen *Sie* das wissen, Mr. Solomon? Ein menschliches Wesen ist mehr als nur ein biologischer Mechanismus. Nach allem, was wir wissen, ist es durchaus möglich, daß Mrs. Cabels Geist in ihrem kranken Körper blüht und gedeiht.«

»Unterlassungssünden sind moralisch ebenso verwerflich wie begangene Sünden«, erklärte Mr. Solomon. »Das Mitleid gestattet es mir nicht, daß ich im Nebenzimmer liege und mit anhöre, wie sie stöhnt, wenn es in meiner Macht steht, ihre Leiden zu erleichtern. Lassen Sie sie ausruhen, Schwester, in der großen, schwarzen Leere auf der anderen Seite.«

»Das ist *kein* Mitleid, Mr. Solomon. Sie denken dabei nicht an Mrs. Cabels Leiden. Sie denken nur daran, Ihr *eigenes* Leiden zu erleichtern, das Sie empfinden, weil Sie sie stöhnen hören müssen. Wenn Sie wirklich mitleidig wären, Mr. Solomon, würden Sie nicht eine so übertriebene Ungeduld an den Tag legen, während Mrs. Cabel sich ihre Rolle im kosmischen Plan erarbeitet.«

»Kosmischer Plan! Sie und Ihre feuchten Himmelsträume! Es *gibt* keinen kosmischen Plan, Schwester! Dieses Leben ist alles, was es gibt. Und dieses Leben so schmerzlos wie möglich zu gestalten, ist die einzige gute Tat, zu der der Mensch fähig ist. Sobald man sinnloses Leiden verhindern kann, rechtfertigt der Zweck die Mittel. Also treten Sie beiseite und lassen Sie mich vorbei, Schwester!« Erfolglos packte er ihre fleischigen Arme.

»Die Mittel, die Sie meinen, Mr. Solomon, können niemals und unter keinen Umständen gerechtfertigt werden. Sie scheinen zu glauben, der Mensch sei Herr seines Schicksals. Aber der Mensch ist weit mehr als nur sein äußeres Erscheinungsbild. Ihr angebliches Ethiksystem macht die menschliche Rationalität zur Grundlage der Moral und stellt den Menschen in den Mittelpunkt des Universums, bestimmt seinen Daseinszweck . . .«

»Irgend jemand muß doch seinen Daseinszweck bestimmen, Schwester«, unterbrach Mr. Solomon ihren Redefluß, »und Ihr Gott macht Mittagspause. Ihre Einstellung, Schwester, ist so abgrundtief *areligiös*, wie ich es noch nie gehört habe; Sie schreiben alles einem göttlichen Willen zu und lassen keinen Raum für menschliche Verantwortlichkeit. Sie sind unfähig, über Ihr Abhängigkeitsgefühl von Ihrem Gott hinauszugehen und ein aktiv Handelnder inmitten des Universums zu werden.«

»In der Tat, Mr. Solomon, und ob es Ihnen bekannt ist oder nicht, wird dieses Universum auch ohne Ihren Beistand ziemlich gut regiert. Das sagen jene, die Augen haben, zu sehen. Sie sollten es sich lieber angelegen sein lassen, ebenfalls eine derartige Sehfähigkeit zu entwickeln. Die Aufgabe des Menschen ist es, moralisch zu leben, indem er den Sinn des Universums erkennt und sich daran anpaßt, anstatt das Universum *seinen* Zwecken anpassen zu wollen. Sie wollen unbegrenzte Macht über Leben und Tod, Mr. Solomon. Aber die werden – und können – Sie nicht bekommen . . .«

Ginnys Kopf wirbelte, als sie ins Zimmer ihrer Mutter zurückkehrte. Eddie hatte doch recht gehabt: Man müßte den Leuten einfach verbieten, einen Satz mit ›Der Mensch ist . . .‹ zu beginnen. Und wichtiger noch: Hatten Schwester Theresa und Mr. Solomon in ihrer Ansicht darüber, ob es ratsam sei, Mrs. Cabel die Schläuche aus dem Körper zu ziehen, nicht eine komplette Kehrtwendung vollzogen? Wie war es zu diesem Seitenwechsel gekommen? Ginny ließ die Argumentation der beiden Revue passieren. Mr. Solomon hatte zunächst behauptet, die Verlängerung des menschlichen Lebens um jeden Preis sei die größte Wohltat, und behauptete jetzt, körperliches Wohlergehen und Befreiung von Schmerzen seien die größte Wohltat. Und Schwester Theresa hatte zuerst behauptet, Gottes Plan erfordere es, Mrs. Cabels Geist auf der Stelle von ihrem Körper zu erlösen, und behauptete jetzt, Gottes Plan erfordere es, Mrs. Cabels Geist an ihren Körper zu binden, bis Er in Seiner unendlichen Weisheit finde, daß sie bereit sei, ihn zu verlassen. Interessant. Was sie jedoch am interessantesten fand, war die Tatsache, daß sich beide als eingeweiht in die Erkenntnis dessen betrachteten, was die größte Wohltat respektive der Wille Gottes sei. Wie hatten sie diesen beneidenswerten Zustand der Klarheit und Überzeugung erreicht?

Ihre Mutter war erwacht. Mit dem gesunden Auge beobachtete sie ein rotes Eichhörnchen in der Ulme. Während sie zusah, nahm das Eichhörnchen einen Anlauf, sprang und landete auf der Spitze eines benachbarten Zweiges. Der Zweig bog sich unter dem Gewicht des Eichhörnchens. Ginny und ihre Mutter lächelten einander zu, bezaubert von der natürlichen Grazie des Tierchens. »Mr. Solomon und Schwester Theresa haben sich mal wieder in der Wolle«, berichtete Ginny.

»So?«

»Jetzt will *Mr. Solomon* Mrs. Cabel von den Schläuchen erlösen, und Schwester Theresa will ihn daran hindern. Jeder von beiden hat eine ganz neue Serie gleichermaßen überzeugender Argumente parat.«

Ginnys Mutter lächelte schwach. »Sie treiben Wortspiele. Reine Zeitverschwendung. Man geht den Dingen nicht auf den Grund, indem man über sie diskutiert.«

»Das hab ich gemerkt.« Die Auseinandersetzung hatte Ginny an Wendy erinnert. Nicht weiter erstaunlich, da sie schon bei dem geringsten Anlaß an Wendy dachte. Wenn sie eine Straße entlangfuhr, mußte sie jedes Kind, an dem sie vorbeikam, zweimal ansehen, um sich zu vergewissern, daß es nicht Wendy war. In den Lebensmittelgeschäften packte sie unbewußt ganze Wagenladungen der Dinge ein, die Wendy am liebsten gemocht hatte; in der Blockhütte saß sie stundenlang herum und kaute geistesabwesend Kinderkekse. Die wenigen Male, da das Telefon geklingelt hatte, war sie wie eine Wahnsinnige hingerannt, fest überzeugt, es müßten Ira und Wendy sein. Sie war von der Idee besessen und wußte es.

Aber sie konnte es nicht ändern.

Wie dem auch sei, Mr. Solomons Debatte mit Schwester Theresa hatte ihr die Zeit in Erinnerung gerufen, als Wendy noch nicht sprechen konnte. Da saßen Ginny und Ira häufig nach dem Abendessen zusammen und unterhielten sich angeregt. Wendy, die es nicht ertragen konnte, ausgeschlossen zu sein, unterbrach sie dann, plapperte in wahnwitzigem Tempo unverständliche Dinge, gestikulierte mit den Händchen, um die Bedeutung ihrer Äußerungen zu unterstreichen, und sah eindringlich von Mutter zu Vater, überzeugt, daß ihre Laute ebenso wichtig waren und ebensoviel Aufmerksamkeit rechtfertigten wie diejenigen der Eltern. Und hatte damit vermutlich recht.

»Aber was hältst denn *du* von Euthanasie?« fragte Ginny die Mutter. Vielleicht verliehen ihre distanzierten, intellektuellen Beobachtungen zu diesem Thema Ginny Einblick in die Lage der Mutter.

»Ich betrachte das nicht als Begriff an sich, als *die* Euthanasie. Ich finde vielmehr, es hängt alles von den Umständen ab, die gerade herrschen.«

»Aber in Mrs. Cabels Fall?«

»Finde ich, sie hätte ihre Wünsche vor langer Zeit schriftlich niederlegen sollen.«

»Und da sie das offenbar nicht getan hat?«

Die Mutter zuckte die Achseln. »Das geht mich nichts an.«

»Mutter, früher hast du mich mal gebeten, dich nicht langsam dahinsiechen zu lassen«, platzte Ginny plötzlich heraus. »Möchtest du jetzt eine Waffe haben oder sonst was?« So. Jetzt war's heraus. Nicht mehr zurückzunehmen.

Ihre Mutter lächelte wieder und sagte sehr lange gar nichts. Ginny wurde puterrot, genau wie vor Jahren, als die Mutter sie über die Menstruation aufgeklärt hatte. Die beiden Themen – Tod und Sex – waren mit gleichwertigen Tabus belegt, erforderten den gleichen Takt. Wahrscheinlich hatte sie einen Fehler begangen, indem sie es offen aussprach.

»Ja, ich erinnere mich, daß ich das gesagt habe«, antwortete die Mutter schließlich. »Aber damals war ich noch jünger und hatte viel romantischere Vorstellungen über den Tod. Vielen Dank für deine Frage. Aber nein, ich möchte keine Waffe. Ich leide nicht sehr große Schmerzen, nur gerade groß genug, um mich zu veranlassen, das zu tun, was ich, wie ich weiß, tun muß: meine Bücher abschließen. Mir ist klar, daß sogar der Tod, wie alles andere, einer eingehenden Vorbereitung bedarf.«

Sie saßen mehrere Minuten schweigend da, lauschten dem Ticken der Familienuhr.

»Leiden hat nämlich doch einen Sinn, weißt du«, ergänzte die Mutter unverhofft.

»Welchen denn?« Vielleicht gab es wirklich einen Grund dafür, daß ihr Leben bisher den Stationen eines Kreuzwegs geglichen hatte.

»Es soll bewirken, daß man das Leben freudig aufgibt, daß man bereit ist, den Tod zu empfangen.«

»Ach so! Na, *fabelhaft*.«

Seit dem Tag, an dem die Netzhaut der Mutter angefangen hatte zu bluten, hatte Ginny ihr ausführlich aus der Enzyklopädie vorgelesen. An diesem Tag las sie die letzte Eintragung und brachte damit das neun Jahre währende Projekt der Mutter zum Abschluß: »›Zwitterion (Dipolares Ion) – Molekül, das gleichzeitig eine positive und eine negative Ladung trägt und sich durch die Produktion eines internen Salzes, d. h. eines Zwitterions, selbst neutralisiert.‹«

Die Mutter nickte zufrieden und lag schweigend, das Auge geschlossen. Dann bat sie Ginny, ihr einige Papiere von ihrem Schreibtisch in der Villa zu holen und ihren Anwalt um seinen Besuch zu bitten.

Zwei Tage lang beriet sie sich intensiv mit dem Anwalt, saß im Bett und schrieb auf einem an ihre Knie gelehnten Block. Am dritten Tag übergab sie Ginny einen Stoß Zettel. Ginny sah sie flüchtig durch: der Plan für ihre Beerdigung, eine Liste der Sargträger, die Kleidung, in der sie begraben werden wollte, ihre Grabinschrift, eine Aufstellung der Möbel, die in der Familie bleiben sollten, und verschiedene Finanzinformationen. Unglücklich starrte Ginny auf die sauber geschriebene Liste.

Nüchternen Tones sagte die Mutter: »Ich habe gerade das Haus und die Farm verkauft.«

Ginny sah sie entgeistert an. »*Mutter!*«

»Ja?«

»Aber du kannst doch nicht *unser Haus verkaufen*!«

»*Warum* nicht? Es gehört schließlich mir – oder?«

»Aber wenn ich es nun haben will?« jammerte Ginny.

»Ginny, Liebes, der Verkauf dieses Hauses ist der größte Gefallen, den ich dir tun kann. Das ist mein Abschiedsgeschenk für dich. Man sollte alle Häuser verkaufen, bevor sie zu Denkmälern werden. Päppelt man die Vergangenheit zu sehr, verzerrt sie nur die Gegenwart«, erklärte sie fest, mit der Überzeugungskraft persönlicher Erfahrung.

Ginny starrte sie wortlos an; ihre Augen füllten sich mit Tränen. Dies war schlimmer, als aus dem Nest gestoßen zu werden; ihr wurde das Nest unter dem Hintern wegverkauft.

»Aber ich möchte gern, daß du meine Uhr bekommst und sie mitnimmst, wohin du auch gehst.«

»Danke«, murmelte Ginny, unfähig, die Mutter anzusehen.

»›Aus erlahmenden Händen übergeben wir dir die Fackel‹«, zitierte die Mutter mit ironischem Lächeln, als sie die Uhr nahm und sie Ginny reichte.

Ginny hatte das Gefühl, jener Teilnehmer an einem endlosen Staffellauf zu sein, dem jetzt gerade der Stab zugereicht wurde. Genauso würde sie die Familienuhr eines Tages an Wendy weitergeben. »Ja, aber es ist nicht genug«, murmelte Ginny. Verdammt noch mal, was nützte es, daß das Leben weiterging, daß die Linie Hull/Babcock/Bliss florierte, wenn man selbst höchstwahrscheinlich unter Schmerzen eines gräßlichen Todes sterben würde?

»Nein, es ist nicht genug.«

Ginny wußte, daß ihre Mutter Glauben besaß, was immer das bedeuten mochte. Nicht Schwester Theresas Glauben, daß Unser-Vater-der-Du-bist-im-Himmel hilfesuchende ›Daddy!‹-Rufe hören würde. Auch nicht Mr. Solomons Glauben an eine endlose, schwarze Leere, in der es Ausruhen und Vergessen gab. Nein, wie die Kohlenflöze sich durch die Berge zogen, dort, wo sie geboren war, durchzog der Glaube ihrer Mutter deren gesamtes Dasein. Der Glaube *woran*, das hatte Ginny bisher allerdings nicht feststellen können, beabsichtigte aber, es noch herauszufinden.

Als sie sich verabschiedete, stellte sie die Uhr wieder auf den Nachttisch, weil sie fand, die Mutter brauche sie jetzt mehr denn je.

»Nein«, wehrte die Mutter ab, »nimm sie bitte mit. Und die Familienbilder auch.«

An jenem Abend versuchte Ginny Jim unter der letzten Telefonnummer zu erreichen, die er der Mutter gegeben hatte. Ein junger Mann informierte sie: »Jim ist . . . äh . . .abgehauen.«

»Wohin?«

»Keine Ahnung, Mann.«

»Aber es ist wirklich wichtig. Seine Mutter liegt im Sterben.«

Der junge Mann deckte die Hand über die Sprechmuschel und schrie etwas Unverständliches. Als er sich wieder meldete, sagte er: »Er ist auf Wanderung, in den High Sierras.«

Ginny rief den Park Service an, der es für nicht sehr wahrscheinlich hielt, daß man ihn ohne nähere Informationen noch rechtzeitig auftreiben konnte.

Karl in Deutschland versprach, so bald wie möglich heimzukommen. Offenbar hatte das Militär, obwohl auf Massentod spezialisiert, soviel Ehrfurcht vor dem einzelnen Tod, daß es in derartigen Fällen Urlaub gewährte.

Als Ginny am nächsten Tag das Krankenzimmer der Mutter betrat, fiel ihr auf, wie kahl es wirkte, ohne die Uhr, die Fotos und die Enzyklopädie. Es sah aus wie jedes andere Krankenzimmer. Bis auf einige Vasen mit Blumen hatte Ginny jede äußere Spur der Persönlichkeit ihrer Mutter entfernen müssen.

Ihre Mutter lag im Bett und beobachtete die Eichhörnchen. Ginny setzte sich. Beide schwiegen. Ginny wußte nicht, was sie sagen sollte. Und es gab keine Enzyklopädie mehr zum Vorlesen. ›Hidden Heartbeats‹ einzuschalten, erschien ihr unter den gegebenen Umständen eindeutig unpassend. Ginny saß schweigend und beobachtete die Eichhörnchen. Ginny sehnte sich nach einem klaren Ausspruch der Mutter, so etwas Ähnliches wie dem Schlußsatz eines Romans, der den Sinn des Lebens klug zusammenfaßte, der Ginny den Mut verlieh, weiterzumachen. Eine Dissertation über das Thema ›Woran ich glaube und warum‹. Aber keine derartige Erklärung kam, und fragen konnte sie nicht danach.

Mehrere Tage lang ließen sie sich schweigend dahintreiben. Ohne das Ticken der Uhr, das ihnen Anhaltspunkte gab, hörte die Zeit in jenem gewohnten Sinn auf zu existieren, demzufolge sie ein unbarmherziges Kontinuum war, das von einem vergangenen Augenblick zu einem zukünftigen Augenblick führte. Die Zeit existierte jetzt nur noch als Ganzes, das Ginny und die Mutter schützend umgab wie ein Kokon. Die Zeit verlor ihre Befehlsgewalt. Sie gewöhnten es sich an, die Zeitabschnitte nach ihrer Qualität zu beurteilen, und nicht nach ihrer Dauer. Eine Schwester kam zum Beispiel mit der Injektion eines Experimentalmedikaments. Der Schmerz des Einstichs und die Sinnlosigkeit jeder weiteren Medikamentierung machten diesen bestimmten Zeitabschnitt unangenehm, machten das Verschwinden der Schwester aus dem Zimmer angenehm. Blumen und eine Grußkarte von einer Freundin trafen ein. Der Duft füllte das Zimmer, Ginny roch ihn und beschrieb ihn; die Farben leuchteten; ein paar Worte auf der Karte berührten sie tief. Dieser Zeitabschnitt besaß dann eine besonders hochgeschätzte Qualität. Mahlzeiten kamen, geschmacklos, langweilig und immer gleich, und diese Zeitabschnitte waren so medioker, daß es sich nicht lohnte, sie wahrzunehmen. Ginny und ihre Mutter ließen sich durch die Zeit treiben, als sei sie ein Meer von Pudding, angefüllt mit Rosinen, die sie glücklich knabberten, und mit Steinchen, die sie ärgerlich ausspuckten.

Bis auf kurze Abstecher zum Blockhaus, um den jungen Stachelschwanzsegler zu füttern, ihn zu Übungsflügen anzuregen und im Briefkasten nach Post von Ira und Wendy zu suchen, die niemals eintraf, verbrachte Ginny jetzt fast ihre gesamte Zeit im Krankenhaus. Sie schlief im Zimmer der Mutter im Nebenbett. Nicht, daß die Mutter sie gebraucht hätte. Ihre Mutter schien niemanden zu brauchen. Sie unterhielten sich auch nie. Ein Beobachter hätte gesagt, die Mutter leide unter schweren Depressionen. Im großen und ganzen aber glaubte Ginny nicht an diese Depressionen. Die Mutter war still, reagierte nicht, gewiß – aber eher wohl, weil sie mit einem inneren Dialog beschäftigt war, der ihre ganze Konzentration erforderte. Deswegen verbrachte Ginny jetzt den größten Teil ihrer Zeit im Krankenhaus. Sie brauchte die Mutter, oder vielmehr, sie brauchte es, bei ihr zu wachen, weil sie hoffte, ein paar Brosamen jener Weisheit zugeworfen zu bekommen, welche die Mutter in ihrer einsamen Konfrontation mit dem Tod erlangte.

Eines Morgens, als Ginny erwachte, sah sie, daß die Mutter bereits wach war, im Bett saß und mit dem gesunden Auge die Eichhörnchen beobachtete. Das eine, von dem sie annahmen, daß es der Vater sei, hockte auf einem Ast und knabberte Nüsse. Sein buschiger Schweif zuckte rhythmisch, während es sich mit den zierlichen Pfoten die Nüsse in den winzigen Mund steckte. Die Ulme wiegte sich in einer leichten Brise, die Blätter tanzten.

Ginny sah ihre Mutter an. Aus dem gesunden Auge rannen ihr Tränen über die Wange. Tiefer Schmerz überfiel Ginny. Sie stieg aus dem Bett, holte ein Kleenex und eilte zur Mutter, um ihr die Wangen abzutupfen.

»Ist ja schon gut, Mutter«, stieß sie hervor, ebenfalls am Rand der Tränen.

Ihre Mutter schloß das Auge und schüttelte langsam den Kopf. Ihr Mund war kummervoll verzerrt. »Nein. Nein, es ist *überhaupt* nicht gut.«

Ginny hörte auf zu tupfen und zog sich zu ihrem eigenen Bett zurück. Sie konnte sich nicht erinnern, jemals erlebt zu haben, daß die Mutter weinte. Ihre Mutter hatte stets tapfer gute Miene zum bösen Spiel gemacht – eigentlich sogar bis an die Grenze echter Torheit. Ginny hatte den Eindruck, Zeugin einer Glaubenskrise zu sein.

Immer weiter quollen die Tränen unter dem Augenlid der Mutter hervor und rannen über ihr Gesicht. Und jetzt wollte Ginny ganz gewiß nicht, wie es der Vater, die Brüder und sie selbst früher immer getan hatten, von ihrer Mutter fordern, ›gute Miene zum bösen Spiel‹ zu machen. Also saß sie ganz still da und sah ihr beim Weinen zu.

Mrs. Childress kam herein, normalerweise eine Rosine im Pudding. Heute jedoch war sie eindeutig ein Steinchen: Sie brachte eine Lanzette für den Gerinnungstest mit. Als sie Mrs. Babcocks Tränen sah, lief sie eilig zur Kleenex-Schachtel hinüber, begann ihr, wie zuvor Ginny, die Tränen abzutupfen, und murmelte: »Na, na, Mrs. Babcock, Schätzchen. Wird ja alles wieder *gut*.«

Mrs. Babcock runzelte die Stirn.

Mrs. Childress schob ihr ein Thermometer in den Mund und ritzte ihr das Ohrläppchen. Als sie fort war, unzufrieden den Kopf schüttelnd über das Ergebnis des Gerinnungstests, fuhr Mrs. Babcock Ginny an: »Laß die Jalousie runter! Und trag diese Blumen raus!«

Am Nachmittag war auch Mrs. Babcocks zweites Auge verbunden, weil sie es überanstrengt und davon Kopfschmerzen bekommen hatte. Sie lag nunmehr in einem verdunkelten, lautlosen, geruchlosen Raum mit Bandagen über beiden Augen. Unmöglich zu sagen, ob sie wachte oder schlief – jedenfalls meistens. Ginny fiel ein, daß ihre Mutter vielleicht Angst haben könnte, daß sie möglicherweise glaubte, allein in einer schwarzen Leere zu sein.

»Mutter?« fragte sie daher drängend. »Soll ich dir was vorlesen?«

Ihre Mutter antwortete nicht. Ginny vermutete, daß sie schlief. Schließlich aber sagte die Mutter ruhig: »Ich möchte jetzt bitte lieber allein sein.«

Das war wie ein Schlag ins Gesicht. Ginny wurde kurzerhand entlassen, und das zu einem Zeitpunkt, da sie, wie sie glaubte, der Mutter eine Hilfe war. »Ja, natürlich«, antwortete sie erschrocken und raffte sich auf. Sie sagte sich, daß sie während der Entbindung zu gewissen Zeitpunkten auch mit ihren Schmerzen hatte allein sein wollen. Außerdem glaubte sie aufgrund ihrer Sitzungen mit Hawk zu begreifen, was die Mutter hier bewußt oder unbewußt tat: sich von ihren Sinnen lösen, sich auf eine Dimension vorbereiten, in der es keine Raum-Zeit-Begrenzung gab. Sie durchtrennte alle Bindungen, die sie hier festhielten, unter anderem die Zuneigung zu und die Sorge um ihre Tochter. Diese Entlassung war jedoch schwer hinzunehmen.

»Aber Mutter«, begehrte sie auf wie ein verlorenes Kind, »was soll ich mit all dem Zeug in den Schränken zu Hause anfangen? Was soll damit werden?«

Die Mutter wandte sich wortlos ab.

Daheim in der Blockhütte holte Ginny den Vogel aus seinem Korb. Als er sie sah, kreischte er freudig. Zwischen den Kreischlauten stopfte sie ihm Bröckchen von der widerlichen Fleischpaste in den Hals.

Dann trug sie ihn auf dem Finger nach draußen. Als sie jenen Teil des Gartens erreichten, den sie vom Kudzu befreit und in eine Art Landebahn verwandelt hatte, schwang sich der Vogel aus eigenem Antrieb von ihrem Finger. Hektisch mit den Flügeln schlagend, gelang es ihm, durch den ganzen Garten zu segeln, ehe er hinunterglitt und glatt landete. Ginny applaudierte begeistert. Jeden Tag jetzt konnte der Vogel davonfliegen und sie hier allein zurücklassen. Dieser Gedanke stimmte sie traurig. Erschüttert darüber, analysierte sie ihr Gefühl. Nachdem das erste Interesse für die Vögel abgeklungen war, hatte sie sie gehaßt, hatte gewünscht, daß sie davonflögen, hatte sich zusammennehmen müssen, um ihnen nicht den Hals umzudrehen. Nun aber, da sich der Tag näherte, an dem der letzte sie verlassen würde, wurde sie von Befürchtungen gequält. Wie konnte er ohne sie auskommen? Er würde verhungern, abstürzen, von wilden Tieren gefressen, von seinen Artgenossen verstoßen werden. Er *brauchte* sie.

Oder vielmehr, wie sie überrascht erkannte, *sie* brauchte *ihn*. Hätte ihr während dieser ganzen Wochen vor allem *sein* Wohlergehen am Herzen gelegen, sie hätte ihn nicht im Korb behalten. Sie hätte ihn draußen auf einen Ast gesetzt. Nein, wirklich, sie hatte ihn gebraucht, hatte irgend etwas gebraucht, um das sie sich kümmern und sorgen konnte, etwas, das Wendys Platz einnahm. Den Mutterinstinkt konnte man nicht nach Belieben an- und abstellen wie einen Wasserhahn. Einmal geweckt, blieb er lebendig – und suchte sich unvermeidlicherweise ein Objekt. Was sollte sie mit diesem infernalischen Instinkt nur anfangen, wenn der Vogel ausgeflogen war?

Zögernd setzte Ginny ihn im Haus auf die Fensterbank. Die Scheiben mußten dringend geputzt werden, doch da die Hütte bereits verkauft war, lohnte sich die Mühe kaum mehr. Durch das nahezu blinde Glas konnte der Vogel den Garten, die Fichte und den von Kudzu überwucherten Hang sehen, der sich bis zum Teich hinabzog. Und gelegentlich konnte er auch erwachsene Stachelschwanzsegler sehen, unter denen sich möglicherweise seine miesen Eltern befanden, die mit ihren glatten, gegabelten Flügeln und den samtigen, hellgelben Brustfedern von irgendwoher auf die Wasserfläche hinunterschossen, in einem atemberaubenden Sturzflug zustießen und dennoch kaum das Wasser berührten. Der Vogel drehte aufmerksam den Kopf, während er dem Treiben der älteren Artgenossen folgte. Der kleine Mistkerl wirkte tatsächlich so, als wäre er gern zu ihnen hinausgeflogen. Das war der Dank für wochenlange Fürsorge!

Am nächsten Tag war das Zimmer der Mutter noch immer verdunkelt. Die Mutter lag still, mit verbundenen Augen, und atmete schwer.

»Ich bin's, Mutter – Ginny.« Ihre Mutter rührte sich nicht. Entweder schlief sie, oder es interessierte sie nicht.

Ginny legte sich auf das leere Bett und brütete finster vor sich hin. Ihre Mutter hatte Nerven – sie überhaupt erst zur Welt zu bringen und sich jetzt davonzustehlen, ohne ihr die notwendigen Instruktionen für die Bewältigung des Lebens zu übermitteln. Und das nach all den Wochen, in denen Ginny an ihrem Bett gesessen und ihr jeden Wunsch von den Augen abgelesen hatte. Wann hatte die Mutter ihr jemals zuvor Zeit und Aufmerksamkeit verweigert? Verdammt noch mal, die Mutter *schuldete* ihr noch einige Erklärungen! Über Leben und Tod, über Liebe, Ehe und Mutterschaft! Sie war wütend. Kurz entschlossen richtete sie sich auf und sagte laut: »*Mutter!*«

Das runde, gelbliche verbundene Gesicht verriet kein Anzeichen von Reaktion. Während Ginny es zornig anstarrte, verwandelte sich ihr Zorn allmählich in Kummer. In den Kummer eines Kindes, das sich in den belebten Straßen einer Großstadt verlaufen hat. Sie legte sich wieder hin. O Gott, die Mutter ließ sie im Stich! Sie würde sterben, und Ginny würde ganz allein zurückbleiben. Panik ergriff sie. Die Fürsorge für die Mutter hatte die Leere kurze Zeit ausgefüllt, aber die Leere war noch da und wartete stumm. Wohin sollte sie gehen? Was sollte sie tun? War es überhaupt möglich weiterzuleben, nachdem man die Nähe, die Erhabenheit des Todes gespürt hatte? Für die Toten war der Tod leicht. Aber wie sollten die Lebenden damit fertig werden? »*Mutter!*« sagte sie noch einmal klagend.

Keine Antwort.

Nachdem sie ihre nicht ansprechbare Mutter mehrere Stunden lang schweigend beobachtet hatte, kehrte Ginny zum Blockhaus zurück. Es war früher Nachmittag. Die Sonne schien grell und heiß. Die Bienen summten träge.

Sie nahm den Vogel aus dem Korb und setzte ihn auf ihren Finger. Er blinzelte mit den schwarzen Knopfaugen, dann riß er hungrig den Schnabel auf. Als Ginny zur Tür ging, schwang er sich plötzlich von ihrem Finger und schoß blindlings im Zimmer umher. Dies war der Augenblick, auf den Ginny, wie sie meinte, immer gewartet hatte. Wie ein Kind, das Radfahren lernt, hatte der Vogel plötzlich in einem Augenblick der Erleuchtung die Technik des Fliegens begriffen! Leider hatte dieser Moment jedoch im Freien stattfinden sollen.

Der Vogel flatterte wie wahnsinnig durchs Zimmer und stieß überall gegen die Wände. Ginny beschloß, gar nichts zu tun, weil sie fürchtete, ihn nur noch mehr zu verängstigen. Sie wollte warten, bis er sich irgendwo niederließ, dann wollte sie ihn packen und hinaustragen.

Schließlich ließ sich der Vogel tatsächlich nieder – auf dem Kaminsims. Vorsichtig schlich Ginny näher. Aber eben, als sie zupacken wollte, flatterte der Vogel in panischem Schrecken wieder davon. Offenbar hatte er Ginny und ihre wochenlange Mühe und Pflege bereits vergessen. Dankbarkeit!

Im Wohnzimmer war es kühl und dunkel. Der Vogel strebte jedoch zum Licht: dem Fenster, vor dem er gesessen und hinausgeschaut hatte. Er krachte gegen die Glasscheibe und fiel benommen auf die Fensterbank. Und war bereits wieder gestartet, ehe Ginny ihn erwischt hatte. Kreischend kreiste er dicht unter der Decke.

Dann entdeckte der Vogel ein zweites Licht, einen zweiten möglichen Fluchtweg. Pfeilschnell schoß er auf den großen Spiegel zu, der in seinem reichverzierten Rahmen über einer niedrigen Kommode hing. Doch kurz bevor er den blanken Spiegel erreichte, warf er sich in einer verrückten Kurve herum und jagte davon. Hatte er sein Spiegelbild für einen Feind gehalten?

Ginny lief hin, öffnete die Fliegendrahttür und schob, damit sie nicht wieder zufiel, den Quarzbrocken von der Treppe davor. Vielleicht konnte sie ihn in die Freiheit hinausscheuchen. Dann drückte sie sich in die entgegengesetzte Zimmerecke, um dort einen geeigneten Moment abzuwarten.

Der Vogel flatterte jetzt hektisch zwischen dem blinden Fenster und dem blanken Spiegel hin und her.

Endlich sah Ginny eine Chance. Der Vogel war wieder zum Spiegel geflogen, hatte kehrtgemacht und nahm jetzt Richtung auf das Fenster. Wenn sie im richtigen Winkel auf ihn zusprang, konnte sie ihn zur Tür hinausjagen. Mit wild wedelnden Armen lief sie los. In panischer Angst wich der Vogel seitwärts aus. Und krachte mit ausgebreiteten Flügeln gegen die Fensterscheibe, daß unter seinem Kopf das Glas splitterte.

Er fiel zu Boden, flatterte noch einmal krampfhaft zuckend und lag dann still. Mit tränenüberströmtem Gesicht eilte Ginny hinüber. Sie hob ihn auf. Der Körper war warm und zuckte noch. Die elfenbeinfarbene, samtene Brust pulste hastig, die gegabelten Flügel bewegten sich schwach. Die innere Haut zog sich über die schwarzen Augen. Der Vogel erzitterte, streckte sich und starb in ihrer Hand.

Am folgenden Tag reagierte die Mutter nicht auf Ginnys Gruß. Ginny konnte nicht sagen, ob sie schlief oder sich einfach nicht stören lassen wollte. Sie saß da und wartete auf ein Zeichen von ihr. Nichts geschah. Nach einer Weile trat sie ans Bett. Es tat ihr leid, die Mutter bei ihrem Bemühen, die irdischen Bande zu durchtrennen, unterbrechen zu müssen, aber sie fand, sie habe ihr etwas Wichtiges mitzuteilen.

Leise, ruhig begann sie zu sprechen, als sei die Mutter wach und höre ihr zu. »Gestern ist der letzte Vogel gestorben. Ich wollte ihn rausbringen. Plötzlich sprang er mir einfach vom Finger und flog herum, suchte irgendwo einen Ausgang. Schließlich krachte er gegen das Fenster und fiel tot zu Boden. *Mutter*«, sagte sie eindringlich, »der Vogel hat sich an dem geschlossenen Fenster den Kopf eingerannt. Aber die Tür direkt daneben stand *weit offen!*«

Unvermittelt brach Ginny ab. Ihre Mutter hatte sich nicht gerührt. Sie schlief. Sie hatte überhaupt nicht zugehört.

Nach etwa zwei Minuten jedoch lächelte die Mutter ihr vertrautes ironisches Lächeln, nickte langsam und sagte mit distanzierter Belustigung über Ginnys ernste, metaphorische Versuche: »Mag sein.«

Ein Weilchen später fügte sie noch hinzu: »Paß auf dich auf, Ginny, Liebes.«

»Du auch, Mutter«, erwiderte Ginny mit erstickter Stimme.

Kurz nach Mitternacht klingelte das Telefon. Im Jeep raste Ginny zum Krankenhaus. Ihre Mutter hatte einen heftigen Krampf der motorischen Nerven erlitten, der in der rechten Hand begonnen und sich über die ganze rechte Körperseite verbreitet hatte. Sie lag im Koma. Ginny konnte kaum ihr rundes, gelbliches Gesicht sehen, das jetzt rechtsseitig gelähmt war, so drängte sich das Team weißgestärkter Experten um ihr Bett, um mit seinen zahllosen Injektionen aus ihrer Hüfte ein Nadelkissen zu machen. Sie bekam Krampflösungsmittel und Corticosteroide. Aus einer Flasche tropften frische Thrombozyten in ihren Arm. Dr. Vogel hob ihre Augenlider und studierte im Licht einer winzigen Stablampe ihre Pupillen, schlug ihr mit einem Gummihammer auf die Kniescheiben, rieb ihr auf der Suche nach Babinski-Reflexen die Fußsohlen. Laboranten entnahmen ihr mit überdimensionalen Spritzen Blutproben und Knochenmarksproben.

Durch diese Kampftruppe arbeitete sich Ginny zu Dr. Vogel vor und zupfte ihn am Arztkittel. »Lassen Sie sie ihn Ruhe«, sagte sie leise.

»Bitte!« zischte er sie an. »Sehen Sie nicht, daß ich zu tun habe?«

»Sie ist bereit. Lassen Sie sie in Ruhe.«

Er setzte Ginny auf einen Stuhl und fragte rhetorisch: »Wollen Sie, daß Ihre Mutter weiterlebt, oder nicht?« Sie blieb sitzen und lauschte dem Stimmengemurmel der sich untereinander beratenden Experten.

»Wir haben alles getan, was in unserer Macht stand«, erklärte Dr. Vogel fünf mit Injektionen und Extraktionen ausgefüllte Stunde später.

»Das weiß ich, Dr. Vogel. Und wir sind Ihnen sehr dankbar dafür«, versicherte ihm Ginny, damit er nicht weinte, denn es schien, als werde er jeden Moment in Tränen ausbrechen.

Eine Stunde darauf starb ihre Mutter ruhig und ohne das Bewußtsein wiedererlangt zu haben.

Ginny kehrte in die Blockhütte zurück, legte sich auf das Bett, in dem sie geboren war, und weinte: Weil die Menschen, die sie geliebt hatte, alle erwachsen geworden waren, alle davongegangen waren und sich verändert hatten; weil Berge korrodierten und Flüsse sich neue Betten gruben und nichts auf immer so blieb, wie es war; weil jedes Lebewesen, sie selbst eingeschlossen, sterben mußte, *allein* sterben mußte.

Dann trocknete sie sich die Augen, machte das Bett und befolgte gewissenhaft die äußerst detaillierten Anweisungen der Mutter hinsichtlich ihrer Beerdigung. Karl kam rechtzeitig, aufrecht, groß und ansehnlich in seiner Uniform, nunmehr Träger des ihm vom Major übergebenen Stabes im Staffellauf des Lebens. Anschließend sortierten sie beide bedrückt den Inhalt der beiden Häuser, füllten Abfalltonnen mit Andenken, gaben Erbstücke auf unbeschränkte Zeit in Lagerung, verkauften die übrigen Möbel, schlossen den Verkauf der beiden Häuser und der Farm an den Nachfolger des Majors in der Fabrik ab, unterzeichneten endlos Papiere, deponierten Berge von Bargeld auf Bankkonten für sich selbst und Jim, schrieben hohe Schecks für die Regierung aus, küßten sich und verabschiedeten sich – wahrscheinlich für immer. Denn die Mutter hatte ihnen unablässig gepredigt, daß jeder Abschied ein Abschied für immer sein konnte, daß sie denjenigen, von dem sie sich verabschiedeten, vielleicht nie wiedersehen würden, oder jedenfalls nicht heil und gesund.

Ira meldete sich am Telefon.

»Ich bin's, Ira – Ginny. Meine Mutter ist gestorben.«

Lange Pause. »Das tut mir leid, Ginny. Sie war eine großartige Frau.«

»Danke«, antwortete sie und fragte sogleich, warum. Was hatte sie damit zu tun, daß ihre Mutter eine großartige Frau war? »Wie geht's Wendy?« Sie hörte sie im Hintergrund weinen. Mütterliche Sehnsucht überfiel sie.

»Wendy geht's gut, fabelhaft. Wenn ich arbeite, ist sie bei Angela.«

Sie zwang sich, Ira nicht zu fragen, ob Wendy sie vermißte, so, wie sie selber Wendy vermißte. »Arme Angela! Macht sie ihr viel Arbeit?«

»Was bedeutet schon eins mehr, wenn man bereits fünf Kinder hat? Je mehr, desto besser«, erklärte Ira, der in seinem Leben noch nie einen ganzen Tag allein mit einem Kleinkind verbracht hatte.

»Ira, ich . . .« Fast hätte sie ihn gefragt, ob sie zu ihm heimkommen dürfe. Der Ärmste! Sie hatte ihm so weh getan, hatte brutal seinen Moralkodex mißachtet, so erstickend sie ihn auch finden mochte. Es mußte eine Möglichkeit geben, alles wiedergutzumachen, zu ihm zurückzukehren – aber unter anderen Bedingungen als denen ihrer früheren neurotischen Symbiose.

»Ja?« fragte Ira eifrig.

»Ich . . . ich . . .«

»Wann kommst du nach Hause, Ginny? Wendy und ich, wir brauchen dich.«

Ginnys felsenfester Entschluß, ihr Verhältnis zueinander umzugestalten, wurde augenblicklich zunichte. Sie brauchte die beiden ebenfalls. Und zwar jetzt, da sie keinen anderen Menschen hatte, mehr denn je. »Tja, Ira, ich . . .«

»Bitte, komm heim, Ginny! Wir können ein zweites Kind bekommen, und alles ist wieder in schönster Ordnung. Das Haus ist ein Saustall. Seit Wochen habe ich keine warme Mahlzeit bekommen. Wendy weint sich nachts in den Schlaf. Sie braucht eine richtige Mutter. Den ganzen Tag, Ginny. Und ich brauche eine Frau. Eine *richtige* Frau.«

Ginny erstarrte; sie dachte an ihre kranke Mutter, die eine richtige Frau, eine richtige Mutter gewesen war – solange man sie brauchte. Was würde die Mutter ihr wohl raten? Von ihrem Beispiel zu profitieren und sich anders zu verhalten als sie, oder ihr Märtyrertum zu imitieren und dadurch zu rechtfertigen? Ginny dachte über die Frage nach. Dann fiel ihr ein, daß das, was ihre *Mutter* von ihr verlangte oder nicht verlangte, kein entscheidender Faktor mehr in ihrem Leben sein konnte. Die Hauptdarstellerin hatte sich hoheitsvoll aus Ginnys Drehbuch zurückgezogen. Ginny war auf sich selbst gestellt. Und es war ihr zu wenig Zeit geblieben, um sich mit siebenundzwanzig Jahren einem lebendigen Tod zu überantworten. »Nein«, antwortete sie schwach.

»Nein?«

»Ich werde die Scheidung einreichen, Ira. Und ich will Wendy.«

»Willst du dieses Hippy-Schwein heiraten?«

»Nein.«

»Wohin willst du denn?«

Sie zögerte, versuchte einen Entschluß zu fassen. »Ich weiß es nicht.«

»Du wirst Wendy natürlich *nicht* bekommen. Ich lasse mein Kind nicht von einer Wahnsinnigen erziehen.«

»Von einer Wahnsinnigen, die *zufällig* ihre Mutter ist«, warf sie ein, sich allmählich an dem Streit erwärmend.

»Hat das arme Kind nicht schon genug durch dich gelitten? Du läufst mit einem anderen Mann davon, ohne ihr Lebwohl zu sagen . . .«

»Du hast mich mitten in der Nacht mit dem Gewehr in der Hand aus dem Haus gejagt.«

». . . und jetzt, wo *du sie* brauchst, aus deinen eigenen, krankhaften Motiven, kommst du zu uns zurückgekrochen und willst dir ihre Liebe erschleichen. Aber damit kommst du nicht durch, Ginny. Wendy will dich gar nicht mehr. Sie nennt Angela jetzt ›Mommy‹. Gib dem armen Kind eine Chance. Laß es in Ruhe.«

Ginny konnte kaum atmen vor Schmerz, als sie hörte, daß Wendy Angela Mommy nannte. »Aber ich dachte, sie weint sich jede Nacht in den Schlaf«, stotterte sie.

»Kaum.«

»Das hast du jedenfalls gesagt.«

»Du bildest dir was ein, Ginny. Weißt du – daß ich dich geheiratet habe, war der größte Fehler meines Lebens.«

»Nun, meine Sternstunde war es auch nicht gerade.« Wendy, ihr kleiner Isaak, lag auf dem Opferaltar. War sie bereit, sie dem Gott der Selbstverwirklichung zu opfern? Oder würde sie zu Ira zurückgekrochen kommen, und zwar zu seinen Bedingungen, die er offenbar als einzige in Betracht zu ziehen vermochte?

»Das mit deiner Mutter tut mir leid«, sagte Ira, weicher werdend. »Sie war eine großartige Frau, die nur ihrer Familie lebte. Du könntest schlechter fahren, als ihrem Vorbild nachzueifern.« Im Verlauf ihres Gesprächs hatten sie die Gefühlszyklen von Sehnsucht und Zorn durchlaufen. An Iras Ton erkannte Ginny, daß sie nunmehr zu Reue und Versöhnung übergehen konnten, falls sie das mitmachte. Er hatte gerade eben gesagt, sie könne schlechter fahren, als dem Vorbild ihrer Mutter nachzueifern. Und dennoch hatte sogar ihre hyperaufopfernde Mutter Ginny zum Schluß um ihrer eigenen Fortentwicklung willen zurückgestoßen.

Langsam legte sie den Hörer auf. Dann brach sie zitternd auf dem Bett neben dem Telefon zusammen. Als sie Ira anrief, hatte sie die ehrliche Absicht gehabt, eine Versöhnung mit ihm herbeizuführen – auf einer neu zu verhandelnden Grundlage. Und hatte genau das Gegenteil erreicht. Wenn sie nicht mehr Iras Frau, Wendys Mutter, die Tochter ihrer eigenen Mutter war – wer war sie dann?

Von Panik ergriffen wählte sie die Auskunft für Georgia und ließ sich die Nummer von Hawks Familie geben. Es war ein Schuß ins Dunkle.

Eine tiefe, befehlsgewohnte Männerstimme mit dickem Südstaatenakzent meldete sich.

»Hallo! Ich bin eine Bekannte von Will und wollte fragen, ob Sie mir sagen können, wie ich ihn erreichen kann.«

Der Mann am anderen Ende der Leitung zögerte und räusperte sich. »Darf ich fragen, wer dort spricht?«

»Aber sicher. Mein Name ist Ginny Babcock. Ich habe Will . . . äh . . . im College kennengelernt.«

»Ach so! Nun, hier spricht Williams Vater.«

»Freut mich, Colonel Hawk. Wir haben oft von Ihnen gesprochen.« Sie verstärkte absichtlich ihren Südstaatenakzent, weil sie hoffte, damit sein Vertrauen zu gewinnen: Sie war seine Landsmännin – seine Landsperson, wie Eddie es ausgedrückt haben würde.

»Ich will ehrlich mit Ihnen sein, Miss Babcock. William liegt im Kriegsversehrtenlazarett in Athens.«

Ginny hielt den Atem an.

»William hat in den letzten Jahren Schwierigkeiten gehabt. Seine Mutter und ich wußten sofort, daß etwas mit ihm nicht stimmte, als er vor zirka zwei Jahren vom Militär desertierte. Er war in Vietnam gewesen, und als er heimkam, redete er von ›Kriegsverbrechen‹, Imperialismus und lauter Hippy-Unsinn. Und dann floh er nach Kanada. Wir glaubten, daß er vom SDS oder so unter Drogen gesetzt worden war. Na ja, und dann kam er vor einigen Wochen zurückgekrochen. Ja, buchstäblich gekrochen, Miss Babcock! Auf dem Bauch, durch das Gras in unserem Vorgarten. Behauptete, jemand wäre hinter ihm her. Er sah aus, als hätte er seit Tagen nichts gegessen, und hatte sich mindestens eine Woche lang nicht rasiert. Er behauptete immer wieder, ›sie‹ versuchten ihm die Wärme aus dem Körper zu ziehen. Wir fragten: ›*Wer* versucht das, William?‹ Und er antwortete: ›Das Management.‹ Keine Ahnung, was er damit meinte. Die Ärzte haben Diagnose auf schizophrene Paranoia gestellt.«

Ginny fühlte sich ganz elend. Die Stimme von Hawks Vater hatte eine Spur Genugtuung verraten: Sein Sohn war kein Deserteur, er war krank. Sein Sohn lehnte nicht die Lebenseinstellung des Vaters ab, sein Sohn war verrückt.

»Ach so«, antwortete sie schwach. »Das tut mir leid.«

»Nun, wenigstens ist er zuletzt nach Hause gekommen und hat sich seiner Verantwortung wie ein *Mann* gestellt«, antwortete der Vater munter.

Sie legte auf. Jede Körperzelle in ihr schrie auf im Gedanken an Hawk, ihren heldenhaften Anti-Krieger. Aber sie konnte ihn nicht gebührend betrauern. Sie war ganz und gar leergetrauert.

Während sie so auf dem Bett lag, dachte sie an den Tod der Mutter. Eines hatte sie wenigstens daraus gelernt: daß das Sterben anscheinend ein Ablösungsprozeß war, daß alle Bindungen an vertraute Menschen und Gegenstände durchtrennt werden mußten. Da hatte ihre Mutter mit ihrem sich auflösenden Körper unter ständigen Schmerzen gelegen, die Augen verbunden, die Umgebung steril, Schwestern und Ärzte eilig und überarbeitet, das Essen geschmacklos und immer dasselbe – was gab es denn noch,das sie möglicherweise gehalten hätte? Da war die Familienuhr. Da war die riesige weiße Villa, erbaut von ihrem größenwahnsinnigen Vater. Da waren die geliebten Fotos der Vorfahren. Da war ein rotes Eichhörnchen in einer Ulme. Da war ihre bekümmerte Tochter, die es als ein ihr zustehendes Recht betrachtete, daß man ihr Dinge mitteilte, die man nur lernen konnte, wenn man sie selber durchmachte. All das mußte verschwinden. Die Mutter hatte sich damit abfinden müssen, ohne dies auszukommen, weil sie geahnt haben mußte, daß sie in einen Bereich übergehen würde, wo sie keine dieser tröstlichen Vertrautheiten haben würde, um sich daran zu orientieren, wo ungelöste irdische Bindungen sie nur kaputtmachen würden. Wie ein Tintenfisch hatte sie vorsichtig ihre Tentakeln eingezogen. Und indem sie das tat, hatte sie vermutlich allem aus eigenem Antrieb ein Ende gesetzt, hatte sich endlich aus ihrem zerschundenen Körper befreit, der ihr so treu gedient und sie dann so furchtbar im Stich gelassen hatte. Nachdem diese bewußte Selbstreduzierung, diese Minderung der irdischen Existenz auf eine sich ständig wiederholende Folge unangenehmer oder uninteressanter Routineabläufe vorausgegangen war, hatte der Tod dem Ablösen eines vertrockneten, braunen Blattes von seinem Zweig durch eine sanfte Brise geglichen. Statt wie bei Eddie, für die es noch soviel zu tun und soviel zu lernen gegeben hatte, dem grausamen Entwurzeln eines gesunden Schößlings durch einen Orkan.

So sah Ginny jedenfalls jenen Prozeß, den ihre Mutter durchgemacht hatte. Woher sollte sie es genau wissen? Doch wenn diese Ansicht richtig war und man sein Leben freiwillig beendete, sobald der Ablösungsprozeß erfolgt war, dann war, wie Ginny fand, ihre eigene Zeit auch gekommen. Sie war bereits mehrere kleine Tode gestorben – Abschiede von Lebensstilen und geliebten Menschen. Der große Tod wirkte daher längst nicht mehr so erschreckend auf sie. Alle Menschen, die ihr etwas bedeutet hatten, waren jetzt tot oder für sie so gut wie tot. Es gab nichts mehr, von dem sie sich ungern getrennt hätte. Ihre Konten waren gelöscht. Was konnte sie hier noch halten? Warum sollte sie neue Bindungen anknüpfen, nur um sie später, wenn der Tod sie in die Knie zwang, wieder lösen zu müssen? Warum nicht jetzt gleich ein Ende machen? Wie sie es sah, konnte man den Tod nur überlisten, indem man sich selbst tötete.

Als sie am Nachmittag nach dem Tod ihrer Mutter auf dem Bett gelegen und versucht hatte zu schlafen, hatte Ginny sich vorgestellt, in einem Warenhaus am Fuß einer hinabführenden Rolltreppe zu stehen. Gongs dröhnten im Hintergrund und riefen Verkäufer herbei. Joe Bob in seinem Gant-Hemd und den hellen Hosen nahm ihre Hand und zwang sie, diese hinabführende Rolltreppe hinaufzuhasten. Nach endlosem Bemühen, während ihnen der Schweiß übers Gesicht lief, waren sie oben angekommen, wo sie der Major erwartete. Doch gerade, als Ginny den Major umarmen wollte, packte Clem in seinen nietenbesetzten Jeans und der roten Seidenwindbluse ihre Hand und zerrte sie die hinaufführende Rolltreppe hinab. Sie liefen und liefen wie Meerschweinchen in einem sich drehenden Rad, Clem mit seinem kranken Bein schwerfällig humpelnd. Unten wartete die Mutter. Doch als Ginny auf sie zustolperte, zerrte Miss Head mit ihrem grauen Haarknoten und der Benjamin-Franklin-Brille sie auf die hinabführende Rolltreppe zurück. Dann, als Ginny oben dem Major die Arme entgegenstreckte, zerrte Eddie sie die hinaufführende Rolltreppe hinab. Nachdem Ira sie gezwungen hatte, mit ihm die hinabführende Rolltreppe hinaufzulaufen, brach sie schließlich vor Erschöpfung zusammen, als sie mit Hawk die hinaufführende Rolltreppe hinunterhastete. Während sie, von den rollenden Stufen mitgerissen, in die unteren Regionen des Warenhauses getragen wurde, dachte sie, daß sie trotz aller Bemühungen nicht weitergekommen war, obwohl Hegel es ihr doch versprochen hatte. Und als sie sich vorstellte, daß der Rolltreppenmechanismus sie zu Hackfleisch zerkleinerte, stieß sie einen erleichterten Seufzer aus.

Ginny zog ihren besten Badeanzug an – aus demselben Grund, aus dem die Mutter ihr immer empfohlen hatte, saubere Wäsche anzuziehen, wenn sie das Haus verließ. Nur, daß ihr bester Badeanzug nicht für das Personal einer Unfallstation gedacht war, sondern für das Beerdigungsinstitut von Hullsport. Sie wollte so gut wie möglich aussehen, wenn sie im Schlummerraum eintraf, um von den wachsbleichen Händen Mr. Renfrews gepudert zu werden.

Sie holte sich einen Strick und die Riemen für das Ruderboot. Unten am Teich warf sie einen handlichen Steinbrocken ins Boot. Dann ruderte sie zu dem mit Segeltuch überdachten Anlegeplatz hinaus, lud den Steinbrocken ab und kletterte aus dem Boot.

Sie wickelte den Strick um den Stein und knotete ihn fest zu. Das andere Ende band sie sich um den Fuß. Einmal noch sah sie rings in die Runde und schloß Frieden mit den kudzuüberwucherten Hügeln und der Blockhütte, wo sie bei verschiedenen Anlässen wirklich sehr glücklich gewesen war. Aber was zuviel war, war zuviel – wirklich! Ringsumher verschlangen Frösche Grashüpfer, würgten Schlangen ganze Frösche herunter, schnitten Floyd Cloyds Söhne Schlangen in Salamischeiben, lauerte der Tod auf kleine Jungens. Es war zuviel. Nicht mal das Management, fand sie, konnte von ihr verlangen, so etwas mehr als siebenundzwanzig Jahre mitzumachen. Wie eine Schlange, die ihren eigenen Schwanz verschluckt, hatte sie einen vollen Kreis beschrieben: Sie war zum Ort ihrer Geburt zurückgekehrt, um hier zu sterben.

Sie nahm den Stein. Mit geschlossenen Augen warf sie ihn ins Wasser. Sie hörte es klatschen und erwartete, in ein dunkles, schleimüberdecktes Grab hinabgezogen zu werden.

Nichts geschah. Sie öffnete die Augen und blickte hinab. Auf den Brettern des Stegs lagen immer noch mehrere Seilschlingen. Verstimmt hievte sie den Stein wieder herauf. Diesmal wickelte sie den Strick mehrfach um den Stein und um ihren Fuß, damit kein bißchen Seillänge übrigblieb.

Abermals nahm sie Abschied von den grünen Hügeln, die von raschelndem Kudzu und dem Kampf sterbender Kreaturen pulsierten. Abermals warf sie mit lautem Klatschen den Stein ins Wasser. Mit der Genugtuung, die man bei einer gut ausgeführten Arbeit empfindet, spürte sie, wie ihr das Bein unter dem Körper weggerissen wurde. Mit geschlossenen Augen verlor sie das Gleichgewicht und fiel vom Steg.

Und landete im Ruderboot, das sich, während sie den Stein wieder an das Seil knotete, weiterbewegt hatte und direkt vor die Anlegestelle getrieben war.

Ihr Bein hing über den Bootsrand hinaus und wurde von dem schweren Stein beinahe aus dem Hüftgelenk gerissen. Ihre ganze Körperseite war von dem Sturz aufgeschrammt. Als sie da lag und ihr ein bißchen übel wurde, dachte sie darüber nach, wie unappetitlich das, was sie hier vorhatte, doch eigentlich sei. Entweder würde der Strick verrotten und sie selbst an die Wasseroberfläche treiben, um von einem bedauernswerten, verbotenerweise auf Privatbesitz eingedrungenen Angler gefunden zu werden, oder sie würde inmitten des Seegrases verfaulen und von aasfressenden Sonnenfischen angeknabbert werden. Sie würde das Wasser verpesten, das die Blockhütte versorgte. Nein, Loslösung von materiellen Dingen oder nicht – Hausfrauen waren, so unfähig sie auch sein mochten, von Natur aus nicht in der Lage, dem Chaos, das sie zurückließen, völlig gleichgültig gegenüberzustehen.

Sie löste den Strick und ruderte an Land zurück. Sie nahm sich ein Gewehr und eine Handvoll Patronen aus dem Gewehrständer neben dem Kamin. Dann wanderte sie den kudzubewachsenen Hügel hinter dem Teich hinauf. Freudig erinnerte sie sich daran, wie Clem und sie als Kinder Tunnels durch ein Kudzufeld in der Nähe seines Elternhauses gebahnt und miteinander verbundene Kammern geschaffen hatten, indem sie die Kudzuranken niedertraten. Jetzt schuf sie sich wieder eine solche Kammer, eine Krypta aus Grünpflanzen. So würde sie nie gefunden werden. Die gierigen Ranken würden sie verschlingen, wie sie Mr. Zeds Grabstein verschlungen hatten. Niemand würde vor der grausigen Aufgabe stehen, ihre Überreste zu beseitigen. Wenn man sie nicht auffinden konnte, würde man denken: »Wie sehr sie doch ihrer Mutter glich. Rücksichtsvoll bis ans Ende.«

Mit hochgezogenen Knien setzte sie sich in ihre Kudzukammer. Wenn sie den Gewehrlauf in den Mund nahm, konnte sie mit dem großen Zeh abdrücken. Durch die Blätter blickte sie zu dem schleimüberzogenen Teich und zu der Blockhütte hinüber, in der sie das Licht dieser unzulänglichen Welt erblickt hatte. Die Hütte gehörte jetzt fremden Menschen. Die Vergangenheit war tot und vorbei. Alles zu Ende. Sie wußte nicht, wohin, hatte niemanden, den sie lieben konnte, und außerdem keine saubere Wäsche mehr.

Sie nahm eine Patrone, rollte sie nachdenklich zwischen Daumen und

Zeigefinger. Unvermittelt hob sie das Gewehr auf und öffnete die Patronenkammer. Sie schob die Patrone in den Lauf . . .

. . . wollte sie hineinschieben. Das verdammte Ding paßte nicht. Es war zu groß für diesen Gewehrtyp. Sie hatte die falschen Patronen für dieses Scheiß-Gewehr mitgebracht!

Voll Verzweiflung darüber, daß ihre Pläne für diesen Nachmittag durchkreuzt worden waren, sprang sie auf und rannte, das Gewehr in der Hand schwingend wie ein Comanche bei einem Überfall auf die Weißen, den Hang hinab. Über die Ranken stolpernd und fallend, sprintete sie zur Hütte zurück und durchsuchte hastig den Gewehrständer. Keine einzige Patrone, die in ihr Gewehr paßte. Kein Gewehr, das zu der Patrone in ihrer Hand paßte. Karl, dieses habgierige Schwein, hatte, als sie einmal nicht aufpaßte, offenbar alles mitgenommen!

Sie nahm ein Jagdmesser von der Wand. Auf den Steinstufen hokkend, machte sie einen kleinen Probeschnitt in ihr linkes Handgelenk. Dann legte sie das Messer beiseite und sah zu, wie ein Blutstropfen entstand und wuchs und wuchs, bis er zu einer großen roten Kugel wurde. Wenn sie dieses Blut auf einen Objektträger brachte und ihn unter Dr. Vogels Mikroskop legte, würde sie ein Miniatur-Universum vor sich haben. Sie würde Schwärme von sinnlos im Plasma umhertreibenden Pünktchen sehen. Fast wie auf dem Foto in ihrem College-Lehrbuch für Astronomie – geschossen mit einem superstarken Teleskop mitten ins Zentrum der Milchstraße hinein –, auf dem die zahllosen Sonnen von Milliarden unsichtbarer Planeten abgebildet waren.

Wenn sie den Objektträger entsprechend einfärbte und die Vergrößerung verstärkte, würde sie die roten sauerstofftragenden Zellen sehen, die weniger zahlreichen,aber verschiedenartigeren weißen Zellen und – die Thrombozyten. Die Thrombozyten, jene winzigen Zellen, die aufgrund eines Defekts sowohl ihre Mutter als auch den Major umgebracht hatten, indem sie bei ihr zu wenig und zu inaktiv, bei ihm hingegen überaktiv und zu zahlreich waren. Und hier saß Ginny, deren Thrombozyten gegenwärtig mitten zwischen diesen beiden Extremen lagen. Mit der Zeit würden ihre Thrombozyten aufgrund der Gene sie vermutlich ebenfalls im Stich lassen.

Aber vorläufig funktionierten ihre Thrombozyten noch großartig: Der Blutstropfen an ihrem Handgelenk war dank des Fibrins inzwischen zähflüssig geworden. Miss Sturgill wäre über ihre Gerinnungszeit beglückt. Sie hatte nicht genau darauf geachtet, doch im Vergleich zu der ihrer Mutter war sie wirklich kaum nennenswert.

Wenn sie jetzt zu Mikrobengröße schrumpfen und sich in die Umgebung des Schnittes versetzen könnte, würde sie ein dramatisches Geschehen beobachten können. Stoßtrupps von Phagozyten würden durch die benachbarten Kapillaren herangeeilt kommen. Sie würden sich an die Kapillarwände klammern, bis sie künstliche Füße durch die überlappenden Zellen der Gefäßwände schieben konnten. Hinter diesen ›Füßen‹ her würden sie sich aus den Blutgefäßen hinausziehen und sich ins Getümmel stürzen. Witternd wie Bluthunde, würden sie jene Tausende von Bakterien aufspüren, die mit der Messerspitze zusammen eingedrungen waren. Antikörper und zahlreiche andere chemische Lösungen würden bereits vor ihnen eingetroffen sein, um diese eingedrungenen Bakterien zu umspülen und schmackhaft zu machen. Die sie einschließenden Phagozyten würden diese nunmehr köstlichen Bakterien umarmen wie russische Politiker, um sie dann ganz und lebend zu verschlingen. Außerdem würden verschiedene Proteine eintreffen, um das zerschnittene Gewebe zu heilen. Der Heilprozeß würde sofort und automatisch vom Blutkreislauf in Gang gesetzt werden. Innerhalb weniger Tage würde der Schnitt verheilt sein, und zwar so perfekt, daß niemand mehr etwas davon sehen konnte.

Es sei denn, ein besonders bösartiger Keim sei mit der Messerspitze eingedrungen, einer, an dessen Außenwänden die Absonderungen der Antikörper abperlten. Ein solcher Keim wäre in der Lage, die hungrigen Phagozyten abzuwehren, Fuß zu fassen, sich zu vermehren und sie mit seinen Ausscheidungsprodukten zu vernichten, wie es bei Dixie Lee Hull und ihrer Rezeptkarte geschehen war.

Und dennoch schien sich, soweit das Ginny mit ihren unverfeinerten Sinnen beurteilen konnte, nicht allzuviel abzuspielen. Sie hatte einen Schnitt in ihr Handgelenk gemacht, und dieser Schnitt war bereits verklebt. Doch jetzt kamen die letzten Fragen, die sich in diesem Leben zu gestatten sie beabsichtigte. War sie eine Zelle in einem unendlich viel größeren Organismus, in einem Organismus, der sich um ihre Aktivitäten ebensowenig kümmern konnte wie sie sich um diejenigen der sechzig Billionen Zellen ihres eigenen Körpers, solange diese die ihnen zugewiesenen Funktionen ausübten? Und gab es, sagen wir, weiße Blutzellen, die – da sie sich nicht so sehen konnten wie Ginny, nämlich als Gruppe unter starker Vergrößerung und eingefärbt, um ihre entscheidenden Merkmale hervorzuheben – nicht in der Lage waren herauszufinden, was diese ›ihnen zugewiesene Funktion‹ überhaupt war, ob sie als große Phagozyten, als Neutrophile oder Eosinophile oder als Lymphozyten agieren sollten? Und unternahmen es diese verwirrten Blutzellen sodann, sich selbst zu zerstören, aus Ärger darüber, daß sie, Ginny, ihnen nicht genügend individuelle Aufmerksamkeit und Zuwendung widmete? Wenn Zellen ihre mörderischen Vorräte von Verdauungsenzymen auf ihr eigenes Zytoplasma losließen, wurde das als Autophagie bezeichnet. Autophagie – wörtlich übersetzt: ›Selbstfresserei‹.

Ginny mußte an Clems Bericht über einen abstoßenden Zwischenfall während seiner Pubertät denken, als er und seine Rowdy-Freunde sich über den eigenen Schwanz gebeugt und vergebens versucht hatten, ihren Samen zu schlucken. Onanie, Autophagie, Selbstmord – alles dasselbe: Ein Teil eines Ganzen versuchte, die Zügel zu ergreifen. Widerwillig lächelte sie und schob das Messer in die Scheide zurück.

Wie die meisten ihrer Unternehmungen war auch ihr Selbstmordversuch zur Burleske geworden. Anscheinend war sie zum Weiterleben verurteilt. Wenigstens vorläufig.

Sie ging ins Schlafzimmer. Sie wickelte die Familienuhr in ihr verschossenes altes T-Shirt mit dem Aufdruck ›Sisterhood Is Powerful‹ und verstaute sie zusammen mit ihren wenigen anderen Habseligkeiten in Hawks Rucksack. Dann verließ sie das Blockhaus und ging davon – wohin, das wußte sie selber nicht.

Epilog

Ein Straßenkehrer, der durch die Straße der Parfümverkäufer ging, fiel um, als wäre er tot. Man versuchte ihn mit süßen Düften wiederzubeleben, aber es wurde nur noch schlimmer mit ihm.

Schließlich kam ein ehemaliger Straßenkehrer des Weges, der die Situation erkannte. Er hielt dem Mann etwas Stinkendes unter die Nase, und dieser erwachte sofort mit dem Ruf: »Dies ist wahrhaftig ein Parfüm!«

Ihr müßt euch auf den Übergang vorbereiten, in dem es nichts von den Dingen geben wird, an die ihr euch gewöhnt habt. Nach dem Tod wird eure Identität auf Stimuli reagieren müssen, von denen einen Vorgeschmack zu erhalten ihr hier Gelegenheit habt.

Wenn ihr euch an die wenigen Dinge klammert, die euch vertraut sind, wird euch das ebenso elend machen wie das Parfüm den Straßenkehrer in der Straße der Parfümverkäufer.

GHAZALI, aus ›Tales of the Dervishes‹
von Idries Shah

Inhalt

CIP-Kurztitelaufnahme der Deutschen Bibliothek

Alther, Lisa
Hautkontakte : Roman. – Berlin, Frankfurt/Main,
Wien : Ullstein, 1978.
Einheitssacht.: Kinflicks ‹dt.›
ISBN 3-550-06280-X